V&R

Karl Christian Thust

Bibliografie über die Lieder des Evangelischen Gesangbuchs

Vandenhoeck & Ruprecht

Bibliografische Information Der Deutschen Bibliothek

Die Deutsche Bibliothek verzeichnet diese Publikation in der
Deutschen Nationalbibliografie; detaillierte bibliografische Daten sind
im Internet über <http://dnb.ddb.de> abrufbar.

ISBN 10: 3-525-50336-9
ISBN 13: 978-3-525-50336-2

Gesamtherstellung: Hubert & Co., Göttingen

Gedruckt auf alterungsbeständigem Papier.

Inhalt

Vorwort

Neben der Bibel ist, zumal im evangelischen Raum, das Gesangbuch das zentrale Glaubensdokument. Jahrhunderte lang hat es gleichermaßen die Frömmigkeit, Theologie und Kultur der jeweiligen Epoche gespiegelt wie auch ihrerseits beeinflusst. Besonders seit den umfangreichen und bahnbrechenden hymnologischen Veröffentlichungen des 19. Jahrhunderts ist eine fast unüberschaubare Fülle an Literatur erschienen. Angesichts dieser Bedeutung für die verschiedensten Fachbereiche und der regelmäßig millionenfachen Benutzung des Gesangbuchs, auch angesichts der Fülle von Bibliografien zu jedem anderen Sachgebiet, erstaunt es umso mehr, dass eine Kirchenlieder-Bibliografie wie vorliegend bisher nicht existiert. Diese Lücke soll hiermit geschlossen werden.

Die Bibliografie ist erwachsen aus einer umfangreichen hymnologischen Sammlung, die sich in Jahrzehnte langer Tätigkeit als Kantor und Pfarrer, mit religionspädagogischen und hymnologischen Schwerpunkten allmählich gebildet hat. Seit meiner Pensionierung konnte ich das Material in mehrjähriger intensiver Arbeit vervollständigen; durch zahlreiche Besuche von Instituten verschiedenster Fachrichtungen im In- und Ausland, auch durch regelmäßigen Austausch mit Fachkolleginnen und -kollegen und viele bereitwillige Hilfen, für die ich zu danken habe.

Nach teils mühevollem Beschaffen, Studieren und Sichten von ca. 2500 Zeitschriftenbänden sowie vielen hundert Büchern und tausenden von Artikeln und Aufsätzen, von denen die meisten bei den jeweiligen Liedern und nur die wichtigsten bei den Verzeichnissen am Ende aufgeführt sind, hoffe ich, mit den insgesamt ca. 22.500 Literaturverweisen (und wesentlich mehr Seitenvermerken) das Meiste und Wichtigste erfasst zu haben. Sollten mir dennoch nennenswerte Titel entgangen sein oder sich trotz Bemühen um große Sorgfalt Fehler eingeschlichen haben, bin ich für Hinweise dankbar.

Berücksichtigt ist arbeitstechnischer Gründe wegen in der Regel lediglich Literatur,

– die die aufgeführten EG-Lieder ausdrücklich erwähnt (Auf weitere Literatur über die entsprechenden Liederdichter und Komponisten, den hymnologischen Kontext etc. verweist die genannte reichlich.),
– die nach 1945 entstanden ist, einer Zeit auch hymnologisch neuer Impulse (Entstehung von EKG, JLH u. a.). Alle bleibend gültige Vorgängerliteratur ist in der nachfolgenden gebührend berücksichtigt.

Dennoch erschienen mir in wichtigen Einzelfällen wie besonders der ‚Monatschrift für Gottesdienst und kirchliche Kunst' oder etwa bei WA 35 (1923) oder HDEKM (1941) Ausnahmen sinnvoll. Auch sind die umfangreichen nach wie vor bedeutsamen hymnologischen Standartwerke von Koch, Böhme, Fischer, Bäumker, Kümmerle, Wolkan, Julian, Erk/Böhme, Friedlaener, Nelle und Müller, da neuerlich im Nachdruck erschienen, mit aufgeführt.

- Berücksichtigt ist ferner vor allem die deutschsprachige Literatur, auch besonders aus Schweiz und Österreich, nur gelegentlich die wichtigste vor allem englische und französische,
- nur am Rande, etwa bei MGD, MuK, WEG, auch die wirkungsgeschichtlich aufschlussreiche Fülle an Primär- und Sekundärliteratur von Solo-, Chor- und Instrumentalbearbeitungen der EG-Melodien. (Im Blick auf Orgelbearbeitungen s. auch meine ebenfalls nach den EG-Liednummern geordnete Sammlung mehrerer tausend Vorspiele.)
- Auch die notwendige Beschränkung auf die Lieder des Evangelischen Gesangbuchs ist zu relativieren, da sich ein Großteil seiner Lieder ebenso im Gotteslob und in anderen Gesangbüchern befindet. Eine ökumenische Nutzung legt auch die umfangreich zitierte katholische Literatur nahe. Eine darüber hinaus interdisziplinäre Öffnung versteht sich inzwischen von selbst.

In der Regel habe ich vereinheitlichend zitiert und abgekürzt, wie inzwischen meist üblich und vertraut. Die Aufteilung in A (für Artikel und Aufsatz) und B (für Buch oder Band) mit gekürzter Jahreszahl ist mit ihrer neuen Chiffrierung nicht nur sehr Platz sparend, sondern bietet sich auch wegen Umfang und besserer Übersichtlichkeit an. Sie dürfte ebenso hilfreich sein wie die zeitliche, nach Jahren und Jahrzehnten, außerdem alphabetische Anordnung. Sollten sich ausnahmsweise Name und Jahreszahl in zwei Fällen gleichen, verrät die Seitenzahl, um welche Veröffentlichung es sich handelt.

Die bei Lexica oder Handbüchern oft unterlassene durchgängige Aufführung von Namen und Jahreszahl erscheint mir darüber hinaus angemessen und nützlich.

Wenn bei einem Aufsatz, wie häufig, die Angabe des Titels fehlt, ist er identisch mit dem Liedtitel.

Die Zusammenstellungen im hinteren Teil dienen der besseren Übersicht. Die Auflistung nach Inhalt und Fachbereichen bezieht sich lediglich auf wenige fachlich sehr spezielle Literatur, zum schnelleren Zugang für entsprechend Interessierte; z.B. an einer mit Pr gekennzeichneten Liedpredigt oder an pädagogischer Liedliteratur, die im hymnologischen Diskurs bisher relativ wenig Beachtung fand. Die deutlich überwiegende Literatur ist jedoch fächerübergreifend und verbietet eine eingrenzende Zuordnung.

Die genauen Literaturangaben zu den zuvor genannten Sammelwerken und Periodika befinden sich der leichteren Auffindbarkeit wegen im Literaturverzeichnis am Schluss.

Das Meiste der zitierten Literatur ist übrigens in meiner Privatsammlung enthalten oder in der benachbarten Mainzer Universität, einschließlich Interdisziplinärem Hymnologischem Arbeitskreis und Gesangbucharchiv, zugänglich.

Wer sich theologisch, sprach-, literatur- und musikwissenschaftlich, als Pfarrer/in, Kirchenmusiker/in, Pädagoge/in oder interessierter Laie gründlicher mit einzelnen Kirchenliedern befassen will, dem mag diese Bibliografie (einschließlich der zu Grunde liegenden Sammlung) eine wichtige Hilfe sein. Das umso mehr, da sich die Hymnologie letzter Zeit zunehmender Wertschätzung erfreut. Möge die vorliegende Literaturzusammenstellung Hilfe und Anreiz bieten, sich umso intensiver mit den alten und neuen Gesangbuchliedern zu beschäftigen und sie bei aller kritischen Distanz sowohl als eindrucksvolles inspirierendes Glaubensdokument als auch als vielfältiges kostbares kulturelles Erbe noch mehr wertzuschätzen.

Ingelheim, Juni 2005 Karl Christian Thust

Kirchenjahr: Advent

ARNDT, Margarete: Unsere Lieder in der Advents- und Weihnachtszeit, EvU 3 (**1948)** H. 38, 4; H. 39, 1 ~ LOHR A **48** ~
MÜLLER-BLATTAU A **59** ~
WERTHEMANN B **63** ~ GERMON A **64** ~
WEISMANN, Eberhard in HEKG III/1 (**1970**) 111–114 ~ THUST B **76**, 158f. ~
ENGELSBERGER B **92** ~ STOLZE B **92**, 122 (Quiz) ~ WEG I (**1993**) 12f. ~ DIENST A **96** ~ WGD 5 (**1998**) 11–13 ~
KALDEN A **03** ~ SCHUBERTH A **03**, 370–372

1 Macht hoch die Tür

KOCH III B ^{3}**1867/1973**, 181; V B ^{3}**1868/1973**, 591 ~ FISCHER II B **1879/1967**, 44 ~ KÜMMERLE II B **1890/1974**, 111–114 ~
LÖSCHHORN, Karl: Ein Adventlied in lateinischem Gewande, MGkK 9 (**1904**) H. 12, 360 ~ JULIAN B ^{2}**1907/1985**, 1248 ~ NELLE B ^{3}**1924/1962**, Nr. 41 ~ KULP, Johannes in MGkK 34 (**1929**) H. 11, 309f. ~
SCHLUNK B **51**, 235 ~ BERGMANN B **53**, 72.158 ~ BRUPPACHER B **53**, 112–114 ~ EISENHUTH B **53**, 68–70 ~ LAUTERBURG B **53**, 63f. = EvKCh **1953** 5/6, 58f. ~ BACH, Arthur / GRIMME, Gertrud in Ev UV 1./2. (^{2}**1957**) 225f. und in EvUV 6 (**1957**) 119 ~ BLANKENBURG, Walter in HEKG II/2 (**1957**) 105f. ~ KULP / BÜCHNER / FORNACON in HEKG Sb (**1958**) 19–21. 28. 146. 387 ~ FRÖR, Kurt in KUV 6 (^{3}**1958**) 79–81 ~
BACH, Arthur / GRIMME, Gertrud in EvUV 4 (^{2}**1960**) 192–199 = KUV 4 (^{4}**1960**) 91–98 ~ FRÖR, Kurt in KUV 3 (^{4}**1960**) 64f. ~ MERTES B **62**, 73f. 91 ~ NELLE B ^{4}**62**, 124 ~ SCHÖNEICH A **63**, 396f. ~ WERTHEMANN B **63**, 14. 19f. 96. 127f. 135f. ~ KÖHLER B **64** (HEKG I/2) 33f. ~ FRÖR B ^{5}**66**, 306 ~ UHL, Hans Jürgen: Macht hoch die Tür, die Tor macht weit. Grundsätzliche theologische, didaktische und methodische Überlegungen zur Behandlung des Liedes EKG 6 im Unterricht, EvU 21 (**1966**) 270–282 ~ JLH 13 (**1968**) 246 ~
NEUBACHER B **68**, 8 ~
KÜSSNER A **70**, 505 ~ NITSCHKE, Horst / STIER, Alfred in HEKG III/1 (**1970**) 113. 130–132 ~ LEITNER B ^{2}**71**, 46f. ~ HARNON-

COURT, Philipp in TRENK-LER B **75**, 14 ~ THURMAIR-MUMELTER, Maria Luise / QUACK, Erhard ebd. 191–193 ~ JENNY, Markus / THURMAIR, Maria Luise / QUACK, Erhard in WGL I (**1975**) 113f. ~ MGD 29 (**1975**) 60 ~ LAUN, P. Andreas in PrGL 1 (**1976**) 27–30 (+Pr) ~ MOSER, Tilmann B **76**, 73f. ~ THURMAIR-MUMELTER, Maria Luise in PrGL 1 (**1976**) 26f. ~ JLH 22 (**1978**) 170 ~ MGD 32 (**1978**) 158 ~ JENNY, Markus in MGD 33 (**1979**) 135 ~ SCHOTT A **79**, 166 ~ SEUFFERT, Josef in WGL IX (**1979**) 36f. ~
MGD 34 (**1980**) 103; 36 (**1982**) 159 ~ JENNY A **83**, 202 ~ SAUERGEPPERT B **84**, 126f. ~ ERB IV B **²86**, 13f. ~ JENNY, Markus in RGL (**1988**) 568 ~ MGD 42 (**1988**) 148 ~ RGL (**1988**) 203 ~ HESSING B **89**, 10f. ~ NSK **1989**/2, 19f. ~
MACHT, Siegfried in NSK **90**/3, 18 ~ MGD 44 (**1990**) 25 ~ ISSENDORF, Bern-hard von in GD PR SB, Advent, **1991**, 156f. ~ REIMER, Hans H. in GD PR SB, Advent, **1991**, 108–111 (Pr) ~ ENGELSBERGER B **92**, 61. 66–71 (B) ~ NSK **1992**/3, 10. 22 ~ STOLZE B **92**, 122 (Quiz) ~ WEBER-KELLERMANN B **⁷92**, 176f. ~ DE LA MOTTE B **93**, 207 ~ NSK **1993**/3, 10 ~ SCHNEIDER / VICKTOR B **93**, 144–147 ~ WEG I (**1993**) 12. 63–68. 74–76 ~ BERNOULLI, Peter Ernst: Palmsonntag – bewusst wahrnehmen und begehen, NSK **1994**/2, 24 ~ KORNEMANN A **94**, 9. 12f. ~ NSK **1994**/1, 25; 4, 1. 13. 19 ~ ALBRECHT B **⁴95**, 134 ~ HARZ B **95**, 16f. ~ ZIPPERT B **95**, 8 ~ NSK **1996**/1, 17. 23 ~ WINKES B **96**, 40–45 ~ GERBER B**97** (Tor und Tür) ~ WEG IV (**1997**) 82 ~ BERNOULLI A **98**, 22–24 ~ Een Comp **³1998**, Nr. 120 ~ HOLZAPFEL A **98**, 221 ~ KORNEMANN, Helmut in WEG V (**1998**) 17 ~ SCHRÖER A **98**, 7f. ~ SCHÜTZ A **98**, 46 ~ WYSS-JENNY, Elisabeth in WGD 4 (**1998**) 88f. ~ BLOCK, Johannes in HEG II (**1999**) 344f. ~ HENKYS B **99**, 197 ~
CREDE, Hans-Dieter in SEEBERG B **00**, 18–22 (Pr) ~ REICH, Christa in LKEG H. 1 (**2000**) 52–57 ~ RIEHM A **00**, 158 ~ JLH 40 (**2001**) 223 ~ REICH, Christa (und MARTI, Andreas) in ÖLK I (**2001**) ~ RÖSSLER B **01**, 431 ~ SCHEFFBUCH 2 B **²01**, 209f. ~ JLH 41 (**2002**) 237 ~ MARTINI B **02**, 39 ~ SCHMIDT B **02**, 639 ~ KNEITSCHEL B **03**, 114. 186f. 345 ~ SCHMIDT B **05**, 195

2 Er ist die rechte Freudensonn

NSK **1990**/3, 29 ~ WEG I (**1993**) 12 ~ NSK **1997**/4, 19 ~ RUPPEL, Paul Ernst in MEYER B **²97**, 228f. ~ WEG IV (**1997**) 82 ~ SCHRÖER A **98**, 8 ~ SCHUBERTH, Dietrich in HEG II (**1999**) 266–268 ~ RÖSSLER B **01**, 989 ~ KLEK, Konrad in LKEG H. 5 (**2002**) 3f. ~ JLH 42 (**2003**) 228 ~ KNEITSCHEL B **03**, 300

S. auch bei EG 1 „Macht hoch die Tür“ !

3 Gott, heilger Schöpfer
(Conditor alme siderum)

KOCH I B ^{3}**1866/1973**, 52; II B ^{3}**1867/1973**, 140 ~ FISCHER I B **1878/1967**, 224 ~ BÄUMKER I B **1886/1962**, 247 ~
JULIAN B ^{2}**1907/1985**, 257f. 1624 ~ THOMAS, Wilhelm in MGkK 36 (**1931**) H. 11, 317 ~
BERGMANN B **53**, 28. 69f. 226f. ~ MMMA (**1956**) I, 23 ~ KULP / BÜCHNER / FORNACON in HEKG Sb (**1958**) 19 ~
MERTES B **62**, 23. 27 ~ SOMMER A **64**, 72 ~ Müntzer, Thomas: Schriften und Briefe. Kritische Gesamtausgabe, hg. Günther Franz, Gütersloh **1968**, 48f. ~
SAUER-GEPPERT A **73/74**, 202 ~ HONEMEYER, Karl: Thomas Müntzer und Martin Luther. Ihr Ringen um die Musik des Gottesdienstes, Berlin **1974**, bes. 78–83 ~ JLH 19 (**1975**) 230 ~ WGL I (**1975**) 133f. ~ BRÄUER, Siegfried: Thomas Müntzers Liedschaffen, in: Hans-Jürgen Goertz / Abraham Friesen (Hg.): Thomas Müntzer, Darmstadt **1978**, 227–295 ~ GERHARDS, Albert: Die deutsche Fassung des Christushymnus „Conditor alme siderum", Liturgisches Jb. 29 (**1979**) 51–54 ~ SEUFFERT, Josef in WGL IX (**1979**) 40 ~
ERNST B **85**, 27. 182 ~ MITTRING, Johannes in KCh 45 (**1985**) H. 6, 91 ~ AMELN A **86**, 109 ~ VEIT B **86**, 38 Anm. 10 ~ DRÖMANN / SCHUBERTH B ^{2}**87**, Nr. 2 ~ SIDLER, Hubert in RGL (**1988**) 572f. ~
BRECHT, Martin: Thomas Müntzers Christologie, in: Siegfried Bräuer / Helmar Junghans (Hg.): Der Theologe Thomas Müntzer. Untersuchungen zu seiner Entwicklung und Lehre, Berlin / Göttingen **1989**, 62–83 ~ MAU, Rudolf: Gott und Schöpfung, ebd. 11–38 ~
BRANDT, Gisela: Thomas Müntzers sprachliches Wirken im 16., 17. und 18. Jahrhundert über die Hymnen des „Deutschen Kirchenamtes" (1523), Göppingen **1992** ~ NSK **1992**/3, 22 ~ KORNEMANN A **94**, 9. 13 ~ WEG II (**1994**) 71 ~ EINIG B **95**, 181f. 412 ~ ÜHLEIN B **95**, 137 ~ DKL III/1.2 Notenbd. (**1996**) 46 ~ DKL III/1.2 Textbd. (**1997**) 41f. ~ GERBER B **97** (ein altes, neues Lied) ~ DKL III/1 Registerbd. (**1999**) 206 ~ HEINE, Herbert / MAGES, Michael / MARTINI, Britta in HEG II (**1999**) 175. 195f. 220f. ~
BRÄUER, Siegfried: „do durch dye zeit nicht vorgebens vorswinde". Thomas Müntzers Reform des Gottesdienstes, in: Siegfried Bräuer: Spottgedichte, Träume und Polemik in den frühen Jahren der Reformation. Abhandl. und Aufs., hg. Hans-Jürgen Goertz / Eike Wolgast, Leipzig **2000**, 155–168 ~ RÖSSLER B **01**, 49 ~ BRÄUER, Siegfried / RÖSSLER, Martin in LKEG H. 5 (**2002**) 5–9, (fast) = ÖLK II (2003) ~ DKL III/2 Textbd. (**2002**) 268f. ~ GERHARDS, Albert in FRANZ B **02**, 45–54 ~ JLH 42 (**2003**) 227f. ~ KNEITSCHEL B **03**, 184f. 313 ~

KURZ, Gebhard: Intende qui regis Israel. Der Weihnachtshymnus des Bischofs Ambrosius von Mailand, JLH 42 (**2003**) 139. 146–148 ~ SCHULZ A **04**, 30

4 Nun komm, der Heiden Heiland

(Veni redemptor gentium / Intende qui regis Israel)

KOCH I B ^{3}**1866/1973**, 48. 162. 240. 464; II B ^{3}**1867/1973**, 453; VII B ^{3}**1872/1973**, 71; VIII B ^{3}**1876/1973**, 456 ~ FISCHER II B **1879/1967**, 115f. 294 ~ BÄUMKER I B **1886/1962**, 243–246 ~ KÜMMERLE I B **1888/1974**, 354; II B **1890/1974**, 410f. ~
JULIAN B ^{2}**1907/1985**, 1211f. ~ RISCH A **1908**, 158 ~ SPITTA A **1917**, 211f. ~
LUCKE, Wilhelm / MOSER, Hans Joachim in WA 35 (**1923**) 149f. 430f. 497f. ~ MÜLLER, Christa: Luthers Adventslied. Nun komm der Heiden Heiland, MGkK 40 (**1935**) 291–294 ~
LOHR A **48**, 157 ~ SCHLISSKE B **48**, 271–280 ~
STAPEL B **50**, 53f. 135–138 ~ LOHR A **51**, 180 ~ SCHLUNK B **51**, 259 ~ SPEHR, Walter in KCh 12 (**1952**) H. 6, 88–90 ~ BERGMANN B **53**, 28. 68f. ~ BRUPPACHER B **53**, 122 ~ DÜRR, Alfred: Wider den Historismus in der Kirchenmusik, MuK 24 (**1954**) 108–111 ~ FISCHER, Martin in BRODDE / MÜLLER B **54**, 12–15 ~ JLH 1 (**1955**) 102 ~ SCHRÖDER B **55**, 91 ~ BURBA B **56**, 26f. ~ GERBER B **56**, 5f. (Sind Choräle langweilig?) ~ JLH 2 (**1956**) 240 ~ WEISMANN, Eberhard in WBK 23 (**1956**) H.6, 99–102 ~ WIORA A **56**, 62 ~ BLANKENBURG, Walter in HEKG II/2 (**1957**) 52–56. 74 ~ FINSCHER A **57**, 66 ~ SCHOENBAUM A **57**, 49 ~ KULP / BÜCHNER / FORNACON in HEKG Sb (**1958**) 7–12. 34. 40. 159. 228. 232. 272. 311 ~ BRENNECKE A **58/59**, 67 ~ JLH 4 (**1958/59**) 108. 250 ~
BLANKENBURG A **61**, 581f. 590f. ~ JLH 6 (**1961**) 117. 126. 223 ~ AMELN A **62**, 55. 75 ~ JENNY B **62**, 63. 91f. 155f. 209. 239. 278 ~ JLH 7 (**1962**) 132. 162 ~ LIPPHARDT I A **62**, 137 ~ NELLE B ^{4}**62**, 56 ~ SAMSON A **62**, 337f. ~ BRODDE A **63**, 76f. ~ HEYDEN A **63**, 181 ~ RECKZIEGEL B **63**, 80. 138. 165. 202 ~ WERTHEMANN B **63**, 29–39 (und 17ff. 25. 28. 40. 68. 70. 74. 78. 98f. 158. 161) ~ ZIMMERMANN A **63**, 55–57 ~ GERMON A **64**, 362 ~ KÖHLER B **64** (HEKG I/2) 23–27 ~ SOMMER A **64**, 36. 41. 46. 72. 74f. ~ SZÖVERFFY I B **64**, 51f. 53f. 66. 143. 175 Anm. 34. 214. 372. 428. 434 ~ BLUME, Friedrich / FINSCHER, Ludwig in BLUME B ^{2}**65**, 23f. 44f. ~ BLANKENBURG, Walter ebd. 405 ~ JLH 11 (**1966**) 165 ~ KRATZEL A **66**, 171. 176 ~ SOMMER A **66**, 147. 149. 157 ~ AMELN A **67**, 172. 182 ~ BIRKNER A **67**, 121 ~ HAHN B **67**, 23–25 ~ JET-

TER, Werner: Die andere Gottesspur, in: Christliche Tag- und Nachtgedanken, Hamburg **1967**, 313–319 ~ JLH 12 (**1967**) 110 ~ GROTHAUS, Hans: Nun komm, der Heiden Heiland. Protokoll einer Unterrichtsstunde im 4. Schuljahr, EvU 23 (**1968**) 270–275. 278–280 ~ JANOTA B **68**, 106 Anm. 477 ~ KOUBA, Jan: Der älteste Gesangbuchdruck von 1501 aus Böhmen, JLH 13 (**1968**) 108f. ~ SCHÜTZ A **68**, 66f. ~ GRIMM A **69**, 153f. ~ JLH 14 (**1969**) 144 ~
KÜSSNER A **70**, 504 ~ NITSCHKE, Horst / STIER, Alfred in HEKG III/1 (**1970**) 112. 115–121 ~ JLH 16 (**1971**) 186 ~ BLANKENBURG A **73/74**, 69. 72. 74 ~ BREDNICH I B **74**, 92; II B **75**, Nr. 135 ~ JENNY, Markus / KRAFT, Sigisbert / KUNTZ, Michael: Komm, du Heiland aller Welt, WGL I (**1975**) 115f. ~ MERTEN I A **75**, 18 ~ MGD 29 (**1975**) 55. 60 ~ NSK AM (**1975**) 17, 84 ~ RÖSSLER A **75**, 127. 140. 143. 146. 154. 158f. 161f. 167f. ~ JLH 20 (**1976**) 224 ~ MERTEN II A **76**, 72f. 84 ~ RÖSSLER B **76**, 175f. 206–208. 234f. ~ RÖSSLER-Bibl. B **76**, 266f. 273 ~ BLANKENBURG A **77**, 380–382. 388f. ~ BLANKENBURG A **78**, 147 ~ DRÖMANN A **78**, 189 ~ GOJOWY A **78**, 90–92. 102 ~ MGD 32 (**1978**) 214 ~ JENNY, Markus in MGD 33 (**1979**) 135 ~ JLH 23 (**1979**) 235 ~ MGD 33 (**1979**) 4 ~
JLH 24 (**1980**) 108. 211 ~ MGD 34 (**1980**) 63 ~ HAHN B **81**, 19. 46. 173 Anm. 225. 184 Anm. 48 185 Anm. 54. 189 Anm. 60f. 203. 289–293. 295. 298–300 ~ RÖSSLER B **81**, 125–132. 141–146 ~ AESCHBACHER A **82**, 98f. ~ JLH 26 (**1982**) 45. 54. 66. 145 ~ MGD 36 (**1982**) 99 ~ SCHÖNBORN A **82**, 45. 54. 66 ~ SIDLER A **82**, 214 ~ DRÖMANN A **83**, 171 ~ HEIMRATH / KORTH B **83**, 46. 131 ~ JENNY A **83**, 47. 49–51 ~ JENNY B **83**, 42f. ~ MGD 37 (**1983**) 104 ~ ÜHLEIN, Hermann / GENSLER, Elisabeth in BECKER / KACZYNSKI I B **83**, 643 ~ JLH 28 (**1984**) 16 ~ MGD 38 (**1984**) 70. 124. 164. 181 ~ SCHÖNBORN A **84**, 103 ~ AMELN A **85**, 14 ~ ASPER B **85**, 57. 60. 64. 67. 70. 75. 142. 145. 178f. ~ BOECKH, Jürgen: Veni redemptor gentium, in Quatember 49 (**1985**) H. 1, 193–199 ~ ERNST B **85**, 27. 66. 78. 81. 200. 205. 307 ~ JENNY B **85** (WA.A 4) 72f. 202–204. 325f. ~ JLH 29 (**1985**) 227. 242 ~ MGD 39 (**1985**) 248 ~ AMELN A **86**, 113. 117 ~ MGD 40 (**1986**) 220. 250. 254 ~ NSK **1986**/3, 24 ~ VEIT B **86**, 38 Anm. 10. 41. 52. 54 Anm. 58. 60 Anm. 105. 64. 67 Anm. 26. 82 Anm. 5. 83. 88 Anm. 38. 91 Anm. 55. 95. 95 Anm. 73. 96. 98 Anm. 82. 100. 101. 102. 102 Anm. 105. 103. 148. 153f. 223 ~ MGD 41 (**1987**) 26. 108. 156. 163 ~ JLH 31 (**1987/88**) 200 ~ JENNY, Markus in RGL (**1988**) 568 ~ MGD 42 (**1988**) 307 ~ NSK **1988**/2, 12. 33 ~ PACIK A **88**, 89–91 ~ AMELN A **89**, 17f. 30 ~ JLH 32 (**1989**) 80. 163 ~
MGD 44 (**1990**) 238f. ~ NSK **1990**/3, 9 ~ PETZOLDT, Martin: Zur Frage der Textvorlagen von BWV 62 „Nun komm der Heiden Heiland“, in MuK 60 (**1990**) H. 6, 302–310 ~ BLANKENBURG B **91**,

150–152. 333 ~ NSK **1991**/1, 28 ~ ENGELSBERGER B **92**, 9. 15–19 ~ HERBST, Wolfgang (Hg.): Evangelischer Gottesdienst. Quellen zu seiner Geschichte, Göttingen ²**1992**, 55 = in MÖLLER B **00**, 75 ~ MUSCH, Hans: Der Adventschoral „Nun komm der Heiden Heiland" in Vokalbearbeitungen, in MS 112 (**1992**) 354–373 ~ NSK **1992**/3, 4 ~ WEBER-KELLERMANN B ⁷**92**, 18–20 ~ STOLZE B **92**, 122 (Quiz) ~ JLH 34 (**1992/93**) 112. 210. 218 ~ KRIEG A **92/93**, 27 ~ DE LA MOTTE B **93**, 204 ~ DKL III/1.1 Notenbd. (**1993**) 81 ~ DKL III/1.1 Textbd. (**1993**) 97 ~ FRANK B ²**93**, 164 ~ WEG I (**1993**) 59. 106. 108f. ~ FRANZ, Ansgar: Tageslauf und Heilsgeschichte. Untersuchungen zum literarischen Text und liturgischen Kontext der Tagzeitenhymnen des Ambrosius von Mailand, St. Ottilien **1994**, 17–25 ~ KORNEMANN A **94**, 9 ~ NSK **1994**/3, 20 ~ WEG II (**1994**) 23. 71 ~ JLH 35 (**1994/95**) 124. 234. 243 ~ KURZKE A **94/95**, 125 ~ ALBRECHT B ⁴**95**, 14. 140 ~ EINIG B **95**, 12. 105. 126f. 412 ~ GÖSER B **95**, bes. 116f. 126–179 ~ HOFFLEIT B **95**, 42–44. 132. 144. 146. 155. 235. 260. 267. 274 ~ ROSER B **95**, 8–11 ~ RÖSSLER A **95**, 1294 ~ DKL III/1.2 Notenbd. (**1996**) 45f. 101 ~ KLEK / SCHRADE A **96**, 235f. ~ ROSER A **96**, 85 ~ DKL III/1.2 Textbd. (**1997**) 40f. 94f. ~ GERBER B **97** (Die lange Geschichte eines Adventslieds) ~ BERNOULLI A **98**, 22f. ~ JLH 37 (**1998**) 222f. ~ von MEDING B **98**, 112–115. 120. 251. 294. 296. 309–311. 324. 326. 328. 337. 400. 406f. 417. 420f. 445f. ~ SCHÜTZ A **98**, 63 ~ WEG V (**1998**) 17 ~ WISSEMANN-GARBE A **98**, 119. 138 ~ DKL III/1 Registerbd. (**1999**) 219. 228 ~ FRANZ, Ansgar / RÖSSLER, Martin in HEG II (**1999**) 22–24. 204–208 ~ JLH 38 (**1999**) 247 ~ WACHINGER, Burghart: Veni redemptor gentium, VerLex 10 (²**1999**) 224–226 ~
RENNER, Jürgen in SEEBERG B **00**, 24–26 (Pr) ~ ROTHFAHL, Wolfgang (und FINKBEINER, Christine) in FELLECHNER / FINKBEINER B **00**, 11–23 (+Gd. mit Pr) ~ JLH 40 (**2001**) 201 ~ MARTI A **01**, 153. 156 ~ RÖSSLER B **01**, 50. 68. 79. 225f. 920 ~ DKL III/2 Textbd. (**2002**) 268. 290 ~ FRANZ B **02**, 49 Anm. 19. 66 Anm. 56. 90. 172 ~ JLH 41 (**2002**) 241 ~ KURZ, Gebhard: Intende qui regis Israel, in FRANZ B **02**, 3–27, bes. 7. 16–18. 26f. ~ SCHMIDT B **02**, 306. 751 ~ JLH 42 (**2003**) 227. 233 ~ KURZ, Gebhard: Intende qui regis Israel. Der Weihnachtshymnus des Bischofs Ambrosius von Mailand, JLH 42 (**2003**) 105–161, bes. 114. 140. 149f. 153f. 156. 159. 161 ~ KÜCK / KURZKE B **03**, 5 ~ MARTI, Andreas in ÖLK II (**2003**) ~ REICH A ³**03**, 766 ~ SCHUBERTH A **03**, 370 ~ STEIFF, Gerhard: Die Diskussion. Nachgedanken / Vorausgedanken zum EG, in WBK 70 (**2003**) H. 1, 11f. ~ KORTH A **04**, 219. 230 ~ MARQUART, Manfred in HANDT / JETTER B **04**, 15–17 (B) ~ RIEHM B **04**, 432 ~ ACKERMANN B ³**05**, 48 ~ MARTI, Andreas in LKEG H. 12 (**2005**) 3–11

5 Gottes Sohn ist kommen

KOCH I B [3]**1866/1973**, 257; II B [3]**1867/1973**, 130 ~ FISCHER I B **1878/1967**, 222 ~ KÜMMERLE I B **1888/1974**, 179. 491 ~ WOLKAN B **1891/1968**, 133 ~
GERBER, Hermann: Schwierige Liedauswahl, WuW 5 (**1950/51**) Nr. 10, 70f. = GERBER B **56**, 7–9 ~ BLANKENBURG A **51**, 68 ~ SCHLUNK B **51**, 125f. ~ WEISMANN, Eberhard in WBK 20 (**1953**) H. 6, 98–100 ~ BRODDE / MÜLLER B **54**, 47–49 ~ WEISS, Ewald in GuK **1954**, 187 ~ BLANKENBURG, Walter in HEKG II/2 (**1957**) 75 ~ SCHOENBAUM A **57** ~ KULP / BÜCHNER / FORNACON in HEKG Sb (**1958**) 12–16. 82. 121–123. 265. 316. 509 ~
JENNY B **62**, 54f. 130f. 275 ~ RECKZIEGEL B **63**, 109. 210 ~ WERTHEMANN B **63**, 18f. 27. 160 ~ KÖHLER B **64** (HEKG I/2) 27–29 ~ AMELN A **67**, 172 ~ LIPPHARDT A **68**, 166 ~
KÜSSNER A **70**, 504f. ~ NITSCHKE, Horst / STIER, Alfred in HEKG III/1 (**1970**) 112 ~ RÖSSLER-Bibl. B **76**, 251 ~ GOJOWY A **78**, 90f. ~ JENNY, Markus in MGD 33 (**1979**) 136 ~ SCHOTT A **79**, 169 ~
SCHÖNBORN A **82**, 38 ~ JLH 29 (**1985**) 48 ~ MGD 40 (**1986**) 220 ~ JLH 32 (**1989**) 275 ~ SCHULZ A **89**, 31 ~
BOHREN A **90**, 138f. ~ ENGELSBERGER B **92**, 21. 24–28 ~ WEBER-KELLERMANN B [7]**92**, 33f. ~ STOLZE, Hans-Dieter: „... uns allen zu Frommen ...“ – Geschichte, in STOLZE B **92**, 114–120 (B) ~ ebd. 122 (Quiz) ~ WEG I (**1993**) 70 ~ ROSER B **95**, 35f. ~ NSK **1996**/2, 2–4 ~ DKL III/1 Registerbd. (**1999**) 122. 207 ~ HERBST, Wolfgang in HEG II (**1999**) 45–47 ~
BLOCK B [4]**01**, 30f. (Nachdichtung) ~ RÖSSLER B **01**, 252. 924 ~ MARTINI B **02**, 40 ~ SCHMIDT B **02**, 573 ~ SCHUBERTH A **03**, 370f.

6 Ihr lieben Christen, freut euch nun

KOCH I B [3]**1866/1973**, 303. 307 ~ FISCHER I B **1878/1967**, 404 ~ KÜMMERLE II B **1890/1974**, 393 ~
KIEFNER, Walter: Ein altes und ein neues Adventslied, KCh 11 (**1951**) H. 6, 82 ~ KROLZIG, Günter / KELLETAT, Herbert: Die Gemeinde-Singstunde. Gemeinde-Singblatt Nr. 1: Vier Adventslieder, Km 2 (**1951**) H. 6, 145f. ~ SCHLUNK B **51**, 190 ~ BRODDE / MÜLLER B **54**, 16–19 ~ WEISS, Ewald in GuK **1954**, 187f. ~ JLH 1 (**1955**) 62 ~ MEZGER, Manfred in WBK 22 (**1955**) H. 6, 104–106 ~ BLANKENBURG, Walter in HEKG II/2 (**1957**) 85–87 ~ JLH 3 (**1957**) 223 ~ KULP / BÜCHNER / FORNACON in HEKG Sb (**1958**) 16f. ~ BRENN-

ECKE A **58/59**, 71 ~ LANGE, Martin / REICH, Philipp in KmN 10 (**1959**) Nr. 4/5 (+B) ~
GSCHWEND A **62**, 167. 169 ~ RECKZIEGEL B **63**, 115 ~ WERTHEMANN B **63**, 101 ~ JLH 9 (**1964**) 169 ~ KÖHLER B **64** (HEKG I/2) 29f. ~ REICH A **67**, 6 ~ FORNACON, Siegfried: Nochmals: Adam Reisner, JLH 13 (**1968**) 140–145 ~ LIPPHARDT A **68**, 163. 167 ~ JLH 14 (**1969**) 143. 148 ~
NITSCHKE, Horst / STIER, Alfred in HEKG III/1 (**1970**) 111–114. 123–125 ~ WITTENBERG A **73/74**, 196f. ~ GOJOWY A **78**, 91. 122f. ~ JENNY, Markus in MGD 33 (**1979**) 135 ~
ERB I B [2]**81**, 35 ~ JLH 25 (**1981**) 181 ~ ERNST B **85**, 290 ~ MGD 43 (**1989**) 32 ~
ENGELSBERGER B **92**, 29. 34–38 (B) ~ WEBER-KELLERMANN B [7]**92**, 150f. ~ DKL III/1.1 Notenbd. (**1993**) 233 ~ DKL III/1.1 Textbd. (**1993**) 204 ~ FRANK B [2]**93**, 209 ~ ROSER B **95**, 11–13 ~ DKL III/1 Registerbd. (**1999**) 57.59–61. 125. 129. 211 ~ STALMANN, Joachim in HEG II (**1999**) 19f. ~
HASSIEPEN, Werner in SEEBERG B **00**, 28–30 (Pr) ~ BLOCK B [4]**01**, 92 (Nachdichtung) ~ RÖSSLER B **01**, 107 ~ BILL, Oswald / RATHEY, Markus in LKEG H. 4 (**2002**) 3–8 ~ DKL III/2 Textbd. (**2002**) 94. 259 ~ DKL III/1.3 Textbd. (**2003**) 69 ~ JLH 42 (**2003**) 228 ~ SCHUBERTH A **03**, 370

Zur Mel. s. auch bei EG 442 „Steht auf, ihr lieben Kinderlein“!

7 O Heiland, reiß die Himmel auf

BÄUMKER I B **1886/1962**, 248f. 266 ~
KROLZIG, Günter / KELLETAT, Herbert in Km 2 (**1951**) H. 6, 146f, ~ SCHLUNK B **51**, 279 ~ BERGMANN B **53**, 42. 50. 67. 70f. 224–226. 273 ~ BRUPPACHER B **53**, 115 ~ PAULSEN A **53**, 31f. ~ SOLZBACHER B **56**, 94–96 (B) ~ BLANKENBURG, Walter in HEKG II/2 (**1957**) 96 ~ HAMACHER, Th. in: Theologie und Glaube **1957**, 186ff. ~ KULP / BÜCHNER / FORNACON in HEKG Sb (**1958**), 19. 173. 854 ~ ROSENFELD, Emmy: Friedrich Spee von Langenfeld. Eine Stimme in der Wüste, Berlin **1958**, 105. 164f. ~ MÜLLER-BLATTAU A **59**, 365 ~ JLH 5 (**1960**) 152 ~ GSCHWEND A **62**, 162. 171f. ~ MERTES B **62**, 28. 32f. 48. 116. 127f. ~ NELLE B [4]**62**, 171 ~ JLH 8 (**1963**) 95 ~ REHM, Gottfried: Ein Adventslied von Friedrich von Spee, MS 83 (**1963**) 318–321 ~ WERTHEMANN B **63**, 20. 43. 46. 51f. ~ KÖHLER B **64** (HEKG I/2) 32f. ~ NEUBACHER B **68**, 22 ~ AENGENVOORT A **69**, 113 ~
JLH 15 (**1970**) 253 ~ KÜSSNER A **70**, 505 ~ NITSCHKE, Horst /

STIER, Alfred in HEKG III/1 (**1970**) 112f. 127–130 ~ KAUFHOLD A **73**, 283 ~ JENNY, Markus / SCHADE, Wernerfritz / SIDLER, Hubert / STEINER, Petronia in WGL I (**1975**) 109–111 = MS 111 (**1991**) 406f. ~ MGD 29 (**1975**) 20 ~ JLH 20 (**1976**) 158 ~ SCHLEICHER, Peter in PrGL 1 (**1976**) 16–20 (+Pr) ~ GRANZ A **78**, 184 ~ MGD 32 (**1978**) 95. 103. 212 ~ NSK AM (**1978**) 26, 128 ~ BLANKENBURG A **79**, 253f. ~ HÄRTING B **79**, 161f. 284 ~ MGD 33 (**1979**) 96. 103 ~ SCHOTT A **79**, 168f. ~ SEUFFERT, Josef in WGL IX (**1979**) 35f. ~ FISCHER, Balthasar: O Heiland, reiß die Himmel auf, in: Anton Arens (Hg.): Friedrich Spee von Langenfeld. Zur Wiederauffindung seines Grabes im Jahre 1980, Trier **1981**, 75–83 (B) ~ PRAGER, Mirjam, in Hl. Dienst 35 (**1981**) 117–121 (+B) ~ MGD 36 (**1982**) 159. 205 ~ SCHEITLER B **82**, 33f. ~ SIDLER A **82**, 217 ~ JENNY A **83**, 176. 178 ~ JLH 27 (**1983**) 252 ~ SAUER-GEPPERT B **84**, 24 ~ ZIPPERT B **84**, 28–32 (Pr vom 14. 12. 1980) ~ JLH 29 (**1985**) 238 ~ ROST / MICHALKE B **85**, 11f. ~ JLH 30 (**1986**) 216 ~ MGD 40 (**1986**) 64 ~ NSK **1987**/1, 29 ~ OVERHOFF, Frank: O Heiland reiß die Himmel auf. Eine Begegnung mit dem Adventslied Friedrich von Spees, RKZ 128 (**1987**) 363–367 ~ AMELN A **88**, 210f. 218. 266. 268. 373 ~ NSK **1988**/3, 10 ~ van OORSCHOT, Theo G. M.: Zur geistigen Biographie Spees, in BATTAFARANO B **88**, 57f. ~ QUACK, Erhard / THURMAIR, Maria Luise in RGL (**1988**) 567 ~ RGL (**1988**) 210 (NORDHUES / WAGNER) ~ FISCHER, Balthasar in GD 23 (**1989**) H. 22, 188f. = Ld Dok **1996** „O Heiland, reiß die Himmel auf" (Pr) ~ MGD 43 (**1989**) 287f. ~

NSK **1990**/2, 20 ~ JLH 33 (**1990/91**) 251 ~ GEHRT, Stefan: Vorschlag einer Kombination „O Heiland reiß die Himmel auf" und „Die ganze Welt, Herr Jesu Christ". Lieder eines Querdenkers, NSK **1991**/3, 20 = Ld Dok **1997** „Die ganze Welt, Herr Jesu Christ" ~ KRAMER, Susanne: „… reiss ab, wo Schloss und Riegel für". Eine Liedbeschreibung, in: „Orientierung" Februar 3/**1991**, 31–33 = Ld Dok **1996** „O Heiland, reiß die Himmel auf" ~ SCHELL A **91**, 141–143 ~ UELTZEN A **91**, 309f. ~ UERLINGS, Herbert, 41–50 (sowie TENHAEF, Peter, 159–178 / PERSCH, Martin, 179–221 / SCHNEIDER, Bernhard, 223–290 / KÜPPERS, Kurt, 291–308) in GRUNEWALD / GUSSONE B **91** ~ ENGELSBERGER B **92**, 51. 56–60 (B) ~ NSK **1992**/3, 22 ~ WEBER-KELLERMANN B ^{7}**92**, 16f. ~ JLH 34 (**1992/93**) 209 ~ SCHNEIDER / VICKTOR B **93**, 168–171 ~ WEG I (**1993**) 73. 80–83 ~ GEHRT A **94**, 50f. ~ KORNEMANN A **94**, 13 ~ NSK **1994**/4, 13 ~ WEG II (**1994**) 71 ~ ZIPPERT A **94**, 11f. ~ FRANZ A **95**, 349. 362–371. 375f. ~ GEHRT A **95**, 43 ~ SCHNEIDER A **95**, 292. 299. 305. 327f. ~ SIEVERNICH, Michael: Friedrich Spee, in MÖLLER B **95**, 199 ~ ÜHLEIN B **95**, 137. 283 ~ ZIPPERT B **95**, 10–16 (B) ~ PRITZKAT, Joachim: Das Adventslied „O Heiland, reiß die Himmel auf" von Friedrich Spee. Deutungen und Wirkungen unter besonderer Berücksichtigung der Mainzer Gesangbuchtradition (Wissenschaftliche Prüfungsarbeit im Fachbereich Katholische Theologie der Universität Mainz), Mainz **1995/96** ~ LÄHNEMANN B **96**, 102–107 (Pr vom 20. 12. 1992) ~ Ld Dok **1996** „O Heiland reiß die Himmel auf" ~ NSK **1996**/2, 22 ~ STEFAN, Hans-Jürg in Ld Dok **1996** „O Heiland, reiß die Himmel auf" (Pr) ~ WINKES B **96**, 29–35 (Pr) ~ BERNOULLI A **98**, 22f. ~ Een Comp [3]**1998**, Nr. 128 ~ REICH A **98**, 68 ~ TERNEDDEN, Brigitte: Aufschrei aus unbeschreiblicher Not, NSK **1998** / 4, 7f. ~ ZB 398 O Heiland, reiß die Himmel auf! (Dias, Text bzw. Kassette, Text, Musik) Aachen **1998** (B) ~ GRÖZINGER, Albrecht in HEG II (**1999**) 304f. ~ PRITZKAT, Joachim: O Heiland, reiß die Himmel auf. Zur 374jährigen Geschichte eines Liedes von Friedrich von Spee, in: KURZKE / ÜHLEIN B **99**, 131–172 ~ DEUTSCH, Eckhardt in SEEBERG B **00**, 32–34 (Pr vom 5. 12. 1999) ~ JLH 39 (**2000**) 228 ~ RÖSSLER, Martin in MÖLLER B **00**, 138 ~ PAUL, Peter in FELLECHNER / FINKBEINER B **00**, 25–37 (+Gd mit Pr) ~ FRANZ, Ansgar in Geistl. Wunderhorn (**2001**) 181–192. 515f. ~ HERBST II A **01**, 178 ~ JLH 40 (**2001**) 178 ~ MARTI B **01**, 72 ~ RÖSSLER B **01**, 398. 910 ~ SCHEFFBUCH 2 B [2]**01**, 214f. ~ SCHELL, Johanna in LKEG H. 2 (**2001**) 3–6 ~ SCHELL, Johanna (und STEFAN, Hans-Jürg) / SCHMID, Daniel in ÖLK I (**2001**) ~ FRANZ B **02**, 171 Anm. 11. 172. 586 ~ JLH 41 (**2002**) 236f. ~ FRANZ, Ansgar in KURZKE / NEUHAUS B **03**, 16 ~ Friederich, Anselm in HARTMANN B **03**, 65–68 (+ Pr) ~ KNEITSCHEL B **03**, 185f. 359 ~ KÜCK / KURZKE B **03**, 22 ~ REIF, Matthias: Friedrich Spee von Langenfeld, SMG 128 (**2003**) H. 3, 105 ~ JLH 43 (**2004**) 249

8 Es kommt ein Schiff, geladen

BÖHME B **1877/1966**, Nr. 517 ~ BÄUMKER I B **1886/1962**, 346 ~ ERK / BÖHME III B **1893f./1988**, 628f. ~
JACOBY, Adolf: Christus und das Schiff, MGkK 5 (**1900**) H. 6, 175–178 ~ SPITTA, Friedrich: Taulers Adventslied, MGkK 10 (**1905**) H. 10, 301–309; H. 11, 329–331; H. 12, 362–364 ~ JULIAN B [2]**1907/1985**, 1116 ~ SPITTA, Friedrich: Von der stillen Werbekraft des Taulerliedes, MGkK 26 (**1921**) H. 11/12, 282–285 ~
LOHR A **48**, 157f. ~
SCHLUNK B **51**, 105 ~ BERGMANN B **53**, 32. 35. 74 ~ FRÖR, Kurt in KUV 5 ([2]**1953**) 104 ~ von KOENIGSWALD, Harald: Das Weihnachtsschiff, in PLATTE B **54**, 5–11 (B) ~ BRODDE, Otto: Es kommt ein Schiff geladen. Eine Liedbetrachtung, KCh 16 (**1956**) H. 6, 82f. (B) ~ KRAMP A **57/58**, 199f. ~ BACH, Artur / GRIMME, Gertrud in

EvUV 7 (**1958**) 251–254 ~ KULP / BÜCHNER / FORNACON in HEKG Sb (**1958**) 17–19. 67. 137. 142 ~ JLH 4 (**1958/59**) 249 ~ MÜLLER-BLATTAU A **59**, 365 ~

BECKER, M. Eucharis: Untersuchungen zu dem Tauler zugeschriebenen Lied „Es kuompt ein schiff geladen", in: Ephrem Filthaut (Hg): Johannes Tauler, ein deutscher Mystiker. Gedenkschrift zum 600. Todestag, Essen **1961**, 77–92 ~ NELLE B ^{4}**62**, 29 ~ WESTPHAL, H. / STACHNIK, R.: Es kommt ein Schiff, in: Der Dorotheenbote, Herne **1962**, H. 17, 12–14 ~ SCHÖNEICH A **63**, 395f. ~ WERTHEMANN B **63**, 20. 131 ~ GERMON A **64**, 361f. ~ JLH 9 (**1964**) 238 ~ KÖHLER B **64** (HEKG I/2) 31f. ~ ALPERS, Paul / JENNY, Markus: „Es kommt ein Schiff geladen", JLH 10 (**1965**) 147–152 ~ KRAMP, Willy in HOFMANN B **67**, 58 ~ JANOTA B **68**, 146 Anm. 723. 213 Anm. 1018 ~ AENGENVOORT A **69**, 118 ~ JLH 14 (**1969**) 117 ~

NITSCHKE, Horst / STIER, Alfred in HEKG III/1 (**1970**) 125–127 = Ld Dok **1996** „Es kommt ein Schiff geladen", 1 ~ KÜSSNER A **70**, 505 ~ WEISMANN, Eber-hard in HEKG III/1 (**1970**) 112f. ~ JENNY, Markus / QUACK, Erhard / THURMAIR, Maria Luise in WGL I (**1975**) 129–131 ~ KLUSEN B **75**, 96. 107f. 157. 160. 163–165. 168f. ~ TRENKLER B **75**, 189–191 ~ JLH 20 (**1976**) 178; 22 (**1978**) 177; 23 (**1979**) 221 ~ MGD 33 (**1979**) 14. 16f. ~ SAUER-GEPPERT A **79**, 175 ~ SEUFFERT, Josef in WGL IX (**1979**) 39 ~

ERB I B ^{2}**81**, 7–9 ~ MGD 35 (**1981**) 250 ~ RÖSSLER B **81**, 178–182 ~ JANOTA A **82**, 197 ~ MGD 36 (**1982**) 153. 159 ~ JENNY A **83**, 178 ~ JLH 27 (**1983**) 254 ~ MGD 37 (**1983**) 94. 198 ~ ZIPPERT B **84**, 22–27 = Ld Dok **1996** „Es kommt ein Schiff geladen", 9f. (Pr vom 11. 12. 1983) ~ HEINER B ^{3}**85**, 30f. ~ AMELN A **86**, 45 ~ FISCHER, Balthasar in GD 20 (**1986**) H. 23, 177–179 (Pr) ~ NSK **1987**/3, 1 ~ SCHÖNBERG A **88**, 482–485 ~ THURMAIR, Maria Luise in RGL (**1988**) 571 ~ HESSING B ^{2}**89**, 9 ~ JLH 32 (**1989**) 270 ~ MGD 43 (**1989**) 287f. ~

NSK **1990**/3, 21 ~ RÖSSLER B **90**, 22–30 = Ld Dok **1996** „Es kommt ein Schiff geladen", 8 (Pr) ~ WEISS, Bardo: Es kommt ein Schiff geladen. Weihnachtsmeditation, meditation 16 (**1990**) H. 1, 1f. (B) ~ MELLINGHOFF-BOURGERIE, Viviane: Zur Geschichte des Liedes „Es kommt ein Schiff, geladen". Von Ephräm dem Syrer zu Johannes Tauler, JLH 33 (**1990/91**) 111–129 ~ BOECKH, Jürgen: Das Wort will Fleisch uns werden, Quatember 56 (**1992**) H. 4, 194–197 ~ ENGELSBERGER B **92**, 39. 44–49 ~ GREULE, Albrecht: Sprachwissenschaftliche Beiträge zur Kirchenliedforschung, in: Zs für deutsche Philologie 111 (**1992**) 66f. ~ GROSSE-JÄGER / EGGER B **92**, 56–62 ~ NSK **1992**/2, 25; 3, 22 ~ STOLZE B **92**, 108f. (B), 116f. (Geschichte), 122 (Quiz) ~ WEBER-KELLERMANN B ^{7}**92**, 272–274 ~ FRANK B ^{2}**93**, 107 ~ GNÄDINGER, Louise: Johannes Tauler. Lebenswelt und mysti-

sche Lehre, München **1993** ~ SCHNEIDER / VICKTOR B **93**, 79–83 = Ld Dok **1996** „Es kommt ein Schiff geladen", 2–6 ~ WEG I (**1993**) 27 ~ REMY, Jochen in KOERRENZ / REMY B **94**, 125–130 (Pr vom 29. 12. 1991) ~ ALBRECHT B [4]**95**, 16 ~ GOES, Albrecht: Es kommt ein Schiff geladen bis an sein höchsten Bord. Eine Adventsmeditation zu einem alten Kirchenlied, in ZB 252 (18 Farbdias, Textblätter) Aachen **1995** (B) ~ KRUMMACHER A **95**, Sp. 775 ~ NSK **1995**/3, 24 ~ SCHLATTER-EHRENSPERGER, Verena: Es kommt ein Schiff geladen – Ein Beitrag der Mystik zum Weihnachtsfest, Ld Dok **1996** „Es kommt ein Schiff geladen", 7 ~ DIENST 1 A **96** ~ ULRICH, Herbert: Es kommt ein Schiff geladen, SMG 121 (**1996**) H. 6, 256–258 ~ WINKES B **96**, 26–28 ~ JLH 36 (**1996/97**) 258 ~ HOFMANN, Ernst: Ein Schiff – Ein Ros: Maria. Die Bildrätsellieder zur Weihnacht, meditation 23 (**1997**) H. 1, bes. 2 ~ NSK **1997**/3, 1 ~ REICH B **97**, 207–211 = REICH, Christa: Es kommt ein Schiff, in MÖLLER B **97**, 46–51 (Pr vom 30. 12. 1990) ~ WEG IV (**1997**) 82 ~ BERNOULLI A **98**, 22f. ~ Een Comp [3]**1998**, Nr. 116 ~ JLH 37 (**1998**) 223 ~ LEUBE, Bernhard in AuB 51 (**1998**) H. 23, 876–879 ~ REICH, Christa: Auf der Suche nach dem Ort der Menschwerdung: „... da ist das Schiff am Land ...", GAGF 32 (**1998**) 42–51 ~ REICH A **98**, 68 ~ SCHWEIZER A **98**, 99 ~ WEG V (**1998**) 23 ~ WGD 5 (**1998**) 23 ~ DKL III/1 Registerbd. (**1999**) 203 ~ GREULE A **99**, 50–54 ~ TRUNK, Roger in HEG II (**1999**) 317f. ~ THUST, Karl Christian: Es kommt ein Schiff geladen (unveröffentlichter Vortrag vom 13. 12. **1999**) ~ Ders. im Gemeindebrief der Burgkirche Ingelheim, Dez. **1999** / Jan. **2000** ~ WH 2 (**1999**) 96 ~
JLH 39 (**2000**) 231 ~ RIEHM A **00**, 163. 166. 174 ~ LBrF ([3]**2001**) 351 ~ MARTI B **01**, 72 ~ REICH, Christa: Es kommt ein Schiff, in Geistl. Wunderhorn (**2001**), 60–68, 506f. ~ RÖSSLER B **01**, 528. 887. 890 ~ FRANZ B **02**, 34. 102 Anm. 13f. ~ JLH 41 (**2002**) 236 ~ REICH, Christa in LKEG H. 5 (**2002**) 10–16 ~ EICKMEIER, Andrea in HARTMANN B **03**, 19–22 (+Pr) ~ JLH 42 (**2003**) 228 ~ KNEITSCHEL B **03**, 187. 303 ~ KURZKE, Hermann: „O Heiland, reiß die Himmel auf". Über Klage und Erlösung, Advent und Depression; meditation 29 (**2003**) H. 4, 30–33 (B) ~ KURZKE A **03**, 156 ~ ULRICH, Herbert in ÖLK III (**2004**) ~ NEUHAUS B **05**, 103 ~ SCHMIDT B **05**, 195

9 Nun jauchzet all ihr Frommen

KOCH III B [3]**1867/1973**, 341; IV B [3]**1868/1973**, 102; VIII B [3]**1876/1973**, 8 ~ FISCHER II B **1879/1967**, 111f. ~ KÜMMERLE I B **1888/1974**, 296; II B **1890/ 1974**, 400f. ~

NELLE B ^{3}**1924/1962**, Nr. 44 ~
SCHLUNK B **51**, 258 ~ BRUPPACHER B **53**, 116 ~ BRODDE / MÜLLER B **54**, 22–26 ~ KULP / BÜCHNER / FORNACON in HEKG Sb (**1958**) 21–23. 46. 170 ~ NELLE B ^{4}**62**, 165 ~ WERTHEMANN B **63**, 13f. 20. 85. 91. 94. 127f. 130. 166 ~ KÖHLER B **64** (HEKG I/2) 34–36 ~ GRIMM A **69**, 154 ~
WEISMANN, Eberhard in HEKG III/1 (**1970**) 113 ~ NITSCHKE, Horst / STIER, Alfred ebd. 132f. ~ MGD 29 (**1975**) 60; 30 (**1976**) 85 ~ DRÖMANN A **78**, 194 ~ GOJOWY A **78**, 90 ~ JENNY, Markus in MGD 33 (**1979**) 135 ~
SCHÖNBORN A **82**, 45 ~ BUNNERS A **83**, 157 ~ DRÖMANN A **83**, 179 ~ ZIPPERT B **84**, 33–35 (Pr vom 18. 12. 1982) ~ HEINER B ^{3}**85**, 146f. ~ ERB IV B ^{2}**86**, 33f. ~ NSK **1989**/1, 14 ~
ENGELSBERGER B **92**, 73. 78–81 (B) ~ HANDT, Hartmut in STOLZE B **92**, 124–127 ~ STOLZE B **92**, 122 (Quiz) ~ FRANK B ^{2}**93**, 571 ~ KERN, Helmut im Propsteigruß, Mainz, Dez. **1983** (B) ~ WEG I (**1993**) 12. 86f. ~ FOSS B **95**, 109 ~ ROSER B **95**, 15–17 ~ WEG IV (**1997**) 82 ~ SCHWEIZER A **98**, 99 ~ SEIBT B **98**, 81. 89–99 ~ STALMANN, Joachim / KRIEG, Gustav A. in HEG II (**1999**) 66–69. 274f. ~
JLH 39 (**2000**) 234 ~ KENNTNER B **01**, 17–28 (Pr) ~ RÖSSLER B **01**, 436 ~ SCHEFFBUCH 1 B ^{8}**03**, 248f. ~ REICH, Christa in LKEG H. 12 (**2005**)

10 Mit Ernst, o Menschenkinder

KOCH III B ^{3}**1867/1973**, 204; VIII B ^{3}**1876/1973**, 7 ~ FISCHER II B **1879/1967**, 90f. ~ KÜMMERLE II B **1890/1974**, 282 ~
JULIAN B ^{2}**1907/1985**, 1164 ~ NELLE B ^{3}**1924/1962**, Nr. 45 ~
LOHR A **48**, 157f. ~
GERBER, Hermann: Kürbisblüten und Christrosen, WuW 5 (**1950/51**) Nr. 3, 18f. = GERBER B **56**, 10–12 (B) ~ SCHLUNK B **51**, 250 ~ BRUPPACHER B **53**, 119 ~ EISENHUTH B **53**, 80f. ~ BRODDE / MÜLLER B **54**, 20–22 ~ WIORA A **56**, 56 ~ BACH, Arthur / GRIMME, Gertrud in EvUV 5 (**1956**) 249–251 = KUV 7 (^{3}**1959**) 14–16 ~ VOGELSÄNGER, Siegfried: Liedkatechese zu dem Adventslied „Mit Ernst, o Menschenkinder“, EvU 11 (**1956**) 175 ~ BLANKENBURG, Walter in HEKG II/2 (**1957**) 89 ~ KULP / BÜCHNER / FORNACON in HEKG Sb (**1958**) 21. 27f. 36. 442 ~
NELLE B ^{4}**62**, 125 ~ WERTHEMANN B **63**, 13f. 16. 21. 140ff. 170 ~ KÖHLER B **64** (HEKG I/2) 37f. ~ von SCHADE, Herwarth: Ein Herz, das richtig ist ..., KCh 25 (**1965**) H. 6, 83f. (B) ~ NEUBACHER B **68**, 20 ~

KÜSSNER A **70**, 505 ~ NITSCHKE, Horst / STIER, Alfred in HEKG III/1 (**1970**) 135–137 ~ WEISMANN, Eberhard ebd. 113f. ~ LEITNER B ^{2}**71**, 67f. ~ BRODDE A **74**, 6 ~ JENNY, Markus / THURMAIR-MUMELTER, Maria Luise / QUACK, Erhard in WGL I (**1975**) 127f. = MS **1995**, 493f. ~ MGD 29 (**1975**) 60 ~ THURMAIR-MUMELTER, Maria Luise / QUACK, Erhard in TRENKLER B **75**, 187–189 ~ NSK AM (**1976**) 21, 103f. ~ RÖSSLER-Bibl. B **76**, 264 ~ JLH 21 (**1977**) 95 ~ GOJOWY A **78**, 90. 92 ~ JENNY, Markus in MGD 33 (**1979**) 135 ~ ebd. 14. 16f. ~ SEUFFERT, Josef in WGL IX (**1979**) 39 ~
ELTZ-HOFFMANN B **80**, 61f. ~ SCHÖNBORN A **82**, 44. 59 ~ DRÖMANN A **83**, 170 ~ SAUER-GEPPERT B **84**, 122 ~ HEINER B ^{3}**85**, 141 ~ ERB IV B ^{2}**86**, 35–37 ~ NSK **1987**/3, 25 ~ PARENT B **87**, 203. 275 ~ JENNY, Markus in RGL (**1988**) 571 ~
NSK **1991**/1, 29 ~ ENGELSBERGER B **92**, 98–100 (B) ~ STOLZE B **92**, 122 (Quiz) ~ WEBER-KELLERMANN B ^{7}**92**, 146f. ~ FRANK B ^{2}**93**, 571 ~ WEG I (**1993**) 54 ~ KORNEMANN A **94**, 9 ~ HOFFLEIT B **95**, 206f. 254 ~ ROSER B **95**, 13–15 ~ Een Comp ^{3}**1998**, Nr. 107. 126 ~ HOLZAPFEL B **98**, 98f. 154. 174–198. 228. 231 ~ REICH A **98**, 69 ~ SEIBT B **98**, 50f. 267 ~ DKL III/1 Registerbd. (**1999**) 31. 217 ~ GERBER, Gotthard in HEG II (**1999**) 324f. ~
RÖSSLER, Martin in MÖLLER B **00**, 154 ~ RÖSSLER B **01**, 431 ~ SCHEFFBUCH 2 B ^{2}**01**, 201f. ~ SCHMIDT B **02**, 584. 588 ~ KNEITSCHEL B **03**, 187f. 347f. ~ JETTER, Hartmut in HANDT / JETTER B **04**, 22–24 (B) ~ DANZEGLOCKE, Klaus in LKEG H. 12 (**2005**) 12–15

Zur Mel. s. auch bei EG 365 „Von Gott will ich nicht lassen“ !

11 Wie soll ich dich empfangen

KOCH III B ^{3}**1867/1973**, 317; VIII B ^{3}**1876/1973**, 11 ~ FISCHER II B **1879/1967**, 389 ~ KÜMMERLE IV B **1895/ 1974**, 394f. ~
GÜNTHER A **1906**, 345f. ~ JULIAN B ^{2}**1907/1985**, 1280 ~ NELLE B ^{3}**1924/ 1962**, Nr. 48 ~
SCHLUNK B **51**, 367f. ~ BERGMANN B **53**, 40 ~ BRUPPACHER B **53**, 117f. ~ FRÖR, Kurt in KUV 5 (^{2}**1953**) 93ff. ~ LANGE / REICH B **53**, 9f. ~ BARTH, Karl: Kirchliche Dogmatik, Bd. IV/2, Zürich **1955**, 826–828 ~ BACH, Arthur / GRIMME, Gertrud in EvUV 5 (**1956**) 247–249 ~ IHLENFELD B **56**, 107f. ~ BLANKENBURG, Walter in HEKG II/2 (**1957**) 96 ~ JLH 3 (**1957**) 222 ~ KULP / BÜCHNER / FORNACON in HEKG Sb (**1958**) 28–33. 57. 78. 175. 477 ~
FRÖR, Kurt in KUV 4 (^{4}**1960**) 98f. ~ STUTZ, Elfriede: Das Fortleben der mittelhochdeutschen Zwillingsformel im Kirchenlied, besonders bei Paul Gerhardt, in: Medium Aevum Vivum (FS Walther Bulst), Hei-

delberg **1960**, 238–252, bes. 240 ~ von HOLST, Ortwin: Von den Geheimnissen einer Melodie, KCh 22 (**1962**) H. 6, 86–88 ~ NELLE B ^{4}**62**, 143 ~ WERTHEMANN B **63**, 14. 19. 21. 47. 85. 127f. 162. 169f. ~ JLH 9 (**1964**) 238 ~ KÖHLER B **64** (HEKG I/2) 39–41 ~ SCHRÖDER B ^{2}**64**, 145f. ~ FRÖR B ^{5}**66**, 306 ~ BRODDE A **67**, 172 ~ NEUBACHER B **68**, 21 ~ GRIMM A **69**, 154 ~ KÜSSNER A **70**, 505 ~ NITSCHKE, Horst / STIER, Alfred in HEKG III/1 (**1970**) 137–141 ~ WEISMANN, Eberhard ebd. 113 ~ PIPER A **71**, 91. 93 ~ MGD 29 (**1975**) 60. 117 ~ ALBRECHT A **76**, 141 = in JENNY / NIEVERGELT B **76**, 40 ~ BLANKENBURG A **76**, 100f. 105 = in JENNY / NIEVERGELT B **76**, 26f. 31 ~ JENNY A **76**, 146–148 = in JENNY / NIEVERGELT B **76**, 45–47 ~ ebd. 2. 59. 68 ~ JLH 20 (**1976**) 158 ~ JORDAHN A **76**, 366 ~ MERTEN A **76**, 124–126. 128f. ~ MGD 30 (**1976**) 110. 126. 182 ~ RÖSSLER-Bibl. B **76**, 278 ~ SIDLER, Hubert in MGD 30 (**1976**) 119 ~ ALBRECHT A **78**, 98 ~ GOJOWY A **78**, 90 ~ JENNY, Markus in MGD 33 (**1979**) 135 ~ JLH 24 (**1980**) 115 ~ SCHÖNBORN A **82**, 59. 65 ~ JLH 27 (**1983**) 102 ~ MGD 38 (**1984**) 163 ~ RÖDDING B ^{2}**84**, 106f. ~ SAUERGEPPERT B **84**, 44f. ~ SCHWEIZER A **84**, 41. 43 ~ MGD 39 (**1985**) 5. 9 ~ OTT, Elisabeth in meditation 11 (**1985**) II. 1, 2f. ~ NSK **1986**/3, 26 ~ HESSELBACHER B **87**, 58f. 154 ~ JLH 31 (**1987/88**) 200 ~ HESSING B ^{2}**89**, 12f. ~ MGD 43 (**1989**) 88 ~ AXMACHER, Elke: Die dreifache Zukunft des Herrn, Luther 61 (**1990**) 9–17; überarbeitet in AXMACHER B **01**, 91–102 ~ Dies.: Paul Gerhardts Adventslied „Wie soll ich dich empfangen". Zur Verwurzelung des Liedes in der lutherischen Theologie, Luther 61 (**1990**) 123–134 ~ SÖLLE B **90**, 181(B) ~ ENGELSBERGER B **92**, 101. 106–109 (B) ~ HILLENBRAND B **92**, 28f. 30 ~ STOLZE B **92**, 122 (Quiz) ~ WEBER-KELLERMANN B ^{7}**92**, 145 ~ BUNNERS B **93**, 64. 158. 179. 267. 291. 322. 334 ~ FRANK B ^{2}**93**, 573 ~ SCHWEIZER, Rolf in WEG I (**1993**) 37–42. 43–51 ~ NSK **1994**/1, 13; 2, 23; 4, 2 ~ WEG II (**1994**) 49 ~ FOSS B **95**, 251f. ~ HOFFLEIT B **95**, 254 ~ DIENST 3 A **96**, 11. 26 ~ NSK **1996**/2, 22 ~ BERNOULLI, Peter Ernst: „Wie soll ich dich empfangen" (RG 367). Beispiel eines Liedportraits im Gemeindeblatt, in WGD 5 (**1998**) 26f. ~ BERNOULLI A **98**, 22f. ~ Een Comp ^{3}**1998**, Nr. 117. 234 ~ HANDT A **98**, 39 ~ REICH A **98**, 68 ~ SEIBT B **98**, 274 ~ WEG V (**1998**) 49 ~ WGD 5 (**1998**) 26f. ~ CONRAD A **99**, 239 ~ STALMANN, Joachim / BUNNERS, Christian in HEG II (**1999**) 66–69.110–112 ~ BERTRAM, Reinhard in FELLECHNER / FINKBEINER B **00**, 39–52 (+Gd mit Pr) ~ BUNNERS, Christian in LKEG H. 2 (**2001**) 7–10, (fast) = ÖLK III (**2004**) ~ HENKYS, Jürgen in Geistl. Wunderhorn (**2001**) 535 Anm. 7 ~ RÖSSLER B **01**, 424. 426. 441–445 ~ ERB III B ^{8}**02** ~ JLH 41 (**2002**) 237 ~ SCHMIDT B **02**, 621. 625f. ~ KNEITSCHEL

B **03**, 384 ~ LEHMANN A **03**, 18 ~ BUNNERS, Christian / BERNOULLI, Peter Ernst / MARTI, Andreas in ÖLK III (**2004**)

12 Gott sei Dank durch alle Welt

KOCH III B [3]**1867/1973**, 56; V B [3]**1868/1973**, 590; VII B [3]**1872/1973**, 480; VIII B [3]**1876/1973**, 456 ~ FISCHER I B **1878/1867**, 233 ~ KÜMMERLE I B **1888/1974**, 495–497 ~ KÜMMERLE, Salomo: Beiträge zur Choralkunde, MGkK 1 (**1896**) H. 4, 108f. ~
NELLE B [3]**1924/1962**, Nr. 42 ~
SCHLUNK B **51**, 133 ~ BRUPPACHER B **53**, 120 ~ LANGE / REICH B **53**, 10 ~ KULP / BÜCHNER / FORNACON in HEKG Sb (**1958**) 34f. ~
NELLE B [4]**62**, 169 ~ WERTHEMANN B **63**, 14. 19f. 41. 50. 84. 163. 165. 168 ~ KÖHLER B **64** (HEKG I/2) 41f. ~
NITSCHKE, Horst / STIER, Alfred in HEKG III/1 (**1970**) 141–143 ~ WEISMANN, Eberhard ebd. 113 ~ PIPER A **71**, 90 ~ KOBABE A **74**, 86 ~ RÖSSLER-Bibl. B **76**, 252 ~ GOJOWY A **78**, 90 ~
RÖSSLER B **81**, 171–174 ~ SCHÖNBORN A **82**, 38 ~ SAUER-GEPPERT B **84**, 127 ~ PARENT B **87**, 194. 274 ~
MGD 44 (**1990**) 317 ~ NSK **1991**/2, 19 ~ ENGELSBERGER B **92**, 111. 116–120 (B) ~ FRANK B [2]**93**, 164 ~ WEG I (**1993**) 12 ~ WYSS-JENNY, Elisabeth in WGD 4 (**1998**) 82f. ~ BESSER, Beate / KALBERLAH, Hans-Jürgen / HARRASSOWITZ, Hermann / GRUBE, Heinz-Hermann in HEG II (**1999**) 127–130. 137f. 230f. 314f. ~
RÖSSLER B **01**, 431 ~ SCHMIDT, Eberhard in LKEG H. 3 (**2001**) 3–6 ~ JLH 41 (**2002**) 238 ~ SCHMIDT B **02**, 573

13 Tochter Zion

NELLE B [3]**1924/1962**, Nr. 30 ~
SCHLUNK B **51**, 327 ~ SERAUKY, Walter: Georg Friedrich Händel. Sein Leben – sein Werk, Bd. 4, Kassel u. a. **1958**, 535–537 ~
HEYDRICH B **62**, 14f. 30. 44. 86. 264 ~ NELLE B [4]**62**, 278 ~
LANG, Paul Henry: Georg Friedrich Händel. Sein Leben, sein Stil und seine Stellung im englischen Geistes- und Kulturleben, Basel **1979**, 402–408 ~
RÖSSLER B **81**, 251–253 ~ MGD 36 (**1982**) 69 ~ AMELN A **86**, 45 ~ STEFAN, Hans-Jürg: Dir, Auferstandner, NSK **1988**/1, 6f. ~ NSK **1989**/1, 29 ~
WEBER-KELLERMANN B [7]**92**, 204–206 ~ SCHEIBLER, Albert / EVDOKIMOVA, Julia: Georg Friedrich Händel. Oratorien-Führer (hg.

Neue Deutsche Händel-Gesellschaft), Köln **1993**, 327–352, bes. 329. 342 ~ WEG I (**1993**) 12 ~ NSK **1994**/4, 24 ~ WEG II (**1994**) 69 ~ KESSLER-WOERTEL, Ingrid: Aus der Vorfreude wächst ein Lied. Zum Lied „Tochter Zion, freue dich", GD PR SB, Advent, **1995**, 101–104 (Pr) ~ WEG IV (**1997**) 82 ~ SCHRÖER A **98**, 8 ~ SCHÜTZ A **98**, 46 ~ KRUMMACHER, Christoph / HERBST, Wolfgang in HEK II (**1999**) 126f. 247f. ~

BENNER, Thomas in SEEBERG B **00**, 36–39 (Pr) ~ RIEHM, Heinrich u.a. in MÖLLER B **00**, 323 ~ WEG VI (**2000**) 17 ~ RÖSSLER B **01**, 123 ~ STALMANN, Joachim in LKEG H. 5 (**2002**) 17–21 ~ JLH 42 (**2003**) 228 ~ NEUHAUS B **05**, 109

14 Dein König kommt in niedern Hüllen

KOCH V B ^{3}**1868/1973**, 603; VII B ^{3}**1872/1973**, 21. 479 ~ FISCHER I B **1878/ 1967**, 96f. ~

GÜNTHER, Rudolf in MGkK 10 (**1905**) H. 11, 319–322 ~ NELLE, Wilhelm: Noch einmal „Dein König kommt in niedern Hüllen", MGkK 11 (**1906**) H. 3, 108f. ~ JULIAN B ^{2}**1907/1985**, 980f. ~ NELLE B ^{3}**1924/1962**, Nr. 56 ~

SCHLUNK B **51**, 53 ~ BRUPPACHER B **53**, 120f. ~ LAUTERBURG B **53**, 64f. (B) ~ GERBER, Hermann: Reich Gottes und Politik, WuW 8 (**1953/54**) Nr. 2, 16 = GERBER B **56**, 13–15 ~ KULP / BÜCHNER / FORNACON in HEKG Sb (**1958**) 35f. ~

PFEIFFER B **61**, 104f. ~ HEYDRICH B **62**, 14f. 44. 56. 75. 172f. ~ NELLE B ^{4}**62**, 268 ~ WERTHEMANN B **63**, 14. 162. 169 ~ KÖHLER B **64** (HEKG I/2) 42–44 ~ PFEIFFER, Johannes: Dichtung – Denken – Glauben, München **1967**, 89 ~

NITSCHKE, Horst / STIER, Alfred in HEKG III/1 (**1970**) 143–145 ~ WEISMANN, Eberhard ebd. 114 ~ MGD 29 (**1975**) 60 ~ JENNY, Markus in MGD 33 (**1979**) 137 ~

MGD 37 (**1983**) 156 ~ HESS, Günter: „... denn wirklich bin ich gestorben der Welt". Ein Versuch über das Geistliche in Rückerts Lyrik, Jb. für finnisch-deutsche Literaturbeziehungen 21 (**1989**) 167–181 ~ KERN, Helmut im Propsteigruß, Mainz, Dez. **1989** (B) ~

ENGELSBERGER B **92**, 121. 126–130 (B) ~ KRIEG A **92/93**, 36 ~ FRANK B ^{2}**93**, 503f. ~ WEG I (**1993**) 88f. ~ NSK **1994**/2, 23 ~ WEG II (**1994**) 69 ~ ALBRECHT B ^{4}**95**, 129 ~ BERNOULLI, Peter Ernst: Erzählpredigt zum Palmsonntag, WGD 5 (**1998**) 50–54 (Pr) ~ FISCHER A **98**, 87 (B) ~ WEG V (**1998**) 17f. ~ EISINGER, Walther / LÖLKES, Herbert in HEG II (**1999**) 264f. 355 ~ HERBST I A **99**, 261 ~ RÖSSLER B **01**, 846 ~ RÖSSLER, Martin in LKEG H. 5 (**2002**) 22–27 ~ JLH 42 (**2003**) 228

15 „Tröstet, tröstet", spricht der Herr

KIEFNER, Walter: Ein altes und ein neues Adventslied, KCh 11 (**1951**) H. 6, 82f. ~ KROLZIG, Günter / KELLETAT, Herbert in Km 2 (**1951**) H. 6, 147f. ~ SCHLUNK B **51**, 329 ~ KULP / BÜCHNER / FORNACON in HEKG Sb (**1958**) 36f. 250. 347 ~
KÖHLER B **64** (HEKG I/2) 44 ~ NEUBACHER B **68**, 52f. ~
NITSCHKE, Horst / STIER, Alfred in HEKG III/1 (**1970**) 145–147 ~
WEISMANN, Eberhard ebd. 114 ~
ENGELSBERGER B **92**, 131. 137–140 (B) ~ WEBER-KELLERMANN B [7]**92**, 361f. ~ WEG I (**1993**) 22 ~ ALBRECHT B [4]**95**, 63. 88. 141 ~
MICHEL, Josef / WÖLFEL, Dietrich in HEG II (**1999**) 215. 259 ~
BLOCK, Detlev in FELLECHNER / FINKBEINER B **00**, 53–69 (+Gd mit Pr) ~ RÖSSLER B **01**, 903 ~ KORNEMANN, Helmut in LKEG H. 10 (**2004**) 3–8

16 Die Nacht ist vorgedrungen

JENNY A **49**, 164f. ~
KROLZIG, Günter / KELLETAT, Herbert in Km 2 (**1951**) H. 6, 148f. ~ SCHLUNK B **51**, 74f. ~ EISENHUTH B **53**, 130–133 ~ KLEPPER B **56**, 531 (18. 12. 1937) ~ KULP / BÜCHNER / FORNACON in HEKG Sb (**1958**) 37–39. 81 ~ STÄHLIN A **58**, 147f. ~
HERMANN, Maria in WBK 28 (**1961**) H. 11/12, 126–128 ~ PFEIFFER B **61**, 162–164 ~ JLH 8 (**1963**) 259 ~ SCHÖNEICH A **63**, 397 ~
KÖHLER B **64** (HEKG I/2) 45 ~ NEUBACHER B **68**, 47 ~
NITSCHKE, Horst / STIER, Alfred in HEKG III/1 (**1970**) 147f. ~
WEISMANN, Eberhard ebd. 114 ~ JENNY, Markus in NSK AM (**1971**) 4, 12 ~ NSK AM (**1973**) 10, 49 ~ EHMANN A **75**, 233 ~
JENNY, Markus / HOFMANN, Ernst / MOSSLER, Friedemann in WGL I (**1975**) 123f. = MS 114 (**1994**) 491f. = Ld Dok **1998** „Die Nacht ist vorgedrungen" ~ DRÖMANN A **78**, 189. 192 ~ MGD 32 (**1978**) 6 ~ JENNY, Markus in MGD 33 (**1979**) 135 ~ SEUFFERT, Josef in WGL IX (**1979**) 38 ~
ELTZ-HOFFMANN B **80**, 104–107 ~ MGD 35 (**1981**) 50. 250; 37 (**1983**) 198 ~ STEFAN, Hans-Jürg: Radio-Predigt 83, Nr. 2, Zürich, 2. Januar **1983** = Ld Dok **1998** „Die Nacht ist vorgedrungen" (Pr) ~
HORKEL, Wilhelm: „Ich lebe, um Gott zu erfahren". Jochen Klepper zum Gedächtnis, meditation 10 (**1984**) H. 2, bes. 37–39 ~ MGD 38 (**1984**) 159 ~ ZIPPERT B **84**, 36–42 (Pr vom 11. 12. 1983) ~ NSK **1986**/3, 25; **1987**/2, 3 ~
KÄHLER, Else: „Rückschau", in: Boldern Texte, Morgengruß Nov./

Dez. **1985** = Ld Dok **1998** „Die Nacht ist vorgedrungen" (B) ~ GROSCH, Heinz in: entwurf **1986**, H. 3, 27–33 = Quatember 50 (**1986**) H. 4, 197–203 ~ BERG, Sigrid: Arbeitsbuch Weihnachten für Schule und Gemeinde, Stuttgart / München **1988**, 135–137 ~ JENNY, Markus in RGL (**1988**) 570 ~ GROSCH B ^{5}**89**, 94. 101 ~ HENKYS A **89**, 630 ~ HESSING B ^{2}**89**, 13f. ~

FISCHER, Balthasar in GD 25 (**1991**) H. 23, 177–179 = Ld Dok **1998** dto. (Pr) ~ NSK **1991**/1, 2; 2, 19 ~ ENGELSBERGER B **92**, 141. 150–154 (B) ~ NSK **1992**/2, 25; 3, 2f. 22 ~ SCHLATTER-EHRENSPERGER, Verena in NSK **1992**/3, 2(und f.) ~ STOLZE B **92**, 122 (Quiz) ~ WEBER-KELLERMANN B ^{7}**92**, 298–300 ~ BARKENINGS, Hans-Joachim: Anmerkungen zu Jochen Klepper, RKZ 134 (**1993**) H. 12, 342–344 ~ FRANK B ^{2}**93**, 579 ~ HENKYS A **93**, 98 ~ NSK **1993**/2, 25 ~ SCHNEIDER / VICKTOR B **93**, 62–65 ~ THUST, Karl Christian: Die Nacht ist vorgedrungen. Einführung und Meditation über das Adventslied von Jochen Klepper, 16. 12. **1993** (unveröffentlicht) (+B) ~ WEG I (**1993**) 16 ~ KORNEMANN A **94**, 9 ~ MÜSSE A **94**, 52 ~ NSK **1994**/3, 2; 4, 1 ~ WEG II (**1994**) 49 ~ Zippert A **94**, 12f. ~ ALBRECHT B ^{4}**95**, 62. 88f. ~ NSK **1995**/3, 24 ~ KLEK / SCHRADE A **96**, 261 ~ LÄHNEMANN B **96**, 20–26 (Pr vom 10. 12. 1985) ~ LEXUTT, Athina in WINTZER / SCHRÖER B **97**, 39–50 (Pr) ~ WECHT, Martin J. in MEYER B ^{2}**97**, 157f. ~ Een Comp ^{3}**1998**, Nr. 130 ~ FISCHER A **98**, 87 (B) ~ JLH 37 (**1998**) 162 ~ Ld Dok **1998** „Die Nacht ist vorgedrungen" ~ RÜEGGER, Heinz: Gott will im Dunkeln wohnen, Quatember 62 (**1998**) H. 4, bes. 198f. 203 ~ WECHT B **98**, 157. 170–173 = Ld Dok **1998** „Die Nacht ist vorgedrungen" ~ HENKYS B **99** ~ RÜEGGER, Heinz: „Gott will im Dunkel wohnen". Adventsmeditation mit Texten von Jochen Klepper, WH 2 (**1999**) 109 (B) ~ WECHT, Martin / KLEK, Konrad in HEG II (**1999**) 177–179. 239–241 ~ LEICHT, Robert in „Die Zeit" vom 8. 4. **1999**, 45 ~

JELINEK, Carmen in SEEBERG B **00**, 42–46 (Pr) ~ WEG VI (**2000**) 25 ~ MARTINI A **00/01**, 248 ~ JEPSEN, Maria: Schuld. Türen der Vergebung, in: Markus Schächter (Hg.): Was kommt, Was geht. Was bleibt, Freiburg i. Br. **2001**, 288–290 (B) ~ RÖSSLER B **01**, 954. 970. 983 ~ SCHULZ, Frieder in LKEG H. 2 (**2001**) 11–16, ähnlich in ÖLK III (**2004**) ~ FRANZ B **02**, 176 ~ JLH 41 (**2002**) 237 ~ MARTINI B **02**, 277 ~ POMELLA, Anton in SMG 127 (**2002**) H. 5, 207–210 (+Pr bzw. B) ~ DEICHGRÄBER B ^{2}**03**, 60–65 (B) ~ ELLSEL B ^{3}**03**, 10–18 (Pr) ~ HAHN, Udo: „Der du die Zeit in Händen hast". Zur Bedeutung von Zeit und Ewigkeit in Werk und Leben Jochen Kleppers, in KOHLER B **03**, 118f. ~ JLH 42 (**2003**) 229 ~ KIRSCHBAUM A **03**, 53 ~ KNEITSCHEL B **03**, 188f. ~ LEONHARDI, Angelika: „Die Nacht ist vorgedrungen". Kinder kleiner Gruppen begegnen theologisch anspruchsvoller Dichtung, ChL/RU-Pr 56 (**2003**) H. 4, 28–32 ~ SCHEFFBUCH 1 B [8]**03**, 34 ~ SCHUBERTH A **03**, 370 ~ WILCKENS A **03**, 106f. ~ SCHULZ, Frieder / MARTI, Andreas in ÖLK III (**2004**)

17 Wir sagen euch an den lieben Advent

SIDLER, Hubert / KRAFT, Sigisbert / STEIN, Josef in WGL I (**1975**) 131f. ~ MGD 33 (**1979**) 228 ~ SEUFFERT, Josef in WGL IX (**1979**) 40 ~

NSK **1986**/2, 25 ~ NORDHUES, Paul / WAGNER, Alois in RGL (**1988**) 572 ~ NSK **1989**/3, 31f. ~

SCHWEIZER, Rolf: Wir sagen euch an den lieben Advent – Singgottesdienst mit Kindern, WEG I (**1993**) 25–29. 30–32; ebd. 37 ~ NSK **1994**/1, 13 ~ HARZ B **95**, 18f. ~ NSK **1996**/2, 5 ~ WINKES B **96**, 35–40 ~ WEG IV (**1997**) 82 ~ WETTACH A **97**, 31 ~ PFEIFFER, Harald / DUFFNER, Günter in HEG II (**1999**) 89f. 260f. ~ HERBST I A **99**, 260 ~

MERTEN, Werner in LKEG H. 1 (**2000**) 58–61 ~ JLH 40 (**2001**) 223 ~ KNEITSCHEL B **03**, 249f. 387 ~ MERTEN, Werner / MARTI, Andreas in ÖLK IV (**2005**)

18 Seht, die gute Zeit ist nah

WALZ, Friedrich (Hg.): Die ganze Welt hat sich gefreut. Ein Weihnachtsbuch mit 24 Liedern aus aller Welt, Erlangen **1980**, [3]**1996** ~

WEG I (**1993**) 12. 22 ~ KORNEMANN A **94**, 11 ~ HARZ B **95**, 20f. ~ SCHRÖER, Henning: „Seht, die gute Zeit ist nah“ (EG 18). 1. Advent, in WINTZER / SCHRÖER B **97**, 31–38 (Pr) ~ WEG IV (**1997**) 82 ~ WETTACH A **97**, 31 ~ SCHRÖER A **98**, 10 ~ GRETHLEIN, Christian in HEG II (**1999**) 339f. ~

GIERING A **00**, 41 ~ SCHRÖER, Henning in LKEG H. 5 (**2002**) 28–30 ~ JLH 42 (**2003**) 228

19 O komm, o komm, du Morgenstern

(O come, o come Emmanuel)

SEUFFERT, Josef: Die O-Antiphonen, WGL I (**1975**) 215–224 ~ DRÖMANN / SCHUBERTH B [2]**87**, Nr. 3 ~ JÜNGST, Gerhard: Der lange Weg einer O-Antiphon in ein evangelisches Gesangbuch, in

RIEHM B **88**, 249–254 ~ STEFAN, Hans-Jürg: Ein konfessionsverbindendes Adventslied, NSK **1988**/3, 6f. ~ JLH 32 (**1989**) 271 ~ MARTI, Andreas in JLH ebd. 273 ~ MGD 43 (**1989**) 93 ~
NSK **1990**/1, 22; 3, 22 ~ BASLER, Hans Rudolf: Zwei neue Lieder aus dem Faszikel 91: O komm, o komm, Immanuel – Ein Kind geborn zu Bethlehem, SMG 116 (**1991**) 258–260 ~ HANDT, Hartmut in STOLZE B **92**, 128–131 (Pr) ~ NSK **1992**/2, 25 ~ JLH 34 (**1992/93**) 209f. ~ HANDT, Hartmut in WEG I (**1993**) 21–24 ~ WEG II (**1994**) 69 ~ ZIPPERT A **94**, 13 ~ RIEHM A **95**, 63–65 ~ LEUBE, Bernhard in AuB 50 (**1997**) H. 21, 807–810 ~ SCHULZ, Otmar in MEYER B [2]**97**, 257 ~ WIESLI, Walter: Gott, send herab uns deinen Sohn, NSK **1997**/3, 2–4 bzw. (betr. Mel. EG 19) 3f. ~ FELIX, Peter: Bedenkenlos hochgepriesen, NSK **1998**/2, 22f. ~ HANDT A **98**, 39. 41 ~ EGERER 1 B **99** ~ SCHEMMEL, Hermann / GERBER, Gotthard / KONRADT, Greta / SCHUBERTH, Dietrich in HEG II (**1999**) 63f. 140. 223. 288f. ~ HENKYS, Jürgen: Lieder aus anderen Ländern und Sprachen – Gesichtspunkte zur Bedeutung und Bewertung von Liedübertragungen, WEG VI (**2000**) 7 ~ WEG ebd. 17 ~ PRASSL, Franz Karl in MÖLLER B **00**, bes. 45f. ~ HEIL, Ulrich Gabriel: Gott, send herab uns deinen Sohn (Heinrich Bone) in FRANZ B **02**, 89 ~ BÄCHTOLD, Christoph in ÖLK II (**2003**) (betr. Mel. von „Gott send herab uns deinen Sohn") ~ HANDT B **03**, Nr. 144 ~ JLH 42 (**2003**) 227 ~ RIEHM B **04**, 430 ~ WALTER, Matthias in HANDT / JETTER B **04**, 52–54 (B) ~ PRASSL, Franz Karl in LKEG H. 11 (**2005**) 3–7

20 Das Volk, das noch im Finstern wandelt

(Het volk dat wandelt in het duister)

Een Comp ([2]**1978**) 193–195 ~
HENKYS, Jürgen in „Steig in das Boot. Neue niederländische Kirchenlieder, ausgewählt und übertragen von Jürgen Henkys, Berlin **1981**, 70 ~ MITTRING, Johannes in KCh 44 (**1984**) H. 6, 86f. ~ DRÖMANN / SCHUBERTH B [2]**87**, Nr. 1 ~ KEMPER A **87**, 140 ~ MGD 41 (**1987**) 68 ~ LIPPOLD A **88**, 286 ~ MARTI, Andreas in MGD 43 (**1989**) H. 1, 17; H. 2, 78 ~ NSK **1989**/1, 30 ~
GD PR SA, I. Perikopenreihe Bd 1, **1990**, 67 (mit Melodie von Friedemann Gottschick) ~ STEFAN, Hans-Jürg: Trostlied „in Finsternis und Todesschatten": „Das Volk, das noch im Finstern wandelt", NSK **1990**/3, 10. 12 = Ld Dok **1991** „Das Volk, das noch im Finstern wandelt", Nr. 4 ~ Ld Dok ebd. ~ KRUMMACHER A **91**, 155 ~ STEFAN, Hans-Jürg: Das Volk, das noch im Finstern wandelt, bald sieht es Licht, Helferei / Großmünster Zürich, 24 12. 1989, in Ld Dok **1991**

„Das Volk, das noch im Finstern wandelt“, Nr. 5 (Pr) ~ NSK **1991**/2, 23. 30; **1992**/2, 25; 4, 2. 8f. 11 ~ SCHULZ A **92**, 44 ~ FISCHER, Wolfgang in WEG I (**1993**) 18f. 20 ~ NSK **1993**/2, 25 ~ WEG I (**1993**) 12. 71 ~ NSK **1994**/4, 1 ~ RIEHM, Heinrich: Das Volk, das noch im Finstern wandelt, in „Mitteilungen der Evangelischen Landeskirche in Baden“ 5/**1994**, 39f. = MÖLLER B **97**, 52f. ~ WEG II (**1994**) 62. 69 ~ HOFMANN A **94/95**, 19 ~ HENKYS, Jürgen in MEYER B **²97**, 108f. ~ Ders.: Gedenken an Jan Willem Schulte Nordholt, ebd. 255–257 ~ STEFAN A **97**, 21 ~ JLH 37 (**1998**) 223 ~ EGERER 1 B **99** ~ SCHUBERTH, Dietrich / MAGES, Michael / LÜHRS, Walther in HEG II (**1999**) 140–142. 212f. 287 ~ KLOPPENBURG, Wim in LKEG H. 1 (**2000**) 62–64 ~ THUST, Karl Christian in FELLECHNER / FINKBEINER B **00**, 71–82 (+ Gd mit Pr) ~ WEHMEIER, Gerhard in SEEBERG B **00**, 48–51 (Pr vom 24. 12. 1999) ~ JLH 40 (**2001**) 222 ~ KLOPPENBURG, Wim / STEFAN, Hans-Jürg in ÖLK I (**2001**) ~ MARTI B **01**, 73f. ~ RÖSSLER B **01**, 997 ~ THUST, Karl Christian im Gemeindebrief der Burgkirche Ingelheim, Dez. **2001**, 4 (B) ~ FRANZ B **02**, 164 Anm. 2 ~ JLH 41 (**2002**) 237 ~ MARTINI B **02**, 277 ~ JLH 42 (**2003**) 227

21 Seht auf und erhebet eure Häupter

(Lukas 21, 28)

OCHS, Volker in MEYER B **²97**, 204 ~ REICH A **98**, 69 ~ WEG V (**1998**) 17 ~ DRÖMANN, Hans-Christian in HEG II (**1999**) 233f. ~ SCHMIDT, Bernhard in LKEG H. 11 (**2005**) 8f.

22 Nun sei uns willkommen

ERK / BÖHME III B **1893f./1988**, 625f. ~
BERGMANN B **53**, 79f. ~ KULP / BÜCHNER / FORNACON in HEKG Sb (**1958**) 40. 208 ~ LIPPHARDT, Walter: Das älteste deutsche Weihnachtslied, JLH 4 (**1958/59**) 95–101 ~ ebd. 144 ~ MÜLLER-BLATTAU A **59**, 365f. ~
LIPPHARDT A **61**, 92 ~ JLH 6 (**1961**) 92 ~ THOMAS / AMELN A **62**, 261 ~ LIPPHARDT II A **64**, 20–22. 24 ~ GENNRICH B **65**, 195 ~ JANOTA B **68**, 110–112, 146, 230, 246 ~ MOSER / MÜLLER-BLATTAU B **68**, 183f. 335 ~
EHMANN A **75**, 225f. ~ SIDLER, Hubert / STEINER, Petronia / SCHADE, Wernerfritz: Sei uns willkommen, Herre Christ, WGL I (**1975**) 153f. ~

HEINZ A **80**, 221 ~ KLUSEN, Ernst: Nun sei uns willkommen Herre Christ. Das älteste Weihnachtslied an Maas und Rhein, in: Heinrich P. M. Litjens / Gabriel M. Steinschulte (Hgg.): Divini cultus splendori (FS Joseph Lennards), Rom **1980**, 189–197 ~ RÖSSLER B **81**, 176f. ~ NSK **1986**/2, 18 ~ SIDLER, Hubert in RGL (**1988**) 583 ~ WEBER-KELLERMANN B ^{7}**92**, 10–12. 270f. ~ WEG I (**1993**) 12. 22 ~ MERTENS A **96**, 1076f. ~ WEG IV (**1997**) 82 ~ REICH A **98**, 70 ~ KRIEG, Gustav A. in HEG II (**1999**) 251 ~
PRASSL, Franz Karl in MÖLLER B **00**, 59 ~ KNEITSCHEL B **03**, 355 ~ PRASSL, Franz Karl in LKEG H. 10 (**2004**) 9f.

Weihnachten

MÜLLER, Christa: Luthers Weihnachtslieder. Eine theologische Auslegung, MGkK 39 (**1934**) 289–305 ~
GURLITT, Willibald: Unser Weihnachtssingen, MGkK 45 (**1940**) 177–180 ~ ARNDT, Margarete: Unsere Lieder in der Advents- und Weihnachtszeit, EvU 3 (**1948**) H. 38, 4; H. 39, 1 ~ KRUMMACHER A **48**, 219–226 ~ JENNY A **49** ~ LOHR A **49** ~ SCHÜTZ, Adalbert: Das reformatorische Weihnachtslied, EvU 4 (**1949**) 161 ~
HAUSCHILDT B **52** ~ JENNY, Markus: Neue Weihnachtslieder, MuK 22 (**1952**) H. 6, 238–245 ~ AENGENVOORT A **54** ~ HAUSCHILDT A **54** ~ GOLDAU A **54/55** ~ GOTTSCHICK, Anna Martina: Altes und neues Weihnachtslied – Ein Bericht, MuK 25 (**1955**) H. 6, 294–296 ~ HARTMANN, Rudolf: Die Weihnachtsbotschaft im Lied der Kirche, ChL 8 (**1955**) H. 12, 355–360 ~ ZIPP A **55/56** ~ GOTTSCHICK B **³56** ~ BACH, Arthur / GRIMME, Gertrud: Die Weihnachtsbotschaft in den Liedern des Gesangbuches, EvUV 6 (**1957**) 118f. ~ MÜLLER-BLATTAU A **59** ~
PRAGER B **60** ~ SAMSON A **62** ~ THOMAS / AMELN A **62**~ THOMAS A **63** ~ GERMON A **64** ~
NITSCHKE, Horst (Hg.): Weihnachten heute gesagt. Predigten der Gegenwart, Gütersloh **1970** ~ WEISMANN, Eberhard in HEKG III/1 (**1970**) 149–154 ~ OTTO, Karl: So sei nun Lob gesungen. Gedanken um das Weihnachtslied heute, Km 23 (**1972**) H. 5, 66–70 ~ RÖSSLER, Martin: Die Weihnachtsgeschichte im Lied, WBK 40 (**1973**) H. 6, 170–184 ~ JLH 18 (**1973/74**) 248 ~ BREDNICH I B **74**, 90; II B **75**, Nr. 98 ~ EHMANN A **75** = MS 96 (**1976**) 353–365 ~ THUST B **76**, 159–163 ~ AMELN A **77** ~ ROMMEL, Kurt: Weihnachtsliedern auf der Spur, WuW 32 (**1978**) Nr. 52, 4 ~
AMELN A **80** ~ BRODDE, Otto: Jetzt ist die Zeit zum Freuen. Hinweise auf eine Sammlung neuer Weihnachtslieder, KCh 40 (**1980**) H. 6, 85–87 ~ HEINZ A **80** ~ RÖSSLER B **81** ~ JANOTA A **82** ~ SCHÖNBORN A **82** ~ DIENST A **83** ~ JLH 27 (**1983**) 253f. ~ SCHÖNBORN A **84** ~ SCHWEIZER A **84** ~ MICHEL, Heike: Weihnachtssänger und ihre Lieder. „Nun singet und seid froh", WuW 40 (**1986**) Nr. 51/52, 26 ~ SCHÖNBERG A **88** ~ JLH 32 (**1989**) 267 ~
GROSSE-JÄGER / EGGER B **92** ~ KORNEMANN A **94**, 12 ~ LANDAU, Rudolf (Hg.): Gottes Sohn ist kommen. Predigten und Bilder zur Weihnacht, Stuttgart **1994** ~ DIENST A **96** ~ WGD 5 (**1998**) 34–39 ~

BECKER-HUBERTI, Manfred in LBrF (^{3}**2001**) 427f. ~ FINGER, Ulrich: Nicht nur „Jingle Bells". Viele Weihnachtslieder dienen als Briefmarken-Motiv, EvKZ, Nr. 51/52, 22. Dez. **2002**, 7

23 Gelobet seist du, Jesu Christ

KOCH I B ^{3}**1866/1973**, 209. 240. 465; VIII B ^{3}**1876/1973**, 18 ~ BÖHME B **1877/ 1966**, Nr. 511 ~ FISCHER I B **1878/1967**, 209 ~ BÄUMKER I B **1886/1962**, 271–273 ~ KÜMMERLE I B **1888/ 1974**, 354. 468f. ~ ERK / BÖHME III B **1893f./1988**, 627 ~
JULIAN B ^{2}**1907/1985**, 408f. ~ SPITTA A **1917**, 213f. ~ LUCKE, Wilhelm / MOSER, Hans Joachim in WA 35 (**1923**) 147f. 434f. 499 ~ NELLE B ^{3}**1924/1962**, Nr. 59 ~
KRUMMACHER A **48**, 220f. ~ LOHR A **48**, 159 ~ SCHLISSKE B **48**, 152–161. 269–271 ~
STAPEL B **50**, 55f. 140–142 ~ BLANKENBURG A **51**, 69 ~ REICH B **51**, 19 ~ SCHLUNK B **51**, 119f. ~ HAUSCHILDT B **52** ~ BERGMANN B **53**, 11. 25f. 77–79. 230f. ~ BRUPPACHER B **53**, 128–131 ~ FRÖR, Kurt in KUV 5 (^{2}**1953**) 99ff. ~ LAUTERBURG B **53**, 68–70 (B) ~ PAULSEN A **53**, 32f. ~ WEISS, Ewald in GuK **1953**, 208f. ~ FISCHER, Martin in BRODDE / MÜLLER B **54**, 26–30 ~ HAUSCHILDT A **54** ~ KEWITSCH, Paul in PLATTE B **54**, 48 ~ SCHRÖDER B **55**, 89 ~ ZIPP A **55/56** ~ BURBA B **56**, 12–19 ~ GABRIEL B ^{3}**56**, 36 ~ JLH 2 (**1956**) 123. 143 ~ SOLZBACHER B **56**, 97–99 (B) ~ WIORA A **56**, 53 ~ BACH, Arthur / GRIMME, Gertrud in EvUV 6 (**1957**) 119–123 ~ BLANKENBURG, Walter in HEKG II/2 (**1957**) 57f. 76 ~ FINSCHER A **57**, 66 ~ JLH 3 (**1957**) 112. 138 ~ SCHOENBAUM A **57**, 57 ~ KULP / BÜCHNER / FORNACON in HEKG Sb (**1958**) 39–41. 59. 72. 151. 181. 372. 428. 560. 576 ~ STÄHLIN A **58**, 146 ~ BOES A **58/59**, 5 ~ BRENNER A **58/59**, 67 ~ JLH 4 (**1958/59**) 101. 139 ~ MÜLLER-BLATTAU A **59**, 366f. ~
BLANKENBURG A **61**, 581f. 586 ~ JLH 6 (**1961**) 256 ~ GSCHWEND A **62**, 162 ~ JENNY B **62**, 36f. 63. 69. 90. 92f. 112. 148. 163f. 213. 223. 241. 244 ~ LIPPHARDT I A **62**, 138. 148 ~ MERTES B **62**, 38f. 64. 171. 206 ~ NELLE B ^{4}**62**, 29 ~ SAMSON A **62**, 338f. ~ THOMAS / AMELN A **62**, 256f. ~ BRODDE A **63**, 80f. ~ JLH 8 (**1963**) 99 ~ RECKZIEGEL B **63**, 80. 95. 203 ~ THOMAS A **63**, 119–121 ~ WERTHEMANN B **63**, 30 ~ JENNY A **64**, 150 ~ KÖHLER B **64** (HEKG I/2) 46–50 ~ LIPPHARDT II A **64**, 22–24 ~ SOMMER A **64**, 30. 35. 42. 71f. ~ AMELN A **66**, 82 ~ FRÖR B ^{5}**66**, 306–308 ~ KRATZEL A **66**, 171 ~ SOMMER A **66**, 149 ~ AMELN A **67**, 172 ~ BIRKNER A **67**, 138 ~ HAHN B **67**, 26f. ~ JANOTA B **68**, 117–121.

143. 146. 163 Anm. 781. 249 Anm. 15 ~ LIPPHARDT, Walter: Gelobet seist du Jesu Christ. Zur Geschichte des Weihnachtsliedes und seiner Melodie, MGD 22 (**1968**) H. 6, 151–153 ~ NEUBACHER B **68**, 22f. ~ MOSER / MÜLLER-BLATTAU B **68**, 184f. 335 ~ SCHÜTZ A **68**, 67 ~ AENGENVOORT A **69**, 113. 119–121 ~ GRIMM A **69**, 154 ~ JLH 14 (**1969**) 118. 144. 241. 260. Taf. III ~ LIPPHARDT, Walther: Zwei neu aufgefundene Nonnengebetbücher aus der Lüneburger Heide als Quelle niederdeutscher Kirchenlieder des Mittelalters, ebd. 123–133 ~

JLH 15 (**1970**) 165. 253 ~ LIPPHARDT, Walther: Deutsche Kirchenlieder in einem niedersächsischen Zisterzienserinnenkloster des Mittelalters, in: Kerygma und Melos (FS Christhard Mahrenholz), hg. von Walter Blankenburg, Kassel **1970**, 310–318 ~ NITSCHKE, Horst / STIER, Alfred in HEKG III/1 (**1970**) 154–159 ~ WEISMANN, Eberhard ebd. 150 ~ SEITZ, Manfred: Das ewige Licht (aus „Gelobet seist du, Jesu Christ"), in: Weihnachten heute gesagt, hg. von Horst Nitschke, Gütersloh **1970,** 144–147 (Pr) ~ JLH 16 (**1971**) 22. 265 ~ PIPER A **71**, 89f. ~ JLH 17 (**1972**) 213 ~ LIPPHARDT A **72**, 177f. ~ SOMMER A **72**, 129. 151. 154 ~ BLANKENBURG A **73/74**, 69. 72f. ~ JLH 18 (**1973/74**) 193 ~ SAUER-GEPPERT A **73/74**, 203 ~ WITTENBERB A **73/74**, 126. 158 ~ BREDNICH I B **74**, 90 ~ JENNY A **74**, 185 ~ JENNY, Markus / THURMAIR-MUMELTER, Maria Luise / QUACK, Erhard in WGL I (**1975**) 151f. ~ JLH 19 (**1975**) 293 ~ MGD 29 (**1975**) 20. 51. 147f. ~ SAUER-GEPPERT A **75**, 222 ~ THURMAIR-MUMELTER, Maria Luise / QUACK, Erhard in TRENKLER B **75**, 196–198 ~ GOMBOTZ, Siegfried in Pr GL 1 (**1976**) 40–43 (+Pr) ~ JLH 20 (**1976**) 246 ~ MGD 30 (**1976**) 221f. ~ NSK AM (**1976**) 21, 106 ~ RÖSSLER-Bibl. B **76**, 251 ~ RÖSSLER B **76**, 102f. 302 ~ THURMAIR-MUMELTER, Maria Luise in Pr GL 1 (**1976**) 39f. ~ BLANKENBURG I A **77**, 160 ~ JENNY A **77**, 58f. ~ SAUER-GEPPERT A **77**, 75. 77f. ~ WIRSCHING, Johannes: Den aller Welt Kreis nie beschloss ... Beobachtungen zu Martin Luthers Lobgesang auf die Geburt Jesu Christi (EKG 15), ThViat XIV (**1977/78**) 229–238 ~ GOJOWY A **78**, 92f. ~ JLH 22 (**1978**) 187 ~ SAUER-GEPPERT A **78**, 146 ~ BLANKENBURG II A **79**, 260 ~ BLANKENBURG B **79**, 278 ~ JENNY, Markus in MGD 33 (**1979**) 135 ~ JLH 23 (**1979**) 176 ~ SCHOTT A **79**, 168f. ~ SEUFFERT, Josef in WGL IX (**1979**) 42f. ~

HEINZ A **80**, 224 ~ JENNY A **80**, 67 ~ JLH 24 (**1980**) 184 ~ LIPPHARDT, Wal-ther: ‚Gelobet sistu Jesu Christ'. Weihnachtsleis, entstanden im 14. Jh., VerLex 2 (**²1980**) 1184–1186 ~ HAHN B **81**, 13. 20. 43 Anm. 33. 47f. 92 Anm. 17. 134. 144. 174f. 181–190. 202f. 233 Anm. 226. 313f. ~ HEINZ A **81**, 109 ~ JLH 25 (**1981**) 174 ~ MOSER B **81**, 25. 645 ~ RÖSSLER B **81**, 146–149. 154–157. 210–212 ~ JANOTA A **82**, 197 ~ JLH 26 (**1982**) 145 ~ SCHÖNBORN A **82**, 22f.

37f. 53. 57. 62. 66 ~ DIENST A **83**, 147–149 ~ DRÖMANN A **83**, 170. 184 ~ HEIMRATH / KORTH B **83**, 50. 132 ~ JENNY B **83**, 45–47 ~ KERN, Helmut: „Das ewig' Licht geht da herein ...". Die Weihnachtsbotschaft, ihren Verkündigern zugesprochen, ZGP 1 (**1983**) H. 6, 33–36 = Propsteigruß, Mainz, Dez. **1982** = in: Stationen im kirchlichen Dienst der Verkündigung, Mainz o.J., 25–31 (B) ~ MEYER A **83**, 109f. ~ RIEHM A **83**, 188f. ~ JLH 28 (**1984**) 164 ~ MARTI, Andreas in MGD 38 (**1984**) H. 6, 229–232 ~ SAUER-GEPPERT B **84**, 146–170 ~ SCHÖNBORN A **84**, 93. 95. 99f. 102f. ~ ZIPPERT B **84**, 43–48 (Pr vom 26. 12. 1978) ~ AMELN A **85**, 14 ~ ASPER B **85**, 57. 60. 64f. 70. 75. 77f. ~ ERNST B **85**, 154. 191 ~ HEINER B [3]**85**, 43 ~ JENNY B **85** (WA.A 4) 60. 165–167 ~ JLH 29 (**1985**) 49. 193 ~ MARTI A **85**, 161f. 164 ~ HARDER, Renate in ZGP 4 (**1986**) H. 6, 29–31 (Pr) ~ MGD 40 (**1986**) 253. 294 ~ NSK **1986**/3, 25 ~ VEIT B **86**, 2 Anm. 7. 41. 55. 57 Anm. 80. 58. 64. 67 Anm. 22. 73 Anm. 51. 79 Anm. 89. 83. 86 Anm. 21. 88 Anm. 38. 91 Anm. 55. 95f. 97 Anm. 77 u. 79. 98 Anm. 82. 99 Anm. 87 u. 91f. 100 Anm. 101. 103. 109 Anm. 152. 148f. 149 Anm. 49 u. 52. 150. 153f. 154 Anm. 76. 165 ~ EBERHARDT A **87**, bes. 176f. ~ MGD 41 (**1987**) 233 ~ PARENT B **87**, 72. 274 ~ QUACK A **87**, bes. 176f. ~ HOFMANN, Ernst / QUACK, Erhard in RGL (**1988**) 582f. ~ NORDHUES, Paul / WAGNER, Alois ebd. 203 ~ AMELN A **89**, 23 ~ JLH 32 (**1989**) 272. 274 ~ MGD 43 (**1989**) 94 ~ NSK **1989**/1, 8 ~ MOESERITZ B **90**, 390f. ~ BLANKENBURG B **91**, 149. 151–153. 334 ~ GROSSE-JÄGER / EGGER B **92**, 21–28 ~ NSK **1992**/3, 22f. ~ ULRICH, Herbert in SMG 117 (**1992**) H. 6, 306–308 ~ WEBER-KELLERMANN B [7]**92**, 13–15 ~ JLH 34 (**1992/93**) 136. 210 ~ WEG I (**1993**) 16. 33. 55 ~ PERLITT, Lothar: „Das ewig Licht geht da herein" (EKG 15, 4.6), in Rudolf Landau (Hg.): Gottes Sohn ist kommen. Predigten und Bilder zur Weihnacht, Stuttgart **1994**, 7–10. 187 (Pr) ~ WEG II (**1994**) 12 ~ ALBRECHT B [4]**95**, 15f. 138 ~ HOFFLEIT B **95**, 139. 279 ~ ROSER B **95**, 18–20 ~ DKL III/1.2 Notenbd. (**1996**) 141 ~ JANOTA, Johannes: Art. Kirchenlied, MGG[2], Sachteil 5 (**1996**) 63. 65 ~ KADELBACH A **96**, 222f. ~ KLEK / SCHRADE A **96**, 238 ~ MERTENS A **96**, 1077 ~ ROSER A **96**, 84 ~ WINKES B **96**, 61–65 (B) ~ DKL III/1.2 Textbd. (**1997**) 166f. ~ MAHRENHOLZ A **97**, 75 ~ Een Comp [3]**1998**, Nr. 142 ~ von MEDING B **98**, 120–122. 139. 296. 307. 320. 338. 349. 374f. 384. 389. 392. 398f. 401. 406. 429. 447 ~ SCHULZ A **98**, 27 ~ SEIBT B **98**, 259 ~ STOCK, Alex in GAGF 32 (**1998**) 31–41 ~ WEG V (**1998**) 20. 23. 109–113 ~ WISSEMANN-GARBE A **98**, 119. 124 ~ ZILLESSEN A **98**, 23 ~ ALBRECHT, Christoph / RÖSSLER, Martin / EBENBAUER, Peter in HEG II (**1999**) 204–208. 211f. 352–354 ~ DKL III/1 Registerbd. (**1999**) 205 ~ JLH 39 (**2000**) 231. 235 ~ KADELBACH A **00**, 160. 162f. 165 ~

PRASSL, Franz Karl in MÖLLER B **00**, 59 ~ RÖSSLER, Martin ebd. 202f. ~ RÖSSLER B **01**, 51. 754f. ~ STOCK, Alex in Geistl. Wunderhorn (**2001**) 69–75. 507 ~ DKL III/2 Textbd. (**2002**) 319 ~ FRANZ B **02**, 104 ~ JLH 41 (**2002**) 236 ~ SCHMIDT B **02**, 190. 571f. 635 ~ TVEIT A **02/03**, 362f. ~ JLH 42 (**2003**) 222 ~ KASSING, Anette in HARTMANN B **03**, 22–26 (+Pr) ~ KNEITSCHEL B **03**, 189f. 306f. ~ MARTI, Andreas in ÖLK II (**2003**) = LKEG H. 10 (**2004**) 11–22 ~ DKL II/2 (**2004**) 130 ~ DKL II/6 (**2004**) 157

24 Vom Himmel hoch, da komm ich her

KOCH I B ^{3}**1866/1973**, 241. 467. 470; II B ^{3}**1867/1973**, 404; VIII B ^{3}**1876/1973**, 21 ~ BÖHME B **1877/1966**, Nr. 271. 518 ~ FISCHER II B **1879/1967**, 305f. ~ ERK / BÖHME III B **1893f./1988**, 653f. ~ KÜMMERLE III B **1894/1974**, 839–842 ~ BERNOULLI, C. U.: Die gottesdienstliche Bedeutung von Luthers Weihnachtsliedern, MGkK 1 (**1896**) H. 9, 258–260 ~

JULIAN B ^{2}**1907/1985**, 1227f. ~ RISCH A **1908**, 159 ~ SPITTA A **1917**, 249f. ~ LUCKE, Wilhelm / MOSER, Hans Joachim in WA 35 (**1923**) 258–263. 459–461. 524f. 616. 631 ~ NELLE B ^{3}**1924/1962**, 60 ~

LOHR A **48**, 158f. ~ SCHLISSKE B **48**, 303–316 ~

STAPEL B **50**, 51–53. 130–135 ~ SCHLUNK B **51**, 334f. ~ GERBER, Hermann in WuW 7 (**1952/53**) Nr. 2, 15 ~ BERGMANN B **53**, 232f. ~ BRUPPACHER B **53**, 131f. ~ EISENHUTH B **53**, 19–21 ~ FRÖR, Kurt in KUV 1./2. (^{2}**1953**) 201 ~ HAUSCHILDT A **54**, 115–118. 122 ~ JLH 1 (**1955**) 62. 106. 113. 129 ~ SCHRÖDER B **55**, 94 ~ BURBA B **56**, 62–64 ~ GABRIEL B ^{3}**56**, 36f. ~ WIORA A **56**, 49 ~ BACH, Arthur / GRIMME, Gertrud in EvUV 1./2. (^{2}**1957**) 70 ~ BLANKENBURG, Walter in HEKG II/2 (**1957**) 59–63 ~ FINSCHER A **57**, 66. 71 ~ BACH, Arthur / GRIMME, Gertrud in EvUV 7 (**1958**) 238 ~ KULP / BÜCHNER / FORNACON in HEKG Sb (**1958**) 41–46. 59. 109. 524 ~ ~ BRENNECKE A **58/59**, 67 ~ BACH, Arthur / GRIMME, Gertrud in EvUV 3 (^{2}**1959**) 182–184 ~ HERMELINK A **59**, 1480 ~ MÜLLER-BLATTAU A **59**, 366 ~

AARBURG A **60**, bes. 125f. 130 ~ FRÖR, Kurt in KUV 4 (^{4}**1960**) 99 ~ JLH 5 (**1960**) 122 ~ PRAGER B **60**, 12–14 (B) ~ BLANKENBURG A **61**, 582. 590f. ~ JLH 6 (**1961**) 254 ~ GSCHWEND A **62**, 162 ~ JENNY B **62**, 36f. 50f. 63. 132. 135. 147. 149. 155f. 218. 223 ~ JLH 7 (**1962**) 99. 129 ~ NELLE B ^{4}**62**, 40. 42 ~ SAMSON A **62**, 339 ~ THOMAS / AMELN A **62**, 262f. ~ BLANKENBURG A **63**, 32 ~ HEYDEN A **63**, 178. 181 ~ JLH 8 (**1963**) 128. 173 ~ RECKZIEGEL B **63**,

95. 138. 203 ~ VOLZ A **63**, 60. 64. 68 ~ JENNY A **64**, 150 ~ KÖHLER B **64** (HEKG I/2) 50–53 ~ SOMMER A **64**, 36. 40. 80 ~ BLUME, Friedrich / FINSCHER, Ludwig in BLUME B ^{2}**65**, 24. 134 ~ BRUNNER, Peter: Singen und Sagen, MuK 35 (**1965**) H. 1, 22–24 ~ JLH 10 (**1965**) 63. 174 ~ SOMMER, Ernst: Johann Walters Weise zu Luthers „Vom Himmel hoch da komm ich her“, JLH 10 (**1965**) 159–161 ~ AMELN A **66**, 81f. 88 ~ FRÖR B ^{5}**66**, 308 ~ JLH 11 (**1966**) 109 ~ KRATZEL A **66**, 171 ~ AMELN A **67**, 172 ~ FRANK A **67**, 111 ~ GUDEWILL A **67**, bes. 271f. ~ HAHN B **67**, 44–46 ~ JLH 12 (**1967**) 108 ~ STÄHLIN, Wilhelm: Über einige Liedzeilen, Quatember 32 (**1967/68**) H. 1, 11 (B) ~ JLH 13 (**1968**) 249 ~ NEUBACHER B **68**, 4 ~ SCHÜTZ A **68**, 67 ~ AENGENVOORT A **69**, 113. 119 ~ AMELN A **69**, 186 ~ GRIMM A **69**, 154 ~ JLH 14 (**1969**) 62. 144 ~

JLH 15 (**1970**) 151 ~ NITSCHKE, Horst / STIER, Alfred in HEKG III/1 (**1970**) 159–164 ~ WEISMANN, Eberhard ebd. 150 ~ PIPER A **71**, 88. 92 ~ NSK AM (**1972**) 7, 35 ~ SOMMER A **72**, 140–142. 145. 147. 154 ~ NSK AM (**1973**) 13, 66 ~ BLANKENBURG A **73/74**, 86 ~ JLH 18 (**1973/74**) 269 ~ WITTENBERG A **73/74**, 142. 159 ~ EHMANN A **75**, 226–229 ~ JLH 19 (**1975**) 278 ~ KLUSEN B **75**, 91f. 106f. 159. 162f. 167. 169 ~ PIPER A **75**, 110f. ~ SAUER-GEPPERT A **75**, 222f. ~ MGD 30 (**1976**) 22. 216. 223 ~ RÖSSLER-Bibl. B **76**, 273 ~ BLANKENBURG I A **77**, 382f. ~ JLH 21 (**1977**) 151. 208 ~ MGD 31 (**1977**) 217 ~ SAUER-GEPPERT A **77**, 72 ~ DRÖMANN A **78**, 194 ~ GOJOWY A **78**, 92f. ~ JLH 22 (**1978**) 156. 170 ~ BLANKENBURG II A **79**, 67. 260. 262 ~ MGD 33 (**1979**) 14. 16f. 183. 234 ~ SCHOTT A **79**, 165 ~ SEUFFERT, Josef in WGL IX (**1979**) 44f. ~

ELTZ-HOFFMANN B **80**, 17 ~ HEINZ A **80**, 226 ~ JENNY A **80**, 63. 67 ~ HAHN B **81**, 17f. 21f. 38. 133–144. 173. 183f. 186. 202. 283. 314 ~ MGD 35 (**1981**) 200 ~ RÖSSLER B **81**, 80–87 ~ JLH 26 (**1982**) 139 ~ MGD 36 (**1982**) 159. 204. 253 ~ SCHÖNBORN A **82**, 23. 50. 54. 62. 65 ~ BIERITZ A **83**, 235 ~ DIENST A **83**, 147–149 (B) ~ DRÖMANN A **83**, 171 ~ HEIMRATH / KORTH B **83**, 52–54. 132 ~ JENNY A **83**, 48f. ~ JENNY A **83**, 178. 184 ~ JENNY B **83**, 47–52 ~ KADELBACH A **83**, 99 ~ JLH 28 (**1984**) 34 ~ MGD 38 (**1984**) 120. 181 ~ SAUER-GEPPERT B **84**, 41. 73. 128 ~ SCHÖNBORN A **84**, 92f. 96. 98–100. 102. 115–117. 126 ~ AMELN A **85**, 14 ~ ASPER B **85**, 71. 147. 149 ~ ERNST B **85**, 26. 59. 63f. 70–77. 84f. 133ff. 140f. 144. 149. 160. 191. 197. 201. 206. 289. 319ff. ~ HEINER B ^{3}**85**, 45 ~ JENNY B **85** (WA.A 4) 109–111. 119f. 287–291 ~ JLH 29 (**1985**) 57. 88. 193 ~ MARTI A **85**, 161f. ~ AMELN A **86**, 120f. ~ MGD 40 (**1986**) 64. 115. 249f. 254 ~ NSK **1986**/2, 25 ~ VEIT B **86**, 43. 45. 65. 73 Anm. 51. 83. 86 Anm. 21 u. 26. 87 Anm. 33. 90 Anm. 53. 91 Anm. 55. 92f. 95f. 97 Anm. 75 u. 77. 98 Anm. 81. 99

Anm. 87. 100 Anm. 94. 101. 103. 107. 108 Anm. 143. 109 Anm. 151f. 117 Anm. 193. 119 Anm. 10. 148. 149 Anm. 50. 150. 154 Anm. 78. 157. 158 Anm. 95. 162 Anm. 8. 163. 163 Anm. 11 ~ HAHN, Gerhard: Unbekannte Weihnachtslieder: „Vom Himmel hoch, da komm ich her". Eine Liedpredigt, in: Homiletisch-liturgisches Korrespondenzblatt NF 4 (**1986/87**) Nr. 13, 61–67 = IAHB 15 (**1987**) 9–17 = NSK **1988**/3, 29–31 (Pr) ~ MGD 41 (**1987**) 233. 262ff. ~ PARENT B **87**, 158. 172. 181f. 192. 204. 276 ~ AMELN, Konrad: Faksimile-Ausgaben alter Quellen zur Hymnologie und Kirchenmusik, JLH 31 (**1987/88**) 128f. ~ ebd. 205 ~ MGD 42 (**1988**) 308 ~ JLH 32 (**1989**) 22. 275. 290 ~ MGD 43 (**1989**) 32. 93 ~ UELTZEN, Dieter in IAHB 17 (**1989**) 40 ~
HANDT, Hartmut: Vom Himmel hoch, da komm ich her – Mehr als ein Kinderlied, in STOLZE B **²90**, 52–55 (Pr) ~ MGD 44 (**1990**) 25 ~ NSK **1990**/3, 20 ~ STOLZE, Hans-Dieter: Vom Himmel hoch, da komm ich her – Gott bleibt nicht „überm Sternenzelt", in STOLZE B **²90**, 129 (B) ~ JLH 33 (**1990/91**) 102. 250 ~ BLANKENBURG B **91**, 171. 224f. 228f. 334 ~ NSK **1991**/2, 27; **1992**/3, 19. 23 ~ REICH, Christa: „... davon ich singen und sagen will" – Überlegungen zum Verhältnis von Musik und Evangelium, MuK 62 (**1992**) H.1, 3f. = REICH B **97**, 13–15 ~ WEBER-KELLERMANN B **⁷92**, 134–137 ~ JLH 34 (**1992/93**) 62. 212. 221 ~ FRANK B **²93**, 208f. ~ ROSER, Hans: Ein Lied Martin Luthers zu Weihnachten – „Vom Himmel hoch, da komm ich her...", EvKZ, Nr. 51/52, **1993**, 8 ~ SCHNEIDER / VICKTOR B **93**, 184–189 ~ WEG I (**1993**) 56. 103–105 ~ BEUSCHEL, Werner in ZGP 12 (**1994**) H. 6, 27 (Pr) ~ KORNEMANN A **94**, 9. 13 ~ WEG II (**1994**) 71 ~ ALBRECHT B **⁴95**, 72. 139 ~ HARZ B **95**, 22–24 ~ HOFFLEIT B **95**, 60. 259 ~ BAUM, Fritz: Vom Himmel hoch da komm ich her: Zum Ausklang des Lutherjahres, Ch 49 (**1996**) 132–134 ~ DIENST 2 A **96**, 7 ~ DKL III/1.2 Notenbd. (**1996**) 151. 160 ~ KLEK / SCHRADE A **96**, 238 ~ ROSER A **96**, 85 ~ DKL III/1.2 Textbd. (**1997**) 184. 204f. ~ MAHRENHOLZ A **97**, 74–78. 82 ~ NSK **1997**/3, 15f. ~ WEG IV (**1997**) 82 ~ WETTACH A **97**, 30 ~ WITTE B **97**, 402 ~ DKL III/1.3 Textbd. (**1998**) 138f. ~ Een Comp **³1998**, Nr. 133. 146 ~ HANDT A **98**, 38. 40 ~ von MEDING B **98**, 100. 168f. 260. 295. 298. 304. 318. 339. 348f. 398f. 446f. ~ WISSEMANN-GARBE A **98**, 129 ~ WYSS-JENNY, Elisabeth in WGD 4 (**1998**) 90f. ~ ZILLESSEN A **98**, 23 ~ CONRAD A **99**, 238 ~ DKL III/1 Registerbd. (**1999**) 25. 46. 229 ~ RÖSSLER, Martin in HEG II (**1999**) 204–208 ~
HENKYS, Jürgen in MÖLLER B **00**, 378 ~ KADELBACH A **00**, 160. 164f. ~ MÖLLER B **00**, 70 ~ SEEBERG B **00**, 54–59 (Pr) ~ WEG VI (**2000**) 13 ~ JLH 40 (**2001**) 203 ~ MARTI A **01**, 154f. ~ RÖSSLER B **01**, 76. 97. 706 ~ DKL III/2 Textbd. (**2002**) 324. 331. 395 ~ FRANZ

B **02**, 103f. ~ MARTINI B **02**, 104. 265 ~ SCHMIDT B **02**, 93. 163–165. 748 ~ HANDT B **03**, Nr. 169 ~ KNEITSCHEL B **03**, 191f. 374f. ~ REICH A ^{3}**03**, 766 ~ KORTH A **04**, 214 ~ FRANZ, Ansgar / REICH, Christa in LKEG H. 12 (**2005**) 16–24 ~ KORTH, Hans-Otto: Zur Ent-stehung von Martin Luthers Lied „Vom Himmel hoch, da komm ich her", JLH 49 (**2005**) ~ NEUHAUS B **05**, 107–110. 112. 131. 140

25 Vom Himmel kam der Engel Schar

von WINTERFELD, Carl: Der evangelische Kirchengesang und sein Verhältnis zur Kunst des Tonsatzes, Bd I, Leipzig **1843** (Nachdruck Hildesheim **1966**) 148f. Anhang 37f. ~ KOCH I B ^{3}**1866/1973**, 242. 467; VIII B ^{3}**1876/1973**, 24 ~ BÖHME B **1877/1966**, Nr. 271 ~ FISCHER II B **1879/1967**, 306f. ~ KÜMMERLE III B **1894/1974**, 842–844 ~ BERNOULLI, C. U.: Die gottesdienstliche Bedeutung von Luthers Weihnachtsliedern, MGkK 1 (**1896**) 258–260 ~

RISCH A **1908**, 159 ~ HENNIG, Kurt: Die geistliche Kontrafaktur im Jahrhundert der Reformation, Halle **1909** (Nachdruck Hildesheim **1977**), 51f. 141 ~ SPITTA A **1917**, 249f. ~ LUCKE, Wilhelm / MOSER, Hans Joachim in WA 35 (**1923**) 264–266. 471–473. 524. 528. 616f. 624–626. 636f. ~ NELLE B ^{3}**1924/1962**, Nr. 61 ~

KRUMMACHER A **48**, 221 ~ SCHLISSKE B **48** ~

STAPEL B **50**, 56f. 142–144 ~ SCHLUNK B **51**, 335 ~ BRUPPACHER B **53**, 132f. ~ BRODDE / MÜLLER B **54**, 30–34 ~ HAUSCHILDT A **54**, 115–117. 121 ~ GERBER, Hermann: Das Monatslied in Bethlehem, WuW 10 (**1955/56**) Nr. 2, 19 = B **56**, 16–18 (B) ~ BURBA B **56**, 62–64 ~ JLH 2 (**1956**) 124 ~ BLANKENBURG, Walter in HEKG II/2 (**1957**) 69 ~ FINSCHER A **57**, 66. 71 ~ KULP / BÜCHNER / FORNACON in HEKG Sb (**1958**) 43. 46 ~ STÄHLIN A **58**, 151 ~ BRENNECKE A **58/59**, 67 ~

JLH 5 (**1960**) 123 ~ GSCHWEND A **62**, 162 ~ JENNY B **62**, 36. 128. 148. 218 ~ JLH 7 (**1962**) 129 ~ NELLE B ^{4}**62**, 40 ~ THOMAS / AMELN A **62**, 262f. ~ RECKZIEGEL B **63**, 95. 159. 203 ~ KÖHLER B **64** (HEKG I/2) 53f. ~ SOMMER A **64**, 36. 40 ~ KRATZEL A **66**, 171 ~ HAHN B **67**, 50 ~ SCHÜTZ A **68**, 67 ~

NITSCHKE, Horst / STIER, Alfred in HEKG III/1 (**1970**) 164–166 ~ WEISMANN, Eberhard ebd. 150 ~ NSK AM (**1972**) 7, 37 ~ WITTENBERG A **73/74**, 133. 159 ~ BREDNICH I B **74**, 91f. ~ EHMANN A **75**, 228f. ~ RÖSSLER-Bibl. B **76**, 274 ~ GOJOWY A **78**, 92 ~ JENNY, Markus in MGD 33 (**1979**) 135 ~ ebd. U1(6). 227 ~ SEUFFERT, Josef in WGL IX (**1979**) 110 ~

MGD 34 (**1980**) 25 ~ HAHN B **81**, 17f. 21. 47. 144–147. 167 Anm. 203. 184. 202f. 314 ~ RÖSSLER B **81**, 215–219 ~ MGD 36

(**1982**) 213f. ~ SCHÖNBORN A **82**, 23. 50. 54. 62 ~ DRÖMANN A **83**, 171 ~ HEIMRATH / KORTH B **83**, 55–57. 132 ~ JENNY A **83**, 49f. ~ JENNY A **83**, 176 ~ JENNY B **83**, 52–55 ~ SAUER-GEPPERT B **84**, 54f. ~ SCHÖNBORN A **84**, 100. 102. 115 ~ AMELN A **85**, 14 ~ ERNST B **85**, 70–74. 81–88. 197. 203. 206. 289. 320 ~ JENNY B **85** (WA.A 4) 109–111. 119f. 287. 306–308 ~ VEIT B **86**, 43. 46. 65. 83. 95f. 97 Anm. 75. 98 Anm. 81f. 99. 99 Anm. 87. 101. 103. 108 Anm. 143. 134. 142. 144 Anm. 24. 150. 162 Anm. 8 ~ PARENT B **87**, 182. 276 ~ JLH 31 (**1987/88**) 42 ~ AMELN, Konrad: Luthers Kirchenlied und Gesangbuch. Offene Fragen, JLH 32 (**1989**) 22 ~ WEBER-KELLERMANN B **⁷92**, 138f. ~ KORNEMANN A **94**, 9 ~ von MEDING, Wichmann: Durch die Jugend erhält Gott die Kirche bei seinem Wort. Beobachtungen an Luthers Kirchenliedern, Luther 65 (**1994**) 128–130 ~ ALBRECHT B **⁴95**, 72 ~ KLEK / SCHRADE A **96**, 238 ~ NSK **1996**/1, 17 ~ ROSER A **96**, 85 ~ MAHRENHOLZ A **97**, 78. 82 ~ DKL III/1.3 Textbd. (**1998**) 138 ~ von MEDING B **98**, 169. 295. 446f. ~ WEG V (**1998**) 23 ~ DKL III/1 Registerbd. (**1999**) 120. 125. 229 ~ RÖSSLER, Martin in HEG II (**1999**) 204–208 ~ JLH 39 (**2000**) 235 ~ RÖSSLER B **01**, 76. 278 ~ DKL III/2 Textbd. (**2002**) 395 ~ FRANZ B **02**, 104. 105 Anm. 18 ~ MARTINI B **02**, 48 ~ KORTH A **04**, 214 ~ HAHN, Gerhard / KORTH, Hans-Otto in LKEG H. 12 (**2005**) 25–31 ~ KORTH, Hans-Otto: Zur Entstehung von Martin Luthers Lied „Vom Himmel hoch, da komm ich her“, JLH 49 (**2005**)

26 Ehre sei Gott in der Höhe

(Lukas 2, 14; Kanon)

NSK **1986**/2, 18; **1989**/1, 29; 3, 32 ~ NSK **1992**/2, 24 ~ WEG I (**1993**) 12 ~ KORNEMANN A **94**, 10 ~ NSK **1994**/2, 17–19 ~ SCHWEIZER A **95**, 14 ~ NSK **1996**/1, 23 ~ OPP, Walter in HEG II (**1999**) 105 ~ KNEITSCHEL B **03**, 298 ~ BERNOULLI, Peter Ernst in LKEG H. 12 (**2005**) 32–34

S. auch bei EG 179 und 180 !

27 Lobt Gott, ihr Christen allegleich

KOCH I B **³1866/1973**, 397. 472; VIII B **³1876/1973**, 24 ~ BÖHME B **1877/1966**, Nr. 288 ~ FISCHER II B **1879/1967**, 41 ~ KÜMMERLE II B **1890/1974**, 81–84 ~ BÄUMKER III B **1891/1962**, 176f. ~ ERK / BÖHME II B **1893f./1988**, 718 ~

NELLE B ^{3}**1924/1962**, Nr. 62 ~
KRUMMACHER A **48**, 37f. ~
SCHLUNK B **51**, 233 ~ BERGMANN B **53**, 123 ~ BRUPPACHER B **53**, 127f. ~ FRÖR, Kurt in KUV 1./2. (^{2}**1953**) 201f. ~ GABRIEL B ^{3}**56**, 45 ~ GOTTSCHICK B ^{3}**56**, 30f. ~ BLANKENBURG, Walter in HEKG II/2 (**1957**) 85. 87. 105 ~ KULP / BÜCHNER / FORNACON in HEKG Sb (**1958**) 51–53. 59. 140. 270. 311. 353f. 487 ~ STÄHLIN A **58**, 147f. ~ BACH, Arthur / GRIMME, Gertrud in EvUV 3 (^{2}**1959**) 179–182, ähnlich in KUV 3 (^{4}**1960**) 65–68 ~
BLANKENBURG A **61**, 582 ~ MERTES B **62**, 43f. 120. 171 ~ NELLE B ^{4}**62**, 78 ~ THOMAS / AMELN A **62**, 257. 261 ~ BLANKENBURG A **63**, 32–35 ~ RECKZIEGEL B **63**, 95. 203 ~ KÖHLER B **64** (HEKG I/2) 58–61 ~ AMELN A **66**, 62. 64 ~ AMELN A **67**, 172. 179. 182 ~ BRODDE A **67**, 198f. ~ JLH 12 (**1967**) 154; 13 (**1968**) 189 ~ NEUBACHER B **68**, 9 ~ AENGENVOORT A **69**, 113. 120f. ~ GRIMM A **69**, 155 ~
NITSCHKE, Horst / STIER, Alfred in HEKG III/1 (**1970**) 175–177 ~ WEISMANN, Eberhard ebd. 151f. ~ JENNY, Markus in NSK AM (**1972**) 7,37 ~ ebd. 7, 35 ~ KAUFHOLD A **73**, 283f. ~ NSK AM (**1973**) 14 ~ WITTENBERG A **73/74**, 158 ~ JENNY A **74**, 187f. ~ HIERZENBERGER, Gottfried: Das Kirchenlied in der Erwachsenenkatechese, in TRENKLER B **75**, 104–106 ~ THURMAIR-MUMELTER, Maria Luise / QUACK, Erhard ebd. 198f. ~ JENNY, Markus / THURMAIR, Maria Luise / QUACK, Erhard in WGL I (**1975**) 157f. ~ HARNONCOURT, Philipp in Pr GL 1 (**1976**) 50–54 (+Pr) ~ RÖSSLER-Bibl. B **76**, 263 ~ BLANKENBURG I A **77**, 383f. ~ NSK AM (**1977**) 24, 116 ~ OPP, Walter: Grundprobleme der Begleitpraxis, MuK 47 (**1977**) H. 6, 268f. ~ DRÖMANN A **78**, 193 ~ GOJOWY A **78**, 92f. ~ BLANKENBURG II A **79**, 260 ~ JENNY, Markus in MGD 33 (**1979**) 135 ~ SEUFFERT, Josef in WGL IX (**1979**) 43 ~
ELTZ-HOFFMANN B **80**, 31 ~ JENNY A **80**, 63 ~ ERB I B ^{2}**81**, 62 ~ JLH 25 (**1981**) 184 ~ MGD 35 (**1981**) 200. 250 ~ RÖSSLER B **81**, 149–152 ~ MGD 36 (**1982**) 159. 203 ~ SCHÖNBORN A **82**, 22f. 43. 54. 62 ~ JENNY A **83**, 48 ~ SCHÖNBORN A **84**, 93. 96. 98f. 102 ~ SCHWEIZER A **84**, 42f. ~ ERNST B **85**, 59. 61. 63. 109. 126. 133. 156. 199. 259. 296. 303. 309. 346 ~ MARTI A **85**, 161f. ~ MGD 39 (**1985**) 45 ~ ULRICH, Herbert in Kath. KM 110 (**1985**) H. 5, 191–202 ~ JLH 30 (**1986**) 9 ~ MGD 40 (**1986**) 220 ~ NSK **1986**/3, 25; **1987**/1, 25; 2, 19 ~ PARENT B **87**, 159. 172. 275 ~ JENNY, Markus in RGL (**1988**) 584f. ~ KERN, Helmut im Propsteigruß, Mainz, Dez. **1988** (B) ~ NORDHUES, Paul / WAGNER, Alois in RGL (**1988**) 210 ~ NSK **1989**/1, 8 ~
GROSSE-JÄGER / EGGER B **92**, 29–39 ~ NSK **1992**/3, 19. 23 ~ WEBER-KELLERMANN B ^{7}**92**, 141f. ~ DKL III/1.1 Notenbd. (**1993**)

235 ~ DKL III/1.1 Textbd. (**1993**) 206 ~ FRANK B ²**93**, 140 ~ SCHNEIDER / VICKTOR B **93**, 138–143 ~ STEFAN, Hans-Jürg: Anstöße. Anregungen für Offene Singen, NSK **1993**/3, 23 ~ WEG I (**1993**) 61f. ~ BEUSCHEL, Werner: Gespräch mit einem Lied. Eine Weihnachtspredigt, ZGP 12 (**1994**) H.6, 27f. (Pr) ~ KORNEMANN A **94**, 9. 13 ~ ALBRECHT B ⁴**95**, 73 ~ GÖTZ, Cornelia in: entwurf **1995**, H. 2, 77f. ~ ROSER B **95**, 20f. ~ KADELBACH A **96**, 229–232 ~ NSK **1996**/4, 24 ~ ULRICH, Herbert in SMG 121 (**1996**) H. 5, 215–218 ~ WINKES B **96**, 66–71 (Pr) ~ ENGELSBERGER B **97**, 80 (B) ~ WEG IV (**1997**) 82 ~ WÜSTENBERG, Ulrich in MÖLLER B **97**, 54–59 (Pr) ~ HOLZAPFEL A **98**, 221f. ~ Een Comp ³**1998**, Nr. 147 ~ JLH 37 (**1998**) 157. 223 ~ REICH A **98**, 70 ~ SCHÜTZ A **98**, 46 ~ SEIBT B **98**, 266 ~ WEG V (**1998**) 23 ~ WYSS-JENNY, Elisabeth in WGD 4 (**1998**) 86f. ~ DKL III/1 Registerbd. (**1999**) 31. 216 ~ JLH 38 (**1999**) 271 ~ PISTORIUS, Dietmar in HEG II (**1999**) 145–148 ~ SCHEITLER A **99**, 175. 177 ~
KADELBACH A **00**, 160. 163. 165 ~ ROHMANN, Ernst Walter in FELLECHNER / FINKBEINER B **00**, 227–244 (+Gd mit Pr) ~ WALDECK, Karl in SEEBERG B **00**, 62–67 (Pr, überarbeitet, vom 24. 12. 1994) ~ THUST, Karl Christian im Gemeindebrief der Burgkirche Ingelheim, Dez. **2000**/Jan. **2001** (B) ~ RÖSSLER B **01**, 279f. ~ SCHEFFBUCH 2 B ²**01**, 254f. ~ DKL III/2 Textbd. (**2002**) 259f. ~ FRANZ B **02**, 104. 601 ~ SCHMIDT B **02**, 270f. 364. 635. 637. 749. 752 ~ KNEITSCHEL B **03**, 192. 344f.

28 Also hat Gott die Welt geliebt

(Johannes 3,16)

FORNACON, Siegfried: Kaspar Stolzhagen, JLH 2 (**1956**) 71. 75 ~ RÖSSLER-Bibl. B **76**, 240 ~
WEG I (**1993**) 12 ~ OCHS, Volker in MEYER B ²**97**, 204 ~ DRÖMANN, Hans-Christian in HEG II (**1999**) 233f. ~
SCHMIDT, Bernhard in LKEG H. 11 (**2005**) 10f.

29 Den die Hirten lobeten sehre

(Quem pastores laudavere / Nunc angelorum gloria / Magnum nomen domini / Resonet in laudibus)

KOCH I B ³**1866/1973**, 142. 227; II B ³**1867/1973**, 369. 452 ~ FISCHER I B **1878/1967**, 225f.; II B **1879/1967**, 225f. 229 ~ KÜM-

MERLE II B **1890/1974**, 384–386. 766–768; III B **1894/1974**, 50–52 ~ ERK / BÖHME III B **1893f./1988**, 642 ~
HOLLIGER, Hans in EvKCh 50 (**1945**) H. 5, 54–56 ~ LOHR A **48**, 158 ~
SCHLUNK B **51**, 54f. ~ BERGMANN B **53**, 32 ~ MEUTHIEN, Otto: Vergesst den Quempas nicht!, KCh 14 (**1954**) H. 6, 82f. ~ GERBER B **56**, 19f. ~ GOTTSCHICK B **³56**, 61f. (B) ~ IRTENKAUF, Wolfgang: Die Weihnachtskomplet im Jahre 1345 in Seckau, Mf 9 (**1956**) 257–262 ~ STEIN, Franz A.: Das Moosburger Graduale (1354–60) als Quelle geistlicher Volkslieder, JLH 2 (**1956**) 93–97 ~ AMELN, Konrad: Joh. Keuchenthal, JLH 3 (**1957**) 121–124 ~ BLANKENBURG, Walter in HEKG II/2 (**1957**) 57. 62 ~ LIPPHARDT, Walther: Das Moosburger Graduale, JLH 3 (**1957**) 113–117 ~ ENGELBRECHT, Christiane in MiU 49 (**1958**) H. 12, 360f. ~ GOTTRON A **58**, 58f. ~ KULP / BÜCHNER / FORNACON in HEKG Sb (**1958**) 49–51. 59. 64. 137. 142. 193 ~ TSCHIRCH A **58**, 170f. ~ JLH 4 (**1958/59**) 246 ~ JLH 5 (**1960**) 152; 6 (**1961**) 126 ~ AMELN A **62**, 57. 64. 67 ~ JLH 7 (**1962**) 154 ~ LIPPHARDT I A **62**, 138 ~ MERTES B **62**, 40f. 172 ~ NELLE B **⁴62**, 25 ~ THOMAS / AMELN A **62**, 258–260 ~ JLH 8 (**1963**) 262 ~ RECKZIEGEL B **63**, 96. 203 ~ KÖHLER B **64** (HEKG I/2) 57f. ~ BRODDE, Otto: Der Quempas geht um. Hinweis auf eine wichtige Neuerscheinung, KCh 25 (**1965**) H. 6, 87–90 ~ HENKING, Arwed: Quem pastores laudavere. Zum Brauch der Christvesper in Deutschland, MGD 19 (**1965**) H. 5, 125–127 ~ JENNY, Markus: Der Quempas geht um, EvKCh 70 (**1965**) H. 5, 74–78 ~ THOMAS, Wilhelm / AMELN, Konrad: Der Quempas geht um. Vergangenheit und Zukunft eines deutschen Christnachtbrauches, Kassel **²1965** ~ AMELN A **66** ~ JLH 11 (**1966**) 185. Taf. I. IV. V. VII. VIII ~ AMELN A **67**, 176f. 180 ~ HLAWICZKA, Karol: Vom Quempas-Singen in Polen, JLH 12 (**1967**) 149–154 ~ ebd. 250 ~ AMELN, Konrad: Das handschriftliche Choralbuch des Organisten C. I. Engel vom Jahre 1775, ebd. 180 ~ HLAWICZKA, Karol: Nochmals: Vom Quempas-Singen in Polen, JLH 13 (**1968**) 151–156 ~ ebd. Taf. III ~ JANOTA B **68**, 127–129 ~ SCHANZE, W.: Der deutsche Text des Quempas, GuK **1968**, 189–191 ~ GRIMM A **69**, 155 ~ JLH 14 (**1969**) 247 ~ AMELN A **70**, 93. 102. 108 ~ JLH 15 (**1970**) 174. 253 ~ NITSCHKE, Horst / STIER, Alfred in HEKG III/1 (**1970**) 172–175 ~ WEISMANN, Eberhard ebd. 151 ~ JENNY, Markus: Eine deutsche Neufassung des Quempas, GuK **1971**, 138f. = MuK 41 (**1971**) H. 6, 308 ~ von STRAUCH, Ch.: Noch eine deutsche Fassung des Quempas, GuK **1972**, 24f. ~ KAUFHOLD A **73**, 279f. ~ KORN-MEHNERT, Ursula: Quempassingen und Weihnachtszepter in dem schlesischen Dorf Probsthain, Jb für ostdeutsche Volkskunde 16 (**1973**) 137–154 ~ JLH 18 (**1973/74**) 247f.; 19 (**1975**) 269; 20 (**1976**) 225 ~ GOJOWY A **78**, 92

~ JLH 22 (**1978**) 157. 231 ~ NSK AM (**1978**) 26, 126 ~ JLH 23 (**1979**) 135 ~ MGD 33 (**1979**) 14. 16f. ~

JLH 24 (**1980**) 110. 112 ~ HAHN B **81**, 136 Anm. 84 ~ JLH 25 (**1981**) 54; 26 (**1982**) 224 ~ SCHÖNBORN A **82**, 23. 32. 48. 59. 61–63 ~ SCHÖNBORN A **84**, 97. 102 ~ AMELN, Konrad: Die Cantio „In dulci jubilo", JLH 29 (**1985**) 30. 45. 47 ~ ERNST B **85**, 27. 63. 88. 100. 155. 157. 201–204. 316. 339 ~ MGD 39 (**1985**) 71 ~ MICHEL, Heike: Weihnachtssänger und ihre Lieder. „Nun singet und seid froh", WuW 40 (**1986**) Nr. 51/52, 26 ~ MGD 42 (**1988**) 248 ~ SCHULZ A **89**, 36 ~ WACHINGER, Burghart: Art. „Resonet in laudibus", VerLex 7 (^{2}**1989**) 1226–1231 ~

ESSER, Christine: Anstöße. Der Quempas geht um: „Hört, es singt und klingt mit Schalle", NSK **1992**/3, 19 (und 20f.) ~ WEBER-KELLERMANN B ^{7}**92**, 164–169 ~ JLH 34 (**1992/93**) 129 ~ DKL III/1.1 Textbd. (**1993**) 100f. ~ SCHNEIDER / VICKTOR B **93**, 41–46 ~ STROHM, Reinhard: The Rise of European Music, 1380–1500, Cambridge **1993**, 329–331 ~ NSK **1996**/1, 17; 4, 24 ~ DKL III/1.2 Textbd. (**1997**) 208–212 ~ WEG IV (**1997**) 82 ~ Een Comp ^{3}**1998**, Nr. 137. 140 ~ HANDT A **98**, 40 ~ WEG V (**1998**) 23 ~ DKL III/1 Registerbd. (**1999**) 32. 199. 224 ~ HERBST I A **99**, 258 ~ JLH 38 (**1999**) 258 (Gottes Sohn ist Mensch geborn) ~ PISTORIUS, Dietmar / HARRASSOWITZ, Hermann / SCHNEIDER, Matthias / WERBECK, Walter / KENNEL, Gunter in HEG II (**1999**) 145–148. 175f. 203. 243f. 329 ~ RÖSSLER, Martin in MÖLLER B **00**, 134 ~ RÖSSLER B **01**, 117. 280. 448 ~ JLH 41 (**2002**) 190 ~ RIEHM B **04**, 430f. ~ NEUHAUS B **05**, 107 ~ SCHUBERTH, Dietrich in LKEG H. 11 (**2005**) 12–16

30 Es ist ein Ros entsprungen

KOCH I B ^{3}**1866/1973**, 211. 250. 254; II B ^{3}**1867/1973**, 454 ~ BÖHME B **1877/1966**, Nr. 515 ~ FISCHER I B **1878/1967**, 182f. ~ BÄUMKER I B **1886/ 1962**, 339f.; III B **1891/1962**, 166 ~ ERK / BÖHME III B **1893f./1988**, 627f. ~

SPITTA, Friedrich in MGkK 5 (**1900**) H. 1, 10–20 ~ JULIAN B ^{2}**1907/1985**, 354 ~ KRAFFT, Alfred: „Wohl zu der halben Nacht". Studie über ein Weihnachtslied, MGkK 12 (**1907**) H. 1, 45–54 ~ SPITTA, Friedrich: „Es ist ein Ros entsprungen". Zum zweiten, hoffentlich letzten Male, MGkK 21 (**1916**) H. 7/8, 213–216 ~ NELLE B ^{3}**1924/1962**, Nr. 8 ~

SCHLUNK B **51**, 101 ~ BERGMANN B **53**, 11. 31. 35. 82. 234f. ~ GOLDAU A **54/55** ~ JLH 2 (**1956**) 244 ~ BLANKENBURG, Walter in HEKG II/2 (**1957**) 80 ~ EWERHART, Rudolf: Eine unbekannte

Textquelle zum Weihnachtslied „Es ist ein Ros' entsprungen“, KMJ 41 (**1957**) 64–67 ~ JLH 3 (**1957**) 138 ~ FRÖR, Kurt in KUV 6 (^{3}**1958**) 263 ~ KULP / BÜCHNER / FORNACON in HEKG Sb (**1958**) 54–56. 59. 67 ~ MÜLLER-BLATTAU A **59**, 366 ~

AMELN, Konrad: „Es ist ein Ros entsprungen“. Strittige Fassungen von Text und Weise, JLH 5 (**1960**) 146–154 ~ ebd. 255 ~ PRAGER B **60**, 5–7 (B) ~ FREI, Walter: Ein Ros oder ein Reis? Zur ursprünglichen Textgestalt des Weihnachtsliedes, MuK 31 (**1961**) H. 6, 277f. ~ HEINRICH, Johannes / FORNACON, Siegfried: Nochmals „Es ist ein Ros entsprungen“ JLH 7 (**1962**) 179–181 ~ HEYDRICH B **62**, 168 ~ JENNY B **62**, 201 ~ MERTES B **62**, 33. 36f. 172 ~ NELLE B ^{4}**62**, 33 ~ SAMSON A **62**, 339f. ~ SOMMER, Ernst: „Es ist ein Ros entsprungen“. Bemerkungen zu „Ein Ros oder ein Reis?“ von Walter Frei (MuK 6/1961), MuK 32 (**1962**) H. 1, 24f. ~ JLH 8 (**1963**) 259; 9 (**1964**) 238 ~ KÖHLER B **64** (HEKG I/2) 62f. ~ JLH 11 (**1966**) 254 ~ JENNY, Markus: „Es ist ein Ros entsprungen“ – ein katholisches Weihnachtslied?, Neue Zürcher Zeitung, 22. Dez. **1968**, 49f. = Ld Dok **1996** „Es ist ein Ros entsprungen“, 3–6 ~ NEUBACHER B **68**, 24 ~ AENGENVOORT A **69**, 113. 118. 120f. ~

JLH 15 (**1970**) 245f. 253. 256 ~ NITSCHKE, Horst / STIER, Alfred in HEKG III/1 (**1970**) 180–182 ~ WEISMANN, Eberhard ebd. 151 ~ JLH 17 (**1972**) 274 ~ QUACK A **72**, 53. 76f. 79 ~ JENNY, Markus: Verlust katholischer Glaubenssubstanz?, GD 7 (**1973**) 97–99 ~ SCHUBERTH A **73**, 136 ~ SAUER-GEPPERT A **73/74**, 201. 203 ~ WITTENBERG A **73/74**, 159 ~ JENNY A **74**, 183f. ~ HIERZENBERGER, Gottfried in TRENKLER B **75**, 107f. ~ THURMAIR-MUMELTER, Maria Luise / QUACK, Erhard ebd. 193–196 ~ JENNY, Markus / HOFMANN, Ernst / QUACK, Erhard in WGL I (**1975**) 155f. = Ld Dok **1996** „Es ist ein Ros entsprungen“, 1 ~ KLUSEN B **75**, 50f. 58–60. 158. 163. 165f. ~ NSK AM (**1975**) 16, 81 ~ Arbeitsgemeinschaft Ökumenisches Liedgut, Protokoll vom 21.–23. 4. **1976** in Mainz, 24 ~ MGD 30 (**1976**) 22 ~ STARY, Othmar in Pr GL 1 (**1976**) 44–49 (+Pr) ~ JLH 21 (**1977**) 206 ~ SAUER-GEPPERT A **77**, 76f. ~ GRANZ A **78**, 184 ~ MGD 32 (**1978**) 168. 215f. ~ JLH 23 (**1979**) 221 ~ MGD 33 (**1979**) 182 ~ SAUER-GEPPERT A **79**, 176 ~ SEUFFERT, Josef in WGL IX (**1979**) 43 ~

HEINZ, Andreas: „Es ist ein Ros entsprungen“. Zur Herkunft der ältesten bekannten Quellen des Weihnachtsliedes, JLH 24 (**1980**) 99–102 ~ HEINZ A **80**, 226f. ~ JENNY A **80**, 59f. 67 ~ MGD 35 (**1981**) 47. 49. 250 ~ RÖSSLER B **81**, 182–185 ~ MGD 36 (**1982**) 139. 203f. 253 ~ RUPRECHT, Eberhard: „Es ist ein Ros entsprungen“. Aus der Geschichte eines Weihnachtsliedes, PTh 71 (**1982**) 528–531 = Ld Dok **1996** „Es ist ein Ros entsprungen“, 2 ~ JENNY A **83**, 176f. 183 ~ JLH 27 (**1983**) 254 ~ MEYER A **83**, 110 ~ MGD 37 (**1983**) 198 ~

JLH 28 (**1984**) 163. 202 ~ SAUER-GEPPERT B **84**, 41. 184 ~ HEINER B [3]**85**, 34f. ~ AMELN A **86**, 44 ~ HEINZ, Andreas: „Es ist ein Ros entsprungen". Zur Provenienz und Textgeschichte eines ökumenischen Weihnachtsliedes, Trierer Theologische Zeitschrift 95 (**1986**) 253–281 ~ MGD 40 (**1986**) 220f. ~ EISINGER, Walther: „Geh aus, mein Herz, und suche Freud". Naturfrömmigkeit in Kirchenliedern, in RAU B **87**, bes. 166–170 ~ NSK **1987**/3, 28 ~ JLH 31 (**1987/88**) 205 ~ JENNY, Markus in RGL (**1988**) 583f. ~ NORDHUES, Paul / WAGNER, Alois ebd. 209 ~ SCHÖNBERG A **88**, 485f. ~ HESSING B [2]**89**, 14–16 ~ JLH 32 (**1989**) 270 ~ MGD 43 (**1989**) 32. 94 ~ NSK **1989**/1, 30 ~ WEISS, Bardo: Es ist ein Ros entsprungen. Eine Meditation, meditation 15 (**1989**) H. 1, 1f. ~

JENNY A **90**, 259 ~ SÖLLE B **90**, 142f. ~ NSK **1991**/1, 30 ~ GROSSE-JÄGER / EGGER B **92**, 40–47 ~ NSK **1992**/2, 25; 3, 22 ~ WEBER-KELLERMANN B [7]**92**, 30–32 ~ DE LA MOTTE B **93**, 205f. ~ FRANK B [2]**93**, 528f. ~ WEG I (**1993**) 12. 57. 61f. 90–93 ~ GAJEK, Esther: „Hohe Nacht der klaren Sterne" und andere „Stille Nacht" der Nationalsozialisten, in HOCHRADNER / WALTERSKIRCHEN B **94**, 214 ~ KRUMMACHER A **95**, 773 ~ KURZKE, Hermann: Ein verborgener Prinz, Frankfurter Allgemeine Zeitung vom 23. 12. **1995** (Frankfurter Anthologie) ~ ÜHLEIN B **95**, 136 ~ Ld Dok **1996** „Es ist ein Ros entsprungen" ~ SCHLATTER-EHRENSPERGER, Verena: Liedpredigt über „Es ist ein Ros entsprungen", ebd. 7–9 (Pr) ~ NSK **1996**/4, 24 ~ WINKES B **96**, 45–50 ~ MICUS, Rosa: Deutsche Bearbeitungen des Salve regina und die kartausische Tradition. Zwei neue Textzeugen, JLH 36 (**1996/97**) 222. 226 ~ HOFMANN, Ernst: Ein Schiff – Ein Ros: Maria. Die Bildrätsellieder zur Weihnacht, meditation 23 (**1997**) H. 1, bes. 1 ~ LOIMER-RUMERSTORFER, Ingrid: „Es ist ein Ros' entsprungen, lieb Nachtigall, wach auf" – Pflanzen und Tiere rund um das Jesuskind, Salzburger Volkskultur 21 (**1997**) 45–56 ~ NSK **1997**/3, 1 ~ WEG IV (**1997**) 82 ~ Een Comp [3]**1998**, Nr. 132 ~ JLH 37 (**1998**) 220 ~ WEG V (**1998**) 18 ~ BECKER, Hansjakob in GAGF 36 (**1999**) 27–38 ~ DKL III/1 Registerbd. (**1999**) 203 ~ HERBST, Wolfgang / WERBECK, Walter in HEG II (**1999**) 193. 243f. ~ HERBST I A **99**, 259 ~

JLH 39 (**2000**) 230 ~ RÖSSLER, Martin in MÖLLER B **00**, 134 ~ OSTERWALDER, Josef in FELLECHNER / FINKBEINER B **00**, 245–252 (+Gs mit Pr) ~ RIEHM A **00**, 162. 165f. 170f. 174 ~ BECKER, Hansjakob in Geistl. Wunderhorn (**2001**) 135–145. 511f. ~ GAJEK, Esther: „Hohe Nacht der klaren Sterne" und andere „Stille Nacht" der Nationalsozialisten, in FABER B **01**, 152 ~ RÖSSLER, Martin in LKEG H. 2 (**2001**), 17–25 = (mit Bearbeitung von Peter Ernst Bernoulli) in ÖLK I (**2001**) ~ RÖSSLER B **01**, 119 ~ FRANZ B **02**, 550. 556 ~ JLH 41 (**2002**) 236f. ~ MARTINI B **02**, 264 ~

HEINZ, Andreas in KURZKE / NEUHAUS B **03**, 6 ~ KNEITSCHEL B **03**, 114f. 192–194. 302 ~ KUNZ, Stefan in HARTMANN B **03**, 48–51 (+Pr) ~ REICH A **03**, 109 ~ NEUHAUS B **05**, 106–110. 118–120

31 Es ist ein Ros entsprungen
(Kanon)

JENNY, Markus: Nur ein Kanon, in EvKCh 73 (**1968**) 81f. ~ GROSSE-JÄGER / EGGER B **92**, 55 ~ WEG I (**1993**) 12 ~ ARFKEN, Ernst / ALBRECHT, Christoph in HEG II (**1999**) 168. 334–336 ~ RÖSSLER, Martin in LKEG H. 2 (**2001**) 26f.

S. auch bei EG 30 !

32 Zu Bethlehem geboren

BÄUMKER I B **1886/1962**, 416; III B **1891/1962**, 170; IV B **1911/1962**, 440f. ~
GOTZEN, Josef: Zu Bethlehem geboren, ZKM 69 (**1949**) H. 9, 258–262 ~ SCHLUNK B **51**, 390 ~ BERGMANN B **53**, 42. 83 ~ SOLZBACHER B **56**, 99f. ~
HAMACHER, Theo: Das Psalteriolum cantionum, das Geistliche Psälterlein und ihr Herausgeber P. Johannes Heringsdorf S.J., Westfälische Zeitschrift 110 (**1960**) 285–304, bes. 285 Anm. 3 ~ PRAGER B **60**, 17–22 (B) ~ MERTES B **62**, 46. 127 ~ JLH 10 (**1965**) 150f. ~
HIERZENBERGER, Gottfried in TRENKLER B **75**, 106f. ~ SIDLER, Hubert / STEINER, Petronia / KUNTZ, Michael in WGL I (**1975**) 169f. = MS 111 (**1991**) 502f. ~ MGD 32 (**1978**) 212 ~ BLANKENBURG II A **79**, 253f. ~ HÄRTING B **79** ~ SEUFFERT, Josef in WGL IX (**1979**) 45 ~
AMELN A **86**, 44 ~ JLH 30 (**1986**) 216 ~ MGD 40 (**1986**) 220 ~ AMELN A **88** ~ HOFMANN, Ernst in RGL (**1988**) 588 ~
JLH 33 (**1990/91**) 251 ~ SCHELL A **91**, bes. 141. 146f. ~ TENHAEF, Peter: Die musikalische Rezeption Friedrich Spees in Kölner Gesangbüchern des 17. bis 19. Jahrhunderts, in GRUNEWALD / GUSSONE B **91**, 159–178 ~ UELTZEN A **91**, 309–312 ~ GROSSE-JÄGER / EGGER B **92**, 85–92 ~ NSK **1992**/3, 23 ~ WEBER-KELLERMANN B [7]**92**, 62f. ~ JLH 34 (**1992/93**) 209 ~ WEG I (**1993**) 27 ~ KORNEMANN A **94**, 13 ~ NSK **1994**/4, 25 ~ FRANZ A **95**, 358–362. 373–376 ~ KÜPPERS, Kurt: Friedrich Spee und Wilhelm Nakatenus, in FRANZ B **95**, 194 ~ SCHNEIDER A **95**, 306. 327f. ~ ÜHLEIN B **95**, 138 ~ HENKYS, Jürgen in MÖLLER B **97**, 60–65 (Pr) ~ JLH 37 (**1998**) 224 ~ GRÖZINGER, Albrecht in HEG II (**1999**) 304f. ~

RÖSSLER, Martin in MÖLLER B **00**, 138 ~ SCHELL, Johanna in LKEG H. 1 (**2000**) 65–68 = (mit Bearbeitung Text: Peter Ernst Bernoulli, Bearbeitung Melodie: Daniel Schmidt) in ÖLK I (**2001**) ~ VOSS, Karl-Ludwig in SEEBERG B **00**, 70–73 (Pr) ~ WEG VI (**2000**) 17 ~ RÖSSLER B **01**, 402 ~ SCHEFFBUCH 2 B **²01**, 213 ~ JLH 41 (**2002**) 237 ~ MARTINI, Britta in FRANZ B **02**, 99–107 ~ FRANZ, Ansgar in KURZKE / NEUHAUS B **03**, 16 ~ JLH 42 (**2003**) 227 ~ KNEITSCHEL B **03**, 248. 390 ~ REIF, Matthias: Friedrich Spee von Langenfeld, SMG 128 (**2003**) H. 3, 105

33 Brich an, du schönes Morgenlicht

(Mel.: Ermuntre dich, mein schwacher Geist)

KOCH III B **³1867/1973**, 216. 275; V B **³1868/1973**, 555; VII B **³1872/1973**, 15; VIII B **³1976/1973**, 408 ~ FISCHER I B **1878/1967**, 68; II B **1879/1967**, IX ~ KÜMMERLE I B **1888/1974**, 375f. 399 ~ NELLE B **³1924/1962**, Nr. 73 ~

SCHLUNK B **51**, 36f. ~ BRUPPACHER B **53**, 146f. ~ LAUTERBURG B **53**, 74 ~ NITSCHE, Herbert in WBK 23 (**1956**) H. 6, 102f. ~ BLANKENBURG, Walter in HEKG II/2 (**1957**) 76. 100. 110 ~ KULP / BÜCHNER / FORNACON in HEKG Sb (**1958**) 33. 56–58. 76. 117. 199 ~ JLH 4 (**1958/59**) 250 ~

HEYDRICH B **62**, 167 ~ NELLE B **⁴62**, 128. 268 ~ JLH 8 (**1963**) 258 ~ TAPPOLET B **63**, 134f. ~ KÖHLER B **64** (HEKG I/2) 63–65 ~ AMELN A **67**, 172. 182 ~ GRIMM A **69**, 154 ~

NITSCHKE, Horst / STIER, Alfred in HEKG III/1 (**1970**) 182–185 ~ WEISMANN, Eberhard ebd. 152 ~ LEITNER B **²71**, 93f. ~ WITTENBERG A **73/74**, 142. 159 ~ JENNY, Markus in MGD 30 (**1976**) 49 ~ MGD 31 (**1977**) 118 ~ SEUFFERT, Josef in WGL IX (**1979**) 73 ~ RÖSSLER B **81**, 240f. 174f. ~ SCHÖNBORN A **82**, 21. 35. 53 ~ MGD 38 (**1984**) 162 ~ SAUER-GEPPERT B **84**, 24f. 47f. ~ SCHÖNBORN A **84,** 99. 102–108. 126 ~ ERB IV B **²86**, 41–43 ~ MGD 40 (**1986**) 65. 221 ~ KERN, Helmut im Propsteigruß, Mainz, Dez. **1987** (B) ~ PARENT B **87**, 204. 274 ~ NSK **1989**/2, 19 ~

WEBER-KELLERMANN B **⁷92**, 148f. ~ WEG I (**1993**) 13 ~ FOSS B **95**, 35. 87. 106. 204–210. 217 ~ KRUMMACHER A **95**, 773 ~ Een Comp **³1998**, Nr. 302. 425. 481 ~ SEIBT B **98**, 253. 257 ~ WEG V (**1998**) 18 ~ von SCHADE, Herwarth / ALBRECHT, Christoph in HEG II (**1999**) 54f. 257–259. 281f. ~

SCHEITLER B **00**, 230f. ~ RÖSSLER B **01**, 498–501 ~ SCHMIDT B **02**, 559. 638. 671 ~ SCHMIDT, Eberhard in LKEG H. 4 (**2002**) 9–13 ~ JLH 42 (**2003**) 228 ~ SCHEFFBUCH 1 B **⁸03**, 254f.

34 Freuet euch, ihr Christen alle

KOCH II B [3]**1867/1973**, 276. 377; III B [3]**1867/1973**, 207. 377; IV B [3]**1868/1973**, 138; VIII B [3]**1876/1973**, 25 ~ FISCHER I B **1878/1967**, 195 ~ KÜMMERLE I B **1888/1994**, 430f. ~ BÄUMKER III B **1891/1962**, 176 ~
NELLE B [3]**1924/1962**, Nr. 63 ~
SCHLUNK B **51**, 110 ~ GERBER B **56**, 21f. ~ BLANKENBURG, Walter in HEKG II/2 (**1957**) 96 ~ BACH, Arthur / GRIMME, Gertrud in EvUV 7 (**1958**) 245–249 ~ KULP / BÜCHNER / FORNACON in HEKG Sb (**1958**) 58f. 67. 396 ~
NELLE B [4]**62**, 176 ~ KÖHLER B **64** (HEKG I/2) 65f. ~ AMELN A **67**, 176f. ~
NITSCHKE, Horst / STIER, Alfred in HEKG III/1 (**1970**) 185–187 ~ WEISMANN, Eberhard ebd. 152 ~ JLH 21 (**1977**) 221 ~ DRÖMANN A **78**, 193 ~ GOJOWY A **78**, 107. 109 ~
RÖSSLER B **81**, 220f. ~ SCHÖNBORN A **82**, 21. 36. 41. 53 ~ SCHÖNBORN A **84**, 102 ~ SCHWEIZER A **84**, 42f. ~ PARENT B **87**, 173. 274 ~
FRANK B [2]**93**, 27 ~ KORNEMANN A **94**, 11 ~ ROSER B **95**, 22f. ~ SEIBT B **98**, 258 ~ WEG V (**1998**) 20 ~ ALBRECHT, Christoph / DINGLINGER, Wolfgang in HEG II (**1999**) 130. 174f. ~
RÖSSLER B **01**, 431 ~ SCHEFFBUCH 2 B [2]**01**, 191–193

35 Nun singet und seid froh

(In dulci jubilo)

KOCH VIII B [3]**1876/1973**, 18 ~ BÖHME B **1877/1966**, Nr. 528 ~ FISCHER I B **1878/1967**, 410–412; II B **1879/1967**, 130 ~ BÄUMKER I B **1886/1962**, 308–312 ~ KÜMMERLE I B **1888/1974**, 677f. ~ ERK / BÖHME III B **1893f./1988**, 636–639 ~
JULIAN B [2]**1907/1985**, 413 ~ SPITTA, Friedrich: In dulci iubilo nun singet und seid froh, MGkK 14 (**1909**) H. 12, 365–373 ~ NELLE B [3]**1924/1962**, Nr. 23 ~
HOLLIGER, Hans in EvKCh 50 (**1945**) H. 5, 54–56 ~ LOHR A **48**, 158 ~
WISMEYER, Heinrich: „In dulci jubilo!“, ZKM 70 (**1950**) H. 12, 341–346 ~ SCHLUNK B **51**, 264 ~ BERGMANN B **53**, 11. 33. 35. 60. 76. 80 ~ BRUPPACHER B **53**, 124–126 ~ LANGE / REICH B **53**, 11 ~ LAUTERBURG B **53**, 65–68 ~ AMELN A **56** ~ WIORA A **56**, 53f. ~ BACH, Arthur / GRIMME, Gertrud in EvUV 6 (**1957**) 130f. ~ BLANKENBURG, Walter in HEKG II/2 (**1957**) 57. 62. 72. 74. 90. 105.

108 ~ GOTTRON A **58**, 60 ~ KULP / BÜCHNER / FORNACON in HEKG Sb (**1958**) 21. 59–62. 64f. 111. 137. 142. 198 ~ BRENNECKE A **58/59**, 67 ~
GOTTWALD, Clytus: Das Konstanzer Fragment. Untersuchung zu einem Handschriften – Bruchstück des 15. Jahrhunderts, Aml 34 (**1962**) 155–161 ~ GSCHWEND A **62**, 162 ~ JENNY B **62**, 36f. 50f. 132f. 148f. 217. 286f. ~ JLH 7 (**1962**) 117 ~ LIPPHARDT I A **62**, 138. 148 ~ MERTES B **62**, 44f. 66. 172 ~ NELLE B [4]**62**, 26f. 166 ~ THOMAS / AMELN A **62**, 259–262 ~ HEYDEN A **63**, 181 ~ JLH 8 (**1963**) 256 ~ RECKZIEGEL B **63**, 95. 203 ~ THOMAS A **63**, 119. 121 ~
GOTTWALD, Clytus: In dulci jubilo. Morphogenese eines Weihnachtsliedes, JLH 9 (**1964**) 133–143 ~ ebd. 230. Taf. III-VI ~ KÖHLER B **64** (HEKG I/2) 66–68 ~ SZÖVERFFY II B **65**, 441. 470 ~
AMELN, Konrad: Ein reformatorisches Gebet- und Andacht-Buch als hymnologische Quelle, JLH 10 (**1965**) 133. 136 ~ JLH 10 (**1965**) 171 ~ LARSEN, Jens Peter: Ein Notationsproblem in dem Gesangbuch von Hans Thornisson (1569), JLH 10 (**1965**) 162. 166 ~ AMELN A **66**, 60. 62. 75f. 82. 88 ~ JLH 11 (**1966**) 103 ~ AMELN A **67**, 172. 177 ~ BRODDE A **67**, 198f. ~ JLH 13 (**1968**) 201 ~ GRIMM A **69**, 155. 178 ~ JLH 14 (**1969**) 125 ~
AMELN A **70**, 75f. 94. 97. 101. 104 ~ NITSCHKE, Horst / STIER, Alfred in HEKG III/1 (**1970**) 187–190 ~ WEISMANN, Eberhard ebd. 151 ~ JLH 17 (**1972**) 234 ~ JUNGANDREAS, Wolfgang: Das Ms. 1305 der Universitätsbibliothek Leipzig eine Handschrift aus Schlesien, ebd. 205f. 211f. ~ LIPPHARDT, Walther: Niederdeutsche Reimgedichte und Lieder des 14. Jahrhunderts in den mittelalterlichen Orationalien der Zisterzienserinnen von Medingen und Wienhausen, in: Jb des Vereins für niederdeutsche Sprachforschung 95 (**1972**) 66–127 ~ LIPPHARDT A **72**, bes. 173 ~ JLH 18 (**1973/74**) 279 ~ WITTENBERG A **73/74**, 159 ~ JLH 19 (**1975**) 201 ~ RÖSSLER A **75**, 171. 176 ~ SAUER-GEPPERT A **75**, 222f. ~ SIDLER, Hubert / THURMAIR, Maria Luise / LEX, Volkmar in WGL I (**1975**) 173–175 ~ MGD 30 (**1976**) 56. 222 ~ RÖSSLER-Bibl. B **76**, 258f. ~ BLANKENBURG I A **77**, 160f. ~ MERTEN A **77**, 60. 62 ~ SAUER-GEPPERT A **77**, 70 ~ GOJOWY A **78**, 92f. ~ MGD 32 (**1978**) 175. 214 ~ HÄRTING B **79**, 231–233. 285 ~ JLH 23 (**1979**) 135 ~ SEUFFERT, Josef in WGL IX (**1979**) 45 ~
HEINZ A **80**, 222f. ~ JLH 24 (**1980**) 102. 136; 25 (**1981**) 54. 185 ~ MGD 35 (**1981**) 200 ~ RÖSSLER B **81**, 95–99 ~ MGD 36 (**1982**) 159 ~ SCHÖNBORN A **82**, 22f. 41. 45. 53. 59. 61. 63f. 197. 232 ~ JENNY A **83**, 48 ~ JLH 27 (**1983**) 167. 175f. 275 ~ MGD 38 (**1984**) 31 ~ SAUER-GEPPERT B **84**, 41f. 108f. 153. 176 ~ SCHÖNBORN A **84**, 93. 97f. 102f. 113f. ~ AMELN, Konrad: Die Cantio „In dulci jubilo", JLH 29 (**1985**) 23–78 ~ Ders.: Neue Faksimile-Ausgaben alter Quel-

len. Ein Literaturbericht, ebd. 198f. ~ ebd. 228 ~ MARTI A **85**, 161f. ~ MGD 39 (**1985**) 71 ~ AMELN A **86**, 126 ~ JLH 31 (**1987/88**) 108 ~ AMELN A **88**, 209f. 217 ~ HOFMANN, Ernst in RGL (**1988**) 589 ~ NORDHUES, Paul / WAGNER, Alois ebd. 203 ~ MGD 42 (**1988**) 248 ~ BLANKENBURG B **91**, 231. 334 ~ WEBER-KELLERMANN B ^{7}**92**, 36f. ~ AMELN, Konrad: Weihnachten in der Musik, JLH 34 (**1992/93**) 129f. ~ ebd. 136 ~ KORNEMANN A **94**, 9 ~ LIEBERKNECHT B **94**, 227f. ~ O'REILLY, Juanita: In Dulci Jubilo, The Hymn 45 (**1994**) H. 4, 23–29 ~ ZIPPERT A **94**, 16f. ~ FRANZ A **95**, 375 ~ van OORSCHOT, Theo G. M.: Welche geistlichen Lieder hat Friedrich Spee wirklich verfasst?, in FRANZ B **95**, 245 ~ SCHNEIDER A **95**, 267. 277. 313. 328 ~ ÜHLEIN B **95**, 137 ~ ZIPPERT B **95**, 18. 21–25 (+B) ~ DKL III/1.2 Notenbd. (**1996**) 156 ~ NSK **1996**/2, 22 ~ WINKES B **96**, 72–75 ~ Ld Dok (o.J.) „In dulci jubilo" ~ DKL III/1.2 Textbd. (**1997**) 197f. ~ WEG IV (**1997**) 82 ~ von MEDING B **98**, 196f. 397. 446 ~ WISSEMANN-GARBE A **98**, 120f. ~ DRÖMANN, Hans-Christian / KRUMMACHER, Christoph / ALBRECHT, Christoph in HEG II (**1999**) 131. 194f. 352–354 ~ DKL III/1 Registerbd. (**1999**) 211. 219 ~

KORNRUMPF, Gisela: In dulci jubilo. Neue Aspekte der Überlieferungsgeschichte beider Fassungen des Weihnachtsliedes, in: Johannes Spicker (Hg.): Edition und Interpretation. Neue Forschungsparadigmen zur mittelalterlichen Lyrik. FS für Helmut Tervooren. Hirzel, Stuttgart **2000**, 159–190 ~ PRASSL, Franz Karl in MÖLLER B **00**, 67f. 154 ~ JLH 40 (**2001**) 210. 223 ~ KURZKE, Hermann in: Geistl. Wunderhorn (**2001**) 51–59 ~ RÖSSLER, Martin: „In dulci jubilo". Hintergrund – Erscheinungsform – Nachwirkung, GAGF 40 (**2001**) 21–47 ~ RÖSSLER B **01**, 74. 333. 398 ~ DKL III/2 Textbd. (**2002**) 328f. ~ JLH 41 (**2002**) 190. 236. 238 ~ VÖLKER, Alexander in LKEG H. 5 (**2002**) 31–35, z.T. = ÖLK III (**2004**) ~ D'AVIS, Simone in HARTMANN B **03**, 16–19 (+Pr) ~ JLH 42 (**2003**) 228 ~ KNEITSCHEL B **03**, 190f. 356 ~ HARZER, Anne-Dore: In dulci jubilo. Fassungen und Überlieferungsgeschichte des Liedes vom 14. Jahrhundert bis zur Gegenwart, Diss. Mainz **2003/ 2004** ~ VÖLKER, Alexander / ESSER, Christine in ÖLK III (**2004**) ~ NEUHAUS B **05**, 107f. 110

36 Fröhlich soll mein Herze springen

KOCH III B ^{3}**1867/1973**, 318; IV B ^{3}**1868/1973**, 104; VIII B ^{3}**1876/1973**, 26 ~ FISCHER I B **1878/1967**, 200 ~ KÜMMERLE I B **1888/1974**, 296. 440f.; III B **1894/1974**, 795 ~

JULIAN B ^{2}**1907/1985**, 397. 1564 ~ NELLE B ^{3}**1924/1962**, Nr. 64 ~ SPITTA A **1924**, 89 ~

HOMMEL A **48/49**, 127 ~ WEISMANN, Eberhard: Fröhlich soll ich mich denn grämen?, WBK 16 (**1949**) H. 6, 94–97 ~
SCHLUNK B **51**, 112 ~ BRUPPACHER B **53**, 135 ~ LAUTERBURG B **53**, 71f. ~ WEISS, Ewald in GuK **1954**, 186f. ~ GOTTSCHICK B **³56**, 22–24 ~ BLANKENBURG, Walter in HEKG II/2 (**1957**) 93 ~ HAUSCHILDT A **57**, 66f. ~ JLH 3 (**1957**) 222 ~ MOHR, W.: Wort und Ton, in: Kgr.-Ber. Hamburg 1956, Kassel **1957**, 157–162 ~ KULP / BÜCHNER / FORNACON in HEKG Sb (**1958**), 32. 43. 62f. 466 ~
JLH 4 (**1958/59**) 249 ~ FRÖR, Kurt in KUV 7 (**³1959**) 17f. ~
BACH, Arthur / GRIMME, Gertrud in EvUV 4 (**²1960**) 199–202 ~ BLANKENBURG A **61**, 584f. ~ JLH 7 (**1962**) 99 ~ NELLE B **⁴62**, 143 ~ KÖHLER B **64** (HEKG I/2) 68–70 ~ AMELN A **67**, 176f. ~
NITSCHKE, Horst / STIER, Alfred in HEKG III/1 (**1970**) 190–193 ~ WEISMANN, Eberhard ebd. 152f. ~ PIPER A **71**, 92f. ~ GOLLWITZER, Helmut: Fröhlich soll mein Herze springen. Interpretation eines Weihnachtsliedes, in: Sigrid Berg (Hg.): Weihnachten im Unterricht, Berlin **²1972**, 74–78 ~ JLH 18 (**1973/74**) 159 ~ BLANKENBURG A **76**, 101. 104 = in JENNY / NIEVERGELT B **76**, 27. 30 ~ JENNY A **76**, 147f. = in JENNY / NIEVERGELT B **76**, 46f. ~ ebd. 59. 66 ~ JENNY, Markus in MGD 30 (**1976**) 47 ~ JORDAHN A **76**, 366 ~ MERTEN A **76**, 127f. 130–132 ~ MGD 30 (**1976**) 110. 117 ~ MÜLLER A **76**, 165f. ~ MGD 31 (**1977**) 17 ~ SAUER-GEPPERT A **77**, 79 ~ TEUSCHER, Gerhard in JLH 22 (**1978**) 170 ~ SAUER-GEPPERT A **79**, 179 ~ SCHOTT A **79**, 169 ~
JLH 24 (**1980**) 115 ~ KOCH A **80**, U 53f. ~ RÖSSLER B **81**, 80–87 ~ SCHÖNBORN A **82**, 22. 37. 53f. 62. 65 ~ SAUER-GEPPERT A **83**, 808 ~ SAUER-GEPPERT B **84**, 43. 47. 105 ~ SCHÖNBORN A **84**, 118–122 ~ HOPPE, Jutta im Gemeindebrief von Enger, Dez. **1985** (B) ~ JLH 30 (**1986**) 9 ~ HESSELBACHER B **87**, 60. 146. 155. 183 ~
JLH 31 (**1987/88**) 124 ~
SIEGEL, Helmut: Eine Liedpredigt für die Nachweihnachtszeit. Fröhlich soll mein Herze springen, in GD PR SA, III. Perikopenreihe Bd. 1, **1992**, 103–106 (Pr) ~ WEBER-KELLERMANN B **⁷92**, 158–160 ~ BUNNERS B **93**, 169–176. 267. 314. 322. 338 ~ SCHNEIDER / VICKTOR B **93**, 84–87 ~ WEG I (**1993**) 106 ~ IJEWSKI, Thomas in KOERRENZ / REMY B **94**, 117–124 (Pr) ~ JLH 35 (**1994/95**) 120 ~ KADELBACH A **96**, 106 ~ NSK **1997**/2, 16; 3, 10 ~ Een Comp **³1998**, Nr. 144 ~ SCHÜTZ A **98**, 52 ~ STALMANN, Joachim / BUNNERS, Christian in HEG II (**1999**) 66–69. 110–112 ~
KASTNER, Hannes-Dietrich in FELLECHNER / FINKBEINER B **00**, 253–266 (Gd mit Pr) ~ KENNTNER B **01**, 29–41 (Pr) ~ RÖSSLER B **01**, 444. 446f. ~ ERB III B **⁸02**, 83–85 ~ KNEITSCHEL B **03**, 255. 305 ~ LEHMANN A **03**, 32 ~ BUNNERS, Christian in LKEG H. 10 (**2004**) 23–27

37 Ich steh an deiner Krippen hier

KOCH III B ^{3}**1867/1973**, 319; VIII B ^{3}**1876/1973**, 28 ~ FISCHER I B **1878/1967**, 347 ~
JULIAN B ^{2}**1907/1985**, 410 ~ NELLE B ^{3}**1924/1962**, Nr. 65 ~ SPITTA A **1924**, 90f. ~
BERGER B **51**, 26 ~ SCHLUNK B **51**, 185 ~ BRUPPACHER B **53**, 136 ~ KEWITSCH, Paul in PLATTE B **54**, 51 (B) ~ BACH, Arthur / GRIMME, Gertrud in EvUV 6 (**1957**) 123–126 ~ BLANKENBURG, Walter in HEKG II/2 (**1957**) 106. 108 ~ HAUSCHILDT A **57**, 67 ~ RÖBBELEN B **57**, 415. 458 ~ FRÖR, Kurt in KUV 6 (^{3}**1958**) 81–83 ~ KULP / BÜCHNER / FORNACON in HEKG Sb (**1958**) 32. 63f. 529 ~ NELLE B ^{4}**62**, 143 ~ BLANKENBURG, Walter: Art. Schemelli, MGG XI (**1963**) 1663 ~ HEYDEN A **63**, 179. 181 ~ KÖHLER B **64** (HEKG I/2) 70–73 ~ NEUBACHER B **68**, 23f. ~
NITSCHKE, Horst / STIER, Alfred in HEKG III/1 (**1970**) 193–195 ~ WEISMANN, Eberhard ebd. 152 ~ SAUER-GEPPERT A **73/74**, 202 ~ WITTENBERG A **73/74**, 159 ~ JENNY, Markus / HOFMANN, Ernst / QUACK, Erhard in WGL I (**1975**) 171f. ~ ALBRECHT A **76**, 140 = in JENNY / NIEVERGELT B **76**, 39 ~ BLANKENBURG A **76**, 99. 101 = in JENNY / NIEVERGELT B **76**, 25. 27 ~ HENKYS A **76**, 254f. ~ JENNY A **76**, 146 = in JENNY / NIEVERGELT B **76**, 45 ~ ebd. 58. 68f. ~ JENNY, Markus in MGD 30 (**1976**) 47–50 ~ JLH 20 (**1976**) 158 ~ JORDAHN A **76**, 366f. ~ MERTEN A **76**, 126 ~ MGD 30 (**1976**) 22. 109. 119f. ~ MOSER B ^{2}**76**, 76f. ~ PAURITSCH, Karl in Pr GL 1 (**1976**) 66–70 (+Pr) ~ SCHÖNBORN A **77**, bes. 158 ~ ALBRECHT, Christoph: Die Vertonung der Lieder Paul Gerhardts, insbesondere durch Johann Georg Ebeling, in HOFFMANN B **78**, bes. 101f. ~ GOJOWY A **78**, 92 ~ KÖHLER, Rudolf: Mit wessen Stimme betet Paul Gerhardt in „Ich steh an deiner Krippen hier", IAHB 6 (**1978**) 67–74 ~ JLH 23 (**1979**) 238 ~ SEUFFERT, Josef in WGL IX (**1979**) 45 ~
MGD 34 (**1980**) 46 ~ SCHÖNBORN, Hans-Bernhard: Lieder Paul Gerhardts in den heute gebräuchlichen Gesangbüchern, JLH 24 (**1980**) 113–123, bes. 114 ~ RÖSSLER B **81**, 100–105 ~ GRANZ A **82**, 83f. ~ MGD 36 (**1982**) 153 ~ SCHÖNBORN A **82**, 22. 40. 62 ~ SAUER-GEPPERT B **84**, 32f. 104. 128. 140. 216 ~ HEINER B ^{3}**85**, 250f. ~ MGD 40 (**1986**) 220 ~ HESSELBACHER B **87**, 61–63. 183 ~ PARENT B **87**, 182. 274 ~ JENNY, Markus in RGL (**1988**) 588 ~ NSK **1988**/3, 22; **1989**/3, 30 ~
HANDT, Hartmut: Ich steh an deiner Krippe hier – Leben aus der Krippe, in STOLZE B ^{2}**90**, 56–59 (Pr) ~ NSK **1990**/2, 20; **1991**/2, 19 ~ GROSSE-JÄGER / EGGER B **92**, 73–84 ~ HILLENBRAND B **92**, 51ff.

~ NSK **1992**/3, 8. 23 ~ WEBER-KELLERMANN B [7]**92**, 154–157 ~ BUNNERS B **93**, 64. 156. 161. 163. 169. 267. 282. 284. 300. 307. 317 ~ FRANK B [2]**93**, 545 ~ WEG I (**1993**) 33 ~ NSK **1994**/2, 25 ~ ALBRECHT B [4]**95**, 84 ~ Ld Dok (o.J.) „Ich steh an deiner Krippen hier" ~ FISCHER, Balthasar: „Ich sehe dich mit Freuden an" ebd. (Pr) ~ MEIER, Enrique ebd. (Pr vom 1. 12. 1992) ~ MÜLLER, Ulrike ebd. (Pr vom 13. 1. 1995) ~ FOSS B **95**, 252 ~ GEHRT A **95**, 43 ~ MAURER, Bernhard: Ich steh an deiner Krippe hier. Eine Rundfunksendung zu Paul Gerhardts Weihnachtslied (vom 9. 1. 1991), in KÄSER B **95**, 69–76 (B) ~ DIENST 3 A **96**, 11. 26 ~ LÄHNEMANN B **96**, 83–92 (Pr vom 22. 12. 1991) ~ NSK **1996**/4, 24 ~ JLH 36 (**1996/97**) 258 ~ BUNNERS A **97**, 236 ~ HAHN, Gerhard in MÖLLER B **97**, 66–70 ~ NSK **1997**/3, 15 ~ REICH A **97**, 111–115 ~ Een Comp [3]**1998**, Nr. 141 ~ FISCHER A **98**, 86 (B) ~ JLH 37 (**1998**) 223 ~ SEIBT B **98**, 264 ~ WEG V (**1998**) 22 ~ CONRAD A **99**, 238 ~ DKL III/1 Registerbd. (**1999**) 210 ~ KRUMMACHER, Christoph / BUNNERS, Christian in HEG II (**1999**) 28f. 110–112 ~
KADELBACH A **00**, 161–163 ~ RÖSSLER, Martin in MÖLLER B **00**, 189 ~ ZIPPERT, Christian in MuK 70 (**2000**) H. 6, 374–377 (Pr) ~ BUNNERS, Christian in LKEG H. 2 (**2001**) 28–33 = ÖLK I (**2001**) (mit Bearbeitung von Peter Ernst Bernoulli) ~ REICH, Christa in Geistl. Wunderhorn (**2001**) 249–261 ~ RÖSSLER B **01**, 122. 425. 448f. ~ ERB III B [8]**02**, 85–87 ~ FRANZ B **02**, 103 ~ JLH 41 (**2002**) 236f. ~ MARTINI B **02**, 48. 278 ~ SCHMIDT B **02**, 578f. 581 ~ CORNELIUS-BUNDSCHUH, Joachim in HARTMANN B **03**, 94–98 (+Pr) ~ HANDT B **03**, Nr. 170 ~ KNEITSCHEL B **03**, 194. 326 ~ STRAKA, Gabriel in HANDT / JETTER B **04**, 33–38 (B)

38 Wunderbarer Gnadenthron

(Mel.: In natali domini / Da Christus geboren war)

KOCH II B [3]**1867/1973**, 125. 130. 216; III B [3]**1867/1973**, 348 ~ FISCHER II B **1879/1967**, 416 ~ BÄUMKER I B **1886/1962**, 336f. ~ KÜMMERLE III B **1894/1974**, 400 ~
SCHLUNK B **51**, 384f. ~ STIER, Alfred in Km 3 (**1952**) 150f. ~ BRODDE / MÜLLER B **54**, 38–40 ~ GABRIEL B [3]**56**, 106f. ~ BLANKENBURG, Walter in HEKG II/2 (**1957**) 76 ~ KULP / BÜCHNER / FORNACON in HEKG Sb (**1958**) 48f. 65f. 181. 234. 323. 432 ~ AMELN, Konrad: „Es ist ein Ros entsprungen". Strittige Fassungen von Text und Weise, JLH 5 (**1960**) 152f. ~ AMELN A **62**, 56 ~ NELLE B [4]**62**, 183 ~ KÖHLER B **64** (HEKG I/2) 78f. ~ STÄHLIN, Wilhelm: Über einige Lied-Zeilen, Quatember 31 (**1966/67**) H. 1, 12–14 ~ AMELN A **67**, 176f. ~

Nitschke, Horst / STIER, Alfred in HEKG III/1 (**1970**) 169–172. 198f. ~ WEISMANN, Eberhard ebd. 153 ~ JLH 21 (**1977**) 95 ~ JENNY, Markus in MGD 33 (**1979**) 135 ~
RÖSSLER B **81**, 152–154 ~ SCHÖNBORN A **82**, 53 ~ ERNST B **85**, 194. 197. 200 ~ ERB IV B [2]**86**, 47f. ~
FRANK B [2]**93**, 549 ~ DKL III/1.3 Textbd. (**1998**) 72f. ~ Een Comp [3]**1998**, Nr. 410 ~ DKL III/1 Registerbd. (**1999**) 198. 232 ~ HERBST, Wolfgang / EISINGER, Walther in HEG II (**1999**) 45–47. 234f. ~ HERBST I A **99**, 258 ~
REICH, Christa in LKEG H. 3 (**2001**) 7–11 ~ RÖSSLER B **01**, 252. 431 ~ DKL III/2 Textbd. (**2002**) 138. 366 ~ JLH 41 (**2002**) 238 ~ KNEITSCHEL B **03**, 267f. 390

39 Kommt und lasst uns Christus ehren

KOCH II B [3]**1867/1973**, 163. 369; III B [3]**1867/1973**, 323; V B [3]**1868/1973**, 604 ~ FISCHER II B **1879/1967**, 16f. ~
NELLE B [3]**1924/1962**, Nr. 66 ~ SPITTA A **1924**, 91
SCHLUNK B **51**, 222 ~ BRUPPACHER B **53**, 137f. ~ BLANKENBURG, Walter in HEKG II/2 (**1957**) 29 ~ JLH 3 (**1957**) 138 ~ RÖBBELEN B **57**, 410. 458 ~ KULP / BÜCHNER / FORNACON in HEKG Sb (**1958**) 62. 64f. ~
BACH, Arthur / GRIMME, Gertrud in EvUV 4 ([2]**1960**) 202–205 ~ NELLE B [4]**62**, 143 ~ THOMAS / AMELN A **62**, 259–261 ~ WERTHEMANN B **63**, 47 ~ KÖHLER B **64** (HEKG I/2) 73f. ~ AMELN A **67**, 176–178. 184 ~ NEUBACHER B **68**, 53 ~ AMELN A **69**, 184f. ~ NITSCHKE, Horst / STIER, Alfred in HEKG III/1 (**1970**) 195–197 ~ WEISMANN, Eberhard ebd. 152 ~ JLH 18 (**1973/74**) 159 ~ BRODDE A **74**, 6 ~ BLANKENBURG A **76**, 104 = in JENNY / NIEVERGELT B **76**, 30 ~ JENNY A **76**, 153 = in JENNY / NIEVERGELT B **76**, 52 ~ MGD 30 (**1976**) 183; 32 (**1978**) 97 ~
JLH 24 (**1980**) 108. 116 ~ RÖSSLER B **81**, 226–230 ~ SCHÖNBORN A **82**, 42 ~ JLH 27 (**1983**) 100 ~ MGD 37 (**1983**) 71 ~ SAUER-GEPPERT B **84**, 97f. ~ HESSELBACH B **87**, 106. 146 ~ MGD 42 (**1988**) 248 ~
BOHREN A **90**, 137 ~ WEBER-KELLERMANN B [7]**92**, 175f. ~ BUNNERS B **93**, 114. 164. 167. 267. 326 ~ FRANK B [2]**93**, 193 ~ NSK **1993**/1, 13 ~ SCHNEIDER / VICKTOR B **93**, 125–127 ~ NSK **1995**/3, 1 ~ Een Comp [3]**1998**, Nr. 140 ~ BUNNERS, Christian in HEG II (**1999**) 110–112 ~
JOCKEL, Rudolf in SEEBERG B **00**, 76–79 (Pr vom 9. 1. 2000) ~ RÖSSLER B **01**, 448 ~ BUNNERS, Christian in LKEG H. 4 (**2002**)

14–16 ~ ERB III B ^{8}**02**, 88–90 ~ MARTINI B **02**, 48 ~ JLH 42 (**2003**) 228 ~ REICH A ^{3}**03**, 766 ~ RIEHM B **04**, 430f.

Zur Mel. s. auch bei EG 29 „Den die Hirten lobeten sehre“, 1. Teil !

40 Dies ist die Nacht, da mir erschienen

KOCH III B ^{3}**1867/1973**, 354 ~
NELLE B ^{3}**1924/1962**, Nr. 68 ~
GERBER, Hermann in WuW 2 (**1947/48**) Nr. 1/2, 8 ~
SCHLUNK B **51**, 76f. ~ BRUPPACHER B **53**, 140 ~ GERBER B **56**, 26 (B) ~ BACH, Arthur / GRIMME, Gertrud in EvUV 6 (**1957**) 128f. ~ KULP / BÜCHNER / FORNACON in HEKG Sb (**1958**), 66f. ~
NELLE B ^{4}**62**, 177 ~ KÖHLER B **64** (HEKG I/2) 79f. ~
WEISMANN, Eberhard in HEKG III/1 (**1970**) 153 ~ Ders. / STIER, Alfred ebd. 200f. ~ NSK AM (**1972**) 7, 35 ~
RÖSSLER B **81**, 194–197 ~ HEINER B ^{3}**85**, 126 ~ PARENT B **87**, 180. 221. 274 ~ NSK **1988**/2, 31 ~
FRANK B ^{2}**93**, 497 ~ WEG I (**1993**) 12. 77–79. 94f. ~ SEIBT B **98**, 255 ~ GERBER, Gotthard / WALTER, Meinrad in HEG II (**1999**) 221f. 251 ~ HERBST I A **99**, 256 ~
RÖSSLER B **01**, 645 ~ FRANZ B **02**, 290f. ~ SCHMIDT B **02**, 554 ~ SCHMIDT, Eberhard in LKEG H. 4 (**2002**) 17–20 ~ JLH 42 (**2003**) 201. 228

41 Jauchzet, ihr Himmel

KOCH VI B ^{3}**1869/1973**, 68 ~
JULIAN B ^{2}**1907/1985**, 1144 ~ NELLE B ^{3}**1924/1962**, Nr. 70 ~
SCHLUNK B **51**, 196f. ~ BRUPPACHER B **53**, 141 ~ JLH 2 (**1956**) 130 ~ KULP / BÜCHNER / FORNACON in HEKG Sb (**1958**) 67–69. 155 ~
SAUER-GEPPERT A **61** ~ NELLE B ^{4}**62**, 236 ~ KÖHLER B **64** (HEKG I/2) 80–82 ~ ZELLER A **69**, 61. 65 ~
NITSCHKE, Horst / STIER, Alfred in HEKG III/1 (**1970**) 201–203 ~ WEISMANN ebd. 153 ~ SAUER-GEPPERT A **73/74**, 201. 204 ~ WITTENBERG A **73/74**, 159 ~ GRABNER-HAIDER, Anton in Pr GL 1 (**1976**) 76–80 (+Pr) ~ MGD 32 (**1978**) 133 ~ JENNY, Markus in MGD 33 (**1979**) 135 ~ SEUFFERT, Josef in WGL IX (**1979**) 46 ~
SAUER-GEPPERT B **84**, 48. 114 ~ NSK **1986**/3, 21 ~ JENNY, Markus in RGL (**1988**) 589f. ~
WEG I (**1993**) 12. 96 ~ FISCHER, Wolfgang ebd. 33–35 (Pr) ~ NSK

1994/1, 13; **1996**/2, 5 ~ WINKES B **96**, 81–86 ~ BUNNERS A **97**, 90. 93 ~ DEICHGRÄBER B [2]**97**, 35–45 (Das Kind Jesus und die Kindergestalt) (+B) ~ NSK **1997**/3, 10 ~ SCHRADER A **97**, 47. 51 ~ BUNNERS, Christian: Mystik und geistliches Singen bei Gerhard Tersteegen, in: Oestreich, Bernhard u. a. (Hg.): Glaube und Zukunftsgestaltung, Frankfurt/M. u. a. **1999**, 401–415 ~ HERRMANN, Matthias / STEIGER-HOFFLEIT, Claudia in HEG II (**1999**) 211. 320–322 ~ RÖSSLER, Martin in MÖLLER B **00**, 184–187 ~ RÖSSLER B **01**, 616. 628 ~ BENRATH, Gustav Adolf in FRANZ B **02**, 115–122 ~ MARTINI B **02**, 39 ~ REICH, Christa in LKEG H. 4 (**2002**) 21–25 ~ FRANK B [2]**93**, 400 ~ JLH 42 (**2003**) 227f. ~ KNEITSCHEL B **03**, 194f. 330 ~ REICH A [3]**03**, 765 ~ SCHEFFBUCH 1 B [8]**03**, 167 ~ FINGER A **04**

42 Dies ist der Tag, den Gott gemacht

KOCH VI B [3]**1869/1973**, 276. 537 ~ FISCHER I B **1878/1967**, 130 ~ JULIAN B [2]**1907/1985**, 407 ~ BÄUMKER IV B **1911/1962**, 501f. ~ NELLE B [3]**1924/1962**, Nr. 71 ~

SCHLUNK B **51**, 76 ~ BERGMANN B **53**, 46 ~ BRUPPACHER B **53**, 141–143 ~ LAUTERBURG B **53**, 72f. (B) ~ BACH, Arthur / GRIMME, Gertrud in EvUV 6 (**1957**) 126f. ~ KULP / BÜCHNER / FORNACON in HEKG Sb (**1958**) 69–71 ~

NELLE B [4]**62**, 248 ~ WERTHEMANN B **63**, 96 ~ KÖHLER B **64** (HEKG I/2) 82–84 ~ SCHLINGMANN, Carsten: Gellert. Eine literarhistorische Revision, Bad Homburg / Berlin / Zürich **1967**, 160f. ~

~ NITSCHKE, Horst / STIER, Alfred in HEKG III/1 (**1970**) 203f. ~ WEISMANN, Eberhard ebd. 153f. ~ GOMBOTZ, Siegfried in Pr GL 1 (**1976**) 138–141 (+Pr) ~ SEUFFERT, Josef in WGL IX (**1979**) 62 ~ ELTZ-HOFFMANN B **80**, 85 ~ RÖSSLER B **81**, 154–159 ~ MGD 36 (**1982**) 156; 39 (**1985**) 174 ~ HEITMEYER B **88**, 220 ~ MGD 43 (**1989**) 174 ~

DKL III/1.1 Textbd. (**1993**) 136 ~ NSK **1996**/1, 23 ~ WITTE B **97**, 147f. 402. 464. 475f. ~ Een Comp [3]**1998**, Nr. 146 ~ SEIBT B **98**, 255 ~ WEG V (**1998**) 20 ~ FLEINGHAUS, Helmut in HEG II (**1999**) 106–108 ~

BUNDESMANN-LOTZ in SEEBERG B **00**, 82–85 (+Pr) ~ JLH 39 (**2000**) 214 ~ RÖSSLER, Martin in MÖLLER B **00**, 192 ~ RÖSSLER B **01**, 706f. ~ SITZMANN, Manfred in LKEG H. 3 (**2001**) 12–16 ~ JLH 41 (**2002**) 238 ~ SCHMIDT B **02**, 634. 640f. 656 ~ SCHEFFBUCH 1 B [8]**03**, 142f. ~ NEUHAUS B **05**, 109

Zur Mel. s. auch bei EG 24 „Vom Himmel hoch“ !

43 Ihr Kinderlein, kommet

BÄUMKER IV B **1911/1962**, 445–447 ~
SCHLUNK B **51**, 190 ~ FRÖR, Kurt in KUV 1./2. ([2]**1953**) 207 ~ GOLDAU A **54/55** ~ BACH, Arthur / GRIMME, Gertrud in EvUV 1./2. ([2]**1957**) 66 ~
PRAGER B **60**, 37–39 (B) ~ HEYDRICH B **62**, 234 ~ NEUBACHER B **68**, 4f. ~
WITTENBERG A **73/74**, 159 ~ KLUSEN B **75**, 55f. 60f. 158. 162f. 166. 169 ~ UNDERWOOD, Byron Edward: The German Prototype of the Melody of ‚Home! Sweet Home!', JVlf 22 (**1977**) 36–48 ~ JLH 23 (**1979**) 220 ~ MGD 33 (**1979**) 182 ~
JLH 25 (**1981**) 119 ~ RÖSSLER B **81**, 92–94 ~ HEINER B [3]**85**, 299 ~ AMELN A **86**, 44 ~ PÖRNBACHER, Hans (Hg.): Christoph von Schmid, Weihnachten. Geschichten, Erinnerungen, Lieder, Weißenhorn **1987**, 136–140. 150f. ~ HOFMANN, Ernst: Ihr Kinderlein kommet. Schlichtes Kabinettstück geistlicher Dichtkunst, Katholisches Sonntagsblatt (Kirchenzeitung für die Diözese Rottenburg-Stuttgart), **1987**, Nr. 51/52, 2 ~ KESSLER-WOERTEL, Ingrid in GD PR SB (**1989**) 88ff. (Pr) = SCHNEIDER / VICKTOR B **93**, 107–110 ~
MEIER, Uto J.: Christoph von Schmid, St. Ottilien **1991**, 247f. ~ WEBER-KELLERMANN B [7]**92**, 228–231 ~ FRANK B [2]**93**, 220 ~ SCHNEIDER / VICKTOR B **93**, 107(-110, s.o.) ~ HARZ B **95**, 26f. ~ WEG IV (**1997**) 82 ~ SCHMID, Bernhard / HERBST, Wolfgang in HEG II (**1999**) 276. 287f. ~
RIEHM, Heinrich u. a. in MÖLLER B **00**, 323 ~ RÖSSLER, Martin ebd. 212 ~ WÜSTENBERG, Ulrich ebd. 257 ~ RÖSSLER, Martin in LKEG H. 3 (**2001**) 17–20 ~ RÖSSLER B **01**, 764 ~ JLH 41 (**2002**) 238 ~ MARTINI B **02**, 58 ~ KNEITSCHEL B **03**, 328 ~ NEUHAUS B **05**, 109

44 O du fröhliche

NELLE B [3]**1924/1962**, Nr. 24 ~
GIFFEY, Johannes in MGkK 45 (**1940**) 180–183 ~ LOHR A **49**, 9f. ~ SCHLUNK B **51**, 270 ~ BRUPPACHER B **53**, 144f. ~ AENGENVOORT A **54**, 181. 183 ~ GOLDAU A **54/55** ~ SCHEIBENBERGER, Karl: Aus dem Leben des Johannes Falk, WuW 9 (**1954/55**) Nr. 5, 55f. ~ KULP / BÜCHNER / FORNACON in HEKG Sb (**1958**) 173 ~ BACH, Arthur / GRIMME, Gertrud in EvUV 3 ([2]**1959**) 185–188 ~ MÜLLER-BLATTAU A **59**, 367 ~
PRAGER B **60**, 25–28 (B) ~ JLH 6 (**1961**) 155 ~ HEYDRICH B **62**, 248f. ~ NELLE B [4]**62**, 274 ~ TAPPOLET B **63**, 134 ~ NEUBACHER B **68**, 24f. ~ HESSELBACHER, K.: „O du fröhliche, o du selige …".

An der Wiege eines Weihnachtsliedes, in: Erziehungskunst. Zs für Pädagogik Rudolf Steiners 33, Stuttgart **1969**, 582–585 ~
JLH 16 (**1971**) 243 ~ WITTENBERG A **73/74**, 133. 137. 142. 146. 159 ~ KLUSEN B **75**, 50. 59–61. 158. 162f. 166 ~ MGD 33 (**1979**) 182 ~ SAUER-GEPPERT A **79**, 176 ~
MGD 34 (**1980**) 25 ~ RÖSSLER B **81**, 247–249 ~ JANOTA A **82**, 197 ~ MGD 36 (**1982**) 253 ~ SAUER-GEPPERT, Waldtraut Ingeborg / MARTI, Andreas: So nimm denn meine Hände ..., JLH 27 (**1983**) 207–225, bes. 218 ~ HEINER B [3]**85**, 263f. ~ AMELN A **86**, 44f. ~ NSK **1986**/1, 31 ~ OTT, Marlis: Bewegungsvorschlag zu ‚O du fröhliche', NSK **1986**/3, 19 ~ LAU, Matthias: O du fröhliche. Versuch über keinen Predigttext, ZGP 5 (**1987**) H. 6, 27f. (B) ~ JLH 31 (**1987/88**) 120 ~ SAUPE, Paul (Hg.): Johann Daniel Falk, Die Prinzessin mit dem Schweinerüssel. Lustspiel, Gedichte, Publizistik, Berlin **1988**, 298. 670 ~
MGD 44 (**1990**) 25 ~ NSK **1990**/2, 32f.; 3, 5. 21 ~ STOLZE, Hans-Dieter: O du fröhliche – Platz zwei, und doch am wichtigsten, in STOLZE B [2]**90**, 60–63 (Pr) ~ NSK **1992**/3, 23 ~ WEBER-KELLERMANN B [7]**92**, 208–210 ~ NSK **1993**/3, 13 ~ WEG I (**1993**) 12 ~ KORNEMANN A **94**, 9 ~ NSK **1994**/2, 17 ~ ZIPPERT A **94**, 14f. ~ ALBRECHT B [4]**95**, 85 ~ HARZ B **95**, 28f. ~ NSK **1995**/1, 17 ~ HOLZAPFEL A **96**, 89. 92. 94–97 ~ KLEK / SCHRADE A **96**, 257 ~ NSK **1996**/1, 23 ~ WEG IV (**1997**) 82 ~ WETTACH A **97**, 30 ~ FINKE, Christian: Melodieanalyse, IAHB 26 (**1998**) 173–179, bes. 176 ~ HOLZAPFEL B **98**, 98 ~ SCHÜTZ A **98**, 46 ~ WGD 5 (**1998**) 34. 39 ~ HERBST I A **99**, 258 ~ MERTEN, Werner / PFEIFFER, Harald / HERBST, Wolfgang in HEG II (**1999**) 89. 144f. 159 ~
BAUSCH, Heike in SEEBERG B **00**, 88–90 (Pr vom 19. 12. 1999) ~ RIEHM, Heinrich u.a. in MÖLLER B **00**, 323 ~ RÖSSLER, Martin ebd. 209 ~ SCHWARZENAU, Paul in: Religion heute. Zs für Religionspädagogik, 43, Han-nover Sept. **2000,** 142 ~ PARENT, Ulrich (Bearbeitung: Walter Wiesli) / MARTI, Andreas in ÖLK I (**2001**) ~ RÖSSLER B **01**, 504. 758 ~ BOUVAIN, Pierre in EvKZ **2002**, Nr.51/52, 14f. ~ JLH 41 (**2002**) 237 ~ RÖSSLER, Martin in LKEG H. 4 (**2002**) 26–30 ~ JLH 42 (**2003**) 228 ~ KNEITSCHEL B **03**, 258. 358 ~ MICHEL A **03**, 196 ~ SCHEFFBUCH 1 B [8]**03**, 115 ~ FINGER A **04** ~ HOPPE, Jutta: Gott wohnt, wo man ihn einlässt, Enger **2004**, 23f. (B) ~ NEUHAUS B **05**, 109f.

45 Herbei, o ihr Gläub'gen

(Adeste fideles)

JULIAN B ^{2}**1907/1985**, 20–22. 1549. 1600 ~ NELLE B ^{3}**1924/1962**, Nr. 13 ~
STEPHAN, Dom John: The Adeste Fideles. A Study on its Origin and Development, Publications Buckfast Abbey, South Devon **1947**; vom Autor verfertigte erweiterte Übersetzung: STEPHAN, Jean: LAdeste Fedeles. Étude sur son origine et son développement, Paris u. a. (**nach 1947**) ~
SCHLUNK B **51**, 143f. ~ BRUPPACHER B **59**, 129–133 = BRUPPACHER B **68**, 91–95 ~ MÜLLER-BLATTAU A **59**, 367 ~
FROST, Maurice (Hg.): Historical Companion to Hymns Ancient HEYDRICH B **62**, 86. 217 ~ NELLE B ^{4}**62**, 278 ~
WGL I (**1975**) 175f. (mit Text des GL 143: Nun freut euch, ihr Christen) ~ SEUFFERT, Josef in WGL IX (**1979**) 46 ~
JLH 25 (**1981**) 119 ~ RÖSSLER B **81**, 251–253 ~ MGD 38 (**1984**) 207 ~ AMELN A **86**, 44 ~ STULKEN, Marilyn Kay: Hymnal Companion to the Lutheran Book of Worship, Philadelphia (USA) ^{3}**1987**, 145–148 ~ THURMAIR, Maria Luise / SIDLER, Hubert in RGL (**1988**) 589 ~ JENNY, Markus in NSK **1989**/3, 28f. ~
BALDERS A **90**, 7 ~ NSK **1990**/2, 24 ~ TEMPERLEY, Nicholas: O come, all ye faithful (Entry 83), in: The Hymnal 1982 Companion, hg. Von Raymond Glover, New York **1991–1994**, Bd. 3A, 159–162 ~ KEYTE, Hugh / PAROTT, Andrew (Hg.): The New Oxford Book of Carols. Oxford University Press, Oxford **1992**, 242f. ~ NAGEL A **92**, 12. 14. 26f. ~ NSK **1992**/2, 25; 3, 7. 17. 23; 4, 1 ~ WEBER-KELLERMANN B ^{7}**92**, 232f. ~ NSK **1993**/2, 25 ~ KORNEMANN A **94**, 13 ~ KLEK / SCHRADE A **96**, 257 ~ ZON, Bennett: The Origin of Adeste fideles, Early Music 24 (**1996)** 279–288 ~ GERBER B **97** ~ REICH A **98**, 70 ~ WGD 5 (**1998**) 34 ~ EGERER 1 B **99** ~ TRUNK, Roger / HERBST, Wolfgang / KONRADT, Greta / SCHRÖER, Henning in HEG II (**1999**) 50. 247–249. 336f. ~
WEG VI (**2000**) 17 ~ BECKER, Hansjakob: Auf, gläubige Seelen, in Geistl. Wunderhorn (**2001**) 437–444. 533f. ~ PARENT, Ulrich / RÖSSLER, Martin (Bearbeitung Text/Melodie: Walter Wiesli und Andreas Marti) / MARTI, Andreas in ÖLK I (**2001**) ~ RÖSSLER B **01**, 764 ~ JLH 41 (**2002**) 237; 42 (**2003**) 227 ~ RIEHM B **04**, 429 ~ NEUHAUS B **05**, 107. 140 ~ PARENT, Ulrich / RÖSSLER, Martin in LKEH H. 11 (**2005**) 17–21

46 Stille Nacht

KÜMMERLE III B **1894/1974**, 524 ~

BÄUMKER IV B **1911/1962**, 442f. ~ LASCH, Gustav in MGkK 23 (**1918**) H. 12, 259–261 ~ NELLE B ^{3}**1924/1962**, Nr. 29 ~

GRAPPENACH, Hans in Ch 3 (**1951**) H. 12, 213–215 ~ SCHLUNK B **51**, 326 ~ Jugend der Welt an der Wiege des „Stille Nacht", Salzburger Volksblatt , Folge 276 vom 26. 11. **1952** ~ AENGENVOORT A **54**, 181. 183 ~ GOLDAU A **54/55** ~ JLH 1 (**1955**) 222 ~ GABRIEL, Paul in HEKG II/2 (**1957**) 41 ~ GASSNER, Josef: F. Grubers Autographen von „Stille Nacht, heilige Nacht" mit einer kurzen Geschichte des Liedes. Aufsatz im Salzburger Museum Carolino Augusteum – Jahresbericht 1957, Salzburg **1958**, 83–112 = Oberndorf an der Salzach **1968**, 11ff. = SCHMAUS, Alois / KRIES-RETTENBECK, Lenz (Hg.): Stille Nacht, heilige Nacht. Geschichte und Ausbreitung eines Liedes, Innsbruck / München ^{2}**1968**, 23–63 ~ KULP / BÜCHNER / FORNACON in HEKG Sb (**1958**) 173 ~ STÄHLIN A **58**, 146 ~ MÜLLER-BLATTAU A **59**, 367 ~

PRAGER B **60**, 31–34 (B) ~ HEYDRICH B **62**, 264 ~ MERTES B **62**, 35f. 38 ~ NELLE B ^{4}**62**, 280 ~ STEINITZ, Wolfgang: Deutsche Volkslieder demokratischen Charakters aus sechs Jahrhunderten, Berlin **1962**, Bd. II, 288 ~ KELLER, Wilhelm: Das verurteilte Lied. Ein Bekehrungsversuch von Wilhelm Keller, in: 50 Jahre Gustav-Bosse-Verlag, hg. Erich Valentin, Regensburg **1963**, 80–89 ~ LITZEL, Winfried: Das Lied von der stillen Nacht, MiU 55 (**1964**) H. 12, 364–367 ~ JLH 11 (**1966**) 240. 252 ~ HAMANN, Fritz: Jubiläum eines Liedes, Km 19 (**1968**) 262–264 ~ RIEGER, Julius: „Stille Nacht", Berliner Sonntagsblatt – Die Kirche. Weihnachtsausgabe. Berlin 1968 ~ SCHMAUS, Alois / KRIES-RETTENBECK, Lenz (Hg.): Stille Nacht, heilige Nacht. Geschichte und Ausbreitung eines Liedes, Innsbruck / München ^{2}**1968** ~ JLH 14 (**1969**) 238 ~

JLH 15 (**1970**) 201. 253 ~ KALTENBACH, W.: Vom volkstümlichsten Weihnachtslied der Welt, in: Im Dienste der Kirche 51 (**1970**) 9f. ~ JLH 17 (**1972**) 273 ~ OTTO, Karl: So sei nun Lob gesungen. Gedanken um das Weihnachtslied heute, Km 23 (**1972**) H. 5, 66f. ~ AMON, Karl: Nacht, die der ganzen Welt Heil bringt!, SiK 20 (**1972/73**) H.2, 66–68 ~ JLH 18 (**1973/74**) 64. 247 ~ WITTENBERG A **73/74**, 137. 146. 159 ~ AMON, Karl: „Stille Nacht! Heilige Nacht!" Ein Plädoyer, in GD 8 (**1974**) 180f. = (gekürzt, mit Untertitel: Ehrenrettung eines vielgeliebten und vielgeschmähten Weihnachtsliedes) in MGD 29 (**1975**) 55. 185–187 ~ HIERZENBERGER, Gottfried in TRENKLER B **75**, 108f. ~ HUCKE, Helmut: „Stille Nacht" in der Heiligen Nacht? Oder: Nach welchen Gesichtspunkten wählen wir unsere Gesänge?,

GD 9 (**1975**) H. 22, 175f. ~ KLUSEN B **75**, 48f. 59f. 158. 163. 166 ~ SIDLER, Hubert / JENNY, Markus / THURMAIR, Maria Luise in WGL I (**1975**) 179f. ~ JLH 20 (**1976**) 228 ~ MARTI, Andreas: „Stille Nacht" – ist die Ehre gerettet?, MGD 30 (**1976**) 24 ~ JLH 22 (**1978**) 267 ~ MGD 32 (**1978**) 159 ~ SAUER-GEPPERT A **79**, 176. 179 ~ SEUFFERT, Josef in WGL IX (**1979**) 46f. ~
GEMA-Umfrage in Quick 49/**1980** ~ JLH 25 (**1981**) 119. 175f. 181 ~ RÖSSLER B **81**, 249–251 ~ JANOTA A **82**, 196f. ~ WEBER-KELLERMANN, Ingeborg: Stille Nacht, heilige Nacht. Werden und Wirken eines Weihnachtsliedes, MGD 36 (**1982**) H. 6, 229–231 ~ MGD 37 (**1983**) 198 ~ JLH 28 (**1984**) 202 ~ HEINER B **³85**, 301f. ~ AMELN A **86**, 44 ~ HAID, Gerlinde: „Stille Nacht" – ein Hirtenlied aus dem Flachgau, Blätter der Stille-Nacht-Gesellschaft 19/20/21, **1986**, 1f. ~ MUSCH, Hans: „... in himmlischer Ruh ...". Zum Weihnachtslied „Stille Nacht, heilige Nacht", SiK 33 (**1986**) H. 4, 149–153 ~ NSK **1986**/3, 26 ~ HINTERMAIER, Ernst (Hg. im Auftrag der Stille-Nacht-Gesellschaft): Franz Xaver Gruber / Franz Mohr: Weihnachtslied „Stille Nacht! Heilige Nacht!". Die autographen Fassungen und die zeitgenössischen Überlieferungen, Comes, Bad Reichenhall **1987** (Denkmäler der Musik in Salzburg. Einzelausgaben, H. 4) ~ MGD 41 (**1987**) 80 ~ NSK **1987**/3, 11 ~ JLH 31 (**1987/88**) 120. 205 ~ KROBATH, Karl: Wie unser schönstes Weihnachtslied entstand, Die Kärntner Landsmannschaft **1988**, H. 12, 4f. ~ THURMAIR, Maria Luise in RGL (**1988**) 590 ~ JLH 32 (**1989**) 268–270 ~ MGD 43 (**1989**) 34. 301 ~
HORN A **90**, 92f. ~ MGD 44 (**1990**) 25f. ~ WAGNER, Harald: Predigt über die ungesungenen Strophen von „Stille Nacht", ZGP 8 (**1990**) H. 6, 27–29 (Pr) ~ JLH 33 (**1990/91**) 251 ~ NSK **1992**/2, 25; 3/23 ~ SCHAUB, Franz: Stille Nacht. Heilige Nacht. Die Geschichte eines weltberühmten Liedes, Husum **1992** ~ WEBER-KELLERMANN B **⁷92**, 216–224. 350f. ~ HOCHRADNER, Thomas: Ein Lied verliert die Fassung. Variantenbildung in „Stille Nacht! Heilige Nacht!", in: FS zum 60. Geburtstag von Wolfgang Suppan, hg. von Bernhard Habla, Tutzing **1993**, 69 ~ NSK **1993**/2, 19. 23; 3, 13 ~ SCHNEIDER / VICKTOR B **93**, 177–181 ~ WEG I (**1993**) 12 ~ HOCHRADNER / WALTERSKIRCHEN, A **94** ~ BRENNER, Helmut: Ihm bleibt auch wirklich nichts erspart! „Stille Nacht" im Theoriegebäude politischer Musikverwendung, ebd. 221–237 ~ BRONNER, Wallace J.: Die Rezeption von „Stille Nacht! Heilige Nacht!" in den Vereinigten Staaten von Amerika, in Mexiko und Kanada, ebd. 238–244 ~ FRITZ, Hermann: Melodievarianten von „Stille Nacht! Heilige Nacht!" in vergleichender Untersuchung, ebd. 147–157 ~ GAJEK, Esther: „Hohe Nacht der klaren Sterne" und andere „Stille Nacht" der Nationalsozialisten, ebd. 200–220 ~ GRATZER, Wolfgang: Zur gegenwärtigen Re-

zeption von „Stille Nacht! Heilige Nacht!", ebd. 184–196 ~ HAAS, Walburga: Zum kulturellen Umfeld der Entstehungszeit von „Stille Nacht! Heilige Nacht!" aus volkskundlicher Sicht, ebd. 19–29 ~ HAFNER, Ottfried: Von stiller Nacht zu schriller Schlacht. Das Stille-Nacht-Lied im kulturgeschichtlichen Umfeld des Vormärz, ebd. 197–199 ~ HASELBÖCK, Franz: Zur Melodierezeption von „Stille Nacht! Heilige Nacht!" in der Orgelmusik, ebd. 167–173 ~ HOCHRADNER, Thomas: Stille-Nacht-Blüten. Missverständnisse, ihre Ursachen und Folgen, ebd. 70–80 ~ KELLER, Wilhelm: Ein Plädoyer für die textliche und melodische Urfassung von „Stille Nacht!", ebd. 158–166 ~ KRISCH, Thomas: Sprachwissenschaftliche Überlegungen zum Stille-Nacht-Lied, ebd. 81–100 ~ LINDNER-BEROUD, Waltraut: „O Tante Baum ..." und „Stille Macht ...". Themen und Typen der Weihnachtsliedparodie, ebd. 101–128 ~ REGNER, Hermann: Wo lernen unsere Kinder „Stille Nacht!" – Im Supermarkt, zuhause oder in der Schule? Weihnachtlieder in Schulbüchern, ebd. 245ff. ~ WALTERSKIRCHEN, Gerhard: „Stille Nacht!" Original und Bearbeitung, ebd. 174–183 ~ NSK **1994**/2, 17 ~ ZIPPERT A **94**, 14f. ~ HENKYS A **94/95**, 140 ~ ALBRECHT B [4]**95**, 85 ~ EBELING-WINKLER, Renate: Stille Nacht! Heilige Nacht! Der Überraschungsfund: Ein Autograph Joseph Mohrs aus dem Jahre 1816 (?), in: Salzburger Museum Carolino Augusteum, Das Kunstwerk des Monats, 8. Jg, Blatt 92, Dez. **1995** (mit Faksimile des Autographs) ~ HARZ B **95**, 30f. ~ KLEK / SCHRADE A **96**, 257 ~ NSK **1996**/1, 23 ~ WINKES B **96**, 51–55 (B) ~ NSK **1997**/3, 1; 3, 13. 15f. ~ WEG IV (**1997**) 82 ~ WETTACH A **97**, 30 ~ Een Comp [3]**1998**, Nr. 143 ~ HOLZAPFEL B **98**, 125f. ~ KROBATH-LEBMACHER, Albine: Ein Lied klingt um die Welt. 180 Jahre ‚Stille Nacht', Kärntner Landsmannschaft **1998**, H. 12, 4f. ~ HERBST, Wolfgang in HEG II (**1999**) 123f. 216f. ~ HERBST I A **99**, 257 ~ ebd. 267 ~ TOMASCHEK, Herbert: Eine unbekannte Fassung des Weihnachtsliedes „Stille Nacht", SiK 46 (**1999**) H. 4, 218f. ~

JLH 39 (**2000**) 231 ~ BECKER-HUBERTI, Manfred in LBrF ([3]**2001**) 389 ~ GAJEK, Esther: „‚Hohe Nacht der klaren Sterne'" in FABER B **01**, 131f. ~ HEINZ, Andreas (Bearbeitung: Walter Wiesli) / MARTI, Andreas in ÖLK I (**2001**) ~ HERBST, Wolfgang: „Stille Nacht! Heilge Nacht!" – Ein Lied verbirgt sein Gesicht, FKM 52 (**2001**) H. 6, 4–15 ~ HERBST II A **01**, 177. 179 ~ KURZKE, Hermann in Geistl. Wunderhorn (**2001**) 408–416. 530f. ~ LEUBE, Bernhard in AuB 54 (**2001**) H. 22, 907–911 ~ RÖSSLER B **01**, 764 ~ SCHLINGENSIEPEN A **01**, 232 ~ FINGER, Ulrich: Nicht nur „Jingle Bells". Viele Weihnachtslieder dienen als Briefmarken-Motiv, EvKZ **2002**, Nr. 51/52, 7 ~ HERBST, Wolfgang: Stille Nacht! Heilige Nacht! Die Erfolgsgeschichte eines Weihnachtsliedes, Zürich / Mainz **2002** (Rezension von Thomas Hochradner in: Lied und poluläre Kunst / Song and Popular Culture.

Jb des Deutschen Volksliedarchivs 47 (**2002**) 233f.) ~ Ders.: „Stille Nacht, Heilige Nacht!“ Johann Hinrich Wichern als Schöpfer der Liedfassung im Evangelischen Gesangbuch, DtPfrBl 102 (**2002**) H. 12, 632–634 ~ JLH 41 (**2002**) 236–238 ~ MARTINI B **02**, 13 ~ THUSWALDNER, Werner: Stille Nacht! Heilige Nacht! Die Geschichte eines Liedes, Salzburg / Wien / Frankfurt **2002** ~ HERBST, Wolfgang: „Stille Nacht! Heilige Nacht! Der Weg des Liedes vom Dorf in die Stadt, von der Kirche in die Schule, von der Salzach an die Wall Street und vom Katholizismus zum Protestantismus, IAHB 30/31 (**2002/2003**) 263–268 ~ HANDT, Hartmut / RUDDAT, Günter in HANDT B **03**, Nr. 180 ~ JLH 42 (**2003**) 207. 222. 229. 233 ~ KNEITSCHEL B **03**, 247. 371 ~ LEUBE, Bernhard: Doppelt Stille Nacht, MuK 73 (**2003**) H. 5, 333f. ~ MICHEL A **03**, 196 ~ NEUMANN, Manuel in HARTMANN B **03**, 165–171 (+Pr) ~ RUDDAT, Günter in HANDT / JETTER B **04**, 28–32 (B) ~ RUDDAT, Günter in HANDT / JETTER B **04**, 28–32 (B) ~ NEUHAUS B **05**, 103. 107. 109f. 112

47 Freu dich, Erd und Sternenzelt

BÄUMKER IV B **1911/1962**, 441 ~
AMELN A **77**, 162–165 ~
MGD 36 (**1982**) 71 ~
BOHREN A **90**, 139 ~ NSK **1992**/3, 17 ~ WEBER-KELLERMANN B [7]**92**, 296 ~ NSK **1993**/2, 25 ~ WEG I (**1993**) 12. 60 ~ KORNEMANN A **94**, 13 ~ HARZ B **95**, 32f. ~ KLEK / SCHRADE A **96**, 257 ~ WEG IV (**1997**) 82 ~ WETTACH A **97**, 31 ~ WYSS-JENNY, Elisabeth in WGD 4 (**1998**) 80f. ~ DKL III/1 Registerbd. (**1999**) 204 ~ FOLLERT, Udo-R. in HEG II (**1999**) 244f. ~
PARENT, Ulrich / RÖSSLER, Martin in LKEG H. 1 (**2000**) 69–71 ~ WEG VI (**2000**) 41 ~ JLH 40 (**2001**) 223 ~ KNEITSCHEL B **03**, 304

48 Kommet, ihr Hirten

SCHLUNK B **51**, 213 ~ BERGMANN B **53**, 84 ~ BACH, Arthur / GRIMME, Gertrud in EvUV 5 (**1956**) 251f. ~
HEYDRICH B **62**, 239 ~
WITTENBERG A **73/74**, 159 ~ KLUSEN B **75**, 94 ~ AMELN A **77**, 162–165 ~ MGD 33 (**1979**) 182 ~
RÖSSLER B **81**, 37. 73 ~ AMELN A **86**, 45 ~ JLH 31 (**1987/88**) 200 ~ GROSSE-JÄGER / EGGER B **92**, 96f. ~ WEBER-KELLERMANN B [7]**92**, 110f. ~ SCHNEIDER / VICKTOR B **93**, 123–125 ~ WEG I (**1993**)

12 ~ NSK **1994**/4, 25 ~ ZIPPERT A **94**, 15 ~ HARZ B **95**, 34f. ~ KLEK / SCHRADE A **96**, 257 ~ NSK **1996**/1, 23 ~ WETTACH A **97**, 31 ~ SCHLAGE, Karl-Hermann in HEG II (**1999**) 253 ~
WEG VI (**2000**) 41 ~ PARENT, Ulrich / RÖSSLER, Martin in LKEG H. 2 (**2001**) 34–36 ~ JLH 41 (**2002**) 237 ~ KNEITSCHEL B **03**, 336 ~ NEUHAUS B **05**, 107

49 Der Heiland ist geboren

WITTENBERG A **73/74**, 159 ~
RÖSSLER B **81**, 73ff. ~ NSK **1989**/1, 29 ~
WEBER-KELLERMANN B **[7]92**, 234f. ~ WEG I (**1993**) 12. 106 ~ KORNEMANN A **94**, 13 ~ KLEK / SCHRADE A **96**, 257 ~ WEG IV (**1997**) 82 ~
MARTINI B **02**, 39 ~ PARENT, Ulrich / RÖSSLER, Martin in LKEG H. 5 (**2002**) 36–38 ~ JLH 42 (**2003**) 228 ~ KNEITSCHEL B **03**, 287

50 Du Kind, zu dieser heilgen Zeit

JENNY A **49**, 163f. ~
KLEPPER B **56**, 531 (17. 12. 1937) ~ STÄHLIN A **58**, 147f. ~
REICH A **67**, 35f. ~ JENNY, Markus: Kyrieleis und Hosianna, JLH 14 (**1969**) 117–120 ~
WITTENBERB A **73/74**, 159 ~ THUST B **76**, 5. 66. 121. 127. 154. 159f. 163f. 192. 211. 286. 296. 299. 301f. 327f. 517. 782f. ~
HEINZ-MOHR B **81** ~ MGD 36 (**1982**) 253; 39 (**1985**) 6 ~ KmN 37 (**1986**) Nr. 4, 1f. = DRÖMANN / SCHUBERTH B **[2]87**, Nr. 4 ~ NSK **1988**/2, 26 ~ GROSCH B **[5]89** ~
JENNY, Markus: Ein besseres Gesangbuch steht vor der Tür, ZThK **1990**, 253 Anm. 27 ~ MARTI A **91**, 370 ~ NSK **1992**/2, 25 ~ HENKYS, Jürgen: „Du Kind, zu dieser heilgen Zeit". Über fünf Zugänge zu einem Lied Jochen Kleppers, in: Dienstbaar doch dichterlijk. Liber amicorum voor Ad den Besten, Brasschaat **1993**, 191–195 = WEG I (**1993**) 15–17 = HENKYS B **99**, 288–292 = Ld Dok „Du Kind, zu dieser heilgen Zeit" ~ HENKYS A **93**, 98 ~ WEG I (**1993**) 12. 35 ~ MÜSSE A **94**, 52 ~ RIEHM, Heinrich in: Mitteilungen der Evangelischen Landeskirche von Baden, 5 (**1994**) 40f. = MÖLLER B **97**, 71f. (B) ~ KLEK / SCHRADE A **96**, 261 ~ FALKENROTH, Christof: Ernster Text und herbe Melodie, in WASCHELITZ B **97**, 12 ~ GERBER B **97** (Weihnachts-Kyrie) ~ GWINNER, Volker in MEYER B **[2]97**, 97f. ~ LEUBE, Bernhard in AuB 50 (**1997**) H. 23, 892–895 ~ MEYER B

[2]**97**, 330 ~ WECHT, Martin J. ebd. 159f. ~ JLH 37 (**1998**) 223 ~ WECHT B **98**, 157. 168 und 173f. (= MEYER ebd. 159f.) ~ DRÖMANN, Hans-Christian / WECHT, Martin in HEG II (**1999**) 125f. 177–179 ~ HENKYS, Jürgen: „Du Kind, zu dieser heilgen Zeit". Über fünf Zugänge zu einem Lied Jochen Kleppers (1993), in HENKYS B **99**, 288–292 ~
JLH 39 (**2000**) 228 ~ MONNINGER, Dorothea: „... mit Lust und Liebe singen". Das Werkbuch zum Evangelischen Gesangbuch (II): Zugänge zu Liedern, KmN 52 (**2000**) Nr. 4, 16f. ~ SCHWEIZER, Rolf (und FINKBEINER, Christine) in FEL-LECHNER / FINKBEINER B **00**, 267–279 (+ Gd mit Pr) ~ WEG VI (**2000**) 17. 25 ~ HENKYS, Jürgen in Geistl. Wunderhorn (**2001**) 445–451. 535 ~ RÖSSLER B **01**, 958. 970 ~ SCHULZ, Frieder in LKEG H. 3 (**2001**) 21–24 ~ FRANZ B **02**, 176. 264 ~ JLH 41 (**2002**) 237f. ~ MARTINI B **02**, 57 ~ DEICHGRÄBER B [2]**03**, 66–71 (B) ~ ELLSEL B [3]**03**, 19–25 (Pr) ~ HARTMANN B **03**, 185–189 ~ KNEITSCHEL B **03**, 195. 296 ~ SCHEFFBUCH 1 B [8]**03**, 32 ~ JETTER, Armin in HANDT / JETTER B **04**, 42–45 (B)

51 Also liebt Gott die arge Welt

SCHLUNK B **51**, 21f. ~ KULP / BÜCHNER / FORNACON in HEKG Sb (**1958**) 71 ~
BRODDE, Otto in KCh 20 (**1960**) H. 6, 82–84 (B) ~ KÖHLER B **64** (HEKG I/2) 84f. ~
NITSCHKE, Horst / WEISMANN, Eberhard in HEKG III/1 (**1970**) 204–206 ~ WEISMANN, Eberhard ebd. 154 ~ DRÖMANN A **78**, 193f. ~ JENNY, Markus in MGD 33 (**1979**) 135 ~
LÖLKES, Herbert: „Also liebt Gott die arge Welt", KCh 44 (**1984**) H. 1, 5–10 (bes. 6f.) ~ ZIPPERT B **84**, 49–52 (Pr vom 26. 12. 1980) ~
WEBER-KELLERMANN B [7]**92**, 362f. ~ FRANK B [2]**93**, 450 ~ ALBRECHT B [4]**95**, 63. 141 ~ ROSER B **95**, 27–29 ~ BARTSCH, Martin / WECHT, Martin in HEG II (**1999**) 219f. 290f. ~ HERBST I A **99**, 261 ~ 261 ~
HENKYS, Jürgen in LKEG H. 2 (**2001**) 37–39 ~ RÖSSLER B **01**, 957 ~ JLH 41 (**2002**) 237

52 Wisst ihr noch, wie es geschehen

JLH 18 (**1973/74**) 147 ~ CORBACH, Dieter in ZRP **1977**, H. 5, 153 ~ RÖSSLER B **81**, 70–72 ~ WEINECK, Isolde Maria: Christian Lahusen.

Leben und Werk unter besonderer Berücksichtigung seiner liturgischen Kompositionen, Laaber **1981** ~ MGD 40 (**1986**) 150 ~
HANDT, Hartmut: Wisst ihr noch, wie es geschehen – Nicht nur Zeitzeugen sind gefragt!, in STOLZE B **²90**, 64–67 (Pr) ~ WEBER-KELLERMANN B **⁷92**, 298 ~ WEG I (**1993**) 12. 106 ~ LÄHNEMANN B **96**, 116–121 (Pr vom 19. 12. 1993) ~ GERBER B **97** ~ WEG IV (**1997**) 82 ~ WETTACH A **97**, 30 ~ HANDT A **98**, 40 ~ PISTORIUS, Dietmar / WÜSTENBERG, Ulrich in HEG II (**1999**) 61f. 190f. ~
RÖSSLER B **01**, 903 ~ EGERER 3 B **02** ~ MARTINI B **02**, 264 ~ WENNEMUTH, Udo in LKEG H. 5 (**2002**) 39–43 ~ JLH 42 (**2003**) 227f.

53 Als die Welt verloren

(Gdy sie Chrystus rodzi)

GROTNIK, Ewa: Polskie kolendy i pastoralki, **1957** ~
SZWEYKOWSKA, Anna (Hg.): Polskie kolendy i pastoralki, Krakau **²1985** ~
WEG I (**1993**) 12 ~ KORNEMANN A **94**, 10. 13 ~ HARZ B **95**, 36f. ~ RIEHM A **95**, 65–67 ~ KLEK / SCHRADE A **96**, 258 ~ HERBST, Wolfgang in HEG II (**1999**) 188 ~ HERBST I A **99**, 259 ~
GIERING A **00**, 45 ~ HENKYS, Jürgen / RÖSSLER, Martin in LKEG H. 12 (**2005**) 35–38

54 Hört, der Engel helle Lieder

(Les anges dans nos campagnes)

NSK **1986**/2, 18 ~
NSK **1991**/3, 29; **1992**/2, 25; 3, 23 ~ WEG I (**1993**) 12 ~ KORNEMANN A **94**, 10. 13 ~ HARZ B **95**, 38f. ~ NSK **1995**/4, 22; **1996**/1, 16. 23; 4, 24 ~ WEG IV (**1997**) 82 ~ WETTACH A **97**, 31 ~ WYSS-JENNY, Elisabeth in WGD 4 (**1998**) 84f. ~ FISCHER, Wolfgang / HAUKE, Rainer in HEG II (**1999**) 17. 264 ~
WEG VI (**2000**) 17 ~ RÖSSLER B **01**, 996 ~ KNEITSCHEL B **03**, 323 ~ JETTER, Armin in HANDT / JETTER B **04**, 39–41 (B) ~ PRASSL, Franz Karl in LKEG H. 12 (**2005**) 39–42 ~ Ders. / ULRICH, Herbert / MARTI, Andreas in ÖLK IV (**2005**)

55 O Bethlehem, du kleine Stadt

(O little town of Bethlehem)

STULKEN, Marilyn Kay (Hg.): Hymnal Companion to the Lutheran Book of Worship, Philadelphia [3]**1987**, 143f. ~
WEG I (**1993**) 12. 106 ~ YOUNG, Carlton R.: Companion to the United Methodist Hymnal, Nashville **1993**, 518f. ~ GIERING, Achim: Bethlehem. Text und Melodie EG 55, ChL 47 (**1994**) 509–511 ~ GLOVER, Raymond F. (Hg.): The Hymnal 1982 Companion, Bd. 3A, New York **1994**, 147–149 ~ ALBRECHT B [4]**95**, 67f. ~ KLEK / SCHRADE A **96**, 258 ~ NSK **1996**/1, 17 ~ BARBE, Helmut in MEYER B [2]**97**, 46f. ~ MEYER ebd. 25 ~ WATSON, J. Richard: The English Hymn. A Critical and Historical Study, Oxford **1997**, 470ff. ~ WEG V (**1998**) 18 ~ HAUKE, Rainer / DANZEGLOCKE, Klaus in HEG II (**1999**) 30. 55f. 332 ~
RÖSSLER B **01**, 996 ~ DANZEGLOCKE, Klaus / NAGEL, Matthias in LKEG H. 5 (**2002**) 44–48 ~ FINGER, Ulrich: Nicht nur „Jingle Bells". Viele Weihnachtslieder dienen als Briefmarken-Motiv, EvKZ **2002**, Nr. 51/52, 7 ~ MARTINI B **02**, 118 ~ JLH 42 (**2003**) 228

56 Weil Gott in tiefster Nacht erschienen

WATKINSON A **65**, 103f. ~ SCHRÖER, Henning: Gebrauchsdichtung und kirchliche Texte, in: Das neue Lied der Kirche, Loccumer Protokolle 5 (**1969**) 48 ~
ALBRECHT A **72**, 138f. ~ WITTENBERG A **73/74**, 148 ~ MGD 29 (**1975**) 56 ~ THUST B **76**, 52. 71f. 89. 128. 130. 158f. 162f. 169. 173. 184. 241. 281. 287. 349. 423. 427. 517. 545. 578f. 601. 696. 701. 749f. 841 ~ TRAUTWEIN, Dieter in JUHRE B **76**, 178–182 ~ CORBACH, Dieter in ZRP **1978**, H. 5, 167 ~
RÖSSLER B **81**, 233f. ~ HEINER B [3]**85**, 419 ~ NSK **1986**/1, 13; 2, 18 ~
NAGEL A **92**, 11. 13. 18f. ~ NSK **1992**/3, 22 ~ WEG I (**1993**) 12 ~ KORNEMANN A **94**, 13 ~ ZIPPERT A **94**, 15f. ~ BERGHOLZ, Thomas: „Weil Gott in tiefster Nacht erschienen" (EG 56). Ein Liedgottesdienst zu Weihnachten, Thema: Gd 11/**1997**, 49–58 (+B) ~ GERBER B **97** ~ TRAUTWEIN, Dieter in MEYER B [2]**97**, 299f. ~ SCHUBERTH, Dietrich in HEG II (**1999**) 327–329 ~ WH 2 (**1999**) 76 ~
STALMANN, Joachim in LKEG H. 1 (**2000**) 72–76 = (mit Bearbeitung von Peter Ernst Bernoulli) ÖLK I (**2001**) ~ JLH 40 (**2001**) 223 ~
RÖSSLER B **01**, 987 ~ JLH 41 (**2002**) 237; 42 (**2003**) 201

57 Uns wird erzählt von Jesus Christ

WEG I (**1993**) 12 ~ ZIPPERT A **94**, 16 ~ HARZ B **95**, 40f. ~ BLOCK A **97**, 126f. ~ ROMMEL, Kurt in MEYER B ^{2}**97**, 218 ~ WEG IV (**1997**) 82 ~ WETTACH A **97**, 30f. ~ TRÖTSCHEL, Heinrich R. in HEG II (**1999**) 261f. ~
LIEBERKNECHT, Ulrich in LKEG H. 1 (**2000**) 77–80 ~ JLH 40 (**2001**) 223 ~ RÖSSLER B **01**, 990 ~ KNEITSCHEL B **03**, 298. 372

Jahreswende

WEISMANN, Eberhard in HEKG III/1 (**1970**) 206–208 ~ THUST B **76**, 169 ~
WGD 5 (**1998**) 40–45

58 Nun lasst uns gehn und treten

KOCH III B **[3]1867/1973**, 317; VIII B **[3]1876/1973**, 175 ~ FISCHER II B **1879/ 1967**, 120 ~ KÜMMERLE II B **1890/1974**, 415f. ~
JULIAN B **[2]1907/1985**, 411 ~ NELLE B **[3]1924/1962**, Nr. 77 ~
SCHLUNK B **51**, 260f. ~ BERGMANN B **53**, 40 ~ BRUPPACHER B **53**, 148f. ~ LAUTERBERG B **53**, 75f. ~ IHLENFELD B **56**, 86–91 ~ BACH, Arthur / GRIMME, Gertrud in EvUV 6 (**1957**) 132f., ähnlich in KUV 4 (**[4]1960**) 107f. ~ RÖBBELEN B **57**, 407. 459 ~ KULP / BÜCHNER / FORNACON in HEKG Sb (**1958**) 77f. ~ BACH, Arthur / GRIMME, Gertrud in EvUV 3 (**[2]1959**) 189f. ~
STUTZ, Elfriede: Das Fortleben der mittelhochdeutschen Zwillingsformel im Kirchenlied, besonders bei Paul Gerhardt, in: Medium Aevum Vivum (FS Walther Bulst), Heidelberg **1960**, 238–252 ~ BLANKENBURG A **61**, 584f. ~ KÖHLER B **64** (HEKG I/2) 94f. ~ JUUL NICOLAISEN, Lisbet: Die melodische Vorlage, JLH 13 (**1968**) 159f. ~ NEUBACHER B **68**, 42f. ~ AMELN A **69**, 184–186 ~ ebd. 156 ~
SAUER-GEPPERT, Ingeborg / STIER, Alfred in HEKG III/1 (**1970**) 223–226 ~ WEISMANN, Eberhard ebd. 207 ~ JLH 19 (**1975**) 227 ~ ALBRECHT A **76**, 142 = in JENNY / NIEVERGELT B **76**, 41 ~ BLANKENBURG A **76**, 103 = in JENNY / NIEVERGELT B **76**, 29 ~ BLANKENBURG A **76**, 108 ~ EBELING, Gerhard in JENNY / NIEVERGELT B **76**, 57 (B) ~ JENNY, Markus ebd. 52 ~ MERTEN A **76**, 125 ~ MGD 30 (**1976**) 110. 140. 146. 183 ~ GOJOWY A **78**, 94 ~
JLH 24 (**1980**) 117 ~ BUNNERS A **83**, 158 ~ SAUER-GEPPERT B **84**, 97. 111 ~ HESSELBACHER B **[9]87**, 32. 63–65. 134. 146. 180 ~ WINTZER, Friedrich in ZGP 5 (**1987**) H. 6, 37–39 (Pr) ~ JLH 31 (**1987/88**) 124 ~ HESSING B **[2]89**, 16f. (B) ~ NSK **1989**/1, 14 ~
BUNNERS B **93**, 211. 230. 236. 267. 299. 310. 315. 338 ~ FRANK B **[2]93**, 120 ~ WEG II (**1994**) 69 ~ ZIPPERT A **94**, 18f. ~ HENKYS A **94/95**, 139 ~ FOSS B **95**, 47. 60. 78. 83. 172 ~ LANGE A **95**, 202f. ~ ZIPPERT B **95**, 28–31 (+B) ~ KADELBACH A **96**, 93 ~ NSK

1996/2, 22 ~ SCHRÖER A **98**, 11 ~ WEG V (**1998**) 22 ~ BUNNERS, Christian in HEG II (**1999**) 110–112 ~
GRIGAT, Lothar in SEEBERG B **00**, 92–95 (Pr) ~ BUNNERS, Christian in LKEG H. 2 (**2001**) 40–43 ~ RÖSSLER B **01**, 451 ~ ERB III B [8]**02**, 93–96 (B) ~ JLH 41 (**2002**) 237 ~ REICH B [3]**03**, 768 ~ SCHEFFBUCH 1 B [8]**03**, 234

Zur Mel. s. auch bei EG 320 „Nun lasst uns Gott dem Herren" !

59 Das alte Jahr vergangen ist

FISCHER I B **1878/1967**, 88–90 ~ BÄUMKER I B **1886/1962**, 363f. ~ NELLE B [3]**1924/1962**, Nr. 75 ~
LOHR A **49**, 11f. ~
SCHLUNK B **51**, 48 ~ BRUPPACHER B **53**, 148 ~ JLH 2 (**1956**) 123 ~ BLANKENBURG, Walter in HEKG II/2 (**1957**) 90. 95 ~ KULP / BÜCHNER / FORNACON in HEKG Sb (**1958**) 73–75. 232. 378. 560 ~ JLH 6 (**1961**) 238 ~ GSCHWEND A **62**, 162. 169. 171f. ~ RECKZIEGEL B **63**, 96. 204 ~ KÖHLER B **64** (HEKG I/2) 89 ~ JLH 13 (**1968**) 132 ~ GRIMM A **69**, 156 ~
SAUER-GEPPERT, Ingeborg / STIER, Alfred in HEKG III/1 (**1970**) 214–216 ~ WEISMANN, Eberhard ebd. 207f. ~ RÖSSLER-Bibl. B **76**, 245 ~ GOJOWY A **78**, 94 ~ JLH 22 (**1978**) 194 ~ JENNY, Markus in MGD 33 (**1979**) 135 ~
MGD 34 (**1980**) 26 ~ DRÖMANN A **83**, 171. 174f. 183 ~ JLH 28 (**1984**) 211 ~ NSK **1987**/2, 33 ~ MGD 42 (**1988**) 287; 43 (**1989**) 5 ~ NSK **1991**/3, 20 ~ ROSER B **95**, 24f. ~ Een Comp [3]**1998**, Nr. 396 ~ ZILLESSEN A **98**, 23 ~ FLEINGHAUS, Helmut / LÜHRS, Walther / ALBRECHT, Christoph in HEG II (**1999**) 54f. 312f. 334–336 ~
DRÖMANN, Hans-Christian in LKEG H. 11 (**2005**) 22–25

60 Freut euch, ihr lieben Christen all

FISCHER I B **1878/1967**, 197 ~
SCHLUNK B **51**, 111 ~ METZGER, Günther in WBK 23 (**1956**) 13–15 ~ BLANKENBURG, Walter in HEKG II/2 (**1957**) 95 ~ BACH, Arthur / GRIMME, Gertrud in EvUV 7 (**1958**) 249–251 ~ KULP / BÜCHNER / FORNACON in HEKG Sb (**1958**) 75f. 306. 460. 504. 581 ~ JLH 4 (**1958/59**) 250 ~
BRODDE, Otto: Bartholomäus Gesius, KCh 23 (**1963**) H. 2, 25f. ~ KÖHLER B **64** (HEKG I/2) 91f. ~
SAUER-GEPPERT, Ingeborg / STIER, Alfred in HEKG III/1 (**1970**)

219f. ~ WEISMANN, Eberhard ebd. 206f. ~ DRÖMANN A **78**, 192. 194 ~ JLH 23 (**1979**) 220 ~
ERB BIV ^{2}**86**, 37–39 ~
WEG II (**1994**) 71 ~ SCHNEIDER, Matthias in HEG II (**1999**) 113–115 ~
DRÖMANN, Hans-Christian in LKEG H. 12 (**2005**) 43–46

61 Hilf, Herr Jesu, lass gelingen

KOCH III B ^{3}**1867/1973**, 217. 275; V B ^{3}**1868/1973**, 640; VIII B ^{3}**1876/1973**, 166 ~ FISCHER I B **1878/1967**, 303 ~
NELLE B ^{3}**1924/1962**, Nr. 76 ~
SCHLUNK B **51**, 168 ~ GERBER, Hermann: Rist, der Rüstige, WuW 8 (**1953/54**) Nr. 7, 62 = GERBER B **56**, 27–29 ~ BLANKENBURG, Walter in HEKG II/2 (**1957**) 96 ~ KULP / BÜCHNER / FORNACON in HEKG Sb (**1958**) 76f. ~
NELLE B ^{4}**62**, 128 ~ KÖHLER B **64** (HEKG I/2) 92–94 ~
SAUER-GEPPERT, Ingeborg / STIER, Alfred in HEKG III/1 (**1970**) 220–223 ~ WEISMANN, Eberhard ebd. 208 ~ GOJOWY A **78**, 94 ~
SCHEITLER B **82**, 260f. ~
FRANK B ^{2}**93**, 473 ~ SEIBT B **98**, 262 ~ ALBRECHT, Christoph in HEG II (**1999**) 257–259. 281f. ~
RÖSSLER B **01**, 501f. ~ MARTINI B **02**, 39. 263 ~ SCHMIDT B **02**, 574. 597 ~ SCHMIDT, Eberhard in LKEG H. 4 (**2002**) 31–35 ~ JLH 42 (**2003**) 228 ~ SCHEFFBUCH 1 B ^{8}**03**, 252f.

62 Jesus soll die Losung sein

KOCH V B ^{3}**1868/1973**, 487 ~ FISCHER I B **1878/1967**, 397 ~
JULIAN B ^{2}**1907/1985**, 1012 ~ NELLE B ^{3}**1924/1962**, Nr. 81 ~
SCHLUNK B **51**, 211f. ~ GERBER, Hermann in WuW 7 (**1952/53**) Nr. 5, 51 ~ KULP / BÜCHNER / FORNACON in HEKG Sb (**1958**) 78–80 ~
KÖHLER B **64** (HEKG I/2) 96f. ~
SAUER-GEPPERT, Ingeborg / STIER, Alfred in HEKG III/1 (**1970**) 226–228 ~ WEISMANN, Eberhard ebd. 207 ~ SCHOTT A **79**, 165 ~
FRANK B ^{2}**93**, 458f. ~ NSK **1996**/1, 17 ~ ALBRECHT, Christoph in HEG II (**1999**) 277f. ~
RÖSSLER B **01**, 672 ~ JLH 41 (**2002**) 237 ~ MARTINI B **02**, 39. 126 ~ SCHEFFBUCH 1 B ^{8}**03**, 182

Zur Mel. s. auch bei EG 402 „Meinen Jesus lass ich nicht“ !

63 Das Jahr geht still zu Ende

NELLE B [3]**1924/1962**, Nr. 82 ~
SCHLUNK B **51**, 50 ~ KULP / BÜCHNER / FORNACON in HEKG Sb (**1958**) 80 ~
HEYDRICH B **62**, 27. 88f. 170f. ~ NELLE B [4]**62**, 282 ~ KÖHLER B **64** (HEKG I/2) 97f. ~
SAUER-GEPPERT, Ingeborg / STIER, Alfred in HEKG III/1 (**1970**) 228–230 ~ WEISMANN, Eberhard ebd. 208 ~ SCHOTT A **79**, 169 ~ ELTZ-HOFFMANN B **80**, 99–101 ~ MIDDEL, Klaus in NITSCHKE B **81**, 9–17 (Liedmeditation) ~ SAUER-GEPPERT B **84**, 105–107. 139 ~ HEINER B [3]**85**, 269 ~
WEG V (**1998**) 18 ~ KENNEL, Gunter in HEG II (**1999**) 252f. ~
RÖSSLER B **01**, 169 ~ SCHEFFBUCH 2 B [2]**01**, 47f. ~ MARTINI B **02**, 39. 66 ~ PARENT, Ulrich in LKEG H. 10 (**2004**) 28f.

Zur Mel. s. auch bei EG 361 „Befiehl du deine Wege" !

64 Der du die Zeit in Händen hast

SCHLUNK B **51**, 57f. ~ BRUPPACHER B **53**, 233 ~ KULP / BÜCHNER / FORNACON in HEKG Sb (**1958**) 81 ~
SÖHNGEN B **60**, 75f. ~ PFEIFFER B **61**, 156f. ~ KÖHLER B **64** (HEKG I/2) 98f. ~ WENTORF, Rudolf: Jochen Klepper in Berlin, Berlin **1967**, 58f. ~ NEUBACHER B **68**, 47f. ~
SAUER-GEPPERT, Ingeborg / STIER, Alfred in HEKG III/1 (**1970**) 230–233 ~ WEISMANN ebd. 208 ~ JENNY, Markus / HOFMANN, Ernst / HEINDRICHS, Heinz-Albert in WGL I (**1975**) 195f. = MS 115 (**1995**) 494f. ~ RIEMSCHNEIDER, Ernst G.: Der Fall Klepper. Eine Dokumentation, Stuttgart **1975**, 51–56 ~ HASENHÜTTL, Gotthold in Pr GL 1 (**1976**) 81–85 (+Pr) ~ DRÖMANN A **78**, 192 ~ JENNY, Markus in MGD 33 (**1979**) 135 ~ SAUER-GEPPERT A **79**, 174 ~ SCHOTT A **79**, 162 ~ SEUFFERT, Josef in WGL IX (**1979**) 48f. ~ ELTZ-HOFFMANN B **80**, 107 ~ HENKYS B **80**, 50–59. 64 ~ BEIER, Peter in NITSCHKE B **81**, 18–22 (Pr) ~ DAEWEL A **82**, 90 ~ MGD 37 (**1983**) 27. 159 ~ ZIPPERT B **84**, 53–55 = ZGP 5 (**1987**) H. 6, 35f. (Pr vom 31. 12. 1983) ~ HENKYS, Jürgen: Jochen Klepper im Spiegel seiner persönlichen, politischen und geistlichen Gedichte, IAHB Sondernummer **1987**, 39–41 = HENKYS B **99**, 254–256 ~ JENNY, Markus in RGL (**1988**) 596 ~ GROSCH B [5]**89**, 27. 167 ~
ASSEL, Heinrich (Hg.): Der du die Zeit in Händen hast. Briefwechsel zwischen Rudolf Hermann und Jochen Klepper 1925–1942, München

1992, 154–159 bzw. 164 ~ BAYER, Oswald: „Der du die Zeit in Händen hast …" Eine Meditation zu Jochen Kleppers Zeitlied, Hofgeismarer Protokolle 301 (Hören auf sein Wort. Jochen Klepper zum Gedenken), Hofgeismar **1993**, 25–46 ~ FRANK B [2]**93**, 450 ~ HENKYS A **93**, 97 ~ WEG I (**1993**) 16f. ~ OTT, Marlis: Bewegungsvorschlag, NSK **1994**/4, 1. 22f. ~ ALBRECHT B [4]**95**, 62 ~ HOFFLEIT B **95**, 278 ~ ROSER B **95**, 25–27 ~ WINKES B **96**, 91–95 (B) ~ BAYER, Oswald: „Der du die Zeit in Händen hast …" Eine Meditation zu Jochen Kleppers Zeitlied, GAGF **1997**, H. 29, 65–81 (B) ~ WECHT, Martin J. in MEYER B [2]**97**, 160–163 = (etwas erweitert) WECHT B **98**, 157. 159–164 ~ WEG V (**1998**) 18. 23 ~ BAYER, Oswald: Gott als Autor. Zu einer poietologischen Theologie, Tübingen **1999**, 51–64 ~ HENKYS B **99**, 255f. ~ HENKYS, Jürgen in WH 2 (**1999**), 123–126 ~ WECHT, Martin / SCHLAGE, Karl-Hermann in HEG II (**1999**) 177–179. 249 ~ WH 2 (**1999**) 41. 123–126 ~
HEIN, Martin in SEEBERG B **00**, 98–101 (Pr vom 31. 12. 1998) ~ HENKYS, Jürgen in LKEG H. 1 (**2000**) 81–84 = ÖLK II (**2003**) ~ JLH 40 (**2001**) 223 ~ RÖSSLER B **01**, 954. 971 ~ MARTINI B **02**, 39 ~ DEICHGRÄBER B [2]**03**, 84–90 (B) ~ ELLSEL B [3]**03**, 26–34 (Pr) ~ HAHN, Udo: „Der du die Zeit in Händen hast". Zur Bedeutung von Zeit und Ewigkeit in Werk und Leben Jochen Kleppers, in KOHLER B **03**, 116–124 ~ HENKYS, Jürgen / MARTI, Andreas in ÖLK II (**2003**) ~ BUCH, Jürgen: Jochen Klepper und das Dritte Reich, SMG 128 (**2003**) H. 6, 220 ~ KNEITSCHEL B **03**, 231. 287 ~ SCHEFFBUCH 1 B [8]**03**, 32f.

65 Von guten Mächten

BONHOEFFER, Dietrich: Widerstand und Ergebung. Brief und Aufzeichnungen aus der Haft, hg. von Eberhard BETHGE, München **1951** ~
HOFMANN, Friedrich: Fragen zum Text der Tutzinger Lieder, Korrespondenzblatt 78 (**1963**) Nr. 12, 7 ~ TAPPOLET B **63**, 76f. ~ MEZGER, Manfred: Tappolet, Walter: In neuen Zungen … (eine Buchbesprechung), ThLZ 91 (**1966**) Nr. 7, 549–551 ~
WITTENBERG A **73/74**, 148 ~ BONHOEFFER, Dietrich: Von guten Mächten. Gebete und Gedichte. Interpretiert von Johann Christoph HAMPE, München **1976**, bes. 76–78 ~ THUST B **76**, 76. 80. 105. 107. 149. 155. 169. 283. 295. 838f. ~ NIEVERGELT, Edwin in NSK AM **(1979)** 28, 136 ~ SAUER-GEPPERT A **79**, 174f. ~
KULBACH-KURZAWE, Christine / KURZAWE, Fritz / HANISCH, Helmut: Schlager, Songs, religiöse Lieder. U-Entwurf für die Haupt-

schule, entwurf **1981**, H. 1, 32. 36 ~ DAEWEL A **82**, 89f. ~ HENKYS, Jürgen: Dietrich Bonhoeffers letztes Gedicht auf dem Weg in das Gesangbuch, in: Schröer, Henning / Müller, Gerhard (Hg.): Vom Amt des Laien in Kirche und Theologie (FS Gerhard Krause), Berlin / New York **1982**, 372–392 = Ders.: Dietrich Bonhoeffers Gefängnisgedichte. Beiträge zu ihrer Intertretation, München 1986, 66–90 ~ JLH 28 (**1984**) 202 ~ HEINER B **³85**, 365–368 ~ HEINZMANN, Gerhard: „Von guten Mächten ...". Interview mit Kantor Burkhard Jungcurt, entwurf **1986**, H. 3, 34f. ~ NSK **1986**/3, 23 ~ PFEIFFER, Hans ebd. 36–40 ~ MGD 41 (**1987**) 242 ~ ROTHFAHL, Wolfgang: Botschaft aus dem Ruhekissen?, NSK **1987**/2, 24 ~ STEFAN, Hans-Jürg: Vier Melodien zu „Von guten Mächten treu und still umgeben", NSK **1987**/3, 2–11 ~ GEHRT, Stefan: An der Schwelle vom Vorletzten zu Letzten, ebd. 11 ~ BETHGE, Eberhard: Zur Textgestalt des Gedichtes ‚Von guten Mächten', in: ibk. Bonhoeffer-Rundbrief. Mitteilungen des Internationalen Bonhoeffer-Komitees. Sektion BRD. Düsseldorf, Nr. 28, November **1988** ~ THUST, Karl Christian: „Von guten Mächten" – zwölf Liedbearbeitungen zu Bonhoeffers Gedicht. Vergleichende Analyse und pädagogische Aspekte, Schönberger Hefte 18 (**1988**) H. 1, 6–15 ~ BETHGE, Eberhard im Jahresgruß **1989** vom Chr. Kaiser-Verlag München, 3–15 = Ders.: Erstes Gebot und Zeitgeschichte, München **1991**, 142–153 = Ld Dok **1996** „Von guten Mächten wunderbar geborgen", Nr. 6 = (redigiert) WH 2 (**1999**) 115–122 (Pr vom 17. 1. 1988) ~ JLH 32 (**1989**) 270 ~

JLH 33 (**1990/91**) 251 ~ KLEK A **91**, 219 ~ FRANK B **²93**, 326 ~ LIEBER-KNECHT B **94**, 278 ~ OTT, Marlis in NSK **1994**/3, 24 ~ ROSER, Hans: Gesungenes Bekenntnis, Evangelischer Pressedienst (epd), Ausgabe für kirchliche Presse, Nr. 48 vom 30. 11. **1994**, 13f. = EvKZ **1995**, Nr. 1, 11 = DEINZER / ZOBEL B **97**, 118f. ~ ZIPPERT A **94**, 19–22 ~ ALBRECHT B **⁴95**, 63. 91 ~ MEYER A **95**, 175–178 ~ NSK **1995**/4, 19f. ~ ZIPPERT B **95**, 33–36 (B) ~ LÄHNEMANN B **96**, 132–138 (Pr vom 4. 12. 1994) ~ Ld Dok **1996** „Von guten Mächten wunderbar geborgen" ~ NSK **1996**/4, 11 ~ STEFAN, Hans-Jürg: Beitrag im ‚Gedankenstrich' (Pr vom 29. 12. 1988 im Radio DRS) ebd. Nr. 5 ~ WIGGERMANN B **96**, 15. 82–85 ~ JLH 36 (**1996/97**) 278 ~ WASCHELITZ B **97**, 17f. ~ CHRIST, Franz: Segensstrophe als bewusste Beschränkung, NSK **1998**/1, 7–9 ~ EGERER 1 B **99** ~ FISCHER, Wolfgang / MARTINI, Britta in HEG II (**1999**) 17. 48f. ~ STEFAN A **99**, 44 ~ WH 2 (**1999**) 115–122 ~

WEG VI (**2000**) 25 ~ HENKYS, Jürgen in Geistl. Wunderhorn (**2001**) 452–461, fast = ÖLK III (**2004**) ~ MARTI B **01**, 89f. ~ RÖSSLER B **01**, 125. 903 ~ STRODTHOFF, Jörg: Lieder prüfen, MuK 71 (**2001**) H. 6, 405 ~ FRANZ B **02**, 173 Anm. 21 ~ JLH 41 (**2002**) 237 ~ MARTINI B **02**, 39. 75 ~ SCHÖNHERR, Albrecht / FISCHER, Wolfgang in LKEG H. 4 (**2002**) 36–41 ~ EICHMEIER, Andrea in HARTMANN B **03**, 189–192 (+Pr) ~ JLH 42 (**2003**) 227f. ~ REICH A ^{3}**03**, 769 ~ SCHEFFBUCH 1 B ^{8}**03**, 26f. ~ HENKYS, Jürgen / SCHMID, Daniel in ÖLK III (**2004**) ~ HENKYS, Jürgen: Geheimnis der Freiheit. Dietrich Bonhoeffers Gedichte aus der Haft. Biographie – Poesie – Theologie, Gütersloh **2005**, 262–287 ~ KREUTZ, Monika: Von guten Mächten wunderbar geborgen. Eine Tanzchoreographie, ZGP 23 (**2005**) H. 1, 44 ~ THUST, Karl Christian: Dietrich Bonhoeffers „Von guten Mächten" – ein Gedicht und seine Folgen (Vorgeschichte und Entstehung, Textinterpretation und Aufbau, Vertonungen und Wirkungsgeschichte) (Vortrag vom 19.11.2005, erscheint 2006 im DtPfrBl)

WEISMANN, Eberhard in HEKG III/1 (**1970**) 233–235 ~ THUST B **76**, 169f.

Epiphanias

66 Jesus ist kommen

KOCH IV B ^{3}**1868/1973**, 445 ~ KÜMMERLE I B **1888/1974**, 653 ~ JULIAN B ^{2}**1907/1985**, 51 ~
SCHLUNK B **51**, 209f. ~ EISENHUTH B **53**, 108–110 ~ BLANKENBURG, Walter in HEKG II/2 (**1957**) 106. 108f. ~ JLH 3 (**1957**) 119 ~ KULP / BÜCHNER / FORNACON in HEKG Sb (**1958**) 95f. 410. 412 ~ BLANKENBURG A **61**, 594f. ~ NELLE B ^{4}**62**, 219 ~ KÖHLER B **64** (HEKG I/2) 111–113 ~
SAUER-GEPPERT, Ingeborg / STIER, Alfred in HEKG III/1 (**1970**) 256–259 ~ WEISMANN, Eberhard ebd. 235 ~ NIEVERGELT, Edwin in MGD 29 (**1975**) 19–21 ~ SCHOTT A **79**, 165 ~
ELTZ-HOFFMANN B **80**, 77f. ~ MGD 35 (**1981**) 250 ~ SCHÖNBORN A **82**, 42. 58 ~ MGD 37 (**1983**) 104 ~ SAUER-GEPPERT B **84**, 119. 122 ~ ROSE, K. H. in HEINER B ^{3}**85**, 196 ~ ERB IV B ^{2}**86**, 102–104 ~ NSK **1986**/3, 32 ~
WESKOTT B **90** (Pr) ~ HEER, Emil / STEFAN, Hans-Jürg: Einprägen durch Wiederholung. Epiphanias: „Jesus ist kommen“, NSK **1991**/1, 26 ~ SCHNEIDER / VICKTOR B **93**, 116–119 ~ ALBRECHT B ^{4}**95**, 84 ~ GERBER B **97** (Nur 8 von 23 Strophen) ~ SEIBT B **98**, 265 ~ SCHWINGE, Gerhard in HEG II (**1999**) 22 ~
RÖSSLER B **01**, 672 ~ SCHEFFBUCH 2 B ^{2}**01**, 121f. ~ VÖLKER, Alexander in LKEG H. 3 (**2001**) 25–30 ~ JLH 41 (**2002**) 238 ~ REICH A ^{3}**03**, 765

67 Herr Christ, der einig Gotts Sohn

KOCH I B ^{3}**1866/1973**, 254. 282. 285. 472; VIII B ^{3}**1876/1973**, 40 ~ BÖHME B **1877/1966**, Nr. 128 ~ FISCHER I B **1878/1967**, 252f. ~ KÜMMERLE I B **1888/ 1974**, 354. 567f. ~
REICH B **51**, 13 ~ SCHLUNK B **51**, 144 ~ WEISS, Ewald in GuK **1952f.**, 209f. ~ BRODDE, Otto in KCh 13 (**1953**) H. 1, 2–5 ~ STIER,

Alfred in Km 4 (**1953**) H. 1, 4–6 ~ BRODDE / MÜLLER B **54**, 57–60 = Ld Dok (o.J.) „Herr Christ, der einig Gotts Sohn" ~ JLH 1 (**1955**) 61. 224 ~ SCHRÖDER B **55**, 89 ~ AMELN A **56**, 145 ~ GABRIEL B ^{3}**56**, 42 ~ JLH 2 (**1956**) 123 ~ NITSCHE, Herbert in WBK 23 (**1956**), 11–13 ~ BLANKENBURG, Walter in HEKG II/2 (**1957**) 65. 68 ~ FINSCHER A **57**, 66f. 70 ~ JLH 3 (**1957**) 132 ~ RÖBBELEN B **57**, 202. 457 ~ KULP / BÜCHNER / FORNACON in HEKG Sb (**1958**) 81f. (= Ld Dok (o.J.) „Herr Christ, der einig Gotts Sohn") 270. 285 ~ BRENNECKE A **58/59**, 69 ~ JLH 4 (**1958/59**) 250 ~ HERMELINK A **59**, 1480 ~

AMELN, Konrad: Es ist ein Ros entsprungen, JLH 5 (**1960**) 152f. ~ ebd. 258 ~ GSCHWEND A **62**, 166 ~ JENNY B **62**, 42f. 47. 64. 117f. 124f. 133. 141. 144. 148. 156. 245. 271 ~ JLH 7 (**1962**) 121. 130. 187 ~ NELLE B ^{4}**62**, 60 ~ HEYDEN A **63**, 176 ~ RECKZIEGEL B **63**, 105. 107. 210 ~ WERTHEMANN B **63**, 18 ~ KÖHLER B **64** (HEKG I/2) 99–101 = Ld Dok (o.J.) „Herr Christ, der einig Gotts Sohn" ~ BLUME, Friedrich / FINSCHER, Ludwig in BLUME B ^{2}**65**, 41 ~ GENNRICH B **65**, 82f. ~ JLH 11 (**1966**) 109. 163 ~ KRATZEL A **66**, 172 ~ AMELN A **67**, 172. 182 ~ REICH A **67**, 5 ~ GRIMM A **69**, 164f. 168 ~ JLH 14 (**1969**) 133. 142. 148. 233 ~

SAUER-GEPPERT, Ingeborg / STIER, Alfred in HEKG III/1 (**1970**) 235–238 ~ WEISMANN, Eberhard ebd. 234f. ~ JLH 17 (**1972**) 231 ~ SOMMER A **72**, 130f. 157. 160f. ~ BLANKENBURG A **73/74**, 69. 72. 75. 78 ~ JLH 18 (**1973/74**) 207 ~ BREDNICH II B **75**, Nr. 145 ~ SAUER-GEPPERT A **75**, 223f. ~ RÖSSLER B **76**, 207f. ~ RÖSSLER-Bibl. B **76**, 252f. ~ JENNY A **77**, 58f. ~ GOJOWY A **78**, 90–92. 95–98. 102. 112f. 115f. 119 ~ MGD 32 (**1978**) 61 ~ JENNY, Markus in MGD 33 (**1979**) 136 ~

ELTZ-HOFFMANN B **80**, 22–24 ~ ERB I B ^{2}**81**, 30–33 ~ RÖSSLER B **81**, 185–192 ~ MGD 36 (**1982**) 210. 250 ~ SCHÖNBORN A **82**, 39. 57 ~ DRÖMANN A **83**, 171 ~ JENNY A **83**, 48f. ~ JLH 28 (**1984**) 88 ~ SAUER-GEPPERT B **84**, 39f. 124. 130. 173 ~ SCHÖNBORN A **84**, 102 ~ ASPER B **85**, 57. 60. 64. 67. 70. 75. 78f. ~ ERNST B **85**, 66. 192. 260 ~ HEINER B ^{3}**85**, 51 ~ VEIT B **86**, 42. 80 Anm. 98 ~ MGD 41 (**1987**) 55. 69 ~ PARENT B **87**, 196. 274 ~ MGD 42 (**1988**) 288 ~ JLH 32 (**1989**) 275 ~ NSK **1989**/1, 15 ~

MOESERITZ B **90**, 71 ~ BLANKENBURG B **91**, 150. 162 ~ JLH 34 (**1992/93**) 30. 213 ~ KRIEG A **92/93**, 30 ~ DE LA MOTTE B **93**, 208 ~ FRANK B ^{2}**93**, 532. 583 ~ SCHNEIDER-BÖKLEN, Elisabeth: Elisabeth Cruciger – die erste Dichterin des Protestantismus, GuK **1994**/2, 32–40, bes. 38–40 ~ ALBRECHT B ^{4}**95**, 24f. ~ ROSER B **95**, 43–45 ~ SCHNEIDER-BÖKLEN B **95**, 16–20 ~ DKL III/1.2 Notenbd. (**1996**) 98 ~ MARTINI A **96**, 66–70 ~ NSK **1996**/2, 9; 4,1 ~ DKL III/1.2 Textbd. (**1997**) 83f. ~ SCHAD, Christian in MÖLLER B **97**, 73–77 (Pr vom 5. 2. 1995) ~ WIEHMANN GIEZENDANNER, Dorothea in NSK **1997**/3, 1. 6–11 ~ Ld Dok (o.J.) „Herr Christ, der einig Gotts Sohn“ ~ Een Comp [3]**1998**, Nr. 158 ~ JLH 37 (**1998**) 223 ~ von MEDING B **98**, 209–212. 370. 384. 407. 445 ~ WEG V (**1998**) 18 ~ WISSEMANN-GARBE A **98**, 120 ~ DKL III/1 Registerbd. (**1999**) 207 ~ HERBST I A **99**, 255 ~ SCHNEIDER-BÖKLEN, Elisabeth / OPP, Walter in HEG II (**1999**) 65f. 86f. ~

STORZ, Harald in FdGD **2000**/56, 30–33 (Pr) ~ REICH, Christa in LKEG H. 2 (**2001**) 48–54 ~ RÖSSLER B **01**, 73. 128. 137–145 ~ DKL III/2 Textbd. (**2002**) 287 ~ JLH 41 (**2002**) 237. 241 ~ MARTINI B **02**, 261 ~ REICH A [3]**03**, 766 ~ LOHSE, Eduard in HANDT / JETTER B **04**, 71–73 (B)

68 O lieber Herre Jesu Christ

(Jesu, salvator optime)

WOLKAN B **1891/1968**, 163 ~

SCHLUNK B **51**, 293 ~ BRODDE / MÜLLER B **54**, 44–46 ~ BLANKENBURG, Walter in HEKG II/2 (**1957**) 75. 77 ~ SCHOENBAUM A **57**, 51 ~ KULP / BÜCHNER / FORNACON in HEKG Sb (**1958**) 82f. 137. 166 ~

SCHOENBAUM, Camillo: Hymnologische Forschung in der Tschechoslowakei. Ein Literaturbericht, JLH 5 (**1960**) 160f. ~ HERMANN, Johannes in WBK 28 (**1961**) H. 6, 128f. ~ HEYDRICH B **62**, 252 ~ NELLE B [4]**62**, 284 ~ JLH 8 (**1963**) 259 ~ KÖHLER B **64** (HEKG I/2) 101f. ~ SZÖVERFFY II B **65**, 388f. 472 ~ JLH 11 (**1966**) 184 ~ REICH A **67**, 6 ~ KOUBA, Jan: Der älteste Gesangbuchdruck von 1501 aus Böhmen, JLH 13 (**1968**) 78–112 (Nr. 14) ~ KOUBA, Jan: Jan Hus und das geistliche Lied. Ein Literaturbericht, JLH 14 (**1969**) 192f. ~

SAUER-GEPPERT, Ingeborg / STIER, Alfred in HEKG III/1 (**1970**) 238–241 ~ WEISMANN, Eberhard ebd. 235 ~ JENNY, Markus in MGD 33 (**1979**) 136 ~

ERB I B [2]**81**, 98f. ~ SAUER-GEPPERT B **84**, 49 ~ BÖSE, Brigitte / SCHÄFER, Franz: Geistliche Lieder und Gesänge in Böhmen, Bd. II, 1: Tropen und Cantiones aus böhmischen Handschriften der vorhussitischen Zeit 1300–1420, Köln / Wien **1988**, 288–291 ~ NSK **1989**/1, 26 ~ SCHULZ A **89**, 32. 43 ~

BOHREN A **90**, 140 ~ MOESERITZ B **90**, 263–268 ~ KORNEMANN A **94**, 13 ~ KRUMMACHER A **95**, 774 ~ WEG IV (**1997**) 82 ~ DKL III/1.3 Textbd. (**1998**) 17f. 65 ~ Een Comp [3]**1998**, Nr. 159 ~ SCHULZ A **98**, 31 ~ WEG V (**1998**) 22 ~ DKL III/1 Registerbd. (**1999**) 222 ~

HERBST, Wolfgang / SOERGEL, Gero / KRIEG, Gustav A. in HEG II (**1999**) 45–47. 163f. 342–344 ~
RÖSSLER B **01**, 231–233 ~ DKL III/2 Textbd. (**2002**) 346 ~ HUNZINGER, Michael in LKEG H. 10 (**2004**) 30–34

69 Der Morgenstern ist aufgedrungen

BÖHME B **1877/1966**, Nr. 108 ~ ERK / BÖHME II B **1893f./1988**, 610 ~
AMELN, Konrad / SOMMER, Ernst: Das Liedbüchlein des Daniel Rump / Ülzen 1587, JLH 1 (**1955**) 47–62, bes. 48, 59f. ~
SOMMER A **77**, 142 ~
MOSER B **81**, 582. 643 ~ HEINER B [3]**85**, 105 ~ NSK **1986**/3, 25 ~ WEBER-KELLERMANN B [7]**92**, 26–28 ~ WEG I (**1993**) 12. 58. 98–101 ~ NSK **1994**/4, 24 ~ RIEHM, Heinrich in: Mitteilungen der Evangelischen Landeskirche von Baden **1994**/6, 37f. = MÖLLER B **97**, 78–80 (B) ~ KLEK / SCHRADE A **96**, 260 ~ RUBERG A **97**, 47–55, bes. 53 ~ STEFAN, Hans-Jürg in NSK **1997**/3, 6f. ~ WEG IV (**1997**) 82 ~ SCHULZ, Frieder: Der Morgenstern ist aufgedrungen. Ein altes und ein neues Lied, JLH 37 (**1998**) 150–166 ~ ebd. 223 ~ WERBECK, Walter / BLOCK, Detlev / SCHNEIDER, Matthias in HEG II (**1999**) 243f. 253–255. 265 ~
RÖSSLER, Martin in MÖLLER B **00**, 134 ~ SLENCZKA, Martin in SEEBERG B **00**, 103–108 (Pr) ~ HERBST II A **01**, 179 ~ RÖSSLER B **01**, 119. 926 ~ SCHULZ, Frieder in LKEG H. 3 (**2001**) 31–3 ~ JLH 41 (**2002**) 238; 42 (**2003**) 201

70 Wie schön leuchtet der Morgenstern

KOCH III B [3]**1867/1973**, 342 ~ BÖHME B **1877/1966**, Nr. 645 ~ FISCHER II B **1879/1967**, 380–385 ~ BÄUMKER II B **1888/1962**, 282f. ~ ERK / BÖHME III B **1893f./1988**, 698 ~ KÜMMERLE IV B **1895/1974**, 380–387 ~
JULIAN B [2]**1907/1985**, 415. 806 ~ SMEND, Julius: Der „Morgenstern" als Hochzeitslied, MGkK 15 (**1910**) H. 7, 217–226; H. 8, 249–253 ~ NELLE B [3]**1924/1962**, Nr. 284 ~ KULP, Johannes: Die Lieder Philipp Nicolais im Lichte seiner Theologie, MGkK 35 (**1930**) H. 6, 166–173 ~ MEHL A **1930**, 204–206 ~
GERBER, Hermann: Die Königin der Choräle, WuW 3 (**1948/49**) Nr. 5/6, 35 = GERBER B **56**, 30–32 ~ HOMMEL A **48/49**, 127 ~ BERGER B **51**, 122 ~ SCHLUNK B **51**, 366 ~ BUDDE B **52**, 43–62,

bes. 58–62 ~ BERGMANN B **53**, 37. 63. 119–121. 165–167 ~ BRUPPACHER B **53**, 272–274 ~ LAUTERBURG B **53**, 149f. ~ BRODDE / MÜLLER B **54**, 40–44 ~ BLANKENBURG A **56**, 172–176 ~ WEISMANN A **56**, 182–185 ~ WIORA A **56**, 54 ~ BLANKENBURG, Walter in HEKG II/2 (**1957**) 92–94 ~ JLH 3 (**1957**) 133 ~ BACH, Arthur / GRIMME, Gertrud in EvUV 7 (**1958**) 255f. ~ KULP / BÜCHNER / FORNACON in HEKG Sb (**1958**) 83–86. 197. 202. 262. 450 ~ BRENNECKE A **58/59**, 45. 49. 70 ~ JLH 4 (**1958/59**) 153 ~ STEGLICH, Rudolf: Wie schön leuchtet der Morgenstern. Über das Sprechen und Singen alter Liedverse, MuK 29 (**1959**) H. 1, 20–28 ~ JAUERNIG, Reinhold: „Wie schön leuchtet der Morgenstern" im Briefwechsel von Goethe und Zelter, JLH 5 (**1960**) 155–157 ~ KÖHLER, Rudolf: „Wie schön leuchtet der Morgenstern" biblisch untersucht, MPTh 49 (**1960**) 91–95 ~ BLANKENBURG A **61**, 593f. ~ METZGER, Wolfgang: Zwingt die Saiten in Cythara, JLH 6 (**1961**) 122f. ~ ebd. 229. 247 ~ GSCHWEND A **62**, 166 ~ HEYDRICH B **62**, 279 ~ JLH 7 (**1962**) 99. 309 ~ MERTES B **62**, 29. 106–108, 115 ~ NELLE B **⁴62**, 87–89 ~ HEYDEN A **63**, 181 ~ JLH 8 (**1963**) 189 ~ NICOLAI, Philipp: Freudenspiegel des ewigen Lebens, hg. Reinhard Mumm, Soest **1963** (Faksimile-ausgabe) ~ RECKZIEGEL B **63**, 113. 215 ~ SCHÖNEICH A **63**, 397f. ~ JENNY, Markus: „Wie schön leuchtet der Morgenstern ...". Zur Textfassung des Liedes in neueren Gesangbüchern, MPTh 53 (**1964**) 214–233 ~ JLH 9 (**1964**) 151 ~ KÖHLER B **64** (HEKG I/2) 102–105 ~ BRAUN, Werner: Die evangelische Kontrafaktur, JLH 11 (**1966**) 90f. ~ ebd. 240 ~ AMELN A **67**, 174 ~ JLH 12 (**1967**) 246 ~ AMELN, Konrad in JLH 13 (**1968**) 194 ~ AMELN A **69**, 185 ~ GRIMM A **69**, 163. 171 ~ JLH 14 (**1969**) 249 ~ SAUER-GEPPERT, Ingeborg / STIER, Alfred in HEKG III/1 (**1970**) 241–247 = Ld Dok **1996** „Wie schön leuchtet der Morgenstern", 1 ~ WEISMANN, Eberhard in HEKG III/1 (**1970**) 234f. ~ JLH 16 (**1971**) 88. 243 ~ PIPER A **71**, 88 ~ GIRARD A **72**, 148–150 ~ NSK AM (**1972**) 7, 35. 38 ~ GERBER A **73**, 5 ~ BREDNICH I B **74**, 205 ~ MGD 29 (**1975**) 20 ~ PIPER A **75**, 119 ~ SAUER-GEPPERT A **75** ~ THURMAIR-MUMELTER / QUACK, Erhard in TRENKLER B **75**, 223–226 ~ JENNY, Markus / THURMAIR, Maria Luise / QUACK, Erhard in WGL V (**1976**) 163–165 = Ld Dok **1996** „Wie schön leuchtet der Morgenstern" ~ MGD 30 (**1976**) 222 ~ MOSER B **²76**, 74f. (B) ~ RÖSSLER B **76**, 208–210. 219 ~ RÖSSLER-Bibl. B **76**, 277f. ~ AMELN A **77**, 132f. ~ GRABNER-HAIDER, Anton in Pr GL 3 (**1977**) 171–175 (+Pr) ~ SAUER-GEPPERT A **77**, 69. 73f. 76. 79 ~ GOJOWY A **78**, 81. 90. 95f. 98. 102. 107. 109. 111. 117. 119f. 122f. ~ JLH 22 (**1978**) 194 ~ MGD 32 (**1978**) 139 ~ JENNY, Markus in MGD 33 (**1979**) 136 ~ ebd. 230 ~ SEUFFERT, Josef in WGL IX (**1979**) 109 ~

ELTZ-HOFFMANN B **80**, 34–36 ~ JENNY A **80**, 58 ~ MGD 34 (**1980**) 27. 65 ~ JLH 25 (**1981**) 130 ~ MGD 35 (**1981**) 72. 158 ~ RÖSSLER B **81**, 185–192 ~ MGD 36 (**1982**) 47. 204 ~ SIDLER A **82**, 219 ~ DRÖMANN A **83**, 175. 180 ~ JENNY A **83**, 193 ~ JLH 27 (**1983**) 153 ~ MGD 37 (**1983**) 94. 98 ~ SAUER-GEPPERT A **83**, 807f. ~ JLH 28 (**1984**) 164 ~ MGD 38 (**1984**) 181 ~ SAUER-GEPPERT B **84**, 10. 39. 41f. 108. 112–114. 170–212 ~ SCHÖNBORN A **84**, 102 ~ SCHULZ, Frieder: Die jüdischen Wurzeln des christlichen Gottesdienstes, JLH 28 (**1984**) 39–55, bes. 53 ~ ZIPPERT B **84**, 56–60 = Ld Dok **1996** „Wie schön leuchtet der Morgenstern", 4 (Pr vom 5. 2. 1984) ~ ERB II B ^{2}**85**, 74–77 ~ HEINER B ^{3}**85**, 106 ~ JLH 29 (**1985**) 181 ~ MGD 39 (**1985**) 128. 255 ~ EULENBERGER, Klaus: Kirchenlied in dieser Zeit: Wie schön leucht' uns der Morgenstern, ZGP 4 (**1986**) H. 5, 2f. (B) ~ MGD 40 (**1986**) 220 ~ KEMPER B **87**, 255 ~ NSK **1987**/1, 29 ~ PARENT B **87**, 53. 135. 142. 159. 180. 184. 198f. 229–231. 276 ~ JLH 31 (**1987/88**) 131 ~ JENNY, Markus in RGL (**1988**) 735–738 ~ LIPPOLD A **88**, 82 = EKD B **90**, 74 ~ MARTI, Andreas: Werkstattbericht II: Die Arbeit der Gesangbuch-Kommissionen an den Fassungen ökumenischer Lieder, MGD 42 (**1988**) 131–135, bes. 132f. = NSK **1988**/2, 27f. ~ NORDHUES, Paul / WAGNER, Alois in RGL (**1988**) 203 ~ HESSING B ^{2}**89**, 18f. ~ HOFMANN A **89**, 31–33 ~

JLH 33 (**1990/91**) 249 ~ NSK **1991**/2, 28; **1992**/3, 7 ~ OEHLER, K. Eberhard: Wie schön leuchtet der Morgenstern. Ein altes Kirchenlied im Wechsel der Zeiten, WBK 59 (**1992**) H. 1, 24–29 ~ WEBER-KELLERMANN B ^{7}**92**, 180f. ~ JLH 34 (**1992/93**) 210 ~ DE LA MOTTE B **93**, 210f. ~ FRANK B ^{2}**93**, 702. 730 ~ NSK **1994**/2, 25 ~ KURZKE A **94/95**, 128f. ~ MÖLLER, Christian: „Wie schön leuchtet der Morgenstern". Liedmeditation zum Ende der Weihnachtszeit am Epiphaniastag 1993 in der Heiliggeistkirche zu Heidelberg, Homiletisch-Liturgisches Korrespondenzblatt – N.F. 12 (**1994/95**) Nr. 45, 79–86 (B) ~ ALBRECHT B ^{4}**95**, 39f. 75 ~ FOSS B **95**, 138 ~ HOFFLEIT B **95**, 108. 264. 268f. 279 ~ ROSER B **95**, 29–31 ~ DIENST 2 A **96**, 7 ~ KLEK / SCHRADE A **96**, 250f. ~ Ld Dok **1996** „Wie schön leuchtet der Morgenstern" ~ BERNOULLI, Peter Ernst ebd. 3 (Gd mit Pr) ~ NSK **1996**/2, 22 ~ SCHMIDT A **96**, 76 ~ KADELBACH A **96/97**, 194. 204–206 ~ KADELBACH, Ada: „Geist=reicher" Gesang in Amerika. Einflüsse des halleschen Pietismus auf den lutherischen Kirchengesang in der Neuen Welt, in BUSCH / MIERSEMANN B **97**, 322f. ~ KORTH, Hans-Otto / WISSEMANN-GARBE, Daniela: Philipp Nicolai und seine Lieder, in: Die Pest, der Tod, das Leben – Philipp Nicolai – Spuren der Zeit. Beiträge zum Philipp-Nicolai-Jahr 1997, Ev. Kirchengemeinde / Ev. Kirchenkreis, Unna **1997**, 59–80 ~ MÖLLER B **97**, 81–86 (Pr von Epiphanias 1993) ~ NSK **1997**/3, 10 ~ DANZEGLO-

CKE, Klaus: Philipp Nicolai, der Dichter des Liedes „Wie schön leuchtet der Morgenstern“, Thema: Gd 12/**1998**, 37–45 ~ Een Comp ^{3}**1998**, Nr. 148. 157 ~ JLH 37 (**1998**) 150. 224 ~ KLARER A **98**, 72 ~ MEYER-BLANCK, Michael: Sehnsucht und Sinnlichkeit. Hinführung zu einer Liedpredigt über EG 70 „Wie schön leuchtet der Morgenstern“, Thema: Gd 12/**1998**, 46–52 (+Pr) ~ NAGEL, Matthias: Drei Singmodelle zu EG 70 „Wie schön leuchtet der Morgenstern“, ebd. 53–56 ~ SEIBT B **98**, 108–110 ~ WH 1 (**1998**) 72 ~ ZILLESSEN A **98**, 23 ~ DKL III/1 Registerbd. (**1999**) 231 ~ GREULE A **99**, 58–64 ~ KADELBACH A **99**, 237f. 241f. ~ KLEK A **99**, 3–12 ~ KRUMMACHER, Christoph / EISINGER, Walther in HEG II (**1999**) 28f. 228–230 ~ RICHTER, Matthias: Philipp Nicolai und sein Freudenspiegel des ewigen Lebens, in BRUSNIAK / STEIGER B **99**, 207–220 ~ STEIGER, Lothar ebd. 269–275 ~ WH 2 (**1999**) 96 ~
FRIED, Hans Christoph: Wie schön leuchtet der Morgenstern. Ein regionalgeschichtlicher Nachtrag, WBK 67 (**2000**) H. 3, 11f. ~ JLH 39 (**2000**) 230f. ~ RÖSSLER, Martin in MÖLLER B **00**, 148f. 189 ~ STEFAN, Hans-Jürg in WH 3 (**2000**) 59 ~ HADAMER A **01**, 122 ~ JLH 40 (**2001**) 205. 223 ~ KURZKE, Hermann in: Geistl. Wunderhorn (**2001**) 146–153. 512 ~ MARTI B **01**, 123 ~ MORATH A **01**, 106 ~ RÖSSLER B **01**, 122. 145. 304. 313. 318–329. 335f. 375. 623. 830. 842. 874. 887 ~ STALMANN, Joachim (Bearbeitung: Hans-Jürg Stefan) in ÖLK I (**2001**) ~ JLH 41 (**2002**) 236f. 241 ~ REICH, Christa in MuK 72 (**2002**) H. 6, 377f. ~ SCHMIDT B **02**, 383. 448–450. 753. 755 ~ STALMANN, Joachim in LKEG H. 4 (**2002**) 42–52 ~ FUCHS, Guido: Mit Liedern verkündigen?, GD 37 (**2003**) H. 16, 122 ~ JLH 42 (**2003**) 228 ~ KNEITSCHEL B **03**, 64f. 118. 230. 381–384 ~ KURZKE A **03**, 158f. 162 ~ SCHEFFBUCH 1 B ^{8}**03**, 287f. ~ STÄHLER, Jörg in HARTMANN B **03**, 51–57 (+Pr) ~ ACKERMANN B ^{3}**05**, 52 ~ BURRICHTER, Rita / SCHROETER-WITTKE, Harald: Wie schön leuchtet der Morgenstern. Ökumenische Dialog-Liedpredigt, ZGP 23 (**2005**) 42–44 (Pr) ~ SCHMIDT B **05**, 195f.

71 O König aller Ehren

KOCH II B ^{3}**1867/1973**, 232 ~ FISCHER II B **1879/1967**, 187 ~
NELLE B ^{3}**1924/1962**, 83 ~
SCHLUNK B **51**, 289f. ~ STIER, Alfred in Km 4 (**1953**) H. 1, 6f. ~ BLANKENBURG, Walter in HEKG II/2 (**1957**) 96 ~ KULP / BÜCHNER / FORNACON in HEKG Sb (**1958**) 86f. (= Ld Dok (o.J.) „O König aller Ehren“) 493 ~
NELLE B ^{4}**62**, 84 ~ KÖHLER B **64** (HEKG I/2) 105f. = Ld Dok (o.J.) „O König aller Ehren“ ~

SAUER-GEPPERT, Ingeborg / STIER, Alfred in HEKG III/1 (**1970**) 247–249 = Ld Dok (o.J.) „O König aller Ehren" ~ WEISMANN, Eberhard in HEKG III/1 (**1970**) 234 ~ GOJOWY A **78**, 95 ~ SCHÖNBORN A **82**, 47 ~
WESKOTT B **90** (Pr) ~ WEG II (**1994**) 49 ~ Ld Dok (o.J.) „O König aller Ehren" ~ DANZEGLOCKE, Klaus in HEG II (**1999**) 34f. ~ SCHMIDT, Eberhard in LKEG H. 12 (**2005**) 47–51

Zur Mel. s. auch bei EG 349 „Ich freu mich in dem Herren" !

72 O Jesu Christe, wahres Licht

KOCH III B ^{3}**1867/1973**, 33 ~ FISCHER II B **1879/1967**, 176 ~ JULIAN B ^{2}**1907/1985**, 838 ~ NELLE B ^{3}**1924/1962**, Nr. 84 ~ GERBER, Hermann: Die Randsiedler, WuW 4 (**1949/50**) Nr. 7, 53 = GERBER B **56**, 33f. (B) ~
SCHLUNK B **51**, 282f. ~ BRUPPACHER B **53**, 364f. ~ STIER, Alfred in Km 4 (**1953**) H. 1, 8 ~ BLANKENBURG, Walter in HEKG II/2 (**1957**) 96. 101 ~ KULP / BÜCHNER / FORNACON in HEKG Sb (**1958**) 87–94. 108. 137. 144. 169. 270. 322 ~
NELLE B ^{4}**62**, 109. 112 ~ KÖHLER B **64** (HEKG I/2) 106f. ~ SAUER-GEPPERT, Ingeborg / STIER, Alfred in HEKG III/1 (**1970**) 249–252 ~ WEISMANN, Eberhard ebd. 235 ~ BÜCHNER B **71**, 88f. ~ Anonym / SCHABASSER, Josef: Eine Pfarre lernt ein neues Lied, SiK 18 (**1971**) 68f. ~ JLH 17 (**1972**) 272f.; 21 (**1977**) 95 ~ DRÖMANN A **78**, 192 ~ JENNY, Markus / AENGENVOORT, Johannes in WGL VII (**1978**) 261–264 ~ MGD 32 (**1978**) 159 ~ JENNY, Markus in MGD 33 (**1979**) 135 ~ SEUFFERT, Josef in WGL IX (**1979**) 129 ~ JLH 24 (**1980**) 109 ~ Dienst, Karl: Unfriedlicher Friede?, EvE 35 (**1983**) H. 4, 385–388 ~ DRÖMANN A **83**, 174 ~ JENNY A **83**, 177 ~ MEYER A **83**, 113 ~ SAUER-GEPPERT B **84**, 115 ~ ERB II B ^{2}**85**, 99f. ~ HOFMANN, Ernst in RGL (**1988**) 778 ~
FRANK B ^{2}**93**, 209 ~ KORNEMANN A **94**, 13 ~ WEG II (**1994**) 71 ~ FOSS B **95**, 230 ~ KLEK / SCHRADE A **96**, 245 ~ Een Com ^{3}**1998**, Nr. 168. 437 ~ FISCHER A **98**, 86 (B) ~ KAPPNER, Gerhard in HEG II (**1999**) 135–137 ~
RÖSSLER, Martin in MÖLLER B **00**, 140–142 ~ JLH 40 (**2001**) 204 ~ MARTI B **01**, 150 ~ RÖSSLER B **01**, 354–356. 371 ~ SCHMIDT B **02**, 600 ~ KNEITSCHEL B **03**, 258–260. 361 ~ SCHEFFBUCH 1 B ^{8}**03**, 266f. ~ AXMACHER, Elke / SCHNEIDER, Matthias in LKEG H. 12 (**2005**) 52–55 ~ AXMACHER, Elke / MARTI, Andreas in ÖLK IV (**2005**)

73 Auf, Seele, auf und säume nicht

KOCH IV B [3]**1868/1973**, 407 ~ FISCHER I B **1878/1967**, 54 ~
SCHLUNK B **51**, 29 ~ KULP / BÜCHNER / FORNACON in HEKG Sb (**1958**) 95. 339 ~
NELLE B [4]**62**, 199 ~ KÖHLER B **64** (HEKG I/2) 109–111 ~
SAUER-GEPPERT, Ingeborg / STIER, Alfred in HEKG III/1 (**1970**) 254–256 ~ WEISMANN, Eberhard ebd. 234 ~ SCHOTT A **79**, 167 ~ SCHÖNBORN A **82**, 30. 61 ~ SAUER-GEPPERT B **84**, 107 ~ SCHÖNBORN A **84**, 96 ~ HEINER B [3]**85**, 186 ~
KORNEMANN A **94**, 13 ~ ZIPPERT A **94**, 22f. ~ ZIPPERT B **95**, 41f. (B) ~ FISCHER A **98**, 87 (B) ~ SCHWINGE, Gerhard in HEG II (**1999**) 219 ~
OEHLER, K. Eberhard: „Der zeigt dir einen andern Weg, als du normal erkannt“. Der Pietist und Psalmsänger Michael Müller (1673–1704), Blätter für württembergische Kirchengeschichte 101 (**2001**) 49–69 ~
RÖSSLER B **01**, 645 ~ RÖSSLER, Martin in LKEG H. 11 (**2005**) 26–32

Zur Mel. s. auch bei EG 27 „Lobt Gott, ihr Christen alle gleich“ !

74 Du Morgenstern, du Licht vom Licht

MICHAELIS, Otto: Herders Lied „Du Morgenstern“, MGkK 31 (**1926**) H. 12, 380–382 ~
Heydrich B **62**, 189 ~
LEITNER B [2]**71**, 86f. ~
GERBER B **97** (Die Gesellschaft verändern) ~ FISCHER A **98**, 87 (B) ~ JLH 37 (**1998**) 150 ~ WEG V (**1998**) 18 ~ EGERER 1 B **99** ~ PFEIFFER, Harald in HEG II (**1999**) 144f. ~
MÖLLER B **00**, 209 ~ RÖLLEKE, Heinz: Dichtung und Gesangbuch, in SCHEITLER B **00**, 222f. ~ BERNOULLI A **01**, 127f. ~ RÖSSLER B **01**, 758 ~ SCHMIDT, Eberhard in LKEG H. 3 (**2001**) 36–39 ~ JLH 41 (**2002**) 238; 42 (**2003**) 227 ~ SCHULZ A **04**, 30

Zur Mel. s. auch bei EG 442 „Steht auf, ihr lieben Kinderlein“ !

Passion

HOSENTHIEN A **1929** ~ WEISMANN, Eberhard: Zur Geschichte des evangelischen Passionslieds, MGkK 41 (**1936**) 5–19. 43–69 ~
LOHR A **48**, 44–48 ~ SCHÜTZ, Adalbert: Das reformatorische Passionslied, EvU 4 (**1949**) 23 ~ KRUMMACHER, Helga: Das Passions- und Osterlied in der katechetischen Unterweisung, Chrl 2 (**1949**) Nr. 12, 310–312. 314 ~
SCHÖNEICH A **64**, 114f. ~ WERTHEMANN A **69** ~
WEISMANN, Eberhard in HEKG III/1 (**1970**) 259–266 ~ THUST B **76**, 163–166 ~
ÖFFNER A **83** ~ PREISER A **83** ~
KOCH A **91** ~ EGERER, Ernst-Dietrich: Leiden in Dur und Moll. Nach einer Tagung für Menschen, denen es schwer fällt, Passionslieder zu singen, PTh 82 (**1993**) 61–67 ~ HAHN A **93** ~ WEG III (**1995**) mit Thema Passion-Ostern, darin u.a. REICH A **95** = REICH B **97**, 164–171 ~ AXMACHER A **98** ~WGD 5 (**1998**) 48–70

75 Ehre sei dir, Christe

(Laus tibi Christe; O wir armen Sünder)

FISCHER II B **1879/1967**, 28. 219f. ~ KÜMMERLE II B **1890/1974**, 656–658 ~ ERK / BÖHME III B **1893f./1988**, 670f. ~
NELLE B [3]**1924/1962**, Nr. 93 ~
LOHR A **48**, 47f. ~
SCHLUNK B **51**, 86 ~ BERGMANN B **53**, 87 ~ BRUPPACHER B **53**, 158f. ~ WEISS, Ewald in GuK **1954**, 18 ~ JLH 1 (**1955**) 61 ~ BLANKENBURG, Walter in HEKG II/2 (**1957**) 57 ~ KULP / BÜCHNER / FORNACON in HEKG Sb (**1958**) 40. 103–105. 107. 127. 306 ~ FRÖR, Kurt in KUV 7 ([3]**1959**) 115f. ~
LIPPHARDT A **61**, 71–78. 100. Taf. VI 7/8 ~ AMELN A **62**, 64 ~ JENNY B **62**, 273 ~ NELLE B [4]**62**, 29. 71 ~ THOMAS A **63**, 120 ~ LIPPHARDT IV A **64**, 176–181 ~ BRODDE A **67**, 198f. ~ JANOTA B **68**, 158 Anm. 756 ~ WERTHEMANN A **69**, 198 ~
FORNACON, Siegfried / GRIMM, Jürgen in HEKG III/1 (**1970**) 275–278 ~ WEISMANN, Eberhard ebd. 260–262 ~ QUACK A **72**, 9–12, bes. 10 ~ RÖSSLER A **75**, 174 ~ THURMAIR-MUMELTER, Maria Luise / QUACK, Erhard in TRENKLER B **75**, 205–207 ~ JEN-

NY, Markus / THURMAIR, Maria Luise / QUACK, Erhard in WGL IV (**1976**) 181–183 ~ JENNY, Markus in NSK AM (**1976**) 21, 106 ~ LIPPHARDT, Walther: Art. Leisen und Rufe, MGG 16 (**1976**) 1106 ~ BISEGGER A **77**, 11f. ~ MERTEN A **77**, 61–63 ~ JLH 22 (**1978**) 159 ~ LIPPHARDT, Walther: Das Lateinisch-Deutsche Augsburger Osterspiel und Das Deutsche Passionslied des Mönchs von Salzburg, in: Ders. (Hg.): Abbildung aus dem Ms. Liturg. 1 rtr. des Kapuzinerklosters Feldkirch, Göttingen **1978**, 12–20 und Abb. I, 1–5 ~ Ders.: Epische Liedweisen des Mittelalters in schriftlicher Überlieferung, in: Egon Kühebacher (Hg.): Deutsche Heldenepik in Tirol. Beiträge zur Neustifter Tagung 1977, Bozen **1979**, 293–296 ~ SAUER-GEPPERT A **79**, 175 ~
DRÖMANN A **83**, 171 ~ MGD 38 (**1984**) 163 ~ NSK **1987**/2, 18 ~ PARENT B **87**, 20. 275 ~ JENNY, Markus in RGL (**1988**) 701 ~ JLH 42 (**1988**) 287f. ~ NSK **1988**/2, 31 ~ MGD 43 (**1989**) 7 ~
SAVIDIS, Petra: Hermann Bonnus, Superintendent von Lübeck (1504–1548). Sein kirchenpolitisch-organisatorisches Wirken und sein praktisch-theologisches Schrifttum, Lübeck **1992**, 401f. ~ FRANK B **²93**, 563 ~ GEHRT A **95**, 38 ~ HOFFLEIT B **95**, 270 ~ WEG III (**1995**) 75 ~ DKL III/1.2 Notenbd. (**1996**) 172f. ~ JANOTA, Johannes: Art. Kirchenlied, MGG², Sachteil 5 (**1996**) 63. 66 ~ DKL III/1.2 Textbd. (**1997**) 218–221 ~ WEG IV (**1997**) 82 ~ Een Comp **³1998**, Nr. 175 ~ WEG V (**1998**) 17 ~ DKL III/1 Registerbd. (**1999**) 202. 222 ~ WÖLFEL, Dietrich in HEG II (**1999**) 49f. 201f. ~
PRASSL, Franz Karl in MÖLLER B **00**, 59 ~ RÖSSLER B **01**, 77 ~ DKL III/2 Textbd. (**2002**) 336 ~ KNEITSCHEL B **03**, 196f. ~ HARTMANN, Richard in HANDT / JETTER B **04**, 98–100 (B) ~ KADELBACH, Ada: INnt erste singet me eynenn düdeschen Psalm / edder vp etlicke Feste latinisch. Hermann Bonnus (1504–1548) zum 500. Geburtstag, IAHB 32 (**2004**) 100–107 ~ PRASSL, Franz Karl in LKEG H. 10 (**2004**) 35–39 ~ VÖLKER, Alexander / (zur Mel. „O Höchster, deine Gütigkeit") MARTI, Andreas in ÖLK III (**2004**) ~ MARTI, Andreas in ÖLK IV (**2005**)

76 O Mensch, bewein dein Sünde groß

(Mel.: Es sind doch selig alle, die)

KOCH I B **³1866/1973**, 327; II B **³1867/1973**, 28. 104. 404; III B **³1867/1973**, 316 ~ FISCHER II B **1879/1967**, XI. 193 ~ BÄUMKER I B **1886/1962**, 485–489 ~ KÜMMERLE I B **1888/1974**, 384f. ~ SMEND, Julius: Eine fast verklungene Melodie, MGkK 3 (**1898**) H. 2, 38–40 ~
LOHR A **48**, 45f. ~

SCHLUNK B **51**, 291f. ~ KROLZIG, Günter / KELLETAT, Herbert in Km 3 (**1952**) H. 1, 8f. ~ BRUPPACHER B **53**, 157 ~ FISCHER, Martin in BRODDE / MÜLLER B **54**, 86–89 ~ WEISS, Ewald in GuK **1954**, 18f. ~ BLANKENBURG A **56**, 174f. ~ JLH 2 (**1956**) 108 ~ BLANKENBURG, Walter in HEKG II/2 (**1957**) 78–81. 92 ~ JLH 3 (**1957**) 132 ~ KULP / BÜCHNER / FORNACON in HEKG Sb (**1958**) 97–100. 113. 126. 167. 285. 294. 396 ~ STIER, Alfred in EvKCh 63 (**1958**) H. 1, 3 ~ BRENNECKE A **58/59**, 67. 69 ~ JLH 4 (**1958/59**) 157 ~ BLANKENBURG A **61**, 592f. 626 ~ GSCHWEND A **62**, 163 ~ JENNY B **62**, 24. 38f. 64. 69. 83. 92. 112. 135. 148. 163. 224f. 227 ~ NELLE B ^{4}**62**, 61 ~ JLH 8 (**1963**) 189 ~ RECKZIEGEL B **63**, 98. 108. 204 ~ KÖHLER B **64** (HEKG I/2) 113f. ~ BLANKENBURG, Walter in BLUME B ^{2}**65**, 350 ~ AMELN A **67**, 172 ~ LIPPHARDT A **68**, 163f. 166 ~ GRIMM A **69**, 178 ~

FORNACON, Siegfried / GRIMM, Jürgen in HEKG III/1 (**1970**) 266–270 ~ WEISMANN, Eberhard ebd. 262 ~ NSK AM (**1972**) 7, 37 ~ SOMMER A **72**, 127. 136. 138. 154. 159 ~ JENNY A **74**, 185–187 ~ MGD 29 (**1975**) 117 ~ RÖSSLER A **75**, 144 ~ THURMAIR-MUMELTER, Maria Luise / QUACK, Erhard in TRENKLER B **75**, 200–202 ~ Dieselben in WGL II (**1975**) 119f. = MS 113 (**1993**) 24f. ~ BELFRAGE A **76**, 117 ~ DIRNBECK, Josef in Pr GL 1 (**1976**) 100–104 (+Pr) ~ JLH 20 (**1976**) 117. 173 ~ MGD 30 (**1976**) 26. 28 ~ RÖSSLER-Bibl. B **76**, 270 ~ SCHMID, Manfred Hermann: Matthias Greiter. Das Schicksal eines deutschen Musikers zur Reformationszeit, Aichach **1976**, bes. 58–62. 118–120 ~ AMELN A **77**, 132. 136 ~ JENNY A **77**, 60 ~ SOMMER A **77**, 140f. 144. Taf. V ~ DRÖMANN A **78**, 188 ~ GOJOWY A **78**, 101 ~ JLH 22 (**1978**) 239 ~ MGD 32 (**1978**) 104 ~ JENNY, Markus in MGD 33 (**1979**) 136f. ~ SEUFFERT, Josef in WGL IX (**1979**) 52 ~

JLH 24 (**1980**) 210 ~ MGD 34 (**1980**) 46 ~ SIDLER A **80**, 13 ~ ERB I B ^{2}**81**, 68–72 ~ JLH 25 (**1981**) 29. 186 ~ DRÖMANN A **83**, 172 ~ JENNY B **83**, 219–229. 241 ~ AXMACHER B **84**, 199 ~ MGD 38 (**1984**) 71. 259 ~ ERNST B **85**, 189. 192 ~ HEINER B ^{3}**85**, 71 ~ JLH 29 (**1985**) 150 ~ MARTI A **85**, 164 ~ VEIT B **86**, 94 Anm. 65 ~ JENNY, Markus in RGL (**1988**) 600f. = MS 113 (**1993**) 25f. ~ MGD 43 (**1989**) 87 ~

MGD 44 (**1990**) 329 ~ FRANK B ^{2}**93**, 732 ~ KORNEMANN A **94**, 9 ~ ALBRECHT B ^{4}**95**, 142 ~ FOSS B **95**, 30f. 37. 72. 86. 93. 210f. ~ GEHRT A **95**, 38 ~ ROSER B **95**, 56–58 ~ DKL III/1.2 Notenbd. (**1996**) 121 ~ KLEK / SCHRADE A **96**, 241 ~ NSK **1996**/1, 11 ~ DKL III/1.2 Textbd. (**1997**) 125–128. 134f. ~ Een Comp ^{3}**1998**, Nr. 170. 305 ~ ROPER, Cecil M.: Strasbourg and the Origin of Metrical Psalmody, The Hymn 49 (**1998**) H. 4, 12–17 ~ WISSEMANN-GARBE A **98**, 138 ~ BLOCK, Detlev (/ FELLECHNER, Ernst L.) in

FELLECHNER / FINKBEINER B **99**, 75–82 (+Gd mit Pr) ~ BRUSNIAK, Friedhelm / SCHLAGE, Thomas in HEG II (**1999**) 121f. 153 ~ DKL III/1 Registerbd. (**1999**) 88. 90. 99. 203. 222 ~
MÖLLER B **00**, 88 ~ RÖHRING, Klaus in SEEBERG B **00**, 109–114 (Pr) ~ STEFAN A **00**, 52 ~ RÖSSLER B **01**, 46. 373. 451. 887 ~ VÖLKER, Alexander in LKEG H. 3 (**2001**) 40–44, (fast) = ÖLK III (**2004**) ~ DKL III/2 Textbd. (**2002**) 301f. ~ FRANZ B **02**, 404 Anm. 4 ~ JLH 41 (**2002**) 238 ~ MARTINI B **02**, 261 ~ JLH 42 (**2003**) 232 ~ KNEITSCHEL B **03**, 198f. 362f. ~ JLH 43 (**2004**) 252

77 Christus, der uns selig macht

(Patris sapientia) bzw. O hilf, Christe, Gottes Sohn (= 8. Str.)

KOCH I B **³1866/1973**, 256; II B **³1867/1973**, 129; VIII B **³1876/1973**, 482 ~ FISCHER I B **1878/1967**, 79 ~ BÄUMKER I B **1886/1962**, 433f. ~ KÜMMERLE I B **1888/1974**, 178. 280 ~ WOLKAN B **1891/1968**, 113f. ~
LOHR A **48**, 46f. ~
SCHLUNK B **51**, 45f. ~ KIEFNER, Walter in WBK 22 (**1955**) 30f. ~ GABRIEL B **³56**, 54 ~ JLH 2 (**1956**) 123 ~ BLANKENBURG Walter in HEKG II/2 (**1957**) 75 ~ FINSCHER A **57**, 66. 68 ~ JLH 3 (**1957**) 223 ~ SCHOENBAUM A **57**, 52 ~ KULP / BÜCHNER / FORNACON in HEKG Sb (**1958**) 102f. 107. 118. 123f. 269. 465 ~ BRENNECKE A **58/59**, 67 ~
JENNY A **61**, bes. 120 ~ GSCHWEND A **62**, 163 ~ JENNY B **62**, 38f. 69. 118. 124f. 128. 135. 160. 162. 225 ~ LIPPHARDT I A **62**, 139 ~ NELLE B **⁴62**, 73 ~ JLH 8 (**1963**) 109. 179 ~ RECKZIEGEL B **63**, 98. 204 ~ KÖHLER B **64** (HEKG I/2) 115–117 ~ SZÖVERFFY II B **65**, 380. 478 ~ JLH 10 (**1965**) 129 ~ KRATZEL A **66**, 171 ~ AMELN A **67**, 172. 179. 183 ~ LIPPHARDT A **68**, 161. 163. 165 ~ KOUBA, Jan: Der älteste Gesangbuchdruck von 1501 aus Böhmen, JLH 13 (**1968**) 78–112, bes. 90 ~ GRIMM A **69**, 157 ~ JLH 14 (**1969**) 144 ~ MEYER, Herbert: Kleine Liedformen für das Singen in der Schule, EvU 24 (**1969**) 70 ~
FORNACON, Siegfried / GRIMM, Jürgen in HEKG III/1 (**1970**) 272–275 ~ WEISMANN, Eberhard ebd. 262 ~ GIRARD A **72**, 148–150 ~ JENNY A **74**, 187 ~ DÖRR, Friedrich / OFFELE, Winfried: O hilf, Christe, Gottes Sohn, WGL II (**1975**) 145f. = MS 114 (**1994**) 20–22 ~ NSK AM (**1976**) 21, 106 ~ RÖSSLER-Bibl. B **76**, 244 ~ JENNY A **77**, 58f. ~ GOJOWY A **78**, 99. 102f. ~
DRÖMANN A **83**, 171 ~ LIPPHARDT A **83**, 41 ~ ERNST B **85**, 164. 302 ~ HEITMEYER B **88**, 98. 115. 162–172 ~ LIPPOLD A **89** = EKD B **90**, 82f. ~ SCHULZ A **89**, 30 ~

BOHREN A **90**, 139f. ~ MGD 44 (**1990**) 203f. 318 ~ JLH 33 (**1990/91**) 252 ~ KRUMMACHER A **91**, 154 ~ DKL III/1.1 Notenbd. (**1993**) 205 ~ DKL III/1.1 Textbd. (**1993**) 177f. ~ FRANK B ²**93**, 591 ~ HAHN A **93**, 300 ~ WEG III (**1995**) 76 ~ BRAUN A **96/97**, 165f. ~ REICH A **98**, 70 ~ WEG V (**1998**) 18 ~ DKL III/1 Registerbd. (**1999**) 30. 52. 197. 221 ~ HERBST, Wolfgang / KRIEG, Gustav A. in HEG II (**1999**) 45–47. 342–344 ~
RÖSSLER B **01**, 234. 924 ~ DKL III/2 Textbd. (**2002**) 88f. ~ JÜNGST, Gerhard in LKEG H. 5 (**2002**) 49–53 ~ SCHMIDT B **02**, 619 ~ JLH 42 (**2003**) 228 ~ KNEITSCHEL B **03**, 197. 361 ~ KÜCK / KURZKE B **03**, 160 ~ JLH 43 (**2004**) 251

78 Jesu Kreuz, Leiden und Pein

(Vmucenj nasseho pana gezukrysta)

KOCH II B ³**1867/1973**, 367 ~ KÜMMERLE I B **1888/1974**, 655–657 ~ WOLKAN B **1891/1968**, 138 ~
SCHLUNK B **51**, 204f. ~ GERBER, Hermann: Das Labyrinth, WuW 8 (**1953/54**) Nr. 15, 142 = GERBER B **56**, 35f. (B) ~ WEISS, Ewald in GuK **1955**, 18f. ~ BLANKENBURG, Walter in HEKG II/2 (**1957**) 76 ~ KULP / BÜCHNER / FORNACON in HEKG Sb (**1958**) 106f. 124. 243. 318 ~
METZGER, Heinz Dieter in WBK 27 (**1960**) H. 1, 12–14 ~ JLH 7 (**1962**) 309 ~ KÖHLER B **64** (HEKG I/2) 118f. ~ KOUBA, Jan: Der älteste Gesangbuchdruck von 1501 aus Böhmen, JLH 13 (**1968**) 90 ~ WERTHEMANN A **69**, 197 ~
FORNACON, Siegfried / GRIMM, Jürgen in HEKG III/1 (**1970**) 279–281 ~ WEISMANN, Eberhard ebd. 262f. ~ DRÖMANN A **78**, 193 ~ JENNY, Markus in MGD 33 (**1979**) 136 ~
ERB I B ²**81**, 101–103 ~ SAUER-GEPPERT B **84**, 40f. 50. 107 ~ PACIK A **88**, 91f. ~ NSK **1989**/1, 6 ~ SCHULZ A **89**, 31 ~
DKL III/1.3 Textbd. (**1998**) 94 ~ WEG V (**1998**) 18 ~ DKL III/1 Registerbd. (**1999**) 212 ~ HERBST, Wolfgang / STEUDE, Wolfram in HEG II (**1999**) 45–47. 143f. ~
RÖSSLER B **01**, 255 ~ DKL III/2 Textbd. (**2002**) 376 ~ HUNZINGER, Michael in LKEG H. 11 (**2005**) 33–36

79 Wir danken dir, Herr Jesu Christ, dass du für uns gestorben bist

KOCH II B ^{3}**1867/1973**, 266 ~ FISCHER II B **1879/1967**, 395 ~ KÜMMERLE IV B **1895/1974**, 450–452 ~
NELLE B ^{3}**1924/1962**, Nr. 94 ~
SCHLUNK B **51**, 370 ~ KROLZIG, Günter / KELLETAT, Herbert in Km 3 (**1952**) H. 1, 7f. ~ BRUPPACHER B **53**, 159f. ~ EISENHUTH B **53**, 47 ~ FRÖR, Kurt in KUV 1/2 (^{2}**1953**) 202 ~ GERBER B **56**, 37f. (B) ~ BACH, Arthur / GRIMME, Gertrud in EvUV 6 (**1957**) 146 ~ BLANKENBURG, Walter in HEKG II/2 (**1957**) 85 ~ GRUNOW, Richard in WBK 24 (**1957**) H. 2, 30–32 ~ MICHAELIS / LUEKEN B **57** (HEKG II/1) 105f. ~ BACH, Arthur / GRIMME, Gertrud in EvUV 7 (**1958**) 256 ~ KULP / BÜCHNER / FORNACON in HEKG Sb (**1958**) 52. 107f. 250. 429 ~ FORNACON, Siegfried: Nikolaus Hermanns Geburtsjahr, JLH 4 (**1958/59**) 109–111 ~ ebd. 125. 250 ~ BACH, Arthur / GRIMME, Gertrud in EvUV 3 (^{2}**1959**) 192f., fast = KUV 3 (^{4}**1960**) 137f. ~ HOLLIGER, Hans in EvKCh 64 (**1959**) H. 1, 4f. ~
JLH 6 (**1961**) 229 ~ NELLE B ^{4}**62**, 95 ~ KÖHLER B **64** (HEKG I/2) 119f. ~ FRÖR B ^{5}**66**, 308–311 ~ FRANK A **67**, 121 ~
STALMANN, Joachim / GRIMM, Jürgen in HEKG III/1 (**1970**) 281–283 ~ WEISMANN, Eberhard ebd. 263 ~ QUACK A **72**, 9f. ~ WITTENBERG A **73/74**, 161 ~ RÖSSLER A **75**, 174 ~ THURMAIR-MUMELTER, Maria Luise / QUACK, Erhard in WGL II (**1975**) 139f. = MS 113 (**1993**) 26f. ~ Dies. in TRENKLER B **75**, 207–209 ~ RÖSSLER-Bibl. B **76**, 278 ~ DRÖMANN A **78**, 192 ~ GOJOWY A **78**, 90 ~ SEUFFERT, Josef in WGL IX (**1979**) 54 ~
SCHÖNBORN A **82**, 52 ~ ERB II B ^{2}**85**, 69f. ~ ERNST B **85**, 121 ~ HEINER B ^{3}**85**, 77 ~ NSK **1987**/1, 29 ~ PARENT B **87**, 20. 276 ~ JENNY, Markus in RGL (**1988**) 608f. ~ JLH 32 (**1989**) 275 ~ MGD 43 (**1989**) 6. 87 ~
RÖSSLER, Martin: Liedermacher im Gesangbuch, Bd. 1 (**1990**) 85–116, bes. 86. 102. 110 ~ ULRICH, Herbert: Wir danken dir, Herr Jesu Christ. Ein Kirchenlied und seine pastoralen Möglichkeiten, SMG 116 (**1991**) H. 1, 5–9 ~ JLH 34 (**1992/93**) 210 ~ DE LA MOTTE B **93**, 202 ~ DKL III/1.1 Textbd. (**1993**) 206f. ~ KORNEMANN A **94**, 13 ~ WEG II (**1994**) 71 ~ ALBRECHT B ^{4}**95**, 73 ~ HOFFLEIT B **95**, 270f. ~ ROSER B **95**, 64f. ~ WEG III (**1995**) 76f. 91 ~ SEIBT B **98**, 275 ~ WEG V (**1998**) 23 ~ DKL III/1 Registerbd. (**1999**) 31. 231 ~ MÜLLER, Harald / PISTORIUS, Dietmar in HEG II (**1999**) 91. 145–148 ~ SCHEITLER A **99**, 179 ~
BALDERMANN, Ingo / HEINRICH, Johannes in LKEG H. 3 (**2001**) 45–48, (fast) = ÖLK III (**2004**) ~ RÖSSLER B **01**, 260 ~ JLH 41

(**2002**) 238 ~ SCHMIDT B **02**, 571. 623. 649. 652 ~ KNEITSCHEL B **03**, 199f. 385

80 O Traurigkeit, o Herzeleid

KOCH II B [3]**1867/1973**, 456; III B [3]**1867/1973**, 216. 274; VIII B [3]**1876/1973**, 61 ~ BÖHME B **1877/1966**, Nr. 550 ~ FISCHER II B **1879/1967**, 204f. ~ BÄUMKER I B **1886/1962**, 490f. ~ KÜMMERLE II B **1890/1974**, 629–632 ~ ERK / BÖHME III B **1893f./1988**, 669 ~ JULIAN B [2]**1907/1985**, 852f. ~ SPITTA, Friedrich in MGkK 14 (**1909**) H. 4, 111–114 ~ NELLE B [3]**1924/1962**, Nr. 100 ~
SCHLUNK B **51**, 294f. ~ BERGMANN B **53**, 11. 61. 93. 242f. ~ BRUPPACHER B **53**, 168f. ~ BLANKENBURG, Walter in HEKG II/2 (**1957**) 96 ~ HAMACHER, Theo: Die Lieder Friedrich von Spe's im Paderborner Gesangbuch 1628, ThGl 47 (**1957**) 191 ~ KULP / BÜCHNER / FORNACON in HEKG Sb (**1958**) 128f. 173. 509. 854 ~
GSCHWEND A **62**, 163 ~ NELLE B [4]**62**, 128. 171 ~ KÖHLER B **64** (HEKG I/2) 143f. ~ JLH 11 (**1966**) 238 AMELN A **67**, 172 ~ GRIMM A **69**, bes. 157. 167. 177 ~
JLH 15 (**1970**) 165 ~ STALMANN, Joachim / GRIMM, Jürgen in HEKG III/1 (**1970**) 314–317 ~ WEISMANN, Eberhard ebd. 265f. ~ JENNY A **74**, 183 ~ BREDNICH II B **75**, Abb. 122 ~ RÖSSLER A **75**,169. 174 ~ THURMAIR, Maria Luise / SCHADE, Wernerfritz in WGL II (**1975**) 160f. = MS 111 (**1991**) 302–304 ~ RÖSSLER-Bibl. B **76**, 270 ~ UELTZEN, Hans-Dieter: „Gott selbst ist tot“. Historische Bemerkungen zur Entstehung des Liedes und der Rede vom Tod Gottes, EvTh 36 (**1976**) 563–567 ~ GOJOWY A **78**, 103 ~ JLH 22 (**1978**) 241 ~ MGD 32 (**1978**) 62. 212 ~ BLANKENBURG II A **79**, 253f. ~ HÄRTING B **79** ~ SEUFFERT, Josef in WGL IX (**1979**) 57 ~
MGD 36 (**1982**) 210 ~ SCHEITLER B **82**, 238 ~ JENNY A **83**, 198 ~ MGD 37 (**1983**) 94 ~ van OORSCHOT, Theo G. M.: Verzeichnis der anonymen Lieder von Friedrich Spee, in: A. Arens (Hg.): Friedrich Spee im Lichte der Wissenschaften, Mainz **1984**, 73–81 ~ SAUERGEPPERT B **84**, 43f. 51 ~ JLH 30 (**1986**) 216 ~ PARENT B **87**, 19. 132. 165. 172. 275 ~ AMELN A **88**, 212f. 219 ~ QUACK, Erhard in RGL (**1988**) 613 ~ MGD 43 (**1989**) 31 ~
JLH 33 (**1990/91**) 251 ~ QUACK, Erhard in MS 111 (**1991**) 303f. ~ RATTE, Franz Josef / TENHAEF, Peter: Zur Rezeption Friedrich Spees in der Musik des 19. Jahrhunderts, in GRUNEWALD / GUSSONE B **91**, 316f. 322f. ~ SCHELL A **91**, bes. 141. 143f. ~ UELTZEN A **91**, 309. 312 ~ JLH 34 (**1992/93**) 209 ~ FRANK B [2]**93**, 371 ~ FRANZ A **95**, 351–357. 375f. ~ GEHRT A **95**, 38 ~ HOFFLEIT B **95**, 265. 270 ~ SCHNEIDER A **95**, 277. 292. 327f. ~ ÜHLEIN B **95**, 137 ~

STOCK, Alex: Friedrich Spees Lied „O Traurigkeit, O Herzeleid", GAGF **1996**, H. 26, 20–30 ~ BRAUN A **96/97**, 157 ~ ENGELSBERGER B **97**, 164 ~ Een Comp **³1998**, Nr. 195. 366 ~ ALBRECHT, Christoph / GRÖZINGER, Albrecht in HEG II (**1999**) 257–259. 304f. ~ SCHILLING, Christoph (/ FINKBEINER, Christine) in FELLECHNER / FINKBEINER B **99**, 83–89 (+Gd mit Pr) ~
RÖSSLER, Martin in MÖLLER B **00**, 138 ~ FRANZ, Ansgar in Geistl. Wunderhorn (**2001**) 193–199. 516f. ~ RÖSSLER B **01**, 402. 502–504. 506 ~ JLH 41 (**2002**) 236 ~ HARTMANN B **03**, 68–71 (+Pr) ~ KURZKE A **03**, 163

81 Herzliebster Jesu

KOCH II B **³1867/1973**, 354; III B **³1867/1973**, 32; IV B **³1868/1973**, 102; VIII B **³1876/1973**, 34 ~ FISCHER I B **1878/1967**, 292f. ~ KÜMMERLE I B **1888/1974**, 296. 587f. ~
NELLE B **³1924/1962**, Nr. 95 ~ HOSENTHIEN A **1929**, 59 ~
RUPPEL, Paul Ernst in MGD 1 (**1947**) 42 ~ HOMMEL A **48/49**, 125 ~
SCHLUNK B **51**, 162f. ~ GERBER, Hermann: „Gott ist schuld", WuW 6 (**1951/52**) Nr. 14, 125f. = GERBER B **56**, 39–41 (B) ~ BERGMANN B **53**, 61. 92 ~ BRUPPACHER B **53**, 160f. ~ EISENHUTH B **53**, 62–64 ~ LAUTERBURG B **53**, 77–79 ~ MOREL I A **53**, 70f. ~ BACH, Arthur / GRIMME, Gertrud in EvUV 5 (**1956**) 262; 6 (**1957**) 146f.; 7 (**1958**) 256 ~ BLANKENBURG, Walter in HEKG II/2 (**1957**) 96f. ~ FRÖR, Kurt in KUV 6 (**³1958**) 261 ~ KULP / BÜCHNER / FORNACON in HEKG Sb (**1958**) 22. 108–111. 127. 185. 190. 303. 322. 327. 535 ~ HERMELINK A **59**, 1485 ~
BACH, Arthur / GRIMME, Gertrud in EvUV 4 (**²1960**) 224–226 ~ MERTES B **62**, 21. 146 ~ NELLE B **⁴62**, 113 ~ KÖHLER B **64** (HEKG I/2) 120–123 ~ SOMMER A **64**, 76 ~ AMELN A **67**, 172. 182 ~ NEUBACHER B **68**, 10 ~
FORNACON, Siegfried / GRIMM, Jürgen in HEKG III/1 (**1970**) 283–286 ~ WEISMANN, Eberhard ebd. 263f. ~ BÜCHNER B **71**, 89f. ~ PIPER A **71**, 88 ~ ZELL B **71**, 48. 174f. ~ GIRARD A **72**, 147f. ~ JUUL NICOLAISEN, Lisbet: Welche Vorlage hat Paul Gerhardt für sein Lied „O Welt, sieh hier dein Leben" benutzt?, JLH 17 (**1972**) 235–239 ~ QUACK A **72**, 10f. ~ SAUER-GEPPERT, Waldtraut Ingeborg: Noch einmal: Zur Quellenfrage von Paul Gerhardts „O Welt, sieh hier dein Leben". Eine Entgegnung an Lisbet Juul Nicolaisen, JLH 17 (**1972**) 239–241 ~ SAUER-GEPPERT A **73/74**, 202 ~ WITTENBERG A **73/74**, 160 ~ HOFMANN, Ernst / KUNTZ, Michael in WGL II (**1975**) 143f. ~ MGD 29 (**1975**) 200. 216 ~ KLEINER, Rafael J. in Pr

GL 1 (**1976**) 116–120 (+Pr) ~ RÖSSLER-Bibl. B **76**, 256 ~ GOJOWY A **78**, 103 ~ KRUSCHE, Werner: Paul Gerhardt – heute gesungen, in HOFFMANN B **78**, 20f. ~ MGD 32 (**1978**) 97 ~ NSK AM (**1978**) 25, 122 ~ SEUFFERT, Josef in WGL IX (**1979**) 54f. ~
ELTZ-HOFFMANN B **80**, 45f. ~ JLH 24 (**1980**) 108 ~ MGD 34 (**1980**) 102; 36 (**1982**) 210 ~ AXMACHER, Elke: Johann Heermanns Passionslied „Herzliebster Jesu, was hast du verbrochen" und seine Quellen, MuK 53 (**1983**) H. 4, 179–184 ~ DRÖMANN A **83**, 174 ~ KADELBACH A **83**, 92 ~ AXMACHER B **84**, 198f. ~ MGD 38 (**1984**) 31 ~ SAUER-GEPPERT B **84**, 51 ~ SCHÖNBORN A **84**, 99 ~ ERB II B ^{2}**85**, 101f. ~ HEINER B ^{3}**85**, 133f. ~ JLH 29 (**1985**) 230 ~ MGD 41 (**1987**) 74 ~ JLH 31 (**1987/88**) 124 ~ MGD 42 (**1988**) 155. 287. 294 ~ SIDLER, Hubert in RGL (**1988**) 610 ~ MGD 43 (**1989**) 6. 31 ~ WEBER, Edith: Le style „Nota contra notam" et ses incidences sur le Choral Luthérien et sur le Psautier Huguenot, JLH 32 (**1989**) 73–93 (zur sapphischen Strophe) ~
NSK **1990**/1, 11 ~ WESKOTT B **90** (Pr) ~ ULRICH, Herbert: Herzliebster Jesu. Eine Hilfe zur lebendigen Gestaltung der Leidensgeschichte, SMG 117 (**1992**) H. 1, 19–25 ~ JLH 34 (**1992/93**) 210 ~ DE LA MOTTE B **93**, 207f. ~ FRANK B ^{2}**93**, 272 ~ SCHNEIDER / VICKTOR B **93**, 102–104 ~ NSK **1994**/1, 14f. ~ ALBRECHT B ^{4}**95**, 143 ~ FOSS B **95**, 34. 86f. 109. 142–144. 194–203 ~ HOFFLEIT B **95**, 265 ~ NSK **1995**/3, 11 ~ REICH A **95**, 8 ~ SARETZKI, Karl-Heinz: Herzliebster Jesu, was hast du verbrochen – Predigt anhand eines Bläser-Vorspiels, WEG III (**1995**) 27–33 (+Pr) ~ ebd. 23. 78. 91 ~ KLEK / SCHRADE A **96**, 245 ~ WINKES B **96**, 119–123 (+Pr) ~ BRAUN A **96/97**, 159f. ~ JLH 36 (**1996/97**) 278 ~ STEFAN A **97**, 20 ~ WITTE B **97**, 402 ~ AXMACHER A **98**, 66–70 ~ Een Comp ^{3}**1998**, Nr. 177. 180f. ~ HANDT A **98**, 39 ~ SEIBT B **98**, 262 ~ CONRAD A **99**, 238. 240 ~ DKL III/1 Registerbd. (**1999**) 208 ~ STALMANN, Joachim / WEBER, Edith / KAPPNER, Gerhard in HEG II (**1999**) 66–69. 92f. 135–137 ~
RÖSSLER, Martin in MÖLLER B **00**, 140 ~ STEFAN A **00**, 53 ~ AXMACHER, Elke (Bearbeitung: Hans-Jürg Stefan) / MARTI, Andreas in ÖLK I (**2001**) ~ KURZKE, Hermann in Geistl. Wunderhorn (**2001**) 216–223. 518f. ~ RÖSSLER B **01**, 376. 440. 707 ~ JLH 41 (**2002**) 236f. ~ ROTHAUG B **02**, 160f. ~ SCHMIDT B **02**, 190f. 214. 574. 593 ~ HARTMANN B **03**, 79–82 (+Pr) ~ KNEITSCHEL B **03**, 201. 321 ~ LIES, Bernhard: Johann Heermann (1585–1647): Prediger in Schlesien zur Zeit des Dreißigjährigen Krieges (Arbeiten zur Historischen und Systematischen Theologie, Bd. 4), Münster **2003** (Diss. Neuendettelsau 1999), bes. 232–234 ~ SCHEFFBUCH 1 B ^{8}**03**, 269f. ~ AXMACHER, Elke / MARTI, Andreas in LKEG H. 11 (**2005**) 37–43

82 Wenn meine Sünd' mich kränken

KOCH III B [3]**1867/1973**, 236; IV B [3]**1868/1973**, 149; VIII B [3]**1876/1973**, 39 ~ FISCHER II B **1879/1967**, 352 ~ KÜMMERLE I B **1888/1974**, 597f.; IV B **1895/ 1974**, 233–235 ~
NELLE B [3]**1924/1962**, Nr. 98 ~ HOSENTHIEN A **1929**, 58f. ~
GERBER, Hermann in WuW 4 (**1949/50**) Nr. 11, 83 ~
SCHLUNK B **51**, 353 ~ BRUPPACHER B **53**, 162f. ~ EISENHUTH B **53**, 71–73 ~ FRÖR, Kurt in KUV 5 ([2]**1953**) 237 ~ LAUTERBURG B **53**, 79–82 (B) ~ BLANKENBURG, Walter in HEKG II/2 (**1957**) 57. 65 ~ KULP / BÜCHNER / FORNACON in HEKG Sb (**1958**) 111f. 114. 270 ~
NELLE B [4]**62**, 167 ~ KÖHLER B **64** (HEKG I/2) 123–125 ~ SOMMER A **66**, 159 ~ Ernst: Das Gesangbuch von Valentin Babst, Leipzig 1545. Eine kritische Betrachtung der Melodien, JLH 11 (**1966**) 146–161, bes. 159 ~ AMELN A **67**, 172 ~
FORNACON, Siegfried / GRIMM, Jürgen in HEKG III/1 (**1970**) 286–288 ~ WEISMANN, Eberhard ebd. 263f. ~ WITTENBERG A **73/74**, 160 ~ RÖSSLER A **75**, 174 ~ RÖSSLER-Bibl. B **76**, 276 ~ JLH 21 (**1977**) 95 ~ DRÖMANN A **78**, 192 ~ JENNY, Markus in MGD 33 (**1979**) 136 ~
DRÖMANN A **83**, 175. 182 ~ ERB IV B [2]**86**, 24f. ~
HOFFLEIT B **95**, 270. 276 ~ ROSER B **95**, 54f. ~ Een Comp [3]**1998**, Nr. 158 ~ SEIBT B **98**, 273 ~ DKL III/1 Registerbd. (**1999**) 230 ~ KALBERLAH, Hans-Jürgen / KRUMMACHER, Christoph in HEG II (**1999**) 112f. 194f. ~
RÖSSLER, Martin in MÖLLER B **00**, 154 ~ RÖSSLER B **01**, 478 ~ FISCHER, Michael in LKEG H. 5 (**2002**) 54–59 ~ SCHMIDT B **02**, 620. 622 ~ DKL III/1.3 Textbd. (**2003**) 145f. ~ JLH 42 (**2003**) 228 ~

83 Ein Lämmlein geht und trägt die Schuld

(Mel.: An Wasserflüssen Babylon)

KOCH I B [3]**1866/1973**, 255; II B [3]**1867/1973**, 28. 103; III B [3]**1867/1973**, 315; V B [3]**1868/1973**, 598; VIII B [3] **1876/1973**, 40. 42. 526 ~ FISCHER I B **1878/1967**, 159 ~ KÜMMERLE I B **1888/1974**, 51f. 366f. ~ SMEND, Julius: Eine fast verklungene Melodie, MGkK 3 (**1898**) H. 2, 38–40 ~
EBELING: Gerhardtiana, MGkK 12 (**1907**) H. 10, 309f. ~ JULIAN B [2]**1907/1985**, 325f. ~ NELLE B [3]**1924/1962**, Nr. 101 ~ HOSENTHIEN A **1929**, 59 ~

GERBER, Hermann: Das Lämmlein, WuW 3 (**1948/49**) Nr. 13/14, 100 = GERBER B **56**, 42f. (B) ~

SCHLUNK B **51**, 92 ~ BRUPPACHER B **53**, 164f. ~ LANGE / REICH B **53**, 13 ~ LAUTERBURG B **53**, 83–86 ~ BRODDE / MÜLLER B **54**, 94–97 ~ WEISS, Ewald in GuK **1954**, 17f. ~ JLH 1 (**1955**) 61 ~ GABRIEL B ^{3}**56**, 93 ~ JLH 2 (**1956**) 125. 244 ~ BLANKENBURG, Walter in HEKG II/2 (**1957**) 78 ~ FINSCHER A **57**, 67 ~ RÖBBELEN B **57**, 131f. 421. 456 ~ FRÖR, Kurt in KUV 6 (^{3}**1958**) 148–150 ~ KULP / BÜCHNER / FORNACON in HEKG Sb (**1958**) 56. 113–115. 371. 496 ~ BRENNECKE A **58/59**, 70 ~ JLH 4 (**1958/59**) 157 ~

JLH 6 (**1961**) 138 ~ JENNY B **62**, 83 ~ NELLE B ^{4}**62**, 143. 228 ~ RECKZIEGEL B **63**, 110. 213 ~ WERTHEMANN B **63**, 61 ~ JLH 9 (**1964**) 253 ~ KÖHLER B **64** (HEKG I/2) 125–127 ~ IHLENFELD A **66**, 105–108, 146ff. (B) ~ SOMMER A **66**, 151f. ~ AMELN A **67**, 173 ~ LIPPHARDT A **68**, 168 ~ AMELN A **69**, 184 ~ GRIMM A **69**, 167 ~ WERTHEMANN A **69**, 198 ~

FORNACON, Siegfried / GRIMM, Jürgen in HEKG III/1 (**1970**) 289–293 ~ WEISMANN, Eberhard ebd. 264 ~ JLH 16 (**1971**) 71 ~ SOMMER A **72**, 118. 123. 131. 153. 159 ~ WITTENBERG A **73/74**, 128. 161 ~ BREDNICH I B **74**, 235; II B **75**, Abb. 102 ~ RÖSSLER A **75**, 174 ~ BLANKENBURG A **76**, 100. 103f. = in JENNY / NIEVERGELT B **76**, 26. 29f. ~ GNÄDINGER, Louise: Ein Lämmlein geht / und trägt die Schuld. Eine Interpretation, MGD 30 (**1976**) 90–96 = in JENNY / NIEVERGELT B **76**, 16–22 ~ JENNY A **76**, 150 = in JENNY / NIEVERGELT B **76**, 49 ~ ebd. 59. 68 ~ JENNY, Markus in MGD 30 (**1976**) 47 ~ JORDAHN A **76**, 367 ~ MERTEN A **76**, 127. 129 ~ MGD 30 (**1976**) 110. 119. 183 ~ MÜLLER A **76**, 164 ~ RÖSSLER-Bibl. B **76**, 248 ~ AMELN A **77**, 132 ~ SOMMER II A **77**, 139 ~ GOJOWY A **78**, 102. 115 ~ JLH 22 (**1978**) 241 ~ JENNY, Markus in MGD 33 (**1979**) 137 ~ ebd. 234 ~

JENNY A **80**, 60 ~ JLH 24 (**1980**) 120 ~ ERB I B ^{2}**81**, 73f. ~ MGD 36 (**1982**) 139 ~ DRÖMANN A **83**, 171 ~ JENNY A **83**, 49 ~ KADELBACH A **83**, 104. 106. 108 ~ SAUER-GEPPERT A **83**, 807 ~ SAUER-GEPPERT B **84**, 53. 129 ~ ZIPPERT B **84**, 61–65 (Pr vom 20. 3. 1983) ~ HEINER B ^{3}**85**, 64 ~ JLH 29 (**1985**) 146 ~ HESSELBACHER B **87**, 8. 34f. 156 ~ PARENT B **87**, 160. 184. 274 ~ MEZGER, Manfred: Stiefkinder der Kirche. Pia desideria zum neuen Gesangbuch, MuK 59 (**1989**) H. 5, 257 ~

SÖLLE B **90**, 160 (B) ~ KOCH A **91**, 2–9 ~ JLH 34 (**1992/93**) 110 ~ BUNNERS B **93**, 55. 177–182. 267. 328 ~ FRANK B ^{2}**93**, 698f. ~ FOSS B **95**, 32–36. 86f. 93. 204–210. 217. 254 ~ HOFFLEIT B **95**, 270 ~ KRUMMACHER A **95**, 774 ~ DKL III/1.2 Notenbd. (**1996**) 123 ~ DKL III/1.2 Textbd. (**1997**) 128–130 ~ WEG IV (**1997**) 69 ~ Een Comp ^{3}**1998**, Nr. 67. 187 ~ SCHRÖER A **98**, 9 ~ SCHULZ A **98**,

29 ~ SEIBT B **98**, 256 ~ WISSEMANN-GARBE A **98**, 138 ~ CONRAD A **99**, 240 ~ DKL III/1 Registerbd. (**1999**) 56. 88. 93. 202 ~ GILD, Rüdiger in FELLECHNER / FINKBEINER B **99**, 91–100 (+Gd mit Pr) ~ WEBER, Edith / BUNNERS, Christian in HEG II (**1999**) 70f. 110–112 ~

MÖLLER B **00**, 88 ~ AXMACHER B **01**, 209–232 ~ KENNTNER B **01**, 43–57 (Pr) ~ RÖSSLER B **01**, 46. 436. 451. 709. 887 ~ AXMACHER, Elke / FISCHER, Michael in LKEG H. 5 (**2002**) 60–70 ~ DKL III/2 Textbd. (**2002**) 303f. ~ ERB III B [8]**02**, 96–98 ~ MARTINI B **02**, 39. 45f. ~ SCHMIDT B **02**, 190. 213. 216. 411–413. 555. 557f. 631f. 754 ~ BUNNERS, Christian: So lass die Englein singen ..., in WEICHENHAN / UEBERSCHÄR B **03**, 68–70 ~ JLH 42 (**2003**) 228 ~ SCHEFFBUCH 1 B [8]**03**, 238f.

84 O Welt, sieh hier dein Leben

KOCH III B [3]**1867/1973**, 316; VIII B [3]**1876/1973**, 42 ~ FISCHER II B **1879/1967**, 215 ~ KÜMMERLE II B **1890/1974**, 649–651 ~

JULIAN B [2]**1907/1985**, 853 ~ NELLE B [3]**1924/1962**, Nr. 103 ~ SCHLUNK B **51**, 297f. ~ BRUPPACHER B **53**, 167f. ~ EISENHUTH B **53**, 82–85 ~ RÖBBELEN B **57**, 416f. 459 ~ KULP / BÜCHNER / FORNACON in HEKG Sb (**1958**) 117–119. 453 ~

NELLE B [4]**62**, 143 ~ KÖHLER B **64** (HEKG I/2) 130–132 ~ GENNRICH B **65**, 8 ~

FORNACON, Siegfried / GRIMM, Jürgen in HEKG III/1 (**1970**) 297–299 ~ WEISMANN, Eberhard ebd. 263f. ~ SAUER-GEPPERT, Waldtraut-Ingeborg: Eine Vorlage zu Paul Gerhardts „O Welt, sieh hier dein Leben“, JLH 15 (**1970**) 153–159 ~ PIPER A **71**, 88. 94. 97 ~ JUUL NICOLAISEN, Lisbet: Welche Vorlage hat Paul Gerhardt für sein Lied „O Welt, sieh hier dein Leben“ benutzt? Bemerkungen zu dem Beitrag von Waldtraut-Ingeborg Sauer-Geppert, JLH 17 (**1972**) 235–239 ~ SAUER-GEPPERT, Waldtraut-Ingeborg: Noch einmal: Zur Quellenfrage von Paul Gerhardts „O Welt, sieh hier dein Leben“. Eine Entgegnung an Lisbet Juul Nicolaisen, JLH 17 (**1972**) 239–241 ~ WITTENBERG A **73/74**, 160 ~ BLANKENBURG A **76**, 101f. = in JENNY / NIEVERGELT B **76**, 27f. ~ JENNY A **76**, 146f. = in JENNY / NIEVERGELT B **76**, 45f. ~ ebd. 68 ~ JORDAHN A **76**, 367f. ~ MERTEN A **76**, 125 ~ MGD 30 (**1976**) 47. 183 ~ GOJOWY A **78**, 103 ~

JLH 24 (**1980**) 121 ~ BUNNERS A **83**, 159 ~ AXMACHER B **84**, 199 ~ SAUER-GEPPERT B **84**, 16. 80. 120f. 124. 173 ~ HAHN A **85**, 16 ~ JLH 30 (**1986**) 105 ~ HESSELBACHER B **87**, 34. 156 ~ PARENT

B **87**, 124. 159. 220. 275 ~ AXMACHER, Elke: Paul Gerhardts Lied „O Welt, sieh hier dein Leben“ und Martin Mollers Betrachtung des Gekreuzigten in den „Soliloquia de passione“, in AXMACHER B **89**, 178–189 ~
MGD 44 (**1990**) 182 ~ KOCH A **91**, bes. 2–4. 12–15 ~ BUNNERS B **93**, 177f. 267. 283 ~ FRANK B ^{2}**93**, 427 ~ HAHN A **93**, 308–311. 316–319 ~ FOSS B **95**, 32–37. 87f. 90. 93. 198–203. 254 ~ REICH A **95**, 8 ~ Een Comp ^{3}**1998**, Nr. 193 ~ SEIBT B **98**, 269 ~ BUNNERS, Christian in HEG II (**1999**) 110–112 ~
RÖSSLER B **01**, 451 ~ AXMACHER, Elke / STALMANN, Joachim in LKEG H. 4 (**2002**) 53–57 ~ ERB III B ^{8}**02**, 103–105 ~ SCHMIDT B **02**, 207f. 600. 610f. 636. 638 ~ JLH 42 (**2003**) 228 ~ KNEITSCHEL B **03**, 364 ~ SCHEFFBUCH 1 B ^{8}**03**, 235

85 O Haupt voll Blut und Wunden

(Salve caput cruentatum; 9. Str.: Wenn ich einmal soll scheiden)
(Mel.: Herzlich tut mich verlangen)

KOCH III B ^{3}**1867/1973**, 319; VIII B ^{3}**1876/1973**, 46 ~ BÖHME B **1877/1966**, Nr. 220 ~ FISCHER I B **1878/1967**, 291f.; II B **1879/1967**, 162f. ~ KÜMMERLE I B **1888/1974**, 585–587 ~ ERK / BÖHME II B **1893f./1988**, 296 und III, 863 ~
FRIEDLAENDER I B **1902/1962**, XX. XXII ~ SMEND, Julius: Wann ich einmal soll scheiden, MGkK 7 (**1902**) H. 3, 75–78 ~ EBELING: Gerhardtiana, MGkK 12 (**1907**) H. 10, 307–309 ~ JULIAN B ^{2}**1907/1985**, 835 ~ JEHLE, Fr.: Hymnologisches, MGkK 13 (**1908**) H. 7, 218 ~ SPITTA, Friedrich: Die Melodie „Herzlich tut mich verlangen“ in J. S. Bachs Weihnachtsoratorium, ebd. H. 1, 25–27 ~ THÜRLINGS, A.: Zum Salve caput cruentatum, MGkK 15 (**1910**) H. 2, 46f. ~ NELLE B ^{3}**1924/1962**, Nr. 102. 481 ~ VOGEL, G. Theodor: Pauli Gerhardti nonnulla cantica celeberrima in latinum ecclesiae sermonem translata, MGkK 30 (**1925**) H. 3, 59 ~
HOMMEL A **48/49**, 129–136 ~
STRACKE, Desideer A.: Arnulf van Leuwen, O. Praem., Ons Geestelijk Erf 24 (**1950**) 27–50. 133–169 ~ SCHLUNK B **51**, 278 ~ BERGMANN B **53**, 33. 40. 61. 91f. 217. 240–242 ~ BRUPPACHER B **53**, 165–167 ~ FRÖR, Kurt in KUV 5 (^{2}**1953**) 130 ~ LAUTERBURG B **53**, 86–88 ~ PAULSEN A **53**, 33 ~ BACH, Arthur / GRIMME, Gertrud in EvUV 3 (**1955**) 194 ~ QUIRING, Gerhard: „O Haupt voll Blut und Wunden“. Einige Gedanken zur Vorbereitung der Liedbesprechung, EvE 7 (**1955**) H. 1, 15f. ~ IHLENFELD B **56**, 107. 131 ~ KLEPPER B **56**, 1049 (3. 4. 1942) (B) ~ SOLZBACHER B **56**,

104–106 ~ WAGNER, Rudolf / BLUME, Friedrich: Art. Hassler, Isaak, MGG 5 (**1956**) 1798–1813, bes. 1803 ~ BACH, Arthur / GRIMME, Gertrud in EvUV 6 (**1957**) 144–146 ~ BLANKENBURG, Walter in HEKG II/2 (**1957**) 95. 98f. ~ BACH, Arthur / GRIMME, Gertrud in EvUV 7 (**1958**) 256 ~ FRÖR, Kurt in KUV 6 ([3]**1958**) 105–108 ~ KULP / BÜCHNER / FORNACON in HEKG Sb (**1958**) 80. 115–117. 123. 126. 169. 270 ~ TSCHIRCH A **58**, 172f. ~ BRAUN, Werner: Das Eisenacher Begräbniskantional aus dem Jahre 1653, JLH 4 (**1958/59**) 123. 128 ~ BRENNECKE A **58/59**, 50. 71 ~
BACH, Arthur / GRIMME, Gertrud in EvUV 4 ([2]**1960**) 220–223 ~ FRÖR, Kurt in KUV 4 ([4]**1960**) 109–113 ~ JLH 6 (**1961**) 147. 246 ~ MERTES B **62**, 20. 85. 100. 193 ~ NELLE B [4]**62**, 85. 143 ~ RECKZIEGEL B **63**, 138. 215 ~ KÖHLER B **64** (HEKG I/2) 127–130 ~ SZÖVERFFY II B **65**, 232. 480 ~ JLH 10 (**1965**) 265 ~ REHM, Gottfried: Ein ergreifendes Leidenslied, MS 85 (**1965**) 78–82 ~ FRÖR B [5]**66**, 310–313 ~ JLH 12 (**1967**) 108 ~ HASELBÖCK, Lucia: O Haupt voll Blut und Wunden. Zur Textgeschichte eines Passionsliedes, SiK 15 (**1968**) H. 3, 103–107 ~ NEUBACHER B **68**, 17 ~ AENGENVOORT A **69**, 113 ~ WERTHEMANN A **69** ~
FORNACON, Siegfried / GRIMM, Jürgen in HEKG III/1 (**1970**) 293–297 ~ WEISMANN, Eberhard ebd. 261 ~ JLH 15 (**1970**) 166. 253 ~ BÜCHNER B **71**, 69–72 ~ JLH 16 (**1971**) 170 ~ PIPER A **71**, bes. 95. 98 ~ QUACK A **72**, 9. 11f. ~ JLH 18 (**1973/74**) 160. 194 ~ SAUER-GEPPERT A **73/74**, 203 ~ BREDNICH I B **74**, 208 ~ DÖRR, Friedrich / STEIN, Josef in WGL II (**1975**) 141f. ~ MGD 29 (**1975**) 117 ~ PIPER A **75**, 117f. ~ RÖSSLER A **75**, 154. 157. 175 ~ ALBRECHT A **76**, 138 = in JENNY / NIEVERGELT B **76**, 37 ~ BLANKENBURG A **76**, 103–105 = in JENNY / NIEVERGELT B **76**, 29–31 ~ BRODDE A **76**, 11f. ~ GRABNER-HAIDER, Anton in Pr GL 1 (**1976**) 110–115 (+Pr) ~ JENNY A **76**, 146 = in JENNY / NIEVERGELT B **76**, 45 ~ ebd. 57. 59f. 68f. ~ KILLY A **76**, 83 = in JENNY / NIEVERGELT B **76**, 9 ~ MERTEN A **76**, 129 ~ MGD 30 (**1976**) 110f. 183 ~ MOSER B [2]**76**, 94f. (B) ~ RÖSSLER B **76**, 219 ~ SIDLER, Hubert in MGD 30 (**1976**) 119f. ~ NSK AM (**1977**) 24, 118 ~ SAUER-GEPPERT A **77**, 72 ~ MGD 32 (**1978**) 151. 159 ~ WEISSE A **78**, 69f. ~ JENNY, Markus in MGD 33 (**1979**) 137 ~ JLH 23 (**1979**) 190 ~ MGD 33 (**1979**) 108 ~ SAUER-GEPPERT A **79**, 179 ~ SEUFFERT, Josef in WGL IX (**1979**) 54 ~
ELTZ-HOFFMANN B **80**, 69f. ~ JLH 24 (**1980**) 108 ~ MGD 34 (**1980**) 25f. ~ SCHÖNBORN, Hans-Bernhard: Lieder Paul Gerhardts in den heute gebräuchlichen Gesangbüchern, JLH 24 (**1980**) 114f. ~ MGD 35 (**1981**) 177 ~ ZIPPERT, Christian in NITSCHKE B **81**, 23–26, fast = ZIPPERT B **84**, 66–69 (Pr vom 17. 4. 1981) ~ GRANZ A **82**, 84f. ~ MGD 36 (**1982**) 139 ~ DRÖMANN A **83**, 173 ~ HEN-

KYS, Jürgen: „Wer so stirbt, der stirbt wohl", in: Reformation und praktische Theologie, FS Werner Jetter, hg. von Hans Martin Müller und Dietrich Rössler, Göttingen **1983**, 111–115 = HENKYS B **99**, 134–139 ~ JENNY A **83**, 183. 194f. ~ LEHNERTZ, Marlies: Vom hochmittelalterlichen katholischen Hymnus zum barocken evangelischen Kirchenlied. Paul Gerhardts „O Haupt voll Blut und Wunden" und seine lateinische Vorlage, das „Salve caput cruentatum" Arnulfs von Löwen, in: BECKER / KACZYNSKI I B **83**, 755–773 ~ MGD 37 (**1983**) 71. 94 ~ AXMACHER B **84**, 198–201 ~ JLH 28 (**1984**) 49. 164 ~ MGD 38 (**1984**) 181 ~ RÖDDING B ^{2}**84**, 36–42 ~ SAUERGEPPERT B **84**, 38f. 44. 99. 103f. 212–239 ~ SCHÖNBORN A **84**, 91. 95. 98f. 103 ~ SCHUHMACHER, Gerhard: Gesicherte und ungesicherte Kirchenliedvorlagen als Themen Mendelssohns, JLH 28 (**1984**) 147. 151 ~ ERB II B ^{2}**85**, 66 ~ HEINER B ^{3}**85**, 25f. ~ JLH 29 (**1985**) 230 ~ MGD 39 (**1985**) 128 ~ JLH 30 (**1986**) 217. 220 ~ MGD 40 (**1986**) 283 ~ HESSELBACHER B **87**, 34. 97. 101–103. 156. 180. 182 ~ PARENT B **87**, 159. 274 ~ HOFMANN, Ernst / QUACK, Erhard in RGL (**1988**) 609 ~ HORKEL, Wilhelm: „O Haupt voll Blut und Wunden". Betrachtung zu Paul Gerhardts Passionslied, meditation 14 (**1988**) H. 2, 45–47 (B) ~ MGD 42 (**1988**) 287. 289 ~ NSK **1988**/3, 2 ~ SEIBT B **98**, 269 ~ GROSCH B ^{5}**89**, 45f. 94. 138 ~ HESSING B ^{2}**89**, 19f. ~ MGD 43 (**1989**) 8. 86f. 290 ~
SÖLLE B **90**, 176 (B) ~ JLH 33 (**1990/91**) 256 ~ KOCH A **91**, bes. 2–4. 9–12. 15–21 ~ NSK **1991**/2, 28 ~ ZILLESSEN, Klaus: Sein misshandeltes Antlitz sieht uns an. Zu Lied EKG 63 und zur Grafik „INRI" von Roland Peter Litzenburger, GD PR SB, Passion, **1991**, 64–67 (B) ~ DANZEGLOCKE, Klaus: „Herr, lehre mich, dein Leiden zu bedenken". Die Leidensgeschichte im Gottesdienst, Thema: Gd 4/**1992**, 38–40 ~ HILLENBRAND B **92**, 76f. ~ KRIEG A **92/93**, 38 ~ BUNNERS B **93**, 64. 116. 161. 182–188. 267f. 274. 276. 284. 291. 301. 304. 307. 320. 328. 337f. ~ FRANK B ^{2}**93**, 573 ~ HAHN A **93**, 308 ~ HANSELMANN, Johannes in: Kirche und Rundfunk 42 (**1993**) Nr. 8, 99–102 (Pr vom 12. 4. 1993) ~ NSK **1993**/2, 8 ~ SCHNEIDER / VICKTOR B **93**, 164–167 ~ ZIPPERT, Christian in ZGP 11 (**1993**) H. 5, 33–35 (Pr) ~ KOCH, Ernst: „Wann ich einmal sol scheiden ..." Zur Textfassung einer Liedstrophe von Paul Gerhardt, MuK 64 (**1994**) H. 4, 200–207 ~ NSK **1994**/2, 25 ~ SCHROETER, Harald / WICKE, Berthold: Wir sind bei Gott gelitten – Ein Passionsgottesdienst über den Choral „O Haupt voll Blut und Wunden" und sein Melodie, in KOERRENZ / REMY B **94**, 99–113 (Gd mit Pr) ~ WEG II (**1994**) 49 ~ ZIPPERT A **94**, 25f. ~ JLH 35 (**1994/95**) 244 ~ ALBRECHT B ^{4}**95**, 77f. 134 ~ FOSS B **95**, 175 ~ GEHRT A **95**, 38 ~ HOFFLEIT B **95**, 278 ~ REICH A **95**, 8f. ~ ÜHLEIN B **95**, 6. 136 ~ ZIPPERT B **95**, 64. 67–72 (+B) ~ KLEK / SCHRADE A **96**, 250f. ~ WINKES B **96**, 124–128 ~ AXMACHER A

98, 70–82, z.T. = ÖLK III (**2004**) ~ Een Comp ^{3}**1998**, Nr. 183 ~ SCHRÖER A **98**, 8f. ~ ZILLESSEN A **98**, 24 ~ CONRAD A **99**, 240 ~ HEINE, Herbert / BUNNERS, Christian / STEUDE, Wolfram in HEG II (**1999**) 27f. 110–112. 133f. ~ JLH 38 (**1999**) 240 ~ GIERING A **00**, 44 ~ JLH 39 (**2000**) 227. 231 ~ KADELBACH A **00**, 152 ~ RÖSSLER, Martin in MÖLLER B **00**, 146 ~ AXMACHER, Elke: Der Mensch vor dem Gekreuzigten. O Haupt voll Blut und Wunden, in AXMACHER B **01**, 183–207 ~ FRANZ, Ansgar in Geistl. Wunderhorn (**2001**) 275–290. 523 ~ RÖSSLER B **01**, 115. 345. 451f. ~ VETTER, Johannes: Vom Liebeslied zur Karfreitagshymne. Zur Geschichte von ‚O Haupt voll Blut und Wunden', ZGP 19 (**2001**) H. 1, 19–21 ~ ERB III B ^{8}**02**, 99–103 ~ FRANZ B **02**, 278 ~ GRUBER A **02**, 204. 214–219 ~ JLH 41 (**2002**) 236. 238 ~ MARTINI B **02**, 118f. ~ SCHMIDT B **02**, 599. 611. 661 ~ FUCHS, Ottmar in HARTMANN B **03**, 105–109 (+Pr) ~ KNEITSCHEL B **03**, 75f. 116. 200f. 358f. ~ LEHMANN A **03**, 33 ~ REIF A **03**, 178. 182 ~ SCHEFFBUCH 1 B ^{8}**03**, 237f. ~ AXMACHER, Elke / SCHNEIDER, Matthias in LKEG H. 10 (**2004**) 40–52, z.T. = ÖLK III (**2004**) ~ JORDAHN A **04**, 271f. ~ AXMACHER, Elke / SCHNEIDER, Matthias / BERNOULLI, Peter Ernst / MARTI, Andreas in ÖLK III (**2004**)

86 Jesu, meines Lebens Leben

KOCH III B ^{3}**1867/1973**, 391. 451; IV B ^{3}**1868/1973**, 156; V B ^{3}**1868/1973**, 604 ~ FISCHER I B **1878/1967**, 382 ~ KÜMMERLE I B **1888/1974**, 25. 660f. ~ NELLE B ^{3}**1924/1962**, Nr. 99 ~ HOSENTHIEN A **1929**, 58 ~ SCHLUNK B **51**, 206f. ~ GERBER, Hermann: Genau wie Don Camillo …, WuW 7 (**1952/53**) Nr. 14, 126f. = GERBER B **56**, 44–46 ~ BRUPPACHER B **53**, 163f. ~ EISENHUTH B **53**, 78–80 ~ BLANKENBURG, Walter in HEKG II/2 (**1957**) 103 ~ KULP / BÜCHNER / FORNACON in HEKG Sb (**1958**) 119–121 ~ NELLE B ^{4}**62**, 176 ~ JLH 9 (**1964**) 180 ~ KÖHLER B **64** (HEKG I/2) 132–134 ~ JLH 10 (**1965**) 130 ~ FORNACON, Siegfried / GRIMM, Jürgen in HEKG III/1 (**1970**) 299–301 ~ WEISMANN, Eberhard ebd. 264 ~ PIPER A **71**, 94. 97 ~ WITTENBERG A **73/74**, 161 ~ RÖSSLER A **75**, 137. 170 ~ RÖSSLER-Bibl. B **76**, 260 ~ GOJOWY A **78**, 103 ~ SAUER-GEPPERT B **84**, 29 ~ HEINER B ^{3}**85**, 117 ~ ERB IV B ^{2}**86**, 30f. ~ MGD 42 (**1988**) 287. 290–292; 43 (**1989**) 9 ~ MGD 44 (**1990**) 181 ~ FRANK B ^{2}**93**, 627 ~ KORNEMANN A **94**,

13 ~ HOFFLEIT B **95**, 268 ~ REICH A **95**, 8 ~ BRAUN A **96/97**, 159. 162 ~ Een Comp [3]**1998**, Nr. 182. 360 ~ BIESSECKER, Georg / MÜLLER, Harald in HEG II (**1999**) 159f. 348 ~ HERBST I A **99**, 258 ~ RÖSSLER B **01**, 536 ~ SCHEFFBUCH 2 B [2]**01**, 180f. ~ SCHMIDT B **02**, 577 ~ VÖLKER, Alexander in LKEG H. 11 (**2005**) 44–47

87 Du großer Schmerzensmann

KOCH III B [3]**1867/1973**, 66 ~ FISCHER I B **1878/1967**, 140; II B **1879/1967**, XVII ~ KÜMMERLE I B **1888/1974**, 342f. ~
SCHLUNK B **51**, 82 ~ KROLZIG, Günter / KELLETAT, Herbert in Km 3 (**1952**) H. 1, 10f. ~ BRUPPACHER B **53**, 161f. ~ WEISMANN, Eberhard in WBK 20 (**1953**) H. 2, 29–31 ~ BRODDE / MÜLLER B **54**, 89–91 ~ GERBER, Hermann: Der Schlesier im Gesangbuch, WuW 11 (**1956/57**) Nr. 15, 172f. ~ BLANKENBURG, Walter in HEKG II/2 (**1957**) 100 ~ FORNACON, Siegfried: Martin Jahn zum 275. Todestag, Km 8 (**1957**) 142–145 ~ Ders.: Art. Jahn, MGG[1] 6 (**1957**) 1671–1673 ~ KULP / BÜCHNER / FORNACON in HEKG Sb (**1958**) 121f. ~ FRÖR, Kurt in KuV 7 ([3]**1959**) 116f. ~
KÖHLER B **64** (HEKG I/2) 134–136 ~ WERTHEMANN A **69**, 198 ~ FORNACON, Siegfried / WEISMANN, Eberhard in HEKG III/1 (**1970**) 264f. 301–304 ~ MGD 29 (**1975**) 20 ~ MOSER B [2]**76**, 95f. (B) ~ JENNY, Markus in MGD 33 (**1979**) 137 ~
JLH 28 (**1984**) 49 ~ SAUER-GEPPERT B **84**, 28f. ~ HEINER B [3]**85**, 138 ~ ERB IV B [2]**86**, 21f. ~ PARENT B **87**, 195. 274 ~
NSK **1991**/1, 24 ~ GRAUPNER, Ulrike in KOERRENZ / REMY B **94**, 131–135 (Pr) ~ ROSER B **95**, 59f. ~ BRAUN A **96/97**, 165 ~ NSK **1997**/3, 15 ~ SCHLAGE, Thomas / DORNEGER, Karl in HEG II (**1999**) 165f. 323f. ~ THUST, Karl Christian in FELLECHNER / FINKBEINER B **99**, 101–110 (+Gd mit Pr) ~
RÖSSLER B **01**, 377 ~ SCHUBERTH, Dietrich in LKEG H. 5 (**2002**) 71–74 ~ JLH 42 (**2003**) ~ SCHEFFBUCH 1 B [8]**03**, 258f.

88 Jesu, deine Passion

KOCH II B [3]**1867/1973**, 367; III B [3]**1867/1973**, 484 ~ FISCHER I B **1878/1967**, 367 ~
NELLE B [3]**1924/1962**, Nr. 106 ~
GERBER, Hermann: Die Passionsblume Grenadilla, WuW 2 (**1947/48**) N. 15/16, 106–108 = GERBER B **56**, 47f. = GERBER B **97** ~

SCHLUNK B **51**, 199f. ~ BRUPPACHER B **53**, 170f. ~ KULP / BÜCHNER / FORNACON in HEKG Sb (**1958**) 122–124. 204. 397 ~
SIEBER, Theo: Zu den Melodien „Jesu, deine Passion" und „Gelobt sei Gott im höchsten Thron", EvKCh 65 (**1960**) H. 1, 7 ~ NELLE B **⁴62**, 170 ~ KÖHLER B **64** (HEKG I/2) 136–138 ~
FORNACON, Siegfried / GRIMM, Jürgen in HEKG III/1 (**1970**) 305f. ~ WEISMANN, Eberhard ebd. 265 ~
ERB IV B **²86**, 58f. ~ NSK **1988**/3, 4 ~
AXMACHER A **98**, 63–66 ~ REICH A **98**, 69 ~ SCHLAGE, Thomas / ALBRECHT, Christoph in HEG II (**1999**) 40f. 334–336 ~
RÖSSLER B **01**, 536 ~ MARTINI B **02**, 262 ~ HANDT B **03**, Nr. 201 ~ UNRATH, Karl-Martin in HANDT / JETTER B **04**, 83–87 (B) ~ AXMACHER, Elke / WENNEMUTH, Udo in LKEG H. 11 (**2005**) 48–52

89 Herr Jesu, deine Angst und Pein

FISCHER I B **1878/1967**, 277 ~
SCHLUNK B **51**, 156f. ~ WEISS, Ewald in GuK **1955**, 18 ~ KULP / BÜCHNER / FORNACON in HEKG Sb (**1958**) 124f. 204. 246 ~
KÖHLER B **64** (HEKG I/2) 139 ~
FORNACON, Siegfried / GRIMM, Jürgen in HEKG III/1 (**1970**) 307f. ~ WEISMANN, Eberhard ebd. 265 ~ MGD 30 (**1976**) 220 ~
DANZEGLOCKE, Klaus in HEG II (**1999**) 63 ~ OSTERWALDER, Josef (/ FINKBEINER, Christine) in FELLECHNER / FINKBEINER B **99**, 111–119 (+Gd mit Pr) ~
RÖSSLER B **01**, 536 ~ MARTINI B **02**, 39 ~ AXMACHER, Elke / DRÖMANN, Hans-Christian in LKEG H. 10 (**2004**) 53f.

Zur Mel. s. auch bei EG 219 „Herr Jesu Christ, du höchstes Gut" !

90 Ich grüße dich am Kreuzesstamm

SCHLUNK B **51**, 177 ~ KROLZIG, Günter / KELLETAT, Herbert in Km 3 (**1952**) H. 1, 9f. ~ KULP / BÜCHNER / FORNACON in HEKG Sb (**1958**) 125f. ~
FRÖR, Kurt in KUV 8 (**²1960**) 203 ~ NELLE B **⁴62**, 240 ~ KÖHLER B **64** (HEKG I/2) 140 ~
FORNACON, Siegfried / GRIMM, Jürgen in HEKG III/1 (**1970**) 309f. ~ WEISMANN, Eberhard ebd. 265 ~ WITTENBERG A **73/74**, 133. 161 ~
ERB I B **²81**, 71f. ~ HEINER B **³85**, 249f. ~ ERB IV B **²86**, 87–89 ~
KRIEG A **92/93**, 28 ~ GEHRT A **95**, 38 ~ DIENST 1 A **96**, 10 ~

SCHRÖER A **98**, 8 ~ DINGLINGER, Wolfgang in HEG II (**1999**) 199f. ~ JLH 38 (**1999**) 47 ~
STEFAN A **00**, 52 ~ RÖSSLER B **01**, 657. 689 ~ VÖLKER, Alexander in LKEG H. 3 (**2001**) 49–51 ~ JLH 41 (**2002**) 238

Zur Mel. s. auch bei EG 76 „O Mensch, bewein dein Sünde groß" !

91 Herr, stärke mich, dein Leiden zu bedenken

KOCH VI B [3]**1869/1973**, 277 ~ FISCHER I B **1878/1967**, 283 ~
NELLE B [3]**1924/1962**, Nr. 112 ~
HOMMEL A **48/49**, 126 ~
SCHLUNK B **51**, 159 ~ BRUPPACHER B **53**, 172 ~ KULP / BÜCHNER / FORNACON in HEKG Sb (**1958**) 127 ~
NELLE B [4]**62**, 248 ~ KÖHLER B **64** (HEKG I/2) 141f. ~
FORNACON, Siegfried / GRIMM, Jürgen in HEKG III/1 (**1970**) 311f. ~ WEISMANN, Eberhard ebd. 265f. ~ WITTENBERG A **73/74**, 160 ~
NSK **1986**/2, 14 ~ HESSING B [2]**89**, 21f. ~
NSK **1990**/3, 26 ~ WITTE B **97**, 171–173. 400. 402. 469f. ~ SEIBT B **98**, 262 ~ FLEINGHAUS, Helmut in HEG II (**1999**) 106–108 ~ RÖSSLER, Martin in MÖLLER B **00**, 192 ~ SITZMANN, Manfred in LKEG H. 1 (**2000**) 85–88 ~ STEFAN A **00**, 53 ~ JLH 40 (**2001**) 223 ~ RÖSSLER B **01**, 707f. ~ SCHMIDT B **02**, 217. 645 ~ SCHEFFBUCH 1 B [8]**03**, 144

Zur Mel. s. auch bei EG 81 „Herzliebster Jesu, was hast du verbrochen" !

92 Christe, du Schöpfer aller Welt

(Rex Christe, factor ommnium)

FISCHER II B **1879/1967**, 229f. ~
SCHLUNK B **51**, 41 ~ KULP / BÜCHNER / FORNACON in HEKG Sb (**1958**) 117. 127f. 144 ~
FORNACON, Siegfried in JLH 5 (**1960**) 114–118 ~ LIPPHARDT A **61** ~ KÖHLER B **64** (HEKG I/2) 142f. ~
FORNACON, Siegfried / GRIMM, Jürgen in HEKG III/1 (**1970**) 312–314 ~ WEISMANN, Eberhard ebd. 260 ~ DRÖMANN A **78**, 192 ~ WEISSE A **78**, 67 ~ JENNY, Markus in MGD 33 (**1979**) 137 ~ REICH, Philipp: Kleine Arbeitshilfe für die Singstunde. Christe, du

Schöpfer aller Welt, KmN 30 (**1979**) H. 4, 11–15 ~ UELTZEN, Hans-Dieter in JLH 23 (**1979**) 157–159 ~
MGD 35 (**1981**) 254 ~
REICH A **95**, 10 ~ ROSER B **95**, 62–64 ~ KADELBACH A **96**, 238 ~ DKL III/1.2 Textbd. (**1997**) 47–49. 218f. 221 ~ DKL III/1 Registerbd. (**1999**) 196. 224 ~ GRAHL, Martin in GAGF **1999**, H. 34, 81–87 ~ HERBST, Wolfgang / WERBECK, Walter in HEG II (**1999**) 179. 272f. ~
JLH 39 (**2000**) 230 ~ KADELBACH A **01**, 6 ~ PARENT, Ulrich / GRAHL, Martin in LKEG H. 5 (**2002**) 75–80 ~

93 Nun gehören unsre Herzen

BRUPPACHER B **59**, 210–213 = BRUPPACHER B **68**, 149–152 ~
THUST B **76**, 11. 48. 164. 167. 293. 823 ~
HEINER B [3]**85**, 352f. ~ LIPPOLD A **89** = EKD B **90**, 85 ~
WEG III (**1995**) 78 ~ WIGGERMANN B **96**, 38f. ~ PISTORIUS, Dietmar / FLEINGHAUS, Helmut in HEG II (**1999**) 45. 199 ~
RÖSSLER B **01**, 901 ~ SCHEFFBUCH 2 B [2]**01**, 18f. ~ STALMANN, Joachim in LKEG H. 3 (**2001**) 52–55 ~ FRANZ B **02**, 614 Anm. 2 ~
JLH 41 (**2002**) 238 ~ SCHEFFBUCH 1 B [8]**03**, 22–24

94 Das Kreuz ist aufgerichtet

THUST B **76**, 46. 165–167. 193. 288f. 291. 295. 297–299. 301. 325. 373. 418. 504. 508. 513. 527. 693. 748. 750. 774 (mit Mel. von Helmut Barbe) ~
KEMPER A **87**, 140 ~ LIPPOLD A **88**, 287f. ~ NSK **1988**/2, 26 ~ MGD 43 (**1989**) 94 ~ NSK **1989**/2, 32f. ~ STEFAN, Hans-Jürg: Paradoxie des Kreuzes. „Das Kreuz ist aufgerichtet", NSK **1989**/1, 8f. ~ SENN, Kurt ebd. **1989**/2, 32f. ~ WILDERMUTH-STAHEL, Ernst: Einige Bemerkungen zu den Reaktionen aus der Gemeinde, ebd. 33 ~
NSK **1990**/3, 26 ~ JLH 33 (**1990/91**) 251 ~ MARTI A **91**, 367–370 ~ RAUPACH-RUDNICK in FdGD **1994**, Nr. 44, 62–64 (B) ~ WEG III (**1995**) 79 ~ MARTINI A **96**, 63f. ~ SCHULZ A **96**, 5 = NSK **1997**/2, 16 ~ SCHLENKER, Manfred in MEYER B [2]**97**, 235–237 = MÖLLER B **97**, 87f. ~ JLH 37 (**1998**) 223 ~ WEG V (**1998**) 23 ~ FISCHER, Wolfgang / BRÖDEL, Christfried in HEG II (**1999**) 164f. 275f. ~
HAUSCHILDT, Friedrich: Das Kreuz ist aufgerichtet – Liedmeditation, in: Hans-Christian Drömann (Hg.): Ein Tag in deinen Vorhöfen (FS Christhard Mahrenholz), Kloster Amelungsborn **2000**, 67–75 (B) ~

RÖSSLER B **01**, 950. 986. 989 ~ FRANZ B **02**, 544 Anm. 2 ~ MARTINI B **02**, 276 ~ KNEITSCHEL B **03**, 201. 286 ~ GOLDENSTEIN, Johannes: Gesungene theologia crucis: Kurt Ihlenfelds Passionslied „Das Kreuz ist aufgerichtet" (1967), IAHB 32 (**2004**) 181–188 ~ SCHMIDT, Eberhard in LKEG H. 11 (**2005**) 53–58

95 Seht hin, er ist allein im Garten

NSK **1989**/1, 30 ~
STEFAN, Hans-Jürg: Stationen der Passionsgeschichte in Wechselgesang und Bildbetrachtung. „Seht hin, er ist allein im Garten", NSK **1990**/1, 1. 8f. ~ MERZ, Eugen ebd. **1990**/2, 27f. ~ NSK **1992**/2, 2 ~ SCHMEEL, Dieter: Ein neues Passionslied, ZGP 10 (**1992**) H. 2, 8 ~ NSK **1993**/4, 22f. ~ BERNOULLI, Peter Ernst: Dem eigenen Geschmack auf den Leim gegangen?, NSK **1994**/1, 24 ~ ebd. **1994**/3, 21f. ~ GIERING, Achim: Seht, welch ein Mensch!, ChL 48 (**1995**) 139–141 (+B) ~ WEG III (**1995**) 80 ~ NSK **1997**/1, 18f.; 2, 16 ~ WEG IV (**1997**) 82 ~ WETTLACH A **97**, 30 ~ WIESE, Götz in MEYER B ²**97**, 319f. ~ GRETHLEIN, Christian / SCHUBERTH, Dietrich in HEG II (**1999**) 339f. 349f. ~
EGERER 2 B **00**, 33–36 ~ STEFAN A **00**, 52 ~ HENKYS, Jürgen in LKEG H. 2 (**2001**) 55–58 ~ MARTINI B **02**, 262 ~ HANDSCHIN, Esther in HANDT B **03**, Nr. 204 ~ JLH 42 (**2003**) 227

Zum 2. Teil der Mel. s. auch bei EG „O dass doch bald ein Feuer brennte" !

96 Du schöner Lebensbaum

(Paradicsomnak te szép élö fája)

DRÖMANN / SCHUBERTH B ²**87**, Nr. 5 ~ MGD 41 (**1987**) 68 ~ HERMANN, Martin: Ein Lied aus der Ökumene zur Meditation der Erlösung. Du schöner Lebensbaum des Paradieses, WBK 55 (**1988**) H. 1, 12f. ~
STEFAN, Hans-Jürg: Aus dem reichen Liederschatz der ungarischen Kirchen. „Du schöner Lebensbaum des Paradieses", NSK **1990**/1, 1. 10f. ~ MERZ, Eugen ebd. **1990**/2, 27f. ~ NSK **1992**/2, 25; **1993**/2, 25 ~ GEHRT A **94**, 52f. ~ GIERING, Achim: Lebensbaum des Paradieses, ChL 47 (**1994**) 93–95 ~ REICH A **95**, 10. 12 ~ TRAUTWEIN, Dieter in WEG III (**1995**) 21–23 ~ ebd. 81. 94f. ~ DANZEGLOCKE, Klaus: Passionslied aus Ungarn, in WASCHELITZ B **97**, 20f. ~ MEY-

ER B ^{2}**97**, 25 ~ NSK **1997**/1, 20–22 ~ TRAUTWEIN, Dieter in MEYER B ^{2}**97**, 300f. ~ STEFAN, Hans-Jürg: Baum des Lebens – Lebensbaum des Paradieses, WGD 5 (**1998**) 67f. (B) ~ HERBST I A **99**, 260 ~ TRAUTWEIN Dieter / REICH, Werner / SCHUBERTH, Dietrich in HEG II (**1999**) 126. 238f. 327–329 ~
GIERING A **00**, 44 ~ SCHILLING, Lebrecht in LKEG H. 1 (**2000**) 89–91 ~ JLH 40 (**2001**) 223 ~ RÖSSLER B **01**, 987. 997 ~ HANDSCHIN, Esther in HANDT B **03**, Nr. 216 ~ BRODBECK, Ulrike in HANDT / JETTER B **04**, 91–94 (B)

97 Holz auf Jesu Schulter

(Met de boom des levens)

EenComp 2 **1978**, 463–467 ~ HENKYS, Jürgen: Holz auf Jesu Schulter, in: Fülle des Lebens. Arbeitshilfe der Zentrale der Evangelischen Frauenhilfe, Berlin **1978**, H. 2, 47–49, überarbeitet in HENKYS B **99**, 105f. ~
SOMMERFELD, Veronika: „Der Tod und das Mädchen" (F. Schubert). Musik und Religion im 4./5. Schuljahr, EvE 38 (**1986**) 281–283 ~ DRÖMANN / SCHUBERTH B ^{2}**87**, Nr. 6 ~ MGD 41 (**1987**) 80. 126 ~ NIEVERGELT, Edwin: Niederländische Kirchenlieder, NSK **1987**/1, 2. 11–14 ~ ebd. 29; **1987**/2, 33; 3, 33; **1988**/1, 32; 2, 26 ~ JLH 32 (**1989**) 270 ~
NSK **1990**/1, 11; **1991**/2, 23; **1992**/2, 25 ~ GEHRT A **94**, 47 (B) ~ KORNEMANN A **94**, 13 ~ LEUBE A **94**, 407 ~ WEG II (**1994**) 69 ~ REICH A **95**, 10. 12 ~ SPEELMAN, Willem Marie: Met de boom des levens, in: The Generation of Meaning in Liturgical Songs, Kampen **1995**, 222–248 ~ NSK **1996**/1, 2 ~ BARNARD, Willem in MEYER B ^{2}**97**, 48. 286f. ~ HENKYS, Jürgen ebd. 106f. ~ JLH 37 (**1998**) 187 ~ KLARER A **98**, 54f. ~ STEFAN, Hans-Jürg: Baum des Lebens – Lebensbaum des Paradieses, WGD 5 (**1998**) 67f. ~ Ders. ebd. 63f. ~ REICH A **98**, 70 ~ WH 1 (**1998**) 54f. ~ GUNDLACH, Klaus-Jürgen / SCHUBERTH, Dietrich / WALTER, Meinrad in HEG II (**1999**) 31. 140–142. 318 ~ GUNTLI A **99**, 26 ~ WH 2 (**1999**) 26. 79 ~
HENKYS, Jürgen in MÖLLER B **00**, 343 ~ Ders. in WEG VI (**2000**) 12 ~ PFIRRMANN, Maria: Holz auf Jesu Schulter – Zugänge zu einem Kirchenlied, WEG VI (**2000**) 69–72 ~ ebd. 26. 106 ~ KLOPPENBURG, Wim in LKEG H. 2 (**2001**) 59–61, fast = ÖLK II (**2003**) ~ RÖSSLER B **01**, 997 ~ JLH 41 (**2002**) 237 ~ KNEITSCHEL B **03**, 322 ~ SCHMIDT, Bernhard: Holz auf Jesu Schulter. Ein zeitgemäßes Passionslied. Anmerkungen zu seiner Rezeption, ZGP 23 (**2005**) H. 1, 41–43

98 Korn, das in die Erde
(Now the green blade rises)
(Mel.: Noel nouvelet)

HERMANN, Martin: Auf dem Wege zu neuen Liedern, WBK 53 (**1986**) H. 2, 62f. = Von Passion zu Ostern. „Korn, das in die Erde, in den Tod versinkt“, NSK **1989**/1, 6 ~ MGD 40 (**1986**) 225 ~ DRÖMANN / SCHUBERTH B ^{2}**87**, Nr. 7 = KmN 38 (**1987**) Nr. 1, 1f. ~ MGD 43 (**1989**) 94 ~ NSK **1989**/1, 6f.; 2, 1. 32 ~
JENNY A **90**, 253 ~ KRUMMACHER A **91**, 155 ~ NSK **1992**/2, 25; **1993**/2, 25 ~ WEG I (**1993**) 10 ~ KORNEMANN A **94**, 13 ~ LEUBE A **94**, 407 ~ HOFMANN A **95**, 278 ~ HOFMANN II A **95**, 19 ~ NSK **1995**/3, 25 ~ REICH A **95**, 11f. = B **97**, 173–175 = NSK **1998**/1, 12f. ~ ROSER B **95**, 55f. ~ WEG III (**1995**) 82 ~ HENKYS, Jürgen in MEYER B ^{2}**97**, 111f. ~ SICK, Hansjörg in MÖLLER B **97**, 89–93 (B) ~ WEG IV (**1997**) 82 ~ JLH 37 (**1998**) 223 ~ KASPARICK, Hanna: „Liebe wächst wie Weizen“. Anregungen zum Lernen eines Liedes in Christenlehre, Kindergottesdienst und Religionsunterricht, ChL / RU-Pr 51 (**1998**) H. 1, 45–49 ~ KLARER A **98**, 58 ~ OTT, Marlis: Bewegungsvorschlag zu „Korn, das in die Erde, in den Tod versinkt“, NSK **1998**/1, 15 ~ REICH A **98**, 68 ~ SCHMEEL, Dieter / BUNNERS, Christian: Kleine Kantologie. „Korn, das in die Erde“, ZGP 16 (**1998**) 24f. ~ SCHÜTZ A **98**, 46. 59 ~ SCHWEIZER A **98**, 96 ~ WGD 5 (**1998**) 65 ~ WH 1 (**1998**) 58 ~ GUNTLI A **99**, 26f. ~ KONRADT, Greta / SCHUBERTH, Dietrich in HEG II (**1999**) 69. 140–142 ~ WH 2 (**1999**) 26 ~
WEG VI (**2000**) 17 ~ LIEBERKNECHT, Ulrich in LKEG H. 2 (**2001**) 62–65 = (mit Bearbeitung von Hans-Jürg Stefan) ÖLK I (**2001**) ~ MARTI B **01**, 79 ~ RÖSSLER B **01**, 997 ~ THUST, Karl Christian im Gemeindebrief der Burgkirche Ingelheim, Febr. **2001** (B) ~ JLH 41 (**2002**) 237 ~ KNEITSCHEL B **03**, 336 ~ KÄSSMANN, Margot in HANDT / JETTER B **04**, 95–97 (B)

Ostern

MÜLLER, Christa: Luthers Osterlieder. Fortsetzung des Versuchs einer theologischen Auslegung, MGkK 39 (**1934**) 81–92 ~
KRUMMACHER, Helga: Das Passions- und Osterlied in der katechetischen Unterweisung, ChL 2 (**1949**) Nr. 12, 312–314 ~ SCHÜTZ, Adalbert: Das reformatorische Osterlied, EvU **⁴1949**, 44 ~
STERN A **61** ~ FRIEDRICH, Klaus: Das Gespräch. Ostern im Lied der Kirche, ChL 17 (**1964**) H. 3, 85f. ~ SCHÖNEICH A **64**, 115 ~
WEISMANN, Eberhard in HEKG III/1 (**1970**) 318–323 ~ HAHN, Gerhard: Ein bisher nicht bekannter Druck mit Luthers Osterliedern, JLH 17 (**1972**) 213–216 ~ THUST B **76**, 166–169 ~ RÖLLEKE, Heinz: Spätmittelalterliche Abendmahls- und Osterlieder. Ein Handschriftenkonvolut aus dem Nachlass Clemens Brentanos, JVlf 23 (**1978**) 124ff. ~
SCHWEIZER A **85** ~
SCHUBERTH A **95** ~ WEG III (**1995**) mit Thema Passion – Ostern, darin u. a. REICH A **95** = REICH B **97**, 164–171 ~ WGD 5 (**1998**) 72–104

99 Christ ist erstanden

KOCH I B **³1866/1973**, 177. 207. 465; VIII B **³1876/1973**, 62. 316 ~ BÖHME B **1877/1966**, Nr. 552 ~ FISCHER I B **1878/1967**, 74f. ~ BÄUMKER I B **1886/ 1962**, 378. 502–510; IV B **1911/1962**, 498 ~ KÜMMERLE I B **1888/1974**, 178. 272–274 ~ ERK / BÖHME III B **1893f./ 1988**, 681 ~
KLINGEMANN, C.: Ein Blatt zur Geschichte des Osterliedes „Christ ist erstanden“, MGkK 5 (**1900**) H. 7, 183–191 ~ Ders.: „Christ ist erstanden“ in den sieben Gemeinden von Vicenza, MGkK 8 (**1903**) H. 4, 124–129 ~ JULIAN B **²1907/1985**, 225 ~ KLINGEMANN A **1914**, 123. 219 ~ LUCKE, Wilhelm / MOSER, Hans Joachim in WA 35 (**1923**) 155–160. 443–445. 506f. ~ NELLE B **³1924/1962**, Nr. 117 ~
PLATH, Johannes: Christ ist erstanden. Das Osterlied der Evangelischen Kirche (Welt des Gesangbuchs. Die singende Kirche in Gabe und Aufgabe, H. 18), Leipzig / Hamburg **1938** ~
SCHLUNK B **51**, 43 ~ WEISS, Ewald in GuK **1952**, 50 ~ AENGENVOORT A **53**, 133f. ~ BERGMANN B **53**, 11. 24. 26. 32. 35f. 60. 96–98. 246–248 ~ BRUPPACHER B **53**, 175–177 ~ LAUTERBURG B **53**, 88–90 ~ AENGENVOORT, Johannes: Christ ist erstanden. An-

regung für eine Unterrichtsstunde, MuA VI (**1953/54**) 254–256 ~ SCHRÖDER B **55**, 91. 93 ~ SIEBER, Theo: Zwei Osterlieder im Wechselgesang. Nr. 157 Christ ist erstanden, EvKCh 60 (**1955**) H. 1, 1f. ~ GABRIEL B ^{3}**56**, 37–39 ~ GERBER B **56**, 49f. (B) ~ JLH 2 (**1956**) 97. 123 ~ SOLZBACHER B **56**, 108f. (B) ~ WIORA A **56**, 47f. 62 ~ BACH, Arthur / GRIMME, Gertrud in EvUV 6 (**1957**) 104–107 = KUV 6 (^{3}**1958**) 199–202 ~ BLANKENBURG, Walter in HEKG II/2 (**1957**) 57 ~ FINSCHER A **57**, 66. 76 ~ JLH 3 (**1957**) 146 ~ SCHOENBAUM A **57**, 54 ~ BACH, Arthur / GRIMME, Gertrud in EvUV 7 (**1958**) 227 ~ KULP / BÜCHNER / FORNACON in HEKG Sb (**1958**) 40. 129–132. 134. 150. 164. 278. 372. 576 ~ TSCHIRCH A **58**, 171f. ~ BRENNECKE A **58/59**, 68 ~ JLH 4 (**1958/59**) 95. 101 ~ JLH 5 (**1960**) 165 ~ LIPPHARDT, Walther: „Christ ist erstanden". Zur Geschichte des Liedes, JLH 30 (**1960**) 96–114 ~ Ders.: Art. Das Kirchenlied im Mittelalter, MGG 8 (**1960**) 783–796 (Abb. 1–3) ~ LIPPHARDT A **60**, 785–790 ~ SAMBETH, Heinrich M.: Ostersequenz und Osterlied, MiU (SchuL) **1960**, 105–108 ~ SIEBER, Theo: Wie das „Christ ist erstanden" als Introitus und das „Gelobt sei Gott im höchsten Thron" als De-tempore-Lied im Ostergottesdienst gesungen und gespielt werden können, EvKCh 65 (**1960**) H. 1, 5f. ~ BLANKENBURG A **61**, 621 ~ BOES, Adolf: Die reformatorischen Gottesdienste in der Wittenberger Pfarrkirche von 1523 an, JLH 6 (**1961**) 49. 52f. 55 ~ JENNY A **61**, 119f. ~ JLH 6 (**1961**) 62. Taf. IX ~ LIPPHARDT A **61**, 83. 90 ~ STERN A **61**, 53–55 ~ GSCHWEND A **62**, 163 ~ JENNY, Markus: Zur Weise von „In dich hab ich gehoffet, Herr", JLH 7 (**1962**) 104–106 ~ JENNY B **62**, 38f. 64. 69. 92. 97. 148. 160. 162. 227–230. 234. 296. 306–308. 320. Titelbild ~ JLH 7 (**1962**) 121. 129 ~ LIPPHARDT I A **62**, 140. 148 ~ MERTES B **62**, 38. 64. 175. 178. 206 ~ NELLE B ^{4}**62**, 29 ~ GIRARD, Hans Alfred: „Christ ist erstanden" als mittelalterlicher Osterbrauch in Schaffhausen am Rhein, JLH 8 (**1963**) 122f. ~ LIPPHARDT I A **63**, 167–170 ~ RECKZIEGEL B **63**, 99. 205 ~ THOMAS A **63**, 121 ~ JLH 9 (**1964**) 120. 145 ~ KÖHLER B **64** (HEKG I/2) 145f. ~ REHM, Gottfried: Ein österlicher Triumphgesang, MS 84 (**1964**) 95–100 ~ SCHRÖDER B ^{2}**64**, 92 ~ SOMMER A **64**, 30. 51 ~ THOMAS, Wilhelm / AMELN, Konrad: Mittelniederdeutsche Osterlieder aus vorreformatorischer Zeit, JLH 9 (**1964**) 121–133 ~ SOMMER A **66**, 147. 151 ~ AMELN A **67**, 171. 173 ~ BRODDE A **67**, 198f. ~ JLH 12 (**1967**) 94. 111. 194. 247 ~ JANOTA B **68**, 72. 74f. 138 Anm. 676. 169f. Anm. 809. 171. 173–183. 185f. 189–194. 204. 231. 234–237. 242. 246. 258 Anm. 59. 272 ~ MOSER / MÜLLER-BLATTAU B **68**, 181f. 334 ~ NEUBACHER B **68**, 17f. ~ AENGENVOORT A **69**, 113 ~ GRIMM A **69**, 158 ~ HAHN, Gerhard: „Christ ist erstanden gebessert". Zu Luthers Stellung in der Geschichte des deutschen Gemeindeliedes, in: Ingeborg Glier / Gerhard Hahn /

Walter Haug / Burghart Wachinger (Hgg.): Werk – Typ – Situation (Studien zu poetologischen Bedingungen in der älteren deutschen Literatur), FS H. Kuhn, Stuttgart **1969**, 326–345 ~ JLH 14 (**1969**) 117. 192 ~

JLH 15 (**1970**) 202. 249 ~ MUZIK, F.: Christ ist erstanden – Buóh vsemohúci, in: Miscellanea Musicologica XXI-XXIII, Praha **1970**, 7–44 ~ STALMANN, Joachim / GRIMM, Jürgen in HEKG III/1 (**1970**) 323–325 ~ WEISMANN, Eberhard ebd. 320f. ~ BÖSCH, Josua / JENNY, Markus / VILLIGER, Edwin in NSK AM (**1971**) 3, 10 ~ BÜCHNER B **71**, 43 ~ JLH 16 (**1971**) 242. 266 ~ LIPPHARDT, Walther: Studien zur Musikpflege in den mittelalterlichen Augustiner-Chorherrenstiften des deutschen Sprachgebietes, Jb des Stiftes Klosterneuburg N. F. 7 (**1971**) 7–76. 230–232 ~ NSK AM (**1971**) 7, 73 ~ JLH 17 (**1972**) 203. 216. 273 ~ LIPPHARDT A **72**, 160. 168. 187. 193 ~ QUACK A (GD) **72**, 53 ~ QUACK A (MuA) **72**, 9–11 ~ QUACK ebd. 76–81 ~ SALMEN, Walter / PETZSCH, Christoph: Das Lochamer-Liederbuch, Wiesbaden **1972** (Denkmäler der Tonkunst in Bayern, N. F., Sonderbd. 2), 36f. ~ ZIMMERMANN A **72**, 271f. ~ BLANKENBURG A **73/74**, 76 ~ JLH 18 (**1973/74**) 128 ~ SAUER-GEPPERT A **73/74**, 203 ~ HARNONCOURT B **74**, 313 ~ REIMANN A **74**, 56–58 ~ HOFMANN, Ernst / QUACK, Erhard in WGL II (**1975**) 315f. ~ JLH 19 (**1975**) 283 ~ RÖSSLER A **75**, 148f. ~ HEUSER, Christine in JUHRE B **76**, 169f. ~ ZENETTI, Lothar ebd. 204f. ~ JLH 20 (**1976**) 18 ~ MGD 30 (**1976**) 22. 216 ~ NSK AM (**1976**) 21, 106 ~ RÖSSLER B **76**, 21. 33. 35. 44. 126f. 177 ~ RÖSSLER-Bibl. B **76**, 242 ~ BLANKENBURG I A **77**, 160. 396 ~ JENNY A **77**, 58. 62 ~ MGD 31 (**1977**) 138. 212 ~ SAUER-GEPPERT A **77**, 75 ~ BLANKENBURG A **78**, 149 ~ JLH 22 (**1978**) 103. 258 ~ LIPPHARDT, Walther: Art. „Christ ist erstanden", VerLex 1 (**1978**) 1197–1201 ~ MGD 32 (**1978**) 2. 85f. 137 ~ LIPPHARDT, Walther: Musik in den österreichischen Klöstern der Babenbergerzeit, Musicologica Austriaca 2 (**1979**) 61–64 ~ SAUER-GEPPERT A **79**, 175 ~

JLH 24 (**1980**) 44 ~ MGD 34 (**1980**) 46 ~ FERENCZI, Ilona: „Christ ist erstanden". Ein- und mehrstimmig notierte Quellen des 16. und 17. Jahrhunderts in Ungarn, JLH 25 (**1981**) 94–101 ~ HAHN B **81**, 20. 47. 174 A.3. 175–179. 181. 314 ~ HEINZ A **81**, 106f. ~ JLH 25 (**1981**) 196 ~ MGD 35 (**1981**) 50. 250 ~ MOSER B **81**, 25. 643 ~ MGD 36 (**1982**) 101. 153 ~ DRÖMANN A **83**, 170. 184 ~ JENNY A **83**, 47. 49 ~ JENNY A **83**, 198 ~ JENNY B **83**, 149–151 ~ JLH 27 (**1983**) 282 ~ MEYER A **83**, 110 ~ SKERIS A **83**, 115 ~ JLH 28 (**1984**) 211. 223 ~ MGD 38 (**1984**) 61. 73. 164. 168. 181 ~ SCHWEIZER, Ch.: Das österliche „Credo" des Wigbert von Solothurn. Zur Überlieferung der Ostersequenz „Victimae paschali laudes" und des ältesten deutschen Kirchenliedes „Christ ist erstanden" und zur liturgischen Bedeutung der Sequenz und des Osterliedes, Kath KM 109 (**1984**) 8–18 ~ ASPER B **85**, 61f. 64f. 67f. 70f. 75. 98–100. 129. 142. 146f. 162. 177 ~ ERNST B **85**, 182. 188. 224 ~ JENNY B **85**, 109. 285f. ~ JLH 29 (**1985**) 233. 256 ~ MGD 39 (**1985**) 48 ~ SCHWEIZER A **85**, 27f. ~ JLH 30 (**1986**) 225 ~ NSK **1986**/3, 15 ~ VEIT B **86**, 54. 57. 57 Anm. 88. 58. 80 Anm. 90. 145 Anm. 28 ~ MGD 41 (**1987**) 108 ~ MROWIEC, Karol: Das polnische Lied „Chrystus zwartwychwstal Jest" und das deutsche Lied „Christ ist erstanden", IAHB Sondernummer **1987**, 70–87 ~ NSK **1987**/1, 25. 29; 2, 18 ~ JLH 31 (**1987/88**) 201 ~ HEITMEYER B **88**, 95 ~ MGD 42 (**1988**) 148 ~ NORDHUES, Paul / WAGNER, Alois in RGL (**1988**) 212 ~ NSK **1988**/1, 10 ~ QUACK, Erhard ebd. 624 ~ HESSING B **²89**, 22f. ~ JLH 32 (**1989**) 290 ~ MEHLER, Ulrich: Osterfeiern. III. Musik, VerLex 7 (**²1989**) 105f. ~ MGD 43 (**1989**) 86f. 290f. 308 ~ STROHM, Reinhard: Messzyklen über deutsche Lieder in den Trienter Codices, in: Martin Just / Reinhard Wiesend (Hgg.): Liedstudien (FS Wolfgang Osthoff), Tutzing **1989**, 77. 81f. ~

BOHREN A **90**, 141 ~ MOESERITZ B **90**, 130–138 ~ BLANKENBURG B **91**, 129f. 334 ~ STEFAN, Hans-Jürg: „Wär er nicht erstanden, so wär die Welt vergangen". Auferstehung geschieht mit dieser Welt, mitten am Tage. Morgenbetrachtung in der Ostersingwoche auf dem Leuenberg, 21. April 1992, MGD 46 (**1992**) H. 4, 177–180 (B) ~ JLH 34 (**1992/93**) 136 ~ KAPPNER, Gerhard: Christ ist erstanden. Die Anfänge des deutschen Osterliedes, Quatember 57 (**1993**) H. 1, 15–18, fast = KAPPNER A **98**, 125f. ~ NSK **1993**/1, 1; 2, 20 ~ SCHNEIDER / VICKTOR B **93**, 38–41 ~ WEG I (**1993**) 16 ~ KURZKE A **94/95**, 124 ~ ALBRECHT B **⁴95**, 15f. 21 ~ GEHRT A **95**, 38 ~ NSK **1995**/1, 1. 15–17 ~ REICH A **95**, 8 ~ ROSER B **95**, 65–67 ~ SCHWEIZER A **95**, 17 ~ ÜHLEIN B **95**, 136 ~ WEG III (**1995**) 35. 85 ~ DKL III/1.2 Notenbd. (**1996**) 7f. 12. 18 ~ JANOTA A **96**, 63f. 66. 70 ~ MERTENS A **96**, 1076f. ~ NSK **1996**/1, 2 ~ WINKES B **96**, 150–154 (Pr) ~ DKL III/1.2 Textbd. (**1997**) 6–9. 14f. 18 ~ WEG IV (**1997**) 82 ~ DKL III/1.3 Textbd. (**1998**) 22 ~ Een Comp **³1998**, Nr. 211 ~ KLARER A **98**, 36 ~ von MEDING B 98, 199f. 341. 428. 445 ~ PRASSL, Franz Karl: Der älteste Salzburger Liber Ordinarius (Codex M II 8 der Universitätsbibliothek Salzburg), in: Stefan Engels / Gerhard Walterskirchen (Hgg.): Musica Sacra Mediaevalis. Geistliche Musik Salzburgs im Mittelalter, St. Ottilien **1998**, 31–47 ~ SCHULZ A **98**, 27. 30 ~ SEIBT B **98**, 253 ~ WISSEMANN-GARBE A **98**, 120. 137 ~ ZILLESSEN A **98**, 23 ~ ALBRECHT, Christoph in HEG II (**1999**) 352–354 ~ DKL III/1 Registerbd. (**1999**) 57. 196 ~

PAULI, Gerhard in SEEBERG B **00**, 116–118 (Pr) ~ PRASSL, Franz Karl in MÖLLER B **00**, 35–37. 40. 53f. 58–61 ~ RIEHM A **00**, 158. 160 ~ THUST, Karl Christian im Gemeindebrief der Burgkirche Ingelheim, April/Mai **2000** (B) ~ WÜSTENBERG, Ulrich in MÖLLER B **00**, 230 ~ BECKER, Hansjakob in Geistl. Wunderhorn (**2001**) 29–41. 503–505, fast = ÖLK III (**2004**) ~ HENKYS, Jürgen ebd. 535 Anm. 7 ~ JLH 40 (**2001**) 218 ~ RÖSSLER B **01**, 52. 74. 237. 744 ~ DKL III/2 Textbd. (**2002**) 98–101. 263 ~ FRANZ B **02**, 389. 393f. 417 Anm. 1. 418. 482 ~ JLH 41 (**2002**) 236 ~ MARTI, Andreas: Die Melodie des „Halleluja" in „Christ ist erstanden", JLH 41 (**2002**) 157–160 ~ SCHMIDT B **02**, 223. 550 ~ DKL II/1 (**2003**) 84. 97–99 ~ JLH 42 (**2003**) 205 ~ KNEITSCHEL B **03**, 116. 202f. ~ KÜCK / KURZKE B **03**, 160 ~ REICH A ^{3}**03**, 765f. ~ STANKE, Gerhard in HARTMANN B **03**, 10–13 (+Pr) ~ DKL II/6 (**2004**) 39. 48–52 ~ KORTH A **04**, 223–227 ~ PRASSL, Franz Karl in LKEG H. 10 (**2004**) 55–60

100 Wir wollen alle fröhlich sein

(Resurrexit dominus)

BÖHME B **1877/1966**, Nr. 564 ~ ERK / BÖHME III B **1893f./1988**, 683f. ~

SCHLUNK B **51**, 377 ~ KROLZIG, Günter in Km 3 (**1952**) H. 2, 36–38 ~ FRÖR, Kurt in KUV 1/2 (^{2}**1953**) 207 ~ LANGE / REICH B **53**, 14 ~ KIEFNER, Walter in WBK 21 (**1954**) H. 3, 53f. ~ SIEVERS, Heinrich: Das Wienhäuser Liederbuch, Wolfenbüttel **1954**, Faks in Bd. 1, Blatt 7, Kommentar in Bd. 2, 34f. 59f. ~ WEISS, Ewald in GuK **1955**, 20 ~ GERBER, Hermann: Das gute Stück, WuW 10 (**1955/56**) Nr. 19, 224 ~ BACH, Arthur / GRIMME, Gertrud in EvUV 5 (**1956**) 227 ~ JLH 2 (**1956**) 244 ~ BLANKENBURG, Walter in HEKG II/2 (**1957**) 57. 62 ~ BACH, Arthur / GRIMME, Gertrud in EvUV 7 (**1958**) 227 ~ KULP / BÜCHNER / FORNACON in HEKG Sb (**1958**) 137. 142 ~

BACH, Arthur / GRIMME, Gertrud in EvUV 4 (^{2}**1960**) 164–168 ~ KÖHLER B **64** (HEKG I/2) 154f. ~ JANOTA B **68**, 195. 199 Anm. 946 ~ NEUBACHER B **68**, 33 ~

STALMANN, Joachim / GRIMM, Jürgen in HEKG III/1 (**1970**) 343–345 = Ld Dok **1996** „Wir wollen alle fröhlich sein", Liedererschließung 1 ~ WEISMANN, Eberhard in HEKG III/1 (**1970**) 321 ~ LIPPHARDT A **72**, 170. 181. 193 ~ SiK 22 (**1974/75**) H. 2, 118 ~ HOFMANN, Ernst / QUACK, Erhard in WGL II (**1975**) 337f. = Ld Dok **1996** „Wir wollen alle fröhlich sein", Liedererschließung 2 ~ JLH 20 (**1976**) 228 ~ LISS, Bernhard in Pr GL 1 (**1976**) 151–155 (+Pr) ~ MGD 32 (**1978**) 158 ~ SAUER-GEPPERT A **79**, 175. 178 ~ SEUFFERT, Josef in WGL IX (1979) 64 ~

HEINER B ^{3}**85**, 88 ~ MGD 39 (**1985**) 48 ~ KathKM 112 (**1987**) H. 1,

12 ~ JLH 31 (**1987/88**) 124 ~ HOFMANN, Ernst / QUACK, Erhard in RGL (**1988**) 628 ~ JENNY, Markus in NSK **1988**/1, 2f. 6 = Ld Dok **1996** „Wir wollen alle fröhlich sein", Liedererschließung 3 ~ STEFAN, Hans-Jürg: „Neue alte" Osterlieder, NSK **1988**/1, 2 ~ Ders. ebd. 6 ~ JLH 32 (**1989**) 271 ~ MGD 43 (**1989**) 86 ~

BOHREN A **90**, 140f. ~ OTT, Marlis: Kirchenlieder neu erlebt als Tänze der Renaissance, NSK **1990**/1, 23–25 ~ NSK **1992**/2, 25 ~ DE LA MOTTE B **93**, 206 ~ GEHRT, Stefan: Wechselgesang für die ganze Osterzeit. Wir wollen alle fröhlich sein, NSK **1993**/2, 16f. ~ ebd. 25 ~ KORNEMANN A **94**, 11 ~ WEG II (**1994**) 71 ~ GEHRT A **95**, 38 ~ HARZ B **95**, 46f. ~ LANGE A **95**, 101f. ~ NSK **1995**/1, 22 ~ WEG III (**1995**) 35. 83. 87–89 ~ Ld Dok **1996** „Wir wollen alle fröhlich sein" ~ WEG IV (**1997**) 82 ~ DKL III/1.3 Textbd. (**1998**) 73f. ~ SCHULZ A **98**, 30 ~ WYSS-JENNY, Elisabeth in WGD 4 (**1998**) 108f. ~ DKL III/1 Registerbd. (**1999**) 231 ~ HERBST, Wolfgang / EBENBAUER, Peter / LOSCHER, Klaus in HEG II (**1999**) 45–47. 211f. 303f. ~ STRÜBIN, Elisabeth in FELLECHNER / FINKBEINER B **99**, 155–163 (+Gd mit Pr) ~

RÖSSLER B **01**, 15. 252 ~ DKL III/2 Textbd. (**2002**) 138 ~ KNEITSCHEL B **03**, 203. 388 ~ PRASSL, Franz Karl in LKEG H. 10 (**2004**) 61–64 ~ Ders. / MARTI, Andreas in ÖLK IV (**2005**)

101 Christ lag in Todesbanden

(Victimae paschali laudes)

KOCH I B ^{3}**1866/1973**, 117. 241. 465; II B ^{3}**1867/1973**, 453. 464; VIII B ^{3}**1876/ 1973**, 64 ~ FISCHER I B **1878/1967**, 75f.; II B **1879/1967**, 303f. ~ BÄUMKER I B **1886/1962**, 539–543. 565f. ~ KÜMMERLE I B **1888/ 1974**, 274f.; III B **1894/ 1974**, 787–790 ~

PLASS A **1900**, 48 ~ JULIAN B ^{2}**1907/1985**, 1222–1224 ~ RISCH A **1908**, 158 ~ KLINGEMANN A **1914**, 188–190 ~ SPITTA A **1917**, 214 ~ LUCKE, Wilhelm / MOSER, Hans Joachim in WA 35 (**1923**) 155–160. 443–445. 506f. 615. 621 ~ NELLE B ^{3}**1924/1962**, Nr. 119 ~ STIER, Alfred in EvKCh 51 (**1946**) H. 2, 10f. ~ SCHLISSKE B **48**, 37–46. 198. 269–271 ~

STAPEL B **50**, 58f. 148–153 ~ SCHLUNK B **51**, 43 ~ GERBER, Hermann: Ein wunderlicher Krieg, WuW 6 (**1951/52**) Nr. 20, 178f. = GERBER B **56**, 51f. ~ BRODDE A **52**, 51 ~ BRUPPACHER B **53**,178–180 ~ EISENHUTH B **53**, 21–23 (B) ~ FISCHER, Martin in BRODDE / MÜLLER B **54**, 102–106 ~ WEISMANN, Eberhard in WBK 21 (**1954**) H. 2, 34f. ~ WEISS, Ewald in GuK **1954**, 55f. ~ JLH 1 (**1955**) 61. 102. 114 ~ SCHRÖDER B **55**, 88 ~ BURBA B **56**, 41–45

~ GABRIEL B ^{3}**56**, 37–39 ~ HABERL, Ferdinand: Victimae paschali laudes, MS 76 (**1956**) 70–74 ~ JLH 2 (**1956**) 123. 244 ~ WIORA A **56**, 55 ~ BLANKENBURG, Walter in HEKG II/2 (**1957**) 57. 65 ~ FINSCH A **57**, 66 ~ JLH 3 (**1957**) 133 ~ SCHOENBAUM A **57**, 48. 54 ~ KULP / BÜCHNER / FORNACON in HEKG Sb (**1958**) 132–136. 311 ~ BOES A **58/59**, 7 ~ BRENNECKER A **58/59**, 68 ~ JLH 4 (**1958/59**) 139 ~ KUNZ, Lucas in MuA XI (**1958/59**) 109–111 ~ JLH 5 (**1960**) 146 ~ LIPPHARDT, Walther: „Christ ist erstanden". Zur Geschichte des Liedes, JLH 5 (**1960**) 96. 102f. 105. 108. 111f. ~ BLANKENBURG A **61**, 616 ~ JLH 6 (**1961**) 52f. 62. 90. 130. 225. 254. Taf. VII ~ STERN A **61**, 55f. ~ GSCHWEND A **62**, 163 ~ JENNY B **62**, 38f. 64. 92. 123. 148. 227f. 279 ~ JLH 8 (**1963**) 172 ~ RECKZIEGEL B **63**, 52. 80. 99. 138. 205 ~ AMELN, Konrad: Mittelniederdeutsche Osterlieder aus vorreformatorischer Zeit, JLH 9 (**1964**) 122. 127. 130. 132 ~ JENNY A **64**, 145 ~ KÖHLER B **64** (HEKG I/2) 146–149 ~ SCHRÖDER B ^{2}**64**, 92 ~ SOMMER A **64**, 35. 51–55. 79 ~ SZÖVERFFY I B **64**, 26. 354. 372–375. 403f. 414 ~ BLUME, Friedrich: Geschichte der evangelischen Kirchenmusik, Kassel u.a. ^{2}**1965**, vor 17 (Abb. 9) ~ SZÖVERFFY II B **65**, 219ff. 270f. 454. 485 ~ KRATZEL A **66**, 171 ~ SOMMER A **66**, 148 ~ AMELN A **67**, 172 ~ BIRKNER A **67**, 119. 121. 130 ~ BRODDE A **67**, 198f. ~ HAHN B **67**, 14–16 ~ JLH 12 (**1967**) 107. 194 ~ REICH A **67**, 5 ~ STÄHLIN, Wilhelm: Über einige Liedzeilen, Quatember 32 (**1967/68**) H. 2, 67f. (B) ~ JLH 13 (**1968**) 92. 159 ~ LIPPHARDT A **68**, 162 ~ SCHÜTZ A **68**, 68f. ~ GEISER, Walter: Eine österliche Choralandacht, EvKCh 74 (**1969**) H. 4, 64f. (+Gd) ~ GRIMM A **69**, 158 ~ HAHN, Gerhard: „Christ ist erstanden gebessert". Zu Luthers Stellung in der Geschichte des deutschen Gemeindeliedes, in: Ingeborg Glier / Gerhard Hahn / Walter Haug / Burghart Wachinger (Hgg.): Werk – Typ – Situation (Studien zu poetologischen Bedingungen der älteren deutschen Literatur), FS Hugo Kuhn, Stuttgart **1969**, 326–345 ~ JLH 14 (**1969**) 144 ~ FORNACON, Siegfried / GRIMM, Jürgen in HEKG III/1 (**1970**) 325–330 ~ WEISMANN, Eberhard ebd. 320f. ~ JLH 15 (**1970**) 252 ~ HAHN, Gerhard: Ein bisher nicht bekannter Druck mit Luthers Osterliedern, JLH 17 (**1972**) 213. 215f. ~ ebd. 21 ~ BLANKENBURG A **73/74**, 69f. 72f. 75f. 79. 96 ~ BREDNICH I B **74**, 90 ~ DÖRR, Friedrich / AENGENVOORT, Johannes: Victimae paschali laudes, WGL II (**1975**) 319–324 = MS 115 (**1995**) 111–114 ~ SAUER-GEPPERT A **75**, 222–224 ~ RÖSSLER B **76**, 27. 35. 177 ~ RÖSSLER-Bibl. B **76**, 242f. ~ BLANKENBURG I A **77**, 396 ~ JENNY A **77**, 58–60 ~ MGD 31 (**1977**) 138 ~ SAUER-GEPPERT A **77**, 76 ~ BLANKENBURG A **78**, 154 ~ DRÖMANN A **78**, 187 ~ GOJOWY A **78**, 103f. ~ GRANZ A **78**, 185 ~ JENNY, Markus in MGD 33 (**1979**) 137 ~ SEUFFERT, Josef in WGL IX (**1979**) 161 ~

BLOCK A **80**, 52f. ~ JLH 24 (**1980**) 44 ~ HAHN B **81**, 14f. 20. 22. 43 Anm. 33. 47. 99. 123. 159 Anm. 165. 173–175. 177–180. 202f. 212f. 222. 268 Anm. 78. 271f. 282f. 299. 313 ~ FERENCZI, Ilona: „Christ ist erstanden“. Ein- und mehrstimmig zitierte Quellen des 16. und 17. Jahrhunderts in Ungarn, JLH 25 (**1981**) 94f. ~ HEINZ A **81**, 106. 110 ~ MGD 35 (**1981**) 72 ~ JLH 26 (**1982**) 145 ~ KRAUSE, Gerhard: Luthers Vers „Eyn spott aus dem tod ist worden“, in: Verifikationen (FS für Gerhard Ebeling), hg. von E. Jüngel u.a., Tübingen **1982**, 121–143 ~ MGD 36 (**1982**) 115 ~ DRÖMANN A **83**, 170. 183 ~ HEIMRATH / KORTH B **83**, 60f. 133 ~ JENNY A **83**, 48f. 51 ~ JENNY B **83**, 58–61 ~ PLATZECK, Erhard-Wolfgang in BECKER / KACZYNSKI I B **83**, 594 ~ GANZHORN-BURKHARDT: „Christ lag in Todesbanden“. Ein Übersetzungsversuch. Osterlied, Osterkantate, Ostergottesdienst, PTh 73 (**1984**) 79–90 (+Gd mit Pr) ~ JLH 28 (**1984**) 202. 211 ~ MGD 38 (**1984**) 61. 164 ~ RÜGER, Hans Peter: Eine Kontrafaktur der Ostersequenz „Victimae paschali laudes“ aus der Reformationszeit, Zs für Kirchengeschichte 95 (**1984**) 94–98 ~ SAUER-GEPPERT B **84**, 120. 152 ~ ASPER B **85**, 57–59. 64. 67. 70. 75. 101–103. 146. 148. 177. 180 ~ BELZ-ENSSLE A **85**, 161 ~ ERNST B **85**, 66f. 182. 188. 224 ~ HAHN A **85**, 15f. ~ HEINER B ^{3}**85**, 29 ~ JENNY B **85** (WA.A 4) 71. 194–197 ~ JLH 29 (**1985**) 27 ~ MARTI A **85**, 161 ~ AMELN A **86**, 116 ~ JLH 30 (**1986**) 217 ~ MGD 40 (**1986**) 254. 288 ~ VEIT B **86**, 38 Anm. 10. 41. 54. 57 Anm. 80. 58 Anm. 92. 65. 67 Anm. 22. 73 Anm. 51. 79 Anm. 89. 80 Anm. 90. 83. 87 Anm. 32. 91 Anm. 55. 92. 96. 103 Anm. 116. 104. 104 Anm. 123. 105 Anm. 126. 106. 106 Anm. 137f. 117 Anm. 193. 123. 125. 129. 144ff. 152ff. 157f. 158 Anm. 95. 159 Anm. 109 ~ MGD 41 (**1987**) 70. 151 ~ PARENT B **87**, 189–192. 231. 236. 274 ~ JLH 31 (**1987/88**) 201 ~ SIDLER, Hubert: Victimae paschali laudes, RGL (**1988**) 625 ~ von MERING, Klaus: Zu Ostern: Christ lag in Todesbanden, ZGP 7 (**1989**) H. 2, 35f. (Pr) ~ SCHULZ A **89**, 44 ~ GRASMÜCK, Heinz: „Christ lag in Todesbanden“. Bibliodrama und Osterkantate – Lutherlied und Osterspiel, MuK 60 (**1990**) H. 3, 117–129 ~ JLH 33 (**1990/91**) 195. 261 ~ BLANKENBURG B **91**, 149. 158–160. 174 ~ JLH 34 (**1992/93**) 115 ~ HAHN A **93**, 304f. ~ NSK **1993**/1, 12; 2, 18 ~ KORNEMANN A **94**, 13 ~ LEUBE A **94**, 406f. ~ NSK **1994**/4, 24 ~ ALBRECHT B ^{4}**95**, 21. 138 ~ GEHRT A **95**, 43 ~ REICH A **95**, 10 ~ ROSER B **95**, 67–69 ~ BRECHT, Martin: Der gefressene Tod – Luthers Osterlied „Christ lag in Todesbanden“, ZdZ 50 (**1996**) 68f. ~ DKL III/1.2 Notenbd. (**1996**) 100f. ~ KLEK / SCHRADE A **96**, 238 ~ MERTENS A **96**, 1076 ~ NSK **1996**/1, 2 ~ ROSER A **96**, 85f. ~ DKL III/1.2 Textbd. (**1997**) 91f. ~ GERBER B **97** (Der wunderliche Krieg) ~ NSK **1997**/3, 10 ~ Een Comp ^{3}**1998**, Nr. 203 ~ KAPPNER A **98** ~ KLARER A **98**, 73 ~ von MEDING B **98**,

97–100. 134. 287f. 294. 306. 318f. 324. 336. 347. 349. 355. 364. 368. 373f. 388. 392. 394. 406f. 410. 417–420. 422f. 428. 435. 445 ~ SCHULZ A **98**, 29 ~ WEG V (**1998**) 21 ~ WISSEMANN-GARBE A **98**, 120 ~ DKL III/1 Registerbd. (**1999**) 196. 228 ~ JLH 38 (**1999**) 272 ~ KASTNER, Hannes-Dietrich in FELLECHNER / FINKBEINER B **99**, 165–177 (+Gd mit Pr) ~ RÖSSLER, Martin / WALTER, Meinrad in HEG II (**1999**) 204–208. 350f. ~
KADELBACH A **00**, 166 ~ PRASSL, Franz Karl in MÖLLER B **00**, 54f. ~ BECKER, Hansjakob in Geistl. Wunderhorn (**2001**) 40f. 504f. ~ BLOCK B ^{4}**01**, 59–61 (Nachdichtung) ~ JLH 40 (**2001**) 218. 235 ~ RÖSSLER B **01**, 52. 237 ~ DKL III/2 Textbd. (**2002**) 289 ~ FRANZ B **02**, 343. 391. 394. 418 ~ JLH 41 (**2002**) 158. 160. 242 ~ MARTINI B **02**, 39 ~ TVEIT A **02/03**, 360–362 ~ JLH 42 (**2003**) 233 ~ SCHEFFBUCH 1 B ^{8}**03**, 293f. ~ MARTI, Andreas in ÖLK III (**2004**) ~ MARTI, Andreas / HAHN, Gerhard in LKEG H. 12 (**2005**) (Überarbeitung von ÖLK III) 56–62

102 Jesus Christus, unser Heiland, der den Tod überwand

KOCH I B ^{3}**1866/1973**, 242; II B ^{3}**1867/1973**, 132. 354 ~ BÖHME B **1877/1966**, Nr. 595 ~ FISCHER I B **1878/1967**, 386 ~ BÄUMKER I B **1886/1962**, 527–529. 564f. ~ KÜMMERLE I B **1888/ 1974**, 663 ~ RISCH A **1908**, 158 ~ SPITTA A **1917**, 214f. ~ LUCKE, Wilhelm / MOSER, Hans Joachim in WA 35 (**1923**) 160f. 445. 507f. 621 ~ SCHLISSKE B **48**, 196–202 ~
STAPEL B **50**, 59. 153f. ~ SCHLUNK B **51**, 208 ~ BRODDE / MÜLLER B **54**, 107–111 ~ GERBER, Hermann: Zwillinge, WuW 9 (**1954/55**) Nr. 19, 224 = GERBER B **56**, 53f. ~ SCHRÖDER B **55**, 92 ~ GABRIEL B ^{3}**56**, 37–39 ~ NITSCHE, Herbert in WBK 23 (**1956**) H. 2, 30–32 ~ BLANKENBURG, Walter in HEKG II/2 (**1957**) 57f. ~ FINSCHER A **57**, 66 ~ KULP / BÜCHNER / FORNACON in HEKG Sb (**1958**) 40. 135f. 139 ~ BRENNECKE A **58/59**, 68 ~ JLH 4 (**1958/59**) 250 ~
JLH 6 (**1961**) 53 ~ MOSER A **61** ~ GSCHWEND A **62**, 163 ~ JENNY B **62**, 38f. 134f. 148f. 230 ~ JLH 7 (**1962**) 104 ~ NELLE B ^{4}**62**, 26. 42 ~ HEYDEN A **63**, 180 ~ JLH 8 (**1963**) 128 ~ RECKZIEGEL B **63**, 80. 99. 205 ~ KÖHLER B **64** (HEKG I/2) 149f. ~ SOMMER A **64**, 35. 47f. 65. 79 ~ KRATZEL A **66**, 171 ~ SOMMER A **66**, 148f. ~ BIRKNER A **67**, 121 ~ HAHN B **67**, 34f. ~ JLH 12 (**1967**) 173 ~ SCHÜTZ A **68**, 68 ~ GRIMM A **69**, 158 ~ JLH 14 (**1969**) 144 ~ STALMANN, Joachim / GRIMM, Jürgen in HEKG III/1 (**1970**) 330–332 ~ WEISMANN, Eberhard ebd. 320f. ~ BLANKENBURG,

Walter: „Jesus Christus, unser Heiland, der den Tod überwand". Die Melodie des Klugschen Gesangbuchs, JLH 16 (**1971**) 155–158 ~ HAHN, Gerhard: Ein bisher nicht bekannter Druck mit Luthers Osterliedern, JLH 17 (**1972**) 213f. 216 ~ BLANKENBURG A **73/74**, 69. 72. 75. 77. 86f. 96 ~ BREDNICH I B **74**, 90 ~ RÖSSLER-Bibl. B **76**, 260 ~ MERTEN III A **77**, 60. 62f. ~ GOJOWY A **78**, 103 ~ JENNY, Markus in MGD 33 (**1979**) 137 ~

HAHN B **81**, 13. 18. 21. 42. 47. 114 Anm. 39. 173. 179–181. 202f. 313 ~ JLH 26 (**1982**) 145 ~ DRÖMANN A **83**, 171. 184 ~ HEIMRATH / KORTH B **83**, 63. 133 ~ JENNY A **83**, 47. 49f. ~ JENNY B **83**, 61–63 ~ SAUER-GEPPERT B **84**, 148 ~ ASPER B **85**, 57–59. 62. 64. 67. 70. 75. 95–97. 129. 142 ~ ERNST B **85**, 66. 195. 274 ~ JENNY B **85** (WA.A 4) 72. 198–201. 327. 353 ~ AMELN A **86**, 116f. ~ VEIT B **86**, 41. 46. 65 Anm. 22. 73 Anm. 51. 83. 96. 103. 104 Anm. 120. 105. 107. 108 Anm. 143f. 119 Anm. 12. 133 Anm. 77. 144 Anm. 24 ~ HAHN, Gerhard: Jesus Christus, unser Heiland, der den Tod überwand – Ein Lied Martin Luthers?, in: FS Ingo Reiffenstein (hg. von Peter K. Stein u. a.), Göppingen **1988**, 589–598 ~

BLANKENBURG B **91**, 149. 158. 160f. 167f. 173. 334 ~ DE LA MOTTE B **93**, 199f. ~ DKL III/1.1 Notenbd. (**1993**) 135 ~ HAHN A **93**, 303f. ~ KORNEMANN A **94**, 13 ~ ALBRECHT B ^{4}**95**, 22. 139 ~ HOFFLEIT B **95**, 265 ~ REICH A **95**, 10. 12 ~ DKL III/1.2 Notenbd. (**1996**) 101. 144. 154f. ~ KLEK / SCHRADE A **96**, 238 ~ JLH 36 (**1996/97**) 35 ~ DKL III/1.2 Textbd. (**1997**) 92–94. 173f. 190f. ~ GERBER B **97** (Zwillinge) ~ DKL III/1.3 Textbd. (**1998**) 29f. ~ Een Comp ^{3}**1998**, Nr. 204 ~ von MEDING B **98**, 134–136. 211. 294. 306. 323. 347. 356. 364. 421–423. 446 ~ SEIBT B **98**, 265 ~ WISSEMANN-GARBE A **98**, 120. 122. 124f. ~ CONRAD A **99**, 230 ~ DKL III/1 Registerbd. (**1999**) 212 ~ KRUMMACHER, Christoph / RÖSSLER, Martin in HEG II (**1999**) 194f. 204–208 ~

JLH 39 (**2000**) 234 ~ KADELBACH A **00**, 166 ~ HAHN, Gerhard / GERBER, Gotthard in LKEG H. 3 (**2001**) 56–60 ~ RÖSSLER B **01**, 52. 745 ~ DKL III/2 Textbd. (**2002**) 128. 289f. 326f. 350 ~ JLH 41 (**2002**) 238 ~ SCHMIDT B **02**, 613–615

103 Gelobt sei Gott im höchsten Thron

KOCH II B ^{3}**1867/1973**, 129. 367 ~ FISCHER I B **1878/1967**, 210 ~ KÜMMERLE I B **1888/1974**, 179; III B **1894/ 1974**, 570f. ~

JULIAN B ^{2}**1907/1985**, 1247 ~ NELLE B ^{3}**1924/1962**, Nr. 118 ~ STIER, Alfred in EvKCh 51 (**1946**) H. 2, 11f. ~ GERBER, Hermann: Das Osterlachen, WuW 4 (**1949/50**) Nr. 20, 157 = GERBER B **56**, 55 ~

SCHLUNK B **51**, 120 ~ BERGMANN B **53**, 99f. ~ BRUPPACHER B **53**, 180 ~ EGGEBRECHT, Hans Heinrich: Die Kirchenliedweisen von Melchior Vulpius, MuK 23 (**1953**) 52–58 ~ EISENHUTH B **53**, 28f. ~ LAUTERBURG B **53**, 90–92 ~ SIEBER, Theo in EvKCh 60 (**1955**) H. 1, 2f. ~ BACH, Arthur / GRIMME, Gertrud in EvUV 5 (**1956**) 227 ~ FORNACON, Siegfried: Kaspar Stolzhagen, JLH 2 (**1956**) 74. 76 ~ BLANKENBURG, Walter in HEKG II/2 (**1957**) 95. 100 ~ BRODDE, Otto: Gelobt sei Gott im höchsten Thron. Eine Liedbetrachtung, KCh 17 (**1957**) H. 2, 17–20 (B) ~ SCHOENBAUM A **57**, 53 ~ BACH, Arthur / GRIMME, Gertrud in EvUV 7 (**1958**) 227 ~ KULP / BÜCHNER / FORNACON in HEKG Sb (**1958**) 75. 137f. 181 ~ JLH 4 (**1958/59**) 250 ~ BACH, Arthur / GRIMME, Gertrud in EvUV 3 (^{2}**1959**) 153–155, fast = KUV 3 (^{4}**1960**) 146–148 ~

BACH, Arthur / GRIMME, Gertrud in EvUV 4 (^{2}**1960**) 162–164 ~ SIEBER, Theo: Wie das „Christ ist erstanden“ als Introitus und das „Gelobt sei Gott im höchsten Thron“ als De-tempore-Lied im Ostergottesdienst gesungen und gespielt werden können, EvKCh 65 (**1960**) H. 1, 5f. ~ Ders.: Zu den Melodien „Jesu, deine Passion“ und „Gelobt sei Gott im höchsten Thron“, ebd. 7 ~ STERN A **61**, 56 ~ NELLE B ^{4}**62**, 73 ~ KÖHLER B **64** (HEKG I/2) 151f. ~ LIPPHARDT A **68**, 165 ~ NEUBACHER B **68**, 18 ~

STALMANN, Joachim / GRIMM, Jürgen in HEKG III/1 (**1970**) 335–337 ~ WEISMANN, Eberhard ebd. 321 ~ QUACK A **72**, 12 ~ SOMMER I A **72**, 121f. 143. 150. 154 ~ HOFMANN, Ernst / QUACK, Erhard in WGL II (**1975**) 327f. ~ MGD 29 (**1975**) 20; 30 (**1976**) 221 ~ WEISS, Anton in Pr GL 1 (**1976**) 135–137 (+Pr) ~ SOMMER II A **77**, 142. 146 ~ SEUFFERT, Josef in WGL IX (**1979**) 62 ~ HEINER B ^{3}**85**, 82–84 ~ MGD 39 (**1985**) 46. 58 ~ NSK **1986**/2, 18 ~ MGD 41 (**1987**) 108 ~ NSK **1987**/1, 29 ~ JENNY, Markus in RGL (**1988**) 626 ~ MGD 43 (**1989**) 87 ~ SCHULZ A **89**, 31 ~

BOHREN A **90**, 140 ~ MOESERITZ B **90**, 180f. ~ FRANK B ^{2}**93**, 60 ~ NSK **1993**/1, 1 ~ SCHNEIDER / VICKTOR B **93**, 92–94 ~ ULRICH, Herbert in SMG 118 (**1993**) H. 2, 77–79 ~ KORNEMANN A **94**, 13 ~ NSK **1994**/3, 18 ~ JLH 35 (**1994/95**) 244 ~ KRÜGER, Helmut: Kantoreipraxis. Gelobt sei Gott im höchsten Thron, WEG III (**1995**) 59–71 ~ SCHWEIZER A **95**, 15f. ~ WEG III (**1995**) 35. 90. 92; IV (**1997**) 82 ~ WETTACH A **97**, 30 ~ DKL III/1.3 Textbd. (**1998**) 22 ~ Een Comp ^{3}**1998**, Nr. 213 ~ HANDT A **98**, 40 ~ SCHULZ A **98**, 30 ~ WEG V (**1998**) 20 ~ ALBRECHT, Christoph / KRIEG, Gustav A. in HEG II (**1999**) 334–336. 342–344 ~ DKL III/1 Registerbd. (**1999**) 205 ~

RIEHM A **00**, 160 ~ RÖSSLER B **01**, 117. 236 ~ DKL III/2 Textbd. (**2002**) 348 ~ FRANZ B **02**, 387 Anm. 18 ~ ROTHAUG, Diana in LKEG H. 5 (**2002**) 81–86, fast = ÖLK II (**2003**) ~ JLH 42 (**2003**) 229 ~ KNEITSCHEL B **03**, 203f. 307

104 Singen wir heut mit einem Mund

FISCHER II B **1879/1967**, 259 ~ WOLKAN B **1891/1968**, 169 ~ MITTRING, Johannes in KCh 45 (**1985**) H. 4, 57 ~ OCHS A **87**, 8 ~ SCHULZ, Frieder: Ein neues altes Osterlied, Km 40 (**1989**) H. 6, 213–215 ~ SCHULZ A **89** ~
MOESERITZ B **90**, 332–335 ~ FERENCZI, Ilona: Angaben zum „Cum rex“-Tropus „Triumphat“ und zum Gesang „Singen wir heut mit gleichem Mund“, JLH 33 (**1990/91**) 191–201 ~ ebd. 207. 251 ~ SCHULZ, Frieder: Nachtrag zum Beitrag von Frieder Schulz im JbLH: „Singen wir heut mit einem Mund“, ebd. 202f. ~ ALBRECHT B **⁴95**, 140 ~ WEG III (**1995**) 83. 96f. ~ DKL III/1.2 Notenbd. (**1996**) 69 ~ KLEK / SCHRADE A **96**, 260 ~ DKL III/1.2 Textbd. (**1997**) 55f. ~ LEUBE, Bernhard in AuB 51 (**1998**) H. 8, 298–301 ~ DKL III/1 Registerbd. (**1999**) 226 ~ HERBST, Wolfgang / BLOCK, Detlev / KRIEG, Gustav A. in HEG II (**1999**) 45–47. 253–255. 342–344 ~
RÖSSLER B **01**, 236. 924f. ~ SCHULZ, Frieder in LKEG, H. 2 (**2001**) 66–70 ~ DKL III/2 Textbd. (**2002**) 275 ~ JLH 41 (**2002**) 238 ~ REICH A **³03**, 766

105 Erstanden ist der heilig Christ

(Surrexit Christus hodie)

KOCH II B **³1867/1973**, 436. 454 ~ BÖHME B **1877/1966**, Nr. 554 ~ FISCHER I B **1878/1967**, 174–176 ~ BÄUMKER I B **1886/1962**, 513–521. 531–533; II B **1888/ 1962**, 370 ~ ERK / BÖHME III B **1893f./1988**, 682 ~ KÜMMERLE III B **1894/ 1974**, 572–575 ~
KLINGEMANN A **1914**, 190f. 220 ~
GIRKON, Paul in MGkK 42 (**1937**) 53–56 ~
SCHLUNK B **51**, 98f. ~ GEERING, Arnold: Die Organa und mehrstimmigen Conductus in den Handschriften des deutschen Sprachgebietes vom 13. bis 16. Jahrhundert, Bern **1952** (Publikationen der schweizerischen musikforschenden Gesellschaft, Serie II, 1), bes. 19 ~ KROLZIG, Günter in Km 3 (**1952**) H. 2, 38f. ~ BERGMANN B **53**, 32. 98. 104f. ~ FRÖR, Kurt in KUV 5 (**²1953**) 219 ~ JLH 1 (**1955**) 70; 2 (**1956**) 123 ~ BLANKENBURG, Walter in HEKG II/2 (**1957**) 75. 77. 90 ~ JLH 3 (**1957**) 114 ~ SCHOENBAUM A **57**, 48. 53f. ~ KULP / BÜCHNER / FORNACON in HEKG Sb (**1958**) 131. 135–138. 150. 560 ~ BRENNECKE A **58/59,** 68 ~
JENNY A **61**, 120 ~ JLH 6 (**1961**) 127. 130. 238 ~ STERN A **61**, 57 ~ JENNY B **62**, 38f. 50f. 132. 134. 149. 227f. 230. 314 ~ JLH 7 (**1962**) 133 ~ RECKZIEGEL B **63**, 100. 205 ~ BRAUN, Werner: „Er-

standen ist der Herre Christ". Geschichte eines Liedsatzes im 17. Jahrhundert, JLH 9 (**1964**) 171–175 ~ KÖHLER B **64** (HEKG I/2) 150f. ~ SZÖVERFFY II B **65**, 365. 483 ~ FRÖR B ^{5}**66**, 313 ~ JLH 11 (**1966**) 95. 103. 183. 188 ~ AMELN A **67**, 173 ~ JANOTA B **68**, 179 Anm. 850. 249 Anm. 15 ~ JLH 13 (**1968**) 90. 92. 264 ~ LIPPHARDT A **68**, 162. 164f. ~ NEUBACHER B **68**, 32 ~ GRIMM A **69**, 158 ~ MEYER, Herbert: Kleine Liedformen für das Singen in der Schule, EvU 24 (**1969**) 70 ~

STALMANN, Joachim / GRIMM, Jürgen in HEKG III/1 (**1970**) 332–335 ~ WEISMANN, Eberhard ebd. 321 ~ JLH 16 (**1971**) 192. 257; 20 (**1976**) 253 ~ RÖSSLER-Bibl. B **76**, 249 ~ BLANKENBURG I A **77**, 160f. ~ MGD 31 (**1977**) 137f. ~ SPECHTLER, Franz Viktor: Eine neue Handschrift zum Mönch von Salzburg, in: Müller, Ulrich (Hg.): Litterae ignotae. Beiträge zur Textgeschichte des deutschen Mittelalters: Neufunde und Neuinterpretationen, Göppingen **1977** (Litterae. Göppinger Beiträge zur Textgeschichte 50), 40 ~ GOJOWY A **78**, 103 ~ JLH 22 (**1978**) 193 ~ RÖLLEKE, Heinz: Spätmittelalterliche Abendmahls- und Osterlieder. Ein Handschriftenkonvolut aus dem Nachlass Clemens Brentanos, JVlf 23 (**1978**) 126f. 133f. ~ JLH 23 (**1979**) 135. 243 ~ JENNY, Markus in MGD 33 (**1979**) 137 ~ Janota, Johannes: Schola cantorum und Gemeindelied im Spätmittelalter, JLH 24 (**1980**) 44f. ~ ebd. 186 ~ LIPPHARDT, Walther: Mensurale Hymnenaufzeichnungen in einem Hymnar des 15. Jahrhunderts aus St. Peter, Salzburg (Michaelbeuern Ms. Cart. 1), in: Göschel, Johannes Berchmans (Hg.): Ut mens concordet voci (FS Eugène Cardine zum 75. Geburtstag), St. Ottilien **1980**, 464 ~ LIPPHARDT A **83**, 41 ~ ERNST B **85**, 188 ~ JLH 29 (**1985**) 256 ~ MGD 39 (**1985**) 48 ~ NSK **1986**/2, 25 ~ HEITMEYER B **88**, 95 ~ SCHULZ A **89**, 30 ~ BOHREN A **90**, 141 ~ MOESERITZ B **90**, 180–186 ~ DKL III/1.1 Notenbd. (**1993**) 137 ~ DKL III/1.1 Textbd. (**1993**) 139 ~ FRANK B ^{2}**93**, 30 ~ SCHNEIDER / VICKTOR B **93**, 69–73 ~ ALBRECHT B ^{4}**95**, 74 ~ GEHRT A **95**, 38 ~ NSK **1995**/1, 7; 3, 11 ~ ROSER B **95**, 69f. ~ SCHWEIZER, Rolf: Erstanden ist der heilig Christ – Ein österliches Singspiel, WEG III (**1995**) 45–58 ~ ebd. 92 ~ DKL III/1.2 Notenbd. (**1996**) 134 ~ DKL III/1.2 Textbd. (**1997**) 150 ~ WEG IV (**1997**) 82 ~ WETTACH A **97**, 30 ~ DKL III/1.3 Textbd. (**1998**) 22f. ~ Een Comp ^{3}**1998**, Nr. 208 ~ KLARER A **98**, 46f. ~ WH 1 (**1998**) 46f. ~ DKL III/1 Registerbd. (**1999**) 203 ~ HERBST, Wolfgang in HEG II (**1999**) 45–47 ~

RÖSSLER B **01**, 236. 252 ~ STALMANN, Joachim (mit Bearbeitung Text: Hans-Jürg Stefan, Melodie: Daniel Schmid) in ÖLK I (**2001**), fast = in LKEG H. 4 (**2002**) 58–62 ~ DKL III/2 Textbd. (**2002**) 121. 132f. 239. 348 ~ JLH 41 (**2002**) 237 ~ JLH 42 (**2003**) 228 ~ KNEITSCHEL B **03**, 301 ~ DKL II/2 (**2004**) 35–37 ~ DKL II/6 (**2004**) 117–119

106 Erschienen ist der herrlich Tag

KOCH I B ^{3}**1866/1973**, 396. 472 ~ FISCHER I B **1878/1967**, 174 ~ KÜMMERLE I B **1888/1974**, 376f. ~

NELLE B ^{3}**1924/1962**, Nr. 120 ~

KRUMMACHER, Helga: Das Passions- und Osterlied in der katechetischen Unterweisung, ChL 2 (**1949**) Nr. 12, 313f. ~

SCHLUNK B **51**, 98 ~ GERBER, Hermann: Pastor und Kantor, WuW 7 (**1952/53**) Nr. 18, 173 = GERBER B **56**, 56–59 ~ BERGMANN B **53**, 99–101. 104. 123. 159 ~ BRUPPACHER B **53**, 177f. ~ EISENHUTH B **53**, 32f. ~ PAULSEN A **53**, 33f. ~ WEISS, Ewald in GuK **1955**, 19 ~ GABRIEL B ^{3}**56**, 44 ~ BLANKENBURG, Walter in HEKG II/2 (**1957**) 85–87 ~ HERMANN, Johannes in WBK 25 (**1958**) H. 2, 26–28 ~ KULP / BÜCHNER / FORNACON in HEKG Sb (**1958**) 52. 65. 114. 137–140. 311 ~ BRENNECKE A **58/59** 68 ~

FRÖR, Kurt in KUV 4 (^{4}**1960**) 170f. ~ JLH 5 (**1960**) 259; 7 (**1962**) 133 ~ MERTES B **62**, 43 ~ NELLE B ^{4}**62**, 78 ~ BLANKENBURG A **63**, 34 ~ HEYDEN A **63**, 181 ~ RECKZIEGEL B **63**, 100. 205 ~ KÖHLER B **64** (HEKG I/2) 152f. ~ STÄHLIN, Wilhelm: Über einige Liedzeilen, Quatember 31 (**1966/67**) H. 2, 69–71 ~ AMELN A **67**, 173 ~ BRODDE A **67**, 198f. ~ GRIMM A **69**, 158 ~ JLH 14 (**1969**) 183 ~

STALMANN, Joachim / GRIMM, Jürgen in HEKG III/1 (**1970**) 337–340 ~ WEISMANN, Eberhard ebd. 321 ~ NSK AM (**1971**) 3, 10; (**1972**) 7, 35 ~ THURMAIR-MUMELTER, Maria Luise / QUACK, Erhard in WGL II (**1975**) 341–343, fast = in TRENKLER B **75**, 209–212 ~ MGD 30 (**1976**) 140 ~ RÖSSLER-Bibl. B **76**, 249 ~ THURMAIR-MUMELTER, Maria Luise / HIERZENBERGER, Gottfried in Pr GL 1 (**1976**) 156–160 (+Pr) ~ MGD 31 (**1977**) 138 ~ DRÖMANN A **78**, 193 ~ GOJOWY A **78**, 103. 105 ~ MGD 32 (**1978**) 97. 170 ~ JENNY, Markus in MGD 33 (**1979**) 137 ~ SEUFFERT, Josef in WGL IX (**1979**) 64f. ~

JENNY A **80**, 63 ~ ERB I B ^{2}**81**, 62f. ~ MGD 36 (**1982**) 216 ~ DRÖMANN A **83**, 172. 183. 188 ~ MGD 37 (**1983**) 100 ~ SCHÖNBORN A **84**, 96. 103 ~ ERNST B **85**, 109. 118. 120. 180. 182. 188. 220. 241. 350 ~ MARTI, Andreas in MGD 39 (**1985**) H. 2, 45–49 ~ PARENT B **87**, 163f. 274 ~ JLH 31 (**1987/88**) 205 ~ JENNY, Markus in RGL (**1988**) 629 ~ NSK **1988**/1, 10; 2, 27 ~ NORDHUES, Paul / WAGNER, Alois ebd. 203 ~ HESSING B ^{2}**89**, 23f. ~ MEHLER, Ulrich: Osterfeiern. III. Musik, VerLex 7 (^{2}**1989**) 106 ~ NSK **1989**/1, 26 ~

DKL III/1.1 Textbd. (**1993**) 125–127 ~ KORNEMANN A **94**, 13 ~ WEG II (**1994**) 71 ~ ALBRECHT B ^{4}**95**, 73. 138 ~ HOFFLEIT B **95**, 81 ~ ROSER B **95**, 70f. ~ WINKES B **96**, 163–167 (+B) ~ BER-

NOULLI, Peter-Ernst in WGD 5 (**1998**) 98–100 ~ Een Comp ^{3}**1998**, Nr. 200. 209 ~ DKL III/1 Registerbd. (**1999**) 203 ~ PISTORIUS. Dietmar in HEG II (**1999**) 145–148 ~ SCHEITLER A **99**, 177 ~ KADELBACH A **00**, 167 ~ KREUTZ, Christine: Das Zeichen des Jona. Spiegelungen eines alttestamentlichen Canticums in den Gesängen der Kirche, GAGF **2000**, H. 38, 91 ~ BALDERMANN, Ingo / HEINRICH, Johannes in LKEG H. 3 (**2001**) 61–65 ~ RÖSSLER B **01**, 280–282. 866 ~ SCHEFFBUCH 2 B ^{2}**01**, 252f. ~ DKL III/2 Textbd. (**2002**) 232 ~ FISCHER, Michael in FRANZ B **02**, 383–396 ~ JLH 41 (**2002**) 238; 42 (**2003**) 228 ~ KNEITSCHEL B **03**, 204. 301

107 Wir danken dir, Herr Jesu Christ, dass du vom Tod erstanden bist

FISCHER II B **1879/1967**, 396f. ~
NELLE B ^{3}**1924/1962**, Nr. 122 ~
SCHLUNK B **51**, 371 ~ JLH 2 (**1956**) 64 ~ KULP / BÜCHNER / FORNACON in HEKG Sb (**1958**) 107. 144 ~
KÖHLER B **64** (HEKG I/2) 157 ~
FORNACON, Siegfried in HEKG III/1 (**1970**) 347f. ~ DRÖMANN A **78**, 193 ~ GOJOWY A **78**, 90 ~ JENNY, Markus in MGD 33 (**1979**) 137 ~
SCHÖNBORN A **82**, 52 ~ MGD 39 (**1985**) 48; 42 (**1988**) 288 ~ JLH 32 (**1989**) 275 ~
SCHNEIDER / VICKTOR B **93**, 195–197 ~ KORNEMANN A **94**, 9. 13 ~ WEG II (**1994**) 71 ~ PFEIFFER, Harald / PISTORIUS, Dietmar in HEG II (**1999**) 132f. 145–148 ~
BALDERMANN, Ingo in LKEG H. 3 (**2001**) 66f. ~ RÖSSLER B **01**, 282 ~ JLH 41 (**2002**) 238

Zur Mel. s. auch bei EG 106 „Erschienen ist der herrlich Tag" !

108 Mit Freuden zart

WOLKAN B **1891/1968**, 149 ~
REICH B **51**, 15 ~ SCHLUNK B **51**, 250f. ~ GERBER, Hermann: Ein wiedergefundenes Lied, WuW 6 (**1951/52**) Nr. 23, 207 = GERBER B **56**, 60f. ~ KROLZIG, Günter in Km 3 (**1952**) H. 2, 39 ~ WEISS, Ewald in GuK **1952**, 51 ~ EISENHUTH B **53**, 52f. ~ BRODDE / MÜLLER B **54**, 111–113 ~ GRUNOW, Richard: Mit Freuden zart. Eine Betrachtung zum Ostergesang der Böhmischen Brüder, WBK 22

(**1955**) H. 2, 31–34 (+B) ~ BLANKENBURG, Walter in HEKG II/2 (**1957**) 76. 81. 101 ~ JLH 3 (**1957**) 139. 224 ~ KULP / BÜCHNER / FORNACON in HEKG Sb (**1958**) 140f. 270. 303 ~
PIDOUX, Pierre: Le Psautier huguenot du XVIe siede, Basel **1962**, I, 138. 240 ~ KÖHLER B **64** (HEKG I/2) 153f. ~
JLH 15 (**1970**) 204 ~ STALMANN, Joachim / GRIMM, Jürgen in HEKG III/1 (**1970**) 340–343 ~ WEISMANN, Eberhard ebd. 321 ~
JLH 21 (**1977**) 95 ~ JENNY, Markus in MGD 33 (**1979**) 137 ~
ERB I B [2]**81**, 106–108 ~ MGD 36 (**1982**) 158 ~ HEINER B [3]**85**, 80 ~
SCHULZ A **89**, 32. 56 ~
BOHREN A **90**, 141 ~ ALBRECHT B [4]**95**, 32 ~ ROSER B **95**, 73f. ~
KADELBACH A **96/97**, 179.181 ~ DKL III/1.3 Textbd. (**1998**) 97 ~
Een Comp [3]**1998**, Nr.216 ~ DKL III/1 Registerbd. (**1999**) 217 ~
HERBST, Wolfgang / WEBER, Edith / BARTSCH, Martin in HEG II (**1999**) 45–47. 92f. 333 ~
STEFAN A **00**, 52 ~ RÖSSLER B **01**, 255. 924 ~ DKL III/2 Textbd. (**2002**) 138f. 378 ~ HUNZINGER, Michael in LKEG H. 10 (**2004**) 65–68

109 Heut triumphieret Gottes Sohn

KOCH II B [3]**1867/1973**, 346. 379 ~ FISCHER I B **1878/1967**, 295f. ~ BÄUMKER I B **1886/1962**, 558 ~ KÜMMERLE I B **1888/1974**, 594f. ~
NELLE B [3]**1924/1962**, Nr.121 ~
GERBER, Hermann in WuW 2 (**1947/48**) Nr.17/18, 123 (B) ~
SCHLUNK B **51**, 165 ~ BRUPPACHER B **53**, 181 ~ LAUTERBURG B **53**, 90–92 ~ GERBER, Hermann: Zwei berühmte Iglauer, WuW 8 (**1953/54**) Nr.19, 192 = GERBER B **56**, 62–64 ~ WEISS, Ewald in GuK **1955**, 19f. ~ FORNACON, Siegfried: Kaspar Stolzhagen, JLH 2 (**1956**) 64. 72. 74–77 ~ BLANKENBURG, Walter in HEKG II/2 (**1957**) 95. 100 ~ KULP / BÜCHNER / FORNACON in HEKG Sb (**1958**) 137. 139. 142–144 ~
JLH 6 (**1961**) 129 ~ NELLE B [4]**62**, 95 ~ RECKZIEGEL B **63**, 100. 137. 205 ~ KÖHLER B **64** (HEKG I/2) 156f. ~ AMELN A **67**, 173 ~ GRIMM A **69**, 158 ~ JLH 14 (**1969**) 246 ~
FORNACON, Siegfried / GRIMM, Jürgen in HEKG III/1 (**1970**) 345–347 ~ WEISMANN, Eberhard ebd. 321f. ~ RÖSSLER A **75**, 181 ~ RÖSSLER-Bibl. B **76**, 256 ~ MGD 31 (**1977**) 138 ~ GOJOWY A **78**, 103. 107 ~
MGD 34 (**1980**) 27 ~ DRÖMANN A **83**, 179 ~ ERNST B **85**, 193 ~ HEINER B [3]**85**, 100 ~ MGD 39 (**1985**) 48 ~ NSK **1986**/2, 14 ~

NSK **1992**/1, 25 ~ KORNEMANN A **94**, 9. 13 ~ WEG II (**1994**) 71 ~ Een Comp [3]**1998**, Nr. 205 ~ SCHULZ A **98**, 30 ~ SCHNEIDER, Matthias / LÜHRS, Walther in HEG II (**1999**) 113–115. 315 ~
KADELBACH A **00**, 161. 167 ~ RÖSSLER B **01**, 375 ~ FRANZ B **02**, 482 ~ VÖLKER, Alexander in LKEG H. 4 (**2002**) 63–67 ~ JLH 42 (**2003**) 228 ~ REICH A [3]**03**, 767

110 Die ganze Welt, Herr Jesu Christ

BÄUMKER I B **1886/1962**, 557f. ~
SCHLUNK B **51**, 70f. ~ BERGMANN B **53**, 42. 103f. 187. 249–251 ~ KULP / BÜCHNER / FORNACON in HEKG Sb (**1958**) 137. 173. 559f. 854 ~
LIPPHARDT A **60**, 853f. ~ GSCHWEND A **62**, 163 ~ MERTES B **62**, 48. 127 ~ KÖHLER B **64** (HEKG I/2) 531f. ~
THURMAIR, Maria Luise / KUNTZ, Michael in WGL II (**1975**) 329f. = MS 111 (**1991**) H. 4, 304f.; mit Revisionsbericht von SIDLER, Hubertus, ebd. 305, = Ld Dok **1997** „Die ganze Welt, Herr Jesu Christ" ~ MGD 32 (**1978**) 212 ~ BLANKENBURG II A **79**, 253f. ~ SEUFFERT, Josef in WGL IX (**1979**) 62 ~
MGD 39 (**1985**) 48 ~ SCHWEIZER A **85**, 28 ~ HOFMANN, Ernst / SIDLER, Hubertus in RGL (**1988**) 626 ~ JENNY, Markus in NSK **1988**/1, 10–12 = Ld Dok **1997** „Die ganze Welt, Herr Jesu Christ" ~ STEFAN, Hans-Jürg: „Neue alte" Osterlieder, NSK **1988**/1, 2–6 ~ NSK **1988**/3, 33 ~ JLH 32 (**1989**) 270f. ~ NSK **1989**/1, 26 ~ WEYERS, Heinrich: „Die ganze Welt, Herr Jesu Christ". Gedanken zu einem Osterlied von Friedrich Spee, GD 23 (**1989**) H. 5, 36f. ~
NSK **1990**/1, 22 ~ REHKOPF, Werner in HEKG III/2 (**1990**) 491–494 = Ld Dok **1997** „Die ganze Welt, Herr Jesu Christ" ~ GEHRT, Stefan: Vorschlag einer Kombination: „O Heiland reiß die Himmel auf" und „Die ganze Welt, Herr Jesu Christ". Lieder eines Querdenkers, NSK **1991**/3, 20 = Ld Dok **1997** „Die ganze Welt, Herr Jesu Christ" ~ HEITMEYER, Erika: „Lebendig Orgelspiel". Zu Form und Funktion von Gesangbuchliedern Friedrich Spees, MS 111 (**1991**) 194–197 ~ SCHELL A **91**, bes. 141. 145 ~ UELTZEN A **91**, 309. 312f. ~ NSK **1992**/2, 25; **1993**/2, 16f. 25 ~ GEHRT A **94**, 50f. ~ KORNEMANN A **94**, 13 ~ WEG II (**1994**) 69 ~ FRANZ A **95**, 370. 372f. 375f. ~ FRANZ B **95**, 45–47 ~ SCHNEIDER A **95**, 298. 319. 328 ~ FISCHER, Balthasar: Die Schöpfungsfrömmigkeit Friedrich Spees, in: Gunther Franz (Hg.): Friedrich Spee zum 400. Geburtstag. Kolloquium der Friedrich-Spee-Gesellschaft Trier, Paderborn **1996**, 33–50, bes. 45f. ~ BAUER, Helmut in MÖLLER B **97**, 94–100 (B) ~ Ld Dok **1997** „Die

ganze Welt, Herr Jesu Christ" ~ WEG IV (**1997**) 82 ~ JLH 37 (**1998**) 223 ~ KLARER A **98**, 44 ~ NIDECKER, Heiner: Singgottesdienst zur Osterzeit, WGD 5 (**1998**) bes. 89f. ~ REICH A **98**, 70 ~ WH 1 (**1998**) 44 ~ GRÖZINGER, Albrecht in HEG II (**1999**) 304f. ~
RÖSSLER, Martin in MÖLLER B **00**, 138 ~ RÖSSLER B **01**, 402. 866 ~ SCHELL, Johanna in LKEG H. 2 (**2001**) 71–74 = (mit Bearbeitung von Peter Ernst Bernoulli) ÖLK I (**2001**) ~ JLH 41 (**2002**) 237f. ~ MARTINI B **02**, 262 ~ KNEITSCHEL B **03**, 204f. 245. 291 ~ REIF, Matthias: Friedrich Spee von Langenfeld, SMG 128 (**2003**) H. 3, 105

111 Frühmorgens, da die Sonn aufgeht

KOCH III B ^{3}**1867/1973**, 32 ~ FISCHER I B **1878/1967**, 201 ~
NELLE B ^{3}**1924/1962**, Nr. 123 ~
SCHLUNK B **51**, 113 ~ BRUPPACHER B **53**, 181f. ~ GABRIEL B ^{3}**56**, 78f. ~ KULP / BÜCHNER / FORNACON in HEKG Sb (**1958**) 144 ~
NELLE B ^{4}**62**, 112 ~ KÖHLER B **64** (HEKG I/2) 157–159 ~ FORNACON, Siegfried / GRIMM, Jürgen in HEKG III/1 (**1970**) 348–351 ~ WEISMANN, Eberhard ebd. 322 ~ JLH 15 (**1970**) 165 ~ MGD 31 (**1977**) 138 ~ GOJOWY A **78**, 104 ~
ELTZ-HOFFMANN B **80**, 46f. ~ DRÖMANN A **83**, 174 ~ SAUER-GEPPERT B **84**, 125 ~ ZIPPERT B **84**, 70–72 (Pr vom 11. 3. 1984)) ~ ERB II B ^{2}**85**, 103f. ~ MGD 39 (**1985**) 48 ~ PARENT B **87**, 194. 215f. 274 ~
KORNEMANN A **94**, 13 ~ ZIPPERT A **94**, 28–30 ~ ZIPPERT B **95**, 74. 77–82 (+B) ~ SEIBT B **98**, 258 ~ KAPPNER, Gerhard in HEG II (**1999**) 135–137 ~
RÖSSLER, Martin in MÖLLER B **00**, 140 ~ AXMACHER, Elke / FINKE, Christian in LKEG H. 2 (**2001**) 75–78 ~ RÖSSLER B **01**, 375 ~ JLH 41 (**2002**) 238 ~ SCHEFFBUCH 1 B ^{8}**03**, 271

Zur Mel. s. auch bei EG 106 „Erschienen ist der herrlich Tag" !

112 Auf, auf, mein Herz, mit Freuden

KOCH III B ^{3}**1867/1973**, 315; V B ^{3}**1868/1973**, 582; VIII B ^{3}**1876/1973**, 68 ~ FISCHER I B **1878/1967**, 46 ~ KÜMMERLE I B **1888/1974**, 296 ~
JULIAN B ^{2}**1907/1985**, 412 ~ NELLE B ^{3}**1924/1962**, Nr. 1 ~
GERBER, Hermann: Wir Nassauer ..., WuW 3 (**1948/49**) Nr. 17/18, 137 (B) ~

SCHLUNK B **51**, 23f. ~ WEISS, Ewald in GuK **1952**, 50f. ~ BLANKENBURG, Walter in HEKG II/2 (**1957**) 96. 98–100 ~ BACH, Arthur / GRIMME, Gertrud in EvUV 7 (**1958**) 227–231, fast = KUV 8 ([2]**1960**) 211–215 ~ KULP / BÜCHNER / FORNACON in HEKG Sb (**1958**) 32. 144–146 ~

BLANKENBURG A **61**, 594 ~ NELLE B [4]**62**, 144 ~ KÖHLER B **64** (HEKG I/2) 159–161 ~ AMELN A **67**, 173 ~ NEUBACHER B **68**, 33f. ~

STALMANN, Joachim / GRIMM, Jürgen in HEKG III/1 (**1970**) 351–356 ~ WEISMANN, Eberhard ebd. 322 ~ JLH 16 (**1971**) 171 ~ ALBRECHT A **76**, 141f. = in JENNY / NIEVERGELT B **76**, 41 ~ BRODDE A **76**, 11f. ~ JENNY A **76**, 147 = in JENNY / NIEVERGELT B **76**, 46 ~ MERTEN A **76**, 128 ~ JENNY, Markus in MGD 30 (**1976**) 47. 49 ~ RÖSSLER-Bibl. B **76**, 240 ~ NSK AM (**1977**) 24, 115 ~ GOJOWY A **78**, 104f. ~

JLH 24 (**1980**) 122 ~ MGD 36 (**1982**) 139; 39 (**1985**) 48 ~ HESSELBACHER B **87**, 34–37 ~ LIPPOLD A **89** = EKD B **90**, 84f. ~ NSK **1989**/3, 22 ~

WESKOTT B **90** (Pr) ~ DE LA MOTTE B **93**, 210 ~ WEG I (**1993**) 10 ~ BUNNERS B **93**, 55. 196. 227. 245. 321. 329 ~ UTHARDT, Sibylle in KOERRENZ / REMY B **94**, 137–141 (Pr) ~ BERNOULLI, Peter Ernst in NSK **1995**/1, 3–5 (Von Gott kommt diese Kunde / Auf, auf, mein Herz, mit Freuden) ~ FOSS B **95**, 87. 93. 171. 213–217 ~ GEHRT A **95**, 42 ~ BUBMANN, Peter: Gott, mein Gott, warum hast du mich verlassen? (Liedmeditation zu EG 381 und 112) in MÖLLER B **97**, 208–215 (B) ~ Een Comp [3]**1998**, Nr. 214 ~ SEIBT B **98**, 252 ~ STALMANN, Joachim / BUNNERS, Christian in HEG II (**1999**) 66–69. 110–112 ~

HAMMELSBECK, Sebastian in LKEG H. 2 (**2001**) 79–84 ~ RÖSSLER B **01**, 436. 440. 452. 694 ~ BILL A **02**, 219. 221. 225 ~ ERB III B [8]**02**, 106–108 ~ JLH 41 (**2002**) 238 ~ SCHMIDT B **02**, 570 ~ SCHEFFBUCH 1 B [8]**03**, 232 ~ EHMLER, Werner: Ostervigil mit Paul Gerhardt, Quatember 68 (**2004**) H. 2, 125f. (B)

113 O Tod, wo ist dein Stachel nun ?

KOCH III B [3]**1867/1973**, 136 ~ FISCHER II B **1879/1967**, 204 ~ KÜMMERLE IV B **1895/1974**, 525 ~

NELLE B [3]**1924/1962**, Nr. 124 ~

SCHLUNK B **51**, 294 ~ BRUPPACHER B **53**, 182f. ~ KULP / BÜCHNER / FORNACON in HEKG Sb (**1958**) 146–148 ~

NELLE B [4]**62**, 124. 166 ~ KÖHLER B **64** (HEKG I/2) 161f. ~

STALMANN, Joachim / GRIMM, Jürgen in HEKG III/1 (**1970**) 356f. ~ WEISMANN, Eberhard ebd. 322 ~ DRÖMANN A **78**, 192 ~ GOJOWY A **78**, 104 ~ JENNY, Markus in MGD 33 (**1979**) 137. 139 ~ DRÖMANN A **83**, 178 ~ KADELBACH A **83**, 97 ~ SAUER-GEPPERT B **84**, 56 ~ ROSE, K. H. in HEINER B [3]**85**, 135f. ~
NSK **1993**/2, 21 ~ ROSER B **95**, 115 ~ NSK **1997**/3, 10 ~ SEIBT B **98**, 269 ~ BLOCK, Johannes in HEG II (**1999**) 344f. ~ DKL III/1 Registerbd. (**1999**) 222 ~
RÖSSLER, Martin in MÖLLER B **00**, 154 ~ RÖSSLER B **01**, 431 ~ SCHEFFBUCH 2 B [2]**01**, 210 ~ MARTINI B **02**, 118f. 262 ~ SCHMIDT B **02**, 600. 605. 611 ~ VÖLKER, Alexander in LKEG H. 12 (**2005**)

Zur Mel. s. auch bei EG 342 „Es ist das Heil uns kommen her“ !

114 Wach auf, mein Herz, die Nacht ist hin

KOCH IV B [3]**1868/1973**, 284 ~ FISCHER II B **1879/1967**, 313f. ~ KÜMMERLE IV B **1895/1974**, 4 ~
NELLE B [3]**1924/1962**, Nr. 129 ~
SCHLUNK B **51**, 338f. ~ BRUPPACHER B **53**, 187 ~ KULP / BÜCHNER / FORNACON in HEKG Sb (**1958**) 57. 148f. 198 ~
NELLE B [4]**62**, 193 ~ KÖHLER B **64** (HEKG I/2) 162f. ~
STALMANN, Joachim / GRIMM, Jürgen in HEKG III/1 (**1970**) 357–359 ~ WEISMANN, Eberhard ebd. 322f. ~
MGD 34 (**1980**) 25 ~ SAUER-GEPPERT B **84**, 72f. ~ MGD 39 (**1985**) 48 ~ ERB IV B [2]**86**, 96–98 ~
WÖLFEL, Dietrich in HEG II (**1999**) 201 ~
STEFAN A **00**, 53 ~ RÖSSLER B **01**, 274. 645 ~ SCHEFFBUCH 2 B [2]**01**, 162f. ~ FRANZ B **02**, 507 ~ REICH A [3]**03**, 765 ~ VÖLKER, Alexander in LKEG H. 11 (**2005**) 59–62

Zur Mel. s. auch bei EG 326 „Sei Lob und Ehr dem höchsten Gut“ !

115 Jesus lebt, mit ihm auch ich

KOCH VI B [3]**1869/1973**, 277. 538 ~ FISCHER I B **1878/1967**, 390 ~ JULIAN B [2]**1907/1985**, 599f. ~ NELLE B [3]**1924/1962**, Nr. 136 ~
SCHLUNK B **51**, 210 ~ BRUPPACHER B **53**, 188f. ~ LAUTERBURG B **53**, 93–95 (B) ~ BACH, Arthur / GRIMME, Gertrud in EvUV 3 (**1955**) 194; 7 (**1958**) 232–234 ~ KULP / BÜCHNER / FORNACON in HEKG Sb (**1958**) 149f. ~ FRÖR, Kurt in KUV 7 ([3]**1959**) 219–222 ~

JLH 6 (**1961**) 148 ~ NELLE B [4]**62**, 248 ~ KÖHLER B **64** (HEKG I/2) 163f. ~
FORNACON, Siegfried / GRIMM, Jürgen in HEKG III/1 (**1970**) 359f. ~ WEISMANN, Eberhard ebd. 323 ~ WITTENBERG A **73/74**, 142 ~ NSK AM (**1976**) 21, 102 ~ JENNY, Markus in MGD 33 (**1979**) 137 ~ ELTZ-HOFFMANN B **80**, 86 ~ MGD 34 (**1980**) 25 ~ SAUER-GEPPERT B **84**, 117 ~ NSK **1986**/3, 32 ~
RÖSSLER B **90**, 103–113 = in MÖLLER B **97**, 101–108 (Pr vom 6. 4. 1980) ~ FRANK B [2]**93**, 459 ~ NSK **1996**/1, 13 ~ EIBACH, Ulrich in WINTZER / SCHRÖER B **97**, 123–134 (Pr) ~ WITTE B **97**, 183f. 400. 402. 473 ~ JLH 37 (**1998**) 223 ~ SEIBT B **98**, 265 ~ FLEINGHAUS, Helmut in HEG II (**1999**) 106–108 ~
RIEHM A **00**, 167 ~ RÖSSLER B **01**, 708 ~ SITZMANN, Manfred in LKEG H. 2 (**2001**) 85–88 ~ JLH 41 (**2002**) 238 ~ SCHMIDT B **02**, 646 ~ KNEITSCHEL B **03**, 238f. 332 ~ SCHEFFBUCH 1 B [8]**03**, 145

Zur Mel. s. auch bei EG 526 „Jesus, meine Zuversicht“ !

116 Er ist erstanden, Halleluja

(Mfurahini Haleluya)

GIERING, Achim: Mfurahini – er stand auf. Text und Melodie EG 116, ChL 48 (**1995**) 93–95 ~ SCHUBERTH A **95**, 197f. ~ SCHWEIZER, Rolf: Er ist erstanden, Halleluja – Ein Osterlied aus Afrika, WEG III (**1995**) 24–26 ~ WEG III (**1995**) 84. 100–104; IV (**1997**) 82 ~ WETTACH A **97**, 30 ~ SCHÜTZ A **98**, 46 ~ TRAUTWEIN, Dieter / HERBST, Wolfgang in HEG II (**1999**) 189. 196 ~
TRAUTWEIN, Dieter in LKEG H. 3 (**2001**) 68–72 ~ JLH 41 (**2002**) 238 ~ REICH A [3]**03**, 765

117 Der schöne Ostertag

(This joyful eastertide / Hoe groot de vrugten zijn)

NIJENHUIS, Willem: Een Nederlands Doopsgezind Paaslied uit de zeventiende eeuw en zijn lotgevallen in Engeland, in: Mededelingen. Instituut voor Liturgiewetenschap, Rijksuniversiteit te Groningen, Nr. 13, **1979**, 38–60; engl. Zusammenfassung (A Dutch Mennonite Easter Carol of the seventeenth century and its English versions), IAHB 9 (**1981**) 70–76 ~
This joyful eastertide – Hoe groot de vrugten zijn, JAHB 10 (**1982**) 63f. ~ DRÖMANN / SCHUBERTH B [2]**87**, Nr. 8 ~ STEFAN, Hans-Jürg:

„Neue alte" Osterlieder, NSK **1988**/1, 2–6 ~ Ders. ebd. 9 = Ld Dok **1997** „Der schöne Ostertag" ~ NSK **1988**/1, 8f.; 2, 26 ~ JLH 32 (**1989**) 271 ~ SCHULZ A **89**, 55 ~
JENNY, Markus in: Musikbeilage **1990**, Ostern/Auferstehung. 4. Umschlagseite. Verlag des Schweizerischen Kirchengesangbundes, Aarau = Ld Dok **1997** „Der schöne Ostertag" ~ NSK **1990**/1, 22; **1992**/2, 25 ~ STEFAN, Hans-Jürg: „Aber heute" – Befreiend-gefährliche Erinnerung. Morgenbetrachtung in der Ostersingwoche auf dem Leuenberg, 22. April 1992, MGD 47 (**1993**) H. 2, 70–73 (B) ~ NSK **1993**/2, 16. 25 ~ GIERING, Achim: Osterzeit – Freudenzeit. Text und Melodie EG 117, ChL 47 (**1994**) 139f. ~ NSK **1994**/1, 25; 2, 25; 4, 25 ~ SCHUBERTH A **95**, 197–199 ~ WEG III (**1995**) 24. 84. 98f. ~ Ld Dok **1997** „Der schöne Ostertag" ~ SOETING, A. G. über die Ursprünge des Liedes EG 117, ebd. ~ WEG IV (**1997**) 82 ~ WETTACH A **97**, 31 ~ SCHINDLER, Regine in WGD 5 (**1998**) 101 ~ STEFAN, Hans-Jürg: Abendgottesdienst zur Osterzeit, ebd. 92–97 ~ DINGLINGER, Wolfgang / SCHUBERTH, Dietrich / HARRASSOWITZ, Hermann / KONRADT, Greta in HEG II (**1999**) 60f. 140–142. 238. 354 ~ HERBST I A **99**, 254. 262 ~
EGERER 2 B **00**, 9–12 ~ KLOPPENBURG, Wim in LKEG H. 1 (**2000**) 92–94 ~ RÖSSLER B **01**, 997 ~ SÜSS, Ulrike in FRANZ B **02**, 37 Anm. 21. 449–458 (+Pr) ~ JLH 42 (**2003**) 227f. ~ REICH A ^{3}**03**, 765 ~ HANDT in HANDT / JETTER B **04**, 116–118 (B)

118 Der Herr ist auferstanden
(Kanon)

OTT, Marlis: Osterruf im Reigentanz. Bewegungsvorschlag zum Kanon „Der Herr ist auferstanden", NSK **1992**/1, 8f. ~ NSK **1994**/3, 18 ~ OTT, Marlis: Ostertanz. Bewegungsvorschlag zum Osterruf „Der Herr ist auferstanden", NSK **1995**/1, 15. 17f. ~ NSK **1996**/1, 23 ~ WEG IV (**1997**) 82 ~ DALLMANN, Wolfgang in HEG II (**1999**) 210f. ~ SCHULZ, Frieder in LKEG H. 1 (**2000**) 95f.

Himmelfahrt

WEISMANN, Eberhard in HEKG III/1 (**1970**) 360–362 ~ THUST B **76**, 170–172 ~
ÜHLEIN B **95** ~ WGD 5 (**1998**) 106–113

119 Gen Himmel aufgefahren ist
(Coelos ascendit hodie)

KOCH III B [3]**1867/1973**, 252 ~ FISCHER I B **1878/1967**, 210 ~ BÄUMKER I B **1886/1962**, 627f. ~ KÜMMERLE I B **1888/1974**, 432. 470f. ~
SCHLUNK B **51**, 120 ~ GERBER, Hermann in WuW 7 (**1952/53**) Nr. 22, 206 ~ BRUPPACHER B **53**, 191 ~ EISENHUTH B **53**, 57–59 ~ LAUTERBURG B **53**, 96–98 (B) ~ GERBER B **56**, 68f. (Die Konfirmandenprüfung), fast = GERBER B **97** (+B) ~ BLANKENBURG, Walter in HEKG II/2 (**1957**) 95. 98. 101 ~ KULP / BÜCHNER / FORNACON in HEKG Sb (**1958**) 137. 152. 502f. ~
BACH, Arthur / GRIMME, Gertrud in EvUV 4 ([2]**1960**) 168–171 ~ FRÖR, Kurt in KUV 4 ([4]**1960**) 188f. ~ BLANKENBURG A **61**, 594 ~ JLH 6 (**1961**) 128 ~ KÖHLER B **64** (HEKG I/2) 166f. ~ FRÖR B [5]**66**, 314–316 ~ JLH 11 (**1966**) 253 ~ AMELN A **67**, 173 ~ NEUBACHER B **68**, 18f. ~
STALMANN, Joachim / GRIMM, Jürgen in HEKG III/1 (**1970**) 366–368 ~ WEISMANN, Eberhard ebd. 362 ~ SCHABASSER, Josef: Zwei Lieder für Himmelfahrt und Pfingsten, SiK 18 (**1971**) 162 ~ THURMAIR-MUMELTER, Maria Luise / QUACK, Erhard in WGL II (**1975**) 350f. = in TRENKLER B **75**, 214–216 ~ GOJOWY A **78**, 107 ~ MGD 32 (**1978**) 216 ~ SEUFFERT, Josef in WGL IX (**1979**) 67 ~
JLH 24 (**1980**) 75; 25 (**1981**) 54 ~ HEINER B [3]**85**, 96 ~ NSK **1987**/1, 25; 2, 1 ~ JENNY, Markus in RGL (**1988**) 632 ~
OTT, Marlis: Bewegungsvorschlag zu NSK 221, NSK **1991**/2, 17 ~ ebd. 6 ~ KORNEMANN A **94**, 13 ~ WEG II (**1994**) 71 ~ ÜHLEIN B **95**, 153 ~ WINKES B **96**, 186–190 (+B) ~ WEG IV (**1997**) 82 ~ Een Comp [3]**1998**, Nr. 228 ~ KLARER A **98**, 47 ~ BERNOULLI, Peter Ernst: Neue Akzente für Himmelfahrt, WGD 5 (**1998**) 106f. ~ WH 1 (**1998**) 47 ~ WYSS-JENNY, Elisabeth in WGD 4 (**1998**) 110f. ~

FLEINGHAUS, Helmut / SCHNEIDER, Matthias in HEG II (**1999**) 94f. 113–115 ~
MARTI B **01**, 84 ~ ÜHLEIN, Hermann / REICH, Christa in LKEG H. 3 (**2001**) 73–77 = (mit Bearbeitung Text/Melodie: Daniel Schmid) ÖLK I (**2001**) ~ FRANZ B **02**, 502 ~ JLH 41 (**2002**) 237f. ~ KNEITSCHEL B **03**, 206f. 308 ~ REICH A [3]**03**, 765

120 Christ fuhr gen Himmel

KOCH I B [3]**1866/1973**, 197. 254 ~ BÖHME B **1877/1966**, Nr. 566 ~ FISCHER I B **1878/1967**, 73f. ~ BÄUMKER I B **1886/1962**, 625–627 ~ KÜMMERLE I B **1888/ 1974**, 271f. ~ ERK / BÖHME III B **1893f./1988**, 686 ~
NELLE B [3]**1924/1962**, Nr. 138 ~
SCHLUNK B **51**, 42 ~ AENGENVOORT A **53**, 134 ~ BERGMANN B **53**, 32. 252f. ~ JLH 2 (**1956**) 123 ~ SOLZBACHER B **56**, 116f. (B) ~ FINSCHER A **57**, 66 ~ KULP / BÜCHNER / FORNACON in HEKG Sb (**1958**) 150 ~ BRENNECKE A **58/59**, 68 ~
JLH 7 (**1962**) 120–122. 129. 163 ~ NELLE B [4]**62**, 29 ~ RECKZIEGEL B **63**, 101. 205 ~ KÖHLER B **64** (HEKG I/2) 165 ~ AMELN A **67**, 173 ~ JANOTA B **68**, 203f. ~ GRIMM A **69**, 159. 176 ~
FORNACON, Siegfried / GRIMM, Jürgen in HEKG III/1 (**1970**) 362f. ~ WEISMANN, Eberhard ebd. 360f. ~ SEUFFERT, Josef in WGL II (**1975**) 347 ~ JLH 20 (**1976**) 223 ~ KASPAR, Peter Paul in Pr GL 1 (**1976**) 161–163 (+Pr) ~ RÖSSLER B **76**, 178 ~ RÖSSLER-Bibl. B **76**, 242 ~ DRÖMANN A **78**, 193 ~ GOJOWY A **78**, 107 ~ JENNY, Markus in MGD 33 (**1979**) 137 ~
HEINZ A **81**, 111 ~ DRÖMANN A **83**, 170. 184 ~ ERNST B **85**, 182 ~ HEITMEYER B **88**, 95. 220 ~ HOFMANN, Ernst in RGL (**1988**) 631 ~
JLH 34 (**1992/93**) 136 ~ ÜHLEIN B **95**, 136. 154. 156. 216–220. 268. 281 ~ DKL III/1.2 Notenbd. (**1996**) 8f. ~ DKL III/1.2 Textbd. (**1997**) 10 ~ WEG IV (**1997**) 82 ~ Een Comp [3]**1998**, Nr. 211 ~ DKL III/1.3 Textbd. (**1998**) 142 ~ SEIBT B **98**, 253 ~ DKL III/1 Registerbd. (**1999**) 57. 196 ~ KRUMMACHER, Christoph in HEG II (**1999**) 194f. ~
ÜHLEIN, Hermann / REICH, Christa in LKEG H. 3 (**2001**) 78–80. 96 ~ DKL III/2 Textbd. (**2002**) 100. 264 ~ FRANZ B **02**, 482 ~ JLH 41 (**2002**) 238 ~ SCHMIDT B **02**, 550 ~ KNEITSCHEL B **03**, 205f. 281 ~ KORTH A **04**, 223–227

Zur Mel. s. auch bei EG 99 „Christ ist erstanden“ !

121 Wir danken dir, Herr Jesu Christ, dass du gen Himmel g'fahren bist

KOCH II B [3]**1867/1973**, 210 ~ FISCHER II B **1879/1967**, 395 ~ KÜMMERLE IV B **1895/1974**, 452 ~
JULIAN B [2]**1907/1985**, 1041 ~ NELLE B [3]**1924/1962**, Nr. 140 ~
SCHLUNK B **51**, 370f. ~ KULP / BÜCHNER / FORNACON in HEKG Sb (**1958**) 107 ~
NELLE B [4]**62**, 95 ~
GOJOWY A **78**, 107 ~
DRÖMANN A **83**, 167. 176 ~
KORNEMANN A **94**, 13 ~ ROSER B **95**, 77f. ~ ÜHLEIN B **95**, 38–47. 52f. 153. 156. 206 ~ WERBECK, Walter in HEG II (**1999**) 243f. ~
ÜHLEIN, Hermann / REICH, Christa in LKEG H. 3 (**2001**) 81–83. 96 ~ JLH 41 (**2002**) 238
Zur Mel. s. auch bei EG 109 „Heut triumphieret Gottes Sohn" !

122 Auf Christi Himmelfahrt allein

KOCH III B [3]**1867/1973**, 171; VIII B [3]**1876/1973**, 79 ~ FISCHER I B **1878/1967**, 48 ~
NELLE B [3]**1924/1962**, Nr. 141 ~
SCHLUNK B **51**, 25 ~ KULP / BÜCHNER / FORNACON in HEKG Sb (**1958**) 152–154. 325 ~
NELLE B [4]**62**, 122. 166 ~ KÖHLER B **64** (HEKG I/2) 167–169 ~ WEISMANN, Eberhard in HEKG III/1 (**1970**) 361f. ~ Ders. / GRIMM, Jürgen ebd. 368–370 ~ GOJOWY A **78**, 107 ~
HEINER B [3]**85**, 160 ~
NSK **1991**/1, 31 ~ HOFMANN II A **95**, 19 ~ ÜHLEIN B **95**, 156. 197 ~ SEIBT B **98**, 252 ~ MÜLLER, Harald / BLOCK, Johannes in HEG II (**1999**) 302f. 340 ~
ÜHLEIN, Hermann / REICH, Christa in LKEG H. 3 (**2001**) 84–89 ~ FRANZ B **02**, 506f. ~ JLH 41 (**2002**) 238 ~ SCHMIDT B **02**, 542

Zur Mel. s. auch bei EG 149 „Es ist gewisslich an der Zeit" !

123 Jesus Christus herrscht als König

KOCH V B [3]**1868/1973**, 126; VIII B [3]**1876/1973**, 80 ~
NELLE B [3]**1924/1962**, Nr. 344 ~

GERBER, Hermann: Das schwierige Gottvertrauen, WuW 4 (**1949/50**) Nr. 23, 181f. ~
SCHLUNK B **51**, 208 ~ BRUPPACHER B **53**, 368f. ~ EISENHUTH B **53**, 113–113 ~ LAUTERBURG B **53**, 99–101 ~ BACH, Arthur / GRIMME, Gertrud in Ev UV 5 (**1956**) 228–230 (= KUV 7 (^{3}**1959**) 222–224); 6 (**1957**) 107–109 ~ GERBER B **56**, 72f. ~ KULP / BÜCHNER / FORNACON in HEKG Sb (**1958**) 156f. 199. 432. 472 ~
NELLE B ^{4}**62**, 222 ~ KÖHLER B **64** (HEKG I/2) 172–174 ~ NEUBACHER B **68**, 51f. ~
STALMANN, Joachim / GRIMM, Jürgen in HEKH III/1 (**1970**) 374–376 ~ WEISMANN, Eberhard ebd. 362 ~ KLUSEN B **75**, 79f. 82. 84. 124. 155 ~ DRÖMANN A **78**, 192 ~ JENNY, Markus in MGD 33 (**1979**) 136f. ~
ELTZ-HOFFMANN B **80**, 78 ~ HEINER B ^{3}**85**, 198 ~ ERB IV B ^{2}**86** ~ HESSING B ^{2}**89**, 25f. ~
WESKOTT B **90** (Pr) ~ FRANK B ^{2}**93**, 477 ~ KCh 53 (**1993**) H. 6, 93 ~ ÜHLEIN B **95**, 150. 153f. 156 ~ GERBER B **97** (Himmelfahrt Christi) ~ BERNOULLI, Peter Ernst: Neue Akzente für Himmelfahrt, WGD 5 (**1998**) 107 ~ BRECHT B **99**, 116 ~ SCHWINGE, Gerhard in HEG II (**1999**) 154f. ~
RÖSSLER, Martin in MÖLLER B **00**, 187 ~ RÖSSLER B **01**, 841 ~ SCHLINGENSIEPEN A **01**, 231 ~ ÜHLEIN, Hermann / REICH, Christa in LKEG H. 3 (**2001**) 90–96 ~ FRANZ B **02**, 502 ~ JLH 41 (**2002**) 238 ~ MARTINI B **02**, 39 ~ SCHEFFBUCH 1 B ^{8}**03**, 154f.

Zur Mel. s. auch bei EG 352 „Alles ist an Gottes Segen“ !

Pfingsten

MÜLLER, Christa: Luthers Pfingstlieder, MGkK 39 (**1934**) 113–120 ~ GRUNOW A **54/55** ~
WEISMANN, Eberhard in HEKG III/1 (**1970**) 377–380 ~ THUST B **76**, 172f. ~
GAGF **1995**, H. 24 (mit Beiträgen von J. HENKYS, H. KURZKE u. a.) ~ GERBER B **97** ~ WGD 5 (**1998**) 116–127

124 Nun bitten wir den Heiligen Geist

KOCH I B [3]**1866/1973**, 185. 208. 235. 241. 466; VIII B [3]**1876/1973**, 89 ~ BÖHME B **1877/1966**, Nr. 567 ~ FISCHER II B **1879/1967**, 99f. ~ BÄUMKER I B **1886/ 1962**, 635–638; IV B **1911/1962**, 511 ~ KÜMMERLE II B **1890/1974**, 282–284 ~ ERK / BÖHME III B **1893f./1988**, 687 ~
PLASS A **1900**, 76–79 ~ RISCH A **1908**, 159 ~ SPITTA A **1917**, 213 ~ LUCKE, Wilhelm / MOSER, Hans Joachim in WA 35 (**1923**) 163–165. 447f. 510. 621. 633 ~ NELLE B [3]**1924/1962**, Nr. 152 ~
SCHLISSKE B **48**, 249–259. 337 ~ LOHR A **49**, 68f. ~
STAPEL B **50**, 69. 190–192 ~ BERGER B **51**, 36 ~ REICH B **51**, 21f. ~ SCHLUNK B **51**, 254f. ~ WEISS, Ewald in GuK **1952**, 120f. ~ BERGMANN B **53**, 11. 24. 26. 36. 170f. ~ BRUPPACHER B **53**, 197f. ~ EISENHUTH B **53**, 24 ~ LAUTERBURG B **53**, 101–103 ~ GLAHN, Henrik: Melodiestudier til den Lutherske Salmesangs. Historie fra 1524 til ca. 1600, Bd. 1, Kopenhagen **1954**, 124–131 ~ GRUNOW A **54/55** ~ JLH 1 (**1955**) 45. 96. 103 ~ SCHRÖDER B **55**, 91 ~ AMELN A **56**, 146 ~ JLH 2 (**1956**) 124 ~ SOLZBACHER B **56**, 118–121 ~ WIORA A **56**, 49f. ~ BACH, Arthur / GRIMME, Gertrud in EvUV 6 (**1957**) 109–113 (ähnlich in KUV 7 ([3]**1959**) 225–228); 7 (**1958**) 238 ~ BLANKENBURG, Walter in HEKG II/2 (**1957**) 57f. ~ FINSCHER A **57**, 67 ~ JLH 3 (**1957**) 112. 146 ~ KCh 18 (**1958**) H. 2, 20f. ~ KULP / BÜCHNER / FORNACON in HEKG Sb (**1958**) 40. 82. 164–166. 372. 547. 576 ~ BOES A **58/59**, 6f. 10. 14 ~ BRENNECKE A **58/59**, 68 ~ JLH 4 (**1958/59**) 101. 139 ~
JLH 5 (**1960**) 133. 160 ~ BLANKENBURG A **61**, 618f. 621. 636f. ~ GSCHWEND A **62**, 163 ~ JENNY B **62**, 38f. 42f. 64. 90. 94. 107. 123. 148. 228. 234. 237f. ~ JLH 7 (**1962**) 101 ~ LIPPHARDT I A **62**, 141.

148 ~ MERTES B **62**, 64. 79–81. 168. 206 ~ NELLE B [4]**62**, 29 ~ JLH 8 (**1963**) 152 ~ LIPPHARDT I A **63**, 170–173 ~ RECKZIEGEL B **63**, 85. 101. 206 ~ THOMAS A **63**, 121 ~ JLH 9 (**1964**) 128f. 137 ~ JENNY A **64**, 150 ~ KÖHLER B **64** (HEKG I/2) 180–182 ~ SOMMER A **64**, 30. 36f. 49. 61. 66. 69f. 78–80 ~ JLH 10 (**1965**) 166 ~ KRATZEL A **66**, 171. 173 ~ PIPER A **66**, 137 ~ SOMMER A **66**, 148 ~ AMELN A **67**, 173 ~ BIRKNER A **67**, 118–120. 125f. 128. 130. 138 ~ BRODDE A **67**, 198f. ~ HAHN B **67**, 1 ~ JLH 12 (**1967**) 143 ~ JANOTA B **68**, 74f. 208f. 230. 235. 246 ~ MOSER / MÜLLER-BLATTAU B **68**, 183. 335 ~ NEUBACHER B **68**, 28 ~ RÖSSLER, Martin in WBK 35 (**1968**) Nr. 3, 33–37 = KCh 41 (**1981**) H. 3, 34–38 (Pr) ~ SCHÜTZ A **68**, 107 ~ AENGENVOORT A **69**, 113 ~ GRIMM A **69**, 159 ~ JLH 14 (**1969**) 142. 193 ~ LIPPHARDT, Walther: Zwei neuaufgefundene Nonnengebetbücher aus der Lüneburger Heide als Quelle niederdeutscher Kirchenlieder des Mittelalters, ebd. 123–129. Taf. VI ~ FORNACON, Siegfried / GRIMM, Jürgen in HEKG III/1 (**1970**) 390–393 ~ WEISMANN, Eberhard ebd. 378f. ~ JLH 15 (**1970**) 165. 253 ~ SCHABASSER, Josef in SiK 18 (**1971**) 163 ~ QUACK A (GD) **72**, 53 ~ QUACK A (MuA) **72**, 76f. ~ KAUFHOLD A **73**, 280 ~ BLANKENBURG A **73/74**, 69f. 72. 74 ~ JLH 19 (**1975**) 201f. ~ PIPER A **75**, 110 ~ RÖSSLER A **75**, 148f. ~ SAUER-GEPPERT A **75**, 223 ~ THURMAIR-MUMELTER, Maria Luise / Quack, Erhard in TRENKLER B **75**, 216–219 ~ Dies. in WGL II (**1975**) 374–376 ~ JLH 20 (**1976**) 240 ~ MGD 30 (**1976**) 222 ~ NSK AM (**1976**) 21, 106 ~ RÖSSLER B **76**, 178 ~ RÖSSLER-Bibl. B **76**, 265f. ~ SAUER-GEPPERT, Waldtraut Ingeborg: „Nun bitten wir den Heiligen Geist" im Gesangbuch GOTTESLOB, JLH 20 (**1976**) 179–182 ~ THURMAIR-MUMELTER, Maria Luise / HASENHÜTTL, Gotthold in Pr GL 1 (**1976**) 184–188 (+Pr) ~ JENNY A **77**, 58–60 ~ MGD 31 (**1977**) 210 ~ SAUER-GEPPERT A **77**, 70. 75 ~ BLANKENBURG A **78**, 146. 149 ~ DRÖMANN A **78**, 187 ~ GOJOWY A **78**, 108 ~ GRANZ A **78**, 182 ~ MGD 32 (**1978**) 97 ~ JLH 23 (**1979**) 12 ~ JENNY, Markus in MGD 33 (**1979**) 138 ~ SAUER-GEPPERT A **79**, 176 ~ SEUFFERT, Josef in WGL IX (**1979**) 71 ~

JLH 24 (**1980**) 108 ~ HAHN B **81**, 14. 20. 41. 43 Anm. 33. 45. 47. 99. 174. 190–195. 197–203. 212f. 232. 240. 281. 299. 314 ~ HEINZ A **81**, 111 ~ JLH 25 (**1981**) 131 ~ MOSER B **81**, 15. 18. 25. 648 ~ JLH 26 (**1982**) 97. 145. 158 ~ DRÖMANN A **83**, 171 ~ HEIMRATH / KORTH B **83**, 68f. 134 ~ JENNY A **83**, 48–50 ~ JENNY A **83**, 183 ~ JENNY B **83**, 67–69 ~ JLH 27 (**1983**) 125; 28 (**1984**) 66 ~ SAUER-GEPPERT B **84**, 17f. 115. 157 ~ ASPER, Ulrich: Aspekte zum Werden der deutschen Liedsätze in Johann Walters „Geistlichem Gesangbüchlein" (1524–1551), Baden-Baden **1985**, 87–89. 142. 145 ~ ASPER B

85, 57. 60. 64. 67f. 70. 75. 87–89. 142. 148 ~ ERNST B **85**, 36. 201 ~ HEINER B [3]**85**, 28 ~ JENNY B **85** (WA.A 4) 76f. 223–225. 328 ~ AMELN A **86**, 118 ~ JENNY, Markus: Art. Hymnologie, TRE 15 (**1986**) 771 ~ NSK **1986**/2 ~ VEIT B **86**, 41. 55. 57 Anm.80. 58. 65. 67 Anm.21. 83. 109 Anm.152. 111. 112 Anm.165. 113 Anm.170f. 115 Anm.181. 120 Anm.18. 128. 134. 142 Anm.12. 143. 149 Anm.50. 153 Anm.74. 159. 166 ~ NSK **1987**/1, 22. 25; 2, 1 ~ PARENT B **87**, 192. 194. 197. 275 ~ HEITMEYER B **88**, 69 ~ LIPPOLD A **88**, 82 = EKD B **90**, 73 ~ MGD 42 (**1988**) 159. 261 ~ NORDHUES, Paul / WAGNER, Alois in RGL (**1988**) 212 ~ THURMAIR-MUMELTER, Maria Luise / QUACK, Erhard ebd. 642f. ~ PACIK A **88**, 92f. ~ AMELN A **89**, 23 ~ JLH 32 (**1989**) 160 ~ MGD 43 (**1989**) 291 ~ NSK **1989**/2, 31 ~

BOHREN A **90**, 137f. ~ JENNY A **90**, 259 ~ MOESERITZ B **90**, 266f. ~ JLH 33 (**1990/91**) 184 ~ BLANKENBURG B **91**, 151–153. 334 ~ SCHROETER A **91**, 241 ~ JLH 34 (**1992/93**) 136 ~ DE LA MOTTE B **93**, 200f. ~ KORNEMANN A **94**, 13 ~ NSK **1994**/2, 25; 3, 19 ~ HENKYS A **94/95**, 139 ~ ALBRECHT B [4]**95**, 15f. ~ HENKYS, Jürgen: Die Transformationen der Pfingstleise „Nun bitten wir den Heiligen Geist" bei Ludwig von Zinzendorf und in der Herrnhuter Brüdergemeine, GAGF **1995**, H. 24, 45–55 = in KURZKE / ÜHLEIN B **99**, 195–208 ~ HEYMEL, Michael in GAGF **1995**, H. 24, 11 = DtPfrBl 95 (**1995**), H. 6, 302 ~ HOFFLEIT B **95**, 258f. 263f. 266 ~ KORTH, Hans-Otto: Art. Gemeindegesang, MGG^2, Sachteil 3 (**1995**) 1164f. 1168. 1170 ~ KURZKE, Hermann: „Veni creator spiritus" und „Nun bitten wir den heiligen Geist". Notizen zur Wirkungsgeschichte zweier Pfingstlieder, GAGF **1995**, H. 24, 56 ~ KRUMMACHER A **95**, 775 ~ ROSER B **95**, 87f. ~ RÖSSLER A **95**, 1293f. ~ ÜHLEIN B **95**, 136. 264 ~ WIRSCHING, Johannes: Der höchste Tröster, Quatember **1995**, H. 2, 78–89 ~ ALBRECHT A **96**, 182 ~ DKL III/1.2 Notenbd. (**1996**) 118f. ~ KLEK / SCHRADE A **96**, 238 ~ MERTENS A **96**, 1076f. ~ WINKES B **96**, 176–180 (Pr) ~ DKL III/1.2 Textbd. (**1997**) 119–121 ~ WEG IV (**1997**) 82 ~ BERNOULLI, Peter, Ernst: „Nun bitten wir den Heiligen Geist" (RG 502+). Ein bewährtes Kernlied, näher betrachtet, WGD 5 (**1998**) 125–127 ~ Een Comp [3]**1998**, Nr.241 ~ FISCHER A **98**, 87 (B) ~ von MEDING B **98**, 28. 74–77. 295. 305f. 326. 351. 368. 406. 416f. 446 ~ SEIBT B 98, 268 ~ WISSEMANN-GARBE A **98**, 120. 124 ~ DKL III/1 Registerbd. (**1999**) 218 ~ HENKYS: „Ey! Bittet Gott, den heiligen Geist". Die Neufassung von „Nun bitten wir den Heiligen Geist" durch Zinzendorf und ihre traditionsbildende Rolle in der Hymnodie der Herrnhuter Brüdergemeine (gekürztes Referat von 1995), in HENKYS B **99**, 153–162 ~ RÖSSLER, Martin / ALBRECHT, Christoph in HEG II (**1999**) 204–208. 352–354 ~

JLH 39 (**2000**) 228f. ~ MÖLLER B **00**, 72. 81. 106 ~ PRASSL, Franz

Karl in MÖLLER B **00**, 58–61 ~ RIEHM A **00**, 158. 160f. 166. 174 ~ KURZKE, Hermann in Geistl. Wunderhorn (**2001**) 42–50. 505 ~ RÖSSLER B **01**, 52. 82. 232 ~ DKL III/2 Textbd. (**2002**) 115. 298 ~ JLH 41 (**2002**) 236 ~ MARTINI B **02**, 39 ~ SCHMIDT B **02**, 597 ~ FÄRBER, Bardo in HARTMANN B **03**, 13–16 (+Pr) ~ HAHN, Gerhard / KORTH, Hans-Otto in ÖLK II (**2003**) = (bzw. betr. Mel. ähnlich) in LKEG H. 10 (**2004**) 69–75 ~ KNEITSCHEL B **03**, 65f. 207f. 350f. ~ REICH A [3]**03**, 766 ~ JORDAHN A **04**, 244–246 ~ KORTH A **04**, 218

125 Komm, Heiliger Geist, Herre Gott

(Veni sancte spiritus, reple)

KOCH I B [3]**1866/1973**, 143. 227. 240. 464; IV B [3]**1868/1973**, 550; VIII B [3]**1876/ 1973**, 86 ~ FISCHER II B **1879/1967**, 6f. 295 ~ BÄUMKER I B **1886/1962**, 640–645; IV B **1911/1962**, 511f. ~ KÜMMERLE I B **1888/1974**, 806–809 ~ BUDDE, Karl: Luthers Verskunst, MGkK 1 (**1896**) H. 6, 175–179 ~ EICKHOFF: Hymnologisches, ebd. H. 5, 152 ~

PLASS A **1900**, 48f. 72–76 ~ KNOKE A **1905**, 76 ~ JULIAN B [2]**1907/1985**, 631f. 1215 ~ RISCH A **1908**, 158 ~ SPITTA A **1917**, 213 ~ LUCKE, Wilhelm / MOSER, Hans Joachim in WA 35 (**1923**) 165–172. 448f. 510–512. 613. 621 ~ NELLE B [3]**1924/1962**, Nr. 151 ~ SCHLISSKE B **48**, 219–227. 269–271 ~

STAPEL B **50**, 60f. 161f. ~ BERGER B **51**, 192 ~ SCHLUNK B **51**, 215 ~ BRUPPACHER B **53**, 199f. ~ EISENHUTH B **53**, 24 ~ LAUTERBURG B **53**, 103–105 ~ WEISS, Ewald in GuK **1953**, 121 ~ BRODDE / MÜLLER B **54**, 127–129 ~ WEISS, Ewald in GuK **1954**, 85f. ~ GRUNOW A **54/55** ~ JLH 1 (**1955**) 61 ~ SCHRÖDER B **55**, 88 ~ HABERL, Ferdinand: Veni Sancte Spiritus, MS 76 (**1956**) 129–134 ~ JLH 2 (**1956**) 124 ~ STEPHAN, Rudolf ebd. 98. 103f. ~ STEPHAN in JLH 2 (**1956**) 98. 103. 124 ~ BLANKENBURG, Walter in HEKG II/2 (**1957**) 57 ~ FINSCHER A **57**, 67 ~ SCHOENBAUM A **57**, 48. 55 ~ KULP / BÜCHNER / FORNACON in HEKG Sb (**1958**) 162–164. 167. 172f. 201. 251 ~ BOES A **58/59**, 23 ~ BRENNECKE A **58/59**, 68 ~

FRÖR, Kurt in KUV 8 ([2]**1960**) 215–220 ~ BLANKENBURG A **61**, 168f. ~ JLH 6 (**1961**) 143 ~ JENNY B **62**, 38f. 42f. 64. 90. 93. 107. 123f. 128. 138. 156. 203. 234–237. 278. 280 ~ JLH 7 (**1962**) 121 ~ LIPPHARDT I A **62**, 148 ~ MERTES B **62**, 93. 197f. ~ NELLE B [4]**62**, 31. 57 ~ JENNY, Markus: Ein frühes Zeugnis für die kirchenverbindende Bedeutung des evangelischen Kirchenliedes, JLH 8 (**1963**) 125f.

Taf. VII ~ ebd. 115. 126 ~ RECKZIEGEL B **63**, 52. 80. 85. 139. 206 ~ KÖHLER B **64** (HEKG I/2) 178–180 ~ SCHRÖDER B **²64**, 92 ~ SOMMER A **64**, 36. 39. 60. 79f. ~ JLH 10 (**1965**) 130 ~ SZÖVERFFY II B **65**, 185. 187. 189. 454. 484 ~ JLH 11 (**1966**) 121 ~ KRATZEL A **66**, 171 ~ AMELN A **67**, 173. 177. 183 ~ BIRKNER A **67**, 118–121. 124. 129 ~ JLH 12 (**1967**) 264 ~ JANOTA B **68**, 207f. 237 ~ JLH 13 (**1968**) 95 ~ SCHÜTZ A **68**, 69 ~ GRIMM A **69**, 159 ~ JLH 14 (**1969**) 58 ~

STALMANN, Joachim / GRIMM, Jürgen in HEKG III/1 (**1970**) 384–390 ~ WEISMANN, Eberhard ebd. 378 ~ JLH 16 (**1971**) 166; 17 (**1972**) 222 ~ BLANKENBURG A **73/74**, 69. 71f. 74 ~ KRAFT, Sigisbert / AENGENVOORT, Johannes in WGL II (**1975**) 372f. = MS 113 (**1993**) 116f.; mit Revisionsbericht von JENNY, Markus, ebd. 117 ~ SAUER-GEPPERT A **75**, 223 ~ JLH 20 (**1976**) 137 ~ MGD 30 (**1976**) 56. 230 ~ RÖSSLER-Bibl. B **76**, 261. 273 ~ BLANKENBURG I A **77**, 161 ~ SAUER-GEPPERT A **77**, 71. 81 ~ DRÖMANN A **78**, 187 ~ GOJOWY A **78**, 108 ~ ANGERER, Joachim Fridolin: Lateinische und deutsche Gesänge aus der Zeit der Melker Reform (Forschungen zur älteren Musikgeschichte, Bd. 2), Wien **1979**, 147–150 ~ JLH 23 (**1979**) 4. 12. 135 ~ JENNY, Markus in MGD 33 (**1979**) 138. 140 ~ SAUER-GEPPERT A **79**, 176 ~

JLH 24 (**1980**) 31. 45f. ~ HAHN B **81**, 14. 19f. 45. 47. 99f. 174f. 177. 191 Anm. 69. 193 Anm. 74. 194 Anm. 83. 195–203. 232. 240. 313 ~ JLH 26 (**1982**) 145 ~ DRÖMANN A **83**, 171 ~ HEIMRATH / KORTH B **83**, 66f. 133 ~ JENNY A **83**, 48–50 ~ JENNY B **83**, 65–67 ~ LIPPHARDT A **83**, 42. 54–69 ~ RIEHM A **83**, bes. 188. 191 ~ STOCK, Alex: „Veni Sancte Spiritus“ frei übersetzt. Eine poetologische Analyse, in BECKER / KACZYNSKI II B **83**, 41–66 ~ WULF, Friedrich / PLATZECK, Erhard-Wolfgang ebd. I B **83**, 562. 594 ~ AMELN, Konrad: Komm, Heiliger Geist, Herre Gott. Zur Geschichte einer Melodie, JLH 28 (**1984**) 13–28 ~ ebd. 161 ~ SAUER-GEPPERT B **84**, 14. 16f. 25f. ~ ASPER B **85**, 57. 60. 64. 67. 70. 75. 81f. 143 ~ ERNST B **85**, 36. 41. 47. 66. 153f. 198. 292f. 298 ~ JENNY B **85** (WA.A 4) 73f. 205–209 ~ JLH 29 (**1985**) 25. 193. 199 ~ AMELN A **86**, 117. 126 ~ JLH 30 (**1986**) 217 ~ MGD 40 (**1986**) 113. 147. 254 ~ VEIT B **86**, 38 Anm. 10. 41. 55. 58. 65. 83. 86 Anm. 20. 91 Anm. 55. 109 Anm. 151. 111. 112 Anm. 166. 113. 113 Anm. 170. 115. 133 Anm. 77. 146. 153 Anm. 74. 157. 158 Anm. 94. 159 Anm. 103. 166. 223 ~ PARENT B **87**, 192. 275 ~ HEITMEYER B **88**, 98 ~ JENNY, Markus in RGL (**1988**) 642 ~ AMELN A **89**, 23 ~

MOESERITZ B **90**, 139–141. 144 ~ BLANKENBURG B **91**, 149. 151. 153. 334. 352 ~ JLH 34 (**1992/93**) 136f. 205 ~ DE LA MOTTE B **93**, 208 ~ DKL III/1.1 Notenbd. (**1993**) 139 ~ KORNEMANN A **94**, 13 ~ EINIG B **95**, 58. 414 ~ REICH A **95**, 8 ~ ROSER B **95**, 81f. ~ AL-

BRECHT A **96**, 182 ~ DKL III/1.2 Notenbd. (**1996**) 101–104 ~ KLEK / SCHRADE A **96**, 238 ~ MERTENS A **96**, 1076 ~ DKL III/1.2 Textbd. (**1997**) 95–98 ~ Een Comp [3]**1998**, Nr. 240 ~ JLH 37 (**1998**) 195 ~ von MEDING B **98**, 77–80. 117. 295. 311. 322. 351. 368. 394. 406. 417. 425. 446 ~ SEIBT B **98**, 265 ~ STEPHAN, Rudolf: Teutsch Antiphonal. Quellen und Studien zur Geschichte des deutschen Chorals im 15. Jahrhundert unter besonderer Berücksichtigung der Gesänge und des Breviers, Wien **1998**, 182f. ~ WEG V (**1998**) 18 ~ WISSEMANN-GARBE A **98**, 120. 137 ~ CONRAD A **99**, 230 ~ DKL III/1 Registerbd. (**1999**) 61. 214. 228 ~ HERBST I A **99**, 259 ~ JLH 38 (**1999**) 272 ~ OPP, Walter / RÖSSLER, Martin in HEG II (**1999**) 86f. 204–208 ~ WORSTBROCK, Franz Josef: Veni sancte spiritus, VerLex 10 ([2]**1999**) 226–233 ~

JLH 39 (**2000**) 96 ~ PRASSL, Franz Karl in MÖLLER B **00**, 58–61 ~ RIEHM, Heinrich ebd. 313 ~ BLOCK B [4]**01**, 68f. (Nachdichtung) ~ RÖSSLER B **01**, 52. 237 ~ DKL III/2 Textbd. (**2002**) 110f. 290f. ~ MARTINI B **02**, 39 ~ SCHMIDT B **02**, 84. 458. 472–474. 579. 589f. 755 ~ DKL II/1 (**2003**) 91f. ~ KNEITSCHEL B **03**, 117. 208f. 335 ~ KÜCK / KURZKE B **03**, 60 ~ DKL II/6 (**2004**) 44f. ~ RIEHM B **04**, 432f. ~ VÖLKER, Alexander in LKEG H. 12 (**2005**) 63–69

auch bei EG 156 „Komm, Heiliger Geist“ !

126 Komm, Gott Schöpfer, Heiliger Geist

(Veni creator spiritus)

KOCH I B [3]**1866/1973**, 74. 240. 464; II B [3]**1867/1973**, 453; IV B [3]**1868/1973**, 550 ~ FISCHER II B **1879/1967**, 5. 294 ~ KÜMMERLE I B **1888/1974**, 802f. ~

JULIAN B [2]**1907/1985**, 1206–1211 ~ RISCH A **1908**, 158 ~ SPITTA A **1917**, 211f. ~ LUCKE, Wilhelm / MOSER, Hans Joachim in WA 35 (**1923**) 161f. 446f. 508f. ~

SCHLISSKE B **48**, 210–218 ~

STAPEL B **50**, 59f. 154–160 ~ BERGER B **51**, 192 ~ SCHLUNK B **51**, 213f. ~ BRUPPACHER B **53**, 196f. ~ EISENHUTH B **53**, 23f. ~ BRODDE / MÜLLER B **54**, 130–133 ~ ZUCKSCHWERDT, Oskar: Der altlateinische Hymnus Veni creator spiritus, ZdZ 8 (**1954**) H. 6, 207–210 ~ GRUNOW A **54/55** ~ SCHRÖDER B **55**, 88 ~ AENGENVOORT, Johannes: Hrabanus Maurus, der Schöpfer des Veni creator spiritus, MuA VIII (**1955/56**) 210–212 ~ JLH 2 (**1956**) 124. 244 ~ BLANKENBURG, Walter in HEKG II/2 (**1957**) 53f. ~ FINSCHER A **57**, 67 ~ SCHOENBAUM A **57**, 59 ~ KULP / BÜCHNER / FORNA-

CON in HEKG Sb (**1958**) 151. 158–164. 170. 173. 272. 540 ~ BOES A **58/59**, 22 ~ BRENNECKE A **58/59**, 68 ~
BLANKENBURG A **61**, 591 ~ BRODDE, Otto: Komm, Gott Schöpfer, Heiliger Geist. Eine Liedbetrachtung, KCh 21 (**1961**) H. 2, 17–21 (+B) ~ JLH 6 (**1961**) 128. 243 ~ GSCHWEND A **62**, 163 ~ JENNY B **62**, 91–94. 97. 234 ~ JLH 7 (**1962**) 121. 325 ~ LIPPHARDT I A **62**, 141 ~ RÖSSLER, Martin: Komm, Gott Schöpfer, Heiliger Geist (EKG 97). Eine Liedanalyse, WBK 29 (**1962**) H. 3, 26–31 ~ HEYDEN A **63**, 173 ~ JLH 8 (**1963**) 126. 192. Taf. VIII. 259 ~ RECKZIEGEL B **63**, 85. 101. 165. 206 ~ JLH 9 (**1964**) 238 ~ KÖHLER B **64** (HEKG I/2) 174–178 ~ SOMMER A **64**, 35. 41f. 72. 77–79 ~ SZÖVERFFY I B **64**, 54 Anm. 36. 220–222. 348. 434 ~ JLH 10 (**1965**) 173. 258 ~ SZÖVERFFY II B **65**, 454. 484 ~ JLH 11 (**1966**) 165 ~ STÄHLIN, Wilhelm: Über einige Liedzeilen, Quatember 31 (**1966/67**) H. 3, 117f. (B) ~ BIRKNER A **67**, 119. 121f. 129 ~ BRODDE A **67**, 198f. ~ HAHN B **67**, 35f. ~ JLH 12 (**1967**) 173 ~ GNEUSS B **68**, 126–131 ~ SCHÜTZ A **68**, 68f. ~ GRIMM A **69**, 159 ~ ZELLER A **69**, 66 ~
FORNACON, Siegfried / GRIMM, Jürgen in HEKG III/1 (**1970**) 380–384 ~ WEISMANN, Eberhard ebd. 378 ~ JLH 15 (**1970**) 165 ~ HOFMANN A **72**, 84f. ~ QUACK A (GD) **72**, 62 ~ QUACK A (MuA) **72**, 81 ~ NSK AM (**1973**) 13, 68 ~ BLANKENBURG A **73/74**, 69–72. 74 ~ HOFMANN, Ernst / AENGENVOORT, Johannes in WGL II (**1975**) 361f. ~ JLH 19 (**1975**) 231 ~ MERTEN II A **76**, 72. 84 ~ RÖSSLER-Bibl. B **76**, 261 ~ BLANKENBURG I A **77**, 380f. ~ JENNY A **77**, 58. 60 ~ MGD 31 (**1977**) 210 ~ BLANKENBURG A **78**, 147 ~ GOJOWY A **78**, 108 ~ JLH 22 (**1978**) 260. 262 ~ HÄRTING B **79**, 65f. 283 ~ LAUSBERG, Heinrich: Der Hymnus ‚Veni Creator Spiritus' (Abhandlungen der Rheinisch-Westfälischen Akademie der Wissenschaften, Bd. 64), Opladen **1979** ~ SEUFFERT, Josef in WGL IX (**1979**) 68 ~
BLOCK, Detlev: Nachdichtung des Hymnus „Veni Creator Spiritus", KCh 40 (**1980**) H. 3, 33 = BLOCK B [4]**01,** 70f. ~ JENNY A **80**, 65 ~ HAHN B **81**, 13. 19f. 45–47. 99. 191 Anm. 69. 193f. 198 Anm. 103. 200–203. 240. 289–291 ~ 293–295. 297–300. 313 ~ JLH 25 (**1981**) 148. 173f. ~ MGD 35 (**1981**) 60 ~ MROWIEC, Karol: Die polnische Tradition des Hymnus Veni Creator, IAHB 9 (**1981**) 20–28 ~ SAUERGEPPERT, Waldtraut Ingeborg: Veni Creator Spiritus. Die deutschsprachige Tradition – ein Prozess der Säkularisierung?, ebd. 9–19 ~ UELTZEN, Hans-Dieter: Veni Creator Spiritus – Ursprung und Abwandlung der Melodie, ebd. 29–34 ~ JLH 26 (**1982**) 145f. 246 ~ SOBIELA-CAANITZ, Mechthild: Gruppe 5 „Melodiegeschichtliche Fragen, dargestellt am Hymnus ‚Veni Creator Spiritus'" (Protokoll zum 4. Plenum am 28. 8. 1981), IAHB 10 (**1982**) 27–29 ~ DRÖMANN A **83**, 171. 185 ~ HABERL, Ferdinand: Veni Creator Spiritus, MS 103

(**1983**) 113–115 ~ HEIMRATH / KORTH B **83**, 64f. 133 ~ JENNY A **83**, 47–49 ~ JENNY B **83**, 63–65 ~ MGD 37 (**1983**) 47–49. 181 ~ SKERIS A **83**, 115 ~ STOCK, Alex: „Veni Sancte Spiritus" – frei übersetzt. Eine poetologische Analyse, in BECKER / KACZYNSKI II B **83**, 42. 53. 61 ~ JLH 28 (**1984**) 16 ~ SAUER-GEPPERT B **84**, 16f. 127 ~ ASPER B **85**, 57. 60. 64. 67. 70. 75. 82–84. 129f. 143f. 156 ~ ERNST B **85**, 27. 66f. 198. 205. 291 ~ JENNY B **85** (WA.A 4) 75. 214–216 ~ JLH 30 (**1986**) 246 ~ VEIT B **86**, 38 Anm. 10. 41. 52. 53. 53 Anm. 57. 54 Anm. 57 u. 58. 60 Anm. 105. 65. 67 Anm. 26. 82 Anm. 5. 83. 86 Anm. 24. 87 Anm. 31. 91 Anm. 55. 111. 111 Anm. 151. 113 Anm. 170. 114. 142 Anm. 12. 152 Anm. 73. 158 Anm. 94. 159. 159 Anm. 108. 223 ~ PARENT B **87**, 207f. 216f. 222. 275 ~ HEITMRYER B **88**, 98 ~ SIDLER, Hubert in RGL (**1988**) 638f. ~ AMELN A **89**, 18–20. 23. 30 ~ JLH 32 (**1989**) 163. 185 ~
BLANKENBURG B **91**, 149. 151f. 333f. ~ JLH 34 (**1992/93**) 133. 224 ~ DE LA MOTTE B **93**, 161. 206f. ~ KORNEMANN A **94**, 9 ~ WEG II (**1994**) 71 ~ JLH 35 (**1994/95**) 97 ~ ALBRECHT B ^{4}**95**, 15 ~ HEYMEL, Michael: Singen als Gabe des Heiligen Geistes, DtPfrBl 95 (**1995**), H. 6, 302 ~ Ders. in GAGF **1995**, H. 24, 10f. ~ KURZKE, Hermann: „Veni creator spiritus" und „Nun bitten wir den heiligen Geist". Notizen zur Wirkungsgeschichte zweier Pfingstlieder, ebd. 55f. ~ ROSER B **95**, 85f. ~ DKL III/1.2 Notenbd. (**1996**) 75 ~ DKL III/1.2 Textbd. (**1997**) 60–62 ~ JENNY, Markus: Komm, Gott Schöpfer, Heiliger Geist. Gedanken zu Stellung und Bedeutung des Hymnus „Veni Creator Spiritus" (EG 126), in MÖLLER B **97**, 109–111 (+B) ~ Een Comp ^{3}**1998**, Nr. 239. 318. 337 ~ JLH 37 (**1998**) 52. 223 ~ von MEDING B **98**, 117. 136–139. 296. 311. 324. 368. 372. 406. 446 ~ WISSEMANN-GARBE A **98**, 120 ~ CANTALAMESSA, Raniero: Komm, Schöpfer Geist. Betrachtungen zum Hymnus Veni creator spiritus. Aus dem Italienischen von Ingrid Stampa, Freiburg i.Br. **1999** ~ DKL III/1 Registerbd. (**1999**) 61. 213. 228 ~ OPP, Walter / WALTER, Meinrad / HEINE, Herbert / RÖSSLER, Martin in HEG II (**1999**) 86f. 161f. 175. 204–208 ~ WORSTBROCK, Franz Josef / BAUER, Julia: Veni creator spiritus, VerLex 10 (^{2}**1999**) 214–224 ~
JLH 39 (**2000**) 231 ~ JOST, Gerhard in SEEBERG B **00**, 120–124 (Pr von Pfingsten 2000) ~ HENKYS, Jürgen in MÖLLER B **00**, 356f. ~ SIMM, Hans-Joachim: Goethe und die Religion, Frankfurt/M. und Leipzig **2000**, 352f. ~ RÖSSLER B **01**, 52. 395. 550. 867f. 920 ~ DKL III/2 Textbd. (**2002**) 277f. ~ MARTINI B **02**, 39 ~ SCHMIDT B **02**, 579 ~ DKL II/1 (**2003**) 92f. ~ JLH 42 (**2003**) 136. 143 ~ RIEHM B **04**, 431 ~ SCHMIDT B **05**, 139–164. 199f. ~ VÖLKER, Alexander in LKEG H. 12 (**2005**) 70–76

127 Jauchz, Erd, und Himmel, juble hell

SPITTA, Friedrich: Ein Gesang auf den Pfingsttag von Ambrosius Blaurer, MGkK 3 (**1898**) H. 2, 35–38 ~

THOMAS, Wilhelm: Pfingsten, MGkK 37 (**1932**) 113f. ~

SCHLUNK B **51**, 195f. ~ BRUPPACHER B **53**, 200f. ~ GERBER, Hermann: Schwer zu beschreiben, WuW 10 (**1955/56**) Nr. 26, 296 ~ KULP / BÜCHNER / FORNACON in HEKG Sb (**1958**) 99. 166f. 294. 316. 439 ~

JENNY B 62, 38f. 64. 68. 83. 93. 100. 112. 149. 155. 164. 234. 254. 330 ~ NELLE B ^{4}**62**, 66 ~ JENNY, Markus: Ambrosius Blarer als Dichter und Hymnologe, in: Bernd Möller (Hg.): Der Konstanzer Reformator Ambrosius Blarer 1492–1564. Gedenkschrift zu seinem 400. Geburtstag, Konstanz / Stuttgart **1964**, bes. 89. 94f. Anm. 11. 49 ~ KÖHLER B **64** (HEKG I/2) 182–184 ~ RÖSSLER A **64**, 160 ~ STÄHLIN, Wilhelm: Über einige Liedzeilen, Quatember 32 (**1967/68**) H. 3, 113f. (B) ~

STALMANN, Joachim / GRIMM, Jürgen in HEKG III/1 (**1970**) 393–396 ~ WEISMANN, Eberhard ebd. 379 ~ JENNY, Markus in MGD 33 (**1979**) 138 ~ SCHOTT A **79**, 166 ~

ERB I B ^{2}**81**, 71f. ~ MGD 37 (**1983**) 98. 102 ~ SAUER-GEPPERT B **84**, 20. 118 ~

NSK **1994**/3, 17f. ~ WEG II (**1994**) 40 ~ NSK **1996**/1, 11. 17 ~ DKL III/1.2 Textbd. (**1997**) 127 ~ Een Comp ^{3}**1998**, Nr. 305 ~ DKL III/1 Registerbd. (**1999**) 90. 212 ~ SOBIELA-CAANITZ, Mechthild in HEG II (**1999**) 41f. ~

STEFAN A **00**, 52f. ~ MARTI B **01**, 84 ~ RÖSSLER B **01**, 193–195. 888 ~ REICH A ^{3}**03**, 765 ~ SCHEIDHAUER, Karl in LKEG H. 11 (**2005**) 63–67

Zur Mel. s. auch bei EG 76 „O Mensch, bewein dein Sünde groß" !

128 Heilger Geist, du Tröster mein

(Veni sancte spiritus et emitte)

KOCH I B ^{3}**1866/1973**, 100. 235; II B ^{3}**1867/1973**, 213. 453 ~ FISCHER I B **1878/1967**, 248; II B **1879/1967**, 295 ~

JULIAN B ^{2}**1907/1985**, 1212–1215 ~

SCHLUNK B **51**, 142 ~ WEISMANN, Eberhard: Heilger Geist, du Tröster mein. Ein neues Pfingstlied, WBK 20 (**1953**) H. 3, 44–46 ~ WEISS, Ewald in GuK **1955**, 48 ~ AMELN A **56**, 145 ~ BLANKEN-

BURG, Walter in HEKG II/2 (**1957**) 96 ~ KULP / BÜCHNER / FORNACON in HEKG Sb (**1958**) 137. 168–170. 445 ~ BOES A **58/59**, 4. 7. 37 ~ LIPPHARDT I A **62**, 141. 145. 148 ~ NELLE B [4]**62**, 90 ~ KÖHLER B **64** (HEKG I/2) 184–186 ~ SZÖVERFFY I B **64**, 377. 434 ~
STALMANN, Joachim / GRIMM, Jürgen in HEKG III/1 (**1970**) 396–400 ~ WEISMANN, Eberhard ebd. 379 ~ MGD 30 (**1976**) 220 ~ GOJOWY A **78**, 109 ~ JENNY, Markus in MGD 33 (**1979**) 137 ~
HAHN B **81**, 20. 43. Anm. 33. 175. 190f. 196 Anm. 98 ~ SAUER-GEPPERT B **84**, 107f. ~ ERB II B [2]**85**, 57f. ~ HEINER B [3]**85**, 26 ~ VEIT B **86**, 55. 57 Anm. 80. 223 ~ THURMAIER, Maria Luise in RGL (**1988**) 643f. ~ AXMACHER B **89**, 139–143 ~
DE LA MOTTE B **93**, 206 ~ FRANK B [2]**93**, 59 ~ KORNEMANN A **94**, 10 ~ ROSER B **95**, 79f. ~ REICH A **98**, 68 ~ DKL III/1 Registerbd. (**1999**) 228 ~ GERBER, Gotthard / EISINGER, Walther in HEG II (**1999**) 192. 217f. ~
RÖSSLER B **01**, 354 ~ RIEHM B **04**, 432 ~ AXMACHER, Elke / RÖSSLER, Martin in LKEG H. 11 (**2005**) 68–71

129 Freut euch, ihr Christen alle

KOCH I B [3]**1866/1973**, 197 ~
WEISS, Ewald in GuK **1953**, 209 ~ GERBER, Hermann: Der Schwan aus Zittau, WuW 9 (**1954/55**) Nr. 2, 22 = GERBER B **56**, 21f. ~ KULP / BÜCHNER / FORNACON in HEKG Sb (**1958**) 28. 170 ~
KÖHLER B **64** (HEKG I/2) 186f. ~
STALMANN, Joachim / GRIMM, Jürgen in HEKG III/1 (**1970**) 400 ~ WEISMANN, Eberhard ebd. 379 ~ SOMMER I A **72**, 139. 148 163 ~ MGD 29 (**1975**) 147 ~ RÖSSLER-Bibl. B **76**, 250 ~ JENNY, Markus in MGD 33 (**1979**) 135. 138 ~ SCHOTT A **79**, 169 ~
SCHÖNBORN A **82**, 36 ~ DRÖMANN A **83**, 179 ~
FRANK B [2]**93**, 571 ~ KORNEMANN A **94**, 9 ~ ROSER B **95**, 83f. ~ OPP, Walter in HEG II (**1999**) 346f. ~
RÖSSLER B **01**, 431 ~ SCHMIDT B **02**, 634. 717 ~ WERNER, Matthias in LKEG H. 5 (**2002**) 87–90 ~ JLH 42 (**2003**) 229

Zur Mel. s. auch bei EG 133 „Zieh ein zu deinen Toren“ !

130 O Heilger Geist, kehr bei uns ein

KOCH III B [3]**1867/1973**, 341; VIII B [3]**1876/1973**, 92 ~ FISCHER II B **1879/1967**, 163f. ~
NELLE B [3]**1924/1962**, Nr. 153 ~

BERGER B **51**, 60f. 195 ~ SCHLUNK B **51**, 279f. ~ BRUPPACHER B **53**, 201f. ~ PAULSEN A **53**, 35 ~ BACH, Arthur / GRIMME, Gertrud in EvUV 5 (**1956**) 232–236, fast = KUV 7 ([3]**1959**) 228–231 ~ KULP / BÜCHNER / FORNACON in HEKG Sb (**1958**) 78. 170f. 173 ~ NELLE B [4]**62**, 165 ~ KÖHLER B **64** (HEKG I/2) 188–190 ~ NEUBACHER B **68**, 43f. ~ AMELN A **69**, 184 ~
STALMANN, Joachim / GRIMM, Jürgen in HEKG III/1 (**1970**) 401f. ~ WEISMANN, Eberhard ebd. 379 ~
SAUER-GEPPERT B **84**, 28. 43. 127 ~ HEINER B [3]**85**, 148f. ~ NSK **1987**/1, 29 ~ PARENT B **87**, 159. 275 ~
FRANK B [2]**93**, 702 ~ HOFFLEIT B **95**, 254 ~ SEIBT B **98**, 269 ~ KRIEG, Gustav A. in HEG II (**1999**) 274f. ~
RÖSSLER B **01**, 436 ~ SCHMIDT B **02**, 599. 606f. ~ KNEITSCHEL B **03**, 359f. ~ SCHEFFBUCH 1 B [8]**03**, 249 ~ VÖLKER, Alexander in LKEG H. 11 (**2005**) 72–76

Zur Mel. s. auch bei EG 70 „Wie schön leuchtet der Morgenstern“ !

131 O Heiliger Geist, o heiliger Gott

KOCH V B [3]**1868/1973**, 578 ~ FISCHER II B **1879/1967**, 166 ~ NELLE B [3]**1924/1962**, Nr. 157 ~
SCHLUNK B **51**, 280f. ~ BRUPPACHER B **53**, 205 ~ NITSCHE, Herbert in WBK 21 (**1954**) H. 3, 54f. ~ GERBER, Hermann: Eine Schulstunde über den Heiligen Geist, WuW 9 (**1954/55**) Nr. 32, 386 = GERBER B **56**, 74f. ~ JLH 2 (**1956**) 244 ~ BLANKENBURG, Walter in HEKG II/2 (**1957**) 96 ~ KULP / BÜCHNER / FORNACON in HEKG Sb (**1958**) 171–173 ~ TSCHIRCH A **58**, 173 ~
BACH, Arthur / GRIMME, Gertrud in EvUV 4 ([2]**1960**) 171–173 ~ FRÖR, Kurt in KUV 3 ([4]**1960**) 151f.; 4 ([4]**1960**) 194 ~ NELLE B [4]**62**, 182 ~ KÖHLER B **64** (HEKG I/2) 190–192 ~ FRÖR B [5]**66**, 317 ~
STALMANN, Joachim / GRIMM, Jürgen in HEKG III/1 (**1970**) 402–404 ~ WEISMANN, Eberhard ebd. 379 ~ NSK AM (**1972**) 5/18 ~ WITTENBERG A **73/74**, 133 ~ MGD 31 (**1977**) 17. 138 ~ GOJOWY A **78**, 108 ~
HEINER B [3]**85**, 116 ~
KORNEMANN A **94**, 13 ~ NSK **1996**/1, 23 ~ SEIBT B **98**, 269 ~ HARRASSOWITZ, Hermann / WERBECK, Walter in HEG II (**1999**) 230f. 272 ~
SCHMIDT B **02**, 214. 608f. ~ VÖLKER, Alexander in LKEG H. 11 (**2005**) 77–80

132 Ihr werdet die Kraft des Heiligen Geistes empfangen

(Apostelgeschichte 1,8; Mel. und Kanon)

NIEVERGELT, Edwin in NSK AM (**1972**) 5, 18; (**1974**) 9 ~ THUST B **76**, 11. 91f. 100. 107. 111. 181. 189. 264. 578. 585f. 590. 812 ~ THUST A **79**, 7 ~
MGD 35 (**1981**) 128 ~ NSK **1986**/2, 18; **1987**/2, 18 ~
OTT, Marlis: Bewegung und Gesten zum Auszug. „Ihr werdet die Kraft des Heiligen Geistes empfangen", NSK **1991**/3, 21 ~ NSK **1992**/2, 24f. ~ ULRICH, Herbert in SMG 117 (**1992**) H. 4, 204f. ~ NSK **1993**/2, 25; **1994**/1, 20f.; 2, 25 ~ ZIPPERT A **94**, 33 ~ THUST, Karl Christian: Kirchenmusikalische Gestaltungsideen, in: Praxishilfe Gottesdienstliturgie, Bd. 1, hg. von Ernst L. Fellechner / Hartmut Miethe, Nidderau-Ostheim **1996**, 413 ~ NSK **1997**/4, 19 ~ RUPPEL, Paul Ernst in MEYER B ^{2}**97**, 229 ~ WEG IV (**1997**) 82 ~ BERNOULLI, Peter Ernst: Neue Akzente für Himmelfahrt, WGD 5 (**1998**) 108 ~ SCHUBERTH, Dietrich in HEG II (**1999**) 266–268 ~
RÖSSLER B **01**, 989 ~ KNEITSCHEL B **03**, 329 ~ VÖLKER, Alexander in LKEG H. 11 (**2005**) 81f.
Zur Mel. s. auch bei EG 131 „O Heiliger Geist, o heiliger Gott" !

133 Zieh ein zu deinen Toren

KOCH III B ^{3}**1867/1973**, 317; IV B ^{3}**1868/1973**, 105 ~ FISCHER II B **1879/1967**, 417 ~ KÜMMERLE I B **1888/1974**, 296; IV B **1895/1974**, 577–579 ~
GÜNTHER A **1906**, 347f. ~ JULIAN B ^{2}**1907/1985**, 1300f. ~ NELLE B ^{3}**1924/ 1962**, Nr. 155 ~
SCHLUNK B **51**, 386f. ~ GERBER, Hermann in WuW 6 (**1951/52**) Nr. 32, 282f. ~ BRUPPACHER B **53**, 203f. ~ EISENHUTH B **53**, 86–88 ~ MOREL III A **53**, 140 ~ WEISS, Ewald in GuK **1955**, 47 ~ BACH, Arthur / GRIMME, Gertrud in EvUV 5 (**1956**) 236 = KUV 7 (^{3}**1959**) 246 ~ GERBER B **56**, 76f. ~ BLANKENBURG, Walter in HEKG II/2 (**1957**) 96 ~ RÖBBELEN B **57**, 174. 412. 420 ~ KULP / BÜCHNER / FORNACON in HEKG Sb (**1958**) 173f. ~
NELLE B ^{4}**62**, 144 ~ KÖHLER B **64** (HEKG I/2) 192–194 ~ SCHRÖDER B ^{2}**64**, 148 ~ AMELN A **69**, 185 ~ GRIMM A **69**, 160 ~
JLH 15 (**1970**) 165 ~ STALMANN, Joachim / GRIMM, Jürgen in HEKG III/1 (**1970**) 404–407 ~ WEISMANN, Eberhard ebd. 379f. ~ BLANKENBURG A **76**, 103 = in JENNY / NIEVERGELT B **76**, 29 ~ JENNY A **76**, 151 = in JENNY / NIEVERGELT B **76**, 50 ~ ebd. 59. 61. 68 ~ JENNY, Markus in MGD 30 (**1976**) 47 ~ KILLY A **76**, 88 = in JENNY / NIEVERGELT B **76**, 14 ~ MERTEN A **76**, 124. 129 ~

MGD 30 (**1976**) 110. 151. 183 ~ MÜLLER A **76**, 167 ~ RÖSSLER-Bibl. B **76**, 279 ~ SIDLER, Hubert in MGD 30 (**1976**) 119 ~ DRÖMANN A **78**, 192 ~ GOJOWY A **78**, 106. 108 ~ HOFFMANN B **78** ~ JENNY, Markus in MGD 33 (**1979**) 137 ~

JLH 24 (**1980**) 121 ~ BUNNERS A **83**, 159 ~ KADELBACH A **83**, 86 ~ SAUER-GEPPERT B **84**, 42. 129 ~ ZIPPERT B **84**, 73–79 (Pr vom 22. 5. 1983) ~ FECHNER, Jörg-Ulrich in DÜRR / KILLY B **86**, 139f. ~ HESSELBACHER B **87**, 34. 103–105 ~

BUNNERS B **93**, 156. 211. 268. 312f. ~ FRANK B ^{2}**93**, 571 ~ WEG II (**1994**) 69 ~ ZIPPERT A **94**, 34–36 ~ WITTENBERG A **94/95**, 202. 205 ~ FOSS B **95**, 60 ~ ROSER B **95**, 76f. ~ ZIPPERT B **95**, 90f. (Fürbittengebet) ~ WINTZER, Friedrich: Die Hoffnung auf die Kraft des Gottesgeistes. „Zieh ein zu deinen Toren" (EG 133), in WINTZER / SCHRÖER B **97**, 89–98 (Pr) ~ Een Comp ^{3}**1998**, Nr. 129 ~ SEIBT B **98**, 275 ~ STALMANN, Joachim / BUNNERS, Christian in HEG II (**1999**) 66–69. 110–112 ~

KADELBACH A **00**, 149 ~ RÖSSLER B **01**, 425. 452 ~ ERB III B ^{8}**02**, 108–111 ~ HENKYS, Jürgen in LKEG H. 5 (**2002**) 91–96 ~ SCHMIDT B **02**, 625f. ~ JLH 42 (**2003**) 229 ~ LEHMANN A **03**, 19

134 Komm, o komm, du Geist des Lebens

KOCH III B ^{3}**1867/1973**, 56; V B ^{3}**1868/1973**, 580; VI B ^{3}**1869/1973**, 112; VIII B ^{3}**1876/1973**, 94. 291 ~ FISCHER II B **1878/1967**, 9 ~ KÜMMERLE I B **1888/ 1974**, 811f. ~

NELLE B ^{3}**1924/1962**, Nr. 156 ~

GERBER, Hermann in WuW 3 (**1948/49**) Nr. 23/24, 178f. ~

SCHLUNK B **51**, 217 ~ BRUPPACHER B **53**, 204f. ~ BLANKENBURG, Walter in HEKG II/2 (**1957**) 103 ~ KULP / BÜCHNER / FORNACON in HEKG Sb (**1958**) 175. 405 ~

NELLE B ^{4}**62**, 169 ~ KÖHLER B **64** (HEKG I/2), 195f. ~

JLH 15 (**1970**) 165 ~ STALMANN, Joachim / GRIMM, Jürgen in HEKG III/1 (**1970**) 407–409 ~ WEISMANN, Eberhard ebd. 379 ~ RÖSSLER-Bibl. B **76**, 261 ~ GOJOWY A **78**, 109 ~

SAUER-GEPPERT B **84**, 119 ~

DE LA MOTTE B **93**, 205 ~ FRANK B ^{2}**93**, 468 ~ SEIBT B **98**, 265 ~ KALBERLAH, Hans-Jürgen in HEG II (**1999**) 137f. ~

RÖSSLER B **01**, 431 ~ BILL A **02**, 219. 222. 225 ~ SCHMIDT B **02**, 579 ~ VÖLKER, Alexander in LKEG H. 11 (**2005**) 83–87

135 Schmückt das Fest mit Maien

KOCH V B ^{3}**1868/1973**, 484 ~ FISCHER II B **1879/1967**, XVII. 239 ~ KÜMMERLE III B **1894/1974**, 227f. ~
NELLE B ^{3}**1924/1962**, Nr. 159 ~
SCHLUNK B **51**, 307f. ~ EISENHUTH B **53**, 105–108 ~ KULP / BÜCHNER / FORNACON in HEKG Sb (**1958**) 175f. ~ JLH 4 (**1958/59**) 257 ~
NELLE B ^{4}**62**, 243 ~ KÖHLER B **64** (HEKG I/2) 196–199 ~
STALMANN, Joachim / GRIMM, Jürgen in HEKG III/1 (**1970**) 409–412 ~ WEISMANN, Eberhard ebd. 380 ~ MOSER B ^{2}**76** (B) ~ JLH 21 (**1977**) 221 ~
SAUER-GEPPERT B **84**, 95 ~
FRANK B ^{2}**93**, 694 ~ ALBRECHT, Christoph / SCHRÖER, Henning in HEG II (**1999**) 277f. 351f. ~
RÖSSLER B **01**, 672 ~ WERNER, Matthias in LKEG H. 2 (**2001**) 89–93 ~ JLH 41 (**2002**) 238 ~ SCHEFFBUCH 1 B ^{8}**03**, 185f.

136 O komm, du Geist der Wahrheit

KOCH VII B ^{3}**1872/1973**, 242 ~
SCHLUNK B **51**, 288f. ~ GERBER, Hermann: Misstrauen, WuW 7 (**1952/53**) Nr. 27, 264 = GERBER B **56**, 79f. ~ BRUPPACHER B **53**, 208 ~ EISENHUTH B **53**, 127–130 ~ BACH, Arthur / GRIMME, Gertrud in EvUV 7 (**1958**) 234–237, ähnlich in KUV 6 (^{3}**1958**) 232–236 ~ KULP / BÜCHNER / FORNACON in HEKG Sb (**1958**) 176–178. 434 ~
HEYDRICH B **62**, 252 ~ KÖHLER B **64** (HEKG I/2) 199f. ~ NEUBACHER B **68**, 52 ~
FORNACON, Siegfried / GRIMM, Jürgen in HEKG III/1 (**1970**) 412–414 ~ WEISMANN, Eberhard ebd. 380 ~
JENNY A **80**, 61 ~ HARTENSTEIN A **81**, 23 ~ SAUER-GEPPERT B **84**, 122 ~ HEINER B ^{3}**85**, 280 ~ MARTI, Andreas in MGD 39 (**1985**) H. 3, 101–104 ~ JLH 31 (**1987/88**) 205 ~ HESSING B ^{2}**89**, 26f. ~ MGD 43 (**1989**) 188 ~ NSK **1989**/2, 1 ~
WESKOTT B **90** (Pr) ~ FRANK B ^{2}**93**, 578 ~ SCHNEIDER / VICKTOR B **93**, 171–176 ~ KORNEMANN A **94**, 10 ~ HENKYS A **94/95**, 140 ~ REICH A **98**, 68 ~ WEG V (**1998**) 18 ~ KLAHR B **99**, 213–250, bes. 227f. 236. 247 ~ KLAHR, Detlef in HEG II (**1999**) 308–310 ~
RÖSSLER B **01**, 867f. ~ PARENT, Ulrich / STALMANN, Joachim in LKEG H. 4 (**2002**) 68–70 ~ JLH 42 (**2003**) 228 ~ KNEITSCHEL B

03, 361f. ~ SCHEFFBUCH 1 B [8]**03**, 93 ~ PASSARGE, Ute in HANDT / JETTER B **04**, 146–148 (B)

Zur Mel. s. auch bei EG 243 „Lob Gott getrost mit Singen“ !

137 Geist des Glaubens, Geist der Stärke

KOCH VII B [3]**1872/1973**, 242 ~
SCHLUNK B **51**, 117f. ~
HEYDRICH B **62**, 209 ~
WEG V (**1998**) 18 ~ KLAHR B **99**, 213–250, bes. 236 ~ KLAHR, Detlef in HEG II (**1999**) 308–310 ~
RÖSSLER B **01**, 868 ~ MARTINI B **02**, 39. 276 ~ PARENT, Ulrich / STALMANN, Joachim in LKEG H. 4 (**2002**) 71–73 ~ JLH 42 (**2003**) 228 ~ SCHEFFBUCH 1 B [8]**03**, 94

Zur Mel. s. auch bei EG 388 „O Durchbrecher aller Bande“ !

Trinitatis

WEISMANN, Eberhard in HEKG III/1 (**1970**) 414–416 ~ THUST B **76**, 173

138 Gott der Vater steh uns bei

KOCH I B ^{3}**1866/1973**, 211. 241. 465; II B ^{3}**1867/1973**, 462; VIII B ^{3}**1876/1973**, 100 ~ BÖHME B **1877/1966**, Nr. 569 ~ FISCHER I B **1878/1967**, 218f. ~ BÄUMKER I B **1886/1962**, 578–580 ~ KÜMMERLE I B **1888/1974**, 489 ~ ERK / BÖHME III B **1893f./1988**, 725f. ~
RISCH A **1908**, 159 ~ SPITTA A **1917**, 214 ~ LUCKE, Wilhelm / MOSER, Hans Joachim in WA 35 (**1923**) 177–180. 451f. 513f. 621 ~ KULP, Johannes: „Gott der Vater wohn uns bei." Lutherlied zum Trinitatisfest, MGkK 39 (**1934**) 148f. ~
SCHLISSKE B **48**, 161–168 ~
STAPEL B **50**, 77f. 218f. ~ BLANKENBURG A **51**, 69f. ~ SCHLUNK B **51**, 123 ~ WEISMANN, Eberhard in WBK 18 (**1951**) H. 3, 47–51 ~ WEISS, Ewald in GuK **1952**, 121f. ~ AENGENVOORT A **53**, 136 ~ BERGMANN B **53**, 32. 35. 60. 108f. 173–175 ~ FISCHER, Martin in BRODDE / MÜLLER B **54**, 75–77 ~ JLH 1 (**1955**) 103 ~ SCHRÖDER B **55**, 92 ~ GERBER B **56**, 81f. ~ JLH 2 (**1956**) 123 ~ BLANKENBURG, Walter in HEKG II/2 (**1957**) 57–59. 66. 77 ~ FINSCHER A **57**, 67 ~ JLH 3 (**1957**) 112 ~ KULP / BÜCHNER / FORNACON in HEKG Sb (**1958**) 164. 178–181. 211. 264. 480. 486. 576 ~ BOES A **58/59**, 7. 19 ~ BRENNECKE A **58/59**, 68 ~ JLH 4 (**1958/59**) 139 ~
GSCHWEND A **62**, 164 ~ JENNY B **62**, 42f. 64. 128. 148. 156. 244–246. 280 ~ LIPPHARDT I A **62**, 142. 148 ~ MERTES B **62**, 185–187 ~ NELLE B ^{4}**62**, 31 ~ LIPPHARDT, Walther: „Mitten wir im Leben sind". Zur Geschichte des Liedes und seiner Weise, JLH 8 (**1963**) 109. 114f. ~ RECKZIEGEL B **63**, 80. 101. 139 ~ KÖHLER B **64** (HEKG I/2) 200–202 ~ SOMMER A **64**, 34f. 63. 79f. ~ KRATZEL A **66**, 171. 173 ~ SOMMER A **66**, 149 ~ AMELN A **67**, 173 ~ BIRKNER A **67**, 123f. 126. 128–130 ~ HAHN B **67**, 37 ~ JANOTA B **68**, 231f. 243 und Anm. 1103 ~ SCHÜTZ A **68**, 69 ~ GÄBLER, U.: Die Kinderwallfahrten aus Deutschland und aus der Schweiz zum Mont-Saint-Michel 1456–1459, Zs für Schweizerische Geschichte 63 (**1969**) 273–276 ~ GRIMM A **69**, 160. 176. 178 ~ JLH 14 (**1969**) 142 ~

FORNACON, Siegfried / GRIMM, Jürgen in HEKG III/1 (**1970**) 416–419 ~ WEISMANN, Eberhard ebd. 415 ~ JLH 15 (**1970**) 26; 16 (**1971**) 168 ~ QUACK A **72**, 62 ~ BLANKENBURG A **73/74**, 69. 72 ~ HOFMANN, Ernst / QUACK, Erhard in WGL III (**1975**) 175f. ~ JUST, M.: Der Mensuralkodex Mus.ms 40021 der Staatsbibliothek Preußischer Kulturbesitz Berlin (Würzburger musikhistorischer Beitrag 1), **1975**, 2. Tl., 123 ~ PIPER A **75**, 110 ~ RÖSSLER B **76**, 109–111. 178. 188 ~ RÖSSLER-Bibl. B **76**, 251 ~ BLANKENBURG A **78**, 147 ~ GOJOWY A **78**, 97. 99f. 110. 120. 122f. ~ JENNY, Markus in MGD 33 (**1979**) 138 ~
JANOTA, Johannes: Schola cantorum und Gemeindelied im Spätmittelalter, JLH 24 (**1980**) 42f. ~ HAHN B **81**, 13. 20. 47. 97. 174. 201. 229–234. 296. 313 ~ JANOTA, Johannes: „Got der vater won uns bei", VerLex 3 ([2]**1981**) 112f. ~ JLH 26 (**1982**) 145 ~ MÜLLER A **82**, 109 ~ DRÖMANN A **83**, 170 ~ HEIMRATH / KORTH B **83**, 70f. 134 ~ JENNY A **83**, 46. 49 ~ JENNY B **83**, 69–71 ~ KADELBACH A **83**, 92 ~ LIPPHARDT A **83**, 72 ~ RAU, Gerhard: „Gott der Vater wohn uns bei". Predigt über Martin Luthers Lied (EKG 109), MuK 53 (**1983**) H. 5, 242–245 (Pr vom 6. 6. 1982) ~ AMELN, Konrad: Gott der Vater wohn uns bei. Direkte oder indirekte Anrede?, JLH 28 (**1984**) 84–91 ~ AMELN A **85**, 15 ~ ASPER B **85**, 55. 57. 60. 64. 67f. 70. 75. 80f. ~ JENNY B **85** (WA.A 4) 79–88. 236f. 328 ~ JLH 29 (**1985**) 193. 230 ~ AMELN A **86**, 118. 126 ~ VEIT B **86**, 41. 55f. 58 Anm. 92. 65. 81. 83. 86 Anm. 22. 90 Anm. 54. 106 Anm. 131. 127. 135. 142 Anm. 12. 143. 157 Anm. 89. 166 ~ HOFMANN, Ernst / SIDLER, Hubert in RGL (**1988**) 669 ~ HESSING B [2]**89**, 28f. ~
MOESERITZ B **90**, 150–154 ~ JLH 33 (**1990/91**) 184 ~ BLANKENBURG B **91**, 148. 151. 153–156. 174. 334 ~ KORNEMANN A **94**, 14 ~ HENKYS A **94/95**, 139. 142 ~ HOFFLEIT B **95**, 278 ~ ROSER B **95**, 102–104 ~ ÜHLEIN B **95**, 136 ~ DKL III/1.2 Notenbd. (**1996**) 145f. ~ KLEK / SCHRADE A **96** ~ ROSER A **96**, 84 ~ DKL III/1.2 Textbd. (**1997**) 174–176 ~ von MEDING B **98**, 140–143. 295. 309. 317. 324. 445. 447 ~ SEIBT B **98**, 259 ~ WISSEMANN / GARBE A **98**, 120 ~ DKL III/1 Registerbd. (**1999**) 32. 113. 206 ~ RÖSSLER, Martin / ALBRECHT, Christoph in HEG II (**1999**) 204–208. 352–354 ~ MÖLLER B **00**, 98 ~ RÖSSLER B **01**, 52 ~ DKL III/2 Textbd. (**2002**) 126f. ~ MARTINI B **02**, 73 ~ SCHMIDT B **02**, 197 ~ KÜCK / KURZKE B **03**, 60 ~ LAUTERWASSER, Helmut in LKEG H. 10 (**2004**) 76–79

139 Gelobet sei der Herr

KOCH III B [3]**1867/1973**, 347 ~ FISCHER I B **1878/1967**, 208 ~ BÄUMKER IV B **1911/1962**, 690 ~

JULIAN B [2]**1907/1985**, 866 ~ NELLE B [3]**1924/1962**, Nr. 168 ~ SCHLUNK B **51**, 119 ~ BRUPPACHER B **53**, 51f. ~ KULP / BÜCHNER / FORNACON in HEKG Sb (**1958**) 181 ~
NELLE B [4]**62**, 182 ~ RECKZIEGEL B **63**, 94. 102. 107 ~ KÖHLER B **64** (HEKG I/2) 203f. ~
STALMANN, Joachim / GRIMM, Jürgen in HEKG III/1 (**1970**) 420f. ~ WEISMANN, Eberhard ebd. 415 ~ DRÖMANN A **78**, 192 ~ GOJOWY A **78**, 110 ~ JENNY, Markus in MGD 33 (**1979**) 138 ~
SAUER-GEPPERT B **84**, 26 ~
FRANK B [2]**93**, 566 ~ SCHULZ A **98**, 28 ~ EISINGER, Walther in HEG II (**1999**) 234f. ~
RÖSSLER B **01**, 431 ~ EGERER, Ernst-Dietrich in LKEG H. 10 (**2004**) 80–83

Zur Mel. s. auch bei EG 321 „Nun danket alle Gott" !

140 Brunn alles Heils, dich ehren wir

KOCH VI B [3]**1869/1973**, 68 ~ FISCHER I B **1878/1967**, 69 ~ KÜMMERLE I B **1888/1974**, 296 ~
SCHLUNK B **51**, 39 ~ BRUPPACHER B **53**, 230f. ~ KULP / BÜCHNER / FORNACON in HEKG Sb (**1958**) 181 ~
SAUER-GEPPERT A **61** ~ NELLE B [4]**62**, 235. 237 ~ KÖHLER B **64** (HEKG I/2) 204f. ~ ZELLER A **69**, 61 ~
STALMANN, Joachim / GRIMM, Jürgen in HEKG III/1 (**1970**) 421f. ~ WEISMANN, Eberhard ebd. 415 ~
KORNEMANN A **94**, 13 ~ WEG II (**1994**) 71 ~ BUNNERS A **97**, 84. 90. 93 ~ DEICHGRÄBER B [2]**97**, 112–117 (Gott in seiner Fülle anbeten) (+B) ~ SCHRADER A **97**, 47. 51 ~ WEG IV (**1997**) 55. 102f. ~ REICH A **98**, 70 ~ SCHULZ A **98**, 28 ~ WEG V (**1998**) 18. 108 ~ MARTI, Andreas / STEIGER-HOFFLEIT, Claudia in HEG II (**1999**) 118. 320–322 ~
STEFAN A **00**, 52 ~ RÖSSLER, Martin in MÖLLER B **00**, 185 ~ DANZEGLOCKE A **01**, 107 ~ RÖSSLER B **01**, 115. 576. 616. 635 ~ KNEITSCHEL B **03**, 263. 280 ~ RÖSSLER, Martin in LKEG H. 10 (**2004**) 84–90

Zur Mel. s. auch bei EG 300 „Lobt Gott, den Herrn der Herrlichkeit" !

Besondere Tage

WEISMANN, Eberhard: Kleinere Feste, HEKG III/1 (**1970**) 422f.

141 Wir wollen singn ein Lobgesang

THOMAS, Wilhelm: Zum St. Johannistag, MGkK 37 (**1932**) 145 ~ SCHLUNK B **51**, 377f. ~ BERGMANN B **53**, 18 ~ BLANKENBURG, Walter in HEKG II/2 (**1957**) 95 ~ KULP / BÜCHNER / FORNACON in HEKG Sb (**1958**) 137. 183–185 . 270. 543 ~
KÖHLER B **64** (HEKG I/2) 206f. ~
STALMANN, Joachim / GRIMM, Jürgen in HEKG III/1 (**1970**) 425–427 ~ WEISMANN, Eberhard ebd. 423 ~ DRÖMANN A **78**, 192 ~
ERNST B **85**, 208 ~
DKL III/1.1 Textbd. (**1993**) 211 ~ KORNEMANN A **94**, 13 ~ KNOPP A **97**, 251. 253 ~ WEG IV (**1997**) 82 ~ JLH 37 (**1998**) 221 ~ DKL III/1 Registerbd. (**1999**) 50. 231 ~ SCHEITLER A **99**, 171 ~ SCHNEIDER, Matthias / PISTORIUS, Dietmar / KRUMMACHER, Christoph in HEG II (**1999**) 113–115. 145–148. 213 ~
RÖSSLER B **01**, 202. 283f. ~ BALDERMANN, Ingo / HEINRICH, Johannes in LKEG H. 4 (**2002**) 74–77 ~ DKL III/2 Textbd. (**2002**) 261 ~ JLH 42 (**2003**) 228

Zur Mel. s. auch bei EG 469 „Christe, du bist der helle Tag“ !

142 Gott, aller Schöpfung heilger Herr

(De Sanctis Angelis)

JENNY, Markus / SIDLER, Hubert / HOFMANN, Ernst / MOSSLER, Friedemann in WGL VI (**1977**) 363f. = MS 113 (**1993**) 389f.; mit Revisionsbericht von HOFMANN, Ernst, ebd. 390 ~ SEUFFERT, Josef in WGL IX (**1979**) 119 ~
HOFMANN, Ernst in RGL (**1988**) 760 ~
ZIPPERT A **94**, 37f. ~ ZIPPERT B **95**, 105f. (B) ~ NSK **1996**/2, 9 ~ KNOPP A **97**, 252 ~ HERBST I A **99**, 258 ~ SOERGEL, Gero in HEG II (**1999**) 157f. ~

STEFAN A **00**, 52 ~ KNEITSCHEL B **03**, 309 ~ EGERER, Ernst-Dietrich in LKEG H. 12 (**2005**) 77–79

Zur Mel. s. auch bei EG 300 „Lobt Gott, den Herrn der Herrlichkeit" !

143 Heut singt die liebe Christenheit

(Dicimus grates tibi)

KOCH I B [3]**1866/1973**, 472 ~
SCHLUNK B **51**, 164f. ~ JLH 1 (**1955**) 61 ~ BLANKENBURG, Walter in HEKG II/2 (**1957**) 85f. ~ JLH 3 (**1957**) 119 ~ KULP / BÜCHNER / FORNACON in HEKG Sb (**1958**) 52. 186f. 270. 490 ~
TAPPOLET B **63**, 135 ~ KÖHLER B **64** (HEKG I/2) 209f. ~ JLH 11 (**1966**) 109 ~ STÄHLIN, Wilhelm: Über einige Liedzeilen, Quatember 31 (**1966/67**) H. 4, 164f. (B) ~
STALMANN, Joachim / GRIMM, Jürgen in HEKG III/1 (**1970**) 429–431 ~ WEISMANN, Eberhard ebd. 423 ~ GOJOWY A **78**, 118 ~ WITTENBERG A **79**, 78 ~
MOSER B **81**, 226. 645 ~ ERNST B **85**, 59. 63. 110. 122f. 128. 193 ~ DKL III/1.1 Notenbd. (**1993**) 124 ~ DKL III/1.1 Textbd. (**1993**) 128 ~ FRANK B [2]**93**, 448 ~ ZIPPERT A **94**, 38 ~ ZIPPERT B **95**, 102. 105f. (+B) ~ NSK **1996**/2, 9 ~ KNOPP A **97**, 252 ~ BLOCK, Detlev in MEYER B [2]**97**, 69f. ~ Een Comp [3]**1998**, Nr. 302. 425 ~ JLH 37 (**1998**) 221 ~ REICH A **98**, 69 ~ DKL III/1 Registerbd. (**1999**) 209 ~ KALBERLAH, Hans-Jürgen / PISTORIUS, Dietmar / KRUMMACHER, Christoph in HEG II (**1999**) 42–44. 145–148. 213 ~
RÖSSLER B **01**, 283f. 1000 ~ DKL III/2 Textbd. (**2002**) 232f. ~ DKL III/3 (**2005**) (zu Fassung A 305 A) ~ WISSEMANN-GARBE, Daniela in LKEG H. 12 (**2005**) 80–84

Busstag

WEISMANN, Eberhard in HEKG III/1 (**1970**) 424

144 Aus tiefer Not lasst uns zu Gott

KOCH I B [3]**1866/1973**, 256; VIII B [3]**1876/1973**, 222 ~ FISCHER I B **1878/1967**, 59 ~ KÜMMERLE I B **1888/1974**, 63 ~
SCHLUNK B **51**, 31f. ~ SCHOENBAUM A **57**, 59 ~ KULP / BÜCHNER / FORNACON in HEKG Sb (**1958**) 189 ~
JENNY B **62**, 178 ~ NELLE B [4]**62**, 73 ~ RECKZIEGEL B **63**, 104. 208 ~ KÖHLER B **64** (HEKG I/2) 213–215 ~ LIPPHARDT A **68**, 166 ~
STALMANN, Joachim / GRIMM, Jürgen in HEKG III/1 (**1970**) 435f. ~ WEISMANN, Eberhard ebd. 424 ~ MOSER B [2]**76**, 93–96 (B) ~ JLH 21 (**1977**) 95 ~ DRÖMANN A **78**, 192 ~
DRÖMANN A **83**, 171 ~ SAUER-GEPPERT B **84**, 90f. 123. 125 ~ SCHULZ A **89**, 30 ~
MOESERITZ B **90**, 386–388 ~ FRANK B [2]**93**, 544 ~ DKL III/1.2 Notenbd. (**1996**) 100 ~ DKL III/1.2 Textbd. (**1997**) 87–89 ~ DKL III/1 Registerbd. (**1999**) 71. 73. 78. 82. 86. 193 ~ KRIEG, Gustav A. in HEG II (**1999**) 342–344 ~
RÖSSLER B **01**, 245 ~ DKL III/2 Textbd. (**2002**) 288f. ~ MARTINI B **02**, 39. 126 ~ HUNZINGER, Michael in LKEG H. 11 (**2005**) 88–91

Zur Mel. s. auch bei EG 299 II „Aus tiefer Not schrei ich zu dir“ !

145 Wach auf, wach auf, du deutsches Land

GURLITT, Willibald in MGkK 41 (**1936**) 226–230 ~
WAGNER, Erich: „Wach auf, du deutsches Land“, „Harre, meine Seele“. Ein Liedvergleich im 9. Schuljahr, EvE 2 (**1950/51**) H. 5/6, 41–43 ~ SCHLUNK B **51**, 339f. ~ WEISS, Ewald in GuK **1954**, 114 ~ SCHRÖDER B **55**, 76f. 87. 98 ~ GABRIEL B [3]**56**, 42f. ~ GERBER B **56**, 101–103 ~ KLEPPER B **56**, 630 (B) ~ BACH, Arthur / GRIMME, Gertrud in EvUV (**1957**) 156–158 ~ BLANKENBURG, Walter in

HEKG II/2 (**1957**) 60. 63. 65 ~ KULP / BÜCHNER / FORNACON in HEKG Sb (**1958**) 217. 578–580 ~ STÄHLIN A **58**, 148f. ~
FRÖR, Kurt in KUV 8 ([2]**1960**) 380f. ~ HERMANN, Johannes in WBK 28 (**1961**) H. 4, 81–84 ~ JLH 8 (**1963**) 259 ~ KÖHLER B **64** (HEKG I/2) 549–551 ~ BLANKENBURG A **66**, 250 ~ ABRAHAM, Lars Ulrich: Das politische Moment im unpolitischen Lied, in: Das Politische im Lied. Politische Momente in Liedpflege und Musikerziehung, Schriftenreihe der Bundeszentrale für politische Bildung, H. 76, Bonn **1967**, 80–92, bes. 84 ~ GUDEWILL A **67**, 275 ~ JLH 13 (**1968**) 148 ~ NEUBACHER B **68**, 39 ~
LEITNER B [2]**71**, 89 ~ WITTENBERG A **73/74**, 139 ~ BREDNICH II B **75**, Nr. 305 ~ DRÖMANN A **78**, 192 ~ SCHOTT A **79**, 166 ~ WITTENBERG A **79**, 76. 93 ~
ELTZ-HOFFMANN B **80**, 20 ~ ERB I B [2]**81**, 19–21 ~ HASSELMANN, Karl-Behrnd: Wach auf, wach auf, du deutsches Land – EKG 390 und Lukas 17, 20–30, in NITSCHKE B **81**, 134–138 (Pr) ~ JENNY A **83**, 49 ~ HEINER B [3]**85**, 49 ~ KEMPER B **87**, 255 ~ JLH 31 (**1987/88**) 132 ~
ALBRECHT, Christoph in HEKG III/2 (**1990**) 532–536 ~ BLANKENBURG B **91**, 105f. 230f. 348f. ~ KUESSNER A **91**, 28 ~ DKL III/1.1 Notenbd. (**1993**) 241 ~ DKL III/1.1 Textbd. (**1993**) 210f. ~ ZIPPERT A **94**, 47–49 ~ WITTENBERG A **94/95**, 202 ~ ALBRECHT B [4]**95**, 25f. 72 ~ KRUMMACHER A **95**, 772 ~ ZIPPERT B **95**, 131f. (B) ~ NSK **1997**/3, 15 ~ RUBERG A **97**, 52 ~ JLH 37 (**1998**) 163 ~ SCHRÖER A **98**, 8 ~ DKL III/1 Registerbd. (**1999**) 31. 230 ~ STALMANN, Joachim in HEG II (**1999**) 337–339 ~
JLH 39 (**2000**) 235 ~ KÜCK, Cornelia: „Wach auf, wach auf, du deutsches Land" – Zur Geschichte eines Bußliedes zwischen 1926 und 1950, IAHB 28/29 (**2000/ 2001**) 153 ~ WENNEMUTH A **00/01**, 182f. ~ WENZEL, Mechthild: Die „Fürsten-Lieder" in deutschen Gesangbüchern nach dem Ersten Weltkrieg. Ein „Nachtrag" zum Schlesischen Provinzialgesangbuch von 1908, IAHB 28/29 (**2000/2001**) 153 ~ RÖSSLER B **01**, 107–110. 911 ~ BAYER, Jens: Spiegel des Zeitgeistes. Das Mainzer Gesangbucharchiv dokumentiert Kulturgeschichte, EvKZ vom 10. 11. **2002,** 24 ~ MAGER, Inge / STALMANN, Joachim in LKEG H. 4 (**2002**) 78–82 ~ MARTINI B **02**, 75. 87–89. 121. 123f. ~ JLH 42 (**2003**) 228 ~ KÜCK / KURZKE B **03**, 5. 60. 63 ~ REICH, Christa: Nicht gegen Israel, EvKZ vom 5. 10. **2003**, 23 ~ BAYER-GIMM, Jens: Geschichte mit Liedern, EvSZ vom 24. 4. **2005**, 10

146 Nimm von uns, Herr
(Aufer immensam, Deus, aufer iram)

KOCH II B [3]**1867/1973**, 213; VIII B [3]**1876/1973**, 165 ~ FISCHER II B **1879/1967**, 98f. ~ KÜMMERLE II B **1890/ 1974**, 374f. ~ SCHLUNK B **51**, 253f. ~ BRUPPACHER B **53**, 209f. ~ GERBER, Hermann: Als die Türken drohten, WuW 9 (**1954/55**) Nr. 11, 129 = GERBER B **56**, 83–85 ~ KULP / BÜCHNER / FORNACON in HEKG Sb (**1958**) 94. 190f. 259. 535 ~
JLH 6 (**1961**) 138 ~ AMELN A **62**, 55. 65. 74 ~ JLH 7 (**1962**) 115 ~ RECKZIEGEL B **63**, 215 ~ KÖHLER B **64** (HEKG I/2) 215–217 ~ AMELN A **69**, 184 ~ GRIMM A **69**, 169 ~
STALMANN, Joachim / GRIMM, Jürgen in HEKG III/1 (**1970**) 437f. ~ WEISMANN, Eberhard ebd. 424 ~ RÖSSLER-Bibl. B **76**, 265 ~ GOJOWY A **78**, 106. 115. 119. 122 ~ JENNY, Markus in MGD 33 (**1979**) 138. 140 ~
DRÖMANN A **83**, 173 ~ SAUER-GEPPERT B **84**, 30 ~ ERB II B [2]**85**, 59 ~ JLH 29 (**1985**) 209 ~ MGD 40 (**1986**) 113 ~ AXMACHER B **89**, 139. 147–151 ~ JLH 32 (**1989**) 275 ~
FRANK B [2]**93**, 484 ~ ROSER B **95**, 138f. ~ NSK **1996**/1, 17 ~ EISINGER, Walther in HEG II (**1999**) 217f. ~ JLH 38 (**1999**) 96 ~ AXMACHER, Elke / STALMANN, Joachim in LKEG H.2 (**2001**) 94–96 ~ RÖSS
LER B **01**, 354 ~ JLH 41 (**2002**) 238

Zur Mel. s. auch bei EG 344 „Vater unser im Himmelreich" !

Ende des Kirchenjahres

WEISMANN, Eberhard in HEKG III/1 (**1970**) 438f.

147 Wachet auf, ruft uns die Stimme

KOCH II B ^{3}**1867/1973**, 341. 377; VIII B ^{3}**1876/1973**, 34. 663 ~ FISCHER II B **1879/1967**, 316–318 ~ ERK / BÖHME III B **1893f./1988**, 867 ~ KÜMMERLE IV B **1895/1974**, 9–13 ~ JULIAN B ^{2}**1907/1985**, 805f. ~ DEGGAU, Johannes: Ein neues „Wachet auf". Für den großen Geisterstreit, MGkK 20 (**1915**) H. 5, 133 (Neudichtung) ~ NELLE B ^{3}**1924/1962**, Nr. 509 ~ KULP, Johannes: Die Lieder Philipp Nicolais im Lichte seiner Theologie, MGkK 35 (**1930**) H. 6, 166–173 ~ MEHL A **1930**, 210 ~ LOHR A **48**, 154–157 ~ SCHLUNK B **51**, 341f. ~ GERBER, Hermann: Der König der Choräle, WuW 6 (**1951/52**) Nr. 50, 432 ~ BUDDE B **52**, 43–62, bes. 56f. ~ KIEFNER A **52**, 46 ~ BERGMANN B **53**, 37. 61. 73. 119. 121f. 228f. ~ BRUPPACHER B **53**, 414–416 ~ EISENHUTH B **53**, 53–56 ~ LAUTERBURG B **53**, 220–224 ~ BLANKENBURG A **56** ~ GABRIEL B ^{3}**56**, 62f. ~ HAUSCHILDT, Karl: Liedkatechese zu „Wachet auf, ruft uns die Stimme" am Ende des Kirchenjahres, EvU 11 (**1956**) 165 ~ UTPADEL, Waldemar: Wachet auf, ruft uns die Stimme – Zum 400. Geburtstag des Predigers und Dichters Philipp Nicolai, ebd. 117 ~ WEISMANN A **56** ~ BACH, Arthur / GRIMME, Gertrud in EvUV 6 (**1957**) 159–162, ähnlich in KUV 8 (^{2}**1960**) 348–350 ~ BLANKENBURG, Walter in HEKG II/2 (**1957**) 92–94 ~ KULP / BÜCHNER / FORNACON in HEKG Sb (**1958**) 83. 197f. 342. 483. 503 ~ STÄHLIN A **58**, 150 ~ JLH 4 (**1958/59**) 153 ~ AMELN A **60**, 805f. ~ BLANKENBURG A **61**, 593f. ~ MERTES B **62**, 29–31. 106 ~ NELLE B ^{4}**62**, 87–89 ~ NICOLAI, Philipp: Freudenspiegel des ewigen Lebens, hg. Reinhard Mumm, Soest **1963** (Faksimileausgabe) ~ RECKZIEGEL B **63**, 114 ~ WERTHEMANN B **63**, 168 ~ KÖHLER B **64** (HEKG I/2) 219f. ~ AMELN A **67**, 175 ~ STÄHLIN, Wilhelm: Über einige Liedzeilen, Quatember 32 (**1967/68**) H. 4, 158f. (B) ~ NEUBACHER B **68**, 44f. ~ STÄHLIN, Wilhelm: „Kein Aug' hat je gespürt, kein Ohr hat je gehört solche Freude" (EKG 121,1). Eine Liedbetrachtung, MuK 38 (**1968**) 261f. (B) ~

JLH 15 (**1970**) 204. 253 ~ STALMANN, Joachim / WEISMANN, Eberhard in HEKG III/1 (**1970**) 143–146. 438f. ~ JLH 16 (**1971**) 243 ~ JENNY, Markus in NSK AM (**1972**) 7, 38 ~ ebd. 7, 35 ~ GERBER A **73**, 5 ~ WITTENBERG A **73/74**, 159 ~ JENNY, Markus / Kraft, Sigisbert / STEIN, Josef in WGL I (**1975**) 119–121 ~ MGD 29 (**1975**) 20 ~ PIPER A **75**, 119 ~ SAUER-GEPPERT A **75**, 225 ~ LISS, Bernhard in Pr GL 1 (**1976**) 31–34 (+Pr) ~ MGD 30 (**1976**) 221f. ~ REICH, Philipp: Paul-Gerhardt-Gedenkjahr. Was bleibt?, KmN 27 (**1976**) H. 4, 3 ~ RÖSSLER-Bibl. B **76**, 274 ~ AMELN A **77**, 132f. ~ JLH 21 (**1977**) 152 ~ MGD 31 (**1977**) 186 ~ SAUER-GEPPERT A **77**, 73 ~ GOJOWY A **78**, 111. 120. 122f. ~ JLH 22 (**1978**) 170. 260 ~ JENNY, Markus in MGD 33 (**1979**) 136 ~ SEUFFERT, Josef in WGL IX (**1979**) 37f. ~ WITTENBERG A **79**, 68. 73 ~

ELTZ-HOFFMANN B **80**, 34–37 ~ JLH 24 (**1980**) 108 ~ MGD 34 (**1980**) 167; 35 (**1981**) 50. 158. 250 ~ AESCHBACHER A **82**, 99f. ~ MGD 36 (**1982**) 47. 65. 205 ~ SIDLER A **82**, 217 ~ JENNY A **83**, 193 ~ JLH 27 (**1983**) 153. 223 ~ KRÜGER, Helmut: Philipp Nicolais Wächtermelodie – nur eine Melodie? Ein Beitrag zur Frage des Wort-Ton-Verhältnisses, IAHB 11 (**1983**) 63–65 ~ JLH 28 (**1984**) 223 ~ ZIPPERT B **84**, 80–82 (Pr vom 28. 11. 1979) ~ ERB II B ^{2}**85**, 74f. 77–81 ~ HEINER B ^{3}**85**, 107 ~ JLH 29 (**1985**) 48. 230 ~ MGD 39 (**1985**) 5. 9. 12 ~ NSK **1986**/2, 3. 27 ~ MGD 41 (**1987**) 243 ~ NSK **1987**/2, 18 ~ PARENT B **87**, 53. 73. 159. 276 ~ JLH 31 (**1987/88**) 131 ~ JENNY, Markus in RGL (**1988**) 569 ~ MGD 42 (**1988**) 39. 307 ~ HESSING B ^{2}**89**, 29f. ~ HOFMANN A **89** ~ HORKEL, Wilhelm: „Wachet auf . . .!" Gedanken zu einem Choral von Philipp Nicolai, meditation 15 (**1989**) H. 2, 68–70 (+B) ~ MGD 43 (**1989**) 205. 308 ~ NSK **1989**/2, 20 ~

MGD 44 (**1990**) 182 ~ JLH 33 (**1990/91**) 248 ~ KRIEG A **92/93**, 51 ~ DE LA MOTTE B **93**, 203f. ~ SCHNEIDER / VICKTOR B **93**, 190–195 ~ KORNEMANN A **94**, 10 ~ ZIPPERT A **94**, 49–51 ~ JLH 35 (**1994/95**) 237 ~ ALBRECHT B ^{4}**95**, 39f. 75 ~ HOFFLEIT B **95**, 38–40 ~ NSK **1995**/3, 25 ~ ROSER B **95**, 139f. ~ WEG III (**1995**) 36 ~ ZIPPERT B **95**, 134. 137–142 (+B) ~ NSK **1996**/1, 17 ~ SCHMIDT A **96**, 76 ~ WINKES B **96**, 11–16 (B) ~ KADELBACH A **96/97**, bes. 194 ~ KORTH, Hans-Otto / WISSEMANN-GARBE, Daniela: Philipp Nicolai und seine Lieder, in: Die Pest, der Tod, das Leben – Philipp Nicolai – Spuren der Zeit. Beiträge zum Philipp-Nicolai-Jahr 1997, Ev. Kirchengemeinde / Ev. Kirchenkreis, Unna **1997**, 59–80 ~ RUBERG A **97**, 51f. ~ STALMANN, Joachim in MÖLLER B **97**, 112 (Ansprache vom 23. 11. 1996) ~ WEG IV (**1997**) 82 ~ Een Comp ^{3}**1998**, Nr. 244. 262. 267 ~ JLH 37 (**1998**) 155. 224 ~ KLARER A **98**, 69 ~ SEIBT B **98**, 108 ~ WEG V (**1998**) 103 ~ WGD 5 (**1998**) 17 ~ WH 1 (**1998**) 69 ~ EISINGER, Walther in HEG II (**1999**) 228–230 ~ HENKYS B

99, 197. 199f. ~ JLH 38 (**1999**) 238 ~ KADELBACH A **99**, 237. 244f. ~ KLEK A **99** ~ RICHTER, Matthias: Philipp Nicolai und sein Freudenspiegel des ewigen Lebens, in BRUSNIAK / STEIGER B **99**, 207–220 ~ WALTER, Meinrad: „Wachet auf, ruft uns die Stimme!". Philipp Nicolai und Johann Sebastian Bach als Ausleger des Gleichnisses von den klugen und törichten Jungfrauen, ebd. 247–267 ~
JLH 39 (**2000**) 230f. ~ RIEHM A **00**, 159 ~ RÖSSLER, Martin in MÖLLER B **00**, 148f. 199 ~ SCHMIDT, Rudolf in SEEBERG B **00**, 125–130 (Pr vom 22. 11. 1999) ~ WENNEMUTH A **00/01**, 183f. ~ FRANZ, Ansgar: Schriftgemäßheit als Anspruch an das Kirchenlied, Hl. Dienst 55 (**2001**) bes. 29–31 ~ Ders. in Geistl. Wunderhorn (**2001**) 154–166. 512f. ~ JLH 40 (**2001**) 22. 205 ~ MARTI B **01**, 146. 167 ~ MORATH A **01**, 106 ~ RÖSSLER B **01**, 304. 313. 328–336. 636f. 747. 908. 926 ~ FRANZ B **02**, 610 ~ JLH 41 (**2002**) 236f. ~ SCHMIDT B **02**, 69. 86–89. 747 ~ STALMANN, Joachim in LKEG H. 4 (**2002**) 83–88 = (mit Bearbeitung von Hans-Jürg Stefan) ÖLK I (**2001**) ~ FÄRBER, Bardo in HARTMANN B **03**, 57–60 (+Pr) ~ JLH 42 (**2003**) 228 ~ KNEITSCHEL B **03**, 63. 229. 281f. 376f. ~ KÜCK / KURZKE B **03**, 65. 69 ~ REICH A ^{3}**03**, 765 ~ SCHEFFBUCH 1 B ^{8}**03**, 288f. ~ JORDAHN A **04**, 254–256 ~ SCHEITLER, Irmgard: Zur Rezeptionsgeschichte von *Wachet auf, ruft uns die Stimme.* Vom geistlichen Brautlied zum Kampflied der NS-Luftwaffe, IAHB 32 (**2004**) 159–170

Zum Satz zu Str. 3 s. bei EG 535 „Gloria sei dir gesungen" !

148 Herzlich tut mich erfreuen

KOCH I B ^{3}**1866/1973**, 286; II B ^{3}**1867/1973**, 404; VIII B ^{3}**1876/1973**, 655 ~ BÖHME B **1877/1966**, Nr. 142 ~ FISCHER I B **1878/1967**, 290f. ~
JULIAN B ^{2}**1907/1985**, 1232 ~
SCHLUNK B **51**, 161 ~ STIER, Alfred in Km 3 (**1952**) 114–116 ~ BERGMANN B **53**, 241 ~ SCHEIBENBERGER A **53/54** (B) ~ SCHRÖDER B **55**, 73–75. 98 ~ BLANKENBURG, Walter in HEKG II/2 (**1957**) 68 ~ BRODDE, Otto: Herzlich tut mich erfreuen die liebe Sommerzeit. Eine Liedbetrachtung, KCh 17 (**1957**) H. 4, 50–53 (B) ~ KULP / BÜCHNER / FORNACON in HEKG Sb (**1958**) 33. 199. 217. 271. 482–484. 527. 562. 566 ~ BRENNECKE A **58/59,** 45 ~ JLH 4 (**1958/59**) 156. 250 ~
NELLE B ^{4}**62**, 60 ~ RECKZIEGEL B **63**, 159. 218 ~ WERTHEMANN B **63**, 103 ~ KÖHLER B **64** (HEKG I/2) 464f. ~ ANGER, Erhard: „Trauermusik?", KCh 25 (**1965**) H. 5, 70–72 (B) ~ JLH 11 (**1966**) 98 ~ SCHÜTZ, Adalbert: Evangelisches Singen, EvU 22 (**1967**) 75f. ~

SOMMER I A **72**, 131f. 154 ~ JLH 19 (**1975**) 77 ~ PIPER A **75**, 119 ~ HAAPALAINEN, T. Ilmari: Die Choralhandschrift von Kangasala aus dem Jahre 1624. Die Melodien und ihre Herkunft, Abo **1976**, 262 ~ RÖSSLER-Bibl. B **76**, 255 ~ SCHÖNBORN A **77**, 159 ~ SOMMER II A **77**, 142 ~
AMELN, Konrad: „Herzlich tut mich erfreuen“ – Wandlungen einer Melodie, in: Ars Musica Scientia (FS Heinrich Hüschen), Köln **1980**, 10–16 ~ ELTZ-HOFFMANN B **80**, 19f. ~ ERB I B **²81**, 21f. ~ JLH 26 (**1982**) 225f. ~ SCHEITLER B **82**, 259 ~
KORNEMANN, Helmut / BLINDOW, Martin in HEKG III/2 (**1990**) 329–332 ~ BLANKENBURG B **91**, 226–229. 236. 346 ~ DE LA MOTTE B **63**, 159. 218 ~ DKL III/1.1 Notenbd. (**1993**) 236f. ~ DKL III/1.1 Textbd. (**1993**) 207f. ~ FRANK B **²93**, 573 ~ GEHRT A **94**, 48f. (B) ~ ALBRECHT B **⁴95**, 139 ~ FOSS B **95**, 28. 56 ~ Een Comp **³1998**, Nr. 115. 288 ~ DKL III/1 Registerbd. (**1999**) 208 ~ STALMANN, Joachim in HEG II (**1999**) 337–339 ~
MÖLLER B **00**, 120 ~ RÖSSLER B **01**, 106 ~ MARTINI B **02**, 280 ~ STALMANN, Joachim in LKEG H. 12 (**2005**) 85–92

149 Es ist gewißlich an der Zeit

(Dies irae, dies illa)

KOCH I B **³1866/1973**, 471; II B **³1867/1973**, 370; VIII B **³1876/1973**, 658 ~ FISCHER I B **1878/1967**, 129f. 183f. ~ KÜMMERLE I B **1888/1974**, 381f. ~
NELLE B **³1924/1962**, Nr. 508 ~ KULP, Johannes: Der Hymnus *Dies irae, dies illa.* Für die Schlusssonntage des Kirchenjahres, MGkK 38 (**1933**) 256–263 ~
SCHLUNK B **51**, 102 ~ GERBER, Hermann: Der jüngste Tag, WuW 7 (**1952/53**) Nr. 48, 461 = GERBER B **56**, 86f. ~ BRUPPACHER B **53**, 399f. ~ EISENHUTH B **53**, 49–51 ~ WEISS, Ewald in GuK **1955**, 125 ~ JLH 2 (**1956**) 125 ~ BLANKENBURG, Walter in HEKG II/2 (**1957**) 65. 68f. 71f. ~ FINSCHER A **57**, 67f. 71 ~ KULP / BÜCHNER / FORNACON in HEKG Sb (**1958**) 191–197. 256. 270. 564 ~ BRENNECKE A **58/59**, 45. 50. 70f. ~ HERMELINK A **59**, 1480 ~ KUNZ, Lucas: Art. Dies irae, in LThK III (**1959**) 380f. ~
GSCHWEND A **62**, 166 ~ JENNY B **62**, 242 ~ NELLE B **⁴62**, 24. 84 ~ RECKZIEGEL B **63**, 115. 218 ~ WERTHEMANN B **63**, 137 ~ KÖHLER B **64** (HEKG I/2) 217f. ~ SOMMER A **64**, 49 ~ SZÖVERFFY I B **64**, 26. 28. 33. 92. 145. 178. 280. 425 ~ JLH 11 (**1966**) 109 ~ AMELN A **69**, 184 ~ GRIMM A **69**, 174 ~ HÜBNER B **69**, 45–47 ~ JLH 15 (**1970**) 166 ~ STALMANN, Joachim / GRIMM, Jürgen in

HEKG III/1 (**1970**) 439–443 ~ WEISMANN, Eberhard ebd. 438 ~ BLANKENBURG A **73/74**, 81–84 ~ BREDNICH I B **74**, 208f. 215. 219; II B **75**, Abb. 93. 99. 105f. 108 ~ MGD 30 (**1976**) 140 ~ RÖSSLER-Bibl. B **76**, 249 ~ SOMMER II A **77**, 140 ~ GOJOWY A **78**, 91. 115. 122f. ~ JENNY, Markus in MGD 33 (**1979**) 139 ~
MOSER B **81**, 540. 644 ~ DRÖMANN A **83**, 173. 188 ~ JENNY B **83**, 81–86 ~ HEINER B [3]**85**, 27 ~ JENNY B **85**, 56–58. 155–159 ~ MEYER, Christian: Les Mélodies des églises protestantes de langue allemande. Catalogue descriptif des Sources et édition critique des mélodies, I: Les mélodies publiées à Strasbourg (1524–1547), Baden-Baden / Bouxwiller **1987**, Register (Nr. 72) ~ PARENT B **87**, 160. 205. 274 ~ RÄDLE, Fidel: „Dies irae", in BECKER / EINIG / ULLRICH B **87**, 331–340 ~ JLH 32 (**1989**) 275 ~
NSK **1990**/2, 20 ~ KRIEG A **92/93**, 27. 45. 48 ~ FRANK B [2]**93**, 544 ~ MARTI, Andreas: Die Melodien von „Nun freut euch, lieben Christen g'mein", MGD 47 (**1993**) 174–177 ~ KORNEMANN A **94**, 13 ~ WEG II (**1994**) 40 ~ ROSER B **95**, 136f. ~ DKL III/1.2 Textbd. (**1997**) 192f. ~ Een Comp [3]**1998**, Nr. 279 ~ REICH A **98**, 69 ~ WEG V (**1998**) 18 ~ WISSEMANN-GARBE A **98**, 125f. ~ DKL III/1 Registerbd. (**1999**) 203 ~ RÖSSLER, Martin / BLOCK, Johannes in HEG II (**1999**) 204–208. 256f. ~
RÖSSLER B **01**, 107. 274. 368 ~ WENNEMUTH, Heike / WISSEMANN-GARBE, Daniela in LKEG H. 11 (**2005**) 92–96

Zur Mel. s. auch bei EG 341 „Nun freut euch, lieben Christen g'mein"!

150 Jerusalem, du hochgebaute Stadt

KOCH III B [3]**1867/1973**, 121. 253; VIII B [3]**1876/1973**, 668 ~ FISCHER I B **1878/1967**, 364f. ~ KÜMMERLE I B **1888/1974**, 423. 647f. ~
JULIAN B [2]**1907/1985**, 733 ~ NELLE B [3]**1924/1962**, Nr. 510 ~ SCHLUNK B **51**, 199 ~ BRUPPACHER B **53**, 404–406 ~ SCHLEDER, Hermann: Johann Matthäus Meyfart, Professor und Direktor des akademischen Gymnasiums in Coburg, und sein Jubelgesang „Jerusalem, du hochgebaute Stadt", in: FS zum 350jährigen Bestehen des Gymnasiums Casimirianum Coburg, Coburg **1955**, 17–44 ~ GABRIEL B [3]**56**, 80f. ~ BLANKENBURG, Walter in HEKG II/2 (**1957**) 95 ~ KULP / BÜCHNER / FORNACON in HEKG Sb (**1958**) 483. 501–503 ~ DOERNE A **59**, 1461 ~
FRÖR, Kurt in KUV 8 ([2]**1960**) 372–377 ~ NELLE B [4]**62**, 116 ~ SOMMER, Ernst: Johann Matthäus Meyfart und sein Lied „Jerusalem,

du hochgebaute Stadt", JLH 7 (**1962**) 149–157. Taf. Vf. ~ JLH 8 (**1963**) 259 ~ KÖHLER B **64** (HEKG I/2) 475f. ~
MENARD, Kurt: Lateinisches im Kirchenlied. Beobachtungen zu dem Liede „Jerusalem, du hochgebaute Stadt", JLH 16 (**1971**) 170f. ~ JLH 17 (**1972**) 240 ~ SAUER-GEPPERT, Waldtraut-Ingeborg: Jerusalem, du hochgebaute Stadt ... Ein quellenkritischer Vergleich, in: FS F. Tschirch, Böhlau, Köln / Wien **1972**, 249–263 ~ JLH 18 (**1973/74**) 248 ~ WITTENBERG A **73/74**, 159 ~ JLH 19 (**1975**) 77. 120. 222 ~ MOSER B ^{2}**76**, 78f. (B) ~ SAUER-GEPPERT A **77**, 73 ~
ELTZ-HOFFMANN B **80**, 40f. ~ TRUNZ, E. (Hg.): Meyfart, Johann Matthäus, Tuba novissima, das ist von den vier letzten Dingen des Menschen (1626). Mit einem Anhang „Ausgewählte Stücke aus Meyfarts Schriften", (Deutsche Neudrucke: Reihe Barock Nr. 26) Faksimile Tübingen **1980**, 85–88 ~ MGD 35 (**1981**) 250 ~ JLH 26 (**1982**) 140. 225; 27 (**1983**) 119. 302; 28 (**1984**) 193 ~ SAUER-GEPPERT B **84**, 41. 83f. 110f. 173 ~ ZIPPERT B **84**, 113–117 (Pr vom 15. 1. 1984) ~ ERB II B ^{2}**85**, 89f. ~ HEINER B ^{3}**85**, 159 ~ KEMPER B **87**, 246f. ~ HESSING B ^{2}**89**, 62f. ~ NSK **1989**/2, 19 ~
FLÜCKIGER, Wilhelm: „Jerusalem, du hochgebaute Stadt...". Zur vierhundertsten Wiederkehr des Geburtstages von Johann Matthäus Meyfart, geb. am 9. November 1590, Quatember 54 (**1990**) H. 3, 130–136 ~ KORNEMANN, Helmut / BLINDOW, Martin in HEKG III/2 (**1990**) 355–360 ~ NSK **1991**/2, 14 ~ KRIEG A **92/93**, 47 ~ HENKYS A **94/95**, 139 ~ ALBRECHT B ^{4}**95**, 78 ~ HOFFLEIT B **95**, 122 ~ NSK **1996**/1, 17 ~ Een Comp ^{3}**1998**, Nr. 264 ~ FLEINGHAUS, Helmut / KAPPNER, Gerhard in HEG II (**1999**) 94f. 214f. ~ HENKYS B **99**, 198–200 ~
BREUER, Dieter: Endzeitliche Ausblicke ins Himmlische Jerusalem bei Johann Matthäus Meyfart, Angelus Silesius und Martin von Cochem, Morgen-Glantz 10 (**2000**) 67–94, bes. 67–71 ~ RÖSSLER, Martin in MÖLLER B **00**, 152f. ~ HERBST II A **01**, 176 ~ MARTI B **01**, 167 ~ RÖSSLER B **01**, 107 ~ MARTINI B **02**, 118f. ~ SCHMIDT B **02**, 608 ~ KNEITSCHEL B **03**, 331 ~ SCHEFFBUCH 1 B ^{8}**03**, 273f. ~ JORDAHN A **04**, 263–266 ~ LAUTERWASSER, Helmut: Jerusalem, du hochgebaute Stadt. Zur Geschichte der Melodie des Liedes, GAGF 18 (**2004**) 52–60 ~ REICH, Christa: Jerusalem, du hochgebaute Stadt. Das große Lied von Matthäus Meyfart, ebd. 40–51

151 Ermuntert euch, ihr Frommen

KOCH IV B ^{3}**1868/1973**, 283; VIII B ^{3}**1876/1973**, 682 ~ FISCHER I B **1878/1967**, 171f. ~

NELLE B ^{3}**1924/1962**, Nr. 515 ~
SCHLUNK B **51**, 96f. ~ BRUPPACHER B **53**, 416f. ~ EISENHUTH B **53**, 100–103 ~ KULP / BÜCHNER / FORNACON in HEKG Sb (**1958**) 57. 198f. ~
NELLE B ^{4}**62**, 193 ~ KÖHLER B **64** (HEKG I/2) 220f. ~
STALMANN, Joachim / GRIMM, Jürgen in HEKG III/1 (**1970**) 446–448 ~ WEISMANN, Eberhard ebd. 439 ~ MAI, Gottfried: Die niederdeutsche Reformbewegung. Ursprünge und Verlauf des Pietismus in Bremen bis in die Mitte des 18. Jahrhunderts, Hospitium Ecclesiae, Bd. 12, Bremen **1979** ~
HEINER B ^{3}**85**, 175 ~ ERB IV B ^{2}**86** ~ MGD 41 (**1987**) 70 ~
ARNDAL, Steffen: Das geistliche Lied des Pietismus in Deutschland und Dänemark – zu den Übersetzungen und Originalliedern Hans Adolf Brorsons, JLH 33 (**1990/91**) 170f. ~ NSK **1996**/1, 17 ~ SEIBT B **98**, 257 ~ WÖLFEL, Dietrich in HEG II (**1999**) 201 ~
RÖSSLER B **01**, 274. 645 ~ SCHEFFBUCH 2 B ^{2}**01**, 164 ~ MARTINI B **02**, 89 ~ SCHMIDT B **02**, 186–188. 559f. 730 ~ SCHMIDT, Eberhard in LKEG H. 10 (**2004**) 91–96

Zur Mel. s. auch bei EG 148 „Herzlich tut mich erfreuen" !

152 Wir warten dein, o Gottes Sohn

FISCHER II B **1879/1967**, 403 ~
NELLE B ^{3}**1924/1962**, Nr. 517 ~
GERBER, Hermann: Wer wird's lernen?, WuW 2 (**1947/48**) Nr. 49/50, 367–369 ~
SCHLUNK B **51**, 376f. ~ BRUPPACHER B **53**, 418f. ~ KULP / BÜCHNER / FORNACON in HEKG Sb (**1958**) 199f. 202. 432 ~
NELLE B ^{4}**62**, 222 ~ KÖHLER B **64** (HEKG I/) 221f. ~ JLH 11 (**1966**) 186 ~
STALMANN, Joachim / GRIMM, Jürgen in HEKG III/1 (**1970**) 448f. ~ WEISMANN, Eberhard ebd. 439 ~ WITTENBERG A **73/74**, 159 ~ DRÖMANN A **78**, 192 ~ JENNY, Markus in MGD 33 (**1979**) 139 ~ REICH, Philipp: Kleine Arbeitshilfe für die Singstunde. Wir warten dein, o Gottes Sohn, KmN 30 (**1979**) H. 3, 5–9 ~
ELTZ-HOFFMANN B **80**, 79 ~ ERB IV B ^{2}**86**, 108f. ~
NSK **1991**/1, 33 ~ FRANK B ^{2}**93**, 589 ~ BRECHT, Martin: Der württembergische Pietismus, in: Martin Brecht / Klaus Deppermann (Hg.): Der Pietismus im achtzehnten Jahrhundert, Göttingen **1995**, 225–295 ~ NSK **1995**/4, 10 ~ SEIBT B **98**, 275 ~ BRECHT B **99**, 133f. ~ SCHWINGE, Gerhard in HEG II (**1999**) 154f. ~
RÖSSLER, Martin in MÖLLER B **00**, 187 ~ RÖSSLER B **01**, 841 ~

SCHMIDT B **02**, 703 ~ SCHEFFBUCH 1 B [8]**03**, 157 ~ HOPPE, Jutta: Gott wohnt, wo man ihn einlässt, Enger **2004**, 13f. (B) ~ GÖRISCH, Reinhard in LKEG H. 12 (**2005**) 93–96

Zur Mel. s. auch bei EG 372 „Was Gott tut, das ist wohlgetan" !

153 Der Himmel, der ist, ist nicht der Himmel, der kommt

TAPPOLET B **63**, 106f. ~
BRODDE, Otto: Das Badisch-Pfälzische Beiheft zum EKG, KCh 38 (**1978**) H. 1, 11 (mit Mel. von Rolf Schweizer) ~ BOHREN A **79**, 157–159 ~
NSK **1986**/2, 14 ~ DRÖMANN / SCHUBERTH B [2]**87**, Nr. 26 ~ MGD 41 (**1987**) 68 ~ LIPPOLD A **88**, 291–294 ~ STEFAN, Hans-Jürg: Der kommende Herr und die abtretenden Herren der Welt. Ein bewegendes Hoffnungslied, NSK **1989**/3, 2. 4f. ~ ebd. 2–7 ~
BLANKE, Huldrych in: Der Bläserkreis, Mitteilungs- und Diskussionsblatt für kirchliche Sing- und Spielgruppen, Nov./Dez. **1990** = Ld Dok **1996** „Der Himmel, der ist, ist nicht der Himmel, der kommt" ~ JENNY A **90**, 254 ~ NSK **1990**/1, 14. 31f.; 3, 26f. ~ RINKE, Ernst Rudolf: Der Weg kommt, indem wir gehen. Theologie und Poesie der Zärtlichkeit bei Kurt Marti, Stuttgart **1990** ~ MARTI A **91**, 364–366. 370 ~ MAUCH, Christof (Hg.): Kurt Marti. Texte, Daten, Bilder, Frankfurt/M. **1991** (u.a. BOHREN, Rudolf: Gedichte am Rand, 109–118) ~ STEFAN, Hans-Jürg: Der Himmel, der kommt, das ist die fröhliche Stadt, in: Kappeler Nachrichten 4/**91** = Ld Dok **1996** „Der Himmel, der ist, ist nicht der Himmel, der kommt" (B) ~ NSK **1992**/2, 25 ~ SCHULZ A **92**, 44f. ~ STEFAN, Hans-Jürg: Der Himmel, der kommt, das ist die fröhliche Stadt, SMG 117 (**1992**) H. 3, 138–141(Pr vom 15. 3. 1992) ~ KRIEG A **92/93**, 47. 50 ~ LEIMGRUBER, Stephan: Kurt Marti (*1921): Theopoesie mit Zeitindex, in: Bättig, Josef / Leimgruber, Stephan (Hg.): Grenzfall Literatur. Die Sinnfrage in der modernen Literatur der viersprachigen Schweiz, Freiburg/Schweiz **1993**, 294–305 ~ NSK **1993**/2, 25 ~ BLOCK II A **94**, 8 = BLOCK A **97**, 123f. ~ STEFAN, Hans-Jürg: Auf der Suche nach zeitgenössischen Gemeindegesängen, in: Theodorant **1994** (Ev. Theol. Fakultät Zürich) ~ WEG II (**1994**) 23. 63. 69 ~ ZIPPERT A **94**, 51f. ~ KRUMMACHER A **95**, 769f. ~ SCHWEIZER A **95**, 129 ~ ÜHLEIN B **95**, 220 ~ Ld Dok **1996** „Der Himmel, der ist, ist nicht der Himmel, der kommt" ~ NSK **1996**/1, 17; 2, 5 ~ STEFAN, Hans-Jürg: Gemeinsame Adventsgesänge aus den kommenden Gesangbüchern. Der Himmel, der kommt, grüßt schon die Erde, in Ld Dok 1996 „Der Himmel, der ist,

ist nicht der Himmel, der kommt" ~ Ders.: Der Himmel, der ist, ist nicht der Himmel, der kommt (Liedanalyse zu EG 153), ebd. = in MÖLLER B **97**, 113–124 ~ HEURICH, Winfried in MEYER B [2]**97**, 120(-122) ~ MARTI, Kurt ebd. 190f. ~ NSK **1997**/4, 1. 20f. ~ REICH B **97**, 212–217 (Pr vom 6. 11. 1995) ~ JLH 37 (**1998**) 223 ~ KLARER A **98**, 42 ~ REICH A **98**, 69f. ~ SCHMID A **98**, 116. 119 ~ SCHRÖER A **98**, 10 ~ ULRICH, Herbert: Endzeit im neueren Kirchenlied, NSK **1998**/4, 2–4 ~ WH 1 (**1998**) 42 ~ EGERER 1 B **99** ~ GUNTLI A **99**, 29 ~ HENKYS B **99**, 204f. ~ KALBERLAH, Hans-Jürgen / SOBIELA-CAANITZ, Mechthild in HEG II (**1999**) 151. 210 ~ STEFAN A **99**, 45–47 ~ WH 2 (**1999**) 45ff. 99f. ~
STEFAN A **00**, 50. 53 ~ MARTI B **01**, 164–166. 168f. ~ ROTHFAHL, Wolfgang: Der Himmel, der ist, in FELLECHNER B **01**, 145–149 (+Pr) ~ STEFAN, Hans-Jürg in ÖLK I (**2001**), z.T. = LKEG H. 4 (**2002**) 89–96 ~ JLH 41 (**2002**) 237 ~ MARTINI B **02**, 93. 115. 118. 263. 277. 296 ~ ÜHLEIN, Hermann in FRANZ B **02**, 619–628 ~ JLH 42 (**2003**) 227f. ~ HENKYS, Jürgen: Die Stadt, der Himmel und die Erde. Vier Kirchenlieder im Vergleich, GAGF 18 (**2004**) H. 3, 83–85 ~ JUHRE, Armin in HANDT / JETTER B **04**, 136–138 (B)

154 Herr, mach uns stark im Mut

(6.Str. nach: For all the saints)

JULIAN B [2]**1907/1985**, 380 ~
DRÖMANN / SCHUBERTH B [2]**87**, Nr. 25 ~
SCHULZ A **92**, 45 ~ KRIEG A **92/93**, 47f. 50 ~ KORNEMANN A **94**, 13 ~ MARTINI, Britta in NSK **1996**/2, 2–5 ~ ebd. 6–16 ~ GOTTSCHICK, Friedemann in MEYER B [2]**97**, 89 ~ KRIEG, Gustav A. in WINTZER / SCHRÖER B **97**, 51–58 (Pr) ~ BUBMANN, Peter / SCHUBERTH, Dietrich / SCHEMMEL, Hermann in HEG II (**1999**) 117. 140–142. 161. 332 ~ FACKRE, Gabriel: Christian Teaching and Inclusive Language Hymnody, Hymn **1999**/2, bes. 27f. ~
FISCHER, Wolfgang in WEG VI (**2000**) 73f. ~ HENKYS, Jürgen in MÖLLER B **00**, 859f. ~ WITTEKINDT, Ernst in SEEBERG B **00**, 131–138 (Pr) ~ JLH 40 (**2001**) 223 ~ MARTI, Andreas in FRANZ B **02**, 629–637 ~ MARTINI B **02**, 40. 262 ~ JLH 42 (**2003**) 228 ~ KLAIBER, Walter in HANDT / JETTER B **04**, 152–155 (B) ~ STALMANN, Joachim in LKEG H. 12 (**2005**)

Gottesdienst: Eingang und Ausgang

WEISMANN, Eberhard in HEKG III/1 (**1970**) 449f. 494–496 ~ THUST B **76**, 153–158

155 Herr Jesu Christ, dich zu uns wend

KOCH III B ^{3}**1867/1973**, 113. 277; VIII B ^{3}**1876/1973**, 149 ~ FISCHER I B **1878/1967**, 270 ~ KÜMMERLE I B **1888/1974**, 575f. ~ JULIAN B ^{2}**1907/1985**, 1281 ~ NELLE B ^{3}**1924/1962**, Nr. 25 ~ SCHLUNK B **51**, 152f. ~ BRUPPACHER B **53**, 218 ~ LAUTERBURG B **53**, 117f. ~ PAULSEN A **53**, 34f. ~ JLH 1 (**1955**) 112 ~ BLANKENBURG, Walter in HEKG II/2 (**1957**) 91. 96. 99 ~ KULP / BÜCHNER / FORNACON in HEKG Sb (**1958**) 137. 203f. 233 ~
BACH, Arthur / GRIMME, Gertrud in EvUV 4 (^{2}**1960**) 141–143 ~ BLANKENBURG A **61**, 621 ~ JLH 8 (**1962**) 189; 9 (**1964**) 138 ~ KÖHLER B **64** (HEKG I/2) 224f. ~ AMELN A **67**, 175 ~
BLANKENBURG, Walter: Das Gothaer Cantionale Sacrum, JLH 15 (**1970**) 147 ~ ebd. 164 ~ WEISMANN, Eberhard in HEKG III/1 (**1970**) 450. 454–456 ~ REIMANN A **74**, 58f. ~ JENNY, Markus / KRAFT, Sigisbert / STEIN, Josef in WGL V (**1976**) 85f. ~ RÖSSLER-Bibl. B **76**, 254 ~ MASSA, Willi in Pr GL 3 (**1977**) 106–109 (+Pr) ~ MGD 32 (**1978**) 159 ~ SCHOTT A **79**, 166 ~ SEUFFERT, Josef in WGL IX (**1979**) 99f. ~
JENNY A **80**, 59. 68 ~ MGD 35 (**1981**) 177 ~ MARTI A **85**, 161f. ~ MGD 41 (**1987**) 156 ~ NSK **1987**/2, 11 ~ JENNY, Markus in RGL (**1988**) 706 ~ MGD 43 (**1989**) 84 ~
SCHNEIDER / VICKTOR B **93**, 100f. ~ KORNEMANN A **94**, 9 ~ WEG II (**1994**) 71. 74f. 110 ~ ALBRECHT B ^{4}**95**, 144f. ~ WEG IV (**1997**) 82 ~ Een Comp ^{3}**1998**, Nr. 327 ~ WEG V (**1998**) 93 ~ HERBST, Wolfgang in HEG II (**1999**) 350 ~
RÖSSLER B **01**, 120 ~ FRANZ B **02**, 635 ~ SCHMIDT B **02**, 574 ~ KNEITSCHEL B **03**, 222. 318 ~ MARTI, Andreas in ÖLK II (**2003**)

156 Komm, Heiliger Geist, erfüll die Herzen

(Veni sancte spiritus, reple)

FISCHER II B **1879/1967**, 5f. 295 ~ KÜMMERLE I B **1888/1974**, 804–806 ~
NELLE B [3]**1924/1962**, Nr. 150 ~
SCHLUNK B **51**, 214f. ~ BLANKENBURG, Walter in HEKG II/2 (**1957**) 57 ~ KULP / BÜCHNER / FORNACON in HEKG Sb (**1958**) 151. 162f. 201f. ~
BLANKENBURG A **61**, 618f. ~ KÖHLER B **64** (HEKG I/2) 222f. ~ AMELN A **67**, 173 ~
WEISMANN, Eberhard in HEKG III/1 (**1970**) 450–453 ~ JLH 16 (**1971**) 176 ~ RÖSSLER-Bibl. B **76**, 261 ~ GOJOWY A **78**, 109 ~ JLH 23 (**1979**) 135 ~
HAHN B **81**, 19. 175. 191 Anm. 69. 194 Anm. 83. 196f. 201 ~ DRÖMANN A **83**, 167. 172 ~
ZIPPERT A **94**, 36 ~ REICH A **95**, 8 ~ ZIPPERT B **95**, 84–89 (+B) ~ DKL III/1.2 Textbd. (**1997**) 68 ~
RÖSSLER B **01**, 52. 191 ~ DKL III/2 Textbd. (**2002**) 281

157 Lass mich dein sein und bleiben

KOCH II B [3]**1867/1973**, 204. 208; VIII B [3]**1876/1973**, 145 ~ FISCHER II B **1879/ 1967**, 25 ~
NELLE B [3]**1924/1962**, Nr. 24 ~
SCHLUNK B **51**, 224 ~ BUDDE B **52**, 25–42, bes. 36 ~ BRUPPACHER B **53**, 225f. ~ KULP / BÜCHNER / FORNACON in HEKG Sb (**1958**) 228–230. 447 ~ BACH, Arthur / GRIMME, Gertrud in EvUV 3 ([2]**1959**) 144–147 ~
NELLE B [4]**62**, 84 ~ KÖHLER B **64** (HEKG I/2) 242–244 ~ FRÖR B [5]**66**, 317f. ~ GRIMM A **69**, 168 ~
WEISMANN, Eberhard in HEKG III/1 (**1970**) 495. 498f. ~ JLH 19 (**1975**) 204 ~ RÖSSLER-Bibl. B **76**, 262 ~
ECKERT, Alfred / SÜSS, H. (Hgg.): Nikolaus Selnecker, Hersbruck **1980** ~ ELTZ-HOFFMANN B **80**, 31f. ~ ERB II B [2]**85**, 22 ~ HEINER B [3]**85**, 53 ~
JLH 34 (**1992/93**) 61 ~ GEHRT A **94**, 49 ~ ALBRECHT B [4]**95**, 36 ~ SEIBT B **98**, 266 ~ JLH 38 (**1999**) 45 ~ LOSCHER, Klaus in HEG II (**1999**) 297f. ~
RÖSSLER B **01**, 299 ~ SCHEFFBUCH 2 B [2]**01**, 238 ~ SCHMIDT B **02**, 581–583. 737

Zur Mel. s. auch bei EG 523 „Valet will ich dir geben“ !

158 O Christe, Morgensterne
(Er ist der Morgensterne)

KOCH II B [3]**1867/1973**, 347 ~ BÖHME B **1877/1966**, Nr. 109 ~ FISCHER II B **1879/1967**, 135 ~ KÜMMERLE II B **1890/1974**, 456–459 ~
JULIAN B [2]**1907/1985**, 825 ~ BÄUMKER IV B **1911/1962**, 463 ~ SCHLUNK B **51**, 266f. ~ WEISS, Ewald in GuK **1953**, 185 ~ BLANKENBURG, Walter in HEKG II/2 (**1957**) 91f. ~ NITSCHE, Herbert in WBK 24 (**1957**) H. 5, 83f. ~ KULP / BÜCHNER / FORNACON in HEKG Sb (**1958**) 271. 526 ~ JLH 4 (**1958/59**) 250 ~
LIPPHARDT I A **62**, 147f. ~ RECKZIEGEL B **63**, 208 ~ KÖHLER B **64** (HEKG I/2) 497 ~ JLH 11 (**1966**) 89 ~ AMELN A **67**, 174 ~
RÖSSLER-Bibl. B **76**, 268 ~
PARENT B **87**, 209. 275 ~
SCHMIDT, Eberhard / GRIMM, Jürgen in HEKG III/2 (**1990**) 412–414 ~ KORNEMANN A **94**, 13 ~ JLH 37 (**1998**) 162 ~ SCHNEIDER, Matthias in HEG II (**1999**) 113–115 ~
SCHLINGENSIEPEN A **01**, 233

159 Fröhlich wir nun all fangen an

SCHLUNK B **51**, 112 ~ LANGE / REICH B **53**, 20f. ~ BLANKENBURG, Walter in HEKG II/2 (**1957**) 78. 81. 88 ~ HOFMANN B **57**, 39–43 ~ KULP / BÜCHNER / FORNACON in HEKG Sb (**1958**) 202f. ~
KÖHLER B **64** HEKG I/2) 223f. ~ WEISMANN, Eberhard in WBK 31 (**1964**) H. 5/6, 69f. ~ JLH 11 (**1966**) 240; 13 (**1968**) 144 ~
WEISMANN, Eberhard in HEKG III/1 (**1970**) 450. 453f. ~
WEG II (**1994**) 74f.; IV (**1997**) 82 ~ DKL III/1 Registerbd. (**1999**) 205 ~ PISTORIUS, Dietmar in HEG II (**1999**) 87f. ~
HERBST II A **01**, 176

160 Gott Vater, dir sei Dank gesagt

BRUPPACHER B **53**, 229 ~
NSK AM (**1971**) 3, 9 ~
NSK **1995**/4, 20 ~ MERTEN, Werner in HEG II (**1999**) 75f. ~
RÖSSLER, Martin in MÖLLER B **00**, 154 ~ RÖSSLER B **01**, 478

Zur Mel. s. auch bei EG 271 „Wie herrlich gibst du, Herr, dich zu erkennen“ !

161 Liebster Jesu, wir sind hier, dich und dein Wort anzuhören

KOCH III B ^{3}**1867/1973**, 355; IV B ^{3}**1868/1973**, 145; VI B ^{3}**1869/1973**, 483; VIII B ^{3}**1876/1973**, 153 ~ FISCHER II B **1879/1967**, 35 ~ KÜMMERLE II B **1890/1974**, 57f.; III B **1894/1974**, 795 ~ FRIEDLAENDER I B **1902/1962**, XXVIII ~ NELLE B ^{3}**1924/1962**, Nr. 29 ~
SCHLUNK B **51**, 229 ~ BRUPPACHER B **53**, 216f. ~ LAUTERBURG B **53**, 116f. ~ BLANKENBURG, Walter in HEKG II/2 (**1957**) 106 ~ KULP / BÜCHNER / FORNACON in HEKG Sb (**1958**) 204. 239 ~ SCHLUTTIG, Johannes: Tobias Clausnitzer, der Dichter des Kirchenlieds „Liebster Jesu, wir sind hier", in: Herbergen der Christenheit, Jb für deutsche Kirchengeschichte, Leipzig **1959**, 62–70 ~
BACH, Arthur / GRIMME, Gertrud in EvUV 4 (^{2}**1960**) 140f. ~ FRÖR, Kurt in KUV 3 (^{4}**1960**) 170 ~ BLANKENBURG A **61**, 621 ~ JLH 6 (**1961**) 227 ~ NELLE B ^{4}**62**, 180 ~ KÖHLER B **64** (HEKG I/2) 225f. ~ AMELN A **67**, 175 ~ BRODDE A **67**, 172 ~ JLH 13 (**1968**) 190 ~ NEUBACHER B **68**, 2 ~ AENGENVOORT A **69**, 113. 115f. ~ JLH 15 (**1970**) 164 ~ WEISMANN, Eberhard in HEKG III/1 (**1970**) 450. 456–458 ~ JLH 16 (**1971**) 149; 19 (**1975**) 196 ~ JENNY, Markus / KRAFT, Sigisbert / MOSSLER, Friedemann in WGL V (**1976**) 93f. ~ RÖSSLER-Bibl. B **76**, 262 ~ GOUDERS, Klaus in Pr GL 3 (**1977**) 116–120 (+Pr) ~ SEUFFERT, Josef in WGL IX (**1979**) 101 ~
MGD 35 (**1981**) 200 ~ JLH 28 (**1984**) 202 ~ SCHÖNBORN A **84**, 103 ~ MARTI A **85**, 162 ~ JENNY, Markus in RGL (**1988**) 708 ~
DE LA MOTTE B **93**, 205 ~ SCHNEIDER / VICKTOR B **93**, 128f. ~ ULRICH A **95**, 6–8 ~ Een Comp ^{3}**1998**, Nr. 328. 334 ~ FISCHER A **98**, 87 (B) ~ SEIBT B **98**, 266 ~ WEG V (**1998**) 18 ~ CONRAD A **99**, 240 ~ GRUBE, Heinz-Hermann / FLEINGHAUS, Helmut / DANZEGLOCKE, Klaus in HEG II (**1999**) 19. 54f. 63 ~ HERBST I A **99**, 254 ~ RATHEY, Markus: Johann Rudolph Ahle (1625–1673). Lebensweg und Schaffen, Eisenach **1999**, 2 ~
KADELBACH A **00**, 156 ~ WÜSTENBERG, Ulrich in MÖLLER B **00**, 236 ~ RÖSSLER B **01**, 536 ~ FRANZ B **02**, 144 Anm. 7 ~ MARTINI B **02**, 21. 39. 105. 288. 297 ~ SCHMIDT B **02**, 581 ~ TVEIT A **02/03**, 359f. ~ KNEITSCHEL B **03**, 256. 340 ~ RATHEY, Markus / MARTI, Andreas in ÖLK II (**2003**) ~ SCHEFFBUCH 1 B ^{8}**03**, 183

162 Gott Lob, der Sonntag kommt herbei

KOCH III B [3]**1867/1973**, 347 ~
NELLE B [3]**1924/1962**, Nr. 27 ~
SCHLUNK B **51**, 130 ~ FRÖR, Kurt in KUV 5 ([2]**1953**) 220 ~ KULP / BÜCHNER / FORNACON in HEKG Sb (**1958**) 519–521 ~
NELLE B [4]**62**, 182 ~ KÖHLER B **64** (HEKG I/2) 490 ~
JLH 20 (**1976**) 159 ~ SCHOTT A **79**, 167 ~
KASTNER, Hannes-Dietrich in NITSCHKE B **81**, 100–104 (Pr) ~ PARENT B **87**, 194. 216. 274 ~ FUCHS, Guido: Der Sonntag im Lied. Sonntagslieder in evangelischen und katholischen Gesangbüchern, in: Gottes Volk. Bibel und Liturgie im Leben der Gemeinde. Lesejahr B, Stuttgart **1988**, 74–88 ~ JLH 32 (**1989**) 272 ~
HOFFMANN, Heinz / GRIMM, Jürgen in HEKG III/2 (**1990**) 393f. ~
KORNEMANN A **94**, 13 ~ EISINGER, Walther in HEG II (**1999**) 234f. ~
DELLIT, Gottlieb in SEEBERG B **00**, 140–143 (Pr) ~ RÖSSLER B **01**, 431

Zur Mel. s. auch bei EG 106 „Erschienen ist der herrlich Tag" !

163 Unsern Ausgang segne Gott

FISCHER II B **1879/1967**, 108 ~
NELLE B [3]**1924/1962**, Nr. 30 ~
SCHLUNK B **51**, 330f. ~ BRUPPACHER B **53**, 230 ~
NELLE B [4]**62**, 180 ~ NEUBACHER B **68**, 11 ~
HEINER B [3]**85**, 130 ~
NSK **1995**/4, 20 ~ KRIEG, Gustav A. in HEG II (**1999**) 273f. ~
KNEITSCHEL B **03**, 372

Zur Mel. s. auch bei EG 161 „Liebster Jesu, wir sind hier" !

164 Jesu, stärke deine Kinder

KOCH III B [3]**1867/1973**, 370 ~
LOSCHER, Klaus in HEG II (**1999**) 25

Zur Mel. s. auch bei EG 147 „Wachet auf, ruft uns die Stimme" !

165 Gott ist gegenwärtig

KOCH VI B ^{3}**1869/1973**, 67; VIII B ^{3}**1876/1973**, 355 ~ FISCHER I B **1878/1967**, 225 ~
JULIAN B ^{2}**1907/1985**, 443f. ~ von der HEYDT: Evangelisches Liederbuch für Deutsche im Ausland, MGkK 14 (**1909**) H. 8, 249 ~ NELLE B ^{3}**1924/1962**, Nr. 36 ~
BERGER B **51**, 167 ~ SCHLUNK B **51**, 127f. ~ BRUPPACHER B **53**, 219–221 ~ LAUTERBURG B **53**, 118–121 ~ BLANKENBURG, Walter in HEKG II/2 (**1957**) 103 ~ MICHAELIS / LUEKEN B **57** (HEKG II/1) 256f. ~ KULP / BÜCHNER / FORNACON in HEKG Sb (**1958**) 204–206 ~ FRÖR, Kurt in KUV 7 (^{3}**1959**) 38–40 ~
SAUER-GEPPERT A **61** ~ NELLE B ^{4}**62**, 237 ~ JLH 8 (**1963**) 83 ~ WERTHEMANN B **63**, 85 ~ KÖHLER B **64** (HEKG I/2) 226f. ~ STÄHLIN, Traugott: Gottfried Arnolds Einfluss auf die Dichtung Gerhard Tersteegens und Christian Friedrich Richters, JLH 13 (**1968**) 175 ~ ZELLER A **69**, 61. 64 ~
WEISMANN, Eberhard in HEKG III/1 (**1970**) 450. 458–460 ~ PEERLINCK A **71**, 293. 295 ~ ZELLER B **71**, 192 ~ meditation 1 (**1975**) H. 4, 13 (Originaltext) ~ MOSER B ^{2}**76**, 83f. (B) ~
ELTZ-HOFFMANN B **80**, 74f. ~ JLH 24 (**1980**) 127 ~ MGD 34 (**1980**) 47. 122. 127 ~ SCHIBILSKY, Michael in NITSCHKE B **81**, 27–32 (Pr) ~ SAUER-GEPPERT B **84**, 117f. ~ HEINER, Wolfgang / ROSE, K. H. in HEINER B ^{3}**85**, 219f. ~ NSK **1987**/1, 21 ~ PARENT B **87**, 72. 274 ~ JLH 31 (**1987/88**) 144 ~ HESSING B ^{2}**89**, 31f. ~ NSK **1989**/1, 14 ~
KRIEG A **92/93**, 32f. 49 ~ RUHBACH, Gerhard: Gerhard Tersteegen – ein evangelischer Mystiker, EvKZ **1993**, Nr. 39, 11 ~ SCHNEIDER / VICKTOR B **93**, 94–98 ~ ALBRECHT B ^{4}**95**, 51 ~ HOFMANN A **95**, 277 ~ NSK **1996**/2, 10 ~ JLH 36 (**1996/97**) 67 ~ BUNNERS A **97**, 83. 85. 90. 93. 96. 98 ~ DEICHGRÄBER B ^{2}**97**, 18–34 (In der Gegenwart Gottes leben) (+B) ~ GERBER B **97** (Gerhard Tersteegen) (B) ~ GROTEN, Adelheid in MÖLLER B **97**, 125–132 (Pr) ~ KOCK, Manfred in KOCK / THIESBONENKAMP B **97**, 1–6 (Pr vom 1. 5. 1997) ~ SCHRADER A **97**, 47. 49–51. 64. 67 ~ Een Comp ^{3}**1998**, Nr. 323 ~ FISCHER A **98**, 86 (B) ~ JLH 37 (**1998**) 223 ~ SEIBT B **98**, 260 ~ WEG V (**1998**) 23 ~ KAISER, Gerhard: Gott ist gegenwärtig. Ein Lied von Tersteegen, Quatember 63 (**1999**) H. 4, 205–214 ~ KLAHR B **99**, 245f. ~ STEIGER-HOFFLEIT, Claudia in HEG II (**1999**) 320–322 ~ RÖSSLER, Martin in MÖLLER B **00**, 185 ~ HENKYS, Jürgen in Geistl. Wunderhorn (**2001**) 337–344. 526f. ~ RÖSSLER B **01**, 589. 600–602. 616. 635. 870 ~ JLH 41 (**2002**) 236 ~ MARTINI B **02**, 39 ~ SCHMIDT B **02**, 573. 592 ~ BROSE, Martin E. / HANDT, Hartmut

in HANDT B **03**, Nr. 337 ~ KNEITSCHEL B **03**, 264. 311 ~ KUNZ, Stefan in HARTMANN B **03**, 132–136 (+Pr) ~ MÜLLER, Hermann: „Gott ist gegenwärtig". Meditation im Raum Gottes, meditation 29 (**2003**) H. 1, 27–30 (B) ~ SCHEFFBUCH 1 B ^{8}**03**, 162f. ~ ACKERMANN B ^{3}**05**, 77

Zur Mel. s. auch bei EG 327 „Wunderbarer König" !

166 Tut mir auf die schöne Pforte

KOCH V B ^{3}**1868/1973**, 488 ~ FISCHER II B **1879/1967**, 278f. ~ JULIAN B ^{2}**1907/1985**, 1013 ~ NELLE B ^{3}**1924/1962**, Nr. 35 ~ SCHLUNK B **51**, 329f. ~ BRUPPACHER B **53**, 219 ~ BLANKENBURG, Walter in HEKG II/2 (**1957**) 106 ~ KULP / BÜCHNER / FORNACON in HEKG Sb (**1958**) 206f. 359 ~ FRÖR, Kurt in KUV 4 (^{4}**1960**) 251 ~ BLANKENBURG A **61**, 618f. ~ NELLE B ^{4}**62**, 244 ~ KÖHLER B **64** (HEKG I/2) 227–229 ~ WEISMANN, Eberhard in HEKG III/1 (**1970**) 450. 460–462 ~ JLH 21 (**1977**) 95; 22 (**1978**) 170 ~ SCHOTT A **79**, 167 ~ MGD 34 (**1980**) 125 ~ HEINER B ^{3}**85**, 248f. ~ ERB IV B ^{2}**86**, 82 ~ FRANK B ^{2}**93**, 469 ~ FALKENROTH A **98**, 83 ~ PISTORIUS, Dietmar / ALBRECHT, Christoph in HEG II (**1999**) 223–225. 277f. ~ RÖSSLER, Martin in MÖLLER B **00**, 165 ~ JLH 40 (**2001**) 186 ~ RÖSSLER B **01**, 589. 672 ~ SCHEFFBUCH 1 B ^{8}**03**, 184 ~ ACKERMANN B ^{3}**05**, 77

167 Wir wollen fröhlich singen

MGD 36 (**1982**) 71 ~ NSK **1986**/2, 13; **1989**/1, 30 ~ NSK **1992**/2, 25; **1993**/4, 2f. ~ HARZ B **95**, 54f. ~ NSK **1996**/1, 23 ~ WEG IV (**1997**) 82 ~ WETTACH A **97**, 31 ~ PFATTEICHER, Ludwig / SOBIELA-CAANITZ, Mechthild / KENNEL, Gunter in HEG II (**1999**) 122. 276f. 329 ~ KADELBACH A **00**, 167 ~ STEFAN A **00**, 53 ~ KNEITSCHEL B **03**, 388

168 Du hast uns, Herr, gerufen / Wenn wir jetzt weitergehen

PENNIG A **74**, 17f. ~ TOBLER, Robert in NSK AM (**1974**) 9, 45/46 ~ JENNY, Markus / KUNTZ, Michael in WGL IV (**1976**) 191f. ~ THUST B **76**, 64. 89. 106. 118. 139. 154. 178. 189. 204. 283f. 595. 602. 782.

843. 782. 843 ~ CORBACH, Dieter: Wenn wir jetzt weitergehen, dann sind wir nicht allein. Das neue Lied im RU, ZRP **1978**, H. 4, 128f. ~ SEUFFERT, Josef in WGL IX (**1979**) 99 ~
NSK **1986**/1, 23; 2, 12 ~ Kath. KM 112 (**1987**) H. 1, 12f. ~ NSK **1987**/2, 18 ~ LIPPOLD A **88**, 287f. ~ NSK **1988**/1, 20. 24 ~ OTT, Marlis: Du hast uns, Herr, gerufen. Bewegungsvorschlag, NSK **1988**/1, 24 = WGD 4 (**1998**) 156 ~ HESSING B [2]**89**, 80f. ~
NSK **1992**/2, 24f.; **1994**/1, 17 ~ ALBRECHT B [4]**95**, 93 ~ HARZ B **95**, 56f. ~ NSK **1995**/4, 20 ~ ULRICH A **95**, 6–9 ~ KLEK / SCHRADE A **96**, 263 ~ NSK **1996**/1, 23 ~ ROMMEL, Kurt in MEYER B [2]**97**, 218f. ~ WEG IV (**1997**) 82 ~ WETTACH A **97**, 31 ~ FALKENROTH A **98**, 83 ~ WYSS-JENNY, Elisabeth in WGD 4 (**1998**) 36f. ~ TRÖTSCHEL, Heinrich R. in HEG II (**1999**) 261f. ~
MARTI B **01**, 52 ~ RÖSSLER B **01**, 988 ~ MARTINI B **02**, 39. 283 ~ KNEITSCHEL B **03**, 249. 295. 378 ~ METZGER, Heinz Dietrich in ÖLK IV (**2005**)

169 Der Gottesdienst soll fröhlich sein

NSK **1988**/2, 23 ~
NSK **1990**/3, 29 ~ HARZ B **95**, 58f. ~ BASCHANG, Klaus in MÖLLER B **97**, 133–135 (B) ~ SCHNEIDER, Martin Gotthard in MEYER B [2]**97**, 249 ~ WEG IV (**1997**) 82 ~ JLH 37 (**1998**) 223 ~ SCHÜTZ A **98**, 56 ~ TRÖTSCHEL, Heinrich R. in HEG II (**1999**) 279f. ~
RÖSSLER B **01**, 990

170 Komm, Herr, segne uns

TRAUTWEIN, Dieter: Das neue Lied. Erprobt, bewährt. Berichte, ZGP 1 (**1983**) 30–34 ~ JENNY, Markus in NSK **1986**/1, 2–5 ~ ebd. 9; 2, 4 ~ KORNEMANN, Helmut in NSK **1987**/3, 29–33 ~ NSK **1987**/1, 15; 2, 25. 33; 3, 1 ~ JLH 31 (**1987/88**) 159 ~ NSK **1988**/1, 31 ~ HESSING B [2]**89**, 78f. ~
MGD 44 (**1990**) 144 ~ NSK **1990**/2, 28; **1991**/1, 28; 3, 31 ~ NAGEL A **92**, 11f. 16 ~ NSK **1992**/1, 23 ~ KRIEG A **92/93**, 23 ~ NSK **1993**/4, 5; **1994**/1, 17; 4, 25 ~ WEG II (**1994**) 23. 32 ~ HARZ B **95**, 60f. ~ NSK **1995**/4, 20 ~ KLEK / SCHRADE A **96**, 263 ~ MARTINI, Britta: „Komm, Herr, segne uns". Evangelisches Gesangbuch (EG) Nr. 170: Ein sprachwissenschaftlicher Essay, in: Stil und Stilwandel, FS Bernhard Sowinski (Leipziger Arbeiten zur Sprach- und Kommunikationsgeschichte, Bd. 3), hg. von Ulla Fix und Gotthard Lerchner,

Frankfurt/M. **1996**, 301–318 = (ohne Vorüberlegungen und Bibliographie) IAHB 24 (**1996**) 385–399 ~ NSK **1996**/1, 23; 4, 17 ~ JLH 36 (**1996/97**) 275 ~ TRAUTWEIN, Dieter in MEYER B ²**97**, 301f. ~ WEG IV (**1997**) 82 ~ WETTACH A **97**, 32 ~ JLH 37 (**1998**) 222 ~ SCHÜTZ A **98**, 46. 50f. ~ SCHUBERTH, Dietrich in HEG II (**1999**) 327–329 ~
RIEBENSAHM, Adalbert in SEEBERG B **00**, 146–149 (Pr vom 7. 5. 1995) ~ TRAUTWEIN A **00**, 59 ~ RÖSSLER B **01**, 987 ~ MARTINI B **02**, 36. 39. 253. 262 ~ POMELLA A **02**, 162 ~ JLH 42 (**2003**) 201 ~ HARTMANN, Richard in HANDT / JETTER B **04**, 169–171 (B) ~ LIPPOLD, Ernst: Der Hit des Gesangbuchs kommt aus Hessen-Nassau, EvSZ vom 24. 4. **2005**, 10 ~ MARTI, Andreas in ÖLK IV (**2005**)

171 Bewahre uns, Gott

(La paz del senor)

WEG IV (**1997**) 82 ~ NSK **1989**/1, 31 ~
NSK **1995**/4, 20; **1996**/1, 23; 4, 14f.; **1997**/1, 1 ~ SCHMEEL, Dieter / BUNNERS, Christian in ZGP 15 (**1997**) H. 6, 19f. ~ WETTACH A **97**, 32 ~ SCHÜTZ A **98**, 46. 50 ~ WYSS-JENNY, Elisabeth in WGD 4 (**1998**) 70f. ~ BUBMANN, Peter / KRUMMACHER, Aina Maria in HEG II (**1999**) 83. 269 ~ EGERER 1 B **99** ~
WENTZ-JANACEK A **00**, 39 ~ MARTINI B **02**, 263 ~ JLH 42 (**2003**) 227

172 Sende dein Licht

(nach Psalm 43, 3f.; Kanon)

NSK **1986**/2, 18 ~
NSK **1992**/1, 25; 2, 24; **1996**/1, 23; **1997**/2, 1. 23–25; 3, 25 ~ WEG IV (**1997**) 55. 82. 108 ~ FALKENROTH A **98**, 83 ~ WYSS-JENNY, Elisabeth in WGD 4 (**1998**) 30f. ~
STEFAN, Hans-Jürg in WH 3 (**2000**) 65 ~ KNEITSCHEL B **03**, 367

173 Der Herr behüte deinen Ausgang

(Psalm 121, 8; Kanon)

WEG IV (**1997**) 55 ~ DALLMANN, Wolfgang in HEG II (**1999**) 51 ~
STEFAN, Hans-Jürg in WH 3 (**2000**) 64

174 Es segne und behüte uns

(Kanon)

NSK **1994**/1, 20 ~ HARZ B **95**, 62f. ~ NSK **1995**/4, 18. 20 ~ OTT, Marlis in NSK **1996**/4, 1–3 ~ WEG IV (**1997**) 82 ~ ELLER, Walter in HEG II (**1999**) 312 ~
RÖSSLER B **01**, 991 ~ POMELLA A **02**, 162

175 Ausgang und Eingang

(Kanon)

NSK **1986**/1, 23; 2, 18 ~ MGD **1987**, 242 ~ OTT, Marlis in NSK **1987**/2, 16 = (erweitert) in WGD 4 (**1998**) 157 ~ STEFAN, Hans-Jürg in NSK ebd. ~
NSK **1992**/2, 24; **1993**/2, 25; **1994**/1, 21; 4, 19 ~ GEHRT A **95**, 39 ~ HARZ B **95**, 64f. ~ NSK **1995**/3, 7; 4, 20; **1996**/1, 23 ~ HANDT, Hartmut in WEG IV (**1997**) 46–49 (+Liedandacht) ~ SCHWARZ, Jochen in MEYER B [2]**97**, 264f. ~ WEG IV (**1997**) 82 ~ REICH A **98**, 70 ~ SCHRÖER A **98**, 10 ~ WYSS-JENNY, Elisabeth in WGD 4 (**1998**) 68f. ~ HERBST I A **99**, 261 ~ REICH, Werner in HEG II (**1999**) 291f. ~
RÖSSLER B **01**, 989 ~ KNEITSCHEL B **03**, 276 ~ HANDT, Hartmut in HANDT / JETTER B **04**, 46–48 (B)

176 Öffne meine Augen

(Psalm 119, 18; 69, 33; Mel. und Kanon)

NSK **1989**/1, 30 ~
GOTTSCHICK, Friedemann: Zwei Kanons mit mannigfaltigen Verwendungsmöglichkeiten, NSK **1990**/2, 1. 10 ~ MGD **1990**, 265 ~ NSK **1992**/2, 25; **1993**/2, 25; **1994**/1, 20f. ~ OTT, Marlis: Kanon in Bewegung, NSK **1994**/1, 22f. ~ GOTTSCHICK, Friedemann in MEYER B [2]**97**, 90f. ~ REICH A **97**, 14 ~ WEG IV (**1997**) 55 ~ FALKENROTH A **98**, 81f. ~ KLARER A **98**, 63 ~ BUBMANN, Peter in HEG II (**1999**) 117 ~ REICH, Christa: Vox est anima verbi. Zum hymnologischen Horizont von Theologie, PTh 88 (**1999**) 150–153 ~
STEFAN, Hans-Jürg in WH 3 (**2000**) 64

Liturgische Gesänge

HDEKM I/1 (**1941**) ~
WEISMANN, Eberhard in HEKG III/1 (**1970**) 462–464 ~ THUST B **76**, 154–157

177 Ehre sei dem Vater

(Gloria Patri)

HDEKM I/1 (**1941**) 394f. ~
GOLTZEN, Herbert: Der tägliche Gottesdienst, in: Leiturgia III. Handbuch des evangelischen Gottesdienstes, Kassel **1956**, 239f. ~
JUNGMANN, Josef Andreas: Missarum Sollemnia I, Freiburg ^{5}**1962**, 423f. ~
KALB, Friedrich: Grundriss der Liturgik, München ^{2}**1982**, 117f. ~
STALMANN, Joachim: Tagesordnungspunkt Gottesdienst, Hannover ^{5}**1994**, 97 ~ SCHMEEL, Dieter in ZGP 14 (**1996**) H. 4, 28 ~
SCHULZ, Frieder in LKEG H. 6/7 (**2003**) 7f.

177.1 Ehr sei dem Vater und dem Sohn

(1532)

KORNEMANN A **94**, 9 ~ WEG IV (**1997**) 82 ~ SCHULZ A **98**, 26. 30 ~ WEG V (**1998**) 73 ~
SCHULZ, Frieder in LKEG H. 6/7 (**2003**) 9f.

177.2 Ehr sei dem Vater und dem Sohn

(1532/1856)

KORNEMANN A **94**, 9 ~ WEG IV (**1997**) 82 ~ SCHULZ A **98**, 26. 30 ~ WEG V (**1998**) 73 ~
SCHULZ, Frieder in LKEG H. 6/7 (**2003**) 9f.

177.3 Ehre sei dem Vater und dem Sohn

(1987)

HDEKM I/1 (**1941**) 637 (Nr. 500) ~

KORNEMANN A **94**, 9 ~ WIESE, Götz in MEYER B ²**97**, 319 ~ SCHULZ A **98**, 26. 30 ~ SCHUBERTH, Dietrich in HEG II (**1999**) 349f. ~
SCHULZ, Frieder in LKEG H. 6/7 (**2003**) 9f.

178 Herr, erbarme dich

(Kyrie)

KÜMMERLE I B **1888/1974**, 857–861 ~ ACHELIS, E. Chr.: Kyrie eleison, MGkK 4 (**1899**) H. 6, 161–172; H. 7, 211–216 ~
BASSERMANN, Heinrich: Kyrie und Gloria, MGkK 7 (**1902**) H. 11, 319–323 ~ HDEKM I/1 (**1941**) 3–22. 423–426. 562–567 ~
WEISMANN, Eberhard: Kyrie und Halleluja, WBK 19 (**1952**) Nr. 1, 1f. ~ EHRENSPERGER, Alfred: Anfänge und früheste Entwicklungen des Kyrie eleison, MGD 9 (**1955**) 100–109 ~ MÜLLER, Karl Ferdinand: Das Ordinarium Missae, in Leiturgia II. Handbuch des evangelischen Gottesdienstes, Kassel **1955**, 14–22 ~ SCHNITZLER A **55**, 21–37 ~
STÄBLEIN, Bruno: Art. Kyrie, in MGG[1], Bd. 8, **1958**, 1931–1946 ~
BOES A **58/59**, 4. 12. 19. 27f. 30f. 33f. 36 ~
BRODDE A **61**, 376–385 ~ JUNGMANN, Josef Andreas: Missarum Sollemnia I, Freiburg ⁵**1962**, 429–446 ~ NELLE B ⁴**62**, 28 ~ JENNY, Markus: Kyrieleis und Hosianna, JLH 14 (**1969**) 117–120 ~
THUST B **76**, u.a. 154. 816 ~
KALB, Friedrich: Grundriss der Liturgik, München ²**1982**, 118–120 ~
HÄUSSLING, Angelus A.: Akklamationen und Formeln, in: Gottesdienst der Kirche. Handbuch der Liturgiewissenschaft, Teil 3, Regensburg **1987**, 233f. ~
SCHMIDT-LAUBER / SEITZ B **92**, 76–85 ~ JLH-Generalregister **1994**, 207 ~ STALMANN, Joachim: Tagesordnungspunkt Gottesdienst, Hannover ⁵**1994**, 103–106 ~ HILEY, David: Art. Kyrie, in MGG[2], Bd. 5, **1996**, 833–848 ~ MERTENS A **96** ~ BERGER, Rupert: Neues Pastoralliturgisches Handlexikon, Freiburg i. Br. **1999**, 291f. ~
SCHULZ, Frieder in LKEG H. 6/7 (**2003**) 11f.

178.1 Kyrie eleison

(gregorianisch)

NSK 1986/1, 23; 2, 9. 18 ~
WEG II (**1994**) 17 ~ SCHULZ A **98**, 26 ~
STALMANN, Joachim in LKEG H. 6/7 (**2003**) 13f.

178.2 Kyrie eleison
(1524)

HDEKM I/1 (**1941**) 563 (zu Nr. 8) und 569 (zu Nr. 49) ~
DKL III/1.2 Textbd. (**1997**) 241 ~ WEG IV (**1997**) 82 ~ SCHULZ A **98**, 26 ~ WEG V (**1998**) 74 ~
DANZEGLOCKE A **01**, 107 ~ SCHULZ, Frieder in LKEG H. 6/7 (**2003**) 14. 37–39

178.3 Kyrie eleison
(Luther 1526)

MAHRENHOLZ, Christhard: Zur musikalischen Gestaltung von Luthers Gottesdienstreform, MuK 5 (**1933**) 281–296 = in: Musicologica et Liturgica. Gesammelte Aufsätze, Kassel **1960**, 154–168 ~
JENNY B **83**, 167 ~ JENNY B **85**, 96f. 242 ~
NSK **1995**/4, 10 ~ SCHULZ A **98**, 26 ~ RÖSSLER, Martin in HEG II (**1999**) 204–208 ~
RÖSSLER B **01**, 66 ~ SCHULZ, Frieder in LKEG H. 6/7 (**2003**) 15f.

178.4 Kyrie, Gott Vater in Ewigkeit
(Kyrie fons bonitatis)

FISCHER II B **1879/1967**, 20f. ~ KÜMMERLE II B **1890/1974**, 641f. ~
BLANKENBURG, Walter in HEKG II/2 (**1957**) 57 ~ JLH 3 (**1957**) 217 ~ SCHOENBAUM A **57**, 48. 50 ~ KULP / BÜCHNER / FORNACON in HEKG Sb (**1958**) 201. 207f. ~ BOES A **58/59**, 33 ~
JLH 5 (**1960**) 53; 6 (**1961**) 129 ~ KÖHLER B **64** (HEKG I/2) 229f. ~ AMELN A **66**, 81 ~ AMELN A **67**, 171. 173. 177 ~ BRODDE A **67**, 198f. ~ JLH 13 (**1968**) 103 ~
WEISMANN, Eberhard in HEKG III/1 (**1970**) 463–466 ~ MERTEN II A **76**, 86. 88 ~ RÖSSLER-Bibl. B **76**, 262 ~ GOJOWY A **78**, 110 ~ SCHÖNBORN A **82**, 22 ~ DRÖMANN A **83**, 172 ~ SAUER-GEPPERT B **84**, 25 ~ PARENT B **87**, 199. 205. 275 ~
GÖLLNER, Theodor: Kyrie fons bonitatis – Kyrie Gott Vater in Ewigkeit, in: Frank Heidelberger u. a. (Hg.): Von Isaac bis Bach. Studien zu älteren deutschen Musikgeschichte (FS M. Just), Kassel u. a. **1991**, 334–348 ~ JLH 34 (**1992/93**) 210 ~ ALBRECHT B **[4]95**, 139 ~ DKL III/1.3 Textbd. (**1998**) 8 ~ SCHULZ A **98**, 26f. ~

PRASSL, Franz Karl in MÖLLER B **00**, 56–58 ~ RÖSSLER B **01**, 230 ~ STALMANN, Joachim in LKEG H. 6/7 (**2003**) 16–19

178.5 Herr, erbarme dich

(1952)

WEG IV (**1997**) 82 ~ SCHULZ A **98**, 26f. ~ DUFFRER, Günter in HEG II (**1999**) 260f. ~
RÖSSLER B **01**, 995 ~ STALMANN, Joachim in LKEG H. 6/7 (**2003**) 20f.

178.6 Tau aus Himmelshöhn

(Advents-Kyrie)

WGL I (**1975**) 105; IV (**1976**) 124 ~
THURMAIR-MUMELTER, Maria Luise (und THURMAIR, Georg) in MEYER B **²97**, 290 ~ WEG IV (**1997**) 82 ~ SCHRÖER A **98**, 8 ~ SCHÜTZ A **98**, 46 ~ SCHMID, Bernhard in HEG II (**1999**) 326 ~
WEG VI (**2000**) 17 ~ RÖSSLER B **01**, 995 ~ KNEITSCHEL B **03**, 372 ~ STALMANN, Joachim in LKEG H. 6/7 (**2003**) 20f.

178.7 Der am Kreuze starb

(Oster-Kyrie)

WGL IV (**1976**) 124 ~
THURMAIR-MUMELTER, Maria Luise in MEYER B **²97**, 291 ~ WEG IV (**1997**) 82 ~ SCHULZ A **98**, 26f. ~ SCHMID, Bernhard in HEG II (**1999**) 326 ~
RÖSSLER B **01**, 995 ~ KNEITSCHEL B **03**, 287 ~ STALMANN, Joachim in LKEG H. 6/7 (**2003**) 20f.

178.8 Send uns deinen Geist

(Pfingst-Kyrie)

WGL IV (**1976**) 124 ~
THURMAIR-MUMELTER, Maria Luise in MEYER B **²97**, 291 ~ WEG

IV (**1997**) 82 ~ SCHULZ A **98**, 26f. ~ SCHMID, Bernhard in HEG II (**1999**) 326 ~
RÖSSLER B **01**, 995 ~ KNEITSCHEL B **03**, 367 ~ STALMANN, Joachim in LKEG H. 6/7 (**2003**) 20f.

178.9 Kyrie
eleison

NSK **1991**/3, 30; **1995**/4, 10; **1996**/1, 23 ~ SCHULZ A **98**, 26f. ~ WILKE A **98**, 34–36 ~
WILKE, Matthias in LKEG H. 6/7 (**2003**) 22

178.10 Herr, erbarme dich
(1964)

NSK **1995**/4, 10 ~ SEUFFERT, Josef: Herr, erbarme dich. Zur Entstehung von EG 178.10, in MÖLLER B **97**, 136 ~ JLH 37 (**1998**) 223 ~ SCHULZ A **98**, 26f. ~ DUFFRER, Günter in HEG II (**1999**) 300 ~
KNEITSCHEL B **03**, 317 ~ STALMANN, Joachim in LKEG H. 6/7 (**2003**) 23f.

178.11 Herr, erbarme dich
(1973)

NSK **1986**/1, 23 ~
JANSSENS, Peter in MEYER B ^{2}**97**, 133 ~ SCHULZ A **98**, 26f. ~ TRAUTWEIN, Dieter in HEG II (**1999**) 166f. ~
STALMANN, Joachim in LKEG H. 6/7 (**2003**) 24f.

178.12 Kyrie eleison
(Taizé)

NSK **1994**/1, 12; 3, 18f. ~ ALBRECHT B ^{4}**95**, 96 ~ NSK **1995**/4, 10. 13 ~ MEYER B ^{2}**97**, 287–289 ~ KLARER A **98**, 59 ~ SCHULZ A **98**, 27 ~ WYSS-JENNY, Elisabeth in WGD 4 (**1998**) 50f. ~ TRUNK, Roger in HEG II (**1999**) 36f. ~
WEG VI (**2000**) 17 ~ MARTI B **01**, 54 ~ RÖSSLER B **01**, 995 ~ JU-

GENDLICHE IN TAIZE: Beten mit Gesängen aus Taizé, Meditation 28 (**2002**) H. 1, 14–18 ~ STALMANN, Joachim in LKEG H. 6/7 (**2003**) 25f.

178.13 Kyrie eleison

(1983)

SCHULZ A **98**, 26 ~ OPP, Walter in HEG II (**1999**) 341f. ~ STALMANN, Joachim in LKEG H. 6/7 (**2003**) 26f.

178.14 Kyrie eleison

(Kanon)

NSK **1994**/3, 18f.; **1995**/4, 10 ~ SCHWEIZER A **95**, 15 ~ BEUERLE, Lotte in MEYER B [2]**97**, 60 ~ SCHULZ A **98**, 26 ~ FINKE, Christian in HEG II (**1999**) 38f. ~
RÖSSLER B **01**, 989 ~ STALMANN, Joachim in LKEG H. 6/7 (**2003**) 28

179 / 180 Ehre sei Gott in der Höhe

(Gloria)

BASSERMANN, Heinrich: Kyrie und Gloria, MGkK 7 (**1902**) H. 11, 319–323 ~ AMELN, Konrad / GERHARDT, Carl: Die deutschen Gloria-Lieder, MGkK 43 (**1938**) 225–231 ~ HDEKM I/1 (**1941**) 23–43. 427–436. 567–575 ~
MÜLLER, Karl Ferdinand: Das Ordinarium Missae, in: Leiturgia II. Handbuch des evangelischen Gottesdienstes, Kassel **1955**, 23–29 ~ SCHNITZLER A **55**, 24–27 ~
BRODDE A **61**, 386–401 ~ JUNGMANN, Josef Andreas: Missarum Sollemnia I, Freiburg [2]**1962**, 446–461 ~
THUST B **76**, u.a. 91. 154. 156. 783 ~
KALB, Friedrich: Grundriss der Liturgik, München [2]**1982**, 120–123 ~ SCHMIDT-LAUBER / SEITZ B **92**, 86–95 ~ STALMANN, Joachim: Tagesordnungspunkt Gottesdienst, Hannover [5]**1994**, 106–108 ~ EINIG B **95**, 412 ~
SCHULZ, Frieder in LKEG H. 6/7 (**2003**) 29–31

179 Allein Gott in der Höh sei Ehr

(Gloria in excelsis Deo)

KOCH I B ^{3}**1866/1973**, 257. 421. 464; VIII B ^{3}**1876/1973**, 104 ~ BÖHME B **1877/1966**, Nr. 622 ~ FISCHER I B **1878/1967**, 33 ~ BÄUMKER II B **1888/1962**, 279f. ~ KÜMMERLE I B **1888/ 1974**, 23f. 60 ~ ERK / BÖHME III B **1893f./1988**, 694 ~

SPITTA, Friedrich in MGkK 6 (**1901**) H. 5, 158–164 ~ JULIAN B ^{2}**1907/1985**, 425f. ~ HOFMANN, Hans: Nicolaus Tech – der Dichter von „Allein Gott in der Höh sei Ehr", MGkK 24 (**1919**) H. 8/9, 201–206 ~ ALBRECHT, O. in WA 35 (**1923**) 629 ~ NELLE B ^{3}**1924/1962**, Nr. 1 ~ AMELN, Konrad / GERHARDT, Carl: Die deutschen Gloria-Lieder, MGkK 43 (**1938**) bes. 225–227. 230f. ~ CLASSEN, J. P. in MGkK 44 (**1939**) 216–218 ~ AMELN, Konrad: Das Sanctus- und das Agnus-Dei-Lied von Nicolaus Decius, MGkK 45 (**1940**) 9–15 ~ SCHLUNK B **51**, 18f. ~ BERGMANN B **53**, 180 ~ BRUPPACHER B **53**, 1–4 ~ GERBER, Hermann: Der englische Gruß, WuW 9 (**1954/55**) Nr. 28, 344 ~ BACH, Arthur / GRIMME, Gertrud in EvUV 5 (**1956**) 243–246 = KUV 6 (^{3}**1958**) 187–190, fast = EvUV 6 (**1957**) 95–97 ~ GERBER B **56**, 88f. ~ JLH 2 (**1956**) 123f. ~ SOLZBACHER B **56**, 122–124 (B) ~ BLANKENBURG, Walter in HEKG II/2 (**1957**) 57. 65 ~ KULP / BÜCHNER / FORNACON in HEKG Sb (**1958**) 101. 208–210. 311 ~ THIESEN B **58**, 64–66 ~ BRENNECKE A **58/59**, 69 ~

BLANKENBURG A **61**, 590 ~ JLH 6 (**1961**) 129. 134. 229. 246 ~ MOSER A **61**, 24 ~ GSCHWEND A **62**, 166 ~ JENNY B **62**, 90. 270 ~ JLH 7 (**1962**) 119 ~ MERTES B **62**, 86–88 ~ NELLE B ^{4}**62**, 69f. ~ HEYDEN A **63**, 180 ~ JLH 8 (**1963**) 190 ~ RECKZIEGEL B **63**, 85. 101. 159. 206 ~ JENNY A **64**, 151 ~ JLH 9 (**1964**) 151 ~ KÖHLER B **64** (HEKG I/2) 230–232 ~ KRATZEL A **66**, 171. 180 ~ AMELN A **67**, 173 ~ JLH 12 (**1967**) 152; 13 (**1968**) 254 ~ LIPPHARDT A **68**, 163–165 ~ NEUBACHER B **68**, 49 ~ AMELN A **69**, 183 ~ GRIMM A **69**, 160. 165 ~ JLH 14 (**1969**) 143f. ~

JLH 15 (**1970**) 165 ~ WEISMANN, Eberhard in HEKG III/1 (**1970**) 463f. 466–469 ~ PIPER A **71**, 94 ~ NSK AM (**1972**) 7, 35; 7, 38 ~ QUACK A **72**, 9–12 ~ SOMMER I A **72**, 107 ~ KAUFHOLD A **73**, 282f. ~ BREDNICH II B **75**, Abb. 84 ~ KLUSEN B **75**, 27f. 40. 43–47. 144. 152–154 ~ MGD 29 (**1975**) 106ff. ~ RÖSSLER A **75**, 147. 153. 179. 184 ~ JENNY, Markus / KRAFT, Sigisbert / QUACK, Erhard in WGL IV (**1976**) 115f. ~ JLH 20 (**1976**) 250 ~ MGD 30 (**1976**) 56 ~ NSK AM (**1976**) 19, 94; 21, 102 ~ RÖSSLER-Bibl. B **76**, 239f. ~ MGD 31 (**1977**) 132. 183 ~ DORFMÜLLER, Joachim: Dialog mit der Geschichte. Zu fünf zeitgenössischen Perspektiven von Nicolaus Decius' *Allein Gott in der Höh' sei Ehr*, MuK 48 (**1978**) H. 4, 165–175 ~

GOJOWY A **78**, 110 ~ JLH 22 (**1978**) 164 ~ MGD 32 (**1978**) 63. 133 ~ JLH 23 (**1979**) 129 ~ SEUFFERT, Josef in WGL IX (**1979**) 92f. ~ JENNY A **80**, 62 ~ JLH 24 (**1980**) 108. 190 ~ MGD 35 (**1981**) 60. 200 ~ JLH 26 (**1982**) 133 ~ LEAVER, Robin A.: A newly discovered fragment of Coverdale's Goostly Psalmes, JLH 26 (**1982**) 136–147, bes. 140 ~ MGD 36 (**1982**) 158. 210 ~ MÜLLER A **82**, 109 ~ SCHÖNBORN A **82**, 21. 30. 54. 64 ~ SIDLER A **82**, 219 ~ DRÖMANN A **83**, 171. 184 ~ JLH 27 (**1983**) 262 ~ MGD 37 (**1983**) U1. 98. 100; 38 (**1984**) 181 ~ SCHÖNBORN A **84**, 103 ~ HEINER B **³85**, 16f. ~ JENNY, Markus: Allein Gott in der Höh sei Ehr. Zur genauen Datierung und zu den frühesten Quellen des ältesten evangelischen Kirchenliedes, IAHB 13 (**1985**) 26–34 ~ JLH 29 (**1985**) 194. 250 ~ MARTI A **85**, 161f. ~ JLH 30 (**1986**) 240 ~ MGD 40 (**1986**) 271 ~ NSK **1986**/1, 22 ~ MGD 41 (**1987**) 54 ~ PARENT B **87**, 158. 160. 274 ~ JLH 31 (**1987/88**) 38. 47. 50. 128 ~ JENNY, Markus in RGL (**1988**) 684 ~ MEYER, Ulrich: In profundis – in excelsis. Zu drei Orgelchorälen J. S. Bachs über „Allein Gott in der Höh sei Ehr", MuK 58 (**1988**) H. 1, 12–16 ~ ULRICH, Herbert: Nikolaus Decius – Schöpfer der ältesten deutschen Messgesänge, Kath. KM 113 (**1988**) 224–233 ~ HESSING B **²89**, 33 ~ JLH 32 (**1989**) 275. 292 ~
MGD 44 (**1990**) 182 ~ JLH 33 (**1990/91**) 184. 260 ~ JENNY, Markus: Kein Gedenktag für Nikolaus Decius! – aber bald einmal einer für „Allein Gott in der Höh sei Ehr"!, MGD 45 (**1991**) 125f. ~ LEAVER, Robin A.: „Goostly Psalmes and Spirituall Songes". English and Dutch Metrical Psalms from Coverdale to Utenhove 1535–1566, Oxford **1991**, bes. 33–36. 76–79 ~ JLH 34 (**1992/93**) 208 ~ DE LA MOTTE B **93**, 208 ~ SCHNEIDER / VICKTOR B **93**, 26–29 ~ KORNEMANN A **94**, 10 ~ WEG II (**1994**) 17. 23 ~ ALBRECHT B **⁴95**, 28. 124. 142 ~ ÜHLEIN B **95**, 57. 136 ~ ALBRECHT A **96**, 186f. ~ NSK **1996**/1, 23 ~ JLH 36 (**1996/97**) 76 ~ DKL III/1.2 Textbd. (**1997**) 73 ~ WEG IV (**1997**) 82 ~ DKL III/1.3 Textbd. (**1998**) 139f. ~ Een Comp **³1998**, Nr.254. 298. 466 ~ FALKENROTH A **98**, 82 ~ KLARER A **98**, 33 ~ SCHULZ A **98**, 26f. ~ SEIBT B **98**, 251 ~ CONRAD A **99**, 240 ~ DKL III/1 Registerbd. (**1999**) 126. 193 ~ MERTEN, Werner / SCHNEIDER, Matthias in HEG II (**1999**) 73f. 301f. ~ WH 2 (**1999**) 34 ~ WEG VI (**2000**) 17 ~ WÜSTENBERG, Ulrich in MÖLLER B **00**, 229. 236 ~ WENNEMUTH A **00/01**, 181. 188 ~ MARTI, Andreas in ÖLK I (**2001**) = (etwas gekürzt) LKEG H. 6/7 (**2003**) 32–36 ~ RÖSSLER B **01**, 67. 910 ~ DKL III/2 Textbd. (**2002**) 395 ~ FRANZ B **02**, 506–508. 512 ~ JLH 41 (**2002**) 237 ~ SCHMIDT B **02**, 557. 632 ~ KNEITSCHEL B **03**, 215f. 272 ~ KÜCK / KURZKE B **03**, 22. 61. 71 ~ MARTI, Andreas in LKEG H. 6/7 (**2003**) 32–36 ~ REICH A **³03**, 766 ~ KORTH A **04**, 214. 231 ~ NEUHAUS B **05**, 109

auch bei EG 26 und 180 (bes. 180.4) !

180 Ehre sei Gott in der Höhe
(Gloria)

MÜLLER, Karl Ferdinand: Das Ordinarium Missae, in: Leiturgia II. Handbuch des evangelischen Gottesdienstes, Kassel **1955**, 23–29 ~ BRODDE A **61**, 386–401 ~ JUNGMANN, Josef Andreas: Missarum Sollemnia I, Freiburg ²**1962**, 446–461 ~ MERTES B **62**, 207f. ~ WEISMANN, Eberhard in HEKG III/1 (**1970**) 416 ~ THUST B **76**, u.a. 91. 154. 156. 783 ~ SEUFFERT, Josef in WGL IX (**1979**) 93 ~ KALB, Friedrich: Grundriss der Liturgik, München ²**1982**, 120–123 ~ GAMBER, Klaus: Die Textgestalt des Gloria, in: Liturgie und Dichtung I, (Pietas Liturgica I), hg. von Hansjakob Becker und Rainer Kaczynski, St. Ottilien **1983**, 227–256 ~
STALMANN, Joachim: Tagesordnungspunkt Gottesdienst, Hannover ⁵**1994**, 106–108 ~
FRANZ, Ansgar in MÖLLER B **00**, 6f. ~ ebd. 83 ~ SCHULZ, Frieder in LKEG H. 6/7 (**2003**) 29–31

auch bei EG 26 und 179!

180.1 Ehre sei Gott in der Höhe
(1524)

HDEKM I/1 (**1941**) 563 (zu Nr. 8) und 569 (zu Nr. 49) ~
JLH 17 (**1972**) 281 ~
SCHÖNBORN A **82**, 34. 58 ~
KORNEMANN A **94**, 10 ~ WEG II (**1994**) 17 ~ DKL III/1.2 Textbd. (**1997**) 241 ~ SCHULZ A **98**, 26f. ~ WEG V (**1998**) 75f. ~
SCHULZ, Frieder in LKEG H. 6 (**2003**) 37–39

180.2 Gott in der Höh sei Preis und Ehr
(Gloria in excelsis Deo)

BERGMANN B **53**, 61 ~ SOLZBACHER B **56**, 81 ~
MERTES B **62**, 178–180 ~
OFFELE A **72**, 109–111 ~ QUACK A **72**, 63 ~ JENNY, Markus in NSK AM (**1976**) 19, 94 ~ ebd. 21, 102 ~ JENNY, Markus / HOFMANN, Ernst / QUACK, Erhard in WGL IV (**1976**) 125f. ~ GRANZ A **78**, 184 ~ NSK AM (**1979**) 27 ~
HAHN B **81**, 17. 19. 21. 45f. 289. 293. 295f. ~ JENNY A **83**, 204 ~

MGD 39 (**1985**) 171 ~ MITTRING, Johannes in KCh 45 (**1985**) H. 6, 93 ~ DRÖMANN / SCHUBERTH B ^{2}**87**, Nr. 9 ~ NSK **1987**/2, 18 ~ HOFMANN, Ernst / QUACK, Erhard in RGL (**1988**) 686f. ~ NORDHUES, Paul / WAGNER, Alois ebd. 208f. ~ MGD 42 (**1988**) 307 ~ NSK **1988**/2, 26 ~
NSK **1992**/2, 24f. ~ KORNEMANN A **94**, 10 WEG II (**1994**) 71 ~ KRUMMACHER A **95**, 766 ~ ÜHLEIN B **95**, 136 ~ SCHULZ A **98**, 26 ~
MARTI B **01**, 55 ~ MARTI, Andreas in ÖLK I (**2001**), (fast) = LKEG H. 6/7 (**2003**) 40–42 ~ JLH 41 (**2002**) 237 ~ MARTINI B **02**, 39 ~ KNEITSCHEL B **03**, 216. 311

180.3 Ehre sei Gott in der Höhe

(1986)

KORNEMANN A **94**, 10 ~ WEG IV (**1997**) 82 ~ SCHULZ A **98**, 26f. ~ WEG V (**1998**) 100–102 ~
HENKYS, Jürgen in MÖLLER B **00**, 381f. ~ WENTZ-JANACEK A **00**, 39 ~ STALMANN, Joachim in LKEG H. 6/7 (**2003**) 42–45

180.4 Allein Gott in der Höh sei Ehr

(Kanon nach EG 179)

KORNEMANN A **94**, 10 ~ NSK **1994**/1, 20f. ~ SCHWEIZER A **95**, 15 ~ FALKENROTH A **98**, 82 ~ KLARER A **98**, 34 ~ SCHULZ A **98**, 26 ~ FINKE, Christian in HEG II (**1999**) 38f. ~
RÖSSLER B **01**, 989 ~ STALMANN, Joachim in LKEG H. 6/7 (**2003**) 45f.

181 / 182 Lobrufe – Halleluja

HDEKM I/1 (**1941**) 97–144 ~ STÄBLEIN, Bruno: Art. Alleluia, MGG[1], Bd. 1, Kassel / Basel **1949–1951**, 331–350 ~ WEISMANN, Eberhard: Kyrie und Halleluja, WBK 19 (**1952**) Nr. 1, 1f. ~ BECKMANN, Joachim: Das Proprium Missae, in: Leiturgia II. Handbuch des evangelischen Gottesdienstes, Kassel / Basel **1955**, 71–75 ~ HABERL, Ferdinand: Alleluja, ZKM 75 (**1955**) H. 8/9, 170–178 ~
JUNGMANN, Josef Andreas: Missarum Sollemnia I, Wien / Freiburg /

Basel [5]**1962**, 548–550 ~ MAHRENHOLZ, Christhard: Kompendium der Liturgik des Hauptgottesdienstes, Kassel **1963**, 67f. ~
WEISMANN, Eberhard in HEKG III/1 (**1970**) 319 ~ THUST B **76**, 123f. 154 ~
BRODDE, Otto: Musikalische Liturgik, Kassel **1980**, 25ff. ~
SCHLAGER, Karlheinz / HANNIK, Christian: Art. Alleluia, MGG^2, Sachteil Bd. 1, Kassel / Stuttgart **1994**, 445–462 ~ STALMANN, Joachim: Tagesordnungspunkt Gottesdienst, Hannover [5]**1994**, 120f. ~
REICH, Christa: Über das Halleluja. Predigt am Sonntag Kantate, WEG III (**1995**) 34–36, fast = REICH B **97**, 218–222 (Pr) ~
DANZEGLOCKE A **01**, 107 ~ SCHULZ, Frieder in LKEG H. 6/7 (**2003**) 47f.

181.1 Halleluja

(5. Psalmton)

NSK **1986**/1, 23; 2, 18; **1989**/2, 20 ~
NSK **1995**/1, 14 ~ WEG IV (**1997**) 82 ~ SCHULZ A **98**, 26. 31 ~
WEG V (**1998**) 74 ~
STALMANN, Joachim in LKEG H. 6/7 (**2003**) 48f.

181.2 Halleluja

(8. Psalmton)

NSK **1986**/1, 23; 2, 18; **1989**/2, 20 ~
NSK **1995**/1, 14 ~ WEG IV (**1997**) 82 ~ SCHULZ A **98**, 26. 31 ~
KNEITSCHEL B **03**, 315 ~ STALMANN, Joachim in LKEG H. 6/7 (**2003**) 48f.

181.3 Halleluja

(6./9. Psalmton)

NSK **1986**/1, 23; 2, 18; **1989**/2, 20 ~
NSK **1995**/1, 14 ~ WEG IV (**1997**) 82 ~ SCHULZ A **98**, 26. 31 ~
DANZEGLOCKE, Klaus in Thema: Gd 13/**1999**, 46–48 ~
KNEITSCHEL B **03**, 315 ~ STALMANN, Joachim in LKEG H. 6/7 (**2003**) 48f.

181.4 Halleluja
(orthodox)

WEG IV (**1997**) 55 ~ KLARER A **98**, 50 ~ SCHULZ A **98**, 26. 31 ~ WILKE A **98**, 337. 36 ~
STEFAN A **02/03**, 106f. ~ WILKE, Matthias in LKEG H. 6/7 (**2003**) 50

181.5 Halleluja
(1965)

WEG III (**1995**) 35 ~ SCHULZ A **98**, 26. 31 ~ DANZEGLOCKE, Klaus in Thema: GD 13/**1999**, 48–50 ~ HARRASSOWITZ, Hermann in HEG II (**1999**) 209 ~
TRAUTWEIN A **00**, 56–58 ~ TRAUTWEIN, Dieter in LKEG H. 6/7 (**2003**) 51–54

181.6 Laudate omnes gentes
(Taizé)

NSK **1989**/3, 21. 32 ~
ALBRECHT B ^{4}**95**, 96 ~ NSK **1995**/1, 12. 21 ~ MEYER B ^{2}**97**, 287–289 ~ NSK **1997**/1, 23 ~ WEG IV (**1997**) 55 ~ REICH A **98**, 70 ~ TRUNK, Roger in HEG II (**1999**) 36f. ~
MARTI A **00**, 186 ~ RIEHM, Heinrich in MÖLLER B **00**, 313 ~ STEFAN, Hans-Jürg in WH 3 (**2000**) 65 ~ WEG VI (**2000**) 17 ~ RÖSSLER B **01**, 995 ~ JUGENDLICHE IN TAIZE: Beten mit Gesängen aus Taizé, Meditation 28 (**2002**) H. 1, 14–18 ~ KNEITSCHEL B **03**, 338 ~ STALMANN, Joachim in LKEG H. 6/7 (**2003**) 55f.

181.7 Jubilate Deo
(Kanon)

NSK **1986**/2, 29; **1988**/2, 23; **1989**/3, 21. 31 ~
NSK **1992**/2, 25; **1995**/1, 22; **1996**/1, 23 ~ WEG IV (**1997**) 55. 109 ~ SCHULZ A **98**, 26. 31 ~ WERBECK, Walter in HEG II (**1999**) 243f. ~ RÖSSLER, Martin in MÖLLER B **00**, 134 ~ KNEITSCHEL B **03**, 333 ~ STALMANN, Joachim in LKEG H. 6/7 (**2003**) 56f.

181.8 Halleluja, Amen

(Kanon)

NSK **1992**/2, 24; **1994**/3, 14 ~ HARZ B **95**, 72 ~ WEG III (**1995**) 35 ~ NSK **1997**/2, 23 ~ WEG IV (**1997**) 82 ~ SCHULZ A **98**, 26
KNEITSCHEL B **03**, 315 ~ STALMANN, Joachim in LKEG H. 6/7 (**2003**) 58

182 Halleluja. Suchet zuerst Gottes Reich

(Seek ye first the kingdom of the Lord)

THUST A **79**, 8 ~
THUST, Karl Christian: „Taizé-Halleluja". Gedanken zu einem neuen Lied, in: Manfred Mezger zu Ehren. FS des praktisch-theologischen Seminars des Fachbereichs Evangelische Theologie der Johannes Gutenberg-Universität zu Mainz, hg. von Gert Otto, Mainz **1981**, 130–139 ~
NAGEL A **92**, 12. 14. 22f. ~ NSK **1994**/4, 25 WEG II (**1994**) 69 ~ GEHRT A **95**, 42f. ~ NSK **1996**/1, 23 ~ WEG IV (**1997**) 70. 82 ~ WETTACH A **97**, 31 ~ SCHULZ A **98**, 26. 31 ~ BLOCK, Detlev in HEG II (**1999**) 160f. ~ DANZEGLOCKE, Klaus in Thema: Gd 13/**1999**, 48 ~ HERBST I A **99**, 259 ~
MARTI B **01**, 154 ~ SCHULZ, Frieder in LKEG H. 6/7 (**2003**) 47f. ~ STALMANN, Joachim ebd. 59f.

Weitere Literatur betr. Lobrufe – Halleluja s.o. bei **181**bzw. LKEG H. 6/7 (**2003**) 47!

183 / 184 Glaubensbekenntnis

(Credo)

MÜLLER, Christa: Das Glaubensbekenntnis im Kirchenlied, MGkK 41 (**1936**) 33–43. 73–82. 105–119. 161–171. 190–198. 246–256. 304–314 ~ HDEKM I/1 (**1941**) 44–52. 575–577 ~
MÜLLER, Karl Ferdinand: Das Ordinarium Missae, in: Leiturgia II. Handbuch des evangelischen Gottesdienstes, Kassel **1955**, 29–37 ~ SCHNITZLER A **55**, 28–31 ~
BRODDE A **61**, 401–411 ~ JUNGMANN, Josef Andreas: Missarum Sollemnia II, Freiburg [2]**1962**, 591–606 ~ JANOTA B **68**, 42–54 ~

THUST B **76**, u.a. 99f. 141. 143. 154. 189–214. 771. 774. 780. 806. 846f. ~
KALB, Friedrich: Grundriss der Liturgik, München [2]**1982**, 137–139 ~ SCHMIDT-LAUBER / SEITZ B **92**, 117–127 ~ STALMANN, Joachim: Tagesordnungspunkt Gottesdienst, Hannover [5]**1994**, 125–128 ~ SCHULZ, Frieder in LKEG H. 6/7 (**2003**) 61f.

183 Wir glauben all an einen Gott

KOCH I B [3]**1866/1973**, 235. 240. 326. 465; III B [3]**1867/1973**, 355; V B [3]**1868/ 1973**, 602; VI B [3]**1869/1973**, 478; VIII B [3]**1876/1973**, 96 ~ FISCHER II B **1879/ 1967**, 399f. ~ BÄUMKER I B **1886/1962**, 683–688 ~ KÜMMERLE IV B **1895/ 1974**, 461–470 ~
PLASS A **1900**, 49f. 79f. ~ SPITTA A **1906**, 219–222 ~ RISCH A **1908**, 159 ~ LUCKE, Wilhelm / MOSER, Hans Joachim in WA 35 (**1923**) 172–177. 450. 512f. 616. 633 ~ NELLE B [3]**1924/1962**, Nr. 166f. ~
SCHLISSKE B **48**, 335–348 ~
STAPEL B **50**, 45f. 114–118 ~ SCHLUNK B **51**, 371f. ~ BERGMANN B **53**, 181 ~ BLANKENBURG A **55**, 1670 ~ JLH 1 (**1955**) 103 ~ SCHRÖDER B **55**, 90f. 93 ~ JLH 2 (**1956**) 124 ~ BLANKENBURG, Walter in HEKG II/2 (**1957**) 57f. ~ JLH 3 (**1957**) 131 ~ BACH, Arthur / GRIMME, Gertrud in EvUV 7 (**1958**) 242f. = KUV 6 ([3]**1958**) 260f. ~ KULP / BÜCHNER / FORNACON in HEKG Sb (**1958**) 164. 180f. 210–214. 311. 373 ~ BOES A **58/59**, 6f. 14 ~ BRENNECKE A **58/59**, 68 ~ JLH 4 (**1958/59**) 154. 157 ~
MAHRENHOLZ A **60**, 124f. 131 ~ NITSCHE, Herbert in WBK 27 (**1960**) H. 3, 53–55 ~ JLH 6 (**1961**) 53. 62 ~ AMELN A **62**, 61. 103f. 120f. ~ GSCHWEND A **62**, 164 ~ JENNY B **62**, 32f. 40f. 63. 69. 94. 124. 148. 154. 161. 163. 206 ~ JLH 7 (**1962**) 309 ~ LIPPHARDT I A **62**, 142. 148 ~ NELLE B [4]**62**, 47 ~ HEYDEN A **63**, 179f. ~ RECKZIEGEL B **63**, 103. 207 ~ KÖHLER B **64** (HEKG I/2) 232–234 ~ SOMMER A **64**, 36. 61. 79f. ~ AMELN A **66**, 82 ~ KRATZEL A **66**, 172f. ~ PIPER A **66**, 137 ~ AMELN A **67**, 172f. 176. 185 ~ BIRKNER A **67**, 125f. 138 ~ BRODDE A **67**, 198–200 ~ HAHN B **67**, 37f. ~ JLH 12 (**1967**) 192 ~ SCHÜTZ A **67**, 201–203 ~ JANOTA B **68**, 47–49. 52f. 73. 137. 303 ~ GRIMM A **69**, 160. 162 ~ JLH 14 (**1969**) 142 ~
WEISMANN, Eberhard in HEKG III/1 (**1970**) 463. 469–476 ~ SOMMER I A **72**, 150f. ~ SCHUBERTH A **73**, 136f. ~ BLANKENBURG A **73/74**, 69f. 72. 74 ~ JLH 19 (**1975**) 271 ~ PIPER A **75**, 110 ~ RÖSSLER A **75**, 162. 170 ~ RÖSSLER-Bibl. B **76**, 278 ~ BLANKENBURG

I A **77**, 161. 380 ~ MERTEN III A **77**, 61–63 ~ SAUER-GEPPERT A **77**, 78 ~ BLANKENBURG A **78**, 146–155 ~ GOJOWY A **78**, 110 ~ JLH 22 (**1978**) 201; 23 (**1979**) 228 ~

HAHN B **81**, 13. 16. 20. 42. 45. 47f. 174. 201f. 229. 234–245. 300. 314 ~ MGD 35 (**1981**) (4)U1 ~ JLH 26 (**1982**) 140. 145 ~ MGD 36 (**1982**) 139 ~ DRÖMANN A **83**, 171. 184 ~ HEIMRATH / KORTH B **83**, 76–78. 135 ~ JENNY A **83**, 47–50 ~ JENNY B **83**, 79–81 ~ JLH 27 (**1983**) 125 ~ KADELBACH A **83**, 97 ~ SKERIS A **83**, 115 ~ JLH 28 (**1984**) 16. 147 ~ SAUER-GEPPERT B **84**, 16. 54 ~ ASPER B **85**, 55. 57f. 62. 64f. 67. 70f. 119–125. 127. 129. 158f. ~ ERNST B **85**, 208 ~ JENNY B **85** (WA.A 4) 88–96. 238–241 ~ AMELN A **86**, 118f. ~ VEIT B **86**, 56 Anm.73. 84. 93f. 111 ~ PARENT B **87**, 201. 276 ~ JENNY, Markus in RGL (**1988**) 681f. ~ MGD 42 (**1988**) 287. 289 ~ AMELN A **89**, 20f. ~ JLH 32 (**1989**) 21. 26 ~ MGD 43 (**1989**) 7. 85 ~

BLANKENBURG B **91**, 148. 151. 153. 157. 174f. ~ JLH 34 (**1992/93**) 115. 133f. 136 ~ DE LA MOTTE B **93**, 213f. ~ von MEDING A **94** ~ WEG II (**1994**) 17 ~ ALBRECHT B **⁴95**, 20. 100f. 118f. 132. 138 ~ KORTH A **95**, 1165. 1171 ~ ÜHLEIN B **95**, 264 ~ DKL III/1.2 Notenbd. (**1996**) 146 ~ EBERS, Volker: Die Melodie von Luthers Credo-Lied. Möglichkeiten der Hinführung, Thema: Gd 10/**1996**, 39–43 ~ KRIEG, Gustav-Adolf: „Wir glauben all an einen Gott" (Liedpredigt in Theorie und Praxis), ebd. 26–38 ~ DKL III/1.2 Textbd. (**1997**) 177–180 ~ KIRSCHBAUM, Christa in WASCHELITZ B **97**, 35f. (B) ~ Een Comp [3]**1998**, Nr.331 ~ von MEDING B **98**, 28. 143–146. 200. 288. 294f. 311f. 324. 327–329. 369f. 415. 417. 445. 447 ~ SCHULZ A **98**, 26. 28 ~ SEIBT B **98**, 275 ~ WEG V (**1998**) 91. 108 ~ WISSEMANN-GARBE A **98**, 120 ~ DKL III/1 Registerbd. (**1999**) 231 ~ RÖSSLER, Martin / ALBRECHT, Christoph in HEG II (**1999**) 204–208. 337–339. 352–354 ~ SCHEITLER A **99**, 160. 167 ~

JLH 39 (**2000**) 235 ~ MÖLLER B **00**, 81 ~ RÖSSLER, Martin ebd. 181 ~ JLH 40 (**2001**) 19 ~ RÖSSLER B **01**, 52. 60 ~ DKL III/2 Textbd. (**2002**) 127. 322f. ~ SCHMIDT B **02**, 621. 624 ~ BLOCK, Johannes / STALMANN, Joachim in LKEG H. 6/7 (**2003**) 63–71 ~ JORDAHN A **04**, 242f.

Weitere Literatur betr. Glaubensbekenntnis s.o. bei **183/184** bzw. LKEG H. 6/7 **(2003)** 61 !

184 Wir glauben Gott im höchsten Thron

SCHLUNK B **51**, 373f. ~ KULP / BÜCHNER / FORNACON in HEKG Sb (**1958**) 214–216 ~

KÖHLER B **64** (HEKG I/2) 234f. ~

WEISMANN, Eberhard in HEKG III/1 (**1970**) 463f. 476f. ~ KRAFT, Sigisbert / LEX, Volkmar in WGL III (**1975**) 123f. ~ NSK AM (**1975**) 17, 85 ~ WEINECK, Isolde Maria: Christian Lahusen. Leben und Werk unter besonderer Berücksichtigung seiner liturgischen Kompositionen, phil. Diss. Münster **1978** (Buchfassung unter demselben Titel, (Laaber) **1981**) ~ SEUFFERT, Josef in WGL IX (**1979**) 81 ~
MGD 40 (**1986**) 149 ~ SEUFFERT, Josef in RGL (**1988**) 657 ~
KRIEG A **92/93**, 45 ~ KORNEMANN A **94**, 13 ~ ALBRECHT B ^{4}**95**, 61. 87 ~ BLOCK B **95**, 131f. ~ WIGGERMANN B **96**, 15. 57–59 ~ GERBER B **97** (Die verunglückte Nationalhymne) ~ SCHULZ A **98**, 26. 28 ~ WEG V (**1998**) 22. 90. 108 ~ WÜSTENBERG, Ulrich / BLOCK, Detlev in HEG II (**1999**) 190f. 282f. ~
RÖSSLER B **01**, 956 ~ KNEITSCHEL B **03**, 219f. 386 ~ REICH A ^{3}**03**, 767 ~ SCHULZ, Frieder / VÖLKER, Alexander in LKEG H. 6/7 (**2003**) 61f. 72–77

Weitere Literatur betr. Glaubensbekenntnis s.o. bei **183/184** bzw. LKEG H. 6/7 (**2003**) 61 !

185 Heilig, heilig, heilig

(Sanctus; Jesaja 6,3; Matthäus 21, 9)

HDEKM I/1 (**1941**) 53–60. 436–440. 577–580 ~
MÜLLER, Karl Ferdinand: Das Ordinarium Missae, in Leiturgia II. Handbuch des evangelischen Gottesdienstes, Kassel **1955**, 37–41 ~
SCHNITZLER A **55**, 31–34 ~
BRODDE A **61**, 411–416 ~ JLH 7 (**1962**) 306 ~ JUNGMANN, Josef Andreas: Missarum Sollemnia II, Freiburg ^{5}**1962**, 161–173 ~
KRETSCHMAR, Georg: Neue Arbeiten zur Geschichte des Ostergottesdienstes II. Die Einführung des Sanctus in die lateinische Messliturgie, JLH 7 (**1962**) 79–86 ~
THUST B **76**, 155 ~
KALB, Friedrich: Grundriss der Liturgik, München ^{2}**1982**, 153–155 ~
SCHMIDT-LAUBER / SEITZ B **92**, 190–200 ~ STALMANN, Joachim: Tagesordnungspunkt Gottesdienst, Hannover ^{5}**1994**, 148–150 ~ BÖTTRICH, Christfried: Das „Sanctus" in der Liturgie der hellenistischen Synagoge, JLH 35 (**1994/95**) 10–36 ~ GEHRT A **95**, 39 ~ SCHULZ A **98**, 26. 29. 31 ~
SCHULZ, Frieder in LKEG H. 6/7 (**2003**) 78f.

185.1 Heilig, heilig, heilig

(1564)

WERNER, Eric: The Sacred Bridge, London / New York **1959**, 504–570 ~ SCHULZ, Frieder: Die jüdischen Wurzeln des christlichen Gottesdienstes, JLH 28 (**1984**) 51–53 ~
SCHULZ A **98**, 26. 28f. ~ WEG V (**1998**) 77f. ~ GRYCZAN, Uwe: Der Melanchthonschüler Hermann Wilken (Witekind) und die Neuenrader Kirchenordnung von 1564, Bielefeld **1999**, 295–299 ~
SCHULZ, Frieder in LKEG H. 6/7 (**2003**) 79–82

185.2 Heilig, heilig, heilig

(gregorianisch)

SCHULZ A **98**, 26. 28 ~
STALMANN, Joachim in LKEG H. 6/7 (**2003**) 82f.

185.3 Heilig, heilig, heilig

(1726)

WERNER, Eric: The Sacred Bridge, London / New York **1959**, 504–570 ~
SCHULZ, Frieder: Die jüdischen Wurzeln des christlichen Gottesdienstes, JLH 28 (**1984**) 51–55 ~ NORDHUES, Paul / WAGNER, Alois in RGL (**1988**) 209 ~ NSK **1988**/2, 25 ~
WEG IV (**1997**) 82 ~ SCHULZ A **98**, 26. 28 ~ WEG V (**1998**) 79 ~ WYSS-JENNY, Elisabeth in WGD 4 (**1998**) 66f. ~ GRYCZAN, Uwe: der Melanchthonschüler Hermann Wilken (Witekind) und die Neuenrader Kirchenordnung von 1564, Bielefeld **1999**, 295–299 ~
KNEITSCHEL B **03**, 315 ~ SCHULZ, Frieder in LKEG H. 6/7 (**2003**) 79–82

185.4 Agios o Theos

(Heiliger Herre Gott)

BERGSMA, Joop in BECKER / KACZYNSKI I B **83**, 893 ~ REIFENBERG, Hermann ebd. II B **83**, 232. 243 ~

GEHRT A **95**, 40f. ~ NSK **1995**/4, 17f. ~ SCHULZ A **98**, 26. 29 ~ WILKE A **98** ~
EGERER 3 B **02** ~ STEFAN A **02/03**, 105f. ~ JLH 42 (**2003**) 227 ~ WILKE, Matthias in LKEG H. 6/7 (**2003**) 84f.

185.5 Sanctus, Hosanna

(Kanon)

NSK **1986**/1, 23; 2, 18 ~
REICH B **97**, 223–229 (Pr) ~
REICH, Christa in LKEG H. 6/7 (**2003**) 86f.

186–188 Vater unser

(Matthäus 6,9–13)

HDEKM I/1 (**1941**) 251–261. 492f. 619–623 ~
JUNGMANN, Josef Andreas: Missarum Sollemnia II, Freiburg ^{5}**1962**, 343–363 ~
THUST B **76**, u.a. 97f. 155. 792. 836f. ~
KALB, Friedrich: Grundriss der Liturgik, München ^{2}**1982**, 160f. ~
SCHMIDT-LAUBER / SEITZ B **92**, 212–222 ~ STALMANN, Joachim: Tagesordnungspunkt Gottesdienst, Hannover ^{5}**1994**, 151 ~
SCHULZ, Frieder in LKEG H. 6/7 (**2003**) 88f.

186 Vater unser im Himmel

(gregorianisch)

SOMMER I A **72**, 121 ~
NSK **1986**/1, 23 ~ QUACK, Erhard / SEUFFERT, Josef in RGL (**1988**) 674. 799 ~
KORNEMANN A **94**, 12 ~ POMELLA / ULRICH A **95**, 180f. ~ WEG IV (**1997**) 82 ~ KLARER A **98**, 68 ~ SCHULZ A **98**, 26. 30 ~
KNEITSCHEL B **03**, 183 ~ STALMANN, Joachim in LKEG H. 6/7 (**2003**) 90f.
Weitere Literatur betr. Vater unser s.o. bei **186–188** bzw. LKEG H. 6/7 (**2003**) 88f.!

187 Vater unser in dem Himmel
(Frankfurt/M. 1567)

LIPPHARDT, Walter: Gesangbuchdrucke in Frankfurt am Main vor 1569, Frankfurt **1974**, 114 ~
KORNEMANN A **94**, 12 ~ SCHULZ A **98**, 26. 30 ~
STALMANN, Joachim in LKEG H. 6/7 (**2003**) 92f.
Weitere Literatur betr. Vater unser s. o. bei **186–188** bzw. LKEG H. 6/7 (**2003**) 88f.!

188 Vater unser, Vater im Himmel
(Calypso)

JENNY, Markus / TOBLER, Robert in NSK AM (**1974**) 15, 73. 76 ~ THUST B **76**, 90. 128f. 133. 155. 187. 302. 345. 413f. 422f. 474. 496. 517. 529. 594. 598. 696. 755–760. 836f. ~ CORBACH, Dieter: Wie im Himmel, so auf Erden. Das neue Lied im RU, ZRP **1979**, H. 4, 127 ~ NSK AM (**1979**) 27 ~
NSK **1986**/1, 12. 23; 2, 18. 22; **1987**/2, 18; **1988**/3, 24 ~ OTT, Marlis: Vater, unser Vater. Bewegungsvorschlag zu KYA 150, NSK **1988**/3, 24 ~
NAGEL A **92**, 12. 14. 23–26 ~ KORNEMANN A **94**, 12 ~ WEG II (**1994**) 23 ~ ALBRECHT B **[4]95**, 131f. ~ POMELLA / ULRICH A **95**, 182 ~ GERBER B **97** (Ein neues Vater-unser-Lied) ~ WEG IV (**1997**) 82 ~ SCHULZ A **98**, 26. 30 ~ HERBST, Wolfgang in HEG II (**1999**) 25f. ~
WEG VI (**2000**) 115 ~ RÖSSLER B **01**, 986 ~ STALMANN, Joachim in LKEG H. 6/7 (**2003**) 94–96
Weitere Literatur betr. Vater unser s. o. bei **186–188** bzw. LKEG H. 6/7 (**2003**) 88f.!

189 Geheimnis des Glaubens: Deinen Tod, o Herr, verkünden wir

LENGELINK, Emil Josef: Die neue Ordnung der Messfeier, Münster **1970**, 230. 290f. ~ GOLTZEN, Herbert: Acclamatio anamneseos, JLH 19 (**1975**) 187–195 ~
Gottesdienst der Kirche. Handbuch der Liturgiewissenschaft, Teil 3, Regensburg **1987**, 68f. 123f.; Teil 4, **1989**, 347 ~
KORNEMANN A **94**, 12 ~ SCHULZ A **98**, 26. 31 ~

KNEITSCHEL B **03**, 306 ~ SCHULZ, Frieder in LKEG H. 6/7 (**2003**) 97f.

190 Lamm Gottes

(Agnus Dei)

HDEKM I/1 (**1941**) 61–64. 441–443. 580f. ~
MÜLLER, Karl Ferdinand: Das Ordinarium Missae, in: Leiturgia II. Handbuch des evangelischen Gottesdienstes, Kassel **1955**, 41–44 ~
SCHNITZLER A **55**, 34–37 ~
BRODDE A **61**, 417–421 ~ JUNGMANN, Josef Andreas: Missarum Sollemnia II, Freiburg [5]**1962**, 413–422 ~
THUST B **76**, u.a. 155. 770. 792 ~
KALB, Friedrich: Grundriss der Liturgik, München [2]**1982**, 168f. ~
JÖRNS, Klaus-Peter in BECKER / KACZYNSKI I B **83**, 204 ~
SCHMIDT-LAUBER / SEITZ B **92**, 223–233 ~ STALMANN, Joachim: Tagesordnungspunkt Gottesdienst, Hannover [5]**1994**, 157 ~ BERGER, Rupert: Neues Pastoralliturgisches Handlexikon, Freiburg i.Br. **1999**, 8 ~
SCHULZ, Frieder in LKEG H. 6/7 (**2003**) 99f.

190.1 O Lamm Gottes, unschuldig

KOCH I B [3]**1866/1973**, 235. 421. 472; VIII B [3]**1876/1973**, 29 ~ FISCHER II B **1879/1967**, 188f. ~ BÄUMKER I B **1886/1962**, 455–457 ~
JEHLE, Friedrich: Zu ‚O Lamm Gottes unschuldig', MGkK 14 (**1909**) H. 4, 136 ~ NELLE B [3]**1924/1962**, Nr. 91 ~ AMELN, Konrad: Das Sanctus- und das Agnus-Dei-Lied von Nicolaus Decius, MGkK 45 (**1940**) 9–15 ~
SCHLUNK B **51**, 290 ~ BERGMANN B **53**, 88. 190f. 196 ~ BRUPPACHER B **53**, 155f. = (in Auszügen) in EvKCh 63 (**1958**) Nr. 1, 1 ~ FORNACON, Siegfried: Art. Decius, MGG[1], Bd. 3 (**1954**) 81–83; überarbeitet von Hans-Otto Korth in MGG[2], Bd. 5 (**2001**) 643–645 ~ WIORA A **56**, 61 ~ BACH, Arthur / GRIMME, Gertrud in EvUV 6 (**1957**) 142f. ~ BLANKENBURG, Walter in HEKG II/2 (**1957**) 57. 65. 90 ~ KULP / BÜCHNER / FORNACON in HEKG Sb (**1958**) 100–102. 209. 218. 220. 311 ~ BRENNECKE A **58/59**, 68 ~
FRÖR, Kurt in KUV 8 ([2]**1960**) 204 ~ GSCHWEND A **62**, 163 ~ JLH 7 (**1962**) 120. 122 ~ MERTES B **62**, 87. 181–183 ~ NELLE B [4]**62**, 71 ~ RECKZIEGEL B **63**, 98. 106. 205 ~ KÖHLER B **64** (HEKG I/2)

114f. ~ AMELN A **67**, 172. 182 ~ GRIMM A **69**, 157 ~ JLH 14 (**1969**) 144 ~
STALMANN, Joachim / GRIMM, Jürgen in HEKG III/1 (**1970**) 270–272 ~ WEISMANN, Eberhard ebd. 260f. ~ NSK AM (**1972**) 7, 35 ~ QUACK A (GD) **72**, 53 ~ QUACK A (MuA) **72**, 76f. ~ SCHUBERTH A **73**, 136 ~ SAUER-GEPPERT A **73/74**, 203 ~ WITTENBERG A **73/74**, 160 ~ RÖSSLER A **75**, 174 ~ JENNY, Markus / KRAFT, Sigisbert / STEIN, Josef in WGL IV (**1976**) 135f. ~ RÖSSLER-Bibl. B **76**, 270 ~ SEUFFERT, Josef in WGL IX (**1979**) 93 ~
MGD 36 (**1982**) 115 ~ DRÖMANN A **83**, 171 ~ AXMACHER B **84**, 199 ~ HEINER B **³85**, 24 ~ MARTI A **85**, 161 ~ JLH 30 (**1986**) 250; 31 (**1987/88**) 124 ~ JENNY, Markus in RGL (**1988**) 689f. ~ MGD 42 (**1988**) 287 ~ NORDHUES, Paul / WAGNER, Alois in RGL (**1988**) 212f. ~ ULRICH, Herbert: Nikolaus Decius, Schöpfer der ältesten deutschen Messgesänge, Kath. KM 113 (**1988**) 224–233 ~ MGD 43 (**1989**) 6. 304 ~
HOFFLEIT B **95**, 156. 267. 270 ~ DKL III/1.2 Notenbd. (**1996**) 90f. ~ JLH 36 (**1996/97**) 242 ~ DKL III/1.2 Textbd. (**1997**) 73f. ~ Een Comp **³1998**, Nr. 188 ~ KLARER A **98**, 62 ~ SCHULZ A **98**, 26. 29 ~ SEIBT B **98**, 253 ~ CONRAD A **99**, 230 ~ DKL III/1 Registerbd. (**1999**) 221 ~ MERTEN, Werner in HEG II (**1999**) 73f. ~
RIEHM A **00**, 164 ~ WENTZ-JANACEK A **00**, 27 ~ RÖSSLER B **01**, 67 ~ STOCK, Alex in Geistl. Wunderhorn (**2001**) 104–110. 509, fast = ÖLK III (**2004**) ~ DKL III/2 Textbd. (**2002**) 108. 284 ~ GRUBE B **02**, 124f. ~ JLH 41 (**2002**) 236 ~ SCHMIDT B **02**, 600. 602 ~ KNEITSCHEL B **03**, 198. 362 ~ SCHULZ, Frieder in LKEG H. 6/7 (**2003**) 100f. ~ STANKE, Gerhard in HARTMANN B **03**, 36–40 (Pr) ~ KORTH A **04**, 214 ~ STOCK, Alex / MARTI, Andreas in ÖLK III (**2004**)

190.2 Christe, du Lamm Gottes

FISCHER I B **1878/1967**, 71 ~ KÜMMERLE I B **1888/1974**, 270f. 354; II B **1890/ 1974**, 562–564 ~
NELLE B **³1924/1962**, Nr. 90 ~ MAHRENHOLZ, Christhard: Zur musikalischen Gestaltung von Luthers Gottesdienstreform, MuK 5 (**1933**) 281–296 = in: Musicologica et Liturgica. Gesammelte Aufsätze, Kassel **1960**, 154–168 ~
LOHR A **49**, 68 ~
SCHLUNK B **51**, 41 ~ BRUPPACHER B **53**, 240–242 ~ FRÖR, Kurt in KUV 5 (**²1953**) 130 ~ BACH, Arthur / GRIMME, Gertrud in EvUV 5 (**1956**) 262 ~ HABERL, Ferdinand: Agnus Dei, MS 76 (**1956**)

339–344 ~ BACH, Arthur / GRIMME, Gertrud in EvUV 6 (**1957**) 143 ~ BLANKENBURG, Walter in HEKG II/2 (**1957**) 57 ~ JLH 3 (**1957**) 217 ~ BACH, Arthur / GRIMME, Gertrud in EvUV 7 (**1958**) 256 ~ KULP / BÜCHNER / FORNACON in HEKG Sb (**1958**) 102. 219f. ~ BOES A **58/59**, 11. 18 ~ JLH 4 (**1958/59**) 141 ~ BLANKENBURG A **61**, 622 ~ JLH 6 (**1961**) 55 ~ MERTES B **62**, 172 ~ BRODDE A **63**, 77 ~ KÖHLER B **64** (HEKG I/2) 237 ~ BLUME B [2]**65**, 137 ~ JLH 10 (**1965**) 129 ~ AMELN A **67**, 172 ~ BRODDE A **67**, 198 ~
WEISMANN, Eberhard in HEKG III/1 (**1970**) 463f. 482–484 ~ QUACK A (MuA) **72**, 11f. ~ NSK AM (**1973**) 12 ~ WITTENBERG A **73/74**, 160 ~ JENNY A **74**, 184f. ~ SiK 21 (**1974**) H. 1, 14 ~ JENNY, Markus / LEX, Volkmar in WGL IV (**1976**) 153f. ~ MGD 30 (**1976**) 28 ~ RÖSSLER-Bibl. B **76**, 242 ~ SAUER-GEPPERT A **77**, 72 ~ MGD 33 (**1979**) 229 ~
AESCHBACHER A **82**, 98 ~ MGD 36 (**1982**) 98 DRÖMANN A **83**, 172 ~ JENNY A **83**, 49 ~ JENNY B **83**, 167f. ~ JLH 28 (**1984**) 147 ~ MGD 38 (**1984**) 163 ~ JENNY B **85** (WA.A 4) 99. 246 ~ NSK **1986**/1, 22f. ~ Kath. KM 112 (**1987**) H. 1, 13 ~ NSK **1987**/2, 11 ~ OTT, Marlis in NSK **1987**/1, 24f. ~ JENNY, Markus in RGL (**1988**) 695 ~ NSK **1989**/2, 19 ~
NSK **1991**/2, 6 ~ WEG II (**1994**) 17 ~ DKL III/1.2 Notenbd. (**1996**) 90 ~ JLH 36 (**1996/97**) 35. 41 ~ DKL III/1.2 Textbd. (**1997**) 72 ~ WEG IV (**1997**) 82 ~ KLARER A **98**, 37 ~ SCHULZ A **98**, 26. 29 ~ SEIBT B **98**, 269 ~ WEG V (**1998**) 80. 90 ~ CONRAD A **99**, 230 ~ DKL III/1 Registerbd. (**1999**) 196 ~ RÖSSLER, Martin in HEG II (**1999**) 204–208 ~
MÖLLER B **00**, 71 ~ PRASSL, Franz Karl ebd. 64 ~ RÖSSLER B **01**, 66 ~ DKL III/2 Textbd. (**2002**) 283 ~ SCHMIDT B **02**, 551 ~ KNEITSCHEL B **03**, 281 ~ SCHULZ, Frieder in LKEG H. 6/7 (**2003**) 102f.

190.3 Lamm Gottes, du nimmst hinweg die Sünde der Welt

SCHULZ A **98**, 26. 29 ~ OPP, Walter in HEG II (**1999**) 341f. ~ STALMANN, Joachim in LKEG H. 6/7 (**2003**) 103f.

190.4 Siehe, das ist Gottes Lamm
(Kanon)

JLH 19 (**1975**) 287 ~
NSK **1986**/2, 14 ~
SCHWEIZER, Rolf in MEYER B [2]**97**, 268f. ~ REICH A **98**, 69 ~ SCHULZ A **98**, 26. 29 ~ BUBMANN, Peter in HEG II (**1999**) 293–295 ~
RÖSSLER B **01**, 989 ~ KLEK, Konrad in LKEG H. 6/7 (**2003**) 105f. ~ KNEITSCHEL B **03**, 367

191 Herr Gott, dich loben wir
(Te Deum laudamus)

KOCH I B [3]**1866/1973**, 240. 464; VIII B [3]**1876/1973**, 301 ~ FISCHER I B **1878/ 1967**, 261f. ~ BÄUMKER I B **1886/1962**, 671–683 ~ KÜMMERLE I B **1888/ 1974**, 570 573 ~
PLASS A **1900**, 46–48 ~ JULIAN B [2]**1907/1985**, 1119–1134 ~ RISCH A **1908**, 159 ~ SPITTA A **1917**, 249 ~ LUCKE, Wilhelm / MOSER, Hans Joachim in WA 35 (**1923**) 249–254. 458f. 521–524. 616. 624 ~ NELLE B [3]**1924/1962**, Nr.2 ~
SCHLISSKE B **48**, 178–192 ~
STAPEL B **50**, 12. 31. 63f. 170–176 ~ SCHLUNK B **51**, 149f. ~ LIPPHARDT, Walter: Das Te Deum, ZKM 72 (**1952**) 219–222 ~ BRUPPACHER B **53**, 210f. ~ EISENHUTH B **53**, 24 ~ WEISS, Ewald in GuK **1954**, 86 ~ BURBA B **56**, 56f. ~ JLH 2 (**1956**) 125 ~ BLANKENBURG, Walter in HEKG II/2 (**1957**) 57 ~ SCHOENBAUM A **57**, 48. 56 ~ KÄHLER, Ernst: Studien zum Te Deum und zur Geschichte des 24. Psalms in der alten Kirche, Berlin / Göttingen **1958** ~ KULP / BÜCHNER / FORNACON in HEKG Sb (**1958**) 186. 220–225. 278. 351. 428. 582f. ~ BOES A **58/59**, 25 ~ BRENNECKE A **58/59**, 45. 49. 71 ~ JLH 4 (**1958/59**) 95f. ~
LIPPHARDT, Walther: „Christ ist erstanden". Zur Geschichte des Liedes, JLH 5 (**1960**) 105–108. 110 ~ BOES, Adolf: Die reformatorischen Gottesdienste in der Wittenberger Pfarrkirche von 1523 an, JLH 6 (**1961**) 49f. 56–61 ~ ebd. 102. 129. Taf. III ~ AMELN A **62**, 70–72 ~ GSCHWEND A **62**, 169 ~ HABERL, Ferdinand: Te Deum laudamus, MS 82 (**1962**) 69–76 ~ JENNY B **62**, 32f. 40f. 78. 90f. 93. 108. 143. 149f. 202 ~ JLH 7 (**1962**) 121. 129 ~ KRETSCHMAR, Georg: Neue Arbeiten zur Geschichte des Ostergottesdienstes II. Die Einführung des Sanctus in die lateinische Messliturgie, JLH 7 (**1962**) 82. 84f. ~

LIPPHARDT I A **62**, 146 ~ NELLE B ^{4}**62**, 57 ~ HEYDEN A **63**, 180 ~ JLH 8 (**1963**) 103. 130. 192 ~ RECKZIEGEL B **63**, 102. 106. 207 ~ GAMBER, K.: „Das Te Deum" und sein Autor, in: Revue bénédictine **1964**, 318–321 ~ JLH 9 (**1964**) 132. 166. 238 ~ JENNY A **64**, 148 ~ KÖHLER B **64** (HEKG I/2) 238–240 ~ SOMMER A **64**, 35. 47. 64. 68 ~ JLH 10 (**1965**) 130. 133. 161 ~ JLH 11 (**1966**) 240 ~ SOMMER A **66**, 149 ~ VOLZ, Hans: Die Liturgie bei der Ablassverkündigung, JLH 11 (**1966**) 116f. 121. 123–125 ~ AMELN A **67**, 171. 174. 179 ~ BIRKNER A **67**, 128f. ~ HAHN B **67**, 41–43 ~ JLH 12 (**1967**) 89. 111. 191; 13 (**1968**) 102. 189f. 244. 251 ~ SCHÜTZ A **68**, 107 ~ GRIMM A **69**, 161 ~

ALBRECHT, Christoph in ZdZ 24 (**1970**) 213–216 ~ WEISMANN, Eberhard in HEKG III/1 (**1970**) 463f. 484–490 ~ JLH 17 (**1972**) 222. 267; 19 (**1975**) 77. 240. 296. 298 ~ RÖSSLER A **75**, 162. 166f. 175. 183 ~ JLH 20 (**1976**) 139 ~ NSK AM (**1976**) 21, 102 ~ RÖSSLER-Bibl. B **76**, 253 ~ GOJOWY A **78**, 110. 112. 116. 118 ~ JLH 23 (**1979**) 3. 189. 247 ~

JLH 24 (**1980**) 3. 136. 189. 247 ~ HAHN B **81**, 17. 19–22. 46f. 65. 289. 292f. 295–297. 299. 313 ~ JLH 25 (**1981**) 7. 24. 110 ~ WERNER, Eric: Das Te Deum und seine Hintergründe, ebd. 69–82 ~ ZAK, Sabine: Das Tedeum als Huldigungsgesang, Historisches Jb (der Görresgesellschaft) 102 (**1982**) 1–32 ~ DRÖMANN A **83**, 166. 170. 184 ~ JENNY A **83**, 46. 51 ~ JENNY B **83**, 128–133 ~ JLH 27 (**1983**) 37 ~ MARINGER, Ruth: Der Ambrosianische Lobgesang, in: Hansjakob Becker / Rainer Kaczynski (Hg.): Liturgie und Dichtung, Bd. I, St. Ottilien **1983**, 275–301 ~ JLH 28 (**1984**) 14. 89 ~ MGD 38 (**1984**) 11 ~ JENNY B **85** (WA.A 4) 107–109. 276–284 ~ MARTI A **85**, 161 ~ AMELN A **86**, 108f. ~ VEIT B **86**, 42. 52. 54 Anm. 58. 65. 67 Anm. 22. 83. 87. 88 Anm. 39. 100 Anm. 98. 102 Anm. 110. 109 Anm. 151. 128 Anm. 51. 147 Anm. 37. 148. 149 Anm. 54. 150 ~ JLH 31 (**1987/88**) 41 ~ MGD 43 (**1989**) 310 ~

GERHARDS, Albert: Te Deum laudamus – Die Marseillaise der Kirche? Ein christlicher Hymnus im Spannungsfeld von Liturgie und Politik, Lit. Jb 40 (**1990**) 65–79 ~ KURZKE, Hermann: Das deutsche Te Deum, in Ders.: Hymnen und Lieder der Deutschen, Mainz **1990**, 163–184 ~ JLH 33 (**1990/91**) 106. 184. 194. 267 ~ BLANKENBURG B **91**, 334. 336 ~ JLH 34 (**1992/93**) 3 ~ KORNEMANN A **94**, 10 ~ ALBRECHT B ^{4}**95**, 14. 140 ~ EINIG B **95**, 13. 54. 78. 95. 413 ~ HOFFLEIT B **95**, 277 ~ ÜHLEIN B **95**, 264 ~ DKL III/1.2 Notenbd. (**1996**) 50–64 ~ KADELBACH A **96**, 226f. ~ DKL III/1.2 Textbd. (**1997**) 50–52 ~ WOLF, Uwe: Textdrucke zur Weißenfelser Hofmusik in der Niedersächsischen Staats- und Universitätsbibliothek Göttingen, in: Neues Musikwissenschaftliches Jb 6/**1997**, Augsburg **1997**, 91–107 ~ JLH 37 (**1998**) 220 ~ von MEDING B **98**, 158–160. 184.

272. 295. 306. 318. 321f. 326. 392. 445. 447 ~ SCHULZ A **98**, 26f. ~ SEIBT B **98**, 261 ~ WISSEMANN-GARBE A **98**, 120 ~ DKL III/1 Registerbd. (**1999**) 208 ~ MuK 69 (**1999**) H. 1; darin bes.: 2; SCHATULL, Nicole: „Der einige Gott der Gemein hat gern Ehr von seinn Kindelein" – „Te-Deum"-Bearbeitungen in der Liturgie der Brüdergemeine Zinzendorfs, 5–10; HAAG, Martina / TÜRMER, Beatrix: Vom „Te Deum" zum Kirchenlied. Drei Lieder der katholischen Aufklärung im Vergleich, 10–19; SOULIER, Natalie: Gesetzt – gestochen – geschrieben. Druck und Druckformherstellung von „Herr Gott, dich loben wir" in ausgewählten Gesang- und Choralbüchern des frühen 19. Jahrhunderts, 20–25; von LUKAS, Almuth: „Vor uns neigt die Erde sich ...". Das „Te Deum" in der Bearbeitung eines DDR-Kabaretts, 25–30 ~ RÖSSLER, Martin in HEG II (**1999**) 204–208 ~
GERHARDS, Albert / LURZ, Frieder: Art. Te Deum, $LThK^3$, Bd. 9 (**2000**) 1306–1308 ~ JLH 39 (**2000**) 229 ~ RÖSSLER, Martin in MÖLLER B **00**, 151 ~ WENNEMUTH A **00/01**, 181f. ~ RÖSSLER B **01**, 64. 72. 239. 389. 739. 746. 757 ~ SCHMIDT B **02**, 574. 576. 591 ~ SPRINGER, Carl P. E.: Art. Te Deum, TRE, Bd. 33 (**2002**) 23–28 ~ DKL II/1 (**2003**) 162–168 ~ DRÖMANN, Hans-Christian in LKEG H. 6/7 (**2003**) 107–115 ~ GAGF 17 (**2003**) H. 2; darin bes.: REICH, Christa: „... dein ist die Herrlichkeit" – Doxologische Spurensuche im Horizont von Te Deum und Feuerofen, 4–11; MESSNER, Reinhard: Der König der Herrlichkeit und seine Heiligen. Das Te Deum als kosmologische Doxologie, 12–21; VOGT, Peter: Te Abba, Te Matrem, Te Agnum – Nikolaus Ludwig von Zinzendorfs Te-Deum-Bearbeitungen, 22–35 ~ KÜCK / KURZKE B **03**, 61

S. auch bei EG 331 „Großer Gott, wir loben dich" !

192 Kyrie eleison
(Litanei)

FISCHER II B **1879/1967**, 19f. ~
BLANKENBURG, Walter in HEKG II/2 (**1957**) 57 ~ KULP / BÜCHNER / FORNACON in HEKG Sb (**1958**) 201. 225–227. 231 ~ BOES A **58/59** ~
MAHRENHOLZ, Christhard: Zur musikalischen Gestaltung von Luthers Deutscher Litanei, in: Ders.: Musicologica et Liturgica. Gesammelte Aufsätze, Kassel **1960**, 169–195 ~ NELLE B **⁴62**, 98 ~ RECKZIEGEL B **63**, 218 ~ KÖHLER B **64** (HEKG I/2) 240f. ~ JLH 11 (**1966**) 184 ~ SOMMER A **66**, 149f. ~ SCHÜTZ A **68**, 110f. ~
WEISMANN, Eberhard in HEKG III/1 (**1970**) 490–494 ~ RÖSSLER-

Bibl. B **76**, 262 ~ MERTEN III A **77**, 61–63 ~ GOJOWY A **78**, 106. 110 ~
JENNY B **83**, 134–141 ~ JENNY B **85** (WA.A 4) 101–105. 250–273 ~ WITTENBERG A **94/95**, 202–206 ~ ALBRECHT B ^{4}**95**, 140 ~ von MEDING B **98**, 160–166. 170f. 233. 237. 292. 322. 365. 394f. 423. 446 ~ SCHULZ A **98**, 26 ~ RÖSSLER, Martin in HEG II (**1999**) 204–208 ~
RÖSSLER B **01**, 73 ~ DRÖMANN, Hans-Christian in LKEG H. 6/7 (**2003**) 116–120

Wort Gottes

WEISMANN, Eberhard in HEKG III/1 (**1970**) 500f.

193 Erhalt uns, Herr, bei deinem Wort

KOCH I B [3]**1866/1973**, 242. 271. 464; II B [3]**1867/1973**, 261; VIII B [3]**1876/1973**, 131 ~ BÖHME B **1877/1966**, Nr. 632 ~ FISCHER I B **1878/1967**, 167–169 ~ KÜMMERLE I B **1888/1974**, 372f. ~ JULIAN B [2]**1907/1985**, 352f. ~ RISCH A **1908**, 160 ~ SPITTA A **1917**, 249f. ~ LUCKE, Wilhelm / MOSER, Hans Joachim in WA 35 (**1923**) 235–248. 467f. 528. 616. 624 ~ NELLE B [3]**1924/1962**, Nr. 173 ~

GERBER, Hermann in WuW 2 (**1947/48**) Nr. 25/26, 181. 185 ~ SCHLISSKE B **48**, 124–137 ~

STAPEL B **50**, 69f. 192–195 ~ LOHR A **51**, 180 ~ SCHLUNK B **51**, 95 ~ KIEFNER A **52**, 46 ~ BRUPPACHER B **53**, 375f. ~ EISENHUTH B **53**, 25 ~ LAUTERBURG B **53**, 201–203 ~ GERBER, Hermann: Rettung durch Kinder, WuW 9 (**1954/55**) Nr. 45, 512 ~ JLH 1 (**1955**) 62 ~ SCHRÖDER B **55**, 93 ~ BURBA B **56**, 68 ~ JLH 2 (**1956**) 123. 243 ~ BACH, Arthur / GRIMME, Gertrud in EvUV 6 (**1957**) 148–150, ähnlich in KUV 7 ([3]**1959**) 200–202 ~ BLANKENBURG, Walter in HEKG II/2 (**1957**) 52f. 55f. 62. 111 ~ JLH 3 (**1957**) 110. 128f. ~ BACH, Arthur / GRIMME, Gertrud in EvUV 7 (**1958**) 238 ~ KULP / BÜCHNER / FORNACON in HEKG Sb (**1958**) 108. 217f. 230–234. 311. 321. 378. 530 ~

DOLLINGER, R. in Zs für bayerische Kirchengeschichte 29 (**1960**) 33–42 ~ BLANKENBURG A **61**, 582. 590f. 621. 623 ~ JLH 6 (**1961**) 117 ~ AMELN A **62**, 70f. ~ GSCHWEND A **62**, 165. 169 ~ JENNY B **62**, 34f. 44f. 64. 118. 124f. 128. 134. 148. 153. 155. 209. 240 ~ JLH 7 (**1962**) 122. 128. 130. 309 ~ NELLE B [4]**62**, 55. 57. 98 ~ JLH 8 (**1963**) 128 ~ RECKZIEGEL B **63**, 85. 113. 214 ~ VOLZ A **63**, 60. 64f. 68f. ~ JLH 9 (**1964**) 159 ~ KÖHLER B **64** (HEKG I/2) 245f. ~ SOMMER A **64**, 35. 40. 74 ~ BLANKENBURG A **66** ~ KRATZEL A **66**, 172 ~ SOMMER A **66**, 149 ~ AMELN A **67**, 174 ~ HAHN B **67**, 53 ~ HOFFMANN B **67**, 102 ~ JLH 12 (**1967**) 78; 13 (**1968**) 253 ~ LIPPHARDT A **68**, 170 ~ NEUBACHER B **68**, 31 ~ SCHÜTZ, Adalbert: Luthers Lieder von der Kirche, EvU 23 (**1968**) 214 ~ AMELN A **69**, 184 ~ GRIMM A **69**, 170 ~ JLH 14 (**1969**) 98. 142 ~ BRODDE A **70**, 68 ~ JLH 15 (**1970**) 165. 171. 267 ~ WEISMANN, Eberhard in HEKG III/1 (**1970**) 501–504 ~ JLH 17 (**1972**) 233f. 282 ~ SOMMER I A **72**, 125. 151. 153 ~ BREDNICH I B **74**, 90f.; II B **75**, Nr. 136. 143 ~ MERTEN I A **75**, 8f. 11. 16 ~ NSK AM (**1975**) 17, 84–86 ~ RÖSSLER A **75**, 157. 162. 169. 183 ~ JLH 20 (**1976**) 171. 229 ~ RÖSSLER B **76**, 180f. ~ RÖSSLER-Bibl. B **76**, 249 ~ JENNY A **77**, 59f. ~ MERTEN III A **77**, 60. 62f. 65 ~ SOMMER II A **77**, 140 ~ DRÖMANN A **78**, 192 ~ GOJOWY A **78**, 97. 99. 108. 114. 120f. ~ JLH 22 (**1978**) 246 ~ MGD 32 (**1978**) 97 ~ SAUER-GEPPERT A **79**, 174 ~ SCHOTT A **79**, 168f. ~ ELTZ-HOFFMANN B **80**, 16f. ~ HAHN B **81**, 17f. 21. 96–98. 145. 167. 173. 229. 275. 313 ~ JLH 25 (**1981**) 102 ~ MOSER B **81**, 15. 18. 644 ~ MGD 36 (**1982**) 99 ~ DRÖMANN A **83**, 179. 186 ~ HEIMRATH / KORTH B **83**, 108. 139f. ~ JENNY A **83**, 48–50 ~ JENNY B **83**, 145f. ~ AMELN A **85**, 15 ~ ASPER B **85**, 65. 68. 71. 143 ~ ERNST B **85**, 26. 60. 63. 74. 77–81. 87. 96. 166. 179. 187f. 193. 205. 207. 239f. 330. 347 ~ HEINER B **³85**, 46 ~ JENNY B **85** (WA.A 4) 118f. 304f. ~ MGD 40 (**1986**) 288 ~ VEIT B **86**, 43. 46. 65. 73. 73 Anm. 51. 74f. 82f. 86 Anm. 23. 90 Anm. 54. 111 Anm. 157. 112 Anm. 166. 115 Anm. 181. 143. 143 Anm. 18. 146. 149 Anm. 54 ~ NSK **1987**/1, 16. 29 ~ PARENT B **87**, 133. 158. 171. 231. 274 ~ HEITMEYER B **88**, 98. 116–134 ~ MGD 42 (**1988**) 85. 287. 289 ~ NSK **1988**/3, 20f. 32f. ~ AMELN A **89**, 17 ~ MGD 43 (**1989**) 9 ~ UELTZEN, Dieter in JAHB 17 (**1989**) 41 ~ MGD 44 (**1990**) 203 ~ NSK **1990**/3, 9 ~ BLANKENBURG B **91**, 232–243. 334. 343. 350 ~ JLH 34 (**1992/93**) 62. 95 ~ DE LA MOTTE B **93**, 209 ~ FRANK B **²93**, 209 ~ FUCHS B **93**, 139f. 204. 221f. ~ KORNEMANN A **94**, 13 ~ JLH 35 (**1994/95**) 243 ~ KURZKE A **94/95**, 125f. ~ ALBRECHT B **⁴95**, 22. 108 ~ HOFFLEIT B **95**, 258 ~ DKL III/1.2 Notenbd. (**1996**) 161 ~ KLEK / SCHRADE A **96**, 293 ~ JLH 36 (**1996/97**) 233f. ~ DKL III/1.2 Textbd. (**1997**) 207f. ~ Een Comp **³1998**, Nr. 310 ~ von MEDING B **98**, 170f. 287. 309f. 318. 339. 341. 354. 380. 382. 445 ~ SEIBT B **98**, 257 ~ CONRAD A **99**, 230 ~ DKL III/1 Registerbd. (**1999**) 61. 73. 121. 125. 203 ~ RÖSSLER, Martin in HEG II (**1999**) 204–208 ~ CZUBATYNSKI, Uwe in Luther 71 (**2000**) 43–45 (Pr) ~ JLH 39 (**2000**) 96 ~ MÖLLER B **00**, 106 ~ RÖSSLER, Martin ebd. 134 ~ WENNEMUTH A **00/01**, 190 ~ MARTI A **01**, 153 ~ MARTI B **01**, 149 ~ RÖSSLER B **01**, 72f. 111. 286 ~ DKL III/2 Textbd. (**2002**) 332 ~ MARTINI B **02**, 78. 277 ~ SCHMIDT B **02**, 215 ~ FRENSCHKOWSKI, Marco: Die Reformatoren und der Islam. Die Wahrnehmung des Islams zwischen Apokalyptik und Politik in der Reformationszeit, Ebernb. H. 37 (**2003**) 323(19) ~ KÜCK / KURZKE B **03**, 73 ~ MARTI, Andreas in ÖLK II (**2003**)

194 O Gott, du höchster Gnadenhort

KOCH II B [3]**1867/1973**, 111 ~ FISCHER II B **1879/1967**, 150f. ~ KÜMMERLE II B **1890/1974**, 497 ~
NELLE B [3]**1924/1962**, Nr. 206 ~
SCHLUNK B **51**, 276 ~ KULP / BÜCHNER / FORNACON in HEKG Sb (**1958**) 233. 255 ~ BRENNECKE A **58/59**, 70 ~
JENNY B **62**, 46f. 125. 149. 252 ~ NELLE B [4]**62**, 62 ~ RECKZIEGEL B **63**, 109. 137 ~ KÖHLER B **64** (HEKG I/2) 246–248 ~
WEISMANN, Eberhard in HEKG III/1 (**1970**) 500f. 504f. ~ JLH 22 (**1978**) 156. 160. 193 ~
ERB I B [2]**81**, 92–94 ~
DKL III/1.2 Textbd. (**1997**) 115 ~ DKL III/1 Registerbd. (**1999**) 73. 125. 220 ~ TRUNK, Roger in HEG II (**1999**) 162f. ~
RÖSSLER B **01**, 46 ~ DKL III/2 Textbd. (**2002**) 296 ~ SCHMIDT B **02**, 605

Zur Mel. s. auch bei EG 155 „Herr Jesu Christ, dich zu uns wend" !

195 Allein auf Gottes Wort

(Mel.: O Herre Gott, dein göttlich Wort)

KOCH I B [3]**1866/1973**, 250. 254. 286. 473; VII B [3]**1872/1973**, 187; VIII B [3]**1876/ 1973**, 118. 697 ~ FISCHER II B **1879/1967**, 168–170 ~ KÜMMERLE II B **1890/ 1974**, 520–522 ~
THOMAS, Wilhelm: Ein Danklied vom Worte Gottes, MGkK 37 (**1932**) 33f. ~
JLH 1 (**1955**) 60f. ~ WIDMANN, Albert in WBK 22 (**1955**) 85–88 ~ JLH 2 (**1956**) 74. 125 ~ BLANKENBURG, Walter in HEKG II/2 (**1957**) 65. 68 ~ FINSCHER A **57**, 66. 68 ~ JLH 3 (**1957**) 223 ~ RÖBBELEN B **57**, 201. 455 ~ LUEKEN, Wilhelm: Das Lied „O Herre Gott, dein göttlich Wort", ebd. 33–43 ~ KULP / BÜCHNER / FORNACON in HEKG Sb (**1958**) 187–189 ~ BRENNECKE A **58/59**, 70 ~
AMELN, Konrad in JLH 6 (**1961**) 69 ~ ebd. 63 ~ JLH 7 (**1962**) 126 ~ NELLE B [4]**62**, 79 ~ BLANKENBURG A **66**, 252 ~ JLH 11 (**1966**) 92 ~ SOMMER A **66**, 150 ~ AMELN A **67**, 174 ~ LIPPHARDT A **68**, 170 ~ GRIMM A **69**, 170. 177 ~
FORNACON, Siegfried / GRIMM, Jürgen in HEKG III/1 (**1970**)

431–435 ~ WEISMANN, Eberhard ebd. 423 ~ JLH 15 (**1970**) 164; 17 (**1972**) 231 ~ SOMMER I A **72**, 124f. 142. 154 ~ JLH 20 (**1976**) 174 ~ JENNY A **77**, 54. 59 ~ GOJOWY A **78**, 91–93. 97. 99. 108. 112. 114. 119f. ~
JLH 24 (**1980**) 134 ~ HAHN B **81**, 82. 314 ~ DRÖMANN A **83**, 176 ~ KADELBACH A **83**, 85 ~ HEINER B **³85**, 47 ~ JLH 30 (**1986**) 228 ~ MGD 42 (**1988**) 287. 289; 43 (**1989**) 10 ~
BLANKENBURG B **91**, 351. 353 ~ DKL III/1.1 Notenbd. (**1993**) 215 ~ DKL III/1.1 Textbd. (**1993**) 189 ~ WEG II (**1994**) 71 ~ DKL III/1.2 Notenbd. (**1996**) 153 ~ von MEDING B **98**, 227–230. 378f. 382. 446 ~ WISSEMANN-GARBE A **98**, 120 ~ DKL III/1 Registerbd. (**1999**) 79. 91. 100. 124. 193. 221 ~ STALMANN, Joachim in HEG II (**1999**) 337–339 ~
RÖSSLER B **01**, 111f. ~ MARTINI B **02**, 39 ~ KÜCK / KURZKE B **03**, 74

196 Herr, für dein Wort sei hoch gepreist

(Mel.: Es spricht der Unweisen Mund wohl)

KOCH I B **³1866/1973**, 241. 470 ~ FISCHER I B **1878/1967**, 188 ~ KÜMMERLE I B **1888/1974**, 178. 385 ~
SPITTA A **1906**, 342–345 ~ JULIAN B **²1907/1985**, 354f. ~ RISCH A **1908**, 158 ~ LUCKE, Wilhelm / MOSER, Hans Joachim in WA 35 (**1923**) 121f. 441–443. 505 ~
SCHLUNK B **51**, 147 ~ JLH 1 (**1955**) 61 ~ SCHRÖDER B **55**, 92 ~ JLH 2 (**1956**) 125 ~ BLANKENBURG, Walter in HEKG II/2 (**1957**) 65. 68 ~ FINSCHER A **57**, 66 ~ SCHOENBAUM A **57**, 48. 57 ~ KULP / BÜCHNER / FORNACON in HEKG Sb (**1958**) 45. 234f. 272. 406 ~ BRENNECKE **A 58/59**, 70 ~
JLH 7 (**1962**) 131 ~ HEYDEN A **63**, 181 ~ RECKZIEGEL B **63**, 105. 111. 211 ~ VOLZ A **63**, 60. 64. 68. 71 ~ JLH 9 (**1964**) 104 ~ KÖHLER B **64** (HEKG I/2) 249f. ~ SOMMER A **64**, 35. 51 ~ KRATZEL A **66**, 172 ~ SOMMER A **66**, 149 ~ AMELN A **67**, 174 ~ BIRKNER A **67**, 139 ~ SCHÜTZ A **67**, 154f. ~ LIPPHARDT A **68**, 170 ~ GRIMM A **69**, 165 ~ JLH 14 (**1969**) 143 ~
WEISMANN, Eberhard in HEKG III/1 (**1970**) 500f. 506f. ~ SOMMER I A **72**, 127. 137. 149. 154 ~ BLANKENBURG A **73/74**, 69. 72. 76. 78. 81f. 96 ~ JENNY A **77**, 59 ~ DRÖMANN A **78**, 193 ~ GOJOWY A **78**, 92f. 97–99. 101. 111. 114f. 120 ~ JENNY, Markus in MGD 33 (**1979**) 136 ~ SCHOTT A **79**, 165. 167 ~
HAHN B **81**, 13. 19. 100f. 246. 248. 250. 258. 260. 313 ~ MÜLLER A **82**, 105 ~ DRÖMANN A **83**, 170. 182 ~ HEIMRATH / KORTH B **83**,

93. 137 ~ JENNY A **83**, 46 ~ JENNY B **83**, 106–108 ~ SAUER-GEPPERT B **84**, 57. 121 ~ ASPER B **85**, 57. 60. 64. 67. 70. 75. 89f. 129 ~ ERNST B **85**, 189 ~ JENNY B **85** (WA.A 4) 65. 180–183 ~ PARENT B **87**, 201. 274 ~
BLANKENBURG B **91**, 149. 161. 163. 165. 173f. ~ FRANK B **²93**, 544 ~ WEG II (**1994**) 71 ~ ROSER B **95**, 47–49 ~ DKL III/1.2 Notenbd. (**1996**) 144 ~ DKL III/1.2 Textbd. (**1997**) 116f. 172f. 186f. ~ FALKENROTH A **98**, 83 ~ von MEDING B **98**, 54. 64–66. 72. 88. 131. 295. 298. 324. 416. 445f. ~ WISSEMANN-GARBE A **98**, 120. 126 ~ DKL III/1 Registerbd. (**1999**) 53. 62. 67. 70. 75. 79. 83. 93. 96. 101. 107. 111. 113. 116. 128. 200. 203. 207 ~ MERTEN, Werner / STALMANN, Joachim in HEG II (**1999**) 75f. 337–339 ~
RÖSSLER, Martin in MÖLLER B **00**, 154 ~ JLH 40 (**2001**) 226 ~ RÖSSLER B **01**, 45. 61. 239. 478 ~ DKL III/2 Textbd. (**2002**) 322 ~ MARTINI B **02**, 39 ~

197 Herr, öffne mir die Herzenstür

KOCH III B **³1867/1973**, 348 ~ FISCHER I B **1878/1967**, 282f. ~ SCHLUNK B **51**, 158f. ~ EISENHUTH B **53**, 90–93 ~ KULP / BÜCHNER / FORNACON in HEKG Sb (**1958**) 234 ~ BACH, Arthur / GRIMME, Gertrud in EvUV 3 (**²1959**) 155f. ~
NELLE B **⁴62**, 183 ~ KÖHLER B **64** (HEKG I/2) 248 ~
WEISMANN, Eberhard in HEKG III/1 (**1970**) 500f. 505f. ~
SAUER-GEPPERT B **84**, 34f. 125 ~ ERB IV B **²86**, 48f. ~
KORNEMANN A **94**, 9 ~ WEG II (**1994**) 71 ~ FALKENROTH A **98**, 83 ~ EISINGER, Walther in HEG II (**1999**) 234f. ~
RÖSSLER B **01**, 431

Zu Str. 3 (= EG 155, 4) und zur Mel. s. auch bei EG 155 „Herr Jesu Christ, dich zu uns wend" !

198 Herr, dein Wort, die edle Gabe

KOCH V B **³1868/1973**, 275; VIII B **³1876/1973**, 156 ~ FISCHER I B **1878/1967**, 255 ~
JEHLE, Friedrich: Woher stammt die 2. Strophe des Liedes „Herr, dein Wort, die edle Gabe"?, MGkK 23 (**1918**) H. 2/3, 56f. ~ NELLE B **³1924/1962**, Nr. 211 ~
SCHLUNK B **51**, 144f. ~
NELLE B **⁴62**, 230 ~
JENNY, Markus in NSK AM (**1979**) 27, 130 ~

HEINER B [3]**85**, 235 ~
ALBRECHT B [4]**95**, 53 ~ FALKENROTH A **98**, 83 ~ BESSER, Beate / PISTORIUS, Dietmar / SCHWINGE, Gerhard in HEG II (**1999**) 120f. 223–225. 358–360 ~
RÖSSLER, Martin in MÖLLER B **00**, 181 ~ RÖSSLER B **01**, 588. 668 ~ SCHEFFBUCH 2 B [2]**01**, 101f. ~ MARTINI B **02**, 39 ~ SCHMIDT B **02**, 606 ~ SCHEFFBUCH 1 B [8]**03**, 178f.
Zur Mel. s. auch bei EG 388 „O Durchbrecher aller Bande“ !

199 Gott hat das erste Wort

(God heeft het eerste woord)

NIEVERGELT, Edwin in NSK AM (**1972**) 5, 17 ~ NSK AM (**1979**) 27 ~
NSK **1986**/1, 13; 2, 18; **1987**/2, 18 ~ SCHROETER A **88**, 197 ~ NSK **1989**/1, 28 ~
NSK **1992**/2, 24f. ~ GIERING, Achim: Das erste und das letzte Wort, ChL 48 (**1995**) 47–49 ~ NSK **1996**/3, 12 ~ JENNY, Markus in MEYER B [2]**97**, 138 ~ BERNOULLI, Peter Ernst: Von Ursprung, Ziel und Sinn alles Seienden. „Gott hat das erste Wort“, NSK **1998**/1, 2f. ~ FALKENROTH A **98**, 83 ~ KLARER A **98**, 48 ~ SCHRÖER A **98**, 10 ~ WH 1 (**1998**) 48 ~ WYSS-JENNY, Elisabeth in WGD 4 (**1998**) 58f. ~ MARTI, Andreas / FINKE, Christian / REICH, Werner in HEG II (**1999**) 167f. 185f. 351 ~
EGERER 2 B **00**, 13–17 ~ STEFAN A **00**, 51. 53 ~ WEG VI (**2000**) 22 ~ BLEIJPEL, Marijke: Das Landvolk, in: Eine Gruppe niederländischer Poeten dichtet den Genfer Psalter neu. Bernoulli, Peter Ernst / Furler, Frieder (Hg.): Der Genfer Psalter. Eine Entdeckungsreise, Zürich **2001**, 217–224 ~ HERBST II A **01**, 176 ~ KLOPPENBURG, Wim (Bearbeitung: Peter Ernst Bernoulli und Andreas Marti) in ÖLK I (**2001**) ~ RÖSSLER B **01**, 997 ~ STEFAN, Hans-Jürg in FRANZ B **02**, 31–43 ~ JLH 42 (**2003**) 227 ~ KNEITSCHEL B **03**, 310

Taufe und Konfirmation

WEISMANN, Eberhard in HEKG III/1 (**1970**) 508f. ~ THUST B **76**, 156f. ~
SCHROETER A 88

200 Ich bin getauft auf deinen Namen

KOCH IV B [3]**1868/1973**, 534 ~ FISCHER I B **1878/1967**, 319 ~
NELLE B [3]**1924/1962**, Nr. 217 ~
SCHLUNK B **51**, 173f. ~ KULP / BÜCHNER / FORNACON in HEKG Sb (**1958**) 240 ~
NELLE B [4]**62**, 217 ~ KÖHLER B **64** (HEKG I/2) 259–261 ~
WEISMANN, Eberhard in HEKG III/1 (**1970**) 508f. 518–520 ~ NSK AM (**1972**) 7, 35 ~ JLH 21 (**1977**) 95 ~ DRÖMANN A **78**, 188. 192 ~ JENNY, Markus in MGD 33 (**1979**) 138 ~ SEUFFERT, Josef in WGL IX (**1979**) 126 ~
LEUDESDORFF, René in NITSCHKE B **81**, 33–35 (Pr) ~ HESSING B [2]**89**, 34f. ~
FRANK B [2]**93**, 498 ~ DORLASS-MÜLLER, Monika in KOERRENZ / REMY B **94**, 171–178 (Pr vom 28. 3. 1993) ~ ROSER B **95**, 93f. ~
HOLZAPFEL B **98**, 150–173. 228f. ~ SEIBT B **98**, 263 ~ EISINGER, Walther in HEG II (**1999**) 247 ~ HERBST I A **99**, 260 ~
KENNTNER B **01**, 91–103 (Pr) ~ RÖSSLER B **01**, 645 ~ MARTINI B **02**, 39. 145. 150. 283. 288. 291. 304 ~ SCHMIDT B **02**, 601 ~
SCHEFFBUCH 1 B [8]**03**, 193
Zur Mel. s. auch bei EG 330 „O dass ich tausend Zungen hätte“ !

201 Gehet hin in alle Welt

(Matthäus 28, 19)

NSK **1986**/2, 18 ~ DRÖMANN / SCHUBERTH B [2]**87** ~
NSK **1992**/2, 24; **1995**/4, 20 ~
MARTINI B **02**, 66. 283 ~ JÜNGST, Gerhard in LKEG H. 6/7 (**2003**) 121f. ~ KNEITSCHEL B **03**, 306

202 Christ, unser Herr, zum Jordan kam

KOCH I B ^{3}**1866/1973**, 241. 467; VIII B ^{3}**1876/1973**, 142 ~ KÜMMERLE I B **1888/ 1974**, 277f. ~
RISCH A **1908**, 160 ~ SPITTA A **1917**, 249f. ~ LUCKE, Wilhelm / MOSER, Hans Joachim in WA 35 (**1923**) 281–285. 468–470. 528. 626 ~
SCHLISSKE B **48**, 54–61 ~
STAPEL B **50**, 48f. 124–126 ~ SCHLUNK B **51**, 44 ~ BRUPPACHER B **53**, 260f. ~ JLH 1 (**1955**) 62 ~ SCHRÖDER B **55**, 94 ~ BURBA B **56**, 66f. ~ JLH 2 (**1956**) 123 ~ BLANKENBURG, Walter in HEKG II/2 (**1957**) 66f. 71 ~ FINSCHER A **57**, 66f. ~ JLH 3 (**1957**) 106 ~ KULP / BÜCHNER / FORNACON in HEKG Sb (**1958**) 126. 235–237. 284 ~ WEISMANN, Eberhard in WBK 25 (**1958**) 54–57 ~ BRENNECKE A **58/59**, 68 ~ JENNY / AMELN A **58/59**, 106 ~
JLH 5 (**1960**) 259 ~ GSCHWEND A **62**, 164. 169 ~ JENNY B **62**, 34f. 63. 128. 149f. 153. 188. 209f. 275f. ~ JLH 7 (**1962**) 121; 8 (**1963**) 128 ~ RECKZIEGEL B **63**, 80. 103. 207 ~ JLH 9 (**1964**) 150 ~ KÖHLER B **64** (HEKG I/2) 250–252 ~ SOMMER A **64**, 35. 56f. ~ SOMMER A **66**, 148 ~ AMELN A **67**, 173 ~ BRODDE A **67**, 198 ~ HAHN B **67**, 51–53 ~ SCHÜTZ A **67**, 203. 206 ~ GRIMM A **69**, 162 ~
JLH 15 (**1970**) 166 ~ WEISMANN, Eberhard in HEKG III/1 (**1970**) 508–512 ~ LAUBACH, Hans-Jürgen: Luthers Tauflied, JLH 16 (**1971**) 134–154 ~ JLH 17 (**1972**) 229 ~ BLANKENBURG A **73/74**, 84 ~ JLH 20 (**1976**) 172 ~ MOSER B ^{2}**76**, 93f. (B) ~ RÖSSLER-Bibl. B **76**, 243 ~ JENNY A **77**, 59 ~ DRÖMANN A **78**, 192 ~ GOJOWY A **78**, 91. 95. 112 ~ WEISSE A **78**, 68f. ~
HAHN B **81**, 17f. 102f. 147–162. 169. 173. 225. 283. 298. 313 ~ DRÖMANN A **83**, 170. 185 ~ HEIMRATH / KORTH B **83**, 82–84. 136 ~ JENNY A **83**, 46. 49. 51 ~ JENNY B **83**, 89–92 ~ JLH 27 (**1983**) 232 ~ KADELBACH A **83**, 108 ~ MGD 38 (**1984**) 31. 169 ~ ASPER B **85**, 68. 71. 170 ~ JENNY B **85** (WA.A 4) 117. 299–301 ~ JLH 29 (**1985**) 232 ~ AMELN A **86**, 125 ~ JLH 30 (**1986**) 223 ~ VEIT B **86**, 43. 46. 65. 69. 69 Anm.33. 71 Anm.39. 81. 83. 87 Anm.31. 90 Anm.53f. 91 Anm.54f. 96. 98 Anm.83. 104f. 105 Anm.125. 109 Anm.152. 111 Anm.157. 119 Anm.12. 122 Anm.25. 123. 123 Anm.29. 126. 131f. 144 Anm.26. 146. 148. 149 Anm.53. 151. 151 Anm.65. 154f. 159 ~ EBERHARDT A **87**, bes. 175f. ~ JLH 32 (**1989**) 26. 155. 272f. ~ MGD 43 (**1989**) 153 ~
BLANKENBURG B **91**, 166. 171. 174. 334 ~ JLH 34 (**1992/93**) 134 ~ FRANK B ^{2}**93**, 686 ~ von MEDING A **94** ~ ALBRECHT B ^{4}**95**, 20. 145 ~ FOSS B **95**, 257 ~ DKL III/1.2 Textbd. (**1997**) 161f. ~ Een Comp ^{3}**1998**, Nr.165 ~ von MEDING B **98**, 170. 288. 366. 410. 445.

447 ~ DKL III/1 Registerbd. (**1999**) 55. 196 ~ JLH 38 (**1999**) 252 ~ RÖSSLER, Martin in HEG II (**1999**) 204–208 ~
JLH 39 (**2000**) 235 ~ RÖSSLER B **01**, 71. 493 ~ DKL III/2 Textbd. (**2002**) 317 ~ FRANZ B **02**, 57 ~ MARTINI B **02**, 66. 120. 211. 230. 259. 283. 304. 309. 314ff. KORTH A **04**, 217

203 Ach lieber Herre Jesu Christ, der du ein Kindlein worden bist

(Mel.: O Jesu Christ, meins Lebens Licht)

KOCH I B [3]**1866/1973**, 215. 427; II B [3]**1867/1973**, 231. 233; III B [3]**1867/1973**, 277; VIII B [3]**1876/1973**, 618 ~ FISCHER II B **1879/1967**, 176f. ~ KÜMMERLE II B **1890/1974**, 535–539 ~
NELLE B [3]**1924/1962**, Nr. 479 ~
SCHLUNK B **51**, 14 ~ BERGMANN B **53**, 32 ~ BLANKENBURG, Walter in HEKG II/2 (**1957**) 96. 101 ~ MICHAELIS / LUEKEN B **57** (HEKG II/1) 57 ~ KULP / BÜCHNER / FORNACON in HEKG Sb (**1958**) 238f. 271. 478. 493–496 ~
NELLE B [4]**62**, 84 ~ RECKZIEGEL B **63**, 220 ~ VOLZ A **63**, 57. 64 ~ KÖHLER B **64** (HEKG I/2) 255 ~ GRIMM A **69**, 171 ~
WEISMANN, Eberhard in HEKG III/1 (**1970**) 508. 515 ~ DRÖMANN A **78**, 194 ~
JLH 24 (**1980**) 203; 26 (**1982**) 248 ~ DRÖMANN A **83**, 188 ~ JLH 27 (**1983**) 131 ~ HEINER B [3]**85**, 102 ~ JLH 29 (**1985**) 238 ~ PARENT B **87**, 158. 165. 200. 229. 236 ~
KORNEMANN, Helmut / BLINDOW, Martin in HEKG III/2 (**1990**) 345–347 ~ Een Comp [3]**1998**, Nr. 332 ~ WEG V (**1998**) 23 ~ WÜSTENBERG, Ulrich / WÖLFEL, Dietrich in HEG II (**1999**) 82f. 99 ~

204 Herr Christ, dein bin ich eigen

GERBER, Hermann: Mehr Glaube, weniger Sentimentalität, WuW 4 (**1949/50**) Nr. 15, 117 = GERBER B **56**, 172f. ~
FORNACON, Siegfried: Herr Christ, dein bin ich eigen. Ein vergessenes Glaubenslied, KCh 18 (**1958**) H. 5, 66–69 ~
AMELN, Konrad in JLH 5 (**1960**) 258; 6 (**1961**) 224 ~
BÜCHNER B **71**, 134–136 ~ JLH 18 (**1973/74**) 242 ~
WEG IV (**1997**) 82 ~ WETTACH A **97**, 31 ~ WEG V (**1998**) 22 ~ ENGELHARDT, Ruth in HEG II (**1999**) 69f. ~
RÖSSLER B **01**, 149f. 343 ~ MARTINI B **02**, 283

205 Gott Vater, höre unsre Bitt

FISCHER I B **1878/1967**, 237 ~
SCHLUNK B **51**, 134f. ~ KULP / BÜCHNER / FORNACON in HEKG Sb (**1958**) 239 ~
KÖHLER B **64** (HEKG I/2) 255f. ~
WEISMANN, Eberhard in HEKG III/1 (**1970**) 509. 516 ~
WEG II (**1994**) 71 ~ MERTEN, Werner in HEG II (**1999**) 51 ~
KNEITSCHEL B **03**, 225f.

Zur Mel. s. auch bei EG 275 „In dich hab ich gehoffet, Herr" !

206 Liebster Jesu, wir sind hier, deinem Worte nachzuleben

KOCH V B ^{3}**1868/1973**, 481 ~ FISCHER II B **1879/1967**, 34f. ~
KÜMMERLE I B **1888/1974**, 162 ~
NELLE B ^{3}**1924/1962**, Nr. 214 ~
SCHLUNK B **51**, 228 ~ BRUPPACHER B **53**, 237 ~ KULP / BÜCHNER / FORNACON in HEKG Sb (**1958**) 239 ~
NELLE B ^{4}**62**, 244 ~ KÖHLER B **64** (HEKG I/2) 256–259 ~
WEISMANN, Eberhard in HEKG III/1 (**1970**) 509. 516–518 ~ NSK AM (**1977**) 24 ~
SAUER-GEPPERT B **84**, 134 ~ ERB IV B ^{2}**86**, 82f. ~ NSK **1987**/3, 22; **1989**/2, 31 ~
ALBRECHT B ^{4}**95**, 52 ~ ALBRECHT, Christoph in HEG (**1999**) 277f. ~
RÖSSLER B **01**, 672 ~ JLH 41 (**2002**) 145 ~ MARTINI B **02**, 105

Zur Mel. s. auch bei EG 161 „Liebster Jesu, wir sind hier" !

207 Nun schreib ins Buch des Lebens

BRUPPACHER B **53**, 240 ~
HEYDRICH B **62**, 248 ~
NSK AM (**1977**) 24 ~
WYSS-JENNY, Elisabeth in WGD 4 (**1998**) 44f. ~
KNEITSCHEL B **03**, 355 ~ SEIBT, Ilsabe in ÖLK IV (**2005**)

Zur Mel. s. auch bei EG 516 „Christus, der ist mein Leben" !

208 Gott Vater, du hast deinen Namen

KLEPPER B **56** ~
GROSCH B ^{5}**89** ~
HENKYS A **93**, 99 ~ WECHT, Martin in MEYER B ^{2}**97**, 163 ~ WECHT B **98**, 159. 249f. 455. 476 ~ WECHT, Martin / KLEK, Konrad in HEG II (**1999**) 177–179. 239–241 ~
ELLSEL, Reinhard: Gott hält sich nicht verborgen. Predigten zu Liedern von Jochen Klepper, Bielefeld **2001**, 35–42 (Pr) ~ RÖSSLER B **01**, 973 ~ MARTINI B **02**, 39 ~ ELLSEL B ^{3}**03**, 35–42 (Pr) ~ MERTEN, Werner in LKEG H. 8 (**2003**) 16–19 ~ JLH 43 (**2004**) 246

209 Ich möchte', dass einer mit mir geht

THUST B **76**, 12. 22. 75. 79f. 164. 183f. 191. 215. 270. 289. 301. 330. 357. 395. 413. 479. 694. 809 ~ SAUER-GEPPERT A **79**, 181 ~
HARTENSTEIN A **81**, 23 ~ NSK **1986**/2, 18 ~ JLH 31 (**1987/88**) 126 ~ SCHROETER A **88**, 197 ~ NSK **1989**/1, 29 ~
MGD 44 (**1990**) 266 ~ NSK **1990**/2, 23; 3, 29 ~ OTT, Marlis ebd. 2, 25 (Bewegungsvorschlag) ~ KRIEG A **92/93**, 41. 52 ~ NSK **1994**/1, 17; 4, 24 ~ ALBRECHT B ^{4}**95**, 65 ~ GIERING, Achim: Das Vorbild. Text und Melodie EG 209, ChL 48 (**1995**) 1–3 ~ WEG IV (**1997**) 83 ~ WETTACH A **97**, 31 ~ HAHNEN B **98**, 414 ~ SCHÜTZ A **98**, 55 ~ HERBST, Wolfgang in HEG II (**1999**) 183f. ~
RÖSSLER B **01**, 986 ~ MARTINI B **02**, 203. 207ff. 213. 231. 292. 295. 304. 307f. 310ff. 314

210 Du hast mich, Herr, zu dir gerufen

SCHROETER A **88**, 198 ~
NSK **1994**/3, 8 ~ SCHULZ, Otmar in MEYER B ^{2}**97**, 257 ~ WETTACH A **97**, 31 ~ KLARER A **98**, 45f. ~ SCHUBERTH, Dietrich in HEG II (**1999**) 288f. ~
RÖSSLER B **01**, 990 ~ MARTINI B **02**, 283 ~ MERTEN, Werner in LKEG H. 6/7 (**2003**) 123–125 ~ ULRICH, Herbert / ESSER, Christine in ÖLK IV (**2005**)

211 Gott, der du alles Leben schufst

KEMPER A **87**, 140 ~ SCHROETER A **88**, 191 ~ BLOCK, Detlev in MEYER B **²97**, 70f. ~ KALBERLAH, Hans-Jürgen in HEG II (**1999**) 42–44 ~ RÖSSLER B **01**, 1000 ~ MARTINI B **02**, 299 ~ KNEITSCHEL B **03**, 309 ~ MARTI, Andreas in ÖLK IV (**2005**)
Zur Mel. s. auch bei EG 72 „O Jesu Christe, wahres Licht" !

212 Voller Freude über dieses Wunder

(Fylt av glede over livets under)

HENKYS A **82**, 88–91 ~ HOFMANN, Friedrich in NSK **1987**/3, 21–24 ~ KEMPER A **87**, 140f. ~ NSK **1987**/3, 33 ~ LIPPOLD A **88**, 290 ~ NSK **1992**/1, 14f. ~ WIESLI, Walter: Voller Freude sehn wir, Herr, Dein Wunder, ebd. 16 ~ ELLINGSEN, Svein in MEYER B **²97**, 85 ~ HENKYS, Jürgen ebd. 110f. ~ HOVLAND, Egil ebd. 131 ~ JLH 37 (**1998**) 185 ~ WEG V (**1998**) 22 ~ KRUMMACHER, Aina Maria / SCHUBERTH, Dietrich in HEG II (**1999**) 84f. 140–142. 161 ~ HENKYS, Jürgen in MÖLLER B **00**, 370f. ~ WENTZ-JANACEK A **00**, 34 ~ RÖSSLER B **01**, 997 ~ EGERER 3 B **02**

Abendmahl

WEISMANN, Eberhard in HEKG III/1 (**1970**) 521–525 ~ THUST B **76**, 157f. ~ RÖLLEKE, Heinz: Spätmittelalterliche Abendmahls- und Osterlieder. Ein Handschriftenkonvolut aus dem Nachlass Clemens Brentanos, JVlf 23 (**1978**) 124ff. ~
KLARER A **98**, 68f.

213 Kommt her, ihr seid geladen

KOCH VII B ^{3}**1872/1973**, 147 ~
SCHLUNK B **51**, 219 ~ KULP / BÜCHNER / FORNACON in HEKG Sb (**1958**) 247–249. 433 ~
HEYDRICH B **62**, 240f. ~ NELLE B ^{4}**62**, 266 ~ KÖHLER B **64** (HEKG I/2) 274f. ~
NITSCHE, Herbert / KIEFNER, Walter in HEKG III/1 (**1970**) 535f. ~
WEISMANN, Eberhard ebd. 524 ~ MOSER B ^{2}**76**, 72f. (B) ~
SAUER-GEPPERT B **84**, 45f. 108–110 ~
FRANK B ^{2}**93**, 571 ~ ALBRECHT B ^{4}**95**, 59 ~ KLEK / SCHRADE A **96**, 254 ~ NSK **1996**/2, 5 ~ WEG V (**1998**) 22 ~ PISTORIUS, Dietmar in HEG II (**1999**) 26f. ~
RÖSSLER B **01**, 795f.

Zur Mel. s. auch bei EG 133 „Zieh ein zu deinen Toren“ !

214 Gott sei gelobet und gebenedeiet

KOCH I B ^{3}**1866/1973**, 210. 235. 241. 465 ~ FISCHER I B **1878/1967**, 234 ~ BÄUMKER I B **1886/1962**, 716–720 ~ KÜMMERLE I B **1888/1974**, 497f. ~
PLASS A **1900**, 79 ~ JULIAN B ^{2}**1907/1985**, 444 ~ RISCH A **1908**, 157 ~ SPITTA A **1917**, 214 ~ LUCKE, Wilhelm / MOSER, Hans Joachim in WA 35 (**1923**) 181–184. 452f. 514f. 615 ~ NELLE B ^{3}**1924/1962**, Nr. 223 ~ MÜLLER, Christa: Luthers Sakramentslieder, MGkK 40 (**1935**) 184 ~
KRÜGER, Hannelore: Luthers Abendmahlslied „Gott sei gelobt“, EvU **1946**, H. 3, 6 ~ SCHLISSKE B **48**, 168–178 ~

STAPEL B **50**, 50f. 128–130 ~ SCHLUNK B **51**, 133f. ~ BERGMANN B **53**, 26. 36. 60. 126f. 192–195 (192–195 = MuA 7 (**1954/55**) 65–67) ~ MÜLLER-EISENACH, Johannes in ZdZ 9 (**1955**) H. 10, 394 ~ SCHRÖDER B **55**, 88 ~ JLH 2 (**1956**) 123 ~ KANNEGIESSER, Amanda in ZdZ 10 (**1956**) H. 8/9, 348 ~ SOLZBACHER B **56**, 130–132 (B) ~ BLANKENBURG, Walter in HEKG II/2 (**1957**) 57 ~ KULP / BÜCHNER / FORNACON in HEKG Sb (**1958**) 251–254. 272. 373 ~ BOES A **58/59**, 10f. ~ BRENNECKE A **58/59**, 68 ~ JENNY / AMELN A **58/59**, 108 ~ JLH 4 (**1958/59**) 101. 139 ~
MAHRENHOLZ A **60**, 126 ~ BLANKENBURG A **61**, 622f. ~ JLH 6 (**1961**) 59 ~ GSCHWEND A **62**, 165 ~ JENNY B **62**, 34f. 38f. 63. 69. 128. 148. 150. 163. 165. 210 ~ JLH 7 (**1962**) 103. 126 ~ LIPPHARDT I A **62**, 141 ~ MERTES B **62**, 38. 64. 90. 93f. 206 ~ NELLE B **⁴62**, 31. 49 ~ LIPPHARDT I A **63**, 172f. ~ RECKZIEGEL B **63**, 106. 208 ~ JLH 9 (**1964**) 129. Taf. II ~ KÖHLER B **64** (HEKG I/2) 280f. ~ LIPPHARDT, Walter: Ein Mainzer Prozessionale (um 1400) als Quelle deutscher geistlicher Lieder, JLH 9 (**1964**) 95. 102. 116–121 ~ SOMMER A **64**, 30. 32. 35. 66. 68f. 78–80 ~ DUNKEL, Joseph: Der Fronleichnamsleis. Eine Liedkatechese als Beitrag zum Singen in der Ökumene, MuA 17 (**1965**) 135f. ~ SOMMER A **66**, 149 ~ AMELN A **67**, 171. 174. 180 ~ BIRKNER A **67**, 118–120. 135. 137 ~ BRODDE A **67**, 198f. ~ HAHN B **67**, 7f. ~ JLH 12 (**1967**) 94. 143f. ~ JANOTA B **68**, 212. 246 ~ SCHÜTZ A **68**, 110 ~ GRIMM A **69**, 163 ~ LIPPHARDT, Walther: Zwei neu aufgefundene Nonnengebetbücher aus der Lüneburger Heide als Quelle niederdeutscher Kirchenlieder des Mittelalters, JLH 14 (**1969**) 125. 129. Taf. V ~
NITSCHE, Herbert / KIEFNER, Walter in HEKG III/1 (**1970**) 539–542 ~ WEISMANN, Eberhard ebd. 523 ~ JLH 16 (**1971**) 166 ~ LIPPHARDT A **72**, 195 ~ BLANKENBURG A **73/74**, 69. 71–73 ~ JLH 18 (**1973/74**) 193 ~ THURMAIR-MUMELTER, Maria Luise / QUACK, Erhard in TRENKLER B **75**, 243–246 ~ JENNY, Markus / THURMAIR-MUMELTER, Maria Luise / AENGENVOORT, Johannes in WGL IV (**1976**) 173–176 ~ JLH 20 (**1976**) 191 ~ RÖSSLER-Bibl. B **76**, 252 ~ MERTEN III A **77**, 62f. ~ MGD 32 (**1978**) 216; 33 (**1979**) 229 ~ SEUFFERT, Josef in WGL IX (**1979**) 97 ~
JLH 24 (**1980**) 46 ~ SIDLER A **80**, 14 ~ HAHN B **81**, 14. 20. 42. 45. 47f. 102. 174. 202f. 215–222. 224–227. 285. 313 ~ JLH 25 (**1981**) 33 ~ MGD 36 (**1982**) 53 ~ BIERITZ A **83**, 232 ~ DRÖMANN A **83**, 170. 184 ~ HEIMRATH / KORTH B **83**, 88f. 136 ~ JENNY A **83**, 46. 49 ~ JENNY B **83**, 95f. ~ KADELBACH A **83**, 99 ~ RIEHM A **83**, 189 ~ ASPER B **85**, 57f. 62. 64. 67. 70. 112–114 ~ ERNST B **85**, 191 ~ JENNY B **85** (WA.A 4) 59. 163f. ~ JLH 29 (**1985**) 195 ~ AMELN A **86**, 115 ~ VEIT B **86**, 41. 55. 58. 65. 67 Anm. 22. 69. 73. 83. 91 Anm. 55. 95f. 98 Anm. 85. 100 Anm. 98. 104 Anm. 120. 105 Anm. 125.

107 Anm. 141. 108 Anm. 144. 109 Anm. 149. 110 Anm. 154. 111 Anm. 157. 115 Anm. 181. 117 Anm. 193. 131 Anm. 69. 133 Anm. 77. 144. 146 ~ BUCHRUCKER B **87**, 36f. ~ HEITMEYER B **88**, 115. 172–185 ~ SIDLER, Hubert in RGL (**1988**) 699 ~ JLH 32 (**1989**) 149 ~ MGD 44 (**1990**) 204 ~ JLH 33 (**1990/91**) 106. 252 ~ BLANKENBURG B **91**, 149. 151. 153f. ~ JLH 34 (**1992/93**) 127. 136 ~ KORNEMANN A **94**, 13 ~ ALBRECHT B [4]**95**, 138 ~ ÜHLEIN B **95**, 136 ~ DKL III/1.2 Notenbd. (**1996**) 114 ~ MERTENS A **96**, 1076f. ~ JLH 36 (**1996/97**) 35. 77 ~ DKL III/1.2 Textbd. (**1997**) 109–111 ~ Een Comp [3]**1998**, Nr. 354 A ~ von MEDING B **98**, 28. 91–95. 296. 306. 342. 389. 403. 430. 445 ~ WISSEMANN-GARBE A **98**, 120 ~ CONRAD A **99**, 230 ~ DKL III/1 Registerbd. (**1999**) 206 ~ RÖSSLER, Martin / EBENBAUER, Peter / ALBRECHT, Christoph in HEG II (**1999**) 204–208. 211f. 352–354 ~

MÖLLER B **00**, 72 ~ PRASSL, Franz Karl ebd. 59. 61f. ~ WÜSTENBERG, Ulrich ebd. 230 ~ RIEHM A **00**, 170 ~ RÖSSLER B **01**, 54f. ~ STOCK, Alex in Geistl. Wunderhorn (**2001**) 76–83. 507 ~ DKL III/2 Textbd. (**2002**) 294f. ~ JLH 41 (**2002**) 236 ~ FÄRBER, Bardo in HARTMANN B **03**, 26–30 (+Pr) ~ KNEITSCHEL B **03**, 118. 252f. 310. 312 ~ DKL II/2 (**2004**) 132 ~ DKL II/6 (**2004**) 265 ~ KORTH A **04**, 222

215 Jesus Christus, unser Heiland, der von uns den Gotteszorn wandt

(Jesus Christus nostra salus)

KOCH I B [3]**1866/1973**, 235. 240. 471 ~ FISCHER I B **1878/1967**, 386f. ~ BÄUMKER I B **1886/1962**, 712–714 ~ KÜMMERLE I B **1888/1974**, 663f. ~

RISCH A **1908**, 157 ~ SPITTA A **1917**, 214 ~ LUCKE, Wilhelm / MOSER, Hans Joachim in WA 35 (**1923**) 142–146. 435–437. 500f. 615. 621 ~ MÜLLER, Christa: Luthers Sakramentslieder, MGkK 40 (**1935**) 184–186 ~

SCHLISSKE B **48**, 202–210 ~ LOHR A **49**, 68f. ~ ERB, Jörg in EvJbr 14 (**1949/50**) 70–72 ~

STAPEL B **50**, 49f. 126–128 ~ SCHLUNK B **51**, 209 ~ BRODDE / MÜLLER B **54**, 91–94 ~ SCHRÖDER B **55**, 91f. 94 ~ BURBA B **56**, 39–41 ~ GABRIEL B [3]**56**, 30f. ~ JLH 2 (**1956**) 124. 143 ~ BLANKENBURG, Walter in HEKG II/2 (**1957**) 57f. ~ KULP / BÜCHNER / FORNACON in HEKG Sb (**1958**) 241–243. 253. 373 ~ BOES A **58/59**, 10f. ~ BRENNECKE A **58/59**, 45. 49. 68 ~ NITSCHE, Herbert in WBK 26 (**1959**) H. 2, 40f. ~

JLH 5 (**1960**) 165 ~ MAHRENHOLZ A **60**, 126 ~ BLANKENBURG A

61, 622f. ~ JLH 6 (**1961**) 59. 229. Taf. IV ~ MOSER A **61** ~ GSCHWEND A **62**, 165. 169 ~ LIPPHARDT I A **62**, 141 ~ NELLE B ^{4}**62**, 47 ~ JLH 8 (**1963**) 172 ~ RECKZIEGEL B **63**, 106. 208 ~ JENNY A **64**, 145 ~ KÖHLER B **64** (HEKG I/2) 262–265 ~ SOMMER A **64**, 35. 44. 79 ~ SZÖVERFFY II B **65**, 374. 387f. 442. 472 ~ SOMMER A **66**, 147 ~ AMELN A **67**, 173 ~ BIRKNER A **67**, 125. 127 ~ BRODDE A **67**, 198 ~ HAHN B **67**, 28f. ~ JLH 12 (**1967**) 192f. ~ SCHÜTZ A **67**, 206f. ~ GRIMM A **69**, 162 ~ JLH 14 (**1969**) 142. 194f. ~

NITSCHE, Herbert / KIEFNER, Walter in HEKG III/1 (**1970**) 525–528 ~ WEISMANN, Eberhard ebd. 523 ~ JLH 17 (**1972**) 213. 216 ~ SOMMER I A **72**, 135. 154 ~ BLANKENBURG A **73/74**, 69. 72. 74 ~ BREDNICH I B **74**, 89; II B **75**, Nr. 97 ~ MERTEN I A **75**, 8f. 11. 16 ~ RÖSSLER-Bibl. B **76**, 260 ~ JENNY A **77**, 58. 60 ~ MERTEN III A **77**, 61–63 ~ DRÖMANN A **78**, 192 ~ GOJOWY A **78**, 102 ~

HAHN B **81**, 19f. 42. 45. 102. 159 Anm. 165. 177. 180. 202f. 220–229. 268 Anm. 78. 272. 285. 313 ~ MGD 35 (**1981**) 72 ~ JLH 26 (**1982**) 145 ~ BIERITZ A **83**, 232. 240 ~ DRÖMANN A **83**, 171 ~ HEIMRATH / KORTH B **83**, 86f. 136 ~ JENNY A **83**, 47–49 ~ JENNY B **83**, 92–94 ~ ASPER B **85**, 57–59. 64. 67f. 70f. 75. 79f. 104f. 129. 142. 146f. 178f. ~ ERNST B **85**, 59. 66. 196. 209. 275f. ~ HEINER B ^{3}**85**, 32 ~ JENNY B **85** (WA.A 4) 61. 168–170 ~ AMELN A **86**, 119 ~ VEIT B **86**, 41. 56. 64. 69. 71 Anm. 39. 73. 73 Anm. 51. 83. 92. 95f. 97 Anm. 75. 98 Anm. 85. 106 Anm. 131. 108 Anm. 143f. 117 Anm. 193. 123 Anm. 28f. 124. 131f. 139. 144. 144 Anm. 23 und 26. 157 Anm. 89. 158. 159 Anm. 109. 162 Anm. 4 ~ BUCHRUCKER B **87**, 34f. 262 ~ HEITMEYER B **88**, 115f. ~ JLH 32 (**1989**) 160 ~

JLH 33 (**1990/91**) 260 ~ BLANKENBURG B **91**, 149. 151. 153f. ~ DKL III/1.1 Notenbd. (**1993**) 209f. ~ DKL III/1.1 Textbd. (**1993**) 181–183 ~ FRANK B ^{2}**93**, 190 ~ von MEDING A **94** ~ JLH 35 (**1994/95**) 213 ~ ALBRECHT B ^{4}**95**, 17 ~ DKL III/1.2 Notenbd. (**1996**) 155 ~ KADELBACH A **96/97**, 184 ~ DKL III/1.2 Textbd. (**1997**) 193 ~ von MEDING A **98**, 28. 92. 123–125. 128. 134. 136. 294f. 306. 319. 361. 389. 403–405. 422. 429f. 445f. ~ WISSEMANN-GARBE A **98**, 120. 122. 126f. 130 ~ DKL III/1 Registerbd. (**1999**) 30. 212 ~ JLH 38 (**1999**) 252 ~ OPP, Walter / KENNEL, Gunter / RÖSSLER, Martin in HEG II (**1999**) 86f. 169. 204–208 ~

RÖSSLER B **01**, 54f. ~ DKL III/2 Textbd. (**2002**) 91f. 249 ~ KÜCK / KURZKE B **03**, 155 ~

216 Du hast uns Leib und Seel gespeist

SCHLUNK B **51**, 83 ~ BRUPPACHER B **53**, 242f. ~ KULP / BÜCHNER / FORNACON in HEKG Sb (**1958**) 238. 253 ~
KÖHLER B **64** (HEKG I/2) 282f. ~
NITSCHE, Herbert / KIEFNER, Walter in HEKG III/1 (**1970**) 542f. ~
WEISMANN, Eberhard ebd. 523 ~
ERB I B ^{2}**81**, 82 ~
DKL III/1 Registerbd. (**1999**) 79 ~ SOBIELA-CAANITZ, Mechthild in HEG II (**1999**) 42 ~
STEFAN A **00**, 52 ~ RÖSSLER B **01**, 192. 195

Zur Mel. s. auch bei EG 364 „Was mein Gott will, gescheh allzeit"!

217 Herr Jesu Christe, mein getreuer Hirte

KOCH III B ^{3}**1867/1973**, 32 ~ FISCHER I B **1878/1967**, 272 ~
SCHLUNK B **51**, 154f. ~ KULP / BÜCHNER / FORNACON in HEKG Sb (**1958**) 244f. ~
NELLE B ^{4}**62**, 113 ~ KÖHLER B **64** (HEKG I/2) 266–269 ~
NITSCHE, Herbert / KIEFNER, Walter in HEKG III/1 (**1970**) 529–531 ~ WEISMANN, Eberhard ebd. 523f. ~ BÜCHNER B **71**, 90f. ~
ELTZ-HOFFMANN B **80**, 46 ~ DRÖMANN A **83**, 174 ~ SAUERGEPPERT B **84**, 34. 118 ~ ERB II B ^{2}**85**, 104f. ~
KORNEMANN A **94**, 13 ~ KAPPNER, Gerhard in HEG II (**1999**) 135–137 ~
RÖSSLER, Martin in MÖLLER B **00**, 140 ~ RÖSSLER B **01**, 374 ~
KNEITSCHEL, Ernst-Ulrich: Ein Hirt und viele Herden? Eine Spurensuche zwischen Neuem Geistlichem Lied und Ökumenischer Bewegung, in FISCHER / ROTHAUG B **02**, 272f.

Zur Mel. s. auch bei EG 217 „Gott sei gelobet und gebenedeiet" !

218 Schmücke dich, o liebe Seele

KOCH III B ^{3}**1867/1973**, 385; IV B ^{3}**1868/1973**, 104; VIII B ^{3}**1876/1973**, 151 ~ FISCHER II B **1879/1967**, 238f. ~ KÜMMERLE I B **1888/1974**, 296; III B **1894/ 1974**, 225f. ~
JULIAN B ^{2}**1907/1985**, 1014 ~ NELLE B ^{3}**1924/1962**, Nr.227 ~
SCHLUNK B **51**, 306f. ~ BRUPPACHER B **53**, 244f. ~ MORELL II A **53**, 103f. ~ BLANKENBURG, Walter in HEKG II/2 (**1957**) 96 ~

KULP / BÜCHNER / FORNACON in HEKG Sb (**1958**) 182. 245f. ~ DOERNE A **59**, 1461f. ~
FRÖR, Kurt in KUV ([2]**1960**) 379 ~ NELLE B [4]**62**, 169 ~ WERTHEMANN B **63**, 166 ~ KÖHLER B **64** (HEKG I/2) 269–272 ~ AMELN A **67**, 174. 182 ~ GRIMM A **69**, 163 ~
JLH 15 (**1970**) 166 ~ NITSCHE, Herbert / KIEFNER, Walter in HEKG III/1 (**1970**) 531–533 ~ WEISMANN, Eberhard ebd. 524 ~ MGD 30 (**1976**) 220 ~ MOSER B [2]**76**, 81 (B) ~ RÖSSLER-Bibl. B **76**, 271 ~ VÖLKER, Alexander: Johann Franck 1618–1677, MuK 47 (**1977**) H. 4, 157–163 ~ MGD 32 (**1978**) 65. 219 ~
MGD 35 (**1981**) 177; 36 (**1982**) 250 ~ PARENT B **87**, 203. 275 ~
JLH 34 (**1992/93**) 3 ~ FOSS B **95**, 65 ~ HOFFLEIT B **95**, 278 ~ Een Comp [3]**1998**, Nr. 355 ~ SEIBT B **98**, 270 ~ WEG V (**1998**) 22 ~ STALMANN, Joachim / WÜSTENBERG, Ulrich in HEG II (**1999**) 66–69. 93f. ~
WÜSTENBERG, Ulrich in MÖLLER B **00**, 230 ~ MARTI B **01**, 61 ~ RÖSSLER B **01**, 440. 536. 750 ~ SCHEFFBUCH 2 B [2]**01**, 189 ~ SCHMIDT B **02**, 234–236. 612

219 Herr Jesu Christ, du höchstes Gut

KOCH II B [3]**1867/1973**, 190. 378; VIII B [3]**1876/1973**, 223 ~ FISCHER I B **1878/ 1967**, 271f. ~ KÜMMERLE I B **1888/ 1974**, 576–578 ~
NELLE B [3]**1924/1962**, Nr. 231 ~
SCHLUNK B **51**, 153f. ~ BRUPPACHER B **53**, 245–247 ~ BLANKENBURG, Walter in HEKG II/2 (**1957**) 88 ~ KULP / BÜCHNER / FORNACON in HEKG Sb (**1958**) 246 ~
JLH 5 (**1960**) 165 ~ NELLE B [4]**62**, 36. 84 ~ KÖHLER B **64** (HEKG I/2) 272f. ~ AMELN A **67**, 173 ~ AMELN A **69**, 184 ~
NITSCHE, Herbert / KIEFNER, Walter in HEKG III/1 (**1970**) 533f. ~ WEISMANN, Eberhard ebd. 524 ~ ZELL B **71**, 188f. ~ MGD 29 (**1975**) 200 ~ RÖSSLER-Bibl. B **76**, 254 ~ DRÖMANN A **78**, 193 ~ JENNY, Markus in MGD 33 (**1979**) 140 ~
DRÖMANN A **83**, 173. 190 ~ JLH 27 (**1983**) 132 ~ SAUER-GEPPERT B **84**, 88f. ~ ERB II B [2]**85**, 50 ~ HEINER B [3]**85**, 96f. ~ MGD 42 (**1988**) 288. 293 ~ SEIBT B **98**, 261 ~ MGD 43 (**1989**) 11 ~
NSK **1990**/2, 20 ~ CONRAD A **99**, 240 ~
SCHMIDT B **02**, 589

220 Herr, du wollest uns bereiten

KOCH VI B [3]**1869/1973**, 333 ~ FISCHER I B **1878/1967**, 258 ~
NELLE B [3]**1924/1962**, Nr. 233 ~
SCHLUNK B **51**, 146 ~ BRUPPACHER B **53**, 248 ~
HEYDRICH B **62**, 219 ~
JLH 29 (**1985**) 181 ~ PARENT B **87**, 44. 177. 209–211. 230. 274 ~
GERBER B **97** (Ein Abendmahlslied) ~ SEIBT B **98**, 261 ~ GRÖZINGER, Albrecht / BIESSECKER, Georg in HEG II (**1999**) 179f. 181f. ~
RÖSSLER, Martin in MÖLLER B **00**, 199 ~ RÖSSLER B **01**, 747–749. 843 ~ SCHMIDT B **02**, 217. 663

Zur Mel. s. auch bei EG 147 „Wachet auf, ruft uns die Stimme" !

221 Das sollt ihr, Jesu Jünger, nie vergessen

HOMMEL A **48/49**, 126 ~
SCHLUNK B **51**, 50 ~ GERBER, Hermann: Der Seelengute, WuW 9 (**1954/55**) Nr. 15, 177 = GERBER B **56**, 90f. ~ KULP / BÜCHNER / FORNACON in HEKG Sb (**1958**) 246f. ~
NELLE B [4]**62**, 253 ~ KÖHLER B **64** (HEKG I/2) 273f. ~
NITSCHE, Herbert / KIEFNER, Walter in HEKG III/1 (**1970**) 534f. ~
WEISMANN, Eberhard ebd. 524 ~ NSK AM (**1975**) 16, 80 ~ DRÖMANN A **78**, 192 ~ REICH, Philipp in KmN 30 (**1979**) H. 2, 14f. ~
MGD 38 (**1984**) 256 ~ KLINGE, Wolfgang: Zur Ökumenischen Dimension von EKG 159, Quatember 53 (**1989**) H. 1, 16–18 ~
HOFMANN A **95** ~ ALBRECHT A **96**, 184 ~ GERBER B **97** (Das Kleingedruckte) ~ FLEINGHAUS, Helmut in HEG II (**1999**) 64f. ~
JLH 38 (**1999**) 48 ~
RÖSSLER B **01**, 695

Zur Mel. s. auch bei EG 460 „Lobet den Herrn und dankt ihm seine Gaben" !

222 Im Frieden dein, o Herre mein

(Nunc dimittis Lukas 2, 29–32)

VIOLET, Bruno: Das Lied Simeonis im gottesdienstlichen Gebrauche, MGkK 2 (**1987**) H. 8, 257–261 ~
SPITTA, Friedrich: Der amtliche Entwurf eines Gesangbuches für die evangelische Kirche in Württemberg, MGkK 17 (**1912**) H. 2, 54f. ~

MICHAELIS, Otto: Englisch oder Spitta?, MGkK 44 (**1939**) 218–220 ~ SCHLUNK B **51**, 190f. ~ BERGMANN B **53**, 61. 127f. 195f. ~ BRUPPACHER B **53**, 253f. ~ LANGE / REICH B **53**, 21f. ~ GERBER, Hermann: Ein Mensch zu Jerusalem, WuW 8 (**1953/54**) Nr. 50, 574 = GERBER B **56**, 92f. (B) ~ BLANKENBURG, Walter in HEKG II/2 (**1957**) 78. 81 ~ KULP / BÜCHNER / FORNACON in HEKG Sb (**1958**) 254f. 344. 481 ~

HEYDRICH B **62**, 236 ~ MERTES B **62**, 50. 195–197 ~ NELLE B [4]**62**, 63 ~ KÖHLER B **64** (HEKG I/2) 283f. ~ AENGENVOORT A **69**, 118 ~

NITSCHE, Herbert / KIEFNER, Walter in HEKG III/1 (**1970**) 543–545 ~ WEISMANN, Eberhard ebd. 523 ~ SCHABASSER, Josef in SiK 19 (**1972**) H. 2, 74 ~ JENNY, Markus / HOFMANN, Ernst / LEX, Volkmar in WGL IV (**1976**) 141f. ~ NSK AM (**1976**) 19, 95 ~ JLH 21 (**1977**) 95 ~ DRÖMANN A **78**, 193 ~ MGD 33 (**1979**) 229 ~ SEUFFERT, Josef in WGL IX (**1979**) 94 ~

ERB I B [2]**81**, 90 ~ HAHN B **81**, 46. 101. 204. 248 Anm. 10. 283f. ~ HEINER B [3]**85**, 68 ~ VEIT B **86**, 52. 67. 153. 223 ~ BUCHRUCKER B **87**, 249f. ~ JENNY, Markus / QUACK, Erhard in RGL (**1988**) 691 ~ NORDHUES, Paul / WAGNER, Alois ebd. 210 ~

NSK **1991**/2, 2 ~ JLH 34 (**1992/93**) 95 ~ DKL III/1.1 Textbd. (**1993**) 190 ~ ALBRECHT B [4]**95**, 60 ~ zur MÜHLEN, Karl-Heinz: Das reiche Mahl der Gnaden (EG 222), in WINTZER / SCHRÖER B **97**, 79–87 (Pr) ~ DKL III/1 Registerbd. (**1999**) 56. 79. 91. 100. 211 ~ WEBER, Edith / TRUNK, Roger / KLEK, Konrad in HEG II (**1999**) 70f. 85f. 306–308 ~

MARTI B **01**, 62 ~ RÖSSLER B **01**, 46. 888 ~ SCHEFFBUCH 2 B [2]**01**, 31f. ~ ZIPPERT, Christian: Des alten Simeon Lobgesang, Quatember 65 (**2001**) H. 1, 34–37 ~ DKL III/2 Textbd. (**2002**) 253 ~ KNEITSCHEL B **03**, 253f. 329

S. auch das Nunc dimittis EG 519 „Mit Fried und Freud ich fahr dahin“!

223 Das Wort geht von dem Vater aus

(Verbum supernum prodiens)

SCHLUNK B **51**, 52 ~ KULP / BÜCHNER / FORNACON in HEKG Sb (**1958**) 249f. ~ JLH 4 (**1958/59**) 111 ~

KÖHLER B **64** (HEKG I/2) 276–279 ~ SZÖVERFFY II B **65**, 247f. 252f. 454. 484 ~

NITSCHE, Herbert / KIEFNER, Walter in HEKG III/1 (**1970**) 536f. ~ WEISMANN, Eberhard ebd. 524f. ~ DRÖMANN A **78**, 192 ~ JENNY, Markus in MGD 33 (**1979**) 137 ~ SCHOTT A **79**, 169 ~

ZIPPERT, Christian: „... gibt sich als Brot zum Heil der Welt". Zu Lied EKG 161, GD PR SB (Passion) **1991**, 61–64 (B) ~ KORNEMANN A **94**, 13 ~ SCHNEIDER, Dietrich in KOERRENZ / REMY B **94**, 179–182 (Pr) ~ BLOCK B **95**, 74–77 ~ ROSER B **95**, 61f. ~ ZIPPERT B **95**, 57–60 (B) ~ KLEK / SCHRADE A **96**, 260 ~ SCHULZ A **98**, 31 ~ WEG V (**1998**) 18 ~ BLOCK, Detlev / HERBST, Wolfgang in HEG II (**1999**) 253–255. 325 ~
RÖSSLER B **01**, 920 ~ SCHULZ A **04**, 30

Zur Mel. s. auch bei EG 79 „Wir danken dir, Herr Jesu Christ" !

224 Du hast zu deinem Abendmahl

REICH A **67**, 37f. (betr. Mel. von Felicitas Kukuck) ~ STERN, Hermann: Ansätze zu neuem Liedgut in den Jugendbüchern seit 1930, ebd. 24 ~
WITTENBERG A **73/74**, 147 ~ THUST B **76**, 5. 73. 90. 106. 127. 157. 227. 280. 284. 289. 299. 341. 345. 350. 352. 358. 371. 496. 689. 782 ~
BLOCK B **95**, 32–35 ~ PÖTZSCH, Arno / VEIGEL, Gotthold in MEYER B **²97**, 215f. 312 ~ WEG V (**1998**) 22 ~ BLOCK, Detlev / BARTSCH, Martin in HEG II (**1999**) 242f. 332f. ~ HERBST I A **99**, 262 ~
BLOCK, Detlev (Hg.): Arno Pötzsch: Sagt, dass die Liebe allen Jammer heilt. Geistliche Lieder und Gedichte. Mit einer Einführung in Leben und Werk, Stuttgart **2000** ~ RÖSSLER B **01**, 984 ~ SCHEFFBUCH 2 B **²01**, 25f. ~ FRIEDRICH A **02**, 56

225 Komm, sag es allen weiter
(Go, tell it on the mountains)

HOFFMANN, K.: Singet dem Herrn ein altes Lied?, Korrespondenzblatt 78 (**1963**) Nr. 9, 2 ~ HEGELE, Günter (Hg.): Warum neue religiöse Lieder? Eine Dokumentation, Regensburg **1964**, 81 ~ HOFMANN, Friedrich: Jugendgottesdienst in der Nürnberger Meistersingerhalle, MuK 34 (**1964**) H. 4, 200 ~ HAGEN, Rochus A. M.: Texte des Jazz in der Kirche, MuK 38 (**1968**) H. 1, 27f. ~
JENNY, Markus: Was war neu am Kirchenlied der Reformation?, MGD 25 (**1971**) H. 4, 84f. ~ ALBRECHT A **72**, 137 ~ WITTENBERG **A 73/74**, 148 ~ THUST B **76**, 5. 22. 115. 129. 140. 144. 155. 157f. 180. 347. 363f. 423. 429. 476. 496. 529. 547. 567. 578. 580. 701. 711. 815 ~ SCHRÖER A **79**, 152 ~
NSK **1986**/1, 13 ~ BUCHRUCKER B **87**, 254f. ~

NAGEL A **92**, 12. 14. 26f. ~ NSK **1996**/1, 23 ~ WEG IV (**1997**) 83 ~ SCHÜTZ A **98**, 46. 55. 58 ~ WEG V (**1998**) 22 ~ GRETHLEIN, Christian in HEG II (**1999**) 339f. ~
RIEHM, Heinrich in MÖLLER B **00**, 299 ~ RÖSSLER B **01**, 986 ~ KNEITSCHEL B **03**, 335

226 Seht, das Brot, das wir hier teilen

NSK AM (**1975**) 18, 88; (**1979**) 27 ~
NSK **1987**/2, 18 ~
NSK **1992**/2, 24f.; **1996**/1, 23 ~ WIGGERMANN B **96**, 15. 136f. ~ SCHWEIZER, Rolf / ZENETTI, Lothar in MEYER B [2]**97**, 269. 323f. ~ WEG IV (**1997**) 83 ~ JLH 37 (**1998**) 76 ~ BUBMANN, Peter / SCHMID, Bernhard in HEG II (**1999**) 293–295. 355f. ~
RÖSSLER B **01**, 987 ~ VÖLKER, Alexander in LKEG H. 6/7 (**2003**) 126–130

227 Dank sei dir, Vater, für das ewge Leben

JENNY A **72**, 72 ~ JENNY, Markus in NSK AM (**1975**) 16, 80 ~ JENNY, Markus / THURMAIR, Maria Luise / HEINDRICHS, Heinz-Albert in WGL VII (**1978**) 241f. ~ NSK AM (**1979**) 27 ~ SEUFFERT, Josef in WGL IX (**1979**) 125f. ~
MGD 34 (**1980**) 102 ~ SIDLER A **80**, 14 ~ BUCHRUCKER B **87**, 265 ~ DRÖMANN / SCHUBERTH B [2]**87**, Nr. 12 ~ NSK **1987**/2, 18; **1988**/2 26 ~ THURMAIR, Maria Luise in RGL (**1988**) 774f. ~
MGD 44 (**1990**) 207 ~ NSK **1992**/2, 24f. ~ GIERING, Achim: Abendmahl und Ökumene. Text und Melodie EG 227, ChL 47 (**1994**) 323–325 ~ NSK **1995**/4, 20 ~ KRAFT, Sigisbert in MÖLLER B **97**, 137–142 ~ THURMAIR-MUMELTER, Maria Luise (und THURMAIR, Georg) in MEYER B [2]**97**, 291f. ~ SCHWEIZER A **98**, 96 ~ SCHMID, Bernhard in HEG II (**1999**) 326 ~
RIEHM A **00**, 164 ~ RÖSSLER B **01**, 995 ~ MARTINI B **02**, 126 ~ BRAUNGART, Wolfgang / MALSCH, Katja: Kompromisslyrik. Anmerkungen zu den Kirchenliedern Maria Luise Thurmairs, in KURZKE / NEUHAUS B **03**, 32–35 ~ KNEITSCHEL B **03**, 229. 285 ~ PRASSL, Franz Karl in ÖLK II (**2003**)

Zur Mel. s. auch bei EG 460 „Lobet den Herrn und dankt ihm seine Gaben“ !

228 Er ist das Brot, er ist der Wein

HERMANN, Martin: Abendmahl im Aufbruch zum Reich Gottes. Er ist das Brot, er ist der Wein, WBK 56 (**1989**) H. 3, 92f. ~
RIEHM, Heinrich in „Mitteilungen der Evangelischen Landeskirche in Baden" 6/**1994**, 38f. = in MÖLLER B **97**, 143f. ~ BÜCKEN, Eckart / SCHWARZ, Joachim in MEYER B **²97**, 77. 265 ~ NITSCHE, Horst / SCHMEEL, Dieter in ZGP 15 (**1997**) H. 1, 12 ~ JLH 37 (**1998**) 223 ~ WEG V (**1998**) 22 ~ BUBMANN, Peter / REICH, Werner in HEG II (**1999**) 56f. 291f.

229 Kommt mit Gaben und Lobgesang

(Let us talents and tongues employ)

NSK **1989**/1, 30 ~
WEG II (**1994**) 122f. ~ GIERING, Achim: Abendmahl und Calypso? Text und Melodie EG 229, ChL 48 (**1995**) 371–373 ~ BLOCK, Detlev / KAAN, Fred in MEYER B **²97**, 71f. 152f. ~ WEG IV (**1997**) 83 ~ REICH A **98**, 70 ~ SCHRÖER A **98**, 11 ~ SCHÜTZ A **98**, 55. 57 ~ WEG V (**1998**) 22. 92 ~ EGERER I B **99** ~ HERBST I A **99**, 260 ~ KALBERLAH, Hans-Jürgen / KONRADT, Greta in HEG II (**1999**) 42–44. 173. 243 ~
TRAUTWEIN A **00**, 60f. 63f. ~ RÖSSLER B **01**, 1000 ~ JLH 42 (**2003**) 227

Beichte

WEISMANN, Eberhard in HEKG III/1 (**1970**) 545f. ~ THUST B **76**, 124–141

230 Schaffe in mir, Gott, ein reines Herz

(Psalm 51, 12f.)

FISCHER II B **1879/1967**, 235 ~ KÜMMERLE III B **1894/1974**, 157f. ~ SCHLUNK B **51**, 305 ~ FRÖR, Kurt in KUV 5 (^{2}**1953**) 221 ~
JLH 9 (**1964**) 172 ~ AMELN A **67**, 176. 178 ~
SEIBT B **98**, 270 ~ HERBST, Wolfgang / SCHRÖER, Henning in HEG II (**1999**) 78f. 349 ~
WÜSTENBERG, Ulrich in MÖLLER B **00**, 230

231 Dies sind die heilgen zehn Gebot

KOCH I B ^{3}**1866/1973**, 241. 465; II B ^{3}**1867/1973**, 28. 130; VIII B ^{3}**1876/1973**, 420 ~ BÖHME B **1877/1966**, Nr. 568. 620 ~ FISCHER I B **1878/1967**, 131 ~ BÄUMKER I B **1886/1962**, 273. 573f. ~ KÜMMERLE I B **1888/1974**, 178. 316–319 ~ ERK / BÖHME III B **1893f./1988**, 712 ~
JULIAN B ^{2}**1907/1985**, 301 ~ SPITTA A **1917**, 211 ~ LUCKE, Wilhelm / MOSER, Hans Joachim in WA 35 (**1923**) 135–141. 426–428. 495–497. 615. 621 ~
SCHLISSKE B **48**, 64–76. 228 ~
STAPEL B **50**, 28f. 43f. 111–114 ~ BLANKENBURG A **51**, 69 ~ SCHLUNK B **51**, 77–79 ~ BERGMANN B **53**, 255 ~ FRÖR, Kurt in KUV 5 (^{2}**1953**) 220 ~ JLH 1 (**1955**) 61 ~ SCHRÖDER B **55**, 91 ~ BURBA B **56**, 35–38 ~ BLANKENBURG, Walter in HEKG II/2 (**1957**) 57f. 76 ~ FINSCHER A **57**, 66 ~ JLH 3 (**1957**) 129 ~ SCHOENBAUM A **57**, 57 ~ KULP / BÜCHNER / FORNACON in HEKG Sb (**1958**) 371–373. 577 ~ BOES A **58/59**, 28 ~ BRENNECKE A **58/59**, 68 ~ JENNY / AMELN A **58/59**, 101 ~
MAHRENHOLZ A **60**, 125. 131 ~ AMELN A **62**, 70 ~ GSCHWEND A **62**, 164 ~ JENNY B **62**, 32f. 40f. 63. 68. 84. 108. 128. 138. 140.

148f. 161. 204f. 223. 228. 241. 290 ~ LIPPHARDT I A **62**, 139. 142 ~ JLH 8 (**1963**) 188 ~ RECKZIEGEL B **63**, 102. 207 ~ VOLZ A **63**, 60. 65. 77 ~ JLH 9 (**1964**) 150 ~ KÖHLER B **64** (HEKG I/2) 273–275 ~ SOMMER A **64**, 35. 42. 79f. ~ JLH 10 (**1965**) 171 ~ OCHS, Volker: Ratschläge für Konfirmandenrüstzeiten: IV Das Singen, ChL 19 (**1966**) H. 7, bes. U 127 ~ SOMMER A **66**, 148 ~ BIRKNER A **67**, 121. 125. 128. 137 ~ HAHN B **67**, 20–22 ~ JLH 12 (**1967**) 173 ~ SCHÜTZ A **67**, 200f. ~ JANOTA B **68**, 76 Anm. 290 ~ LIPPHARDT A **68**, 166 ~ GRIMM A **69**, 162 ~ JLH 14 (**1969**) 228 ~ BLANKENBURG A **73/74**, 69. 72–74. 88 ~ JLH 18 (**1973/74**) 193 ~ BREDNICH I B **74**, 89 ~ RÖSSLER-Bibl. B **76**, 246 ~ JENNY A **77**, 54. 59 ~ GOJOWY A **78**, 96f. 112. 114. 116. 118f. ~ JLH 24 (**1980**) 135 ~ HAHN B **81**, 14f. 21. 46. 102. 160. 202f. 208 Anm. 135. 243. 286–288. 313 ~ JLH 26 (**1982**) 145 ~ DRÖMANN A **83**, 170 ~ HEIMRATH / KORTH B **83**, 72–75. 134 ~ JENNY A **83**, 46 ~ JENNY B **83**, 71–74 ~ VÖLKER, Alexander: „Dies sind die heilgen zehn Gebot". Anmerkungen zu einem Lutherlied – EKG 240, KCh 43 (**1983**) H. 3, 34–38 ~ SAUER-GEPPERT B **84**, 19. 56. 115 ~ ASPER B **85**, 57. 60. 64. 67f. 70. 75. 142 ~ ERNST B **85**, 66f. 135. 183. 186. 197. 237 ~ JENNY B **85** (WA.A 4) 55f. 149–153 ~ JLH 29 (**1985**) 193 ~ VEIT B **86**, 41. 52. 64. 69. 70 Anm. 39. 73 Anm. 51. 108 Anm. 143. 120 Anm. 15. 122 Anm. 26. 123 Anm. 29. 124. 127. 137ff. 146 Anm. 30. 156 ~ DRUDE, Hartwig in HEKG III/2 (**1990**) 171–174 ~ MOESERITZ B **90**, 389–391 ~ BLANKENBURG B **91**, 149. 151–153. 335. 344 ~ JLH 34 (**1992/93**) 115 ~ KORNEMANN A **94**, 13 ~ von MEDING A **94**, 263–267 ~ RÖSSLER A **95**, 1291 ~ DKL III/1.2 Notenbd. (**1996**) 97. 120. 135. 142 ~ KLEK / SCHRADE A **96**, 239 ~ DKL III/1.2 Textbd. (**1997**) 76–78. 122. 152. 171f. ~ von MEDING B **98**, 100. 104–107. 125. 294. 324. 360. 422. 429f. 445f. ~ REICH A **98**, 70 ~ WISSEMANN-GARBE A **98**, 120 ~ DKL III/1 Registerbd. (**1999**) 201 ~ RÖSSLER, Martin in HEG II (**1999**) 204–208 ~ MÖLLER B **00**, 78f. ~ RÖSSLER B **01**, 53f. ~ DKL III/2 Textbd. (**2002**) 286. 299. 313. 321 ~ MARTINI B **02**, 259. 261ff. ~ JLH 43 (**2004**) 252

Zur Mel. s. auch bei EG 498 „In Gottes Namen fahren wir" !

232 Allein zu dir, Herr Jesu Christ

KOCH I B **³1866/1973**, 255. 378. 472; II B **³1867/1973**, 111; IV B **³1868/1973**, 551; VIII B **³1876/1973**, 219 ~ FISCHER I B **1878/1967**,

34f. ~ BÄUMKER II B **1888/1962**, 263f. ~ KÜMMERLE I B **1888/1974**, 23f. ~
SPITTA, Friedrich: „Allein zu dir, Herr Jesu Christ". Ein Beitrag zur hymnologischen Geschichte des Elsasses, MGkK 8 (**1903**) H. 7, 232–241; H. 8, 261–264; H. 9, 301–308; H. 11, 358–366 ~ KNOKE A **1905**, 74f. ~ WARNSTORF, P.: Takt oder Untakt?, MGkK 10 (**1905**) H. 9, 271f. ~ NELLE B [3]**1924/1962**, Nr. 237 ~
SCHLUNK B **51**, 19 ~ BRUPPACHER B **53**, 322f. ~ EISENHUTH B **53**, 41–43 ~ WEISS, Ewald in GuK **1953**, 184f. ~ JLH 1 (**1955**) 62; 2 (**1956**) 123f. ~ FINSCHER A **57**, 67 ~ BLANKENBURG, Walter in HEKG II/2 (**1957**) 66f. 90 ~ JLH 3 (**1957**) 132 ~ RÖBBELEN B **57**, 107f. 245. 253. 455 ~ KULP / BÜCHNER / FORNACON in HEKG Sb (**1958**) 233. 255f. 359 ~ BRENNECKE A **58/59**, 69 ~ HERMELINK A **59**, 1483f. ~
JLH 5 (**1960**) 255 ~ GSCHWEND A **62**, 165 ~ JENNY B **62**, 44f. 64. 96. 117f. 125. 156. 246f. ~ JLH 7 (**1962**) 130 ~ NELLE B [4]**62**, 62 ~ RECKZIEGEL B **63**, 104. 159. 208 ~ KÖHLER B **64** (HEKG I/2) 284–286 ~ JENNY, Markus: Zu den Weisen von „Sie ist mir lieb, die werte Magd" und „Allein zu Dir, Herr Jesu Christ", JLH 10 (**1965**) 156–159 ~ KRATZEL A **66**, 172 ~ SOMMER A **66**, 152f. 161 ~ AMELN A **67**, 175 ~ AMELN A **69**, 183 ~ GRIMM A **69**, 167 ~ JLH 14 (**1969**) 144 ~
JLH 15 (**1970**) 165 ~ NITSCHE, Herbert / KIEFNER, Walter in HEKG III/1 (**1970**) 546–549 ~ WEISMANN, Eberhard ebd. 546 ~ SOMMER I A **72**, 107. 117. 153 ~ JLH 19 (**1975**) 215 ~ PIPER A **75**, 110 ~ MOSER B [2]**76**, 92f. (B) ~ RÖSSLER-Bibl. B **76**, 240 ~ SAUER-GEPPERT A **77**, 71 ~ GOJOWY A **78**, 92. 96f. 100. 103. 105. 111f. 116f. 119–122 ~ JENNY, Markus in MGD 33 (**1979**) 138 ~
ERB I B [2]**81**, 91f. ~ DRÖMANN A **83**, 172 ~ SAUER-GEPPERT B **84**, 46f. ~ HEINER B [3]**85**, 76 ~ MARTI A **85**, 161 ~ MGD 41 (**1987**) 54 ~ PARENT B **87**, 210. 274 ~ MGD 42 (**1988**) 287; 43 (**1989**) 7 ~ JENNY, Markus: Ein besseres Gesangbuch steht vor der Tür, ZThK **1990**, 266f. ~ DE LA MOTTE B **93**, 125 ~ DKL III/1.1 Notenbd. (**1993**) 228 ~ DKL III/1.1 Textbd. (**1993**) 201 ~ FRANK B [2]**93**, 688f. ~ KORNEMANN A **94**, 9 ~ WEG II (**1994**) 71 ~ ROSER B **95**, 89f. ~ DKL III/1.2 Notenbd. (**1996**) 135 ~ DKL III/1.2 Textbd. (**1997**) 152f. ~ Een Comp [3]**1998**, Nr. 407 ~ SEIBT B **98**, 251 ~ DKL III/1 Registerbd. (**1999**) 31. 193 ~ DORNEGER, Karl / TRUNK, Roger / KRUMMACHER, Christoph in HEG II (**1999**) 157. 162f. 194f. ~ JLH 38 (**1999**) 97 ~
RÖSSLER B **01**, 46 ~ DKL III/2 Textbd. (**2002**) 257. 313 ~ SCHMIDT B **02**, 627 ~ ACKERMANN B [3]**05**, 52

233 Ach Gott und Herr, wie groß und schwer

KOCH II B ^{3}**1867/1973**, 258. 367. 378. 490; III B ^{3}**1867/1973**, 252; VIII B ^{3}**1876/ 1973**, 226 ~ FISCHER I B **1878/1967**, 7f. ~ BÄUMKER II B **1888/1962**, 261 ~ KÜMMERLE I B **1888/1974**, 3f. 423 ~ NELLE B ^{3}**1924/1962**, Nr. 239 ~ JEHLE, Friedrich: Nachträge und Berichtigungen zur „Hymnologischen Handreichung", MGkK 35 (**1930**) H. 6, 176 ~

SCHLUNK B **51**, 11 ~ BRUPPACHER B **53**, 326f. ~ JAUERNIG, Reinhold: Der Dichter des Liedes „Ach Gott und Herr, wie groß und schwer ...", JLH 1 (**1955**) 107–109 ~ GABRIEL B ^{3}**56**, 65 ~ JLH 2 (**1956**) 125; 3 (**1957**) 129 ~ KULP / BÜCHNER / FORNACON in HEKG Sb (**1958**) 257–259 ~ BRENNECKE A **58/59**, 67 ~ JLH 4 (**1958/59**) 128 ~

GSCHWEND A **62**, 165 ~ NELLE B ^{4}**62**, 86 ~ RECKZIEGEL B **63**, 154. 216 ~ KÖHLER B **64** (HEKG I/2) 288–290 ~ AMELN A **67**, 173 ~ GRIMM A **69**, 167. 177 ~

JLH 15 (**1970**) 166 ~ NITSCHE, Herbert / KIEFNER, Walter in HEKG III/1 (**1970**) 551f. ~ WEISMANN, Eberhard ebd. 546 ~ RÖSSLER A **75**, 153 ~ RÖSSLER-Bibl. B **76**, 238 ~ JLH 21 (**1977**) 153 ~ GOJOWY A **78**, 116. 121 ~

AMELN, Konrad in JLH 26 (**1982**) 200 Anm. 6 ~ DRÖMANN A **83**, 173 ~ MGD 37 (**1983**) 215 ~ SAUER-GEPPERT B **84**, 118 ~ ERB II B ^{2}**85**, 42–45 ~ HEINER B ^{3}**85**, 91f. ~ MGD 41 (**1987**) 55; 42 (**1988**) 287–289; 43 (**1989**) 8 ~

FRANK B ^{2}**93**, 413 ~ FOSS B **95**, 181 ~ SEIBT B **98**, 251 ~ BIESSECKER, Georg / MERTEN, Werner in HEG II (**1999**) 239. 268f. ~ RÖSSLER B **01**, 711

234 So wahr ich lebe, spricht dein Gott

KOCH III B ^{3}**1867/1973**, 32; VIII B ^{3}**1876/1973**, 230 ~ FISCHER II B **1879/1967**, 270 ~ KÜMMERLE III B **1894/ 1974**, 454f. ~ NELLE B ^{3}**1924/1962**, Nr. 241 ~

HOLLIGER, Hans: Aus der Welt des Probebandes. So wahr ich lebe, spricht dein Gott, EvKCh 54 (**1949**) H. 1, 2–6 ~

SCHLUNK B **51**, 323 ~ BRUPPACHER B **53**, 325f. ~ RÖBBELEN B **57**, 129. 284. 460 ~ KULP / BÜCHNER / FORNACON in HEKG Sb (**1958**) 259 ~

NELLE B ^{4}**62**, 113 ~ HEYDEN A **63**, 176 ~ KÖHLER B **64** (HEKG I/2) 290f. ~ JLH 10 (**1965**) 130. 171 ~

NITSCHE, Herbert / KIEFNER, Walter in HEKG III/1 (**1970**) 553 ~

WEISMANN, Eberhard ebd. 546 ~ MOSER B ^{2}**76**, 95f. (B) ~ GOJOWY A **78**, 111 ~
ERB II B ^{2}**85**, 105f. ~ ERNST B **85**, 109. 121. 128. 204. 257. 290. 317 ~ DKL III/1.1 Notenbd. (**1993**) 125 ~ DKL III/1.1 Textbd. (**1993**) 129 ~ FRANK B ^{2}**93**, 485 ~ SEIBT B **98**, 271 ~ DKL III/1 Registerbd. (**1999**) 73. 121. 226 ~ KAPPNER, Gerhard / PISTORIUS, Dietmar in HEG II (**1999**) 135–137. 145–148 ~
RÖSSLER B **01**, 373 ~ DKL III/2 Textbd. (**2002**) 233 ~ SCHMIDT B **02**, 607 ~ REICH A ^{3}**03**, 767

Zur Mel. s. auch bei EG 344 „Vater unser im Himmelreich" !

235 O Herr, nimm unsre Schuld

JENNY, Markus in NSK AM (**1973**) 10, 51 ~ DÖRR, Friedrich / OFFELE, Winfried in WGL II (**1975**) = MS 114 (**1994**) 20 ~ THUST B **76**, 826 ~ MGD 32 (**1978**) 6 ~ SEUFFERT, Josef in WGL IX (**1979**) 52 ~
MGD 37 (**1983**) 198 ~ MITTERMEIER, Otto in BECKER / KACZYNSKI I B **83**, 882 ~ MGD 39 (**1985**) 7 ~ NSK **1986**/1, 13; 2, 18f.; **1987**/1, 15; 2, 18. 33; 3, 33 ~
NSK **1992**/2, 24f. ~ LOTZ, Hans-Georg in MEYER B ^{2}**97**, 187 ~ RIEHM, Heinrich: Ein Beichtlied, Quatember 61 (**1997**) H. 1, 31–33 ~ FALKENROTH A **98**, 82 ~ FOLLERT, Udo-R. in HEG II (**1999**) 202f. ~
HERBST II A **01**, 176 ~ RÖSSLER B **01**, 990 ~ KNEITSCHEL, Ernst-Ulrich in FRANZ B **02**, 207–212 ~ JLH 42 (**2003**) 227 ~ KNEITSCHEL B **03**, 224. 360

236 Ohren gabst du mir

THUST B **76**, 90. 180. 198. 284. 369. 385. 416. 511. 826 ~
DRÖMANN / SCHUBERTH B ^{2}**87**, Nr. 13 ~ STEFAN, Hans-Jürg / LA ROCHE, Käthi: „Ohren gabst du mir". Ein vierstimmiger Gemeindegesang zur „Offenen Schuld" und Fürbitte, NSK **1989**/3, 16 (+B) ~ KORNEMANN A **94**, 13 ~ BUNNERS, Christian / SCHMEEL, Dieter in ZGP 15 (**1997**) H. 4, 26f. ~ RUPPEL, Paul Ernst in MEYER B ^{2}**97**, 229 ~ SCHULZ A **98**, 27 ~ KLEK, Konrad / SCHUBERTH, Dietrich in HEG II (**1999**) 239–241. 266–268 ~
RÖSSLER B **01**, 990 ~ KNEITSCHEL B **03**, 364 ~ SCHWEIZER, Rolf in HANDT / JETTER B **04**, 240–243 (B)

237 Und suchst du meine Sünde

ALBRECHT A **72**, 144 ~ THUST B **76**, 1. 62. 125. 127. 180. 200. 211. 283. 289. 298. 338. 349. 391. 404. 418. 508. 527. 590f. 789. 835 ~ DRÖMANN / SCHUBERTH B ^{2}**87**, Nr. 14 ~
KRIEG A **92/93**, 24 ~ ZIPPERT A **94**, 46f. ~ SCHWEIZER A **95**, 125 ~ ZIPPERT B **95**, 126. 128–130 (+B) ~ WIGGERMANN B **96**, 15. 106–110 ~ EGERER I B **99** ~ MARTINI, Britta / HERBST, Wolfgang in HEG II (**1999**) 35f. 52 ~
TRAUTWEIN A **00**, 55f. ~ REICH, Christa in Geistl. Wunderhorn (**2001**) 462–470. 535f. ~ RÖSSLER B **01**, 986 ~ JLH 41 (**2002**) 237 ~ EGERER, Ernst Dietrich in HARTMANN B **03**, 192–197 (+Pr) ~ JLH 42 (**2003**) 227

Trauung

WEISMANN, Eberhard in HEKH III/1 (**1970**) 554f.

238 Herr, vor dein Antlitz treten zwei

KOCH VII B [3]**1872/1973**, 275 ~ HEYDRICH B **62**, 222 ~
NSK **1987**/1, 19 ~
KLAHR, Detlef in HEG II (**1999**) 316f. ~
STEFAN A **00**, 53 ~ RÖSSLER B **01**, 833 ~ KNEITSCHEL B **03**, 320

Zur Mel. s. auch bei EG 322 „Nun danket all und bringet Ehr" !

239 Freuet euch im Herren allewege

DAEWEL A **82**, 90 ~ MITTRING, Johannes in KCh 45 (**1985**) H. 4, 55 ~ DRÖMANN / SCHUBERTH B [2]**87**, Nr. 15 ~ NSK **1987**/1, 19f. ~ GROSCH B [5]**89** ~
HENKYS A **93**, 98 ~ MEHLHAUSEN, Joachim: Jochen Klepper. Eine Gedenkrede und Anmerkungen zum Forschungsstand, Zs für Kirchengeschichte 104 (**1993**) 358–376 ~ NSK **1995**/4, 20; **1996**/4, 21 ~ WECHT, Martin J. in MEYER B [2]**97**, 163f. ~ WECHT B **98**, 156–159. 249f. 459f. 480f. ~ ARFKEN, Ernst / WECHT, Martin in HEG II (**1999**) 158. 177–179 ~ HENKYS B **99**, 272f. ~ HERBST I A **99**, 258 ~
RÖSSLER B **01**, 973 ~ ELLSEL B [3]**03**, 43–49 (Pr) ~ HENKYS, Jürgen / RÖSSLER, Martin in LKEG H. 8 (**2003**) 20–25 ~ KIRSCHBAUM A **03**, 54 ~ KNEITSCHEL B **03**, 304 ~ JLH 43 (**2004**) 246

240 Du hast uns, Herr, in dir verbunden

REICH, Werner in HEG II (**1999**) 137 ~
MERTEN, Werner in LKEG H. 6/7 (**2003**) 131f.

Zur Mel. s. auch bei EG 330 „O dass ich tausend Zungen hätte" !

Sammlung und Sendung

241 Wach auf, du Geist der ersten Zeugen

KOCH IV B [3]**1868/1973**, 477 ~ FISCHER II B **1879/1967**, 312 ~ KÜMMERLE IV B **1895/1974**, 1f. ~
NELLE B [3]**1924/1962**, Nr. 188 ~
SCHLUNK B **51**, 337f. ~ BRUPPACHER B **53**, 365f. ~ BLANKENBURG, Walter in HEKG II/2 (**1957**) 64. 103 ~ KULP / BÜCHNER / FORNACON in HEKG Sb (**1958**) 331f. ~ FRÖR, Kurt in KUV 7 ([3]**1959**) 171–173 ~
HEYDRICH B **62**, 190. 268 ~ NELLE B [4]**62**, 218 ~ KÖHLER B **64** (HEKG I/2) 343f. ~ JLH 11 (**1966**) 253 ~ NEUBACHER B **68**, 49f. ~
KOBABE A **74**, 84f. ~ MGD 30 (**1976**) 217 ~ DRÖMANN A **78**, 193 ~ JENNY, Markus in MGD 33 (**1979**) 138. 140 ~
HEINER B [3]**85**, 194 ~ JLH 29 (**1985**) 181 ~ ERB IV B [2]**86**, 100f. ~ PARENT B **87**, 15. 276 ~ HESSING B [2]**89**, 38f. ~ JLH 32 (**1989**) 290 ~ LIPPOLD A **89** = EKD B **90**, 84 ~
SAUER-GEPPERT, Waldtraut Ingeborg / STIER, Alfred in HEKG III/2 (**1990**) 105–108 ~ SEIBT B **98**, 272 ~ SCHÖLLKOPF A **99**, 68–70 ~ SCHWINGE, Gerhard / BIESSECKER, Georg in HEG II (**1999**) 47f. 181f. ~
WENNEMUTH A 00/01, 189 ~ RÖSSLER B **01**, 843 ~ SCHEFFBUCH 2 B [2]**01**, 117f. ~ SCHMIDT B **02**, 656 ~ KÜCK / KURZKE B **03**, 73 ~ REICH A [3]**03**, 766 ~ SCHEFFBUCH 1 B [8]**03**, 104f.

Zur Mel. s. auch bei EG 328 „Dir, dir, o Höchster, will ich singen" !

242 Herr, nun selbst den Wagen halt

(Herr, nun heb den Wagen selb)

KOCH II B [3]**1867/1973**, 40. 44 ~ SPITTA, Friedrich: Zwinglis Reformationslied, MGkK 2 (**1897**) H. 7, 196–199. 232f. ~ Ders.: Das Zwingli-Lied, ebd. H. 10, 320–322 ~ Ders.: Neue Entdeckungen zum Zwingli-Liede, MGkK 3 (**1898**) H. 1, 22f. ~
SPITTA, Friedrich: Joh. Keßlers Überlieferung des Zwingli-Liedes, MGkK 7 (**1902**) H. 6, 198–200 ~ SPITTA A **1915**, 34f. ~

BRUPPACHER B **53**, 377f. ~ GABRIEL B ^{3}**56**, 47 ~ KULP / BÜCHNER / FORNACON in HEKG Sb (**1958**) 578 ~
NIEVERGELT, Edwin: Zum Wort-Ton-Verhältnis des deutschen Reformationsliedes, MGD 15 (**1961**) 47f. ~ HEYDRICH B **62**, 221f. ~ JENNY B **62**, 44f. 52f. 84. 95. 98. 102f. 109–112. 124. 133. 135. 150. 250. 254. 287. 320. 336 ~ NELLE B ^{4}**62**, 64f. ~ BLANKENBURG, Walter in BLUME B ^{2}**65**, 343 ~ JENNY, Markus: Die Lieder Zwinglis, JLH 14 (**1969**) 63–102, bes. 91ff. ~ Ders.: Das Zwingli-Lied in Königsberg, Zwingliana 13 (**1969**) 144–146 ~
NSK AM (**1972**) 7, 35 ~ MGD 30 (**1976**) 22. 25; 32 (**1978**) 2 ~
MGD 36 (**1982**) 158 ~ JENNY A **83**, 185 ~ JENNY B **83**, 207–210 ~ MGD 37 (**1983**) 71; 38 (**1984**) 70. 96 ~
DKL III/1.2 Notenbd. (**1996**) 127 ~ KLEK / SCHRADE A **96**, 241 ~ KADELBACH A **96/97**, 196. 205 ~ DKL III/1.2 Textbd. (**1997**) 136f. ~ GERBER B **97** ~ Een Comp ^{3}**1998**, Nr. 306 ~ DKL III/1 Registerbd. (**1999**) 208 ~ KLEK, Konrad / LÖLKES, Herbert in HEG II (**1999**) 306–308. 362–364 ~
MÖLLER B **00**, 93 ~ STEFAN A **00**, 53 ~ MARTI B **01**, 149f. ~ RÖSSLER B **01**, 181. 888f. ~ DKL III/2 Textbd. (**2002**) 307 ~ KÜCK / KURZKE B **03**, 60

243 Lob Gott getrost mit Singen

(Mel.: Entlaubt ist uns der Walde)

KOCH I B ^{3}**1866/1973**, 257; II B ^{3}**1867/1973**, 131 ~ FISCHER II B **1879/1967**, 39f. ~ KÜMMERLE I B **1888/1974**, 178 ~ WOLKAN B **1891/1968**, 145f. ~
GERBER, Hermann: Die Böhmischen Brüder, WuW 3 (**1948/49**) Nr. 29/30, 230 = GERBER B **56**, 104f. ~
REICH B **51**, 23f. ~ SCHLUNK B **51**, 231f. ~ BRUPPACHER B **53**, 380f. ~ WIDMANN, Albert: Unsere neuen Lieder. Lob Gott getrost mit Singen (Gb. 205), WBK 21 (**1954**) H. 4, 69–71 ~ BACH, Arthur / GRIMME, Gertrud in EvUV 5 (**1956**) 230f. ~ GABRIEL B ^{3}**56**, 54f. ~ JLH 2 (**1956**) 245 ~ BLANKENBURG, Walter in HEKG II/2 (**1957**) 76 ~ KULP / BÜCHNER / FORNACON in HEKG Sb (**1958**) 230. 270. 316–318. 523 ~ HERMELINK A **59**, 1480 ~
NELLE B ^{4}**62**, 74 ~ KÖHLER B **64** (HEKG I/2) 329f. ~ PIPER A **66**, 138f. ~ SOMMER A **66**, 155 ~ NEUBACHER B **68**, 46 ~
JLH 15 (**1970**) 204. 247 ~ DRÖMANN A **78**, 193 ~ JENNY, Markus in MGD 33 (**1979**) 137 ~
ELTZ-HOFFMANN B **80**, 28f. ~ BÖRSCH, Ulrike in NITSCHKE B **81**, 36–42 (Pr) ~ JLH 28 (**1984**) 193 ~ HEINER B ^{3}**85**, 84f. ~ MGD 39 (**1985**) 103 ~ NSK **1989**/1, 14 ~ SCHULZ A **89**, 32 ~

NITSCHKE, Horst / STIER, Alfred in HEKG III/2 (**1990**) 78–81 ~ DE LA MOTTE B **93**, 206 ~ DKL III/1.1 Notenbd. (**1993**) 225 ~ DKL III/1.1 Textbd. (**1993**) 199 ~ GEHRT A **94**, 49 ~ LANGE A **95**, 199–201 ~ ROSER B **95**, 75f. ~ LÄHNEMANN B **96**, 42–48 (Pr am 28. 5. 1987) ~ GERBER B **97** ~ Een Comp [3]**1998**, Nr. 409 ~ SCHÜTZ A **98**, 46 ~ DKL III/1 Registerbd. (**1999**) 30. 57. 126. 216 ~ HERBST, Wolfgang / BLOCK, Detlev in HEG II (**1999**) 45–47. 253–255 ~ SCHEITLER A **99**, 167 ~
GIERING A **00**, 40 ~ MARTI B **01**, 150 ~ RÖSSLER B **01**, 252. 924 ~ SCHEFFBUCH 2 B [2]**01**, 272f. ~ KNEITSCHEL B **03**, 340 ~ KORTH A **04**, 231

244 Wach auf, wach auf, 's ist hohe Zeit

SPITTA A **1915**, 173–177 ~
SCHLUNK B **51**, 340f. ~ BRUPPACHER B **53**, 378f. ~ GERBER, Hermann: Das Liederheft des Apostels, WuW **9 (1954/55**) Nr. 7, 82 = GERBER B **56**, 101 ~ KULP / BÜCHNER / FORNACON in HEKG Sb (**1958**) 316 ~
JENNY B **62**, 289. 322f. ~ NELLE B [4]**62**, 67 ~ JENNY, Markus: Ambrosius Blarer als Dichter und Hymnologe, in: Bernd Möller (Hg.): Der Konstanzer Reformator Ambrosius Blarer 1492–1564. Gedenkschrift zu seinem 400. Todestag, Konstanz / Stuttgart **1964**, bes. 89 ~ KÖHLER B **64** (HEKG I/2) 327–329 ~ RÖSSLER A **64**, 162–164 ~ JENNY, Markus: „Wach auf, wach auf, 's ist hohe Zeit". Die neu entdeckte authentische Quelle des Liedes, JLH 13 (**1968**) 146–151 ~ DRÖMANN A **78**, 193 ~ JENNY, Markus in MGD 33 (**1979**) 136 ~ JENNY A **80**, 66 ~ ERB I B [2]**81**, 78f. ~ HEINER B [3]**85**, 66 ~ NITSCHKE, Horst / STIER, Alfred in HEKG III/2 (**1990**) 76–78 ~ KORNEMANN A **94**, 13 ~ ROSER B **95**, 38–41 ~ NSK **1996**/3, 12 ~ SOBIELA-CAANITZ, Mechthild in HEG II (**1999**) 41f. ~
STEFAN A **00**, 53 ~ MARTI B **01**, 150 ~ RÖSSLER B **01**, 209f. ~ KNEITSCHEL B **03**, 376

Zur Mel. s. auch bei EG 438 „Der Tag bricht an und zeiget sich" !

245 Preis, Lob und Dank sei Gott dem Herren

KOCH II B [3]**1867/1973**, 14 ~ FISCHER II B **1879/1967**, 223 ~ KÜMMERLE II B **1890/1974**, 739f. ~
SCHLUNK B **51**, 299f. ~ FORNACON, Siegfried in JLH 1 (**1955**) 216f. ~ NITSCHE, Herbert in WBK 22 (**1955**) H. 4, 61–63 ~ JLH 3 (**1957**) 223 ~ KULP / BÜCHNER / FORNACON in HEKG Sb (**1958**) 318f. ~

KÖHLER B **64** (HEKG I/2) 330f. ~
DRÖMANN A **78**, 194 ~ JLH 22 (**1978**) 177 ~ JENNY, Markus in MGD 33 (**1979**) 138 ~
ERB I B ^{2}**81**, 104–106 ~ HEINER B ^{3}**85**, 78 ~
NITSCHKE, Horst / STIER, Alfred in HEKG III/2 (**1990**) 81–83 ~ FRANK B ^{2}**93**, 649 ~ ALBRECHT B ^{4}**95**, 140 ~ ROSER B **95**, 92f. ~ NSK **1996**/1, 17 ~ DKL III/1.3 Textbd. (**1998**) 105 ~ FISCHER A **98**, 87 (B) ~ DKL III/1 Registerbd. (**1999**) 224 ~ STEUDE, Wolfram in HEG II (**1999**) 143f. ~
STEFAN A **00**, 52 ~ RÖSSLER B **01**, 255 ~ DKL III/2 Textbd. (**2002**) 381 ~ MARTINI B **02**, 89f. ~ HENKYS, Jürgen: Die Stadt, der Himmel und die Erde. Vier Kirchenlieder im Vergleich, GAGF 18 (**2004**) H. 3, 82

Zur Mel. s. auch bei EG 294 „Nun saget Dank und lobt den Herrn“ !

246 Ach bleib bei uns, Herr Jesu Christ

(Vespera iam venit)

KOCH III B ^{3}**1867/1973**, 133 ~ FISCHER I B **1878/1967**, 1f. ~
NELLE B ^{3}**1924/1962**, Nr. 207 ~
HOLLIGER, Hans: Aus der Welt des Probebandes. Ach, bleib bei uns, Herr Jesu Christ (Probeband Nr. 257), EvKCh 53 (**1948**) H. 2, 10–13 ~ KIEFNER A **52**, 47 ~ BRUPPACHER B **53**, 381f. ~ BRODDE / MÜLLER B **54**, 55–57 ~ BACH, Arthur / GRIMME, Gertrud in EvUV 6 (**1957**) 133–136, ähnlich in KUV 7 (^{3}**1959**) 184–188 ~ KULP / BÜCHNER / FORNACON in HEKG Sb (**1958**) 319–321. 488f. ~
JLH 6 (**1961**) 238 ~ NELLE B ^{4}**62**, 83 ~ RECKZIEGEL B **63**, 214 ~
KÖHLER B **64** (HEKG I/2) 331–333 ~ AMELN A **67**, 172. 177 ~
JLH 15 (**1970**) 165 ~ PIPER A **75**, 110 ~ RÖSSLER-Bibl. B **76**, 238 ~ GOJOWY A **78**, 99. 105 ~ JENNY, Markus in MGD 33 (**1979**) 136 ~
ECKERT, Alfred / SÜSS, H. (Hg.): Nikolaus Selnecker, Hersbruck **1980** ~ ELTZ-HOFFMANN B **80**, 32f. ~ ERB II B ^{2}**85**, 23f. ~ HEINER B ^{3}**85**, 54 ~ JLH 29 (**1985**) 254 ~ PARENT B **87**, 158. 200. 274 ~
MGD 44 (**1990**) 182 ~ NITSCHKE, Horst / STIER, Alfred in HEKG III/2 (**1990**) 83–86 ~ FUCHS B **93**, 151–153 ~ SCHNEIDER / VICKTOR B **93**, 17–20 ~ ROSER B **95**, 41–43 ~ Een Comp ^{3}**1998**, Nr. 316. 332 ~ KRUMMACHER, Christoph / LOSCHER, Klaus in HEG II (**1999**) 213. 297f. ~
BERNOULLI A **01**, 124 ~ RÖSSLER B **01**, 111. 299 ~ SCHEFFBUCH 2 B ^{2}**01**, 239f. ~ SCHMIDT B **02**, 314. 751

Zur Mel. s. auch bei EG 193 „Erhalt uns, Herr, bei deinem Wort“ !

247 Herr, unser Gott, lass nicht zuschanden werden

(Mel.: Christe, du Beistand deiner Kreuzgemeine)

KOCH III B [3]**1867/1973**, 33 ~ FISCHER I B **1878/1967**, 284 ~ KÜMMERLE I B **1888/1974**, 269f. ~
NELLE B [3]**1924/1962**, Nr. 179. 183 ~
HOMMEL A **48/49**, 125f. ~
SCHLUNK B **51**, 159 ~ BRODDE / MÜLLER B **54**, 80–82 ~ GERBER, Hermann: Der geadelte Sattlersohn, WuW 9 (**1954/55**) Nr. 41, 473 = GERBER B **56**, 106f. ~ Ders.: Nicht zuschanden werden, WuW 10 (**1955/56**) Nr. 50, 588 ~ BLANKENBURG, Walter in HEKG II/2 (**1957**) 96 ~ KULP / BÜCHNER / FORNACON in HEKG Sb (**1958**) 93. 322. 326–328. 567 ~ HERMELINK A **59**, 1486 ~
NELLE B [4]**62**, 112. 168 ~ STERN, Hermann in WBK 30 (**1963**) H. 1, 24–28 ~ KÖHLER B **64** (HEKG I/2) 334f. ~ JLH 10 (**1965**) 266 ~
BÜCHNER B **71**, 115 ~ WITTENBERG A **73/74**, 124. 158 ~ DRÖMANN A **78**, 192 ~
DRÖMANN A **83**, 174 ~ HOPPE, Jutta im Gemeindebrief der Kirchengemeinde Enger, März **1983** (B) ~ ERB II B [2]**85**, 97f. ~
NITSCHKE, Horst / STIER, Alfred in HEKG III/2 (**1990**) 87–89 ~ SAUER-GEPPERT, Waldtraut Ingeborg / STIER, Alfred ebd. 94–96 ~ FRANK B [2]**93**, 271f. ~ SEIBT B **98**, 262 ~ LOSCHER, Klaus / KAPPNER, Gerhard in HEG II (**1999**) 24f. 135–137 ~
RÖSSLER, Martin in MÖLLER B **00**, 140 ~ RÖSSLER B **01**, 368 ~ MARTINI B **02**, 39. 126 ~ SCHMIDT B **02**, 581

248 Treuer Wächter Israel'

KOCH II B [3]**1867/1973**, 130; III B [3]**1867/1973**, 33; VIII B [3]**1876/1973**, 549 ~ FISCHER II B **1879/1967**, 280 ~ KÜMMERLE III B **1894/1974**, 647f. ~
NELLE B [3]**1924/1962**, Nr. 464 ~
SCHLUNK B **51**, 327f. ~ BRUPPACHER B **53**, 382f. ~ EISENHUTH B **53**, 59–62 ~ NITSCHE, Herbert in WBK 21 (**1954**) 90f. ~ JLH 2 (**1956**) 244 ~ KULP / BÜCHNER / FORNACON in HEKG Sb (**1958**) 93. 323 ~
NELLE B [4]**62**, 109. 112 ~ KÖHLER B **64** (HEKG I/2) 335–337 ~
BÜCHNER B **71**, 88. 91f. ~ JENNY, Markus in MGD 33 (**1979**) 138 ~ JLH 23 (**1979**) 4 ~ WITTENBERG A **79**, 58 ~
ELTZ-HOFFMANN B **80**, 47 ~ DRÖMANN A **83**, 174 ~ SAUER-GEPPERT B **84**, 67f. 130 ~ ERB II B [2]**85**, 98f. ~
NITSCHKE, Horst / STIER, Alfred in HEKG III/2 (**1990**) 89–92 ~

FRANK B [2]**93**, 550 ~ WEG II (**1994**) 69 ~ Een Comp [3]**1998**, Nr. 410 ~ KAPPNER, Gerhard in HEG II (**1999**) 135–137 ~
RÖSSLER, Martin in MÖLLER B **00**, 140 ~ JLH 40 (**2001**) 205 ~
RÖSSLER B **01**, 369f. ~ GRUBER B **02**, 131–133 ~ SCHEFFBUCH 1 B [8]**03**, 268

Zur Mel. s. auch bei EG 38 „Wunderbarer Gnadenthron" !

249 Verzage nicht, du Häuflein klein

KOCH III B [3]**1867/1973**, 117; VIII B [3]**1876/1973**, 138 ~ FISCHER II B **1879/1967**, 300–303 ~ ERK / BÖHME II B **1893f /1988**, 125 ~
KÜMMERLE III B **1894/ 1974**, 775f. ~
VAHLDIECK, Fritz: Ein altneues Kriegslied, MGkK 21 (1916) H. 11/12, 323–326 ~ NELLE B [3]**1924/1962**, Nr. 178 ~ KITZIG, Berthold: Gustav Adolf, Jakobus Fabricius und Michael Altenburg – die drei Urheber des Liedes „Verzage nicht, du Häuflein klein!", Göttingen **1935** ~ Ders.: Gustav Adolf und „Verzage nicht, du Häuflein klein!", MGkK 43 (**1938**) 37–40 ~
SCHLUNK B **51**, 334 ~ BRUPPACHER B **53**, 384f. ~ LAUTERBURG B **53**, 204f. ~ KULP / BÜCHNER / FORNACON in HEKG Sb (**1958**) 324–326 ~
FRÖR, Kurt in KUV 8 ([2]**1960**) 196–199 ~ AMELN, Konrad: Michael Altenburg, JLH 8 (**1963**) 153. 155f. ~ NELLE B [4]**62**, 118 ~ KÖHLER B **64** (HEKG I/2) 337f. ~
WITTENBERG A **73/74**, 126. 146. 158 ~ RÖSSLER-Bibl. B **76**, 237 ~ GOJOWY A **78**, 121 ~ MGD 33 (**1979**) 202 ~
ELTZ-HOFFMANN B **80**, 51f. ~ HEINER B [3]**85**, 110 ~ ERB IV B [2]**86**, 15f. ~
SAUER-GEPPERT, Waldtraut Ingeborg / STIER, Alfred in HEKG III/2 (**1990**) 92–94 ~ FRANK B [2]**93**, 448 ~ WÖLFEL, Dietrich in HEG II (**1999**) 88f. ~
RÖSSLER B **01**, 432 ~ MARTINI B **02**, 39

Zur Mel. s. auch bei EG 363 „Kommt her zu mir, spricht Gottes Sohn"!

250 Ich lobe dich von ganzer Seelen

KOCH V B [3]**1868/1973**, 62 ~ FISCHER I B **1878/1967**, 344 ~
NELLE B [3]**1924/1962**, Nr. 185 ~
SCHLUNK B **51**, 182 ~ KULP / BÜCHNER / FORNACON in HEKG Sb (**1958**) 329f. ~

NELLE B ^{4}**62**, 221 ~ KÖHLER B **64** (HEKG I/2) 340f. ~
JENNY, Markus in MGD 33 (**1979**) 138 ~
SAUER-GEPPERT B **84**, 87f. ~ HEINER B ^{3}**85**, 171 ~
SAUER-GEPPERT, Waldtraut Ingeborg / STIER, Alfred in HEKG III/2 (**1990**) 101f. ~ FRANK B ^{2}**93**, 650 ~ ROSER B **95**, 88f. ~ SCHWINGE, Gerhard in HEG II (**1999**) 153f. ~
STEFAN A **00**, 52

Zur Mel. s. auch bei EG 294 „Nun saget Dank und lobt den Herren" !

251 Herz und Herz vereint zusammen

KOCH V B ^{3}**1868/1973**, 275. 612 ~ FISCHER I B **1878/1967**, 293f. ~
KÜMMERLE I B **1888/1974**, 589f. ~
IHME, Martin in MGkK 10 (**1905**) H. 4, 112–120 ~ NELLE B ^{3}**1924/1962**, Nr. 345 ~
SCHLUNK B **51**, 163 ~ BRUPPACHER B **53**, 358f. ~ LAUTERBURG B **53**, 186–188 (B) ~ GRUNOW A **55/56** ~ BLANKENBURG, Walter in HEKG II/2 (**1957**) 103 ~ RÖBBELEN B **57**, 259A. 457 ~ KRAMP A **57/58**, 202f. ~ KULP / BÜCHNER / FORNACON in HEKG Sb (**1958**) 332–338 ~
JENNY A **60**, 813f. ~ NELLE B ^{4}**62**, 226. 231 ~ KÖHLER B **64** (HEKG I/2) 344–346 ~
MOSER B ^{2}**76**, 84f. (B) ~
ELTZ-HOFFMANN B **80**, 80f. ~ JLH 25 (**1981**) 51; 26 (**1982**) 188 ~ SAUER-GEPPERT B **84**, 62–66. 132f. ~ ROSE, K. H. in HEINER B ^{3}**85**, 233f. ~ SCHÖNBORN, Hans-Bernhard: Der Einfluss Albert Knapps auf das Gesangbuch der evangelisch-reformierten Kirchen der deutschsprachigen Schweiz seit 1853, JLH 29 (**1985**) 180f. 186–189 ~ MARTI, Andreas (und STEFAN, Hans-Jürg): Das kommende Gesangbuch. Angewandte Kriterien. Ein Blick in die Werkstatt der Kleinen Gesangbuchkommission, NSK **1986**/3, 29. 31 ~ MGD 40 (**1986**) 163f. ~ NSK **1987**/1, 29 ~ PARENT B **87**, 229f. 274 ~ HESSING B ^{2}**89**, 40f. ~
SAUER-GEPPERT, Waldtraut Ingeborg / STIER, Alfred in HEKG III/2 (**1990**) 108–116 ~ FRANK B ^{2}**93**, 622 ~ ALBRECHT B ^{4}**95**, 53 ~ Een Comp ^{3}**1998**, Nr. 292 ~ SEIBT B **98**, 262 ~ BESSER, Beate / BIESSECKER, Georg / SCHWINGE, Gerhard in HEG II (**1999**) 120f. 181f. 358–360 ~
RÖSSLER, Martin in MÖLLER B **00**, 181 ~ MARTI B **01**, 147f. ~ RÖSSLER B **01**, 668f. ~ MARTINI B **02**, 90f. 277f. ~ SCHMIDT B **02**, 230. 576. 631. 735 ~ KNEITSCHEL B **03**, 85f. ~ OEHLER A **03**, 9 ~ SCHEFFBUCH 1 B ^{8}**03**, 174f.

252 Jesu, der du bist alleine

KOCH VI B [3]**1869/1973**, 68 ~ FISCHER I B **1878/1967**, 369 ~
NELLE B [3]**1924/1962**, Nr. 340 ~
SCHLUNK B **51**, 200f. ~ KULP / BÜCHNER / FORNACON in HEKG Sb (**1958**) 69 ~
SAUER-GEPPERT A **61** ~ NELLE B [4]**62**, 237 ~ KÖHLER B **64** (HEKG I/2) 341–343 ~ ZELLER A **69**, 61. 66 ~
SAUER-GEPPERT B **84**, 133f. ~
SAUER-GEPPERT, Waldtraut Ingeborg / STIER, Alfred in HEKG III/2 (**1990**) 102–105 ~ FRANK B [2]**93**, 477 ~ ÜHLEIN B **95**, 156 ~ BENRATH, Gustav Adolf: Gerhard Tersteegen in seiner Zeit, in KOCK / THIESBONENKAMP B **97**, 14 ~ BUNNERS A **97**, 90. 93 ~ DEICHGRÄBER B [2]**97**, 118–124 (Das Amt der Fürbitte) (B) ~ SCHRADER A **97**, 47. 51 ~ STEIGER-HOFFLEIT, Claudia in HEG II (**1999**) 320–322 ~
RÖSSLER, Martin in MÖLLER B **00**, 185 ~ RÖSSLER B **01**, 632

Zur Mel. s. auch bei EG 352 „Alles ist an Gottes Segen“ !

253 Ich glaube, dass die Heiligen

KOCH V B [3]**1868/1973**, 121 ~ FISCHER I B **1878/1967**, 333 ~
BRUPPACHER B **53**, 357f. ~
JENNY, Markus in MGD 33 (**1979**) 138 ~
SCHWINGE, Gerhard in HEG II (**1999**) 154f. ~
RÖSSLER, Martin in MÖLLER B **00**, 187 ~ RÖSSLER B **01**, 841 ~ MARTINI B **02**, 39

Zur Mel. s. auch bei EG 329 „Bis hierher hat mich Gott gebracht“ !

254 Wir wolln uns gerne wagen

BRUPPACHER B **53**, 351f. ~
JENNY, Markus in NSK AM (**1972**) 7, 36 ~ THUST B **76**, 11. 62. 70. 73. 139. 181. 215. 218. 264. 282. 289. 297. 360. 395. 416. 480. 529. 852 ~ MGD 32 (**1978**) 2 ~
MGD 34 (**1980**) 25; 40 (**1986**) 107 ~ NSK **1986**/2, 5; **1987**/1, 29; 2, 19 ~ MITTRING, Johannes in KCh 48 (**1988**) H. 4, 55–57 ~ NSK **1989**/3, 19 ~
JENNY A **90**, 253f. ~ NSK **1990**/2, 32 ~ MARTI A **91**, 370 ~ SCHULZ A **96**, 2 = NSK **1997**/2, 14f. ~ LIPPOLD, Ernst in MÖLLER

B **97**, 145–152 ~ SCHLENKER, Manfred in MEYER B [2]**97**, 237f. ~ JLH 37 (**1998**) 224 ~ SCHWEIZER A **98**, 96 ~ SCHÖLLKOPF A **99**, 73f. ~ WÜSTENBERG, Ulrich / BRÖDEL, Christfried / SCHWINGE, Gerhard in HEG II (**1999**) 241f. 275f. 358–360 ~
RÖSSLER, Martin in MÖLLER B **00**, 181 ~ JLH 40 (**2001**) 222 ~ RÖSSLER B **01**, 669f. 989 ~ FRANZ B **02**, 544 Anm. 2 ~ MARTINI B **02**, 39 ~ SCHEFFBUCH 1 B [8]**03**, 178

255 O dass doch bald dein Feuer brennte

FISCHER II B **1879/1967**, 137 ~ KÜMMERLE II B **1890/1974**, 461f. ~
HÖCK, Johann Heinrich: O dass doch bald ein Feuer brennte, du unaussprechlich Liebender. Eine hymnologische Auffindung, Gütersloh **1922** ~ NELLE B [3]**1924/ 1962**, Nr. 192 ~
SCHLUNK B **51**, 268 ~ BRUPPACHER B **53**, 369f. ~ FORNACON A **53**, 49–51 ~ LAUTERBURG B **53**, 189–191 (B) ~ BLANKENBURG, Walter in HEKG II/2 (**1957**) 82 ~ KULP / BÜCHNER / FORNACON in HEKG Sb (**1958**) 302. 340f. 373. 440 ~
HEYDRICH B **62**, 248 ~ NELLE B [4]**62**, 272 ~ KÖHLER B **64** (HEKG I/2) 348f. ~
JLH 15 (**1970**) 169 ~ JENNY, Markus in MGD 33 (**1979**) 137 ~
HEINER B [3]**85**, 270f. ~ MGD 39 (**1985**) 127 ~ JENNY, Markus: Nochmals zu „Ihr seid das Salz der Erde", FdGD 33 (**1989**) 48f. ~
NSK **1990**/1, 9 ~ SAUER-GEPPERT, Waldtraut Ingeborg / STIER, Alfred in HEKG III/2 (**1990**) 120–122 ~ NSK **1994**/1, 24 ~ WEG II (**1994**) 40; IV (**1997**) 46 ~ Een Comp [3]**1998**, Nr. 488 A ~ KALBERLAH, Hans-Jürgen / WEBER, Edith in HEG II (**1999**) 90–93 ~
STEFAN A **00**, 52 ~ RÖSSLER B **01**, 827

256 Einer ist's, an dem wir hangen

KOCH VII B [3]**1872/1973**, 225 ~ FISCHER I B **1878/1967**, 153 ~
NELLE B [3]**1924/1962**, Nr. 198 ~
SCHLUNK B **51**, 89f. ~ BRUPPACHER B **53**, 370f. ~ KULP / BÜCHNER / FORNACON in HEKG Sb (**1958**) 342f. ~
HEYDRICH B **62**, 193 ~ NELLE B [4]**62**, 272 ~ KÖHLER B **64** (HEKG I/2) 349f. ~
JENNY, Markus in MGD 33 (**1979**) 138 ~
HEINER B [3]**85**, 302f. ~ JLH 29 (**1985**) 180 ~ PARENT B **87**, 12. 15. 274 ~

SAUER-GEPPERT, Waldtraut Ingeborg / STIER, Alfred in HEKG III/2 (**1990**) 123f. ~ KORNEMANN A **94**, 13 ~ BIESSECKER, Georg in HEG II (**1999**) 181f. ~
RÖSSLER, Martin in MÖLLER B **00**, 136 ~ WÜSTENBERG, Ulrich ebd. 243 ~ MARTI B **01**, 146 ~ RÖSSLER B **01**, 831 ~ SCHEFFBUCH 1 B ^{8}**03**, 101f.

Zur Mel. s. auch bei EG 147 „Wachet auf, ruft uns die Stimme" !

257 Der du in Todesnächten

KOCH VII B ^{3}**1872/1973**, 208 ~ FISCHER I B **1878/1967**, 102 ~ NELLE B ^{3}**1924/1962**, Nr. 200 ~
SCHLUNK B **51**, 58f. ~ GERBER, Hermann: Die Missionsuhr, WuW 7 (**1952/53**) Nr. 44, 421 = GERBER B **56**, 109f. ~ BRUPPACHER B **53**, 394f. ~ EISENHUTH B **53**, 125–127 ~ KULP / BÜCHNER / FORNACON in HEKG Sb (**1958**) 343 ~
HEYDRICH B **62**, 174–176 ~ NELLE B ^{4}**62**, 273 ~ KÖHLER B **64** (HEKG I/2) 351 ~
SAUER-GEPPERT, Waldtraut Ingeborg / STIER, Alfred in HEKG III/2 (**1990**) 125f. ~ FRANK B ^{2}**93**, 578 ~ DANZEGLOCKE, Klaus in HEG II (**1999**) 31f. ~
RÖSSLER B **01**, 831 ~ SCHEFFBUCH 1 B ^{8}**03**, 72f.

Zur Mel. s. auch bei EG 523 „Valet will ich dir geben" !

258 Zieht in Frieden eure Pfade

KOCH VII B ^{3}**1872/1973**, 197 ~
SCHLUNK B **51**, 388 ~
HEYDRICH B **62**, 284 ~
ARFKEN, Ernst in HEG II (**1999**) 180 ~
RÖSSLER B **01**, 167 ~ SCHEFFBUCH 2 B ^{2}**01**, 53 ~ SCHEFFBUCH 1 B ^{8}**03**, 52

Zur Mel. s. auch bei EG 147 „Wachet auf, ruft uns die Stimme" !

259 Kommt her, des Königs Aufgebot

GERBER, Hermann: Die vorbestellte Grabmusik, WuW 4 (**1949/50**) Nr. 44, 349 = GERBER B **56**, 111–113 = GERBER B **97** ~
SCHLUNK B **51**, 218 ~ BRUPPACHER B **53**, 388f. ~ LAUTERBURG B **53**, 207–211 ~ BLANKENBURG, Walter in HEKG II/2 (**1957**) 96.

100 ~ KULP / BÜCHNER / FORNACON in HEKG Sb (**1958**) 255. 261. 344f. ~
HEYDRICH B **62**, 239 ~ NELLE B [4]**62**, 283 ~ KÖHLER B **64** (HEKG I/2) 252f. ~
WITTENBERG A **73/74**, 146 ~ JLH 21 (**1977**) 95 ~ MGD 32 (**1978**) 97. 139 ~ JENNY, Markus in MGD 33 (**1979**) 139 ~
HEINER B [3]**85**, 330f. ~
NSK **1990**/2, 32 ~ SAUER-GEPPERT, Waldtraut Ingeborg / STIER, Alfred in HEKG III/2 (**1990**) 128–131 ~ FRANK B [2]**93**, 687 ~ ALBRECHT B [4]**95**, 60 ~ KLEK / SCHRADE A **96**, 259 ~ STEUDE, Wolfram / KLEK, Konrad in HEG II (**1999**) 283–286. 306–308 ~
RÖSSLER, Martin in MÖLLER B **00**, 136 ~ RIEHM, Heinrich: Nationale Töne im evangelischen Kirchenlied von Ernst Moritz Arndt bis zum Nationalsozialismus, IAHB 28/29 (**2000/2001**) 130f. 146 ~
RÖSSLER B **01**, 889. 932 ~ SCHEFFBUCH 2 B [2]**01**, 29f. ~ MARTINI B **02**, 45

260 Gleich wie mich mein Vater gesandt hat

(Johannes 20, 21; Lukas 4, 18)

NIEVERGELT, Edwin in NSK AM (**1972**) 5, 19 ~ NSK AM (**1974**) 9; (**1975**) 18 ~ THUST B **76**, 76. 90f. 100f. 106. 111f. 198. 200. 215. 330. 585f. 594. 696. 791 ~ CORBACH, Dieter: Nicht entlassen, sondern gesandt. Das neue Lied im RU, ZRP **1978**, H. 2, 62f. ~ JENNY, Markus / HOFMANN, Ernst / STEIN, Josef in WGL VII (**1978**) 257f. ~ MGD 32 (**1978**) 6 ~
NSK **1986**/3, 28; **1987**/1, 15. 25; 2, 18. 33; 3, 33 ~ JENNY, Markus in RGL (**1988**) 777 ~ PACIK A **88**, 94 ~
GIERING, Achim: Sendung – Neue Singformen. Text und Melodie EG 260, ChL 47 (**1994**) 417–419 ~ NSK **1994**/4, 1 ~ WEG II (**1994**) 69 ~ RUPPEL, Paul Ernst in MEYER B [2]**97**, 229 ~ WEG IV (**1997**) 83 ~ WETTACH A **97**, 31 ~ SCHUBERTH, Dietrich in HEG II (**1999**) 266–268 ~
RÖSSLER B **01**, 989 ~ KNEITSCHEL B **03**, 309

261 Herr, wohin sollen wir gehen

(Johannes 6, 68; Kanon)

SCHWEIZER A **95**, 18 ~ WEG IV (**1997**) 110 ~ BRÖDEL, Christfried in HEG II (**1999**) 313 ~
RÖSSLER B **01**, 916

Ökumene

262 Sonne der Gerechtigkeit (Ö-Fassung)

S. bei EG 263 !

263 Sonne der Gerechtigkeit

SCHLUNK B **51**, 320–322 ~ BRUPPACHER B **53**, 366f. ~ WIDMANN, Albert in WBK 21 (**1954**) H. 6, 104–106 ~ JLH 2 (**1956**) 245 ~ BLANKENBURG, Walter in HEKG II/2 (**1957**) 76 ~ KULP / BÜCHNER / FORNACON in HEKG Sb (**1958**) 270. 338–340. 343 ~

HEYDRICH B **62**, 271 ~ KÖHLER B **64** (HEKG I/2) 346–348 ~ FORNACON, Siegfried / JENNY, Markus / STEBLER, Vinzenz: Weg und Wert eines Liedes. Sonne der Gerechtigkeit, EvKCh 72 (**1967**) H. 3, 34–44 = Ld Dok **1997** „Sonne der Gerechtigkeit" ~ NEUBACHER B **68**, 50 ~ JLH 14 (**1969**) 238 ~

BÖSCH, Josua / JENNY, Markus / VILLIGER, Edwin in NSK AM (**1971**) 3, 11 ~ QUACK A **72**, 62 ~ SCHABASSER, Josef: Neue Lieder aus dem EGB. Sonne der Gerechtigkeit, SiK 19 (**1972**) H. 2, 73 ~ NSK AM (**1973**) 12 ~ SAUER-GEPPERT A **73/74**, 201. 204 ~ THURMAIR-MUMELTER, Maria Luise / QUACK, Erhard in TRENKLER B **75**, 226–228 ~ JLH 20 (**1976**) 180 ~ MGD 31 (**1977**) 102 ~ PAURITSCH, Karl in Pr GL 2 (**1977**) 173–179 (+Pr) ~ DRÖMANN A **78**, 193 ~ JENNY, Markus / HOFMANN, Ernst / SCHADE, Wernerfritz in WGL VII (**1978**) 665–668 ~ JENNY, Markus in MGD 33 (**1979**) 140 ~ SAUER-GEPPERT A **79**, 182 ~ SEUFFERT, Josef in WGL IX (**1979**) 129f. ~

KOEPPEN, Wolfhart in NITSCHKE B **81**, 49–55 (Pr) = Ld Dok **1997** „Sonne der Gerechtigkeit" ~ MGD 35 (**1981**) 8ff. 131; 36 (**1982**) 232 ~ HENKYS A **83**, 105f. ~ JENNY A **83**, 192 ~ JLH 28 (**1984**) 193 ~ HEINER B **³85**, 231 ~ JLH 29 (**1985**) 181 ~ NSK **1987**/2, 18 ~ JLH 31 (**1987/88**) 124 ~ JENNY, Markus in RGL (**1988**) 779f. ~ EGLIN, Arthur in NSK **1989**/3, 25 ~ HESSING B **²89**, 41–43 ~ NSK **1989**/2, 18. 24 ~ SCHULZ A **89**, 33 ~

BOHREN A **90**, 141f. ~ MOESERITZ B **90**, 235f. ~ SAUER-GEPPERT, Waldtraut Ingeborg / STIER, Alfred in HEKG III/2 (**1990**) 116–120 = Ld Dok **1997** „Sonne der Gerechtigkeit" ~ WESKOTT B

90 (Pr) ~ STEFAN, Hans-Jürg: Vorspruch zum Kernlied „Sonne der Gerechtigkeit", NSK **1991**/3, 22 ~ KORNEMANN A **94**, 9f. 13 ~ WEG II (**1994**) 71. 85. 96–98 ~ ALBRECHT B [4]**95**, 132 ~ GEHRT A **95**, 43 ~ NSK **1995**/3, 25 ~ KLEK / SCHRADE A **96**, 260 ~ LÄHNEMANN B **96**, 68–74 (Pr vom 24. 5. 1990) ~ WINKES B **96**, 191–194 (Pr) ~ Ld Dok **1997** „Sonne der Gerechtigkeit" ~ WEG IV (**1997**) 83 ~ Een Comp [3]**1998**, Nr. 313 ~ KLARER A **98**, 67 ~ SCHRÖER A **98**, 11 ~ WH 1 (**1998**) 67 ~ DANZEGLOCKE, Klaus / HERBST, Wolfgang / LOSCHER, Klaus / SCHWINGE, Gerhard / BLOCK, Detlev in HEG II (**1999**) 31f. 45–47. 72f. 225. 253–255 ~ DKL III/1 Registerbd. (**1999**) 226 ~ HENKYS B **99**, 18–20 ~ THUST, Karl Christian im Gemeindebrief der Burgkirche Ingelheim, Aug./Sept. **1999**, 5 ~ JLH 39 (**2000**) 227 ~ RIEHM A **00**, 161. 170. 174 ~ WH 3 (**2000**) 96 ~ WILL, Eberhard in SEEBERG B **00**, 152–154 (Pr vom 17. 10. 1998) ~ MARTI B **01**, 151 ~ RÖSSLER B **01**, 645. 926–928. 994 ~ KNEITSCHEL, Ernst-Ulrich: Ein Hirt und viele Herden? ..., in FISCHER / ROTHAUG B **02**, 275 ~ KNEITSCHEL B **03**, 68f. 118. 226. 370 ~ SCHEFFBUCH 1 B [8]**03**, 68 ~ WYDLER, Peter / MARTI, Andreas in ÖLK II (**2003**)

264 Die Kirche steht gegründet

(The Church's one foundation)

JULIAN B [2]**1907/1985**, 1146f. ~
BRUPPACHER B **53**, 372 ~
HEINER B [3]**85**, 526–528 ~ NSK **1989**/1, 29 ~
Een Comp [3]**1998**, Nr. 303 ~ JLH 38 (**1999**) 247 ~ MERTEN, Werner / HOLMER, Reinhard / SOERGEL, Gero in HEG II (**1999**) 315f. 345. 347f. ~
HENKYS, Jürgen in MÖLLER B **00**, 358 ~ MARTI B **01**, 148f. ~ RÖSSLER B **01**, 170. 996

265 Nun singe Lob, du Christenheit

HARNONCOURT, Philipp in TRENKLER B **75**, 14 ~ KRETZER, Armin / GRABNER-HAIDER, Anton in Pr GL 2 (**1977**) 164–167 (+Pr) ~ SIDLER, Hubert / THURMAIR, Georg / STEIN, Josef in WGL VII (**1978**) 249f. ~ SEUFFERT, Josef in WGL IX (**1979**) 127 ~
THURMAIR-MUMELTER, Maria Luise in RGL (**1988**) 776 ~
THURMAIR-MUMELTER, Maria Luise in MEYER B [2]**97**, 295f. ~
SCHMID, Bernhard in HEG II (**1999**) 325f. ~

RÖSSLER B **01**, 903 ~ KNEITSCHEL, Ernst-Ulrich: Ein Hirt und viele Herden? ... in FISCHER / ROTHAUG B **02**, 275 ~ KNEITSCHEL B **03**, 356

Zur Mel. s. auch bei EG 322 „Nun danket all und bringet Ehr" !

266 Der Tag, mein Gott, ist nun vergangen

(The day thou gavest, Lord, is ended)

JULIAN B [2]**1907/1985**, 327 ~
DIERKES, Karl-Michael: Anglikanische Frömmigkeit und Lehre im Kirchenlied, Trier **1969** ~
WITTENBERG A **73/74**, 148 ~ NIEVERGELT, Edwin in NSK AM (**1976**) 22, 109 ~ THUST B **76**, 153. 349. 777 ~ NSK AM (**1979**) 27 ~
NSK **1986**/2, 18 ~ DRÖMANN / SCHUBERTH B [2]**87**, Nr. 30 ~ NSK **1987**/1, 27; 2, 18 ~ STULKEN, Marilyn Kay (Hg.): Hymnal Companion to the Lutheran Book of Worship, Philidelphia [3]**1987**, 335. 344 ~ LIPPOLD A **88**, 288 ~ NSK **1988**/2, 20. 26 ~
NSK **1992**/2, 24f.; **1995**/4, 8 ~ ULRICH, Herbert: Faszikel 94. Lied 76, SMG 120 (**1995**) H. 5, 239f. ~ NSK **1996**/1, 23 ~ BLOCK A **97**, 127–129 ~ BRADLEY, Ian: Abide with Me. The World of Victorian Hymns, London **1997** ~ WYSS-JENNY, Elisabeth in WGD 4 (**1998**) 130f. ~ KONRADT, Greta / SCHILLING, Lebrecht in HEG II (**1999**) 84. 280. 331f. ~
HENKYS, Jürgen in MÖLLER B **00**, 358–361 ~ Ders. in Geistl. Wunderhorn (**2001**) 476–483. 536 ~ RÖSSLER B **01**, 124. 996 ~ JLH 41 (**2002**) 237 ~ HANDT, Hartmut in HARTMANN B **03**, 200–203 (+Pr) ~ HENKYS, Jürgen / (zum Satz:) MARTI, Andreas in ÖLK II (**2003**), (fast) = LKEG H. 9 (**2004**) 3–8 ~ KNEITSCHEL B **03**, 252

267 Herr, du hast darum gebetet

ZIPPERT A **94**, 45 ~ ENGELHARDT, Klaus in MÖLLER B **97**, 153–157 ~ SCHULZ, Otmar in MEYER B [2]**97**, 258 ~ SCHUBERTH, Dietrich in HEG II (**1999**) 288f. ~
RÖSSLER B **01**, 990 ~ MARTINI B **02**, 85

268 Strahlen brechen viele aus einem Licht

(Lagorna ärmanga, ljuset är ett)

BLOCK IV A **94** = BLOCK A **97**, 125f. ~ ZIPPERT A **94**, 45 ~ TRAUTWEIN, Dieter in MEYER B ^{2}**97**, 302f. ~ WEG IV (**1997**) 83 ~ LEUBE, Bernhard in AuB 51 (**1998**) H. 1, 18–20 ~ WEG V (**1998**) 92 ~ KRUMMACHER, Aina Maria / SCHUBERTH, Dietrich in HEG II (**1999**) 102f. 327–329. 349 ~
EGERER 2 B **00**, 37–40 ~ HANDT, Hartmut in WEG VI (**2000**) 91–93 ~ TRAUTWEIN A **00**, 67f. ~ WEG VI (**2000**) 109f. ~ WENTZ-JANACEK A **00**, 37f. ~ RÖSSLER B **01**, 987. 997 ~ MARTINI B **02**, 88 ~ JLH 42 (**2003**) 227 ~ HARLING, Per in HANDT / JETTER B **04**, 139–142 (B)

269 Christus ist König, juble laut

(Christ is the king, o friends rejoice)

DRÖMANN / SCHUBERTH B ^{2}**87**, Nr. 24 ~ HAUZENBERGER, Hans: Erfahrung wachsender Einheit unter Christen. Christus ist König, jubelt laut!, NSK **1988**/3, 8f. ~ JLH 32 (**1989**) 270 ~ MGD 43 (**1989**) 93 ~
NSK **1990**/1, 22 ~ KORNEMANN A **94**, 13 ~ SCHULZ, Walter in MEYER B ^{2}**97**, 261 ~ TRÖTSCHEL, Heinrich R. / MERTEN, Werner SCHUBERTH, Dietrich in HEG II (**1999**) 24. 35. 289f. ~
RÖSSLER B **01**, 996 ~ EGERER 3 B **02** ~ MARTINI B **02**, 39. 89

Biblische Gesänge: Psalmen und Lobgesänge

THUST B **76**, 88–101

270 Herr, unser Herrscher, wie herrlich bist du

(Psalm 8)

DRÖMANN / SCHUBERTH B [2]**87**, Nr. 19 ~ MGD 41 (**1987**) 242 ~ STEFAN, Hans-Jürg in NSK **1987**/2, 27f. ~ ebd. 7. 33 ~ STEFAN, Hans-Jürg: Psalm 8 als Gemeindelied, NSK **1987**/3, 2f. ~ ebd. 33; **1988**/1, 32; 2, 26 ~ JLH 32 (**1989**) 270 ~ SCHULZ A **89**, 31 ~
WEG II (**1994**) 65. 69 ~ KLEK / SCHRADE A **96**, 263 ~ REICH A **97**, 14–18 = REICH B **97**, 158–163 ~ WEG IV (**1997**) 55. 69. 83. 118 ~ KLEK, Konrad in HEG II (**1999**) 239–241 ~
RÖSSLER B **01**, 983 ~ MARTINI B **02**, 45

271 Wie herrlich gibst du, Herr, dich zu erkennen

(Psalm 8; Römer 8)

VISCHER, Wilhelm: Psalmen, ausgelegt für die Gemeinde, Basel **1944**, 30–38 ~
BRUPPACHER B **53**, 5 ~
PIDOUX, Pierre: Die Autoren der Genfer Melodien, JLH 5 (**1960**) 143–146 ~ BÖSCH, Josua / JENNY, Markus / VILLIGER, Edwin in NSK AM (**1971**) 3, 9 ~ MGD 31 (**1977**) 102; 32 (**1978**) 106 ~
MGD 41 (**1987**) 108; ~ NSK **1987**/1, 29; 2, 2. 18 ~ AESCHBACHER, Gerhard: Über den Zusammenhang von Versstruktur, Strophenform und rhythmischer Gestalt der Genfer Psalmlieder, JLH 31 (**1987/88**), 53–71, bes. 57f. ~ MARTI, Andreas: Gut gemeint – zu wenig bedacht. Zu einer Textvariante im Psalmlied „Wie herrlich gibst du, Herr, dich zu erkennen“, NSK **1988**/2, 32 = MGD 42 (**1988**) 135f. ~ JLH 32 (**1989**) 268. 270 ~ MGD 43 (**1989**) 24 ~
WEG II (**1994**) 69 ~ BERNOULLI, Hans: Portrait Wilhelm Vischer, NSK **1995**/2, 12–14 ~ BOLLAG, Michel: Jüdische Anmerkungen zu „Wie herrlich gibst du, Herr, dich zu erkennen“ (RKG 3 = RG 6), ebd. 14–16 ~ STEFAN A **97**, 20. 23 ~ Een Comp [3]**1998**, Nr. 388 ~

VRIES, Sytze de: Was ist der Mensch, dass du seiner gedenkst?, GAGF **1998**, H. 32, 22f. ~ HERBST I A **99**, 262 ~ WEBER, Edith / SOBIELA-CAANITZ, Mechthild in HEG II (**1999**) 52f. 92f. 333f. ~
STEFAN, Hans-Jürg in WH 3 (**2000**) 58. 60 ~ STEFAN A **00**, 52f. ~ KUNZ, Ralph: Vischers Psalmbereimungen. Das Christuszeugnis des Psalters, in BERNOULLI / FURLER B **01**, 191–198 ~ MARTI A **01**, 165–173, bes. 172f. ~ MARTINI B **02**, 39f. ~ KNEITSCHEL B **03**, 210. 381 ~ STEFAN, Hans-Jürg in ÖLK II (**2003**)

272 Ich lobe meinen Gott von ganzem Herzen

(nach Psalm 9, 2–3)

JENNY B **62**, 26f. 62. 68. 82. 84. 88. 123. 147. 178. 180f. 183. 244. 337 ~
HERMANN, Martin in WBK 57 (**1990**) 177f. ~ JLH 34 (**1992/93**) 210 ~ NSK **1996**/1, 23 ~ FISCHER, Ulrich in MÖLLER B **97**, 158–162 (Pr) ~ WEG IV (**1997**) 83 ~ JLH 37 (**1998**) 223 ~ SCHÜTZ A **98**, 46. 49. 51 ~ HERBST I A **99**, 259 ~ TRUNK, Roger in HEG II (**1999**) 98f. ~ EGERER 2 B **00**, 25–27 ~ WEG VI (**2000**) 17 ~ DANZEGLOCKE A **01**, 107 ~ RÖSSLER B **01**, 996 ~ JLH 42 (**2003**) 227

273 Ach Gott, vom Himmel sieh darein

(Psalm 12)

KOCH I B ^{3}**1866/1973**, 241. 471; II B ^{3}**1867/1973**, 27; VIII B ^{3}**1876/1973**, 521 ~ BÖHME B **1877/1966**, Nr. 627 ~ FISCHER I B **1878/1967**, 9 ~ BÄUMKER II B **1888/1962**, 299 ~ KÜMMERLE I B **1888/1974**, 4f. 354 ~
SPITTA A **1906**, 290–292. 338–342 ~ JULIAN B ^{2}**1907/1985**, 9f. ~ RISCH A **1908**, 157 ~ SPITTA A **1917**, 211 ~ LUCKE, Wilhelm / MOSER, Hans Joachim in WA 35 (**1923**) 109–120. 415–417. 488–490. 614 ~ NELLE B ^{3}**1924/1962**, Nr. 171 ~ THOMAS, Wilhelm in MGkK 36 (**1931**) H. 9, 251f. ~
SCHLISSKE A **48**, 12–22 ~
STAPEL B **50**, 64f. 176–182 ~ SCHLUNK B **51**, 12 ~ BRUPPACHER B **53**, 6 ~ EISENHUTH B **53**, 16f. ~ JLH 1 (**1955**) 59f. ~ SCHRÖDER B **55**, 88 ~ BURBA B **56**, 33–35 ~ JLH 2 (**1956**) 123 ~ Beilage zu ebd. = MÖLLER B **00**, 73 (Faksimile aus dem Achtliederbuch) ~ BLANKENBURG, Walter in HEKG II/2 (**1957**) 62. 65. 73 ~ FINSCHER A **57**, 67. 69 ~ JLH 3 (**1957**) 107f. ~ KULP / BÜCHNER /

FORNACON in HEKG Sb (**1958**) 45. 253. 270. 272–276. 288 ~ BRENNECKE A **58/59**, 70 ~ JENNY / AMELN A **58/59**, 101 ~ JLH 4 (**1958/59**) 246 ~

MOSER, Hans Joachim in SÖHNGEN B **60**, 141 ~ AARBURG, U. in JLH 6 (**1961**) 112ff. ~ AMELN, Konrad: „Ach Gott, vom Himmel sieh darein“, ebd. 100–112. Taf. VII. VIII ~ BLANKENBURG A **61**, 591 ~ JLH 6 (**1961**) 113 ~ GSCHWEND A **62**, 165 ~ JLH 7 (**1962**) 124. 131. 187; 8 (**1963**) 109. 172 ~ RECKZIEGEL B **63**, 112. 211 ~ VOLZ A **63**, 60. 65f. ~ JLH 9 (**1964**) 104 ~ KÖHLER B **64** (HEKG I/2) 298f. ~ SOMMER A **64**, 35. 50. 71. 78 ~ JLH 10 (**1965**) 144; 11 (**1966**) 91 ~ KRATZEL A **66**, 172. 180f. ~ AMELN A **67**, 174. 183f. ~ BIRKNER A **67**, 121. 134f. 139 ~ BRODDE A **67**, 171f. 198f. ~ HAHN B **67**, 12–14 ~ JLH 12 (**1967**) 147. 252 ~ SCHÜTZ A **67**, 154f. ~ LIPPHARDT A **68**, 170 ~ GRIMM A **69**, 165. 171 ~ JLH 14 (**1969**) 144 ~

JLH 15 (**1970**) 165. 272; 16 (**1971**) 168 ~ NSK AM (**1972**) 7, 35 ~ SOMMER I A **72**, 116. 118. 153. 159 ~ BLANKENBURG A **73/74**, 69. 72. 76. 78–81. 84. 88. 96 ~ JLH 18 (**1973/74**) 238 ~ BREDNICH I B **74**, 182 ~ JLH 20 (**1976**) 194 ~ RÖSSLER-Bibl. B **76**, 238 ~ BLANKENBURG I A **77**, 380f. ~ JENNY A **77**, 60 ~ SOMMER II A **77**, 138 ~ BLANKENBURG A **78**, 154 ~ GOJOWY A **78**, 93. 97–99. 101. 111. 114f. 120–122 ~ JLH 22 (**1978**) 239 ~ JENNY, Markus in MGD 33 (**1979**) 139 ~

MGD 34 (**1980**) 48. 138 ~ HAHN B **81**, 14f. 19. 82–96. 100. 246. 248–250. 258. 260. 313 ~ MOSER B **81**, 18. 642 ~ MGD 36 (**1982**) 78. 115 ~ MÜLLER A **82**, 105f. 108 ~ BIERITZ A **83**, 239 ~ DRÖMANN A **83**, 170 ~ HEIMRATH / KORTH B **83**, 91f. 136 ~ JENNY A **83**, 48. 51 ~ JENNY B **83**, 102–105 ~ REICH, Angelika: Psalmübertragung und Umdichtung im Psalmlied des 16. und 17. Jahrhunderts, in BECKER / KACZYNSKI I B **83**, 663 ~ JLH 28 (**1984**) 147 ~ SAUER-GEPPERT B **84**, 55 ~ AMELN A **85**, 15 ~ ASPER B **85**, 57. 60. 64. 67. 70. 75. 146. 170 ~ ERNST B **85**, 66f. 179f. 191. 207f. 212 ~ JENNY B **85** (WA.A 4) 62–65. 175–179 ~ JLH 29 (**1985**) 79. 195 ~ MGD 39 (**1985**) 176 ~ AMELN A **86**, 61f. 67 ~ AMELN A **86**, 113. 115f. ~ MGD 40 (**1986**) 288 ~ VEIT B **86**, 41. 46. 48. 64. 67 Anm. 19. 73f. 74 Anm. 60. 80 Anm. 98. 82 Anm. 5. 83. 87 Anm. 29. 88 Anm. 37. 92. 104. 104 Anm. 123. 120 Anm. 18. 130. 150. 152. 154f. 157 Anm. 90. 162 Anm. 6 ~ NSK **1987**/3, 12 ~ PARENT B **87**, 160. 274 ~ HEITMEYER B **88**, 98. 115. 143–162 ~ BACH / GALLE B **89**, 98f. ~

MGD 44 (**1990**) 203 ~ MÜLLER, Norbert / MERTEN, Werner in HEKG III/2 (**1990**) 3–5 ~ NSK **1990**/2, 20 ~ JLH 33 (**1990/91**) 252 ~ BLANKENBURG B **91**, 149. 158f. 161. 163–166. 173f. ~ JLH 34 (**1992/93**) 115 FRANK B [2]**93**, 544 ~ KORNEMANN A **94**, 9 ~ WEG

II (**1994**) 71 ~ NSK **1995**/3, 24 ~ REICH A **95**, 10 ~ ROSER B **95**, 125–128 ~ ALBRECHT A **96**, 182f. ~ DKL III/1.2 Notenbd. (**1996**) 99. 117f. 139. 156 ~ DKL III/1.2 Textbd. (**1997**) 79. 85f. 116–118. 159f. 185–187. 194f. ~ MAHRENHOLZ A **97**, 69–73 ~ JLH 37 (**1998**) 193 ~ von MEDING B **98**, 54. 59–63. 72. 103. 131. 139. 229. 295. 298. 303. 324. 340–343. 370. 379f. 389. 400. 416. 430. 445f. ~ WISSEMANN-GARBE A **98**, 120. 122. 127–129 ~ ZILLESSEN A **98**, 23 ~ CONRAD A **99**, 240 ~ DKL III/1 Registerbd. (**1999**) 53. 62. 68–70. 75. 80. 83. 93. 96. 103. 107. 110. 113. 116. 192 ~ RÖSSLER, Martin in HEG II (**1999**) 204–208 ~
STEFAN, Hans-Jürg in WH 3 (**2000**) 56 ~ JLH 40 (**2001**) 226 ~ RÖSSLER B **01**, 45. 123 ~ DKL III/2 Textbd. (**2002**) 287f. 297f. 316f. 327 ~ FRANZ B **02**, 478 Anm. 9. 519 ~ JLH 41 (**2002**) 242 ~ MARTINI B **02**, 88

274 Der Herr ist mein getreuer Hirt
(Psalm 23)

KOCH I B [3]**1866/1973**, 255. 471; II B [3]**1867/1973**, 92. 223. 297. 367. 369 ~ FISCHER I B **1878/1967**, 109 ~ BÄUMKER II B **1888/1962**, 277f. ~ KÜMMERLE I B **1888/1974**, 5f. ~
NELLE B [3]**1924/1962**, Nr. 371 ~
SCHLUNK B **51**, 63 ~ JLH 2 (**1956**) 125 ~ BLANKENBURG, Walter in HEKG II/2 (**1957**) 65. 71 ~ FINSCHER A **57**, 66. 68f. ~ KULP / BÜCHNER / FORNACON in HEKG Sb (**1958**) 273. 275f. 471 ~ NITSCHE, Herbert in WBK 25 (**1958**) H. 2, 28–30 ~ BRENNECKE A **58/59**, 70 ~
JLH 5 (**1960**) 259 ~ BLANKENBURG A **61**, 590 ~ LIPPHARDT A **61**, 100 ~ GSCHWEND A **62**, 166 ~ JENNY B **62**, 28f. 50f. 54f. 62. 68. 130–132. 147–149. 156. 163. 167. 169. 180. 183 ~ JLH 7 (**1962**) 131 ~ NELLE B [4]**62**, 92 ~ RECKZIEGEL B **63**, 85. 107. 110 ~ KÖHLER B **64** (HEKG I/2) 300 ~ PIPER A **66**, 140 ~ SOMMER A **66**, 152 ~ NEUBACHER B **68**, 38 ~ AMELN A **69**, 184 ~ GRIMM A **69**, 165 ~ BLANKENBURG A **73/74**, 79 ~ MGD 29 (**1975**) 125 ~ RÖSSLER-Bibl. B **76**, 245 ~ GOJOWY A **78**, 105. 109. 111. 114 ~ JENNY, Markus in MGD 33 (**1979**) 137 ~
JLH 25 (**1981**) 138 ~ DRÖMANN A **83**, 173 ~ SAUER-GEPPERT B **84**, 69. 71 ~ MEZGER A **89** ~
DRUDE, Hartwig / MERTEN, Werner in HEKG III/2 (**1990**) 8–10 ~ BLANKENBURG B **91**, 163. 174 ~ LIEBERKNECHT B **94**, 106–112 ~ ROSER B **95**, 71f. ~ DKL III/1.2 Textbd. (**1997**) 192f. ~ WEG IV (**1997**) 84–89 ~ WISSEMANN-GARBE A **98**, 127 ~ DKL III/1 Regis-

terbd. (**1999**) 54. 117. 119. 199 ~ STALMANN, Joachim in HEG II (**1999**) 337–339 ~
RÖSSLER B **01**, 46 ~ DKL III/2 Textbd. (**2002**) 316f. ~ JLH 41 (**2002**) 242 ~ KESSNER A **02**, 119–125. 139f. 142 ~ BERNOULLI, Peter Ernst: Lieder nach Psalm 23 in aktuellen deutschsprachigen Gesangbüchern – eine Übersicht, (im Anschluss an „Der Herr ist mein getreuer Hirt") in ÖLK III (**2004**)

275 In dich hab ich gehoffet, Herr

(Psalm 31)

KOCH I **B** ^{3}**1866/1973**, 255. 465; II B ^{3}**1867/1973**, 158. 379; III B ^{3}**1867/1973**, 257; VIII B ^{3}**1876/1973**, 311 ~ BÖHME B **1877/1966**, Nr. 553 ~ FISCHER I B **1878/ 1967**, 409 ~ BÄUMKER I **1886/ 1962**, 379f. 448–450 ~ KÜMMERLE I B **1888/ 1974**, 674f. ~
SPITTA A **1915**, 217–222 ~ NELLE B ^{3}**1924/1962**, Nr. 364 ~
MOSER A **47**, 126 ~
SCHLUNK B **51**, 192 ~ JLH 2 (**1956**) 123 ~ BLANKENBURG, Walter in HEKG II/2 (**1957**) 78. 81 ~ JLH 3 (**1957**) 108 ~ KULP / BÜCHNER / FORNACON in HEKG Sb (**1958**) 276–279. 284. 528. 545 ~ BRENNECKE A **58/59**, 70 ~
GSCHWEND A **62**, 166 ~ JENNY, Markus: Zur Weise von „In dich hab ich gehoffet, Herr", JLH 7 (**1962**) 104–106 ~ ebd. 131 ~ NELLE B ^{4}**62**, 74 ~ JLH 8 (**1963**) 190 ~ RECKZIEGEL B **63**, 110. 153. 211 ~ JLH 9 (**1964**) 183 ~ KÖHLER B **64** (HEKG I/2) 300f. ~ SCHÖNEICH A **64**, 115f. ~ JLH 10 (**1965**) 59. 82. 85 ~ SOMMER A **66**, 152. 154 ~ AMELN A **67**, 175 ~ AMELN A **69**, 184 ~ GRIMM A **69**, 165. 177f. ~
JLH 15 (**1970**) 166; 16 (**1971**) 68; 17 (**1972**) 285 ~ SOMMER I A **72**, 121. 128. 131. 135. 137f. 141. 150. 153. 159. 161 ~ BLANKENBURG A **73/74**, 80 ~ JLH 18 (**1973/74**) 286 ~ WITTENBERG A **73/74**, 128. 160 ~ SAUER-GEPPERT A **75**, 223 ~ JLH 20 (**1976**) 178 ~ MGD 30 (**1976**) 217 ~ RÖSSLER-Bibl. B **76**, 258 ~ JENNY A **77**, 60 ~ SOMMER II A **77**, 143f. ~ GOJOWY A **78**, 91. 96–98. 100f. 108. 111. 118. 120f. ~ WEISSE A **78**, 67f. ~ JENNY, Markus in MGD 33 (**1979**) 139 ~
MGD 35 (**1981**) 58; 36 (**1982**) 139 ~ SCHÖNBORN A **84**, 103 ~ ERB II B ^{2}**85**, 14–17 ~ HEINER B ^{3}**85**, 73f. ~ MGD 39 (**1985**) 78. 272 ~
DRUDE, Hartwig / MERTEN, Werner in HEKG III/2 (**1990**) 10–12 ~
JLH 33 (**1990/91**) 113 ~ BLANKENBURG B **91**, 352 ~ NAGEL A **92**, 11. 13. 18 ~ DE LA MOTTE B **93**, 209f. ~ KORNEMANN A **94**, 9 ~
WEG II (**1994**) 71 ~ NSK **1995**/4, 20 ~ ROSER B **95**, 130f. ~ DKL

III/1.2 Textbd. (**1997**) 15f. ~ WEG IV (**1997**) 70f. 84. 90–97. 119 ~ DKL III/1.3 Textbd. (**1998**) 143–145 ~ Een Comp [3]**1998**, Nr. 484 ~ WEG V (**1998**) 18 ~ DKL III/1 Registerbd. (**1999**) 126. 211 ~ KONRADT, Greta in HEG II (**1999**) 251f. ~
JLH 39 (**2000**) 234 ~ STEFAN, Hans-Jürg in WH 3 (**2000**) 59 ~ RÖSSLER B **01**, 46 ~ DKL III/2 Textbd. (**2002**) 264. 397f. 407 ~ FRANZ B **02**, 331 ~ MARTINI B **02**, 39. 88 ~ SCHMIDT B **02**, 612 ~ ACKERMANN B [3]**05**, 52

276 Ich will, solang ich lebe

(Psalm 34)

KULP / BÜCHNER / FORNACON in HEKG Sb (**1958**) 427 ~ KORNEMANN A **94**, 9 ~ REICH A **97**, 10 ~ STEFAN A **97**, 24 ~ WEG IV (**1997**) 55. 104f. ~ STALMANN, Joachim / DRÖMANN, Hans-Christian / STEUDE, Wolfram in HEG II (**1999**) 33f. 208f. 283 286 ~
RÖSSLER, Martin in MÖLLER B **00**, 136 ~ RÖSSLER B **01**, 120

277 Herr, deine Güte reicht, so weit der Himmel ist

(Psalm 36)

JENNY, Markus: Was war neu am Kirchenlied der Reformation?, MGD 25 (**1971**) 85 ~ NSK AM (**1971**) 1, 3 ~ ALBRECHT A **72**, 138 ~ NSK AM (**1973**) 12; (**1974**) 15, 75 ~ THURMAIR, Maria Luise / LEX, Volkmar in WGL III (**1975**) 167f. ~ THUST B **76**, 89. 107. 110. 144. 183. 189. 211f. 291. 358. 373. 391. 416. 476. 517. 798 ~
MGD 35 (**1981**) 48; 36 (**1982**) 153 ~ NSK **1986**/1, 13 ~ DRÖMANN / SCHUBERTH B [2]**87**, Nr. 18 ~ NSK **1987**/2, 18 ~ JENNY, Markus in RGL (**1988**) 667 ~
NSK **1990**/2, 1 ~ NAGEL A **92**, 11. 13. 18 ~ NSK **1992**/2, 24f. ~ GIERING, Achim: Ein Lied von Gottes Güte. Text und Melodie EG 277, ChL 47 (**1994**) 1–3 ~ ULRICH, Herbert: Faszikel. Anregungen für die Praxis. Lied 63, SMG 119 (**1994**) H. 5, 247–251 ~ WEG II (**1994**) 23. 69 ~ BEUERLE, Herbert in MEYER B [2]**97**, 59f. ~ REICH A **97**, 14 ~ WEG IV (**1997**) 55. 70; V (**1998**) 18 ~ FINKE, Christian / SCHILLING, Lebrecht in HEG II (**1999**) 38f. 331f. ~
RÖSSLER B **01**, 990 ~ KNEITSCHEL B **03**, 211. 317

278 Wie der Hirsch lechzt nach frischem Wasser

(Psalm 42/43)

DRÖMANN / SCHUBERTH B [2]**87**, Nr. 23 ~
WEG II (**1994**) 23 ~ ALBRECHT B [4]**95**, 66 ~ NITSCHKE, Horst / SCHMEEL, Dieter in ZGP 15 (**1997**) H. 2, 19 ~ OCHS, Volker / TRAUTWEIN, Dieter in MEYER B [2]**97**, 204f. 303f. ~ REICH A **97**, 17 ~ WEG IV (**1997**) 55; V (**1998**) 22 ~ DRÖMANN, Hans-Christian / SCHUBERTH, Dietrich in HEG II (**1999**) 233f. 327–329 ~
RÖSSLER B **01**, 987 ~ REICH A [3]**03**, 772

279 Jauchzt, alle Lande, Gott zu Ehren

(Psalm 66)

NELLE B [3]**1924/1962**, Nr. 527 ~
SCHLUNK B **51**, 197 ~ HENN, Friedrich August: Matthias Jorrissen. Der deutsche Psalmist in Leben und Werk, Leipzig **1955**, bes. 136f. ~ BACH, Arthur / GRIMME, Gertrud in EvUV 6 (**1957**) 136–139 ~ BLANKENBURG, Walter in HEKG II/2 (**1957**) 81. 97 ~ KULP / BÜCHNER / FORNACON in HEKG Sb (**1958**) 282f. 289. 359 ~
NELLE B [4]**62**, 258 ~ KÖHLER B **64** (HEKG I/2) 302 ~ NEUBACHER B **68**, 38 ~
MOSER B [2]**76**, 68f. (B) ~ SCHOTT A **79**, 167 ~
MERTEN, Werner / STALMANN, Joachim in HEKG III/2 (**1990**) 15–17 ~ NSK **1991**/2, 19 ~ DE LA MOTTE B **93**, 201f. ~ FRANK B [2]**93**, 650 ~ KORNEMANN A **94**, 14 ~ ALBRECHT B [4]**95**, 143 ~ FISCHER A **97** ~ REICH A **97**, 10 ~ STEFAN A **97**, 20–22 ~ WEG IV (**1997**) 113f. ~ FISCHER A **98**, 86 (B) ~ DKL III/1 Registerbd. (**1999**) 212 ~ STALMANN, Joachim in HEG II (**1999**) 170–172 ~
STEFAN A **00**, 52 ~ WEG VI (**2000**) 18 ~ KENNTNER B **01**, 75–89 (Pr) ~ RÖSSLER B **01**, 48. 578 ~ SCHEFFBUCH 2 B [2]**01**, 89–91 ~ MARTINI B **02**, 39 ~ REICH A [3]**03**, 768. 772

280 Es wolle Gott uns gnädig sein

(Psalm 67)

KOCH I B [3]**1866/1973**, 241. 467; II B [3]**1867/1973**, 28; VIII B [3]**1876/1973**, 113. 144 ~ BÖHME B **1877/1966**, Nr. 628 ~ FISCHER I B **1878/1967**, 189f. ~ KÜMMERLE I B **1888/1974**, 354. 386–388 ~
JULIAN B [2]**1907/1985**, 355 ~ RISCH A **1908**, 158 ~ SPITTA A **1917**, 209 ~ LUCKE, Wilhelm in WA 35 (**1923**) 123f. 418–421. 632f. ~ NELLE B [3]**1924/1962**, Nr. 174 ~

SCHLISSKE A **48**, 144–151 ~ GERBER, Hermann: Geschichte um ein Lied, WuW 3 (**1948/49**) Nr. 42, 314 = GERBER B **56**, 94f. ~ LOHR A **49**, 66f. ~

FRANK, Hans in EvKCh 55 (**1950**) H. 1, 3–5 ~ STAPEL B **50**, 67. 183–185 ~ SCHLUNK B **51**, 107 ~ GERBER, Hermann: Alte Geschichten, WuW 7 (**1952/53**) Nr. 31, 298 ~ BRUPPACHER B **53**, 17f. ~ EISENHUTH B **53**, 17–19 ~ FISCHER, Martin in BRODDE / MÜLLER B **54**, 67–70 ~ JLH 1 (**1955**) 62. 97 ~ SCHRÖDER B **55**, 88 ~ GABRIEL B [3]**56**, 32 ~ JLH 2 (**1956**) 123 ~ AMELN, Konrad: „Es wolle Gott uns gnädig sein". Über Herkunft und Gestalt der „Straßburger" Melodie, JLH 3 (**1957**) 105–108 ~ BLANKENBURG, Walter in HEKG II/2 (**1957**) 78. 80 ~ FINSCHER A **57**, 67f. ~ JLH 3 (**1957**) 128f. 223. Taf. I ~ KULP / BÜCHNER / FORNACON in HEKG Sb (**1958**) 237. 283–285. 296. 301. 325 ~ BRENNECKE A **58/59**, 70 ~ JENNY / AMELN A **58/59** ~ HERMELINK A **59**, 1480 ~ WEISMANN, Eberhard in WBK 26 (**1959**) H. 1, 4–7 ~

BLANKENBURG A **61**, 636f. ~ JLH 6 (**1961**) 104. 229 ~ JENNY B **62**, 28f. 62. 68. 82. 88. 123. 147. 161. 178. 188f. 192. 210. 242 ~ JLH 7 (**1962**) 103 ~ LIPPHARDT I A **62**, 138 ~ NELLE B [4]**62**, 57 ~ HEYDEN A **63**, 180 ~ JLH 8 (**1963**) 94 ~ RECKZIEGEL B **63**, 85. 212. 112 ~ KÖHLER B **64** (HEKG I/2) 302f. ~ SOMMER A **64**, 35. 56. 71 ~ JLH 10 (**1965**) 167 ~ SOMMER A **66**, 148 ~ AMELN A **67**, 174 ~ BIRKNER A **67**, 132. 135 ~ BRODDE A **67**, 198f. ~ HAHN B **67**, 16f. ~ JLH 12 (**1967**) 145. 252 ~ SCHÜTZ A **67**, 155 ~ LIPPHARDT A **68**, 170 ~ GRIMM A **69**, 166 ~ JLH 14 (**1969**) 80 ~

JLH 16 (**1971**) 166 ~ BLANKENBURG A **73/74**, 69. 72. 77f. 83–86. 95f. ~ BREDNICH I B **74**, 88; II B **75**, Nr. 95 ~ BRODDE, Otto: Musikalische Ausführung der Psalmen, KCh 35 (**1975**) H. 3, 37 ~ JLH 19 (**1975**) 200 ~ RÖSSLER A **75**, 149 ~ RÖSSLER-Bibl. B **76**, 250 ~ JLH 21 (**1977**) 95 ~ GOJOWY A **78**, 97–99. 105f. 111. 109. 113–116 ~ JENNY, Markus in MGD 33 (**1979**) 136. 140 ~

HAHN B **81**, 14f. 19. 100. 105 Anm. 7. 160. 246. 248–250. 257. 260. 313 ~ JLH 26 (**1982**) 158 ~ MÜLLER A **82**, 104–110. 114 (z.T. = HEKG III/2 (**1990**) 107–109) ~ DRÖMANN A **83**, 170 ~ HEIMRATH / KORTH B **83**, 100f. 137 ~ JENNY A **83**, 49 ~ JENNY B **83**, 111–113 ~ MÜLLER A **83**, 487f. ~ JLH 28 (**1984**) 88 ~ ASPER B **85**, 57f. 60. 62. 64f. 67. 70. 146 ~ ERNST B **85**, 190 ~ JENNY B **85** (WA.A 4) 66–68. 184–187 ~ AMELN A **86**, 116 ~ VEIT B **86**, 41. 46. 48. 64. 67 Anm. 21. 73 Anm. 51. 80 Anm. 98. 82 Anm. 5. 83. 86 Anm. 18. 87 Anm. 31. 133 Anm. 77. 148. 154. 157 ~ PARENT B **87**, 201. 274 ~ AMELN, Konrad: „Es wolt uns Gott genedig sein". Eine „Straßburger" Melodie aus Wittenberg, JLH 32 (**1989**) 146–157 ~ ebd. 19. 25 ~

MÜLLER, Norbert / MERTEN, Werner in HEKG III/2 (**1990**) 17–21

~ NSK **1990**/2, 20 ~ BLANKENBURG B **91**, 149. 161. 163. 165f. 168. 171. 173f. 335. 349 ~ JLH 34 (**1992/93**) 95. 134. 205 ~ DKL III/1.1 Notenbd. (**1993**) 213 ~ DKL III/1.1 Textbd. (**1993**) 187f. ~ FRANK B **²93**, 686 ~ WEG II (**1994**) 71 ~ DKL III/1.2 Notenbd. (**1996**) 139 ~ DKL III/1.2 Textbd. (**1997**) 161f. ~ REICH A **97**, 10 ~ von MEDING B **98**, 66. 88. 102–104. 131. 154. 295. 324. 341. 371. 380. 394f. 414. 445f. ~ SEIBT B **98**, 258 ~ WISSEMANN-GARBE A **98**, 120 ~ BRUSNIAK, Friedhelm / RÖSSLER, Martin / WALTER, Meinrad in HEG II (**1999**) 121f. 204–208. 298f. ~ DKL III/1 Registerbd. (**1999**) 30. 55. 204 ~

STEFAN, Hans-Jürg in WH 3 (**2000**) 56f. ~ THUST, Karl Christian im Gemeindebrief der Burgkirche Ingelheim, Aug./Sept. **2000** ~ JLH 40 (**2001**) 226 ~ RÖSSLER B **01**, 45. 62. 71 ~ DKL III/2 Textbd. (**2002**) 251f. 317 ~ FRANZ B **02**, 57 ~ SCHMIDT B **02**, 559 ~ KÜCK / KURZKE B **03**, 60

281 Erhebet er sich, unser Gott

(Psalm 68)

NELLE B **³1924/1962**, Nr. 528 ~

SCHLUNK B **51**, 96 ~ KULP / BÜCHNER / FORNACON in HEKG Sb (**1958**) 100. 302 ~

HEYDRICH B **62**, 200 ~ NELLE B **⁴62**, 258 ~ KÖHLER B **64** (HEKG I/2) 304 ~

SCHOTT A **79**, 161. 168f. ~

ERB I B **²81**, 72 ~ HEINER B **³85**, 65 ~

MERTEN, Werner in HEKG III/2 (**1990**) 21f. ~ GEHRT A **95**, 38 ~ REICH A **97**, 10. 17 ~ STEFAN A **97**, 20 ~ STALMANN, Joachim in HEG II (**1999**) 170–172 ~

HENKYS, Jürgen in RAGOTZKY / VOLLMANN-PROFE / WOLF B **01**, 190–192 ~ RÖSSLER B **01**, 578 ~ MARTINI B **02**, 39 ~ KNEITSCHEL B **03**, 275

Zur Mel. s. auch bei EG 76 „O Mensch, bewein dein Sünde groß“ !

282 Wie lieblich schön, Herr Zebaoth

(Psalm 84)

SCHLUNK B **51**, 364 ~ BLANKENBURG, Walter in HEKG II/2 (**1957**) 82 ~ KULP / BÜCHNER / FORNACON in HEKG Sb (**1958**) 279. 287f. 302. 438. 505 ~

PIDOUX, Pierre: Die Autoren der Genfer Melodien, JLH 5 (1960)

143–146 ~ BLANKENBURG A **61**, 592f. ~ HEYDRICH B **62**, 277f. ~
KÖHLER B **64** (HEKG I/2) 304f. ~
SAUER-GEPPERT B **84**, 20f. 73. 111. 141f. ~
MERTEN, Werner / STALMANN, Joachim in HEKG III/2 (**1990**) 22–24 ~ MARTI A **94**, 9–11 ~ ALBRECHT B [4]**95**, 140. 143 ~ NSK **1995**/2, 22 ~ REICH A **97**, 10 ~ STEFAN A **97**, 20 ~ WEG IV (**1997**) 71. 73 ~ WEBER, Edith / STALMANN, Joachim in HEG II (**1999**) 71f. 170–172 ~
STEFAN A **00**, 52 ~ RÖSSLER B **01**, 578 ~ KNEITSCHEL B **03**, 381

283 Herr, der du vormals hast dein Land

(Psalm 85)

KOCH III B [3]**1867/1973**, 317 ~ FISCHER I B **1878/1967**, 256f. ~
SCHLUNK B **51**, 145 ~ KULP / BÜCHNER / FORNACON in HEKG Sb (**1958**) 288f. ~
KÖHLER B **64** (HEKG I/2) 305f. ~
WITTENBERG A **73/74**, 135f. ~ JENNY A **76**, 151 = JENNY / NIEVERGELT B **76**, 50 ~ DRÖMANN A **78**, 192 ~ WITTENBERG A **79**, 57. 66. 93 ~
JLH 24 (**1980**) 122 ~ HESSELBACHER B **87**, 31 ~ PARENT B **87**, 222. 274 ~
MERTEN, Werner in HEKG III/2 (**1990**) 24f. ~ BUNNERS B **93**, 214. 317 ~ WEG II (**1994**) 70 ~ FOSS B **95**, 60. 68 ~ SEIBT B **98**, 261 ~ BUNNERS, Christian in HEG II (**1999**) 110–112 ~ DKL III/1 Registerbd. (**1999**) 64 ~
RÖSSLER, Martin in MÖLLER B **00**, 146 ~ RÖSSLER B **01**, 425. 454 ~ ERB III B [8]**02**, 114–117 ~ SCHMIDT B **02**, 581–583 ~ LEHMANN A **03**, 13–16

Zur Mel. s. auch bei EG 299 II „Aus tiefer Not schrei ich zu dir“ !

284 Das ist köstlich, dir zu sagen Lob und Preis

(Psalm 92; Mely igen jó az ur istent dícsérni)

JLH 37 (**1988**) 223 ~ MITTRING, Johannes in KCh 48 (**1988**) H. 3, 40–42 ~
WEG II (**1994**) 58. 70 ~ GIERING, Achim in MÖLLER B **97**, 163–168 (B) ~ REICH A **97**, 17 ~ BUNNERS, Christian / SCHMEEL, Dieter in ZGP 16 (**1998**) 24–26 ~ KORNEMANN, Helmut / TRAUTWEIN, Dieter in HEG II (**1999**) 268. 318 ~
GIERING A **00**, 43–46

285 Das ist ein köstlich Ding, dem Herren danken

(Psalm 92)

ZIMMERMANN A **72**, 274f. ~ DÖRR, Friedrich / AENGENVOORT, Johannes in WGL III (**1975**) = MS 113 (**1993**) 391f. ~ THUST B **76**, 89. 110. 121. 264. 326. 388. 508. 524. 578f. 748. 773 ~ SEUFFERT, Josef in WGL IX (**1979**) 79 ~
NSK **1986**/2, 14 ~ PACIK A **88**, 94 ~ SIDLER, Hubert in RGL (**1988**) 655 ~
KRIEG A **92/93**, 24 ~ WEG II (**1994**) 23. 70 ~ REICH A **97**, 10 ~ SCHWEIZER, Rolf in MEYER B [2]**97**, 269f. ~ Ders. in WEG IV (**1997**) 35–37. 120f. ~ ebd. 55. 83 ~ SCHÜTZ A **98**, 46. 60–66 ~ BUBMANN, Peter in HEG II (**1999**) 293–295 ~
RIEHM, Heinrich u.a. in MÖLLER B **00**, 306 ~ STEFAN, Hans-Jürg in WH 3 (**2000**) 63 ~ SCHWEIZER A **01**, 133 ~ KNEITSCHEL B **03**, 285

286 Singt, singt dem Herren neue Lieder

(Psalm 98)

KOCH VI B [3]**1869/1973**, 526 ~
NELLE B [3]**1924/1962**, Nr. 531 ~
SCHLUNK B **51**, 317 ~ BACH, Arthur / GRIMME, Gertrud in EvUV 6 (**1957**) 139–141 ~ KULP / BÜCHNER / FORNACON in HEKG Sb (**1958**) 289 ~
HEYDRICH B **62**, 261 ~ KÖHLER B **64** (HEKG I/2) 306 ~
MOSER B [2]**76**, 70–72 (B) ~ NSK AM (**1978**) 25, 124 ~
MERTEN, Werner in HEKG III/2 (**1990**) 25f. ~ WEG II (**1994**) 70 ~ NSK **1995**/2, 1. 22; **1996**/2, 1. 10f. ~ REICH A **97**, 10 ~ STEFAN A **97**, 20 ~ Een Comp [3]**1998**, Nr. 160. 166. 291 ~ REICH A **98**, 68 ~ STALMANN, Joachim in HEG II (**1999**) 170–172 ~
STEFAN A **00**, 52 ~ RÖSSLER B **01**, 578 ~ SCHEFFBUCH 2 B [2]**01**, 88
Zur Mel. s. auch bei EG 294 „Nun saget Dank und lobt den Herrn" !

287 Singet dem Herrn ein neues Lied

(Psalm 98)

FINSCHER A **57**, 69 ~
JLH 5 (**1960**) 260; 8 (**1963**) 262; 13 (**1968**) 249 ~ MuK 39 (**1969**) H. 5, 244 ~

AMELN A **70**, 86 ~ JLH 16 (**1971**) 241. 268 ~ ALBRECHT A **72**, 138 ~ HOFMANN, Ernst / KUNTZ, Michael in WGL III (**1975**) 117f. ~ THUST B **76**, 50. 69. 89. 96. 102f. 110. 118. 128. 138f. 183. 212. 235. 272. 285. 412. 414. 418. 487. 508. 514. 594. 694. 696. 749. 830 ~ JLH 21 (**1977**) 220; 22 (**1978**) 253 ~ SEUFFERT, Josef in WGL IX (**1979**) 79f. ~ THUST A **79**, 6 ~
SCHÖNBORN A **82**, 49 ~ JLH 29 (**1985**) 225 ~ NSK **1986**/1, 13; 2, 13 ~ OCHS A **87**, 10 ~ JLH 32 (**1989**) 268 ~ NSK **1989**/3, 27 ~
NAGEL A **92**, 11. 13. 18 ~ NSK **1994**/4, 24f. ~ WEG II (**1994**) 23 ~ SCHWEIZER A **95**, 121 ~ NSK **1996**/1, 14. 16 ~ REICH A **97**, 10 ~ SCHWEIZER, Rolf in MEYER B ^{2}**97**, 270f. ~ WEG IV (**1997**) 55. 70. 83 ~ WETTACH A **97**, 30 ~ JLH 37 (**1998**) 190 ~ SCHWEIZER A **98**, 96f. ~ BUBMANN, Peter / TRÖTSCHEL, Heinrich R. in HEG II (**1999**) 293–295. 311f. ~
RIEHM, Heinrich u.a. in MÖLLER B **00**, 306 ~ RÖSSLER, Martin ebd. 136 ~ RÖSSLER B **01**, 990 ~ KNEITSCHEL B **03**, 367

288 Nun jauchzt dem Herren, alle Welt

(Psalm 100)

KOCH III B ^{3}**1867/1973**, 239 ~ FISCHER II B **1879/1967**, 112 ~ KÜMMERLE II B **1890/1974**, 401f. ~
NELLE B ^{3}**1924/1962**, Nr. 26 ~
BERTOG, Ursula: Was ist ein Kirchenlied?, KCh 11 (**1951**) H. 2, 18–20 ~ SCHLUNK B **51**, 258f. ~ GERBER, Hermann: Wer kann dichten?, WuW 7 (**1952/53**) Nr. 35, 336f. = GERBER B **56**, 96–100 ~ BRUPPACHER B **53**, 24f. ~ EISENHUTH B **53**, 73–76 ~ WEISMANN, Eberhard in WBK 22 (**1955**) H. 1, 9–12 ~ BLANKENBURG, Walter in HEKG II/2 (**1957**) 99 ~ JLH 3 (**1957**) 223 ~ KULP / BÜCHNER / FORNACON in HEKG Sb (**1958**) 290f. ~ BACH, Arthur / GRIMME, Gertrud in EvUV 3 (^{2}**1959**) 156f., ähnlich in FRÖR B ^{5}**66**, 318–320 ~ NELLE B ^{4}**62**, 94. 166 ~ KÖHLER B **64** (HEKG I/2) 306f. ~ NEUBACHER B **68**, 53f. ~
SCHABASSER, Josef: Neue Lieder aus dem EGB. nun jauchzt dem herren alle welt, SiK 19 (**1972**) H. 3, 126 ~ JLH 18 (**1973/74**) 248 ~ BRODDE A **74**, 5 ~ KOBABE A **74**, 85 ~ JENNY, Markus / HOFMANN, Ernst / MOSSLER, Friedemann in WGL IV (**1976**) 143–145 ~ MGD 31 (**1977**) 16 ~ NSK AM (**1977**) 24 ~ MGD 33 (**1979**) 21. 181 ~ SCHOTT A **79**, 163 ~ SEUFFERT, Josef in WGL IX (**1979**) 94 ~ MGD 36 (**1982**) 71 ~ DRÖMANN A **83**, 175. 182. 188 ~ ERB II B ^{2}**85**, 41 ~ NSK **1986**/1, 21 ~ TEUFEL, Werner: U-Vorschlag. Liedkatechese Klasse 3 Grundschule. „Nun jauchzt dem Herren, alle Welt …“, entwurf **1986**, H. 3, 21–26 ~ JENNY, Markus in RGL (**1988**)

691f. ~ MARTI, Andreas: Werkstattbericht II: Die Arbeit der reformierten Gesangbuch-Kommissionen an den Fassungen ökumenischer Lieder, MGD 42 (**1988**) 134 = NSK **1988**/2, 29 ~
MERTEN, Werner in HEKG III/2 (**1990**) 26–28 ~ MGD 44 (**1990**) 207 ~ NSK **1990**/1, 23; 2, 20 ~ SCHNEIDER / VICKTOR B **93**, 155–157 ~ KORNEMANN A **94**, 9. 13 ~ WEG II (**1994**) 71 ~ NSK **1996**/1, 23; 4, 19 ~ REICH A **97**, 10 ~ STEFAN A **97**, 24 ~ WEG IV (**1997**) 41. 70f. 83. 122 ~ Een Comp B **³1998**, Nr. 101 ~ REICH A **98**, 69 ~ WYSS-JENNY, Elisabeth in WGD 4 (**1998**) 26f. 158 ~ JLH 38 (**1999**) 56 ~ STALMANN, Joachim / MERTEN, Werner in HEG II (**1999**) 33f. 75f. ~
RÖSSLER, Martin in MÖLLER B **00**, 154 ~ STEFAN, Hans-Jürg in WH 3 (**2000**) 63. 65 ~ RÖSSLER B **01**, 478 ~ SCHEFFBUCH 2 B **²01**, 227 ~ KNEITSCHEL B **03**, 212. 353 ~ DRÖMANN, Hans-Christian / MARTI, Andreas in ÖLK III (**2004**)

289 Nun lob, mein Seel, den Herren

(Psalm 103; Mel.: Weiss mir ein Blümlein blaue)

KOCH I B **³1866/1973**, 256. 359. 471; VIII B **³1876/1973**, 316 ~ FISCHER II B **1879/1967**, 122–124 ~ BÄUMKER II B **1888/1962**, 278f. ~ KÜMMERLE I B **1888/1974**, 354; II B **1890/1974**, 424–427 ~
NELLE B **³1924/1962**, Nr. 3 ~ SPITTA A **1924**, 2–4 ~
SCHLUNK B **51**, 261 ~ KIEFNER A **52**, 47 ~ BRUPPACHER B **53**, 25–27 ~ EISENHUTH B **53**, 33–35 ~ LAUTERBURG B **53**, 14–16 ~ WEISS, Ewald in GuK **1954**, 113f. ~ FORNACON, Siegfried: Wenig bekannte Komponisten des EKG. Hans Kugelmann, „Oberster Trompeter“ in Königsberg, Km 6 (**1955**) H. 5, 136f. ~ RIETHMÜLLER, Otto in EvKCh 60 (**1955**) H. 2, 11f. ~ FORNACON, Siegfried in MuK 26 (**1956**) H. 1, 23–25 ~ JLH 2 (**1956**) 124 ~ GERBER, Hermann: Ein Harmonium in Bonn, WuW 11 (**1956/57**) Nr. 7, 73 (B) ~ BLANKENBURG, Walter in HEKG II/2 (**1957**) 66. 68 ~ FINSCHER A **57**, 67 ~ JLH 3 (**1957**) 43. 222 ~ KULP / BÜCHNER / FORNACON in HEKG Sb (**1958**) 189. 270. 291–293. 352. 582 ~ BRENNECKE A **58/59**, 69f. ~ JLH 4 (**1958/59**) 250 ~ HERMELINK A **59**, 1480 ~
FRÖR, Kurt in KUV 8 (**²1960**) 126–128 ~ BLANKENBURG A **61**, 590 ~ JENNY A **61**, 120 ~ GSCHWEND A **62**, 166. 169 ~ JENNY B **62**, 30f. 50f. 62. 132. 134. 147. 149. 156. 167. 169. 191 ~ JLH 7 (**1962**) 126. 131 ~ NELLE B **⁴62**, 59 ~ RECKZIEGEL B **63**, 106. 212 ~ KÖHLER B **64** (HEKG I/2) 307f. ~ JLH 11 (**1966**) 92. 107 ~ KRATZEL A **66**, 172 ~ LIPPHARDT A **68**, 163f. 166 ~ NEUBACHER B **68**, 38 ~ AMELN A **69**, 184 ~ GRIMM A **69**, 166 ~

JLH 15 (**1970**) 170. 187 ~ LEITNER B [2]**71**, 30–34 ~ WITTENBERG A **73/74**, 128 ~ BREDNICH II B **75**, Abb. 86 ~ MGD 29 (**1975**) 147f. ~ RÖSSLER A **75**, 183 ~ RÖSSLER-Bibl. B **76**, 267 ~ MGD 31 (**1977**) 16. 131f. ~ GOJOWY A **78**, 81. 105f. 112–114. 116–119 ~ JLH 22 (**1978**) 165 ~ JENNY, Markus in MGD 33 (**1979**) 138 ~ ebd. 108 ~

ELTZ-HOFFMANN B **80**, 27f. ~ JLH 24 (**1980**) 108 ~ ERB I B [2]**81**, 51f. ~ MGD 35 (**1981**) 254 ~ AMELN, Konrad: „Gleich wie Gras ...". Eine „dunkle Stelle" in dem Psalmlied von J. Gramann (EKG 188), JLH 26 (**1982**) 118–135 ~ MGD 36 (**1982**) 164. 207 ~ DRÖMANN A **83**, 172. 184 ~ JLH 27 (**1983**) 260 ~ SAUER-GEPPERT A **83**, 809 ~ SAUER-GEPPERT B **84**, 16f. 31. 69 ~ SCHÖNBORN A **84**, 103 ~ HEINER B [3]**85**, 58 ~ NSK **1986**/2, 14; **1987**/1, 29; 2, 1 ~ HESSING B [2]**89**, 35f. ~

DRUDE, Hartwig / MERTEN, Werner in HEKG III/2 (**1990**) 28–31 ~ DKL III/1.1 Notenbd. (**1993**) 183 ~ FRANK B [2]**93**, 727 ~ WEG II (**1994**) 71 ~ ALBRECHT B [4]**95**, 133. 142 ~ LANGE A **95**, 202 ~ NSK **1995**/2, 4 ~ ROSER B **95**, 107–109 ~ DKL III/1.2 Notenbd. (**1996**) 180f. ~ LÄHNEMANN B **96**, 110–115 (Pr vom 4. 6. 1993) ~ DKL III/1.2 Textbd. (**1997**) 226–229 ~ WEG IV (**1997**) 35. 41. 70f. ~ Een Comp [3]**1998**, Nr. 15 ~ DKL III/1 Registerbd. (**1999**) 105. 219 ~ EISINGER, Walther / SOERGEL, Gero in HEG II (**1999**) 118f. 188 ~ RÖSSLER, Martin in MÖLLER B **00**, 163f. ~ STEFAN, Hans-Jürg in WH 3 (**2000**) 65 ~ WENNEMUTH A **00/01**, 187 ~ RÖSSLER B **01**, 62. 491 ~ SCHEFFBUCH 2 B [2]**01**, 260f. ~ SCHLINGENSIEPEN A **01**, 232 ~ de BOOR, Friedrich in MIERSEMANN / BUSCH B **02**, 33 ~ DKL III/2 Textbd. (**2002**) 339 ~ MARTINI B **02**, 40 ~ SCHMIDT B **02**, 159–161. 297f. 376f. 748. 751f. ~ KNEITSCHEL B **03**, 266. 354 ~ KÜCK / KURZKE B **03**, 60. 70

290 Nun danket Gott, erhebt und preist

(Psalm 105)

BRUPPACHER B **53**, 27f. ~

AESCHBACHER A **82**, 99 ~ MGD 41 (**1987**) 108 ~ NSK **1987**/1, 29; 3, 14 ~ LIPPOLD A **89** = EKD B **90**, 82 ~

MARTI A **94**, 8 ~ REICH A **97**, 10 ~ STEFAN A **97**, 20 ~ WEG IV (**1997**) 127f. ~ WEBER, Edith / STALMANN, Joachim / SOBIELA-CAANITZ, Mechthild in HEG II (**1999**) 71f. 170–172. 310 ~

STEFAN, Hans-Jürg in WH 3 (**2000**) 60. 63f. ~ STEFAN A **00**, 52f. ~ MARTINI, Britta: „Nun danket Gott, erhebt und preiset" (Psalm 105). Einige Lektüren von EG 290 / KG 520 / RG 66, in BERNOULLI / FUR-

LER B **01**, 153–160 ~ RÖSSLER B **01**, 579 ~ KNEITSCHEL B **03**, 257. 352

291 Ich will dir danken, Herr

(Psalm 108)

FRÖR, Kurt in KUV 5 (^{2}**1953**) 221 ~
RUPPEL, Paul Ernst: Ist das auch ein Weg?, KCh 24 (**1964**) H. 4, 58f. ~
JENNY, Markus in NSK AM (**1971**) 1, 2 ~ ebd. (**1973**) 12; (**1974**) 9 ~
JENNY, Markus / KUNTZ, Michael in WGL III (**1975**) 127f. = MS 115 (**1995**) 388f. ~ THUST B **76**, 12. 89. 118–120. 189. 231. 358. 362. 378. 474. 476. 594. 810 ~ MGD 32 (**1978**) 104 ~ SEUFFERT, Josef in WGL IX (**1979**) 81f. ~
NSK **1986**/1, 13; 2, 13; **1987**/2, 19 ~ QUACK, Erhard in RGL (**1988**) 657 ~ NSK **1989**/3, 31 ~
WEG II (**1994**) 23 ~ SCHWEIZER A **95**, 121 ~ HANDT, Hartmut in WEG IV (**1997**) 41–45 (+Liedandacht) ~ RUPPEL, Paul Ernst in MEYER B ^{2}**97**, 229f. ~ WEG IV (**1997**) 55. 70. 83. 123f. ~ REICH A **98**, 68 ~ SCHÜTZ A **98**, 46. 51f. ~ SCHUBERTH, Dietrich in HEG II (**1999**) 266–268 ~
EGERER 2 B **00**, 29–32 ~ KNEITSCHEL B **03**, 328

292 Das ist mir lieb, dass du mich hörst

(Psalm 116)

GSCHWEND A **62**, 167 ~
DRÖMANN / SCHUBERTH B ^{2}**87**, Nr. 16 ~
REICH A **97**, 14 ~ WEG IV (**1997**) 129 ~ KLEK, Konrad / HAUKE, Rainer in HEG II (**1999**) 239–241. 334 ~
WEG VI (**2000**) 87 ~ RÖSSLER B **01**, 983

293 Lobt Gott, den Herrn, ihr Heiden all

(Psalm 117)

FISCHER II B **1879/1967**, 38 ~
THOMAS, Wilhelm: Von wem stammt „Lobt Gott, den Herrn, ihr Heiden all"?, MGkK 46 (**1941**) 68f. ~
SCHLUNK B **51**, 232f. ~ STIER, Alfred in Km 4 (**1953**) H. 1, 7 ~ BRODDE / MÜLLER B **54**, 49–51 ~ WEISS, Ewald in GuK **1954**, 56 ~ FORNACON, Siegfried in: Jb für Schlesische Kirche und Kirchengeschichte **1955**, 31 ~ WEISMANN, Eberhard in WBK 22 (**1955**) H.

1/2, 11f. ~ JLH 2 (**1956**) 66 ~ BLANKENBURG, Walter in HEKG II/2 (**1957**) 95. 101 ~ JLH 3 (**1957**) 223 ~ KULP / BÜCHNER / FORNACON in HEKG Sb (**1958**) 75. 293f. ~
KÖHLER B **64** (HEKG I/2) 308 ~
JENNY, Markus in MGD 33 (**1979**) 136 ~
ERB II B **²85**, 52–55 ~ HEINER B **³85**, 101 ~
DRUDE, Hartwig / MERTEN, Werner in HEKG III/2 (**1990**) 31f. ~ SCHNEIDER / VICKTOR B **93**, 136f. ~ WEG IV (**1997**) 70. 83. 125f. ~ Een Comp **³1998**, Nr. 16. 210 ~ KRIEG, Gustav A. / ALBRECHT, Christoph in HEG II (**1999**) 269f. 334–336 ~
JLH 42 (**2003**) 227

294 Nun saget Dank und lobt den Herren

(Psalm 118)

BRUPPACHER B **53**, 29f. ~
HOFMANN, Ernst / QUACK, Erhard in WGL III (**1975**) 109f. ~ MGD 29 (**1975**) 20 ~ SEUFFERT, Josef in WGL IX (**1979**) 78 ~
MARTI, Andreas in MGD 39 (**1985**) 197–200 ~ JLH 31 (**1987/88**) 205 ~ JENNY, Markus in RGL (**1988**) 653f. ~
MARTI A **94**, 7f. ~ NSK **1995**/2, 22; **1996**/2, 1 ~ REICH A **97**, 10. 17 ~ STEFAN A **97**, 20 ~ Een Comp **³1998**, Nr. 160. 166. 291 ~ WEBER, Edith / SOBIELA-CAANITZ, Mechthild / PFEIFFER, Harald in HEG II (**1999**) 52f. 85. 92f. 197f. ~
STEFAN, Hans-Jürg in WH 3 (**2000**) 60. 63 ~ STEFAN A **00**, 52f. ~ WEG VI (**2000**) 97 ~ MARTI A **01**, 156 ~ RÖSSLER B **01**, 577 ~ KNEITSCHEL B **03**, 212f. 355 ~ ACKERMANN B **³05**, 53

295 Wohl denen, die da wandeln

(Psalm 119)

SCHLUNK B **51**, 381 ~ WIDMANN, Albert in WBK 23 (**1956**) H. 9/10, 86f. ~ BLANKENBURG, Walter in HEKG II/2 (**1957**) 95 ~ KULP / BÜCHNER / FORNACON in HEKG Sb (**1958**) 261. 294f. ~ JLH 4 (**1958/59**) 250 ~
KÖHLER B **64** (HEKG I/2) 308f. ~ NEUBACHER B **68**, 38f. ~
JENNY, Markus / STEINER, Petronia / SCHADE, Wernerfritz in WGL VI (**1977**) 381f. ~ DRÖMANN A **78**, 192 ~ JENNY, Markus in MGD 33 (**1979**) 139 ~ SCHOTT A **79**, 167 ~ SEUFFERT, Josef in WGL IX (**1979**) 121f. ~

SÖLLE, Dorothee: Ein Lied gegen die Aufrüstung, in: Junge Kirche, März **1982**, 128 (Umdichtung von EG 295, aus: Im Hause des Menschenfressers, Texte zum Frieden, Reinbek bei Hamburg **1981**) ~ ERB II B ^{2}**85**, 39f. ~ HEINER B ^{3}**85**, 111f. ~ SACHS, Klaus-Jürgen: Zur Einschätzung, zur Traditionsbindung und zur Konzeption des Becker-Psalters von Heinrich Schütz, Schütz-Jb 9 (**1987**) 61–84 ~ JENNY, Markus in RGL (**1988**) 764f. ~ MGD 43 (**1989**) 32 ~
MERTEN, Werner in HEKG III/2 (**1990**) 32–35 ~ SCHNEIDER / VICKTOR B **93**, 201–204 ~ WEG II (**1994**) 112f. ~ ALBRECHT B ^{4}**95**, 80 ~ ROSER B **95**, 124f. ~ WINKES B **96**, 235–239 ~ NSK **1997**/3, 15 ~ REICH A **97**, 10 ~ STEFAN A **97**, 24 ~ WEG IV (**1997**) 55. 69. 116 ~ FALKENROTH A **98**, 81f. ~ JLH 38 (**1999**) 56 ~ STALMANN, Joachim / STEUDE, Wolfram in HEG II (**1999**) 33f. 284–286 ~ WH 2 (**1999**) 97 ~
RÖSSLER, Martin in MÖLLER B **00**, 136 ~ STEFAN, Hans-Jürg in WH 3 (**2000**) 62–64 ~ FINKE, Christian: Zur Motivation der Psalmbearbeitungen von Lobwasser, Becker und Schütz, in BERNOULLI / FURLER B **01**, 75–85 ~ RÖSSLER B **01**, 120 ~ SCHEFFBUCH 2 B ^{2}**01**, 230f. ~ BERNOULLI, Ernst Peter (und zum Satz: MARTI, Andreas) in ÖLK II (**2003**) ~ KNEITSCHEL B **03**, 213. 389

296 Ich heb mein Augen sehnlich auf

(Psalm 121)

KOCH III B ^{3}**1867/1973**, 85 ~ FISCHER I B **1878/1967**, 340 ~ SCHLUNK B **51**, 181 ~ KULP / BÜCHNER / FORNACON in HEKG Sb (**1958**) 295 ~
KÖHLER B **64** (HEKG I/2) 309 ~
WITTENBERG A **73/74**, 158 ~ RÖSSLER-Bibl. B **76**, 257 ~ GOJOWY A **78**, 105 ~ SCHOTT A **79**, 163–165 ~
SAUER-GEPPERT B **84**, 134 ~ ERB II B ^{2}**85**, 40f. ~
MERTEN, Werner in HEKG III/2 (**1990**) 35f. ~ HANDT, Hartmut in WEG IV (**1997**) 46–49 (+Liedandacht) ~ REICH A **97**, 10 ~ STALMANN, Joachim in HEG II (**1999**) 33f. ~
SCHEFFBUCH 2 B ^{2}**01**, 231f.
Zur Mel. s. auch bei EG 366 „Wenn wir in höchsten Nöten sein" !

297 Wo Gott der Herr nicht bei uns hält

(Psalm 124; Str. 3f. aus: Wär Gott nicht mit uns diese Zeit)

KOCH I B [3]**1866/1973**, 241. 254. 265. 270. 473; II B [3]**1867/1973**, 28; VIII B [3]**1876/1973**, 115. 117 ~ FISCHER II B **1879/1967**, 321. 404 ~ KÜMMERLE IV B **1895/1974**, 71–73. 493–496 ~
RISCH A **1908**, 159 ~ SPITTA A **1917**, 209 ~ LUCKE, Wilhelm / MOSER, Hans-Joachim in WA 35 (**1923**) 124f. 440f. 504f. 614 ~ NELLE B [3]**1924/1962**, Nr. 176f. ~
SCHLISSKE B **48**, 324–329 ~
SCHLUNK B **51**, 378. 613 ~ BRUPPACHER B **53**, 31f. ~ BRODDE / MÜLLER B **54**, 125f. ~ JLH 1 (**1955**) 103f. ~ SCHRÖDER B **55**, 89. 91 ~ JLH 2 (**1956**) 25. 125 ~ METZGER, Günther in WBK 23 (**1956**) H. 5, 83–86 ~ BLANKENBURG, Walter in HEKG II/2 (**1957**) 65 ~ FINSCHER A **57**, 67 ~ JLH 3 (**1957**) 128f. 227 ~ KULP / BÜCHNER / FORNACON in HEKG Sb (**1958**) 45. 296f. 322. 475 ~ BOES A **58/59**, 32 ~ BRENNECKE A **58/59**, 70 ~ JLH 4 (**1958/59**) 250 ~ METZGER, Heinz Dieter in WBK 26 (**1959**) 54ff. ~
JLH 6 (**1961**) 229 ~ JENNY B **62**, 30f. 62. 68. 88. 97. 123. 141. 147. 156. 161. 193 ~ JLH 7 (**1962**) 103f. ~ NELLE B [4]**62**, 59 ~ HEYDEN A **63**, 181 ~ RECKZIEGEL B **63**, 112. 213 ~ VOLZ A **63**, 60. 64. 67 ~ KÖHLER B **64** (HEKG I/2) 309–314 ~ SOMMER A **64**, 29. 36. 51. 79f. ~ KRATZEL A **66**, 172. 174 ~ LOHR, Ina in EvKCh 71 (**1966**) 47–50 ~ PIPER A **66**, 140 ~ SOMMER A **66**, 150 ~ AMELN A **67**, 174 ~ BIRKNER A **67**, 126. 139 ~ HAHN B **67**, 32. 77 ~ JLH 13 (**1968**) 246 ~ LIPPHARDT A **68**, 170 ~ AMELN A **69**, 185 ~ GRIMM A **69**, 165. 167 ~
JLH 15 (**1970**) 165; 17 (**1972**) 231 ~ SOMMER I A **72**, 107. 118. 132. 149. 154. 159 ~ BLANKENBURG A **73/74**, 69. 72. 76. 78. 80–82. 96 ~ BREDNICH I B **74**, 233; II B **75**, Abb. 132 ~ JLH 20 (**1976**) 173 ~ RÖSSLER-Bibl. B **76**, 274. 278 ~ JENNY A **77**, 59f. ~ DRÖMANN A **78**, 192 ~ GOJOWY A **78**, 95. 97. 101. 108. 115. 118f. 120f. ~
ELTZ-HOFFMANN B **80**, 21f. ~ JLH 24 (**1980**) 187 ~ ERB I B [2]**81**, 27–30 ~ HAHN B **81**, 13. 19. 246. 248. 250. 250 Anm. 17. 257f. 257 Anm. 46. 260 ~ MGD 35 (**1981**) 71 ~ MÜLLER A **82**, 110f. 112f. ~ DRÖMANN A **83**, 172 ~ HEIMRATH / KORTH B **83**, 102. 137f. ~ JENNY A **83**, 49. 51 ~ JENNY B **83**, 113–117 ~ SAUER-GEPPERT B **84**, 55. 114 ~ ASPER B **85**, 57f. 60. 62. 64f. 67. 70. 146 ~ ERNST B **85**, 179. 208 ~ HEINER B [3]**85**, 48 ~ JENNY B **85** (WA.A 4) 32. 78f. 232–235. 330 ~ VEIT B **86**, 41. 46. 48. 64. 67 Anm. 22. 73f. 83. 88. 90 Anm. 54. 141 Anm. 9. 148. 151 ~ PARENT B **87**, 158. 160. 200f. 276 ~
MÜLLER, Norbert / MERTEN, Werner in HEKG III/2 (**1990**) 36–42

~ BLANKENBURG B **91**, 148. 161. 163. 173f. 334 ~ BRÄUER, Siegfried: Wo Gott, der Herr, nicht bei uns hält. Justus Jonas als Kirchenlieddichter, in: Justus Jonas 1493–1555. Beiträge zur 500. Wiederkehr seines Geburtstages, hg. vom Stadtarchiv Nordhausen sowie dem Nordhäuser Geschichts- und Altertumsverein, Nordhausen **1993** ~ FRANK B **²93**, 544 ~ KRUMMACHER A **95**, 773 ~ DKL III/1.2 Notenbd. (**1996**) 108. 144. 148. 153. 156 ~ KLEK / SCHRADE A **96**, 238 ~ DKL III/1.2 Textbd. (**1997**) 105. 171f. 181. 185–187. 189f. 196f. ~ REICH A **97**, 10 ~ DKL III/1.3 Textbd. (**1998**) 153f. ~ von MEDING B **98**, 131–134. 154. 185–188. 294. 298. 322. 324. 347. 363f. 370. 372f. 388f. 394. 421. 447 ~ WISSEMANN-GARBE A **98**, 120. 123. 131f. ~ DKL III/1 Registerbd. (**1999**) 53f. 62. 67. 70. 74f. 79. 81. 84. 94. 97. 101. 107. 109. 115f. 128. 231 ~ SCHILLING, Lebrecht / RÖSSLER, Martin in HEG II (**1999**) 169f. 204–208 ~
JLH 40 (**2001**) 226 ~ RÖSSLER B **01**, 45 ~ DKL III/2 Textbd. (**2002**) 321. 324. 326. 402 ~ WENZEL, Mechthild: Die „Fürsten-Lieder" in deutschen Gesangbüchern nach dem Ersten Weltkrieg. Ein „Nachtrag" zum Schlesischen Provinzialgesangbuch von 1908, IAHB 28 (**2002**) 153f. ~ KÜCK / KURZKE B **03**, 60 ~ REICH A **³03**, 771 ~ KORTH A **04**, 227–229. 233f. ~

298 Wenn der Herr einst die Gefangenen

(Psalm 126)

KOCH VI B **³1869/1973**, 321; VII B **³1872/1973**, 192 ~
MARTI A **94**, 9 ~ STEFAN A **97**, 20 ~ WEG IV (**1997**) 70 ~ DANZEGLOCKE, Klaus in HEG II (**1999**) 57f. ~
STEFAN A **00**, 52 ~ MARTI A **01**, 156f.
Zur Mel. s. auch bei EG 524 „Freu dich sehr, o meine Seele" !

299 Aus tiefer Not schrei ich zu dir

(Psalm 130; 1. Mel.: Martin Luther, 2. Mel.: Wolfgang Dachstein)

KOCH I B **³1866/1973**, 241. 420; II B **³1867/1973**, 28; VIII B **³1876/1973**, 521 ~ BÖHME B **1877/1966**, Nr. 626 ~ FISCHER I B **1878/1967**, 59f. ~ KÜMMERLE I B **1888/1974**, 61f. 354 ~
SPITTA A **1906**, 284. 286–290. 317–319 ~ JULIAN B **²1907/1985**, 96f. ~ RISCH A **1908**, 158 ~ SPITTA A **1917**, 209–211 ~ LUCKE, Wilhelm / MOSER, Hans Joachim in WA 35 (**1923**) 97–109. 421f. 492f. 614. 633 ~ NELLE B **³1924/1962**, Nr. 236 ~

Psalm 130 und „Aus tiefer Not", ChL 1 (**1948**) Nr. 7, U 105–110 ~ SCHLISSKE B **48**, 23–37 ~ LOHR A **49**, 69 ~

STAPEL B **50**, 68f. 186–190 ~ SCHLUNK B **51**, 32 ~ WEISS, Ewald in GuK **1952f**., 183f. ~ BERGMANN B **53**, 37 ~ BRUPPACHER B **53**, 35f. ~ LAUTERBURG B **53**, 17–20 ~ JLH 1 (**1955**) 62. 97. 103 ~ SCHRÖDER B **55**, 89 ~ BURBA B **56**, 11f. 32–35 ~ GABRIEL B ^{3}**56**, 32f. ~ JLH 2 (**1956**) 89. 108. 110. 123. 143 ~ Beilage zu ebd. (Faksimile aus dem Achtliederbuch) ~ BACH, Arthur / GRIMME, Gertrud in EvUV 6 (**1957**) 113–117, ähnlich in KUV 6 (^{3}**1958**) 15–19 ~ BLANKENBURG, Walter in HEKG II/2 (**1957**) 65. 67. 70. 73. 78 ~ FINSCHER A **57**, 67. 69 ~ JLH 3 (**1957**) 41. 106. 108. 112. 128f. 133 ~ RÖBBELEN B **57**, 198. 263. 455 ~ KRAMP A **57/58**, 200f. = in HOFMANN B **67**, 58f. (B) ~ BACH, Arthur / GRIMME, Gertrud in EvUV 7 (**1958**) 238 ~ KULP / BÜCHNER / FORNACON in HEKG Sb (**1958**) 45. 125. 189. 284. 299–301. 348. 359 ~ BRENNECKE A **58/59**, 69 ~ JENNY / AMELN A **58/59**, 101. 106 ~ JLH 4 (**1958/59**) 127. 157. 159 ~

GSCHWEND A **62**, 165 ~ JENNY B **62**, 30f. 62. 68f. 83f. 88f. 97. 105. 123f. 141. 147. 160. 178. 181. 191. 196–200. 295 ~ JLH 7 (**1962**) 126 ~ NELLE B ^{4}**62**, 51 ~ HEYDEN A **63**, 176 ~ JLH 8 (**1963**) 94. 109 ~ RECKZIEGEL B **63**, 80. 103. 213 ~ VOLZ A **63**, 60. 64. 66 ~ ZIMMERMANN A **63**, 56f. ~ JENNY A **64**, 147. 150 ~ JLH 9 (**1964**) 104 ~ KÖHLER B **64** (HEKG I/2) 314–316 ~ SOMMER A **64**, 35. 49. 50. 52. 69. 71 ~ BLUME, Friedrich / FINSCHER, Ludwig in BLUME B ^{2}**65**, 46 ~ JLH 10 (**1965**) 156. 181; 11 (**1966**) 107 ~ KRATZEL A **66**, 172 ~ SOMMER A **66**, 151. 158 ~ AMELN A **67**, 173 ~ BIRKNER A **67**, 118f. 139 ~ BRODDE A **67**, 198f. ~ HAHN B **67**, 4–6 ~ JLH 12 (**1967**) 85. 192 ~ SCHÜTZ A **67**, 153f. ~ NEUBACHER B **68**, 29f. ~ AMELN A **69**, 184 ~ GRIMM A **69**, 166f. 174. 176. 178 ~ JLH 14 (**1969**) 143. 249 ~

JLH 15 (**1970**) 165. 254 ~ NSK AM (**1972**) 7, 35 ~ QUACK A (MuA) **72**, 81 ~ SOMMER I A **72**, 112. 116–118. 137. 140. 149. 153. 159 ~ BLANKENBURG A **73/74**, 69. 72. 75. 78. 92 ~ BREDNICH I B **74**, 87f.; II B **75**, Nr. 104. 132 ~ PIPER A **75**, 110. 116 ~ RÖSSLER A **75**, 148 ~ SAUER-GEPPERT A **75**, 223 ~ THURMAIR, Maria Luise / SCHADE, Wernerfritz in WGL II (**1975**) 113f. ~ GOUDERS, Klaus in Pr GL 1 (**1976**) 90–94 (+Pr) ~ MGD 30 (**1976**) 223 ~ RÖSSLER B **76**, 24f. ~ RÖSSLER-Bibl. B **76**, 241 ~ BISEGGER A **77**, 10f. ~ BLANKENBURG I A **77**, 380f. ~ JENNY A **77**, 59 ~ SAUER-GEPPERT A **77**, 76. 78 ~ SOMMER II A **77**, 139 ~ BLANKENBURG A **78**, 154 ~ GOJOWY A **78**, 96. 100. 102. 111. 116. 119–121 ~ MGD 32 (**1978**) 106 ~ AMELN, Konrad: „Dein gnädig Ohr neig her zu mir", IAHB 7 (**1979**) 58f. ~ BLANKENBURG II A **79**, 263 ~ JENNY, Markus: Vom Psalmlied zum Glaubenslied – Vom Glaubenslied zum Psalmlied. His-

torische und aktuelle Probleme um Luthers „Aus tiefer Not schrei ich zu dir", MuK 49 (**1979**) H. 6, 267–278 ~ Ders. in MGD 33 (**1979**) 138 ~ NSK AM (**1979**) 27, 133 ~ SAUER-GEPPERT A **79**, 177 ~ SEUFFERT, Josef in WGL IX (**1979**) 50f. ~
ELTZ-HOFFMANN B **80**, 12–14 ~ JENNY A **80**, 62 ~ MGD 34 (**1980**) 45 ~ PRASSL, Franz Karl in IAHB 8 (**1980**) 25f. (aus dem Protokoll der 4. Arbeitssitzung am 3. 8. 1979) ~ HAHN B **81**, 14. 19. 36. 100. 159 Anm. 165. 186 Anm. 55. 208 Anm. 135. 246. 248–267. 272. 313 ~ JLH 25 (**1981**) 173 ~ MOSER B **81**, 16. 642 ~ MGD 36 (**1982**) 210 ~ MÜLLER A **82**, 105. 107. 113–117 ~ BROSSEDER, Johannes: „Aus tiefer Not schrei ich zu dir". Theologische Marginalien zu den Eingangsversen von Luthers gleichnamigem Lied, in BECKER / KACZYNSKI I B **83**, 645–657 ~ DEDEKIND, Günter: Luthers Lied „Aus tiefer Not schrei ich zu dir" als Quintessenz seiner Rechtfertigungslehre, Luther 54 (**1983**) 41–46 ~ DRÖMANN A **83**, 170. 182. 186 ~ GERSTMEIER, August: Die Deutung der Psalmen im Spiegel der Musik. Vertonungen des „De profundis" (Ps 130) von der frühchristlichen Psalmodie bis zu Arnold Schönberg, in BECKER / KACZYNSKI II B **83**, 91–130, bes. 106–108 ~ GROSDIDIER de MATONS, José in BECKER / KACZYNSKI I B **83**, 447 ~ HEIMRATH / KORTH B **83**, 104f. 138f. ~ JENNY A **83**, 48f. 51 ~ JENNY A **83**, 183 ~ JENNY B **83**, 119–124 ~ JLH 27 (**1983**) 125 ~ KACZYNSKI, Reiner in BECKER / KACZYNSKI II B **83**, 831 ~ KURZKE, Hermann: Säkularisation oder Realisation? Zur Wirkungsgeschichte von Psalm 130 („De profundis") in der deutschen Literatur von Luther bis zur Gegenwart, ebd. 67–89, bes. 71 ~ MEYER A **83**, 110f. ~ MGD 37 (**1983**) 99 ~ MÜLLER A **83**, 486. 490f. ~ RIEHM A **83**, 190f. ~ RÖSSLER, Martin: De profundis – Eine Liedpredigt für die Gemeinde über Luthers Lied „Aus tiefer Not schrei ich zu dir" (EKG 195), WBK 50 (**1983**) 50–57 (Pr) ~ JLH 28 (**1984**) 147 ~ MGD 38 (**1984**) 9. 169. 181 ~ OLIVIER, D. / WEISGERBER, U.: „Aus tiefer Not schrei ich zu dir", in: Im Lichte der Reformation 27 (**1984**) 90–99 ~ SAUER-GEPPERT B **84**, 26f. ~ AMELN A **85**, 15 ~ ASPER B **85**, 57. 60. 64. 67. 70. 75. 78 ~ ERNST B **85**, 181. 222 ~ HEINER B ^{3}**85**, 44 ~ JENNY B **85** (WA.A 4) 68–70. 188–193 ~ JLH 29 (**1985**) 146. 230 ~ MARTI A **85**, 164 ~ MEYER, Ulrich: „Aus tiefer Not" – ein Lobgesang. Versuch über J. S. Bachs Orgelchoral BWV 686, MuK 55 (**1985**) H. 2, 73–77 ~ MGD 39 (**1985**) 9. 78. 272 ~ AMELN A **86**, 116 ~ JLH 30 (**1986**) 60. 217 ~ MGD 40 (**1986**) 203. 288 ~ NSK **1986**/3, 32 ~ VEIT B **86**, 2 Anm. 5. 41. 46. 48. 64. 67 Anm. 19. 73 Anm. 51. 80 Anm. 98. 82 Anm. 5. 83. 87 Anm. 31. 89. 120 Anm. 26. 123 Anm. 29. 123ff. 127f. 128 Anm. 51. 130. 133 Anm. 77. 146 Anm. 30. 155. 156 Anm. 88. 159 Anm. 108 ~ NSK **1987**/3, 12 ~ PARENT B **87**, 160. 274 ~ JLH 31 (**1987/88**) 124. 213. 222 ~ JENNY, Markus in RGL

(**1988**) 598f. ~ LIPPOLD A **88**, 82 = EKD B **90**, 73 ~ MGD 42 (**1988**) 147. 150. 287. 289. 292. 307 ~ AXMACHER B **89**, 142 ~ BACH / GALLE B **89**, 93–96 ~ JLH 32 (**1989**) 146 ~ MGD 43 (**1989**) 7. 87. 181. 305 ~ JENNY A **90**, 259 ~ MÜLLER, Norbert / MERTEN, Werner in HEKG III/2 (**1990**) 44–48 ~ NSK **1990**/2, 20f.; 3, 2. 27 ~ JLH 33 (**1990/91**) 249 ~ BLANKENBURG B **91**, 148f. 158f. 162f. ~ NSK **1991**/1, 2 ~ SEDLMEIR, Franz: „Bei dir, da ist Vergebung, damit du gefürchtet werdest". Überlegungen zu Psalm 130, Biblica 73 (**1992**) 473–495 ~ JLH 34 (**1992/93**) 115 ~ KRIEG A **92/93**, 26 ~ FRANK B **²93**, 544 ~ NSK **1993**/2, 7 ~ HAUN, Reinhard / STALLMANN, Edith: Aus tiefer Not schrei ich zu dir ... Die reformatorische Entdeckung der Rechtfertigung aus Gnade. Sekundarstufe II, in: ‚Religion heute' 15, Velber (Sept.) **1993**, 178–184 ~ SCHNEIDER / VICKTOR B **93**, 32–34 ~ THUST A **93,** 319–328. 336f. (+B) ~ KORNEMANN A **94**, 14 ~ KURZKE A **94/95**, 125. 128–130 ~ ALBRECHT B **⁴95**, 20. 138 ~ ROSER B **95**, 105–107 ~ SUTTER, Helmut: Wort – Worte – Wörter, in KÄSER B **95**, 23–27 ~ ÜHLEIN B **95**, 264 ~ CLEMENT, Albert: Bach und die Beichte – Zur Choralbearbeitung „Aus tieffer Noth schreij ich zu dir" BWV 686, MuK 66 (**1996**) H. 5, 280f. ~ DKL III/1.2 Notenbd. (**1996**) 99. 115 ~ HAHN, Gerhard: Klageschrei aus zwei Jahrhunderten, GAGF 26/**1996**, 10–13 ~ KLEK / SCHRADE A **96**, 238 ~ WINKES B **96**, 106–110 ~ ZIPPERT, Christian: „Aus tiefer Not schrei ich zu dir". Vorüberlegungen zu einer Liedpredigt, MuK 66 (**1996**) H. 5, 270–273 ~ BRAUN A **96/97**, 154. 233. 258 ~ JLH 36 (**1996/97**) 258 ~ DKL III/1.2 Textbd. (**1997**) 69. 87–89. 111–114. 236 ~ REICH A **97**, 10 ~ WEG IV (**1997**) 71 ~ Een Comp **³1998**, Nr. 19 ~ HANDT A **98**, 38f. ~ JLH 37 (**1998**) 193 ~ von MEDING B **98**, 54. 66–70. 72. 86. 131. 213f. 230. 295. 298. 302f. 322. 324. 371. 374. 380. 389. 395. 402f. 422f. 445f. ~ REICH A **98**, 69 ~ SEIBT B **98**, 81–89. 108. 252 ~ WISSEMANN-GARBE A **98**, 120 ~ CONRAD A **99**, 230. 240 ~ DKL III/1 Registerbd. (**1999**) 67. 70. 75. 81. 84. 94. 97. 101. 108. 128. 194 ~ WEBER, Edith / RÖSSLER, Martin in HEG II (**1999**) 70f. 204–208 ~

JEREMIAS, Jörg in SEEBERG B **00**, 156–160 ~ MÖLLER B **00**, 84. 106 ~ RIEHM A **00**, 160f. 165. 174 ~ RÖSSLER, Martin in MÖLLER B **00**, 185 ~ STEFAN, Hans-Jürg in WH 3 (**2000**) 56f. 63. 89f. ~ BECKER, Hansjakob in Geistl. Wunderhorn (**2001**) 124–134. 510f., (fast) = ÖLK III (**2004**) ~ JLH 40 (**2001**) 226 ~ RÖSSLER B **01**, 44. 60. 62. 92. 239. 619. 887 ~ DKL III/2 Textbd. (**2002**) 288. 295f. ~ FRANZ B **02**, 269. 519 ~ JLH 41 (**2002**) 236 ~ MARTINI B **02**, 39 ~ SCHMIDT B **02**, 190. 215f. 545f. 757 ~ HANDT, Hartmut in HARTMANN B **03**, 45–48 (+Pr) ~ KLEK, Konrad: „Aus tiefer Not". Zur bemerkenswerten Rezeption einer einzigartigen Melodie in der Orgelmusik, MuK 73 (**2003**) H. 5, 290–298 ~ PETZOLD, Martin ebd. 308f.

~ KNEITSCHEL B **03**, 66–68. 117. 213f. 276–278 ~ KÜCK / KURZKE B **03**, 5. 22 ~ REICH A ³**03**, 766 ~ JLH 43 (**2004**) 251 ~ JORDAHN A **04**, 237–240 ~ LOHSE, Eduard in HANDT / JETTER B **04**, 184–187 (B) ~ ACKERMANN B ³**05**, 52

300 Lobt Gott, den Herrn der Herrlichkeit

(Psalm 134; Mel.: Herr Gott, dich loben alle wir)

KOCH I B ³**1866/1973**, 259. 278; II B ³**1867/1973**, 14; VII B ³**1872/1973**, 75 ~ KÜMMERLE I B **1888/1974**, 568–570 ~
SCHLUNK B **51**, 232 ~ JLH 2 (**1956**) 150 ~ BLANKENBURG, Walter in HEKG II/2 (**1957**) 81 ~ KULP / BÜCHNER / FORNACON in HEKG Sb (**1958**) 185f. 190. 279. 301–303. 385 ~
BLANKENBURG A **61**, 592f. ~ JLH 6 (**1961**) 143 ~ HEYDRICH B **62**, 243 ~ RECKZIEGEL B **63**, 22. 102. 107. 110. 207 ~ KÖHLER B **64** (HEKG I/2) 316f. ~ AMELN A **67**, 173 ~ LIPPHARDT A **68**, 163. 167. 169 ~ GRIMM A **69**, 161 ~
STALMANN, Joachim / GRIMM, Jürgen in HEKG III/1 (**1970**) 427–429 ~ WEISMANN, Eberhard ebd. 423 ~ RÖSSLER A **75**, 146. 172 ~ GOJOWY A **78**, 118 ~
JLH 25 (**1981**) 136 ~ KADELBACH A **83**, 92 ~ JLH 28 (**1984**) 153 ~ MERTEN, Werner in HEKG III/2 (**1990**) 48f. ~ DE LA MOTTE B **93**, 200 ~ DKL III/1.1 Textbd. (**1993**) 153 ~ REICH A **97**, 10 ~ STEFAN A **97**, 20 ~ WEG IV (**1997**) 55. 71 ~ Een Comp ³**1998**, Nr. 150. 250. 472 ~ JLH 37 (**1998**) 221 ~ DKL III/1 Registerbd. (**1999**) 50. 57. 59. 208. 216 ~ WEBER, Edith / STALMANN, Joachim in HEG II (**1999**) 52f. 170–172 ~
STEFAN A **00**, 52 ~ RÖSSLER B **01**, 270. 284. 578f. ~ DKL III/2 Textbd. (**2002**) 245 ~ SCHMIDT B **02**, 92f.

301 Danket Gott, denn er ist gut

(Psalm 136)

NIEVERGELT, Edwin in NSK AM (**1972**) 8, 43 ~ QUACK A (MuA) **72**, 12 ~ HOFMANN, Ernst / OFFELE, Winfried in WGL II (**1975**) 345f. ~ SEUFFERT, Josef in WGL IX (**1979**) 65f. ~
NSK **1992**/2, 24f. ~ KORNEMANN A **94**, 13 ~ NSK **1995**/1, 12f.; 2, 22f. ~ STEFAN A **97**, 20 ~ WEG IV (**1997**) 70. 83 ~ SCHRÖER A **98**, 8 ~ WYSS-JENNY, Elisabeth in WGD 4 (**1998**) 16f. ~ WEBER, Edith / MARTI, Andreas in HEG II (**1999**) 71f. 255 ~

STEFAN, Hans-Jürg in WH 3 (**2000**) 61. 63f. ~ STEFAN A **00**, 52f. ~ MARTINI B **02**, 39 ~ KNEITSCHEL B **03**, 249. 284

302 Du meine Seele, singe

(Psalm 146)

KOCH III B ^{3}**1867/1973**, 317 ~ FISCHER I B **1878/1967**, 143 ~ JULIAN B ^{2}**1907/1985**, 412 ~ NELLE B ^{3}**1924/1962**, Nr. 8 ~ BERTOG, Ursula: Was ist ein Kirchenlied?, KCh 11 (**1951**) H. 2, 19f. (B) ~ SCHLUNK B **51**, 85 ~ BRUPPACHER B **53**, 47f. ~ FRÖR, Kurt in KUV 5 (^{2}**1953**) 220 ~ BLANKENBURG, Walter in HEKG II/2 (**1957**) 96 ~ KULP / BÜCHNER / FORNACON in HEKG Sb (**1958**) 303f. ~ BACH, Arthur / GRIMME, Gertrud in EvUV 3 (^{2}**1959**) 190f. ~ NELLE B ^{4}**62**, 148 ~ KÖHLER B **64** (HEKG I/2) 317f. ~ NEUBACHER B **68**, 46f. ~
MGD 29 (**1975**) 20 ~ ALBRECHT A **76**, 135. 138 = in JENNY / NIEVERGELT B **76**, 34. 37 ~ BLANKENBURG A **76**, 103 = in JENNY / NIEVERGELT B **76**, 29 ~ JENNY A **76**, 153 = in JENNY / NIEVERGELT B **76**, 52 ~ ebd. 58 ~ KILLY A **76**, 85 = in JENNY / NIEVERGELT B **76**, 11 ~ MERTEN A **76**, 125 ~ MGD 30 (**1976**) 141 ~ MOSER B ^{2}**76**, 70f. (B) ~ ALBRECHT A **78**, 85f. ~ HAUFE A **78**, 58–61 ~ MGD 33 (**1979**) 21. 181 ~
ELTZ-HOFFMANN B **80**, 68 ~ JLH 24 (**1980**) 117 ~ MGD 37 (**1983**) 30f.; 38 (**1984**) 70 ~ SAUER-GEPPERT B **84**, 24. 68f. ~ HEINER B ^{3}**85**, 156 ~ HESSELBACHER B **87**, 65–67 (B) ~ PARENT B **87**, 184. 188. 210 ~ MGD 43 (**1989**) 254 ~ NSK **1989**/1, 13 ~
MERTEN, Werner in HEKG III/2 (**1990**) 49–52 ~ NSK **1990**/3, 25 ~ HILLENBRAND B **92**, 80f. ~ BUNNERS B **93**, 162. 196. 232. 235f. 246. 267. 306. 323 ~ FRANK B ^{2}**93**, 576 ~ BUSSE, Martin in KOERRENZ / REMY B **94**, 183–188 (Pr) ~ GEHRT A **94**, 49 ~ NSK **1995**/3, 24; 4, 24; **1996**/2, 24; **1997**/3, 13 ~ REICH A **97**, 14 ~ WEG IV (**1997**) 55. 83 ~ Een Comp ^{3}**1998**, Nr. 20 ~ HANDT A **98**, 39 ~ SCHRÖER A **98**, 9 ~ SEIBT B **98**, 256 ~ STALMANN, Joachim / BUNNERS, Christian in HEG II (**1999**) 79f. 110–112 ~
RÖSSLER, Martin in MÖLLER B **00**, 146 ~ JLH 40 (**2001**) 156 ~ RÖSSLER B **01**, 441. 454 ~ ERB III B ^{8}**02**, 117–120 ~ MARTINI B **02**, 45f. ~ HENKYS, Jürgen: Schwing dich auf zu deinem Gott ..., in WEICHENHAN / UEBERSCHÄR B **03**, 82–84 ~ KNEITSCHEL B **03**, 263f. 296f.

303 Lobe den Herren, o meine Seele

(Psalm 146)

KOCH IV B ^{3}**1868/1973**, 354; V B ^{3}**1868/1973**, 593; VIII **B** ^{3}**1876/1973**, 353 ~ FISCHER II B **1879/1967**, 36 ~ KÜMMERLE II B **1890/1974**, 73f. ~
NELLE B ^{3}**1924/1962**, Nr. 18 ~
HOMMEL A **48/49**, 127 ~
SCHLUNK B **51**, 230 ~ BRUPPACHER B **53**, 38f. ~ BLANKENBURG, Walter in HEKG II/2 (**1957**) 106 ~ KULP / BÜCHNER / FORNACON in HEKG Sb (**1958**) 304f. ~ FRÖR, Kurt in KUV 7 (^{3}**1959**) 246 ~
NELLE B ^{4}**62**, 208 ~ KÖHLER B **64** (HEKG I/2) 317f. ~
JLH 16 (**1971**) 7 ~
SAUER-GEPPERT B **84**, 55. 68f. 79 ~ HEINER B ^{3}**85**, 187 ~ MGD 39 (**1985**) 127 ~ ERB IV B ^{2}**86**, 91f. ~ NSK **1988**/2, 31 ~
MERTEN, Werner in HEKG III/2 (**1990**) 52–54 ~ KORNEMANN A **94**, 13 ~ WEG II (**1994**) 70; IV (**1997**) 55 ~ Een Comp ^{3}**1998**, Nr. 21 ~ SCHRÖER A **98**, 9 ~ SCHWINGE, Gerhard in HEG II (**1999**) 148f. ~ STEFAN, Hans-Jürg in WH 3 (**2000**) 64 ~ DANZEGLOCKE A **01**, 107 ~ RÖSSLER B **01**, 645 ~ MARTINI B **02**, 39 ~ SCHEFFBUCH 1 B ^{8}**03**, 197 ~ NEUHAUS B **05**, 108

304 Lobet den Herren, denn er ist sehr freundlich

(Psalm 147)

KOCH II B ^{3}**1867/1973**, 347. 353 ~ FISCHER II B **1879/1967**, 38 ~ KÜMMERLE II B **1890/1974**, 76 ~
SCHLUNK B **51**, 230f. ~ KULP / BÜCHNER / FORNACON in HEKG Sb (**1958**) 110. 305. 535. 565 ~ BRENNECKE A **58/59**, 71 ~
NELLE B ^{4}**62**, 99 ~ RECKZIEGEL B **63**, 132. 137 ~ KÖHLER B **64** (HEKG I/2) 318f. ~ AMELN A **67**, 174 ~ GRIMM A **69**, 164 ~
RÖSSLER-Bibl. B **76**, 263 ~
DRÖMANN A **83**, 172 ~ SAUER-GEPPERT B **84**, 131 ~
DRUDE, Hartwig / MERTEN, Werner in HEKG III/2 (**1990**) 54f. ~ KORNEMANN A **94**, 13 ~ WEG II (**1994**) 70; IV (**1997**) 55. 83f. 98–101 ~ DKL III/1.3 Textbd. (**1998**) 68 ~ WEG V (**1998**) 18 ~ DKL III/1 Registerbd. (**1999**) 216 ~
RÖSSLER B **01**, 368 ~ DKL III/2 Textbd. (**2002**) 365 ~ MICHEL A **03**, 172
Zur Mel. s. auch bei EG 447 „Lobet den Herren alle, die ihn ehren“

305 Singt das Lied der Freude über Gott

(Psalm 148)

THURMAIR, Maria Luise / QUACK, Erhard in WGL III (**1975**) 115f. ~ THUST B **76**, 831 ~ SEUFFERT, Josef in WGL IX (**1979**) 79 ~ HARTENSTEIN A **81**, 23f. ~ ROPITZ, Joseph: Arbeit mit dem „Gotteslob" in der Schule, SiK 32 (**1985**) H. 1, 20f. ~ DRÖMANN / SCHUBERTH B **²87**, Nr. 22a ~ KEMPER A **87**, 141 ~
DOCKERT, Peter / KRUYER, Christoph / QUAST, Thomas / WEBER, Raymund in MS 111 (**1991**) 401–405 ~ KORNEMANN A **94**, 13 ~ WEG II (**1994**) 59. 70 ~ HECHTENBERG, Dieter in MEYER B **²97**, 101f., (fast) = WEG IV (**1997**) 38f. ~ REICH A **97**, 10 ~ WEG IV (**1997**) 55. 83 ~ KAPPNER, Gerhard in HEG II (**1999**) 134f. ~ RÖSSLER B **01**, 990 ~ KNEITSCHEL B **03**, 368

306 Singt das Lied der Freude

(Psalm 148; Kanon)

DRÖMANN / SCHUBERTH B **²87**, Nr. 22b ~ MGD 41 (**1987**) 68 ~ HARZ B **95**, 74–76 ~ SCHWEIZER A **95**, 126f. ~ BIETZ, Hartmut in MEYER B **²97**, 62f. ~ WEG IV (**1997**) 55. 75. 83 ~ FINKE, Christian / KAPPNER, Gerhard in HEG II (**1999**) 40. 134f. ~ WIGGER, Ruth in SMG 124 (**1999**) H. 5, 211

307 Gedenk an uns, o Herr

(Matthäus 5, 3–10)

WEG II (**1994**) 70 ~ NSK **1997**/3, 25 ~ WILKE A **98**, 33–36 ~ PFEIFER, Michael in FRANZ B **02**, 237f. ~ STEFAN A **02/03**, 107–110

308–310 Magnificat

(Lukas 1, 46–55)

KÜMMERLE II B **1890/1974**, 124–127 ~
JLH 2 (**1956**) 125 ~ BRODDE, Otto: Meine Seele erhebt den Herren, KCh 17 (**1957**) H. 6, 82–84 ~ JLH 3 (**1957**) 129 ~ BOES A **58/59**, 26 ~ JLH 4 (**1958/59**) 250 ~

STÄHLIN, Wilhelm in Quatember 26 (**1961/62**) H. 1, 2–7 ~ SZÖVERFFY II B **64**, 390. 474 ~ GRIMM A **69**, 161. 174 ~
THUST B **76**, 91. 92 Anm.472. 775 ~ GOJOWY A **78**, 102. 113 ~
DRÖMANN A **83**, 170 ~ von SEVERUS, Emmanuel / LAMBRES, Benoit M. in BECKER / KACZYNSKI II B **83**, 651. 667 ~ JLH 31 (**1987/88**) 43 ~ ZEILINGER, Franz: Zum Lobpreis seiner Herrlichkeit. Exegetische Erschließung der neutestamentlichen Cantica im Stundenbuch, Wien u.a. **1988**, 18–33 ~ JLH 32 (**1989**) 270 ~ NSK **1989**/3, 21 ~
KRIEG, Gustav A.: Magnificat-Predigt und Magnificat-Vertonung (Überlegungen zum Gottesdienst am 4. Adventssonntag), Thema: Gd 5/**1992**, 21–34 ~ JLH 36 (**1996/97**) 224 ~ BADER, Günter: Magnificat – Lobgesang der Maria Lukas 1,46–55, in WINTZER / SCHRÖER B **97**, 59–67 (Pr) ~ HEYMEL, Michael: Magnificat. Das Lied einer Prophetin als Lied der Kirche, GAGF **1999**, H. 36, 64–82

308 Mein Seel, o Herr, muss loben dich

(Lukas 1, 46–55)

KOCH II B [3]**1867/1973**, 364 ~ FISCHER II B **1879/1967**, 82f. ~
SCHLUNK B **51**, 247f. ~ FRÖR, Kurt in KUV 5 ([2]**1953**) 96ff. ~
BLANKENBURG, Walter in HEKG II/2 (**1957**) 95. 101 ~ KULP / BÜCHNER / FORNACON in HEKG Sb (**1958**) 305f. ~
KÖHLER B **64** (HEKG I/2) 319f. ~
ENGELHARDT, Walther / AMELN, Konrad: Eine Kirchenlied-Melodie von Erasmus Alber und ihre Vorlage, JLH 18 (**1973/74**) 196f. ~
BILL, Oswald: „Mein Seel, o Herr, muss loben dich" von Erasmus Alber, JLH 19 (**1975**) 214–221 ~ RÖSSLER-Bibl. B **76**, 264 ~ GOJOWY A **78**, 113 ~
SAUER-GEPPERT B **84**, 56 ~
DRUDE, Hartwig / MERTEN, Werner in HEKG III/2 (**1990**) 55–57 ~
HANDT, Hartmut: Mein Seel, o Herr, muss loben dich (EKG 200; EG 308) – Ein Lied, das den Umsturz preist, in STOLZE B **92**, 132–135 (Pr) ~ WEBER-KELLERMANN B [7]**92**, 25f. ~ KORNEMANN A **94**, 9 ~ WEG II (**1994**) 70f.; IV (**1997**) 83 ~ DKL III/1 Registerbd. (**1999**) 217 ~ STALMANN, Joachim / SCHNEIDER, Matthias / WERBECK, Walter in HEG II (**1999**) 19f. 113–115. 243f. ~
RÖSSLER, Martin in MÖLLER B **00**, 136 ~ RÖSSLER B **01**, 104

309 Hoch hebt den Herrn mein Herz

(Lukas 1, 46–55)

BRUPPACHER B **53**, 39f. ~
NSK AM (**1971**) 3, 9 ~
NSK **1995**/4, 25; **1996**/2, 4 ~ STEFAN A **97**, 20 ~ KLARER A **98**, 54 ~ WH 1 (**1998**) 54 ~ WIEHMANN GIEZENDANNER, Dorothea: Maria gibt den Ton an. „Hoch hebt den Herrn mein Herz und meine Seele", NSK **1998**/1, 4f. ~ SOBIELA-CAANITZ, Mechthild in HEG II (**1999**) 85 ~ WH 2 (**1999**) 7–15. 19–21 ~ WIEHMANN GIEZENDANNER, Dorothea: Maria gibt den Ton an – aber: „die Frauen sollen in der Versammlung schweigen", GAGF **1999**, H. 36, 83–97 ~
STEFAN A **00**, 50. 52f. ~ WIEHMANN GIEZENDANNER, Dorothea in ÖLK I (**2003**)

Zur Mel. s. auch bei EG 271 „Wie herrlich gibst du, Herr, dich zu erkennen" !

310 Meine Seele erhebt den Herren

(Lukas 1, 46f.; Kanon)

NSK **1997**/4, 17f. ~ RUPPEL, Paul Ernst in MEYER B ^{2}**97**, 231 ~
SCHUBERTH, Dietrich in HEG II (**1999**) 266–268 ~
STEFAN, Hans-Jürg in WH 3 (**2000**) 63 ~ STEFAN A **00**, 50

Biblische Erzähllieder

311 Abraham, Abraham, verlass dein Land

(1. Mose 12, 1–9; Abraham, Abraham, verlaat je land)

KELBERT, Holger: „Abraham, verlass dein Land ...“. Das neue Lied im RU, ZRP **1981**, H. 5, 160f. ~ NSK **1989**/1, 29 ~
GIERING, Achim: Ich versprech dir meinen Segen. EG 311, ChL 47 (**1994**) 47–49 (+B) ~ HARZ B **95**, 80–83 ~ NSK **1996**/1, 16 ~ WEG IV (**1997**) 83 ~ WETTACH A **97**, 30 ~ SCHÜTZ A **98**, 59 ~ VOLL, Konja / SCHEMMEL, Hermann / SCHMID, Bernhard in HEG II (**1999**) 58. 191. 357f. ~
KNEITSCHEL B **03**, 271 ~ REICH A ^{3}**03**, 772

312 Kam einst zum Ufer

(Matthäus 3, 1–12; Lukas 3, 10–14; Kwam van Godswege)

DRÖMANN / SCHUBERTH B ^{2}**87**, Nr. 21 ~ KEMPER A **87**, 141 ~ MGD 41 (**1987**) 80 ~ NIEVERGELT, Edwin: Niederländische Kirchenlieder, NSK **1987**/1, 4–6. 15 ~ ebd. 2, 33; 3, 33; **1988**/1, 32; 2, 26 ~ JLH 32 (**1989**) 270 ~ NSK **1989**/1, 29 ~
NSK **1991**/2, 23 ~ LIEBERKNECHT B **94**, 154–157 ~ BUNNERS, Christian / SCHMEEL, Dieter in ZGP 15 (**1997**) H. 5, 17f. ~ OOSTERHUIS, Huub in MEYER B ^{2}**97**, 208f. ~ WEG IV (**1997**) 83 ~ WETTACH A **97**, 30 ~ REICH A **98**, 68 ~ GUNDLACH, Klaus-Jürgen / SCHUBERTH, Dietrich / MEYER, Dietrich in HEG II (**1999**) 109f. 140–142. 235f. ~
WEG VI (**2000**) 24 ~ RÖSSLER B **01**, 997

313 Jesus, der zu den Fischern lief

(Jezus die langs het water liep)

OCHS, Volker in ChL 35 (**1982**) H. 3, U 38f. ~ DRÖMANN / SCHUBERTH B ^{2}**87**, Nr. 20 ~ NIEVERGELT, Edwin: Niederländische Kirchenlieder, NSK **1987**/1, 9f. 15 ~ NSK **1988**/2, 26; **1989**/1, 29 ~

NSK **1991**/2, 23 ~ den BESTEN, Ad in MEYER B ^{2}**97**, 57f. ~ WEG IV (**1997**) 83 ~ WETTACH A **97**, 30 ~ FINKE, Christian / SCHUBERTH, Dietrich / MAGES, Michael in HEG II (**1999**) 38. 140–142. 212f. ~
HANDT, Hartmut in WEG VI (**2000**) 94–96 (+Liedandacht) ~ WEG VI (**2000**) 24. 98–100 ~ RÖSSLER B **01**, 997 ~ KRÜGER, Horst in HANDT / JETTER B **04**, 221–224 (B)

314 Jesus zieht in Jerusalem ein

(Matthäus 21, 1–11)

PENNIG A **74**, 13f. ~ THUST B **76**, 811 ~ TOBLER, Robert in NSK AM (**1976**) 20, 98 ~
NSK **1986**/2, 25; **1989**/1, 29 ~
BERNOULLI, Peter Ernst: Palmsonntag – bewusst wahrnehmen und begehen. Anregungen für die Gestaltung von Palmsonntagsgottesdiensten, NSK **1994**/2, 22. 24 ~ HARZ B **95**, 84f. ~ NSK **1996**/1, 16 ~ WEG IV (**1997**) 83 ~ WETTACH A **97**, 30f. ~ SCHÜTZ A **98**, 46 ~ SCHUBERTH, Dietrich in HEG II (**1999**) 225f. ~
RÖSSLER B **01**, 990 ~ KNEITSCHEL B **03**, 332

315 Ich will zu meinem Vater gehen

(Lukas 15, 11–24)

KEMPER A **87**, 141 ~ MITTRING, Johannes in KCh 48 (**1988**) H. 4, 57–59 ~ NSK **1989**/1, 29 ~
KRUMMACHER A **91**, 155 ~ TRAUTWEIN, Dieter in MEYER B ^{2}**97**, 304f. ~ Ders. in MÖLLER B **97**, 169–172 (+B) ~ WEG IV (**1997**) 83 ~ WETTACH A **97**, 30 ~ JLH 37 (**1998**) 223 ~ DANZEGLOCKE, Klaus / SCHUBERTH, Dietrich in HEG II (**1999**) 76f. 327–329

Glaube – Liebe – Hoffnung: Loben und Danken

MÜLLER, Christa: Die Loblieder Luthers. Versuch einer theologischen Auslegung, MGkK 38 (**1933**) 282–291 ~
THUST B **76**, 118–124

316 / 317 Lobe den Herren, den mächtigen König

KOCH IV B [3]**1868/1973**, 148; VI B [3]**1869/1973**, 29. 112; VIII B [3]**1876/1973**, 340 ~ FISCHER II B **1879/1967**, 36 ~ KÜMMERLE II B **1890/1974**, 71–73 ~ BÄUMKER III B **1891/1962**, 280f. ~ ERK / BÖHME III B **1893f./1988**, 695 ~
NELLE B [3]**1924/1962**, Nr. 14 ~ SPITTA A **1924**, 4f. ~ MEHL A **1930**, 206 ~
SCHLUNK B **51**, 229 ~ BERGMANN B **53**, 202f. ~ BRUPPACHER B **53**, 53–55 ~ FRÖR, Kurt in KUV 3 (**1953**) 46f.; 5 ([2]**1953**) 7ff. ~ LAUTERBURG B **53**, 135–138 ~ BACH, Arthur / GRIMME, Gertrud in EvUV 5 (**1956**) 237 ~ FORNACON, Siegfried: Lobe den Herren, den mächtigen König der Ehren, JLH 2 (**1956**) 130–133 ~ GABRIEL B [3]**56**, 130f. ~ BLANKENBURG, Walter in HEKG II/2 (**1957**) 106f. ~ BACH, Arthur / GRIMME, Gertrud in EvUV 7 (**1958**) 221 ~ KULP / BÜCHNER / FORNACON in HEKG Sb (**1958**) 69. 270. 359–362 ~ BACH, Arthur / GRIMME, Gertrud in EvUV 3 ([2]**1959**) 139–141 ~ Dies. in EvUV 4 ([2]**1960**) 176. 213–217 ~ FRÖR, Kurt in KUV 4 ([4]**1960**) 151f. ~ MERTES B **62**, 138–141 ~ NELLE B [4]**62**, 188 ~ JLH 9 (**1964**) 239 ~ KÖHLER B **64** (HEKG I/2) 364f. ~ REHM, Gottfried: Lobe den Herren, den mächtigen König der Ehren. Ein Loblied von „großer Festlichkeit", MS 84 (**1964**) 298–302 ~ SCHABASSER, Josef in SiK 11 (**1964**) H. 1, 11f. ~ BLANKENBURG, Walter in BLUME B [2]**65**, 390 ~ FRÖR B [5]**66**, 320–322 ~ NEUBACHER B **68**, 25f. ~
GERBER A **73**, 5 ~ WITTENBERG A **73/74**, 132 ~ KOBABE A **74**, 82 ~ KLUSEN B **75**, 34f. 43–47. 152–154. 157. 159. 161–163. 169 ~ KRAFT, Sigisbert / KUNTZ, Michael in WGL III (**1975**) 87f. ~ MGD 29 (**1975**) 20 ~ NSK AM (**1975**) 17, 83 ~ KLEINER, Rafael J. in Pr GL 1 (**1976**) 209–213 (+Pr) ~ MGD 30 (**1976**) 221; 31 (**1977**) 81 ~ JLH 22 (**1978**) 170 ~ MGD 32 (**1978**) 16. 133. 170 ~ JLH 23 (**1979**)

129 ~ MGD 33 (**1979**) 108. 228 ~ SCHOTT A **79**, 160. 163 ~ SEUFFERT, Josef in WGL IX (**1979**) 73f. ~
BLANKENBURG A **80**, 117f. 120. 122f. 125–127 ~ BRODDE, Otto: Joachim Neander. Zur 300. Wiederkehr seines Todestages, KCh 40 (**1980**) H. 2, bes. 19f. ~ ELTZ-HOFFMANN B **80**, 72f. ~ JENNY A **80**, 63 ~ MGD 34 (**1980**) 102. 2/U2. 165ff. 231ff. ~ SCHUMACHER, Gerhard in MGD 35 (**1981**) 132ff. ~ JLH 26 (**1982**) 225f. 233 ~ MGD 36 (**1982**) 69 ~ SIDLER A **82**, 217 ~ JENNY A **83**, 184. 201 ~ JLH 27 (**1983**) 209. 252 ~ MGD 37 (**1983**) 104. 198 ~ HEINER B ^{3}**85**, 217 ~ MGD 40 (**1986**) 199; 41 (**1987**) 55. 70 ~ NSK **1987**/1, 21; 2, 18 ~ JLH 31 (**1987/88**) 200 ~ JENNY, Markus in RGL (**1988**) 647 ~ LIPPOLD A **88**, 82 = EKD B **90**, 74 ~ MGD 42 (**1988**) 147 ~ NSK **1988**/3, 31 ~ HESSING B ^{2}**89**, 44–46 ~ JENNY A **89**, 622 ~ LIPPOLD A **89** = EKD B **90**, 83f. ~ MGD 43 (**1989**) 88 ~ NSK **1989**/1, 28 ~
DEICHGRÄBER, Reinhard / BLINDOW, Martin in HEKG III/2 (**1990**) 153–156 ~ NSK **1990**/2, 21; **1991**/1, 5 ~ MILCHNER B **92**, 156 (Ein neues Lied im alten Gewand) ~ FRANK B ^{2}**93**, 400 ~ NSK **1993**/2, 20. 23 ~ SCHNEIDER / VICKTOR B **93**, 130–132 ~ WEG I (**1993**) 33 ~ BUSCHBECK, Reinhard: Lobe mit Abrahams Samen. Beobachtungen im Gesangbuch, in: Pietismus und Neuzeit. Ein Jahrbuch zur Geschichte des neueren Protestantismus, Göttingen **1994**, Bd. 20, 212–217 ~ HENKYS A **94/95**, 139 ~ ALBRECHT B ^{4}**95**, 132f. ~ HARZ B **95**, 88–91 ~ HOFMANN A **95**, 278 ~ NSK **1995**/3, 25 ~ ÜHLEIN B **95**, 137 ~ ALBRECHT A **96**, 182 ~ NSK **1996**/1, 23 ~ WINKES B **96**, 231–235 (+B) ~ NSK **1997**/3, 13 ~ WEG IV (**1997**) 83 ~ WETTACH A **97**, 30 ~ Een Comp ^{3}**1998**, Nr. 434 ~ ISRAEL, Jürgen: „Lobe den Herren, den mächtigen König der Ehren". Joachim Neander, sein Leben, seine Lieder, sein Tal, ZdZ **1998**, H. 1, 21 ~ JLH 37 (**1998**) 76. 221 ~ SCHRÖER A **98**, 9 ~ SEIBT B **98**, 266 ~ ACKERMANN, Helmut: Joachim Neander. Sein Leben, seine Lieder, sein Tal, Düsseldorf ^{2}**1999** ~ BLARR, Oskar Gottlieb: Neanders musikalischer Stil, ebd. 103–109 ~ JLH 38 (**1999**) 8 ~ MARTINI, Britta: Lobe den Herren, den mächtigen König der Ehren. Einige sprachwissenschaftliche Aspekte der Textanalyse, ebd. 242–252 ~ PISTORIUS, Dietmar in HEG II (**1999**) 223–225 ~
GIERING A **00**, 45 ~ HENKYS, Jürgen: Joachim Neanders „Lobe den Herren" im Zusammenhang seiner Bundeslieder und Dankpsalmen, GAGF **2000**, H. 38, 37–48 ~ RIEHM A **00**, 158. 161. 170. 174 ~ RÖSSLER, Martin in MÖLLER B **00**, 164 ~ WEG VI (**2000**) 18 ~ WENTZ-JANACEK A **00**, 32 ~ HENKYS, Jürgen in Geistl. Wunderhorn (**2001**) 310–319. 525 ~ JLH 40 (**2001**) 207. 223 ~ RÖSSLER B **01**, 556–561. 575. 580. 588. 628. 994 ~ THUST, Karl Christian im Gemeindebrief der Burgkirche Ingelheim, Aug./Sept. **2001** ~ FRANZ B

02, 117 ~ JLH 41 (**2002**) 236 ~ MARTINI B **02**, 39. 75. 300 ~ SCHMIDT B **02**, 101f. 588 ~ D'AVIS, Simone in HARTMANN B **03**, 119–122 (+Pr) ~ KNEITSCHEL B **03**, 218f. ~ KURZKE A **03**, 162f. ~ MARTINI, Britta / MARTI, Andreas in ÖLK II (**2003**) ~ SCHEFFBUCH 1 B [8]**03**, 221f. ~ ACKERMANN B [3]**05**, 50. 53–76 ~ BLARR, Oscar Gottlieb ebd. 108–111

318 O gläubig Herz, gebenedei

KOCH I B [3]**1866/1973**, 257 ~ FISCHER II B **1879/1967**, 146f. ~ KÜMMERLE II B **1890/1974**, 488f. ~

SPITTA, Friedrich: Die Herkunft des Liedes „O gläubig Herz gebenedei", MGkK 19 (**1914**) H. 12, 364–367 ~ JACOBSHAGEN, A. in MGkK 20 (**1915**) H. 3, 70–73 ~

SCHLUNK B **51**, 273–275 ~ LANGE / REICH B **53**, 15–17 ~ WEISS, Ewald in GuK **1953**, 144 ~ BACK, Wilhelm in WBK 21 (**1954**) H. 6, 102–104 ~ JLH 2 (**1956**) 244 ~ BLANKENBURG, Walter in HEKG II/2 (**1957**) 95 ~ SCHOENBAUM A **57**, 56 ~ KULP / BÜCHNER / FORNACON in HEKG Sb (**1958**) 347f. ~

NELLE B [4]**62**, 73 ~ KÖHLER B **64** (HEKG I/2) 355f. ~ LIPPHARDT A **68**, 166 ~

JLH 21 (**1977**) 95 ~ JENNY, Markus in MGD 33 (**1979**) 138 ~

DRÖMANN A **83**, 171. 185 ~ SAUER-GEPPERT B **84**, 119. 134 ~ SCHULZ A **89**, 32 ~

MERTEN, Werner in HEKG III/2 (**1990**) 135–138 ~ MOESERITZ B **90**, 399–401 ~ NSK **1990**/2, 20 ~ DKL III/1.1 Textbd. (**1993**) 184–186 ~ WEG II (**1994**) 76f. ~ ALBRECHT B [4]**95**, 31f. ~ ROSER B **95**, 97f. ~ WEG IV (**1997**) 83 ~ SCHRÖER A **98**, 9 ~ WEG V (**1998**) 18 ~ DKL III/1 Registerbd. (**1999**) 54. 72. 83. 86. 112. 117 ~ WERBECK, Walter / KRIEG, Gustav A. in HEG II (**1999**) 243f. 342–344 ~

RÖSSLER, Martin in MÖLLER B **00**, 136 ~ RÖSSLER B **01**, 239. 924 ~ SCHEFFBUCH 2 B [2]**01**, 275 ~ DKL III/2 Textbd. (**2002**) 250

319 Die beste Zeit im Jahr ist mein

SCHLISSKE B **48**, 7–11. 64 ~

STAPEL B **50**, 83f. ~ KULP / BÜCHNER / FORNACON in HEKG Sb (**1958**) 440 ~

JLH 9 (**1964**) 159 ~ GRIMM A **69**, 177 ~

MGD 30 (**1976**) 22 ~ JLH 22 (**1978**) 156. 160 ~

JLH 28 (**1984**) 202 ~

NSK **1994**/4, 25 ~ WEG II (**1994**) 70 ~ GIERING, Achim: Frau Musika. Text und Melodie EG 319, ChL 48 (**1995**) 417–419 ~ HERBST, Wolfgang / KORNEMANN, Helmut / RÖSSLER, Martin in HEG II (**1999**) 45–47. 203–208 ~
MÖLLER B **00**, 84f. ~ SCHULZE, Rudolf in SEEBERG B **00**, 162–166 (Pr vom 21. 5. 2000) ~ RÖSSLER B **01**, 35. 76. 252

320 Nun lasst uns Gott dem Herren

KOCH II B [3]**1867/1973**, 245. 357; VIII B [3]**1876/1973**, 323 ~ FISCHER II B **1879/1967**, 120f. ~ KÜMMERLE II B **1890/1974**, 416–419 ~
NELLE B [3]**1924/1962**, Nr. 4 ~
GERBER, Hermann in WuW 2 (**1947/48**) Nr. 7/8, 53 ~
SCHLUNK B **51**, 261 ~ BRUPPACHER B **53**, 41 ~ MOREL II A **53**, 104f. ~ GERBER B **56**, 114 ~ JLH 2 (**1956**) 124 ~ BLANKENBURG, Walter in HEKG II/2 (**1957**) 90f. 99 ~ JENNY A **57**, 16f. ~ JLH 3 (**1957**) 227 ~ KULP / BÜCHNER / FORNACON in HEKG Sb (**1958**) 77f. 348f. 441 ~ BRENNECKE A **58/59**, 71 ~
JLH 6 (**1961**) 143 ~ NELLE B [4]**62**, 92 ~ HEYDEN A **63**, 176. 180 ~ JLH 8 (**1963**) 189 ~ RECKZIEGEL B **63**, 116. 137. 209 ~ KÖHLER B **64** (HEKG I/2) 356f. ~ AMELN A **67**, 174 ~ JLH 13 (**1968**) 159f. ~ AMELN A **69**, 184. 186 ~ GRIMM A **69**, 156. 163f. ~
MGD 30 (**1976**) 103. 108. 149 ~ NSK AM (**1976**) 19, 92 ~ RÖSSLER-Bibl. B **76**, 267 ~ GOJOWY A **78**, 114 ~ JENNY, Markus in MGD 33 (**1979**) 139 ~
DRÖMANN A **83**, 173. 183 ~ SAUER-GEPPERT A **83**, 805 ~ SAUER-GEPPERT B **84**, 79f. ~ SCHÖNBORN A **84**, 103 ~ ERB II B [2]**85**, 38 ~ ERNST B **85**, 201 ~
MERTEN, Werner in HEKG III/2 (**1990**) 138–140 ~ DE LA MOTTE B **93**, 125 ~ FRANK B [2]**93**, 120 ~ SCHNEIDER / VICKTOR B **93**, 157–159 ~ WEG II (**1994**) 114f. ~ ALBRECHT B [4]**95**, 144f. ~ FOSS B **95**, 78. 85. 90 ~ NSK **1995**/3, 25 ~ ROSER B **95**, 122f. ~ BUNNERS, Christian in MÖLLER B **97**, 173–179 ~ Een Comp [3]**1998**, Nr. 408 ~ JLH 37 (**1998**) 223 ~ STALMANN, Joachim / SOERGEL, Gero / LOSCHER, Klaus in HEG II (**1999**) 66–69. 139f. 297f. ~
HERBST II A **01**, 175 ~ RÖSSLER B **01**, 120. 274. 298. 306 ~ SCHEFFBUCH 2 B [2]**01**, 235f. ~ DKL III/2 Textbd. (**2002**) 77f. 81 ~ MARTINI B **02**, 39f. 50. 262 ~ SCHMIDT B **02**, 593f. ~ KNEITSCHEL B **03**, 243f. ~ LAUTERWASSER, Helmut: Die Entstehung der Melodien zu „Herzlich lieb hab ich dich, o Herr“ und „Nun lasst uns Gott dem Herren“, MGD 58 (**2004**) H. 2, 46–54

321 Nun danket alle Gott
(Bénit soit le Seigneur)

KOCH III **B** ^{3}**1867/1973**, 98; IV B ^{3}**1868/1973**, 103; VIII B ^{3}**1876/1973**, 168 ~ BÖHME B **1877/1966**, Nr. 646 ~ FISCHER II B **1879/1967**, 101–104 ~ KÜMMERLE I B **1888/1974**, 296. 399; II B **1890/1974**, 388–390 ~ BÄUMKER III B **1891/1962**, 280 ~ ERK / BÖHME III B **1893f./1988**, 693f. ~
NELLE B ^{3}**1924/1962**, Nr. 5 ~ BRÜSSAU, Adolf: Martin Rinckart und sein Lied „Nun danket alle Gott", Leipzig **1936** ~
SCHLUNK B **51**, 256 ~ BUDDE B **52**, 63–86, bes. 64f. 68. 86 ~ BRUPPACHER B **53**, 43–45 ~ FRÖR, Kurt in KUV 5 (^{2}**1953**) 14ff. ~ LAUTERBURG B **53**, 25–27 ~ MOREL I A **53**, 72 ~ GABRIEL B ^{3}**56**, 81 ~ JLH 2 (**1956**) 124f. ~ BLANKENBURG, Walter in HEKG II/2 (**1957**) 96 ~ KULP / BÜCHNER / FORNACON in HEKG Sb (**1958**) 181. 225. 262. 349–351. 353f. 582f. ~ JLH 4 (**1958/59**) 127 ~
BACH, Arthur / GRIMME, Gertrud in EvUV 4 (^{2}**1960**) 151–156 ~ JLH 6 (**1961**) 143. 147 ~ NELLE B ^{4}**62**, 108. 118 ~ KÖHLER B **64** (HEKG I/2) 357f. ~ AMELN A **67**, 174. 180 ~ JLH 13 (**1968**) 190 ~ NEUBACHER B **68**, 36 ~ AMELN A **69**, 184 ~ GRIMM A **69**, 161 ~ JLH 15 (**1970**) 167; 16 (**1971**) 168 ~ WITTENBERG A **73/74**, 118. 130. 132. 158 ~ HOFMANN, Ernst / QUACK, Erhard in WGL III (**1975**) 103f. ~ THURMAIR-MUMELTER, Maria Luise / QUACK, Erhard in TRENKLER B **75**, 233–236 ~ JLH 20 (**1976**) 250 ~ MGD 30 (**1976**) 26 ~ RÖSSLER-Bibl. B **76**, 266 ~ THURMAIR-MUMELTER, Maria Luise / LAUN, Andreas in Pr GL 1 (**1976**) 226–229 (+Pr) ~ JLH 21 (**1977**) 95 ~ SAUER-GEPPERT A **77**, 78f. ~ EISELE B **78** ~ MGD 32 (**1978**) 85. 95 ~ TEUSCHER, Gerhard in JLH 22 (**1978**) 171 ~ JLH 23 (**1979**) 129 ~ SEUFFERT, Josef in WGL IX (**1979**) 77 ~ WITTENBERG A **79**, 61 ~
ELTZ-HOFFMANN B **80**, 48–50 ~ MGD 35 (**1981**) 50. 72. 250 ~ JLH 26 (**1982**) 158 ~ DRÖMANN A **83**, 178 ~ JLH 27 (**1983**) 219 ~ MGD 37 (**1983**) 198 ~ SAUER-GEPPERT A **83**, 801–803 ~ JLH 28 (**1984**) 149 ~ SAUER-GEPPERT B **84**, 122 ~ SCHÖNBORN A **84**, 103 ~ HEINER B ^{3}**85**, 115f. ~ MARTI A **85**, 154f. ~ ERB IV B ^{2}**86**, 7 ~ NSK **1986**/2, 14 ~ PARENT B **87**, 159. 204. 275 ~ JENNY, Markus in RGL (**1988**) 651f. ~ MARTI, Andreas: Werkstattbericht II: Die Arbeit der reformierten Gesangbuch-Kommissionen an den Fassungen ökumenischer Lieder, MGD 42 (**1988**) 133 = NSK **1988**/2, 28 ~ MGD 42 (**1988**) 155 ~ HESSING B ^{2}**89**, 43f. ~ NSK **1989**/3, 13 ~
BALDERS A **90**, 7 ~ MERTEN, Werner in HEKG III/2 (**1990**) 140–143 ~ WESKOTT B **90** (Pr) ~ KUESSNER A **91**, 28. 34 ~ NSK **1991**/2, 30 ~ FRANK B ^{2}**93**, 360. 566 ~ SCHNEIDER / VICKTOR B

93, 148f. ~ WEG I (**1993**) 29 ~ KORNEMANN A **94**, 9 ~ SIEBERT, Cordula in KOERRENZ / REMY B **94**, 189–193 (Pr) ~ WEG II (**1994**) 71 ~ FOSS B **95**, 249 ~ BÜCHTING, Wilhelm / KEIL, Siegmar: Martin Rinckart. Leben und Werk, Eilenburg **1996** (mit Aufsatz von Keil über das Lied „Nun danket alle Gott“) ~ NSK **1996**/3, 25 ~ JLH 36 (**1996/97**) 257 ~ GERBER B **97** (B) ~ KEIL, Siegmar: „Nun danket alle Gott“ – Auf den Spuren eines Chorals, FK **1997**, H. 3, 87–96 ~ NSK **1997**/3, 12. 15f. ~ PODS, Günther: Zu Heft 3/97: Nun danket alle Gott – eine Ergänzung, FK **1997**, H. 6, 227–229 ~ WEG IV (**1997**) 83 ~ Een Comp [3]**1998**, Nr. 44. 249 ~ JLH 37 (**1998**) 222 ~ KLARER A **98**, 61 ~ SEIBT B **98**, 268 ~ WEG V (**1998**) 16 ~ WYSS-JENNY, Elisabeth in WGD 4 (**1998**) 54f. ~ CONRAD A **99**, 238 ~ STALMANN, Joachim / BIESSECKER, Georg in HEG II (**1999**) 66–69. 255f. ~

HENKYS, Jürgen in MÖLLER B **00**, 357 ~ KADELBACH A **00**, 153f. ~ RIEHM A **00**, 160 ~ WEG VI (**2000**) 17f. ~ WENNEMUTH A **00/01**, 191 ~ HERBST II A **01**, 177 ~ RÖSSLER B **01**, 365f. 440 ~ de BOOR, Friedrich in MIERSEMANN / BUSCH B **02**, 33 ~ FRANZ B **02**, 508 ~ GRUBER A **02**, 220f. ~ MARTINI B **02**, 155. 158. 288 ~ SCHMIDT B **02**, 191 ~ KNEITSCHEL B **03**, 217. 352 ~ KÜCK / KURZKE B **03**, 62 ~ SCHEFFBUCH 1 B [8]**03**, 260f. ~ NEUHAUS B **05**, 103. 109–111

322 Nun danket all und bringet Ehr

KOCH III B [3]**1867/1973**, 316; IV B [3]**1868/1973**, 106; VIII B [3]**1876/1973**, 169 ~ FISCHER II B **1879/1967**, 104 ~ KÜMMERLE I B **1888/1974**, 296; II B **1890/1974**, 390–392 ~

NELLE B [3]**1924/1962**, Nr. 10 ~

SCHLUNK B **51**, 256 ~ BERGMANN B **53**, 61. 197f. ~ BRUPPACHER B **53**, 46f. ~ MOREL II A **53**, 105f. ~ FORNACON, Siegfried in JLH 1 (**1955**) 116f. ~ SOLZBACHER B **56**, 91f. ~ BLANKENBURG, Walter in HEKG II/2 (**1957**) 96f. ~ KULP / BÜCHNER / FORNACON in HEKG Sb (**1958**) 57. 282. 303. 354–356 ~ BACH, Arthur / GRIMME, Gertrud in EvUV 3 ([2]**1959**) 172–175 ~

MERTES B **62**, 142–144 ~ NELLE B [4]**62**, 148. 161 ~ KÖHLER B **64** (HEKG I/2) 360f. ~ JLH 13 (**1968**) 189 ~ NEUBACHER B **68**, 51 ~ JLH 16 (**1971**) 17 ~ GIRARD A **72**, 149f. ~ SCHABASSER, Josef in SiK 19 (**1972**) H. 1, 25 ~ KRAFT, Sigisbert / STEIN, Josef in WGL III (**1975**) 105f. ~ MGD 29 (**1975**) 200 ~ BLANKENBURG A **76**, 103 = in JENNY / NIEVERGELT B **76**, 29 ~ JENNY A **76**, 146–148. 155 = in JENNY / NIEVERGELT B **76**, 45–47. 54 ~ JENNY / NIEVERGELT B **76**, 68f. ~ JORDAHN A **76**, 368 ~ KILLY A **76**, 83 = in JENNY /

NIEVERGELT B **76**, 9 ~ MERTEN A **76**, 126 ~ SIDLER, Hubert in MGD 30 (**1976**) 119f. ~ SAUER-GEPPERT A **77**, 71 ~ GOJOWY A **78**, 84 ~ MGD 32 (**1978**) 159 ~ JENNY, Markus in MGD 33 (**1979**) 139 ~ SEUFFERT, Josef in WGL IX (**1979**) 77 ~
JLH 24 (**1980**) 115 ~ KOCH A **80**, U 49f. ~ GRANZ A **82**, 84 ~ SAUER-GEPPERT A **83**, 801 ~ SAUER-GEPPERT B **84**, 53f. 57. 98 ~ HESSELBACHER B **87**, 34. 41 ~ MGD 42 (**1988**) 86. 212 ~ NORDHUES, Paul / WAGNER, Alois in RGL (**1988**) 203 ~ THURMAIR, Maria Luise ebd. 653 ~
VOLL, Wolfgang in HEKG III/2 (**1990**) 146f. ~ BUNNERS B **93**, 157. 244. 267f. 320f. ~ FRANK B **²93**, 140 ~ FOSS B **95**, 192f. ~ NSK **1995**/3, 25 ~ ÜHLEIN B **95**, 138 ~ GNAN, Michael: Nachklänge des Buches Jesus Sirach. Von synagogalen Gesängen bis zur Gegenwart. Beiträge zur Rezeptionsgeschichte insbesondere zu Sir 51, 12a-o; 50, 24–26 (Luther); 44, 16. 20 (Vulgata), Passau **1996**, bes. 120–128 ~ KADELBACH A **96**, 106 ~ NSK **1996**/3, 24 ~ STEFAN A **97**, 20 ~ WETTACH A **97**, 31 ~ Een Comp **³1998**, Nr. 63. 218. 319 ~ SEIBT B **98**, 322 ~ STALMANN, Joachim / WEBER, Edith / BUNNERS, Christian in HEG II (**1999**) 66–69. 71f. 110–112 ~
STEFAN A **00**, 53 ~ RÖSSLER B **01**, 436. 456 ~ ERB III B **⁸02**, 123–125 ~ SCHMIDT B **02**, 598 ~ KNEITSCHEL B **03**, 218. 351 ~ KÜCK / KURZKE B **03**, 5 ~ LEHMANN A **03**, 34 ~ BERNOULLI, Peter Ernst / MARTI, Andreas in ÖLK III (**2004**)

323 Man lobt dich in der Stille

KOCH III B **³1867/1973**, 219 ~ FISCHER II B **1879/1967**, 47 ~
NELLE B **³1924/1962**, Nr. 7 ~
SCHLUNK B **51**, 237 ~ KULP / BÜCHNER / FORNACON in HEKG Sb (**1958**) 351–353 ~
NELLE B **⁴62**, 128 ~ KÖHLER B **64** (HEKG I/2) 358 ~
MERTEN, Werner in HEKG III/2 (**1990**) 143f. ~ FRANK B **²93**, 728 ~ JLH 35 (**1994/95**) 229 ~ SEIBT B **98**, 266 ~ ALBRECHT, Christoph in HEG II (**1999**) 257–259 ~
RÖSSLER B **01**, 491 ~ SCHMIDT B **02**, 584. 610f.

Zur Mel. s. auch bei EG 289 „Nun lob, mein Seel, den Herren" !

324 Ich singe dir mit Herz und Mund

KOCH III B **³1867/1973**, 317; VI B **³1869/1973**, 481. 538; VII B **³1872/1973**, 315; VIII B **³1876/1973**, 329 ~ FISCHER I B **1878/1967**, 346 ~ KÜMMERLE I B **1888/ 1974**, 642f. ~
NELLE B **³1924/1962**, Nr. 9 ~

KAULEN, Lore: Ich singe dir mit Herz und Mund – Eine Liedbesprechung im 3. Schuljahr, EvU 4 (**1949**) 115 ~
SCHLUNK B **51**, 184 ~ BRUPPACHER B **53**, 41–43 ~ FRÖR, Kurt in KUV 1./2. (^{2}**1953**) 200f. ~ LAUTERBURG B **53**, 24f. ~ JAHR, Friedrich: Das Lied „Ich singe dir mit Herz und Mund“ im Anschluss an die Schöpfungsgeschichte, EvE 6 (**1954**) H. 4, 71f. ~ IHLENFELD B **56**, 130f. ~ KULP / BÜCHNER / FORNACON in HEKG Sb (**1958**) 353f. ~ NELLE B ^{4}**62**, 147. 152 ~ KÖHLER B **64** (HEKG I/2) 359f. ~ SCHRÖDER B ^{2}**64**, 155 ~ NEUBACHER B **68**, 2 ~
MEYER, Herbert: Kleine Liedformen für das Singen in der Schule. Ich singe dir mit Herz und Mund, ZRP 25 (**1970**) H. 8, 158f. ~ ALBRECHT A **76**, 138 = in JENNY / NIEVERGELT B **76**, 36f. ~ BLANKENBURG A **76**, 104 = in JENNY / NIEVERGELT B **76**, 30 ~ JENNY, Markus in MGD 30 (**1976**) 48 ~ JENNY A **76**, 146. 151. 155 = in JENNY / NIEVERGELT B **76**, 45. 50. 54 ~ JENNY / NIEVERGELT B **76**, 58. 69 ~ MERTEN A **76**, 128 ~ MGD 30 (**1976**) 46. 109 ~ SIDLER, Hubert ebd. 120 ~ ALBRECHT A **78**, 93f. ~ DRÖMANN A **78**, 193 ~ JLH 22 (**1978**) 267 ~ JENNY, Markus in MGD 33 (**1979**) 140 ~ SCHOTT A **79**, 163. 169 ~
ELTZ-HOFFMANN B **80**, 68 ~ JLH 24 (**1980**) 117 ~ MGD 38 (**1984**) 159 ~ SAUER-GEPPERT B **84**, 122 ~ SCHÖNBORN A **84**, 103 ~ ZIPPERT B **84**, 83–87 (Pr vom 23. 10. 1983) ~ HEINER B ^{3}**85**, 154 ~ HESSELBACHER B **87**, 74f. 146. 177 ~ PARENT B **87**, 222. 274 ~ NSK **1988**/1, 31 ~ VOLL, Wolfgang in HEKG III/2 (**1990**) 144–146 ~ STOLZE, Hans-Dieter in MILCHNER B **92**, 67–70 (Pr) ~ JLH 34 (**1992/93**) 221 ~ BUNNERS B **93**, 157. 160. 193. 267. 295. 316. 337 ~ FRANK B ^{2}**93**, 140 ~ NSK **1993**/4, 10f. ~ SCHNEIDER / VICKTOR B **93**, 104–106 ~ GLASER, Stefanie: „Ich singe dir mit Herz und Mund“. Liederfest zur Einführung des neuen Evangelischen Gesangbuches, EvKZ **1994**, Nr. 42, 8 ~ WEG II (**1994**) 70 ~ HENKYS A **94/95**, 139 ~ JLH 35 (**1994/95**) 110 ~ HARZ B **95**, 92–95 ~ REICH A **95**, 7 ~ ROSER, Hans: Beispielhaft gedichtet zum Lobe Gottes. Große Gesänge der Christenheit: Ich singe dir mit Herz und Mund (EG 324), epd, Ausgabe für kirchliche Presse, Nr. 15 vom 12. 4. **1995**, 22 = in DEINZER / ZOBEL B **97**, 104f. ~ GERBER B **97** (Erntedank) ~ STEFAN A **97**, 20 ~ WEG IV (**1997**) 83 ~ WETTACH A **97** ~ SCHWEIZER A **98**, 96f. ~ SEIBT B **98**, 263 ~ STALLMANN, Joachim / BUNNERS, Christian in HEG II (**1999**) 66–69. 110–112 ~ THUST, Karl Christian im Gemeindebrief der Burgkirche Ingelheim, Juni/Juli **1999** ~
KENNTNER B **01**, 59–73 (Pr) ~ RÖSSLER B **01**, 120. 457 ~ ERB III B ^{8}**02**, 120–123 ~ SCHMIDT B **02**, 577. 598 ~ KNEITSCHEL B **03**, 250f. 327

Zur Mel. s. auch bei EG 322 „Nun danket all und bringet Ehr“ !

325 Sollt ich meinem Gott nicht singen

KOCH III B [3]**1867/1973**, 275. 320; VIII B [3]**1876/1973**, 331 ~ FISCHER II B **1879/1967**, 267 ~ BÄUMKER III B **1891/1962**, 279 ~ KÜMMERLE III B **1894/ 1974**, 440–444 ~

GÜNTHER A **1906**, 347 ~ JULIAN B [2]**1907/1985**, 1066f. ~ NELLE B [3]**1924/ 1962**, Nr. 11 ~

SCHLUNK B **51**, 319f. ~ GERBER, Hermann: Das Hustenlied, WuW 6 (**1951/52**) Nr. 36, 314f. = GERBER B **56**, 115f. (B) ~ BRODDE A **52**, 49f. ~ BRUPPACHER B **53**, 48–50 ~ EISENHUTH B **53**, 88–90 ~ LAUTERBURG B **53**, 27–35 ~ WEISS, Ewald in GuK **1953**, 142f. ~ BLANKENBURG, Walter in HEKG II/2 (**1957**) 96. 98 ~ RÖBBELEN B **57**, 409. 460 ~ KULP / BÜCHNER / FORNACON in HEKG Sb (**1958**) 32. 57. 357f. 548 ~ FORNACON, Siegfried: Zu Paul Gerhardt's Liedern, JLH 4 (**1958/59**) 119 ~ FRÖR, Kurt in KUV 7 ([3]**1959**) 245f. ~

NELLE B [4]**62**, 148 ~ KÖHLER B **64** (HEKG I/2) 361f. ~ AMELN A **67**, 172 ~ JLH 12 (**1967**) 82; 13 (**1968**) 156. 158. 189 ~

JLH 15 (**1970**) 164 ~ ALBRECHT A **76**, 142 = in JENNY / NIEVERGELT B **76**, 41 ~ BLANKENBURG A **76**, 104 = in JENNY / NIEVERGELT B **76**, 30 ~ BRUPPACHER, Theophil in MGD 30 (**1976**) 78 ~ JENNY, Markus ebd. 47–50 ~ JENNY A **76**, 145. 155 = in JENNY / NIEVERGELT B **76**, 44. 54 ~ JENNY / NIEVERGELT B **76**, 4. 58f. 63. 66. 68 ~ MERTEN A **76**, 129 ~ MGD 30 (**1976**) 110. 113f. 117. 182 ~ MOSER B [2]**76**, 78f. (B) ~ RÖSSLER-Bibl. B **76**, 271 ~ SIDLER, Hubert in MGD 30 (**1976**) 119 ~ SAUER-GEPPERT A **77**, 79 ~ SCHÖNBORN A **77**, bes. 157 ~ GOJOWY A **78**, 106. 109 ~ HAUFE A **78**, 73 ~ SCHOTT A **79**, 167 ~

JLH 24 (**1980**) 117 ~ KLEEMANN, Jürg in NITSCHKE B **81**, 56–59 (Pr) ~ BUNNERS A **83**, 158 ~ MGD 37 (**1983**) 215 ~ SAUER-GEPPERT A **83**, 803 ~ SAUER-GEPPERT B **84**, 132. 141 ~ SCHÖNBORN A **84**, 103 ~ ERB IV B [2]**86**, 41f. ~ HESSELBACHER B **87**, 73. 126. 152f. 159 ~ MGD 41 (**1987**) 224 ~ NSK **1987**/3, 11 ~ PARENT B **87**, 72. 276 ~ MAHLERT, Uwe in ZGP 7 (**1989**) H. 3, 2–4 (Pr) ~ **NSK** 1989/1, 14; 2, 19 ~

MGD 44 (**1990**) 182 ~ SÖLLE B **90**, 65 (B) ~ VOLL, Wolfgang in HEKG III/2 (**1990**) 149–151 ~ BUNNERS B **93**, 160. 189–193. 196. 267. 285 ~ FRANK B [2]**93**, 704 ~ KORNEMANN A **94**, 13 ~ WEG II (**1994**) 76f. ~ FOSS B **95**, 44. 56. 183. 252 ~ KADELBACH A **96**, passim ~ KADELBACH A **96**, 226–230 ~ LÄHNEMANN B **96**, 60–66 (Pr am 4. 6. 1989) ~ NSK **1996**/3, 2 ~ HOFMANN, Helmut in WINTZER / SCHRÖER B **97**, 99–107 (Pr) ~ KADELBACH, Ada: Paul Gerhardt im Blauen Engel. Ein rätselhaftes Kirchenliedzitat in Heinrich

Manns „Professor Unrat", in: Helmut Koopmann / Peter-Paul Schneider (Hg.): Heinrich Mann Jb 14/1996, Lübeck **1997**, 87–112 ~ Een Comp ^{3}**1998**, Nr. 317. 426. 451 ~ KURZKE, Hermann: Ein Kirchenliedzitat in der Literatur. Ada Kadelbach: Paul Gerhardt im Blauen Engel, JLH 37 (**1998**) 214f. ~ REICH A **98**, 68 ~ SCHULZ A **98**, 28 ~ SEIBT B **98**, 271 ~ BUNNERS, Christian / ALBRECHT, Christoph in HEG II (**1999**) 110–112. 281f. ~
KADELBACH A **00**, 154f. ~ KADELBACH A **01**, 10 ~ MARTI B **01**, 131 ~ RÖSSLER B **01**, 456f. 504. 750 ~ ERB III B ^{8}**02**, 125–130 ~ MARTINI B **02**, 263 ~ SCHMIDT B **02**, 617. 619 ~ SCHEFFBUCH I B ^{8}**03**, 242. 245f.

326 Sei Lob und Ehr dem höchsten Gut

KOCH IV B ^{3}**1868/1973**, 220. 568; VII B ^{3}**1872/1973**, 303; VIII B ^{3}**1876/1973**, 334 ~ FISCHER II B **1879/1967**, 250f. ~ KÜMMERLE III B **1894/1974**, 344 ~
JULIAN B ^{2}**1907/1985**, 1018 ~ NELLE B ^{3}**1924/1962**, Nr. 13 ~ GERBER, Hermann: Drei alte Frankfurter, WuW 4 (**1949/50**) Nr. 41, 323 ~
SCHLUNK B **51**, 314 ~ BRUPPACHER B **53**, 50f. ~ EISENHUTH B **53**, 98–100 ~ FRÖR, Kurt in KUV 5 (^{2}**1953**) 82ff. ~ LAUTERBURG B **53**, 36f. ~ WEISMANN, Eberhard in WBK 21 (**1954**) H. 5, 88–90 ~ GERBER B **56**, 117f. ~ JLH 2 (**1956**) 244 ~ BACH, Arthur / GRIMME, Gertrud in EvUV 6 (**1957**) 109 ~ BLANKENBURG, Walter in HEKG II/2 (**1957**) 96f. ~ KULP / BÜCHNER / FORNACON in HEKG Sb (**1958**) 282. 303. 358f. ~ HERMELINK A **59**, 1485 ~
BACH, Arthur / GRIMME, Gertrud in EvUV (^{2}**1960**) 180–183 ~ JLH 6 (**1961**) 143. 148; 7 (**1962**) 100 ~ NELLE B ^{4}**62**, 187 ~ KÖHLER B **64** (HEKG I/2) 362–364 ~ AMELN A **69**, 184f. ~
WITTENBERG A **73/74**, 158 ~ MGD 30 (**1976**) 220 ~ DRÖMANN A **78**, 189 ~ JENNY, Markus in MGD 33 (**1979**) 138 ~ SCHOTT A **79**, 163 ~
MGD 34 (**1980**) 48. 118 ~ SAUER-GEPPERT B **84**, 30f. 141 ~ HEINER B ^{3}**85**, 169 ~ PARENT B **87**, 158. 175 ~ NSK **1989**/1, 14 ~
NSK **1990**/2, 20. 31 ~ SÖLLE B **90**, 70 ~ VOLL, Wolfgang in HEKG III/2 (**1990**) 151–153 ~ NAGEL A **92**, 11f. 16 ~ KORNEMANN A **94**, 13 ~ WEG II (**1994**) 70 ~ ALBRECHT B ^{4}**95**, 49 ~ ROSER B **95**, 94–97 ~ STEFAN A **97**, 20 ~ WITTE B **97**, 402 ~ Een Comp ^{3}**1998**, Nr. 431 ~ SEIBT B **98**, 270 ~ WEG V (**1998**) 16 ~ CONRAD A **99**, 240 ~ STALLMANN, Joachim / HARRASSOWITZ, Hermann in HEG II (**1999**) 66–69. 286f. ~

LAUCHT, Peter in SEEBERG B **00**, 168–171 (Pr) ~ STEFAN A **00**, 53 ~ WENNEMUTH A **00/01**, 188. 191 ~ RÖSSLER B **01**, 151. 564. 645. 719 ~ SCHEFFBUCH 2 B **²01**, 171f. ~ SCHMIDT B **02**, 608 ~ JLH 42 (**2003**) 227 ~ KNEITSCHEL B **03**, 267. 366 ~ KÜCK / KURZKE B **03**, 72 ~ SCHEFFBUCH 1 B **⁸03**, 223

327 Wunderbarer König

KOCH V B **³1868/1973**, 606; VI B **³1869/1973**, 30. 112; VIII B **³1876/1973**, 343 ~ FISCHER II B **1879/1967**, 416 ~ KÜMMERLE IV B **1895/1974**, 553–556 ~
JULIAN B **²1907/1985**, 792 ~ NELLE B **³1924/1962**, Nr. 15 ~
HOMMEL A **48/49**, 127 ~
SCHLUNK B **51**, 385 ~ BRUPPACHER B **53**, 55f. ~ GERBER, Hermann: Die Spaziergänge des Rektors, WuW 8 (**1953/54**) Nr. 23, 242 = GERBER B **56**, 119–121 ~ BLANKENBURG, Walter in HEKG II/2 (**1957**) 103 ~ KULP / BÜCHNER / FORNACON in HEKG Sb (**1958**) 206. 359. 362f. ~
NELLE B **⁴62**, 189 ~ ZIMMERMANN A **63**, 59 ~ KÖHLER B **64** (HEKG I/2) 365f. ~
JLH 15 (**1970**) 167; 16 (**1971**) 192 ~ NSK AM (**1972**) 7, 35 ~
BLANKENBURG A **80**, 124f. ~ ELTZ-HOFFMANN B **80**, 73 ~ JLH 24 (**1980**) 108 ~ MGD 34 (**1980**) 117. 122. 124f. 127 ~
DEICHGRÄBER, Reinhard / BLINDOW, Martin in HEKG III/2 (**1990**) 157–159 ~ ALBRECHT B **⁴95**, 50 ~ Een Comp **³1998**, Nr. 323 ~ SCHÜTZ A **98**, 49 ~ SEIBT B **98**, 275 ~ PISTORIUS, Dietmar in HEG II (**1999**) 223–225 ~
RÖSSLER, Martin in MÖLLER B **00**, 164 ~ RÖSSLER B **01**, 580. 588 ~ BILL A **02**, 219. 221. 225 ~ SCHMIDT B **02**, 623. 630 ~ REICH A **³03**, 767 ~ SCHEFFBUCH 1 B **⁸03**, 225f. ~ ACKERMANN B **³05**, 77. 82–84

328 Dir, dir, o Höchster, will ich singen

FISCHER I B **1878/1967**, 134 ~ KÜMMERLE I B **1888/1974**, 323 ~ BÄUMKER IV B **1911/1962**, 679 ~ NELLE B **³1924/1962**, Nr. 315 ~ GERBER, Hermann: Gefährlicher Gottesdienst, WuW 4 (**1949/50**) Nr. 31, 245 = GERBER B **56**, 122f. ~
SCHLUNK B **51**, 79f. ~ BRUPPACHER B **53**, 59f. ~ EISENHUTH B **53**, 103–105 ~ BLANKENBURG, Walter in HEKG II/2 (**1957**) 103 ~ KULP / BÜCHNER / FORNACON in HEKG Sb (**1958**) 64. 332. 365f. ~

NELLE B [4]**62**, 198 ~ KÖHLER B **64** (HEKG I/2) 367f. ~
HÜTTEL, Walter in JLH 16 (**1971**) 173 ~ NSK AM (**1972**) 7, 35 ~ JLH 19 (**1975**) 237 ~ JENNY, Markus in MGD 33 (**1979**) 137 ~
GERLACH, Wolfgang in NITSCHKE B **81**, 60–69 (Pr) ~ SAUER-GEPPERT B **84**, 129 ~ HEINER B [3]**85**, 180 ~ NSK **1987**/1, 21; 2, 11 ~
DEICHGRÄBER, Reinhard / BLINDOW, Martin in HEKG III/2 (**1990**) 162–165 ~ JENNY, Markus in MGD 46 (**1992**) 71f. ~ JLH 35 (**1994/95**) 229 ~ Een Comp [3]**1998**, Nr. 479 ~ SEIBT B **98**, 255 ~
ENGELHARDT, Ruth / BESSER, Beate in HEG II (**1999**) 65. 127–130 ~
HADAMER A **01**, 123 ~ RÖSSLER B **01**, 644 ~ MARTINI B **02**, 39. 126 ~ MC MULLEN, Dianne Marie in MIERSEMANN / BUSCH B **02**, 73–76 ~

329 Bis hierher hat mich Gott gebracht

(Mel.: Du Lebensbrot, Herr Jesu Christ)

KOCH III B [3]**1867/1973**, 219; IV B [3]**1868/1973**, 62. 149; V B [3]**1868/1973**, 662 ~ FISCHER I B **1878/1967**, 66 ~
NELLE B [3]**1924/1962**, Nr. 12 ~
SCHLUNK B **51**, 36 ~ BRODDE A **52**, 48 ~ BLANKENBURG, Walter in HEKG II/2 (**1957**) 103 ~ KULP / BÜCHNER / FORNACON in HEKG Sb (**1958**) 364f. ~
NELLE B [4]**62**, 177 ~ KÖHLER B **64** (HEKG I/2) 367 ~
SCHOTT A **79**, 163 ~
ELTZ-HOFFMANN B **80**, 95f. ~ ERB IV B [2]**86**, 69f. ~ BUCHRUCKER B **87**, 114f. 119f. ~ HESSING B [2]**89**, 46f. ~
DEICHGRÄBER, Reinhard / BLINDOW, Martin in HEKG III/2 (**1990**) 159–162 ~ JLH 33 (**1990/91**) 166 ~ STOLZE, Hans-Dieter in MILCHNER B **92**, 67–70 (Pr) und 170 (Segensworte) ~ SCHNEIDER-BÖKLEN, Elisabeth: „Bis hierher hat mich Gott gebracht". Leben und Werk der Ämilie Juliane von Schwarzenburg-Rudolstadt (1637–1706), GuK **1993**, 126–135 ~ JLH 35 (**1994/95**) 243 ~ SCHNEIDER-BÖKLEN B **95**, 30f. ~ NSK **1996**/2, 9 ~ Een Comp [3]**1998**, Nr. 86 ~ BESSER, Beate / SCHNEIDER-BÖKLEN, Elisabeth / BIESSECKER, Georg in HEG II (**1999**) 127–130. 292f. 302 ~
RÖLLEKE, Heinz: Dichtung und Gesangbuch, in SCHEITLER B **00**, 229 ~ RÖSSLER B **01**, 154. 494. 575. 645 ~ KNEITSCHEL B **03**, 279 ~ SCHEFFBUCH 1 B [8]**03**, 209

330 O dass ich tausend Zungen hätte

KOCH V B [3]**1868/1973**, 223. 591. 605f.; VIII B [3]**1876/1973**, 350 ~ FISCHER II B **1879/1967**, 137f. ~ KÜMMERLE I B **1888/1974**, 399; II B **1890/1974**, 463–465 ~
GÜNTHER, Rudolf: Analogien zu Mentzers „O dass ich tausend Zungen hätte", MGkK 29 (**1924**) H. 5/6, 117–120 ~ NELLE B [3]**1924/1962**, Nr. 16 ~
SCHLUNK B **51**, 268 ~ BRUPPACHER B **53**, 56–58 ~ FRÖR, Kurt in KUV 1./2. ([2]**1953**) 201 = EvUV 1./2. ([2]**1957**) 210 ~ BLANKENBURG, Walter in HEKG II/2 (**1957**) 64. 103. 105f. 111 ~ KULP / BÜCHNER / FORNACON in HEKG Sb (**1958**) 67. 366–368. 403. 469 ~
BLANKENBURG A **61**, 594f. ~ NELLE B [4]**62**, 223 ~ KÖHLER B **64** (HEKG I/2) 368f. ~ JLH 10 (**1965**) 286 ~
NSK AM (**1972**) 7, 35 ~ MGD 30 (**1976**) 220 ~
ELTZ-HOFFMANN B **80**, 79 ~ MGD 37 (**1983**) 71; 38 (**1984**) 70 ~ SAUER-GEPPERT B **84**, 99 ~ HEINER B [3]**85**, 173 ~ ERB IV B [2]**86**, 76f. ~ NSK **1986**/1, 31; 3, 30; **1987**/1, 21; **1988**/3, 32 ~
DEICHGRÄBER, Reinhard / BLINDOW, Martin in HEKG III/2 (**1990**) 165–168 ~ DE LA MOTTE B **93**, 205 ~ FRANK B [2]**93**, 497f. ~ WEG II (**1994**) 70 ~ Een Comp [3]**1998**, Nr. 297. 314. 440 ~ SEIBT B **98**, 108. 268 ~ JLH 38 (**1999**) 257 ~ WERBECK, Walter / SCHRÖER, Henning in HEG II (**1999**) 184f. 214 ~
HERBST II A **01**, 178 ~ RÖSSLER B **01**, 645 ~ MARTINI B **02**, 39 ~ SCHMIDT B **02**, 156f. 212. 221f. 606. 748 ~ JLH 42 (**2003**) 201 ~ SCHEFFBUCH 1 B [8]**03**, 189f.

331 Großer Gott, wir loben dich

(Te Deum laudamus)

BÄUMKER III B **1891/1962**, 285–287; IV B **1911/1962**, 685f. ~ NELLE B [3]**1924/1962**, Nr. 11 ~
SCHLUNK B **51**, 137f. ~ BERGMANN B **53**, 46. 61 ~ BRUPPACHER B **53**, 62–66. 215f. ~ LAUTERBURG B **53**, 110f. ~ FORNACON, Siegfried in MGD 9 (**1955**) 137–141 ~ JLH 3 (**1957**) 223 ~ KULP / BÜCHNER / FORNACON in HEKG Sb (**1958**) 173. 225 ~
MERTES B **62**, 135–138 ~
JLH 15 (**1970**) 169 ~ NSK AM (**1973**) 12, 61 ~ SAUER-GEPPERT A **73/74**, 201 ~ WITTENBERG A **73/74**, 130. 133. 137. 142 ~ DÖRR, Friedrich / STEIN, Josef in WGL III (**1975**) 85f. ~ KLUSEN B **75**, 95. 107. 157. 160. 165. 168f. ~ JENNY, Markus in NSK AM (**1976**) 21, 102 ~ TRUMMER, Hans / HEIMERL, Hans in Pr GL 1 (**1976**) 205–208 (+Pr) ~ SCHABASSER, Josef: Ärger mit „Großer Gott", SiK

24 (**1976/77**) H. 3, 116 ~ JLH 22 (**1978**) 241 ~ MGD 32 (**1978**) 159 ~ JLH 23 (**1979**) 129 ~ SEUFFERT, Josef in WGL IX (**1979**) 72f. ~ DÜRIG, W.: Das Lied „Großer Gott wir loben dich" und sein Dichter, der schlesische Pfarrer und Regens Ignaz Franz, Archiv für schlesische Kirchengeschichte 38 (**1980**) 175–194 ~ JENNY A **80**, 64 ~ JLH 24 (**1980**) 125 ~ MGD 34 (**1980**) 45 ~ HAHN B **81**, 17. 19. 22. 46f. 65. 289. 292f. 295–297. 299 ~ JLH 26 (**1982**) 224 ~ JENNY A **83**, 178. 184 ~ MGD 37 (**1983**) 198 ~ HEINER B ^{3}**85**, 20f. ~ NSK **1986**/1, 22 ~ STUDER, Andreas: „Großer Gott, wir loben dich" (RKG 197). Pazifismus im Kirchenlied, MGD 40 (**1986**) 141–145 ~ NSK **1987**/1, 21; 2, 11. 18; 3, 17 ~ JLH 31 (**1987/88**) 205 ~ HOFMANN, Ernst in RGL (**1988**) 646 ~ NSK **1988**/1, 31; 2, 23 ~ PACIK A **88**, 94 ~ JENNY A **89**, 623 ~ MGD 43 (**1989**) 88 ~ NSK **1989**/1, 28; 2, 19 ~ KURZKE, Hermann: Das deutsche Te Deum, in KURZKE B **90**, 163–184. 212. 217. 225 ~ NSK **1990**/2, 32f.; 3, 23 ~ JLH 34 (**1992/93**) 212 ~ FRANK B ^{2}**93**, 460 ~ NSK **1993**/2, 20 ~ SCHNEIDER / VICKTOR B **93**, 98–100 ~ HINZ, Marita in KOERRENZ / REMY B **94**, 195–200 (Pr) ~ KORNEMANN A **94**, 14 ~ EINIG B **95**, 13. 54. 78. 95. 413 ~ KRUMMACHER A **95**, 776 ~ NSK **1995**/3, 16 ~ ÜHLEIN B **95**, 136 ~ NSK **1997**/3, 15–17 ~ WEG IV (**1997**) 83 ~ Een Comp ^{3}**1998**, Nr. 444 ~ HENKYS A **98**, 162 = HENKYS B **99**, 222 ~ KLARER A **98**, 49 ~ SCHULZ A **98**, 26. 29 ~ SCHÜTZ A **98**, 46. 50. 52 ~ WEG V (**1998**) 16 ~ WH 1 (**1998**) 49 ~ EBENBAUER, Peter in HEG II (**1999**) 97 ~ EGERER 1 B **99**, ähnlich in ÖLK II (**2003**) ~ HAAG, Martina / TÜRMER, Beatrix: Vom „Te Deum" zum Kirchenlied. Drei Lieder der katholischen Aufklärung im Vergleich, MuK 69 (**1999**) H. 1, 10–19 ~ HERBST I A **99**, 256 ~ von LUKAS, Almuth: „Vor uns neigt die Erde sich …". Das „Te Deum" in der Bearbeitung eines DDR-Kabaretts, MuK 69 (**1999**) H. 1, 25–30 ~ JLH 39 (**2000**) 229. 231 ~ PRASSL, Franz Karl in MÖLLER B **00**, 33 ~ RIEHM A **00**, 169f. 174 ~ RÖSSLER B **01**, 757 ~ EGERER, Ernst-Dietrich / MARTI, Andreas in ÖLK II (**2003**) ~ KNEITSCHEL B **03**, 216f. 314 ~ KÜCK / KURZKE B **03**, 4. 22. 62f. 71f. 94. 98. 107. 109 ~ MICHEL A **03**, 196 ~ REICH A ^{3}**03**, 770 ~ NEUHAUS B **05**, 103. 107–111

S. auch bei EG 191 „Herr Gott, dich loben wir" mit weiterer Literatur zum Te Deum!

332 Lobt froh den Herrn

NELLE B ^{3}**1924/1962**, Nr. 21 ~
SCHLUNK B **51**, 232 ~
HEYDRICH B **62**, 243 ~ NELLE B ^{4}**62**, 277 ~
HEINER B ^{3}**85**, 224f. ~ NSK **1989**/1, 29 ~

SCHNEIDER / VICKTOR B **93**, 135f. ~ KORNEMANN A **94**, 13 ~ HOLZAPFEL A **96**, 91 ~ WEG IV (**1997**) 83 ~ MARTI, Andreas / METZGER, Heinz Dietrich in HEG II (**1999**) 115. 222 ~ STEFAN A **00**, 53 ~ RÖSSLER B **01**, 123 ~ NEUHAUS B **05**, 108

333 Danket dem Herrn

SCHLUNK B **51**, 46f. ~
KLUSEN B **75**, 144 ~
HEINER B [3]**85**, 252 ~
WEG II (**1994**) 116f.; IV (**1997**) 55; V (**1998**) 16 ~ HAUKE, Rainer / SCHNEIDER, Matthias in HEG II (**1999**) 149. 288 ~ HERBST I A **99**, 257 ~ RÖSSLER B **01**, 124

334 Danke für diesen guten Morgen

BLANKENBURG, Walter: „Danke!“, MuK 32 (**1962**) H. 6, 270f., z.T. = Km 14 (**1963**) 66 ~ Stuttgarter Ev. Sonntagsblatt vom 16. 12. **1962** (Besprechung der Cantate-Aufnahme von „Danke“) 5f. ~ BEHREND, P. in: Die Zeit, 20. 9. **1963** ~ BELTINGER, Th.: Danke, Korrespondenzblatt 78 (**1963**) Nr. 9, 3 ~ BLANKENBURG, Walter: Um die Zeitgemäßheit der gegenwärtigen kirchenmusikalischen Praxis, MuK 33 (**1963**) H. 2, 82f. ~ BRAUMANN, M.: Walzer für Gott BRODDE, Otto: Neue Lieder auf Schallplatten, KCh 23 (**1963**) H. 6, 89 ~ BUFF, Br. / KRÜGER, Lydia in: Unser Auftrag, 20. 4. **1963**, 77f. ~ BUSCH, Kl. in: Die Welt, 11. 3. **1963**, 5 ~ „Danke“, GuK **1963**/5, 185 ~ ECKERT, Carola: Lobet den Herrn mit leichten Liedern. Kirchenschlager – für wen?, Die Zeit, 13. 9. **1963**, 36 = GuK **1963**/5, 185 ~ Dies. / W. W. in: Fromme Schnulze oder Choral? Eine neue Schallplatte, Kirche und Mann, Febr. **1963**, 8 ~ HEGELE, Günter in: Die Welt, 11. 3. **1963**, 5 ~ Ders. in: Christ und Welt, 29. 3. **1963** ~ Ders. in Km 14 (**1963**) 233 ~ HIDDE, M.: Neues Lied tut Wunder, in: Die Zeit, 27. 9. 1963 ~ HOFMANN, Friedrich: Noch einmal: „Danke!“, Km 14 (**1963**) 92–95 ~ Ders. ebd. 234 ~ JENNY, Markus: Vom zeitgenössischen Kirchenlied, Reformatio (Zs für ev. Kultur und Politik) 12 (**1963**) Nr. 9, 493 ~ JUNGHEINRICH, H.: Die Kirche eine kahle Sängerin. Krise der evangelischen Kirchenmusik, Christ und Welt 16 (**1963**) Nr. 5, 13 ~ JUNKER, W. in MuK 33 (**1963**) H. 2, 82f. ~ KERST: Die Weimarer Junge Gemeinde stellt zur Diskussion: Es war, als sängen die Bengel, Glaube und Heimat. Ev. Sonntagsblatt für Thüringen 18, Jena, 17. 2. **1963**, Nr. 7 ~ KUNZ, U.: Danke für „Danke“, in: Die Sache mit den „neuen Wegen“ (Antwort auf Leserbriefe zu der Betrachtung

„Danke für die Musik"), 1. Teil, Stuttgarter Ev. Sonntagsblatt, 12. 5. **1963**, 3f. ~ MACK, Fr.: Die Sache mit den „neuen Wegen" (Antwort auf Leserbriefe zu der Betrachtung „Danke für die Musik") 2. Teil, Stuttgarter Ev. Sonntagsblatt, 19. 5. **1963**, 5 ~ MEISSNER, R. in: Die Welt, 11. 3. **1963**, 5 ~ MUNSER, W.: Neuer Wechselgesang, Km 14 (**1963**) 95f. ~ NITSCHKE, Horst: Entgegnung, Radius (Stuttgart) **1963**, Nr. 3, 50f. ~ SCHNEIDER, G.: Ist das wirklich das „neue Lied"?, Sonntagsblatt (Hamburg) vom 13. 1. **1963** ~ SPITZIG, K.: Die Invasion der Plattitüden, Horizont (Gelnhausen) **1963**, H. 12 = GuK **1964**/1, 26 ~ ST., R.: Danke – für die Musik. Moderne „Preislieder" in der Kirche, Nürnberger Nachrichten, 1. 10. **1963** = GuK **1963**/5, 188 ~ STROTHMANN, Margarethe in: Die Zeit, 20. 9. **1963**, Nr. 38 ~ TAPPOLET B **63**, 168 ~ WALL, M.: Pass zur eigenen Gedankenlosigkeit, in: Die Sache mit den „neuen Wegen" (s. o.), 1. Teil, Stuttgarter Ev. Sonntagsblatt, 12. 5. **1963**, 4 ~ WIDMANN, Joachim: „Danke für die Musik ...". Eine Unzeit-gemäße Betrachtung, Stuttgarter Ev. Sonntagsblatt, 10. 2. **1963**, 3 ~ ZIEGLER, Klaus Martin: „Kahle Sängerin" contra „Fußgänger der Luft". Ein Beitrag zur Diskussion, MuK 33 (**1963**) H. 3, 104 ~ ZIMMERMANN, Heinz Werner: Neue Musik und neues Kirchenlied, ebd. H. 2, 66 ~ Zwischen Lutherchoral und Schnulze, Berliner Sonntagsblatt, 12. 5. **1963** = Kommunität (Vierteljahreshefte der Ev. Akademie Berlin), Juli **1963**, 110 ~ ANGER, Dietmar: Zur Diskussion um das „Danke"-Lied, in: Günter Hegele (Hg.): Warum neue religiöse Lieder? – Eine Dokumentation, Regensburg **1964**, 68–71 ~ HEGELE, Günter: Warum neue Lieder?, ebd. 5 ~ Ders.: Zu den Fragen an die Tutzinger Lieder, Korrespondenzblatt 79 (**1964**) Nr. 3, 6 ~ H., H.J.: Danke – Antwort auf alle Fragen, in: Die Zeit, 9. 10. **1964** = GuK **1964**/5, 204f. ~ HOFMANN, Friedrich: Anmerkungen zur musikalischen Gestalt der Tutzinger Lieder, Korrespondenzblatt 79 (**1964**) Nr. 2, 3 ~ Ders.: Echte und falsche Sorgen der Kirchenmusik heute, KCh 24 (**1964**) H. 1, 4–8 ~ Ders.: Neue geistliche Lieder. Überlegungen zu den Tutzinger Liedversuch(ung)en, WBK 31 (**1964**) H. 2, 41 ~ Leserzuschriften in KCh 24 (**1964**) H. 3, 35 ~ SCHNEIDER, Martin Gotthard: Warum ich solche Lieder schreibe, in: Günter Hegele (Hg.): Warum neue religiöse Lieder? – Eine Dokumentation, Regensburg **1964**, 53–57 ~ SÖHNGEN, Oskar: Das Lied der Kirche, in: G. Mittring / G. Rödding (Hgg.): Musik als Lobgesang (FS Wilhelm Ehmann), Darmstadt **1964**, 25. 28 ~ WEINREICH, Waltraut: „Aus einem Brief der Verfasserin an einen kirchlichen Journalisten", GuK **1964**/2, 63 ~ GERBER, Hermann: Musik in der Morgenfeier, Darmstadt **1965**, 5 ~ KNIPPING, Hans-Helmut in: Gerhard Schnath (Hg.): Fantasie für Gott. Gottesdienste in neuer Gestalt, Stuttgart / Berlin ^{2}**1965**, 50 ~ FRANK, Hans: Ein kritisches Wort an die Kritiker der religiösen Schlager: Zum „Danke", EvKCh 71 (**1966**) H. 5, 82f. ~

WITTENBERG A **73/74**, 148 ~ MGD 29 (**1975**) 56 ~ NSK AM (**1975**) 18, 91 ~ HEGELE, Günter: Neue Lieder durch Preisausschreiben? Viermal Tutzing und die Folgen, in JUHRE B **76**, 25–27 ~ THUST B **76**, 12. 21f. 69f. 118. 235. 268. 296. 302. 315. 329. 338. 347f. 363. 374. 385. 547. 552. 555–565. 701. 711. 771f. ~ WITTENBERG A **79**, 77 ~ MGD 35 (**1981**) 242; 37 (**1983**) 198 ~ NSK **1986**/1, 13; 2, 5f. ~ JLH 31 (**1987/88**) 126 ~ NSK **1989**/1, 16 ~
HERMANN, Martin: „Danke", WBK 57 (**1990**) H. 1, 10f. ~ NSK **1990**/2, 33; 3, 29f.; **1991**/3, 31 ~ SCHWARZ, Joachim: „Neue geistliche Lieder". Anmerkungen zur Geschichte und Gegenwart, FdGD **1992**, Nr. 39/40, 62 ~ JLH 34 (**1992/93**) 210 ~ MARTI, Kurt: Fromme Schnulze, NSK **1993**/1, 22f. ~ WEG II (**1994**) 23 ~ ALBRECHT B [4]**95**, 95 ~ HARZ B **95**, 96f. ~ MEYER A **95**, 136–141 ~ NSK **1995**/4, 24 ~ ALBRECHT A **96**, 185f. ~ GERBER B **97** ~ NSK **1997**/3, 24 ~ SCHMOLL, Gerd in MÖLLER B **97**, 180–183 (B) ~ SCHNEIDER, Martin Gotthard in MEYER B [2]**97**, 246–248 ~ WEG IV (**1997**) 83 ~ WETTACH A **97**, 30 ~ HAHNEN B **98**, 236f. ~ JLH 37 (**1998**) 223 ~ SCHÜTZ A **98**, 46. 55f. ~ TRÖTSCHEL, Heinrich R. in HEG II (**1999**) 279f. ~
RABENAU, Merten in SEEBERG B **00**, 174–176 (Pr vom 17. 6. 1998) ~ RIEHM, Heinrich u. a. in MÖLLER B **00**, 300–302 ~ WENTZ-JANACEK A **00**, 27 ~ MUNDRY, Johannes: Vierzig Jahre „Danke", MuK 71 (**2001**) H. 5, 35f. ~ RÖSSLER B **01**, 985 ~ epd = EvSZ vom 8. 5. **2005**, Nr. 19, 23

335 Ich will den Herrn loben allezeit

(Psalm 34, 2; Kanon)

GRIMM A **69**, 161 ~
NSK **1986**/2, 18; **1987**/3, 14 ~
KLEK A **91**, 224 ~ JLH 35 (**1994/95**) 229 ~ ALBRECHT, Christoph in HEG II (**1999**) 319f. ~
RÖSSLER B **01**, 123. 487

336 Danket, danket dem Herrn

(nach Psalm 106, 1; Kanon)

JLH 2 (**1956**) 123 ~ BRENNECKE A **58/59**, 71 ~
GSCHWEND A **62**, 166 ~ SOMMER A **66**, 152. 159 ~ AMELN A **67**, 174 ~ LIPPHARDT A **68**, 170 ~ GRIMM A **69**, 164 ~
NIEVERGELT, Edwin in NSK AM (**1972**) 5, 20 ~ SEUFFERT, Josef in WGL III (**1975**) 136 ~ RÖSSLER-Bibl. B **76**, 244 ~ GOJOWY A **78**, 114 ~

DRÖMANN A **83**, 171 ~
JLH 33 (**1990/91**) 266 ~ NSK **1996**/1, 23; **1997**/2, 23 ~ WEG IV (**1997**) 55. 83 ~ WYSS-JENNY, Elisabeth in WGD 4 (**1998**) 14f. ~
STEFAN, Hans-Jürg in WH 3 (**2000**) 65 ~ WEG VI (**2000**) 17 ~
KNEITSCHEL B **03**, 284

337 Lobet und preiset, ihr Völker, den Herrn

(Kanon)

SEUFFERT, Josef in WGL III (**1975**) 135 ~
NSK **1986**/2, 18; **1989**/2, 21; 3, 10. 32 ~
NSK **1992**/2, 24; 3, 8; **1993**/4, 2 ~ HARZ B **95**, 98f. ~ NSK **1995**/1, 13 ~ Lobet und preiset, ihr Völker, den Herrn – Szenisches Spiel für einen Familiengottesdienst, in: Mit allen Sinnen erleben. Das neue Evangelische Gesangbuch für Rheinland, Westfalen und Lippe und für die Evangelisch-reformierte Kirche, hg. von der Arbeitsstelle Gottesdienst der EKvW und der Beratungs- und Studienstelle für den Gottesdienst der EKiR, Dortmund / Düsseldorf **1996**, 92–94 ~ NSK **1996**/1, 23; **1997**/2, 23 ~ WEG IV (**1997**) 83. 111 ~ WYSS-JENNY, Elisabeth in WGD 4 (**1998**) 24f. ~
KNEITSCHEL B **03**, 343

338 Alte mit den Jungen

(Psalm 148, 12f.; Kanon)

MEYER B [2]**97**, 231 ~ WEG IV (**1997**) 55. 83 ~ SCHUBERTH, Dietrich in HEG II (**1999**) 266–268 ~
RÖSSLER B **01**, 989

339 Mein Herz ist bereit, Gott

(Psalm 57, 8; Kanon)

JLH 20 (**1976**) 238 ~
MEYER B [2]**97**, 231 ~ WEG IV (**1997**) 55 ~ SCHUBERTH, Dietrich in HEG II (**1999**) 266–268 ~
STEFAN, Hans-Jürg in WH 3 (**2000**) 65

340 Ich will dem Herrn singen

(Psalm 104, 33; Kanon)

WEG IV (**1997**) 55. 83 ~ KLEK, Konrad in HEG II (**1999**) 239–241 ~
STEFAN, Hans-Jürg in WH 3 (**2000**) 65

Rechtfertigung und Zuversicht

341 Nun freut euch, lieben Christen gmein

KOCH I B ^{3}**1866/1973**, 242. 466. 471; VIII B ^{3}**1876/1973**, 3 ~ BÖHME B **1877/ 1966**, 732f. ~ FISCHER II B **1879/1967**, 106–108 ~ BÄUMKER II B **1888/1962**, 282 ~ KÜMMERLE I B **1888/ 1974**, 60. 354; II B **1890/1974**, 99. 394f. ~
JULIAN B ^{2}**1907/1985**, 821f. ~ RISCH A **1908**, 156f. ~ SPITTA A **1917**, 215 ~ LUCKE, Wilhelm / MOSER, Hans Joachim in WA 35 (**1923**) 133–135. 158. 422–425. 493–495. 615 ~
SCHLISSKE B **48**, 247f. 259–267 bzw. 271 ~ SCHÜTZ, Adalbert: Nun freut euch, lieben Christen gmein – Monographie eines Kirchenliedes, EvU 4 (**1949**) 130 ~
KRUMMACHER, Helga: Martin Luther: „Nun freut euch, lieben Christen gmein ...“. Unterrichtshilfe für verschiedene Altersstufen, ChL 3 (**1950**) Nr. 8/9, U 182–188 ~ STAPEL B **50**, 74f. 203–211 ~ SCHLUNK B **51**, 256f. ~ BRUPPACHER B **53**, 269f. ~ EISENHUTH B **53**, 16 ~ LAUTERBURG B **53**, 144f. ~ BRODDE / MÜLLER B **54**, 114–117 ~ RÖBBELEN A **54**, 377–383 ~ WEISS, Ewald in GuK **1954**, 54f. ~ BLANKENBURG A **55**, 1663f. ~ JLH 1 (**1955**) 61 ~ KCh 15 (**1955**) H. 2, 17 ~ SCHRÖDER B **55**, 88f. ~ BURBA B **56**, 19–21. 32–35. 42–45 ~ GABRIEL B ^{3}**56**, 39f. ~ JLH 2 (**1956**) 73. 89. 124 und Beilage (Faksimile aus dem Achtliederbuch) ~ RAMSAUER, Helene: Versuch der Behandlung des Liedes „Nun freut euch, lieben Christen g'mein“, EvU 11 (**1956**) 149 ~ BLANKENBURG, Walter in HEKG II/2 (**1957**) 65. 68. 115 ~ FINSCHER A **57**, 66. 69. 71f. ~ JLH 3 (**1957**) 133. 146 ~ RÖBBELEN B **57**, 71. 113. 198f. 228. 231. 240A. 459 ~ SCHOENBAUM A **57**, 56 ~ BACH, Arthur / GRIMME, Gertrud in EvUV 7 (**1958**) 238–242 = KUV 6 (^{3}**1958**) 52–55 ~ KULP / BÜCHNER / FORNACON in HEKG Sb (**1958**) 45. 59. 115. 135. 147. 196. 235. 257. 270. 273. 276. 348. 368–371. 376. 466. 854f. ~ BOES A **58/59**, 19 ~ BRENNECKE A **58/59**, 69 ~ JENNY / AMELN A **58/59**, 105 ~ JLH **58/59**, 139. 159 ~ DOERNE A **59**, 1455 ~
ALPERS, Paul: „Nun freut euch, lieben Christen gmein“ im Liederbuch der Anna von Köln, JLH 5 (**1960**) 132f. ~ MAHRENHOLZ A **60**, 125. 130f. ~ MOSER, Hans Joachim: Nun freut euch, lieben Christen gmein. Die wahrscheinliche Vorgeschichte des Lutherliedes, in SÖHNGEN B **60**, 137–144. 238 ~ BLANKENBURG A **61**, 580f. 584. 615f.

~ JENNY A **61**, 121 ~ JLH 6 (**1961**) 101 ~ GSCHWEND A **62**, 166. 169 ~ JENNY B **62**, 42f. 63. 69. 84. 91. 148. 154. 162–164. 214. 241–244. 254. 276. 279 ~ JLH 7 (**1962**) 103. 130. 309 ~ NELLE B [4]**62**, 35f. 38. 45. 50f. ~ WOLFF, Ludwig: Zu Luthers Lied „Nun freut euch, lieben Christen gmein", JLH 7 (**1962**) 99–102 ~ BRODDE A **63**, 74f. ~ JLH 8 (**1963**) 128 ~ RECKZIEGEL B **63**, 80. 105f. 169. 210 ~ TAPPOLET B **63**, 7 ~ VOLZ A **63**, 60. 64. 68. 71 ~ WERTHEMANN B **63**, 58. 60f. ~ KÖHLER B **64** (HEKG I/2) 369–373 ~ SCHRÖDER B [2]**64**, 92f. ~ SOMMER A **64**, 36. 71 ~ VEIDT, Gerhard in EvE 16 (**1964**) H. 10, 317–323 ~ BLUME, Friedrich / FINSCHER, Ludwig in BLUME B [2]**65**, 26 ~ JLH 11 (**1966**) 92. 97. 109 ~ KRATZEL A **66**, 172 ~ AMELN A **67**, 174. 180 ~ BIRKNER A **67**, 125 ~ HAHN B **67**, 17–20 ~ JLH 12 (**1967**) 162 ~ MÜLLER A **67**, 94 ~ REICH A **67**, 5 ~ SCHÜTZ, Adalbert: Nun freut euch, lieben Christen gmein. Monographie eines Kirchenliedes, EvU 22 (**1967**) 97–101 ~ NEUBACHER B **68**, 36f. ~ AMELN A **69**, 184 ~ GRIMM A **69**, 168. 174 ~ HÜBNER B **69**, 78–84 ~ JLH 14 (**1969**) 144. 238f. ~

JLH 15 (**1970**) 25. 164; 16 (**1971**) 168; 17 (**1972**) 230 ~ NSK AM (**1972**) 7, 38 ~ SOMMER I A **72**, 140. 142. 154. 159 ~ BLANKENBURG A **73/74**, 69. 72. 74f. 77. 81–84. 95f. ~ BREDNICH I B **74**, 88f.; II B **75**, Nr. 96, Abb. 142 ~ JUNG, Alfred: „Nun freut euch, lieben Christen gmein". Eine theologische Untersuchung des Lutherliedes, JLH 19 (**1975**) 200–209 ~ SAUER-GEPPERT A **75**, 223f. ~ JLH 20 (**1976**) 244 ~ RÖSSLER B **76**, 25. 188 ~ RÖSSLER-Bibl. B **76**, 266 ~ BLANKENBURG I A **77**, 381f. 396f. ~ JENNY A **77**, 58–61 ~ MGD 31 (**1977**) 177 ~ DRÖMANN A **78**, 194 ~ GOJOWY A **78**, 90. 98f. 101f. 106–109. 111. 113. 116. 119f. 123 ~ KOHLS, E.-W.: Die ersten evangelischen Märtyrer und Luthers erstes Glaubenslied, in: Der feste Grund, Essen **1978**, 107–110 ~ BLANKENBURG II A **79**, 260. 263 ~ JENNY, Markus in MGD 33 (**1979**) 137. 140 ~ Ders.: Vom Psalmlied zum Glaubenslied – Vom Glaubenslied zum Psalmlied, MuK 49 (**1979**) H. 6, 270f. ~

ELTZ-HOFFMANN B **80**, 12 ~ JENNY A **80**, 60 ~ JLH 24 (**1980**) 189 ~ MGD 34 (**1980**) 27 ~ HAHN B **81**, 14–16. 18. 20f. 99. 103–106. 109–133. 138f. 142. 145. 147. 159 Anm. 165. 161. 165 Anm. 193. 167 Anm. 203. 169f. 173. 179. 183. 207 Anm. 131. 208 Anm. 135. 213. 227. 253 Anm. 26. 271f. 282f. 314 ~ JLH 25 (**1981**) 192 ~ MGD 35 (**1981**) 72 ~ STIEHLER, Ulrich in NITSCHKE B **81**, 70–75 (Pr) ~ HAHN, Gerhard: Zur Dimension des Neuen an Luthers Kirchenliedern, JLH 26 (**1982**) 96–103 ~ JLH 26 (**1982**) 99f. 145 ~ MGD 36 (**1982**) 216 ~ BIERITZ A **83**, 232. 234. 236f. 239 ~ DRÖMANN A **83**, 171. 184 ~ HEIMRATH / KORTH B **83**, 111–115. 141 ~ JENNY A **83**, 48f. ~ JENNY B **83**, 81–86 ~ MGD 38 (**1984**) 163 ~ RÖSSLER A **84**, 111 ~ SAUER-GEPPERT B **84**, 55. 131. 183 ~ SCHÖNBORN

A **84**, 103 ~ ZIPPERT B **84**, 88–91 = ZGP 6 (**1988**) H. 5, 39f. (Pr vom 30. 10. 1983) ~ ASPER B **85**, 57–59. 62. 64. 67. 70. 114–116. 128f. 133. 167 ~ ERNST B **85**, 180. 192. 200 ~ JENNY B **85** (WA.A 4) 57f. 154–159 ~ JLH 29 (**1985**) 83. 88. 191f. ~ MARTI A **85**, 161 ~ MGD 39 (**1985**) 176 ~ AMELN A **86**, 107–127, bes. 114f. ~ JLH 30 (**1986**) 228. 243 ~ VEIT B **86**, 41. 45. 64. 67 Anm. 22, 69 Anm. 33. 73 Anm. 51. 80 Anm. 98. 83. 86 Anm. 25. 89. 91f. 96. 98 Anm. 83. 99 Anm. 87 und 92. 100 Anm. 98. 103f. 105 Anm. 125. 106 Anm. 131 und 137f. 108. 109 Anm. 151. 110 Anm. 154. 111 Anm. 157. 112 Anm. 165. 113. 115. 117. 119 Anm. 12. 120 Anm. 17 und 19. 121–123. 125. 127. 129. 133. 141 144. Anm. 23 und 26. 145f. 149 Anm. 52. 150. 156. 160. 162 Anm. 4f. und 7. 163 ~ EBERHARDT A **87** ~ MGD 41 (**1987**) 55. 296 ~ PARENT B **87**, 160. 275 ~ MGD 42 (**1988**) 147. 159. 261 ~ NSK **1988**/3, 28. 32 ~ HESSING B [2]**89**, 48f. ~ JLH 32 (**1989**) 20. 272. 275 ~

DRUDE, Hartwig in HEKG III/2 (**1990**) 168–171 ~ NSK **1990**/2, 20f. ~ RÖSSLER B **90**, 123–138 (Pr) ~ BLANKENBURG B **91**, 149. 158. 160f. 163. 165. 336. 349 ~ RÖSSLER II A **92** (+Pr: 103f. 108f.) ~ KRIEG A **92/93**, 48 ~ DKL III/1.1 Textbd. (**1993**) 184–186 ~ DKL III/1.1 Notenbd. (**1993**) 211 ~ FRANK B [2]**93**, 544 ~ HAHN A **93**, 305f. ~ MARTI, Andreas: Die Melodien von „Nun freut euch, lieben Christen gmein", MGD 47 (**1993**) 174–177 ~ von MEDING, Wichmann: Gewendetes Gleichnis. Luthers Lied „Nun freut euch, lieben Christen, gmein", ebd. 166–173 ~ SCHNEIDER / VICKTOR B **93**, 150–154 ~ WBK 60 (**1993**) H. 1, Titelseite ~ WEG I (**1993**) 29 ~ KORNEMANN A **94**, 9 ~ LIEBERKNECHT B **94**, 33 ~ von MEDING, Wichmann: Luther und Speratus: Zwei Liedermacher in Wittenberg, MuK 64 (**1994**) 198f. ~ von MEDING A **94**, 252 ~ ZIPPERT A **94**, 43–45 ~ JLH 35 (**1994/95**) 244 ~ ALBRECHT B [4]**95**, 19. 142 ~ FOSS B **95**, 209 Anm. 24 ~ KASTNER, Hannes-Dietrich in ZGP 13 (**1995**) H. 5, 7f. (Pr) ~ KORTH A **95**, 1168 ~ REICH A **95**, 10 ~ ZIPPERT B **95**, 118. 121–124 (+B) ~ DKL III/1.2 Notenbd. (**1996**) 140. 155 ~ ROSER A **96**, 83f. ~ JLH 36 (**1996/97**) 208 ~ DKL III/1.2 Textbd. (**1997**) 79–81. 163. 185–187. 192f. ~ GERBER B **97** (Zum 31. Oktober) ~ MAHRENHOLZ A **97**, 78–81 ~ NSK **1997**/3, 10 ~ REICH A **97**, 103–110 ~ Een Comp [3]**1998**, Nr. 169. 279. 402 ~ HOLZAPFEL B **98**, 245 ~ JLH 37 (**1998**) 193 ~ von MEDING B **98**, 54–59. 72. 95. 99f. 109f. 134. 151. 169. 288f. 295. 298. 301f. 307–309. 312. 315f. 318. 322. 324. 347. 360f. 363. 366. 372f. 378. 389. 416f. 422f. 426. 429–431. 445f. ~ REICH A **98**, 69 ~ SCHRÖER A **98**, 9 ~ THUST, Karl Christian: Reformationslied von Martin Luther „Nun freut euch, lieben Christen gmein" (EG 341). Einführung, Meditation und Orgelbearbeitungen (unveröffentlichter Vortrag vom 31. 10 **1998**, +B) ~ WISSEMANN-GARBE A **98**, 118. 120. 122. 125–127 ~ CON-

RAD A **99**, 240 ~ DKL III/1 Registerbd. (**1999**) 30. 62. 70. 76. 81. 84. 94. 97. 102. 108. 128. 218 ~ JLH 38 (**1999**) 43 ~ RÖSSLER, Martin in HEG II (**1999**) 204–208 ~

KADELBACH A **00**, 152. 166f. ~ MARTI A **00**, 184 ~ WENTZ-JANACEK A **00**, 36 ~ DANZEGLOCKE A **01**, 109 ~ JLH 40 (**2001**) 201 ~ REICH, Christa in Geistl. Wunderhorn (2001) 111–123. 509f. ~ RÖSSLER B **01**, 40–42. 58. 239. 581 ~ BILL A **02**, 216 ~ DKL III/2 Textbd. (**2002**) 250. 327 ~ FRANZ B **02**, 69. 402. 507. 511–513. 519 ~ JLH 41 (**2002**) 236. 242 ~ MARTINI B **02**, 104. 248f. 259. 265 ~ ACKERMANN A **03**, 61–65 ~ FRIEDRICH, Anselm in HARTMANN B **03**, 40–45 (+Pr) ~ JLH 42 (**2003**) 233; 43 (**2004**) 169 ~ KORTH A **04**, 219 ~ ACKERMANN B **³05**, 52. 77

342 Es ist das Heil uns kommen her

KOCH I B **³1866/1973**, 254. 353. 466; VIII B **³1876/1973**, 236 ~ BÖHME B **1877/ 1966**, 733f. ~ FISCHER I B **1878/1967**, 179–181 ~ KÜMMERLE I B **1888/1974**, 354. 378f. ~ ERK / BÖHME III B **1893f./1988**, 685 ~

JULIAN B **²1907/1985**, 1074 ~ NELLE B **³1924/1962**, Nr. 260 ~ BLANKENBURG, Walter: Musikalische Maßstäbe und Forderungen für die Arbeit am neuen Gesangbuch, MGkK 40 (**1935**) 162f. ~ GABRIEL, Paul: Paul Speratus, ZdZ 5 (**1951**) H. 8, 285–287 ~ SCHLUNK B **51**, 100f. ~ BERGMANN B **53**, 99 ~ BRUPPACHER B **53**, 271f. ~ LAUTERBURG B **53**, 147f. ~ BRODDE / MÜLLER B **54**, 64–67 ~ SCHRÖDER B **55**, 89 ~ JLH 2 (**1956**) 89. 123 und Beilage (Faksimile aus dem Achtliederbuch) ~ BLANKENBURG, Walter in HEKG II/2 (**1957**) 57. 62. 65 ~ FINSCHER A **57**, 66f. ~ JLH 3 (**1957**) 133. 135 ~ RÖBBELEN B **57**, 71. 127A. 182. 199f. 240A. 456 ~ SCHÖNBAUM A **57**, 57 ~ KRAMP A **57/58**, 201 ~ KULP / BÜCHNER / FORNACON in HEKG Sb (**1958**) 148. 152. 202. 273. 301. 359. 370. 375–381 ~ BRENNECKE A **58/59**, 69 ~ JENNY / AMELN A **58/59**, 105 ~ JLH 4 (**1958/59**) 157. 159 ~

BLANKENBURG A **61**, 582 ~ JLH 6 (**1961**) 143 ~ LIPPHARDT A **61**, 100 ~ JENNY B **62**, 42f. 63. 69. 88. 91. 93. 97. 148. 154f. 162–164. 191. 204. 241. 243f. 276. 292f. ~ JLH 7 (**1962**) 46. 130 ~ MERTES B **62**, 65 ~ NELLE B **⁴62**, 58 ~ VALENTIN, Gerhard: Ein Lied vom Leben, ZdZ 16 (**1962**) 141 ~ JLH 8 (**1963**) 109. 189f. ~ RECKZIEGEL B **63**, 105. 209 ~ VOLZ A **63**, 60. 64. 68f. ~ BRODDE, Otto in KCh 24 (**1964**) H. 4, 53 ~ KÖHLER B **64** (HEKG I/2) 377–383 ~ LIPPHARDT, Walther: Ein Mainzer Prozessionale (um 1400) als Quelle deutscher geistlicher Lieder, JLH 9 (**1964**) 104f. 112. 120 ~ SOMMER A **64**, 49. 78 ~ JLH 11 (**1966**) 109 ~ KRATZEL A **66**, 172 ~

SOMMER A **66**, 150 ~ AMELN A **67**, 173. 180 ~ BIRKNER A **67**, 125. 130 ~ BRODDE A **67**, 200 ~ JLH 12 (**1967**) 162. 250. 252 ~ KRAMP, Willy in HOFMANN B **67**, 59 ~ LIPPHARDT A **68**, 162 ~ AMELN A **69**, 184 ~ GRIMM A **69**, 168. 171 ~ JLH 14 (**1969**) 144 ~ JLH 15 (**1970**) 165. 246; 16 (**1971**) 71 ~ LEITNER B ^{2}**71**, 22–25 ~ JLH 17 (**1972**) 231 ~ SOMMER I A **72**, 126. 153 ~ BLANKENBURG A **73/74**, 69. 73f. 82. 90 ~ JLH 18 (**1973/74**) 285 ~ WITTENBERG A **73/74**, 115 ~ BREDNICH I B **74**, 181 ~ JLH 19 (**1975**) 203 ~ PIPER A **75**, 110 ~ RÖSSLER A **75**, 140. 143. 154. 173. 181 ~ SAUER-GEPPERT A **75**, 223 ~ JLH 20 (**1976**) 174 ~ RÖSSLER-Bibl. B **76**, 249 ~ JENNY A **77**, 54. 59. 61 ~ OPP, Walter: Grundprobleme der Begleitpraxis, MuK 47 (**1977**) H. 6, 269 ~ SOMMER II A **77**, 140 ~ GOJOWY A **78**, 90. 92f. 98. 106. 114. 116. 119f. ~ MGD 32 (**1978**) 224 ~ JENNY, Markus: Vom Psalmlied zum Glaubenslied – Vom Glaubenslied zum Psalmlied, MuK 49 (**1979**) H. 6, 270f. ~ Ders. in MGD 33 (**1979**) 136 ~ JLH 23 (**1979**) 222 ~

JLH 24 (**1980**) 135 ~ ERB I B ^{2}**81**, 46f. ~ HAHN B **81**, 15f. 314 ~ MOSER B **81**, 15. 644 ~ DRÖMANN A **83**, 171 ~ JLH 28 (**1984**) 210 ~ SAUER-GEPPERT B **84**, 142 ~ SCHÖNBORN A **84**, 103 ~ VONHOFF, H.: Es ist das Heil uns kommen her. Auf den Spuren des Paul Speratus, Stuttgart **1984** ~ ASPER B **85**, 55. 57. 60. 64. 67. 70. 75. 79 ~ ERNST B **85**, 66. 135. 180. 188. 191. 207f. 222. 243 ~ HEINER B ^{3}**85**, 57 ~ AMELN A **86**, 115 ~ JLH 30 (**1986**) 216 ~ VEIT B **86**, 42. 80 Anm. 98 ~ PARENT B **87**, 158. 160. 200. 274 ~ MGD 42 (**1988**) 147 ~ HESSING B ^{2}**89**, 50 ~

DRUDE, Hartwig in HEKG III/2 (**1990**) 178–181 ~ NSK **1990**/2, 20 ~ JLH 33 (**1990/91**) 131 ~ BLANKENBURG B **91**, 336 ~ JLH 34 (**1992/93**) 62. 133f. 204 ~ DKL III/1.1 Textbd. (**1993**) 184–186 ~ FRANK B ^{2}**93**, 544 ~ MÖLLER, Christian: „Es ist das Heil uns kommen her von Gnad und lauter Güte“. Wie es in Heidelberg zur Reformation kam, in: In Dubio Pro Deo. Heidelberger Resonanzen auf den 50. Geburtstag von Gerd Theissen am 24. April 1993, festgehalten von David Trobisch, Heidelberg **1993**, 191–199 ~ KORNEMANN A **94**, 12 ~ LIEBERKNECHT B **94**, 224f. ~ von MEDING, Wichmann: Luther und Speratus: Zwei Liedermacher in Wittenberg, MuK 64 (**1994**) 198f. ~ WEG II (**1994**) 71 ~ ALBRECHT B ^{4}**95**, 28. 99. 142 ~ HOFFLEIT B **95**, 278 ~ ROSER B **95**, 45–47 ~ DKL III/1.2 Notenbd. (**1996**) 97 ~ DKL III/1.2 Textbd. (**1997**) 79–81. 185–187 ~ MÖLLER B **97**, 184–191 (Pr vom 19. 5. 1996) ~ Een Comp ^{3}**1998**, Nr. 344 ~ JLH 37 (**1998**) 223 ~ von MEDING B **98**, 59. 202–205. 407. 428. 445 ~ SCHULZ A **98**, 30 ~ SCHWEIZER A **98**, 98 ~ WISSEMANN-GARBE A **98**, 120. 127 ~ DKL III/1 Registerbd. (**1999**) 62. 70. 77. 82. 85. 95. 102. 109. 117. 128. 203 ~ ENGELHARDT, Ruth / STALMANN, Joachim in HEG II (**1999**) 232f. 305f. ~ SCHEITLER A **99**, 167 ~

GIERING A **00**, 40 ~ MÖLLER B **00**, 71 ~ MARTI B **01**, 77 ~ RÖSSLER B **01**, 45. 58–60 ~ SCHEFFBUCH 2 B ^{2}**01**, 258f. ~ DKL III/2 Textbd. (**2002**) 286 ~ JLH 41 (**2002**) 242 ~ MARTINI B **02**, 261. 265 ~ ACKERMANN A **03**, 60. 65–70 ~ BRECHT, Martin: Erinnerung an Paul Speratus (1484–1551), ein enger Anhänger Luthers in den Anfängen der Reformation, ARG 94 (**2003**) bes. 124–128 ~ JLH 42 (**2003**) 233 ~ REICH A ^{3}**03**, 764 ~ KORTH A **04**, 218

343 Ich ruf zu dir, Herr Jesu Christ

KOCH I B ^{3}**1866/1973**, 250. 255. 281. 353. 473; VIII B ^{3}**1876/1973**, 308 ~ FISCHER I B **1878/1967**, 344f. ~ KÜMMERLE I B **1888/1974**, 641f. ~

SPITTA, Friedrich: Das Lied „Ich ruf zu dir, Herr Jesu Christ" und sein Verfasser, MGkK 20 (**1915**) H. 2, 46–54 ~ NELLE B ^{3}**1924/1962**, Nr. 282 ~ BOEHMER, Julius: Wer ist der Verfasser des Liedes „Ich ruf zu dir Herr Jesu Christ", MGkK 34 (**1929**) H. 5, 132–138 ~

GERBER, Hermann: Worum soll man bitten?, WuW 2 (**1947/48**) Nr. 9/10, 59f. ~ HOLLIGER, Hans in EvKCh 54 (**1949**) H. 4, 36–38 ~ SCHLUNK B **51**, 183 ~ BRUPPACHER B **53**, 330f. ~ LANGE / REICH B **53**, 17f. ~ LAUTERBURG B **53**, 170–172 ~ GERBER, Hermann: Er war immer dabei, WuW 8 (**1953/54**) Nr. 36, 395f. = GERBER B **56**, 126–128 ~ JLH 1 (**1955**) 62; 2 (**1956**) 123 ~ MEZGER, Manfred in WBK 23 (**1956**) 60f. ~ BLANKENBURG, Walter in HEKG II/2 (**1957**) 66 ~ FINSCHER A **57**, 66 ~ RÖBBELEN B **57**, 199. 244. 458 ~ KULP / BÜCHNER / FORNACON in HEKG Sb (**1958**) 381f. 443. 546 ~ BRENNECKE A **58/59**, 69 ~ JLH 4 (**1958/59**) 250 ~

JLH 5 (**1960**) 123 ~ JENNY B **62**, 44f. 64. 94f. 144. 148. 246 ~ JLH 7 (**1962**) 130. 319 ~ NELLE B ^{4}**62**, 80 ~ RECKZIEGEL B **63**, 108. 210 ~ KÖHLER B **64** (HEKG I/2) 384f. ~ SOMMER A **66**, 146. 148. 152 ~ AMELN A **67**, 175 ~ LIPPHARDT A **68**, 170 ~ AMELN A **69**, 184 ~ GRIMM A **69**, 168 ~

JLH 15 (**1970**) 166 ~ SOMMER I A **72**, 107. 134. 154 ~ MGD 29 (**1975**) 114 ~ PIPER A **75**, 110 ~ MOSER B ^{2}**76**, 68f. (B) ~ RÖSSLER-Bibl. B **76**, 258 ~ JENNY A **77**, 58–60 ~ GOJOWY A **78**, 96–100. 105f. 111–117. 119–121 ~ JENNY, Markus in MGD 33 (**1979**) 139 ~

MGD 34 (**1980**) 27 ~ ERB I B ^{2}**81**, 36–39 ~ MGD 35 (**1981**) 52 ~ HEINER B ^{3}**85**, 60 ~ AMELN A **86**, 124 ~ STEFAN, Hans-Jürg in MGD 40 (**1986**) 161f. = NSK **1986**/3, 29f. ~ VEIT B **86**, 80 Anm. 98 ~ NSK **1987**/1, 29 ~ JLH 31 (**1987/88**) 226 ~ MGD 42 (**1988**) 288 ~ DRUDE, Hartwig in HEKG III/2 (**1990**) 183–186 ~ NSK **1991**/1, 27 ~

DKL III/1.1 Notenbd. (**1993**) 215 ~ DKL III/1.1 Textbd. (**1993**) 189 ~ ROSER B **95**, 109–112 ~ DKL III/1.2 Notenbd. (**1996**) 160 ~ DKL III/1.2 Textbd. (**1997**) 203f. ~ GERBER B **97** (Er musste immer dabei sein) ~ Een Comp **³1998**, Nr. 404 ~ von MEDING B **98**, 233–235. 296. 446 ~ SEIBT B **98**, 263 ~ WISSEMANN-GARBE A **98**, 121. 136 ~ DKL III/1 Registerbd. (**1999**) 210 ~ FOLLERT, Udo-R. / ALBRECHT, Christoph in HEG II (**1999**) 18. 352–354 ~
RÖSSLER B **01**, 74 ~ DKL III/2 Textbd. (**2002**) 331 ~ SCHMIDT B **02**, 213. 577. 581

344 Vater unser im Himmelreich

KOCH I B **³1866/1973**, 241. 471; VIII B **³1876/1973**, 320 ~ BÖHME B **1877/1966**, 739f. ~ FISCHER II B **1879/1967**, 292f. ~ ERK / BÖHME III B **1893f./1988**, 692 ~ KÜMMERLE III B **1894/1974**, 748–753 ~
KNOKE A **1905**, 78f. ~ WARNSTORF, P.: Takt oder Untakt?, MGkK 10 (**1905**) H. 9, 272 ~ RISCH A **1908**, 159 ~ SPITTA A **1917**, 249f. ~ LUCKE, Wilhelm / MOSER, Hans Joachim in WA 35 (**1923**) 270–281. 463–467. 527f. 616f. 626 ~ NELLE B **³1924/1962**, Nr. 281 ~
SCHLISSKE B **48**, 285–295 ~
STAPEL B **50**, 31. 46f. 119–124 ~ SCHLUNK B **51**, 333f. ~ GERBER, Hermann in WuW 6 (**1951/52**) Nr. 41. 355 = GERBER B **56**, 124f. ~ BRUPPACHER B **53**, 69–71 ~ EISENHUTH B **53**, 26f. ~ LANGE / REICH B **53**, 4 ~ LAUTERBURG B **53**, 39f. ~ FISCHER, Martin in BRODDE / MÜLLER B **54**, 117–120 ~ JLH 1 (**1955**) 60f. ~ SCHRÖDER B **55**, 91 ~ BURBA B **56**, 64f. ~ JLH 2 (**1956**) 73. 124 ~ KIEFNER, Walter in WBK 23 (**1956**) H. 2, 27f. ~ BLANKENBURG, Walter in HEKG II/2 (**1957**) 59f. 62. 75f. ~ FINSCHER A **57**, 66f. ~ JLH 3 (**1957**) 133 ~ BACH, Arthur / GRIMME, Gertrud in EvUV 7 (**1958**) 243f. = KUV 6 (**³1958**) 183f. ~ KULP / BÜCHNER / FORNACON in HEKG Sb (**1958**) 259. 373–375. 488 ~ BOES A **58/59**, 32 ~ BRENNECKE A **58/59**, 68 ~ JENNY / AMELN A **58/59**, 108 ~ JLH 4 (**1958/59**) 250 ~
AARBURG A **60**, bes. 125f. 130 ~ BLANKENBURG A **60**, Taf. 69 ~ JLH 5 (**1960**) 152 ~ MAHRENHOLZ A **60**, 125–128 ~ JENNY, Markus: Die beiden Weisen zu Luthers Vaterunser-Lied, JLH 6 (**1961**) 115–118 ~ ebd. 63. 111 ~ AMELN, Konrad: „Herr Jesu Christ, wahr' Mensch und Gott", JLH 7 (**1962**) 112. 114f. ~ AMELN A **62**, 70 ~ GSCHWEND A **62**, 164 ~ JENNY B **62**, 34f. 40f. 63. 69. 117. 124f. 141. 144. 148. 161. 163. 207. 285. 295 ~ JLH 7 (**1962**) 319 ~ LIPP-

HARDT I A **62**, 146 ~ NELLE B [4]**62**, 47. 57 ~ RECKZIEGEL B **63**, 103. 159. 207 ~ VOLZ A **63**, 60. 63–65. 67. 70. 73f. 78 ~ JLH 9 (**1964**) 251 ~ KÖHLER B **64** (HEKG I/2) 375–377 ~ SCHRÖDER B [2]**64**, 94 ~ SOMMER A **64**, 36. 47. 59. 65 ~ BLUME B [2]**65**, 132 ~ JLH 10 (**1965**) 129 ~ KRATZEL A **66**, 172 ~ SOMMER A **66**, 160 ~ AMELN A **67**, 173 ~ GUDEWILL A **67**, 270 ~ HAHN B **67**, 47f. ~ SCHÜTZ A **67**, 202f. ~ NEUBACHER B **68**, 32f. ~ GRIMM A **69**, 152. 162. 169 ~ JLH 14 (**1969**) 228 ~

JLH 15 (**1970**) 259; 16 (**1971**) 22; 17 (**1972**) 229. 288 ~ NSK AM (**1972**) 7, 35 ~ SOMMER I A **72**, 147. 154. 159 ~ SCHUMACHER, Gerhard: Aspekte der Choralbearbeitung in der Geschichte des Liedes „Vater unser im Himmelreich", Sagittarius 4 (**1973**) 111–136 ~ BLANKENBURG A **73/74**, 83 ~ WITTENBERG A **73/74**, 142. 148 ~ BREDNICH II B **75**, Nr. 131. 140f. ~ JLH 19 (**1975**) 276 ~ MGD 29 (**1975**) 117. 125 ~ PIPER A **75**, 110 ~ RÖSSLER A **75**, 151 ~ JLH 20 (**1976**) 172. 191 ~ MGD 30 (**1976**) 54. 221f. ~ RÖSSLER B **76**, 272f. ~ AMELN A **77**, 132 ~ BLANKENBURG A **77**, 383 ~ JENNY A **77**, 54 ~ JLH 21 (**1977**) 95 ~ GOJOWY A **78**, 96. 99f. 106. 112–114. 116f. 121f. ~ MGD 32 (**1978**) 2 ~ JENNY, Markus in MGD 33 (**1979**) 137 ~ SCHOTT A **79**, 161 ~

HAHN B **81**, 17. 19. 45. 102. 234 Anm. 230. 288. 296. 314 ~ MGD 35 (**1981**) 53. 56. 60 ~ JLH 26 (**1982**) 139 ~ MGD 36 (**1982**) 164. 217 ~ DRÖMANN A **83**, 171. 188 ~ HEIMRATH / KORTH B **83**, 79–81. 135 ~ JENNY A **83**, 49 ~ JENNY B **83**, 86–89 ~ MGD 37 (**1983**) 98; 38 (**1984**) 163f. 181 ~ SAUER-GEPPERT B **84**, 84 ~ ASPER B **85**, 65. 67. 147 ~ ERNST B **85**, 184. 205. 207. 329 ~ JENNY B **85** (WA.A 4) 114–116. 295–298. 345–351 ~ JLH 29 (**1985**) 195 ~ MGD 39 (**1985**) 9. 72. 78 ~ AMELN A **86**, 120 ~ MGD 40 (**1986**) 113. 253f. ~ VEIT B **86**, 43. 52. 63 Anm. 5. 65. 69. 71 Anm. 39. 80 Anm. 98. 83. 85f. 86 Anm. 20. 87 Anm. 32. 88 Anm. 34 und 37. 90 Anm. 54. 106 Anm. 131. 111 Anm. 157. 135. 138. 142 Anm. 12. 143. 149 Anm. 51. 157. 159 ~ NSK **1987**/1, 29 ~ PARENT B **87**, 206. 276 ~ MGD 42 (**1988**) 30. 288 ~ AMELN, Konrad: Luthers Kirchenlied und Gesangbuch. Offene Fragen, JLH 32 (**1989**) 22 ~ ebd. 275 ~ MGD 43 (**1989**) 93. 153 ~ DRUDE, Hartwig in HEKG III/2 (**1990**) 174–178 ~ MOESERITZ B **90**, 379f. ~ JENNY, Markus: Eine Korrektur Luthers an einer von seinen eigenen Melodien, JLH 33 (**1990/91**) 204f. ~ ebd. 102. 131 ~ BLANKENBURG B **91**, 335 ~ DE LA MOTTE B **93**, 204f. ~ FRANK B [2]**93**, 484f. ~ KORNEMANN A **94**, 12. 14 ~ von MEDING A **94** ~ NSK **1994**/4, 21 ~ HENKYS A **94/95**, 139 ~ ALBRECHT B [4]**95**, 142 ~ KRUMMACHER A **95**, 767 ~ POMELLA / ULRICH A **95**, 179f. ~ DKL III/1.2 Notenbd. (**1996**) 18. 129 ~ von MEDING: Luthers Lied vom Vaterunser. Waffe aus Weise und Wort, ZThK 93 (**1996**) 500–537 ~ DKL III/1.2 Textbd. (**1997**) 18f. 69f. 141–144 ~ Een Comp [3]**1998**,

Nr. 48. 50. 321 ~ von MEDING B **98**, 170. 297f. 304. 307. 312–315. 371. 394. 447 ~ REICH A **98**, 68 ~ SCHULZ A **98**, 29 ~ CONRAD A **99**, 240 ~ DKL III/1 Registerbd. (**1999**) 100. 228 ~ HERBST, Wolfgang / RÖSSLER, Martin in HEG II (**1999**) 45–47. 204–208 ~ JLH 39 (**2000**) 235 ~ MÖLLER B **00**, 106 ~ RÖSSLER B **01**, 70f. ~ DKL III/2 Textbd. (**2002**) 309f. ~ MARTINI B **02**, 39. 73. 259. 263. 273 ~ KORTH A **04**, 214. 221f. ~ ACKERMANN B [3]**05**, 52

345 Auf meinen lieben Gott

KOCH II B [3]**1867/1973**, 301. 380; III B [3]**1867/1973**, 271; VIII B [3]**1876/1973**, 364. 375 ~ BÖHME B **1877/1966**, Nr. 219 ~ FISCHER I B **1878/1967**, 52f. ~ KÜMMERLE I B **1888/1974**, 58f. ~ ERK / BÖHME III B **1893f./1988**, 479 ~

FRIEDLAENDER I B **1902/1962**, XX ~ BÄUMKER IV B **1911/1962**, 668f. ~ NIEMEYER, H. G. Emil: Über das Lied „Auf meinen lieben Gott", MGkK 24 (**1919**) H. 6, 132f. ~ NELLE B [3]**1924/1962**, Nr. 372 ~ SCHLUNK B **51**, 28 ~ BRUPPACHER B **53**, 296f. ~ LAUTERBURG B **53**, 154–156 ~ WEISMANN, Eberhard: Auf meinen lieben Gott. Ein Vertrauenslied, WBK 20 (**1953**) H. 4, 60–62 ~ JLH 1 (**1955**) 122 ~ WEISS, Ewald in GuK **1955**, 84f. ~ JLH 2 (**1956**) 123f. ~ BLANKENBURG, Walter in HEKG II/2 (**1957**) 95f. ~ KULP / BÜCHNER / FORNACON in HEKG Sb (**1958**) 178. 270. 448f. ~ JLH 4 (**1958/59**) 127 ~ JLH 6 (**1961**) 122 ~ NELLE B [4]**62**, 92 ~ JLH 8 (**1963**) 189 ~ RECKZIEGEL B **63**, 154. 216 ~ JLH 9 (**1964**) 183 ~ KÖHLER B **64** (HEKG I/2) 439f. ~ AMELN A **67**, 173 ~ AMELN, Konrad in JLH 14 (**1969**) 188 ~ AMELN A **69**, 183–185 ~ GRIMM A **69**, 168. 172. 176 ~

JLH 15 (**1970**) 166 ~ NSK AM (**1973**) 12 ~ WITTENBERG A **73/74**, 160 ~ BREDNICH I B **74**, 206 ~ RÖSSLER-Bibl. B **76**, 241 ~ MGD 31 (**1977**) 98 ~ GOJOWY A **78**, 97. 120 ~ JENNY, Markus in MGD 33 (**1979**) 139 ~

MGD 35 (**1981**) 56. 250 ~ DRÖMANN A **83**, 172 ~ MARTI A **85**, 161 ~ MGD 40 (**1986**) 9. 283; 41 (**1987**) 181 ~ JLH 31 (**1987/88**) 130 ~ AMELN, Konrad: „Wo soll ich fliehen hin". Über die Entfaltung einer Kirchenlied-Melodie, MuK 58 (**1988**) H. 1, 1–7 ~ JLH 32 (**1989**) 269. 275 ~

PIPER, Hans-Christoph / GRIMM, Jürgen in HEKG III/2 (**1990**) 274–276 ~ FRANK B [2]**93**, 418f. ~ KORNEMANN A **94**, 12 ~ FOSS B **95**, 86. 152. 220. 235. 258 ~ ROSER B **95**, 114 ~ SEIBT B **98**, 252 ~ WEG V (**1998**) 18 ~ CONRAD A **99**, 240 ~ SCHMID, Bernhard / WERBECK, Walter in HEG II (**1999**) 250f. 272f. ~

KALDEN, Reinhold in SEEBERG B **00**, 178–180 (Pr vom 20. 9. 1998)

~ RÖSSLER B **01**, 119 ~ SCHEFFBUCH 2 B ^{2}**01**, 218–220 ~ MARTINI B **02**, 39 ~ SCHMIDT B **02**, 544f. ~ KNEITSCHEL B **03**, 224f. 275

346 Such, wer da will, ein ander Ziel

KOCH III B ^{3}**1867/1973**, 181. 257; VII B ^{3}**1872/1973**, 472 ~ FISCHER II B **1879/ 1967**, 276 ~ KÜMMERLE III B **1894/1974**, 564f. ~ NELLE, Wilhelm: Das Kir-chenlied in der Konfirmationsfeier, MGkK 2 (**1897**) H. 1, 27 ~
NELLE B ^{3}**1924/1962**, Nr. 261 ~
GERBER, Hermann: Jesus und das Auto, WuW 5 (**1950/51**) Nr. 7, 47–49 = GERBER B **56**, 133–135 (B) ~ SCHLUNK B **51**, 326f. ~ BRUPPACHER B **53**, 276f. ~ EISENHUTH B **53**, 66–68 ~ FRÖR, Kurt in KUV 5 (^{2}**1953**) 176ff. ~ LANGE / REICH B **53**, 12 ~ BRODDE / MÜLLER B **54**, 51–54 ~ BLANKENBURG, Walter in HEKG II/2 (**1957**) 95. 98 ~ METZGER, Günther in WBK 24 (**1957**) H. 4, 64f. ~ RÖBBELEN B **57**, 228. 460 ~ KULP / BÜCHNER / FORNACON in HEKG Sb (**1958**) 33. 339. 387–389 ~ JLH 4 (**1958/59**) 250 ~ BACK, Wilhelm in WBK 26 (**1959**) H. 5, 92f. ~
JLH 6 (**1961**) 229 ~ NELLE B ^{4}**62**, 124 ~ WERTHEMANN B **63**, 138 ~ KÖHLER B **64** (HEKG I/2) 391 ~ NEUBACHER B **68**, 40 ~
LEITNER B ^{2}**71**, 45f. ~ GOJOWY A **78**, 90 ~ JENNY, Markus in MGD 33 (**1979**) 136. 139f. ~
SAUER-GEPPERT B **84**, 183 ~ ZIPPERT B **84**, 96–98 (Pr vom 10. 10. 1981) ~ HEINER B ^{3}**85**, 135 ~ ERB IV B ^{2}**86**, 12f. ~
DRUDE, Hartwig in HEKG III/2 (**1990**) 196–199 ~ NSK **1990**/2, 20 ~ NAGEL A **92**, 11f. 16 ~ SCHNEIDER / VICKTOR B **93**, 181–184 ~ ALBRECHT B ^{4}**95**, 78f. ~ ROSER B **95**, 116f. ~ GERBER B **97** (Musikalische Kürbishütte) (+B) ~ LÜHRS, Walther / BLOCK, Johannes in HEG II (**1999**) 313f. 344f. ~
RÖSSLER B **01**, 431 ~ SCHEFFBUCH 2 B ^{2}**01**, 207–209 ~ MARTINI B **02**, 39 ~ KNEITSCHEL B **03**, 124

347 Ach bleib mit deiner Gnade

KOCH IV B ^{3}**1868/1973**, 543 ~ BÖHME B **1877/1966**, Nr. 658 ~ FISCHER I B **1878/1967**, 2f.; II B **1879/1967**, VIII ~ KÜMMERLE I B **1888/1974**, 289 ~
NELLE B ^{3}**1924/1962**, Nr. 182 ~ PRÖSCHOLD, Otto: Die biblische Grundlage des Liedes „Ach bleib mit deiner Gnade“, MGkK 29 (**1924**) H. 11/12, 266–268 ~

SCHLUNK B **51**, 10 ~ BRUPPACHER B **53**, 226–228 ~ FRÖR, Kurt in KUV 1./2. (^{2}**1953**) 201 ~ LAUTERBURG B **53**, 124–126 ~ BACH, Arthur / GRIMME, Gertrud in EvUV 1./2. (^{2}**1957**) 44 ~ KULP / BÜCHNER / FORNACON in HEKG Sb (**1958**) 321f. ~ FRÖR, Kurt in KUV 7 (^{3}**1959**) 143–146, ähnlich in EvUV 4 (^{2}**1960**) 148–151 ~
FRÖR, Kurt in KUV 3 (^{4}**1960**) 188f. ~ NELLE B ^{4}**62**, 108. 117 ~ KÖHLER B **64** (HEKG I/2) 333f. ~ AMELN A **67**, 177 ~ NEUBACHER B **68**, 9 ~
RÖSSLER-Bibl. B **76**, 238 ~ DRÖMANN A **78**, 193 ~ EISELE B **78** ~ GOJOWY A **78**, 83 ~ JENNY, Markus in MGD 33 (**1979**) 136 ~ SAUER-GEPPERT A **79**, 180 ~
ELTZ-HOFFMANN B **80**, 32f. ~ SCHUPP, Dieter in NITSCHKE B **81**, 43–48 (Pr) ~ JLH 26 (**1982**) 187f. ~ MGD 36 (**1982**) 166; 37 (**1983**) 28. 100 ~ HEINER B ^{3}**85**, 145 ~ MGD 39 (**1985**) 149 ~ ERB IV B ^{2}**86**, 10f. ~ NSK **1986**/1, 23 ~ PARENT B **87**, 162. 192. 274 ~ JLH 31 (**1987/88**) 124 ~ NSK **1988**/3, 1. 25 ~ MGD 43 (**1989**) 93 ~
NITSCHKE, Horst / STIER, Alfred in HEKG III/2 (**1990**) 86f. ~ NSK **1990**/1, 22 ~ JLH 33 (**1990/91**) 166 ~ FRANK B ^{2}**93**, 107 ~ SCHNEIDER / VICKTOR B **93**, 21f. ~ HOFFLEIT B 95, 251 ~ NSK **1995**/3, 24 ~ ROSER B **95**, 51f. ~ LÄHNEMANN B **96**, 34–41 (Pr vom 22. 3. 1987) ~ Een Comp ^{3}**1998**, Nr. 124. 423 ~ SEIBT, Ilsabe: Der Einfluss Schleiermachers auf den Gemeindegesang, MuK 68 (**1998**) H. 2, 73f. ~ SEIBT B **98**, 251 ~ CONRAD A **99**, 238 ~ LOSCHER, Klaus in HEG II (**1999**) 310f. ~
BERNOULLI A **01**, 124f. ~ RÖSSLER B **01**, 473 ~ MARTINI B **02**, 263 ~ SCHMIDT B **02**, 185. 539. 756 ~ KNEITSCHEL B **03**, 263. 271 ~ SCHEFFBUCH 1 B ^{8}**03**, 279f. ~ NEUHAUS B **05**, 109

Zur Mel. s. auch bei EG 516 „Christus, der ist mein Leben“ !

348 Gott verspricht: Ich will dich segnen

(1. Mose 12, 2)

NSK **1996**/4, 5 ~ OCHS, Volker in MEYER B ^{2}**97**, 204 ~ DRÖMANN, Hans-Christian in HEG II (**1999**) 233f. ~
MARTINI B **02**, 52

349 Ich freu mich in dem Herren

FISCHER I B **1878/1967**, 332 ~
SCHLUNK B **51**, 176 ~ RÖBBELEN B **57**, 207. 235. 241. 457 ~ KULP / BÜCHNER / FORNACON in HEKG Sb (**1958**) 87 ~

HEINER B [3]**85**, 113 ~
SCHLAGE, Thomas in HEG II (**1999**) 138f. ~
JLH 39 (**2000**) 235 ~ MARTINI B **02**, 40

350 Christi Blut und Gerechtigkeit

KOCH V B [3]**1868/1973**, 301. 381; VIII B [3]**1876/1973**, 595 ~ FISCHER I B **1878/ 1967**, 74 ~
SCHLUNK B **51**, 42f. ~ BRUPPACHER B **53**, 285f. ~ GERBER, Hermann: In St. Eustachius, WuW 10 (**1955/56**) Nr. 42, 490 ~ KULP / BÜCHNER / FORNACON in HEKG Sb (**1958**) 427–429 ~ JLH 4 (**1958/59**) 111. 125. 128 ~
NELLE B [4]**62**, 232 ~ KÖHLER B **64** (HEKG I/2) 420f. ~
RÖSSLER-Bibl. B **76**, 242 ~
HEINER B [3]**85**, 237 ~
ARFKEN, Ernst / GRIMM, Jürgen in HEKG III/2 (**1990**) 245–248 ~ HENKYS A **94/95**, 139. 144f. ~ KADELBACH A **96/97**, 203 ~ BESSER, Beate / SCHWINGE, Gerhard in HEG II (**1999**) 120f. 358–360 ~ SCHÖLLKOPF A **99**, 74 ~
RÖSSLER, Martin in MÖLLER B **00**, 181 ~ RÖSSLER B **01**, 671f. ~ MARTINI B **02**, 39 ~ SCHEFFBUCH 1 B [8]**03**, 180

Zur Mel. s. auch bei EG 79 „Wir danken dir, Herr Jesu Christ“ !

351 Ist Gott für mich, so trete
(nach Römer 8, 31–39)

KOCH III B [3]**1867/1973**, 319; VIII B [3]**1876/1973**, 408 ~ FISCHER I B **1878/1967**, 417 ~
JULIAN B [2]**1907/1985**, 573 ~ NELLE B [3]**1924/1962**, Nr. 263 ~
BERGER B **51**, 152 ~ SCHLUNK B **51**, 194f. ~ GERBER, Hermann: Rückwege vom Friedhof, WuW 6 (**1951/52**) Nr. 45, 386f. ~ BRUPPACHER B **53**, 278f. ~ EISENHUTH B **53**, 85f. ~ FORNACON, Siegfried: „Ist Gott für mich“. Aus der Geschichte einer Melodie, MuK 23 (**1953**) H. 3, 103–106 ~ LAUTERBURG B **53**, 151f. ~ JLH 1 (**1955**) 224 ~ BACH, Arthur / GRIMME, Gertrud in EvUV 5 (**1956**) 241–243, fast = KUV 6 ([3]**1958**) 108–111 ~ IHLENFELD B **56**, 96f. ~ BLANKENBURG, Walter in HEKG II/2 (**1957**) 88 ~ HAUSCHILDT A **57**, 67f. ~ RÖBBELEN B **57**, 280. 283A. 406. 408. 410. 412. 419. 458 ~ KULP / BÜCHNER / FORNACON in HEKG Sb (**1958**) 270. 389–395 ~ METZGER, Heinz Dieter in WBK 25 (**1958**) 76–78 ~
JLH 5 (**1960**) 259 ~ NELLE B [4]**62**, 82. 142f. ~ KÖHLER B **64** (HEKG I/2) 392f. ~ BRUNNER, Peter: Singen und Sagen, MuK 35 (**1965**) H. 1, 24 ~ FRANK A **67**, 111 ~ NEUBACHER B **68**, 29 ~

WITTENBERG A **73/74**, 160 ~ HENKYS A **76**, 254f. ~ JENNY A **76**, 151. 154 = in JENNY / NIEVERGELT B **76**, 50. 52 ~ JENNY / NIEVERGELT B **76**, 58. 68 ~ KILLY A **76**, 85 = in JENNY / NIEVERGELT B **76**, 11 ~ MGD 30 (**1976**) 109f. 183 ~ RÖSSLER-Bibl. B **76**, 259 ~ SIDLER , Hubert in MGD 30 (**1976**) 119 ~ GOJOWY A **78**, 100. 108 ~ JENNY, Markus in MGD 33 (**1979**) 140 ~ ELTZ-HOFFMANN B **80**, 69 ~ SAUER-GEPPERT B **84**, 100f. 121. 125f. ~ HEINER B ^{3}**85**, 153 ~ HESSELBACHER B **87**, 70–73. 134. 142. 158f. ~ FLÜCKIGER A **88**, 197f. ~ NSK **1989**/1, 13 ~ DRUDE, Hartwig in HEKG III/2 (**1990**) 199–202 ~ MGD 44 (**1990**) 268 ~ KRIEG A **92/93**, 28 ~ BUNNERS B **93**, 64. 227–230. 267. 276. 304. 332 ~ FRANK B ^{2}**93**, 576 ~ ALBRECHT B ^{4}**95**, 119 ~ FOSS B **95**, 172 ~ ROSER B **95**, 132–134 ~ NSK **1996**/1, 17 ~ Een Comp ^{3}**1998**, Nr. 90. 341 ~ SCHRÖER A **98**, 9 ~ SCHULZ A **98**, 28 ~ SCHÜTZ A **98**, 49 ~ SEIBT B **98**, 264 ~ WEG V (**1998**) 22f. ~ BUNNERS, Christian in HEG II (**1999**) 110–112 ~ AXMACHER B **01**, 143–163 (Luthers Rechtfertigungslehre in dichterischer Gestalt) ~ RÖSSLER B **01**, 455 ~ ERB III B ^{8}**02**, 130–136 ~ SCHMIDT B **02**, 576. 591f. ~ LEHMANN A **03**, 30f. ~ SCHEFFBUCH 1 B ^{8}**03**, 231. 244f.

352 Alles ist an Gottes Segen

KOCH IV B ^{3}**1868/1973**, 156; V B ^{3}**1868/1973**, 605; VIII B ^{3}**1876/1973**, 457 ~ FISCHER I B **1878/1967**, 37 ~ KÜMMERLE I B **1888/1974**, 26f. ~ JULIAN B ^{2}**1907/1985**, 51 ~ NELLE B ^{3}**1924/1962**, Nr. 388 ~ SCHLUNK B **51**, 20 ~ BLANKENBURG, Walter in HEKG II/2 (**1957**) 103 ~ KULP / BÜCHNER / FORNACON in HEKG Sb (**1957**) 469f. ~ BACH, Arthur / GRIMME, Gertrud in EvUV 3 (^{2}**1959**) 167–169 ~ NELLE B ^{4}**62**, 170 ~ KÖHLER B **64** (HEKG I/2) 453f. ~ AMELN A **67**, 175 ~ GOJOWY A **78**, 96. 113 ~ SCHOTT A **79**, 162–164 ~ PIPER, Hans-Christoph / GRIMM, Jürgen in HEKG III/2 (**1990**) 301–303 ~ SEIBT B **98**, 251 ~ WEG V (**1998**) 23 ~ ARFKEN, Ernst / BIESSECKER, Georg in HEG II (**1999**) 154. 198f. ~ RÖSSLER B **01**, 686 ~ SCHMIDT B **02**, 541f.

353 Jesus nimmt die Sünder an

KOCH V B ^{3}**1868/1973**, 380; VIII B ^{3}**1876/1973**, 251 ~ FISCHER I B **1878/1967**, 396f. ~ KÜMMERLE II B **1890/ 1974**, 176f. ~

JULIAN B ^{2}**1907/1985**, 797 ~ NELLE B ^{3}**1924/1962**, Nr. 252 ~ LANGENDORF, Grete: Liedgut als Anschlussstoff in der Evangelischen Unterweisung – Die Berufung des Matthäus (Mk 2) und Lied 147 „Jesus nimmt die Sünder an", EvU 6 (**1951**) 97 ~ SCHLUNK B **51**, 211 ~ BRUPPACHER B **53**, 328 ~ LAUTERBURG B **53**, 165f. ~ KULP / BÜCHNER / FORNACON in HEKG Sb (**1958**) 26. 419–421 ~
BACH, Arthur / GRIMME, Gertrud in EvUV 4 (^{2}**1960**) 218f. ~ FRÖR, Kurt in KUV 3 (^{4}**1960**) 182 ~ NELLE B ^{4}**62**, 241 ~ KÖHLER B **64** (HEKG I/2) 414 ~ AMELN A **69**, 184 ~
GOJOWY A **78**, 193 ~ JENNY, Markus in MGD 33 (**1979**) 138 ~
JLH 28 (**1984**) 231 ~ SAUER-GEPPERT B **84**, 27f. ~ HEINER B ^{3}**85**, 253 ~ PARENT B **87**, 159. 275 ~
ARFKEN, Ernst / GRIMM, Jürgen in HEKG III/2 (**1990**) 233–235 ~ FRANK B ^{2}**93**, 459 ~ SCHNEIDER / VICKTOR B **93**, 120–122 ~ KORNEMANN A **94**, 13 ~ HOFFLEIT B **95**, 190 ~ SEIBT B **98**, 265 ~ KRUMMACHER, Christoph in HEG II (**1999**) 227f. ~
KADELBACH A **00**, 152f. ~ MARTI B **01**, 121 ~ RÖSSLER B **01**, 489 ~ SCHMIDT B **02**, 597

Zur Mel. s. auch bei EG 402 „Meinen Jesus lass ich nicht" !

354 Ich habe nun den Grund gefunden

KOCH V B ^{3}**1868/1973**, 247; VIII B ^{3}**1876/1973**, 253 ~ FISCHER I B **1878/1967**, 335 ~
NELLE B ^{3}**1924/1962**, Nr. 272 ~
SCHLUNK B **51**, 177f. ~ BRUPPACHER B **53**, 281f. ~ BACH, Arthur / GRIMME, Gertrud in EvUV 5 (**1956**) 240; 6 (**1957**) 113 ~ GERBER, Hermann: Der Anker in Jesu Wunden, WuW 11 (**1956/57**) Nr. 33, 399 ~ KULP / BÜCHNER / FORNACON in HEKG Sb (**1958**) 421–423. 433. 568 ~
BACH, Arthur / GRIMME, Gertrud in EvUV 4 (^{2}**1960**) 174f. ~ NELLE B ^{4}**62**, 224 ~ KÖHLER B **64** (HEKG I/2) 415f. ~
NSK AM (**1972**) 7, 35 ~
JLH 24 (**1980**) 109 ~ SAUER-GEPPERT B **84**, 125. 131f. ~ HEINER B ^{3}**85**, 229f. ~ STEFAN, Hans-Jürg in MGD 40 (**1986**) 162f. = NSK **1986**/3, 29f. ~ NSK **1987**/1, 29 ~
DRÖMANN, Hans-Christian / GRIMM, Jürgen in HEKG III/2 (**1990**) 236f. ~ JLH 34 (**1992/93**) 13 ~ SEIBT B **98**, 263 ~ SCHRÖER, Henning in HEG II (**1999**) 262f. ~
HADAMER A **01**, 124 ~ RÖSSLER B **01**, 656 ~ SCHEFFBUCH 2 B ^{2}**01**, 134f. ~ SCHMIDT B **02**, 587

Zur Mel. s. auch bei EG 330 „O dass ich tausend Zungen hätte" !

355 Mir ist Erbarmung widerfahren

KOCH V B ^{3}**1868/1973**, 124 ~ FISCHER II B **1879/1967**, 89 ~ KÜMMERLE II B **1890/1974**, 274 ~

NELLE B ^{3}**1924/1962**, Nr. 276 ~

SCHLUNK B **51**, 249 ~ BRUPPACHER B **53**, 284f. ~ BACH, Arthur / GRIMME, Gertrud in EvUV 5 (**1956**) 253f.; 6 (**1957**) 117 ~ KULP / BÜCHNER / FORNACON in HEKG Sb (**1958**) 432f. ~ BRUPPACHER B **59**, 190–196, (fast) = BRUPPACHER B **68**, 133–138 ~

NELLE B ^{4}**62**, 222 ~ KÖHLER B **64** (HEKG I/2) 426f. ~

NSK AM (**1972**) 7, 35 ~ JENNY, Markus in MGD 33 (**1979**) 136 ~ SCHOTT A **79**, 168 ~

HAUSS, Friedrich: Das Lied bei den Pilgerzügen der Henhöferbewegung, in HEINER B ^{3}**85**, 297f. ~ ERB IV B ^{2}**86**, 107 ~ JLH 31 (**1987/88**) 124 ~

ARFKEN, Ernst / GRIMM, Jürgen in HEKG III/2 (**1990**) 254f. ~ FRANK B ^{2}**93**, 497 ~ KORNEMANN A **94**, 13 ~ BRECHT B **99**, 106f. ~ SCHWINGE, Gerhard in HEG II (**1999**) 154f. ~

RÖSSLER, Martin in MÖLLER B **00**, 187 ~ RÖSSLER B **01**, 841 ~ MARTINI B **02**, 39 ~ SCHEFFBUCH 1 B ^{8}**03**, 152f.

Zur Mel. s. auch bei EG 369 „Wer nur den lieben Gott lässt walten" !

356 Es ist in keinem andern Heil

FISCHER I B **1878/1967**, 184 ~

KORNEMANN A **94**, 13 ~ WEG V (**1998**) 18 ~ von SCHADE, Herwarth / BESSER, Beate / STEUDE, Wolfram in HEG II (**1999**) 55. 99f. 283–286 ~ SCHÖLLKOPF A **99**, 65 ~

RÖSSLER B **01**, 156. 645

357 Ich weiß, woran ich glaube

KOCH VII B ^{3}**1872/1973**, 147 ~

SPITTA, Friedrich in MGkK 9 (**1904**) H. 1, 9–13 ~ NELLE B ^{3}**1924/1962**, Nr. 280 ~

SCHLUNK B **51**, 187 ~ BRUPPACHER B **53**, 288 ~ BLANKENBURG, Walter in HEKG II/2 (**1957**) 96 ~ KULP / BÜCHNER / FORNACON in HEKG Sb (**1958**) 433f. 451 ~

PFEIFFER B **61**, 83f. ~ HEYDRICH B **62**, 232f. ~ NELLE B ^{4}**62**, 266 ~ KÖHLER B **64** (HEKG I/2) 426f. ~

MOSER B [2]**76**, 91f. (B) ~ MGD 31 (**1977**) 17 ~
ELTZ-HOFFMANN B **80**, 92f. ~ JLH 26 (**1982**) 188 ~ SAUER-GEPPERT B **84**, 123f. ~ HEINER B [3]**85**, 212f. ~ MGD 39 (**1985**) 104 ~ PARENT B **87**, 173f. 275 ~ HESSING B [2]**89**, 51f. ~
ARFKEN, Ernst / GRIMM, Jürgen in HEKG III/2 (**1990**) 255–257 ~ KRIEG A **92/93**, 38 ~ KLEK / SCHRADE A **96**, 254 ~ GERBER B **97** (Der Fels, auf dem ich stehe) ~ Een Comp [3]**1998**, Nr. 453 ~ PISTORIUS, Dietmar / STEUDE, Wolfram in HEG II (**1999**) 26f. 283–286 ~ REEH, Hans Walther in SEEBERG B **00**, 182–184 (Pr vom 26. 9. 1999) ~ RÖSSLER, Martin in MÖLLER B **00**, 136 ~ STEFAN, Hans-Jürg in WH 3 (**2000**) 62 ~ WENNEMUTH A **00/01**, 188 ~ RÖSSLER B **01**, 796f. ~ KÜCK / KURZKE B **03**, 71 ~ SCHEFFBUCH 1 B [8]**03**, 79f.

358 Es kennt der Herr die Seinen

(nach 1. Korinther 13, 13)

KOCH VII B [3]**1872/1973**, 243 ~
NELLE B [3]**1924/1962**, Nr. 9 ~
LANGENDORF, Grete: Sprachliche Durchdringung eines Liedes: „Es kennt der Herr die Seinen" (7./8. Mädchenklasse), EvU 6 (**1951**) 113 ~ SCHLUNK B **51**, 104f. ~
HEYDRICH B **62**, 202f. ~ NELLE B [4]**62**, 271 ~
FÖRSTER, Fridolin / LÄHNEMANN, Johannes in LÄHNEMANN B **96**, 94–100 (Dialogpredigt vom 28. 6. 1992) ~ KLAHR, Detlef in HEG II (**1999**) 308–310 ~ KLAHR B **99**, 213–250, bes. 236 ~
RÖSSLER B **01**, 879f. ~ SCHEFFBUCH 1 B [8]**03**, 88

Zur Mel. s. auch bei EG 357 „Ich weiß, woran ich glaube" !

359 In dem Herren freuet euch

(nach Philipper 4)

TAPPOLET B **63**, 70f. ~
WEG II (**1994**) 23 ~ ALBRECHT B [4]**95**, 63 ~ HANDT A **98**, 38 ~ WÜSTENBERG, Ulrich / BARTSCH, Martin in HEG II (**1999**) 190f. 219f.

360 Die ganze Welt hast du uns überlassen

WATKINSON, Gerd: Neue geistliche Lieder für den Kirchentag, Ev. Sonntagsbote, 6. 6. **1965** ~
RUPPEL, Paul Ernst in NSK AM (**1975**) 18, 91 ~ THUST B **76**, 33. 77. 92. 106. 127. 134. 141. 184. 203. 211. 291. 295. 299. 411. 517. 578. 689. 696. 778 ~
SIEMONEIT, Hans Rudolf in NSK **1986**/1, 13; 2, 13. 18 ~ MGD 41 (**1987**) 126 ~ LIPPOLD A **88**, 287f. ~
JENNY A **90**, 254 ~ MARTI A **91**, 370 ~ KRIEG A **92/93**, 49. 51 ~ KORNEMANN A **94**, 13 ~ WERNER-WEISS, Christa / SCHLENKER, Manfred / SIEMONEIT, Hans Rudolf in WEG II (**1994**) 25–31 ~ ebd. 70. 85. 92f. ~ SCHULZ A **96**, 3 = NSK **1997**/2, 14f. ~ SCHLENKER, Manfred in MEYER B [2]**97**, 239–241 = MÖLLER B **97**, 192f. ~ WEG IV (**1997**) 83 ~ WERNER-WEISS, Christa in MEYER B [2]**97**, 317 ~ HANDT A **98**, 38 ~ JLH 37 (**1998**) 223 ~ LEUBE, Bernhard in AuB 51 (**1998**) H. 14, 547–550 ~ SCHRÖER A **98**, 10 ~ SCHÜTZ A **98**, 46. 55 ~ BRÖDEL, Christfried / TRÖTSCHEL, Heinrich R. / SCHILLING, Lebrecht in HEG II (**1999**) 275f. 300f. 340f. ~ HENKYS, Jürgen: Nach Schweden und zurück. Die Verwandlung, Verdoppelung, Verflüchtigung eines Liedes von der christlichen Freiheit, in HENKYS B **99**, 140–146 ~ HERBST I A **99**, 262 ~
JLH 39 (**2000**) 227 ~ TRAUTWEIN A **00**, 66f. ~ WEG VI (**2000**) 82f. ~ JLH 40 (**2001**) 223 ~ RÖSSLER B **01**, 986 ~ MARTINI B **02**, 50 ~ LODEWIGS, Siegfried in HANDT / JETTER B **04**, 178–180 (B)

Angst und Vertrauen

361 Befiehl du dein Wege
(nach Psalm 37, 5)

KOCH III B [3]**1867/1973**, 318; VIII B [3]**1876/1973**, 392 ~ FISCHER I B **1878/1967**, 62 ~ ERK / BÖHME II B **1893f./1988**, 296 ~ FRIEDLAENDER II B **1902/1962**, 316 ~ JULIAN B [2]**1907/1985**, 125f. ~ BÄUMKER IV B **1911/1962**, 669f. ~ NELLE B [3]**1924/1962**, Nr. 373 ~

KAULEN, Lore: Befiehl dem Herrn deine Wege – Eine Liedbesprechung im 4. Schuljahr, EvU 4 (**1949**) 102 ~

BERGER B **51**, 152 ~ SCHLUNK B **51**, 33f. ~ BERGMANN B **53**, 40. 260 ~ BRUPPACHER B **53**, 297–299 ~ LAUTERBURG B **53**, 156–158 ~ BACH, Arthur / GRIMME, Gertrud in Ev UV 5 (**1956**) 223 ~ KLEPPER B **56**, 768 (13. und 15. 5. 1939) (B) ~ BLANKENBURG, Walter in HEKG II/2 (**1957**) 95 ~ KULP / BÜCHNER / FORNACON in HEKG Sb (**1958**) 303. 458–460. 464 ~ TSCHIRCH A **58**, 168 ~ BACH, Arthur / GRIMME, Gertrud in EvUV 3 ([2]**1959**) 159–163 ~

BACH, Arthur / GRIMME, Gertrud in EvUV 4 ([2]**1960**) 176–178 ~ JENNY B **62**, 161. 185 ~ NELLE B [4]**62**, 146. 162. 255 ~ JENNY A **64**, 150f. ~ KÖHLER B **64** (HEKG I/2) 445f. ~ FRÖR B [5]**66**, 322–324 ~ AMELN A **67**, 177 ~ NEUBACHER B **68**, 41f. ~ AMELN A **69**, 184. 187 ~

PIPER A **71**, 100 ~ WITTENBERG A **73/74**, 143. 160 ~ MGD 29 (**1975**) 200 ~ BLANKENBURG A **76**, 103 = in JENNY / NIEVERGELT B **76**, 30 ~ BRODDE A **76**, 4. 10f. ~ JENNY A **76**, 144. 146. 150f. = in JENNY / NIEVERGELT B **76**, 43. 45. 49f. ~ JENNY / NIEVERGELT B **76**, 4. 56f. 59f. 63 ~ JLH 20 (**1976**) 246f. ~ JORDAHN A **76**, 368 ~ KILLY A **76**, 87 = in JENNY / NIEVERGELT B **76**, 13 = MGD 30 (**1976**) 87 ~ MGD 30 (**1976**) 46. 78. 107. 111. 113. 119f. 183f. ~ MOSER B [2]**76**, 42f. (B) ~ MÜLLER A **76**, 163 ~ RÖSSLER-Bibl. B **76**, 241 ~ SIDLER, Hubert in JENNY / NIEVERGELT B **76**, 68f. ~ WARTENWEILER, Fritz ebd. 65f. = MGD 30 (**1976**) 116f. ~ SAUER-GEPPERT A **77**, 71 ~ GOJOWY A **78**, 83. 96. 112 ~ JLH 22 (**1978**) 168 ~ KRUSCHE, Werner: Paul Gerhardt – heute gesungen, in HOFFMANN B **78**, 20f. ~ SCHOTT A **79**, 160f. 163 ~

ELTZ-HOFFMANN B **80**, 68f. ~ JLH 24 (**1980**) 108. 119. 184 ~

KOCH A **80**, U 51–53 ~ HARTENSTEIN A **81**, 22 ~ JLH 26 (**1982**) 188 ~ MGD 36 (**1982**) 139 ~ STEIGER, Lothar in Göttinger Predigtmeditationen 37 (**1982**) H. 4, 129–136 (Pr vom 25. 4. 1982) ~ BUNNERS A **83**, 159 ~ KADELBACH A **83**, 103 ~ von TÖRNE, Volker: Das neue Lied. Was nennen wir uns Christen, ZGP 1 (**1983**) H. 3, 33 ~ AXMACHER B **84**, 199 ~ RÖDDING B ^{2}**84**, 52–55. 58 ~ SAUERGEPPERT B **84**, 30. 58–62 ~ HEINER B ^{3}**85**, 152f. ~ JLH 30 (**1986**) 63 ~ HESSELBACHER B **87**, 52. 67. 122. 176. 178. 180f. 183 ~ PARENT B **87**, 72. 159. 274 ~ MGD 42 (**1988**) 208 ~ HESSING B ^{2}**89**, 55–57 ~ NSK **1989**/2, 19; 3, 19 ~
NSK **1990**/1, 23; 2, 19; 3, 25 ~ PIPER, Hans-Christoph / GRIMM, Jürgen in HEKG III/2 (**1990**) 285–288 ~ NSK **1991**/1, 28 ~ BUNNERS B **93**, 64. 132. 134–138. 196. 267f. 273. 278f. 283. 287f. 290–294. 301f. 305. 315. 333. 339f. ~ FRANK B ^{2}**93**, 573. 579 ~ NSK **1993**/1, 11 ~ SCHNEIDER / VICKTOR B **93**, 35–37 ~ GEHRT A **94**, 49 ~ NSK **1994**/4, 17 ~ HENKYS A **94/95**, 139 ~ ALBRECHT B ^{4}**95**, 124 ~ FOSS B **95**, 46. 154. 158. 160. 183. 260 ~ HOFFLEIT B **95**, 251. 278 ~ NSK **1995**/3, 12 ~ KADELBACH A **96**, 92f. ~ LÄHNEMANN B **96**, 12–19 (Pr vom 19. 5. 1985) ~ NSK **1996**/1, 23 ~ KADELBACH A **96/97**, bes. 175. 194–196. 205 ~ WEG IV (**1997**) 83 ~ Een Comp ^{3}**1998**, Nr. 183 ~ JLH 37 (**1998**) 145 ~ REICH A **98**, 70 ~ SCHÜTZ A **98**, 46 ~ SEIBT B **98**, 253 ~ AXMACHER, Elke: Paul Gerhardt: Befiehl du deine Wege. Theologische und literarische Interpretation des Textes, JLH 38 (**1999**) 191–226 ~ BUNNERS, Christian / SCHNEIDER, Matthias / ALBRECHT, Christoph in HEG II (**1999**) 110–115. 319f. ~ JLH 38 (**1999**) 7. 191. 240 ~
FRANK, Jürgen in SEEBERG B **00**, 186–191 (Pr) ~ RIEHM A **00**, 167 ~ RÖSSLER, Martin in MÖLLER B **00**, 212f. ~ STEFAN, Hans-Jürg in WH 3 (**2000**) 59 ~ AXMACHER B **01**, 103–142 ~ KADELBACH A **01**, 9f. ~ KNOPF, Jan: Choralgesänge in finsteren Zeiten, in FABER B **01**, 203f. ~ RÖSSLER B **01**, 443. 457. 465. 490. 763 ~ ERB III B ^{8}**02**, 136–145 ~ MARTINI B **02**, 57. 269 ~ SCHMIDT B **02**, 248f. ~ THUST, Karl Christian im Gemeindebrief der Burgkirche Ingelheim, Juni/Juli **2002**, 5 ~ KNEITSCHEL B **03**, 243. 278 ~ REIF A **03**, 180 ~ FINGER A **04** ~ HUBER, Wolfgang in HANDT / JETTER B **04**, 66–70 (B)

362 Ein feste Burg ist unser Gott

(nach Psalm 46)

KOCH I B ^{3}**1866/1973**, 241. 470; VIII B ^{3}**1876/1973**, 119 ~ BÖHME B **1877/1966**, 737f. ~ FISCHER I B **1878/1967**, 154–157 ~ KÜMMERLE I B **1888/1974**, 354. 362–366 ~ ERK / BÖHME III B **1893f./**

1988, 688f. ~ ZELLE, Friedrich: Ein feste Burg ist unser Gott, 3 Bde, Berlin **1895–1897** ~
PLASS A **1900**, 80–83 ~ SPITTA, Friedrich: Bach und Luther, MGkK 5 (**1900**) H. 8, 218 ~ LÖSCHHORN, Karl: Ein feste Burg ist unser Gott in lateinischem Gewande, MGkK 6 (**1901**) H. 10, 366–368 ~ KNOKE A **1905**, 78 ~ SPITTA, Friedrich: „Ein feste Burg ist unser Gott". Die Lieder Luthers in ihrer Bedeutung für das evangelische Kirchenlied, Göttingen **1905** ~ Ders.: Der Streit über die Entstehungszeit des Lutherliedes, MGkK 10 (**1905**) H. 5, 142–144 ~ Ders.: Die neueste Entdeckung zum Lutherliede, ebd. H. 6, 171–178 ~ SPITTA A **1906**, 316f. 362–368 ~ JULIAN B ^{2}**1907/ 1985**, 322–325 ~ RISCH A **1908**, 159 ~ ADAM, Joh.: Zur Datierung des Lutherliedes, MGkK 14 (**1909**) H. 1, 6–9 ~ GÜNTHER, Rudolf: Nehmen sie den Leib, Gut, Ehr, Kind und Weib und das Problem des Lutherliedes, MGkK 15 (**1910**) H. 8, 254–258 ~ SPITTA, Friedrich: Luthers Bedeutung für den Gottesdienst in der Beleuchtung des Jesuiten Hartmann Grisar, MGkK 18 (**1913**) H. 1, 5f. ~ Ders.: Ein Wörtlein kann ihn fällen, ebd. H. 2, 66–68 ~ ADAM, Joh.: Eine rationalistische Umdichtung des Lutherliedes, ebd. H. 11, 351f. ~ SPITTA, Friedrich: Die Melodie „Ein feste Burg" in den Täuferliedern des 16. Jahrhunderts, MGkK 19 (**1914**) H. 10, 310–312 ~ PFANNSCHMIDT, Heinrich: Ein feste Burg ist unser Gott. Ein Nationallied, dem noch die rechte Einigkeit fehlt, MGkK 20 (**1915**) H. 9/10, 252–256 ~ SPITTA A **1917**, 249. 251–254. 259 ~ GRÜNEISEN, Friedrich: In welcher Gestalt soll man die Weise von „Ein feste Burg" singen?, MGkK 24 (**1919**) H. 1/2, 39f. ~ SPITTA, Friedrich: Die Textgestalt von „Ein feste Burg" und der Reichstag zu Worms. Eine Jubiläumsgabe für die evangelische Gemeinde, MGkK 26 (**1921**) H. 3/4, 65–73 ~ EISSFELDT, Otto: „Ein feste Burg" und der 46. Psalm, **1922** = in: Ders.: Kleine Schriften, hg. von R. Sellheim und F. Maass, Bd. 1, Tübingen **1962**, 76–83 ~ GRISAR, Hartmann: Luthers Trutzlied „Ein feste Burg" in Vergangenheit und Gegenwart, Freiburg i. Br. **1922** ~ LUCKE, Wilhelm / MOSER, Hans Joachim in WA 35 (**1923**) 185–229. 455–457. 518–520. 615. 618. 621f. ~ NELLE B ^{3}**1924/ 1962**, Nr. 172 ~ LUCKE, Wilhelm: Zu „Ein feste Burg ist unser Gott", MGkK 30 (**1925**) H. 7/8, 170–173 ~ STUHLFAUTH, Georg: Tatsachen und Hypothesen zum Lutherlied, MGkK 33 (**1928**) H. 10, 304–312 ~ VIOLET, Bruno: Ein feste Burg, Psalm 91 und die Pestmonate 1527, MGkK 34 (**1929**) H. 3, 83–86 ~ JEHLE, Friedrich: Nachträge und Berichtigungen zur „Hymnologischen Handreichung", MGkK 35 (**1930**) H. 6, 175 ~ VIOLET, Bruno: Zur Datierung von „Ein feste Burg", MGkK 36 (**1931**) H. 3, 92–94 ~ WOLFRAM, Georg: Ein feste Burg ist unser Gott ..., Berlin und Leipzig **1936** ~ RAMGE, K.: Entstehung und Bedeutung von „Ein feste Burg ist unser Gott" als Bekenntnislied Luthers ..., Am-berg **1939** ~

BLOTH, Hugo Gotthard: Zwei Unterrichtsbeispiele zum Lied von der festen Burg, EvU 2 (**1947**) H. 15, 3 ~ PETERS, Ilse: Unterrichtshilfe zu „Ein feste Burg ist unser Gott“, ebd. 2 ~ GERBER, Hermann in WuW 2 (**1947/48**) Nr. 25/26, 181. 185 (B) ~ SCHLISSKE B **48**, 77–110 ~ HOMMEL A **48/49**, 127 ~ LOHR A **49**, 69f. ~

STAPEL B **50**, 76f. 213–218 ~ HOLLIGER, Hans: Martin Luthers „Ein feste Burg ist unser Gott“. Entstehung und Schicksal eines Kirchenliedes, EvKCh 56 (**1951**) H. 1, 2–6 ~ SCHLUNK B **51**, 91 ~ BUDDE B **52**, 67 ~ BERGMANN B **53**, 37 ~ BRUPPACHER B **53**, 374f. ~ LAUTERBURG B **53**, 195–200 ~ HIRSCH, E.: Das Wörtlein, das den Teufel fällen kann, in: Ders.: Lutherstudien 2 (**1954**) 93–98 ~ MACK, Hans Günter: Ein feste Burg. Ein Stundenbild über das Lutherlied und seine Beziehungen zu Luthers Leben und Wirken, EvE 6 (**1954**) H. 5, 81–83 ~ STAPEL, Willhelm: Entstehungszeit und Sinn des Liedes „Ein feste Burg“, Luther 25 (**1954**) 41–45 ~ AMELN, Konrad: Die älteste Überlieferung der Weise „Ein feste Burg ist unser Gott“, JLH 1 (**1955**) 110–112 ~ JLH 1 (**1955**) 106. 118 ~ SCHRÖDER B **55**, 89f. ~ BLANKENBURG A **56**, 174f. ~ BURBA B **56**, 52–55 ~ JLH 2 (**1957**) 123. 243. 259 ~ Festgesang oder Trostlied?, im Gemeindeblatt „Die Kirche in Hamburg“, 4. 11. **1956** = KCh 17 (**1957**) H. 5, 74f. ~ BACH, Arthur / GRIMME, Gertrud in EvUV 6 (**1957**) 150–156 = KUV 7 (^{3}**1959**) 25–31 ~ BLANKENBURG, Walter in HEKG II/2 (**1957**) 59–63. 66f. 80 ~ FINSCHER A **57**, 66. 69f. ~ GABRIEL, Paul in HEKG II/2 (**1957**) 8. 10 ~ JENNY, Markus: Die älteste plane Fassung der Weise von „Ein feste Burg“, JLH 3 (**1957**) 128. 131f. ~ JENNY A **57**, 15 ~ JLH 3 (**1957**) 14. 133. 216 ~ RÖBBELEN B **57**, 244A. 456 ~ BACH, Arthur / GRIMME, Gertrud in EvUV 7 (**1958**) 238 ~ KULP / BÜCHNER / FORNACON in HEKG Sb (**1958**) 45f. 278. 306–312. 325. 344 ~ THIESEN B **58**, 26f. 66–71 (Steckt auch in unserem Lutherliede Niederdeutsches?) ~ TSCHIRCH A **58**, 172f. ~ BOES A **58/59**) 32 ~ BRENNECKE A **58/ 59**) 70 ~ JLH 4 (**1958/59**) 133. 139. 249 ~ BORNMANN, Erich: Zu einem missverständlichen Vers aus einem Lutherlied, MPTh 48 (**1959**) 427–430 ~ HERMELINK A **59**, 1480. 1483f. ~

AARBURG A **60**, bes. 125f. 130 ~ AMELN A **60**, 801f. ~ BACH, Arthur / GRIMME, Gertrud in EvUV 4 (^{2}**1960**) 184–188 ~ FORNEBERG, Erich: Martin Luthers Lied „Ein feste Burg“. Ein Gang durch seine Geschichte, MiU (SchuL) 51 (**1960**) 280–285 ~ BLANKENBURG A **61**, 590f. ~ BRUECKNER, Max: „Das Wort sie sollen lassen stahn Und kein Dank dazu haben“. Versuch einer neuen Wort- und Sinndeutung, EvE 13 (**1961**) 270–273 = Ev. Schulblatt 97 (Zürich **1962**) 3–6 ~ JLH 6 (**1961**) 229 ~ JLH 6 (**1961**) 63. 146. 246. 254 ~ JENNY, Markus in JLH 7 (**1962**) 309 ~ JENNY B **62**, 28f. 62. 68. 83. 88. 123. 147. 163f. 185f. 244. 291 ~ NELLE B ^{4}**62**, 38. 40. 46. 52. 56.

65. 254 ~ JLH 8 (**1963**) 94. 128. 271 ~ RECKZIEGEL B **63**, 80. 112. 212 ~ VOLZ A **63**, 60. 64. 72 ~ JENNY A **64** ~ JLH 9 (**1964**) 238 ~ KÖHLER B **64** (HEKG I/2) 320–325 ~ SCHRÖDER B ^{2}**64**, 90f. ~ SOMMER A **64**, 35. 57. 70 ~ BLUME, Friedrich / FINSCHER, Ludwig in BLUME B ^{2}**65**, 42. 62. 85f. ~ JENNY, Markus: „Ein feste Burg ist unser Gott“. Ein berühmtes Gedicht in neuer Beleuchtung, Neue Zürcher Zeitung, 7. 11. **1965**, 4 (= spätere Fassung von JENNY A **64**) ~ JLH 10 (**1965**) 59. 156 ~ KRATZEL A **66**, 172f. ~ PIPER A **66**, 140. 142 ~ AMELN A **67**, 174 ~ FRANK A **67**, 112f. ~ GUDEWILL A **67**, 271. 274. 276f. ~ HAHN B **67**, 39–41 ~ JLH 12 (**1967**) 84. 192. 250. 252 ~ SCHÜTZ A **67**, 155. 158 ~ CARSTENSEN, Richard: Luthers Trutzlied. Philologisch-kritische Bemerkungen, Luther 39 (**1968**) 39f. ~ JLH 13 (**1968**) 137 ~ LIPPHARDT A **68**, 170 ~ NEUBACHER B **68**, 16f. ~ GRIMM A **69**, 166 ~ JLH 14 (**1969**) 97. 142. 185 ~ SCHULZ, S. A.: „Ein' feste Burg ist unser Gott“: Luther's treatment of the 46th Psalm, in: Colloquia Germanica. Internationale Zs für germanische Sprach- und Literaturwissenschaft **1969**, 302–315 ~
JLH 15 (**1970**) 165. 168. 187. 202f. 275; 16 (**1971**) 243 ~ RÖLLEKE, Heinz: „Kriegslieder“. Achim von Arnims Imitation eines Fliegenden Blattes im Jahre 1806, JVLF 16 (**1971**) 78 ~ NSK AM (**1972**) 7, 35f. ~ SOMMER I A **72**, 124. 153. 159 ~ NSK AM (**1973**) 13, 66 ~ HLAWICZKA, Karol / AMELN, Konrad: Eine niederländische Psalm-Weise, Vorlage oder Nachbildung der Melodie von „Ein feste Burg“? Eine Diskussion, JLH 18 (**1973/74**) 189–195 ~ JLH 18 (**1973/74**) 274. 282 ~ WITTENBERG A **73/74**, 130. 132. 141 ~ BREDNICH II B **75**, Nr. 133 ~ MGD 29 (**1975**) 125. 150 ~ NSK AM (**1975**) 16, 81 ~ RÖSSLER A **75**, 144. 149. 162. 183 ~ SAUER-GEPPERT A **75**, 223 ~ Wit, Jan: „Und kein' Dank dazu haben“. Versuch einer Interpretation aus dem Kontext, JLH 19 (**1975**) 209–213 ~ RÖSSLER B **76**, 25. 188 ~ RÖSSLER-Bibl. B **76**, 247 ~ SOLYOM, Jenö: „Das Reich muss uns doch bleiben“. Zur letzten Zeile des Liedes „Ein feste Burg“, JLH 20 (**1976**) 166–171 ~ AMELN A **77**, 132f. 135 ~ BLANKENBURG I A **77**, 383f. 397f. ~ MGD 31 (**1977**) 59 ~ SOMMER II A **77**, 140 ~ WEBER, Edith: Le thème „Ein feste Burg“ dans la littérature musicale, in: Positions luthériennes 25 (**1977**) 81–97 ~ DRÖMANN A **78**, 192 ~ GOJOWY A **78**, 93. 100. 108. 118. 121 ~ JLH 22 (**1978**) 170. 199. 251 ~ BRECHT, Martin: Zum Verständnis von Luthers Lied „Ein feste Burg“, ARG 70 (**1979**) 106–121 = Ders.: Ausgewählte Aufsätze. Bd. 1: Reformation, Stuttgart **1995**, 105–119 ~ JENNY, Markus in MGD 33 (**1979**) 136 ~ JLH 23 (**1979**) 192. 235 ~ SAUER-GEPPERT A **79**, 174 ~ SCHOTT A **79**, 161 ~
ELTZ-HOFFMANN B **80**, 15f. ~ JENNY A **80**, 60. 65 ~ JLH 24 (**1980**) 184 ~ MGD 34 (**1980**) 45. 63 ~ HAHN B **81**, 17. 19. 21. 40. 46. 101. 104. 145. 161. 166f. 234. 246. 248. 250. 258. 260. 267–283.

313 ~ JLH 25 (**1981**) 172 ~ MGD 35 (**1981**) 50 ~ MOSER B **81**, 18. 21. 643f. ~ JLH 26 (**1982**) 158. 236 ~ MGD 36 (**1982**) 47. 49. 139. 210 ~ MÜLLER A **82**, 105 ~ SCHMIDT, Lothar: „Und wenn die Welt voll Teufel wär'". Zu Martin Luthers ‚Ein feste Burg ist unser Gott', in: Gedichte und Interpretationen, Bd. 1: Renaissance und Barock, hg. von Volker Meid, Stuttgart **1982**, 53–67 ~ DRÖMANN A **83**, 170. 185 ~ HEIMRATH / KORTH B **83**, 33. 96–99. 137 ~ JENNY A **83**, 48–51 ~ JENNY A **83**, 185 ~ JENNY B **83**, 108–110 ~ JLH 27 (**1983**) 209 ~ KADELBACH A **83**, 108 ~ LEICHT, Robert: Die verkehrte Titelmelodie. Martin Luthers Choral ‚Ein feste Burg' – Symbol für die Verzerrung der Reformation, Süddeutsche Zeitung, 5./6. 3. **1983** ~ MGD 37 (**1983**) 100 ~ MÜLLER A **83**, 485. 487 ~ THYEN, D. in: Siegener Hochschulblätter 6 (**1983**) 82ff. ~ AMELN, Konrad: Komm, Heiliger Geist, Herre Gott. Zur Geschichte einer Melodie, JLH 28 (**1984**) 14f. 18 ~ ebd. 34. 148. 223 ~ JENS, Walter: Die verflixte vierte Strophe, in REICH-RANICKI B **84**, 15–18 ~ MARTI, Kurt: Gott als Stadt, ebd. 19–21 ~ MGD 38 (**1984**) 10. 62f. U1. 181–188 ~ MUSCHG, Adolf: Die erschütterbare Burg, in REICH-RANICKI B **84**, 22–26 ~ ebd. 13f. ~ RÖSSLER A **84**, 124 ~ RÜHMKORF, Peter: Anfechtungen beim Singen eines Trutzliedes, in REICH-RANICKI B **84**, 27–30 ~ SAUER-GEPPERT B **84**, 171 ~ AMELN A **85**, 15 ~ ASPER B **85**, 65. 67. 70. 149 ~ HEINER B [3]**85**, 41f. ~ JENNY B **85** (WA.A 4) 100f. 247–249. 352 ~ JLH 29 (**1985**) 190. 193. 255 ~ MGD 39 (**1985**) 79. 176 ~ THOMKE, Hellmut: Das Wort sie sollen lassen stahn! Überlegungen zur Sprache und zur poetischen Form von Luthers Liedern am Beispiel des Reformationsliedes „Ein feste Burg ist unser Gott", JLH 29 (**1985**) 79–89 ~ AMELN A **86**, 61–63. 68f. ~ AMELN A **86**, 112. 119. 126 ~ JLH 30 (**1986**) 20. 222 ~ KOCH, Hermann: „Ein feste Burg ist unser Gott ...", entwurf **1986**, H. 3, 11–20 (+ Unterrichtsentwurf für 5./6. Schuljahr) ~ MAGER, Inge: Martin Luthers Lied „Ein feste Burg ist unser Gott" und Psalm 46, JLH 30 (**1986**) 87–96 ~ MGD 40 (**1986**) 200. 203. 284 ~ NSK **1986**/2, 2 ~ VEIT B **86**, 42. 46. 48. 51. 65. 67 Anm. 22. 73f. 80 Anm. 98. 83. 86. 87 Anm. 32f. 93. 97 Anm. 79. 106 Anm. 131. 108 Anm. 144. 110. 123 Anm. 29. 135. 140–142. 143 Anm. 18. 148 ~ DIENST, Karl: „Ein feste Burg ..." – Die „Marseillaise der Reformation"?, EvE 39 (**1987**) 331–336 = (erweitert) Die „Marseiller Hymne der Reformazion ...", Luther 59 (**1988**) 29–44 ~ GANZHORN-BURKHARDT, Renate in ZGP 5 (**1987**) H. 5, 6–9 (Pr) ~ MGD 41 (**1987**) 70 ~ NSK **1987**/3, 11 ~ PARENT B **87**, 72. 182. 201. 219. 274 ~ SACK, Vera: „Glauben" im Zeitalter des Glaubenskampfes. Eine Ode aus dem Straßburger Humanistenkreis und ihr wahrscheinliches Fortleben in Luthers Reformationslied „Ein feste Burg ist unser Gott". Textanalysen und Interpretationen. Mit einem Beitrag zur Frühgeschichte des Emblems, Frei-

burg i. B. **1988** ~ BACH / GALLE B **89**, 96f. ~ HESSING B **²89**, 37f. ~ JLH 32 (**1989**) 27. 85 ~ MGD 43 (**1989**) 205 ~ NSK **1989**/2, 18. 21; 3, 21 ~
BALDERS A **90**, 7 ~ KURZKE, Hermann: Die Marseillaise der Reformation. Ein feste Burg ist unser Gott – Ein Haus voll Glorie schauet, in KURZKE B **90**, 74. 163. 185–209. 214. 218f. 225 ~ MGD 44 (**1990**) 249f. ~ NSK **1990**/1, 30; 2, 2. 31; 3, 31 ~ SÖLLE B **90**, 202 (B) ~ STALMANN, Joachim in HEKG III/2 (**1990**) 58–69 ~ JLH 33 (**1990/91**) 106. 250. 254 ~ BLANKENBURG B **91**, 170. 224f. 228. 334f. ~ KUESSNER A **91**, 30 ~ NSK **1991**/3, 18 ~ SCHMIDT, Susanna: Katholischer „Minnegesang“, ein protestantisches ‚Kriegslied‘ und der Aufstand der Tiroler. Spee- und Luther-Reminiszenzen in Eichendorffs Gedicht „Der Tiroler Nachtwache“, in GRUNEWALD / GUSSONE B **91**, 83–94 ~ NSK **1992**/2, 9. 11 ~ JLH 34 (**1992/93**) 115. 117. 212. 217 ~ KRIEG A **92/93**, 26 ~ DKL III/1.1 Notenbd. (**1993**) 218 ~ DKL III/1.1 Textbd. (**1993**) 192 ~ FRANK B **²93**, 681 ~ FUCHS B **93**, 43–57 ~ MARON, Gottfried: Ein feste Burg ist unser Gott, in: Ders.: Die ganze Christenheit auf Erden. Martin Luther und seine ökumenische Bedeutung, hg. von Gerhard Müller und Gottfried Seebass, Göttingen **1993**, 284–289 ~ von MEDING, Wichmann: Ein feste Burg ist unser Gott. Martin Luthers christliche Auslegung des Psalms 46, ZThK 90 (**1993**) 25–56 ~ NSK **1993**/3, 24 ~ SCHNEIDER / VICKTOR B **93**, 65–68 ~ THUST A **93**, 319f. 328–337 (+B) ~ KORNEMANN A **94**, 14 ~ von MEDING, Wichmann: Luther und Speratus. Zwei Liedermacher in Wittenberg, MuK 64 (**1994**) H. 4, 195 ~ HENKYS A **94/95**, 139. 151 ~ JLH 35 (**1994/95**) 260 ~ KURZKE A **94/95**, 125. 129f. ~ ALBRECHT B **⁴95**, 71. 117. 124. 134. 142. 145. 147 ~ BLAIL, Gerhard: Ein feste Burg ist unser Gott. Das Lied Martin Luthers, Hamburg **1995** (Fundus-Reihe 7) ~ HOFFLEIT B **95**, 274. 277 ~ NSK **1995**/4, 25 ~ SCHEUERMANN, Michael: „Ein feste Burg ist unser Gott“. Erwägungen zu Luthers Lied, meditation 21 (**1995**) H. 1, 26–29 (+B) ~ STEIGER, Johann Anselm: Die unaufgeklärte Gesangbuch-Revision, ThR **1995**, 217f. ~ ROSER A **96**, 82f. ~ JLH 36 (**1996/97**) 229. 231. 256 ~ GERBER B **97** (Trutz und Trost) ~ NSK **1997**/4, 21 ~ REICH A **97**, 10 ~ THUST, Karl Christian: Kirchenmusikalische Gestaltungsidee, in: Praxishilfe Gottesdienstliturgie, Bd. 2, hg. von Ernst L. Fellechner / Hartmut Miethe, Nidderau-Ostheim **1997**, 395 ~ WEG IV (**1997**) 70 ~ Een Comp **³1998**, Nr. 401 ~ EURICH, Henner: Ist Oppenheim die „Geburtsstätte des deutschen evangelischen Kirchenlieds“? Zum Hintergrund des Lutherliedes „Ein' feste Burg ist unser Gott“ (EG 362), Ebernb. H. 32 (**1998**) 75–90 ~ HOLZAPFEL B **98**, 36f. 126 ~ von MEDING B **98**, 38. 90. 103. 131. 147–151. 157. 166. 169. 171. 254. 289. 295. 297f. 324. 342f. 353–355. 365. 379. 384. 387. 394f. 416. 419. 421. 423. 430. 445f. ~ SEIBT B

98, 256 ~ STAATS, Reinhart: Die Entstehung des Lutherliedes im Abendmahlsstreit 1527, ThLZ 123 (**1998**) Nr. 2, 115–126 ~ WISSEMANN-GARBE A **98**, 120 ~ ZILLESSEN, Klaus: „Gott ist unsere Zuversicht und Stärke", GD PR SB (Erntedankfest, Reformationsfest) **1998**, 143–146 (Pr) ~ ZILLESSEN A **98**, 23 ~ CONRAD A **99**, 238 ~ DKL III/1 Registerbd. (**1999**) 30. 202 ~ JLH 38 (**1999**) 266 ~ KUBY, Hans: „Ein feste Burg ..." 1936 im Gespräch, Ebernb. H. 33 (**1999**) 501f. = Blätter für pfälzische Kirchengeschichte und religiöse Volkskunde 66/67 (**1999/2000**) 109f. ~ RÖSSLER, Martin in HEG II (**1999**) 204–208 ~
ELLER, Walter: Warum ein Mensch singt – in der Not. Anmerkungen zur hymnologischen Dynamik von Luthers Lied „Ein feste Burg ist unser Gott", WBK 67 (**2000**) 6–9 ~ KADELBACH A **00**, 152 ~ RIEHM, Heinrich u.a. in MÖLLER B **00**, 292f. ~ STEFAN, Hans-Jürg in WH 3 (**2000**) 56 ~ WEG VI (**2000**) 17 ~ WÜSTENBERG, Ulrich in MÖLLER B **00**, 238 ~ WENNEMUTH A **00/01**, 183f. 190 ~ HADAMER A **01**, 122 ~ JLH 40 (**2001**) 223. 226 ~ KENNTNER B **01**, 12f. ~ MARTI A **01**, 155 ~ OLDENBRUCH, Peter: Ein feste Burg – Harte Schale, weicher Kern, in FELLECHNER B **01**, 151–155 (Gd mit Pr) ~ RÖSSLER B **01**, 72. 712. 744. 757. 889 ~ BONKHOFF, Bernhard: Umdichtung, Nachdichtung und zeitgenössische Aktualisierung. Das Schicksal des Lutherliedes im deutschen Protestantismus, Luther 73 (**2002**) 69–92 ~ DIENST, Karl: Martin Luthers „Ein feste Burg ist unser Gott" als Identitätssignal des Protestantismus im 19. und 20. Jahrhundert, Ebernb. H. 36 (**2002**) 425–442 = Blätter für pfälzische Kirchengeschichte und religiöse Volkskunde 69 (**2002**) 61–78 ~ DKL III/2 Textbd. (**2002**) 254 ~ JLH 41 (**2002**) 242 ~ MARTINI B **02**, 39. 80. 82–86. 220. 247 ~ SCHMIDT B **02**, 215. 555 ~ ACKERMANN A **03**, 60 ~ BAUDLER, Andreas: Göttliche Streitmacht. Luthers Lied „Ein feste Burg" und die amerikanischen Methodisten, Frankfurter Allgemeine Zeitung, 7. 5. **2003** = MuK 73 (**2003**) H. 4, 244–246 ~ FUNK, Arthur in KÜCK / KURZKE B **03**, 150f. ~ ebd. 4. 64. 71. 74. 208. 224 ~ KURZKE A **03**, 159. 162 ~ PETERSEN-MIKKELSEN, Birger: Abendmahl, „Göttliche Streitmacht". Zu Luthers Lied „Ein feste Burg", MuK 73 (**2003**) H. 5, 357 ~ SCHEFFBUCH 1 B ^{8}**03**, 292f. ~ JLH 43 (**2004**) 247 ~ LEUBE, Bernhard: Lust auf Listen, MuK 74 (**2004**) H. 5, 330 ~ NEUHAUS B **05**, 103. 108–111

363 Kommt her zu mir, spricht Gottes Sohn

KOCH I B ^{3}**1866/1973**, 255. 467; II B ^{3}**1867/1973**, 142. 155; VIII B ^{3}**1876/1973**, 141. 216 ~ BÖHME B **1877/1966**, 745f. ~ FISCHER II B **1879/1967**, 12f. ~ BÄUMKER I B **1886/1962**, 482f. ~ KÜMMER-

LE I B **1888/1974**, 815–817 ~ ERK / BÖHME II B **1893f./1988**, 36 und III, 718–720 ~
HERMANN, Theodor: Georg Gründwald, der Dichter des Liedes: Kommt her zu mir, spricht Gottes Sohn, MGkK 17 (**1912**) H. 6, 197f. ~ Ein geistliches Lied aus dem 11. Kapitel Matthäi, MGkK 36 (**1931**) H. 1, 41 ~
GERBER, Hermann: Dichter und Märtyrer mit der Ahle, WuW 3 (**1948/49**) Nr. 39/40, 291 = GERBER B **56**, 129f. ~
SCHLUNK B **51**, 220 ~ JLH 1 (**1955**) 60f. ~ DUERKSEN, R. R.: Anabaptist hymnody of the Sixteenth Century, New York **1956** ~ WEISMANN, Eberhard in WBK 23 (**1956**) H. 2, 28–30 ~ BLANKENBURG, Walter in HEKG II/2 (**1957**) 68 ~ KULP / BÜCHNER / FORNACON in HEKG Sb (**1958**) 81. 270. 313. 324. 382–385 ~ JLH 4 (**1958/59**) 250 ~ HERMELINK A **59**, 1480 ~
GSCHWEND A **62**, 165 ~ JENNY B **62**, 46f. 96. 103. 118. 120. 123f. 141. 144. 149. 253. 284f. ~ JLH 7 (**1962**) 130; 8 (**1963**) 154 ~ RECKZIEGEL B **63**, 108. 210 ~ VOLZ A **63**, 60. 64. 68 ~ KÖHLER B **64** (HEKG I/2) 386f. ~ KRATZEL A **66**, 172 ~ SOMMER A **66**, 152. 154 ~ AMELN A **67**, 174 ~ AMELN A **69**, 184 ~ GRIMM A **69**, 168 ~ JLH 14 (**1969**) 143 ~
JLH 15 (**1970**) 167 ~ SOMMER I A **72**, 112. 123. 136f. 144. 149. 156f. 160–162 ~ BREDNICH I B **74**, 205. 213. 221. 229; II B **75**, Abb. 92. 101. 110f. 118. 125, Nr. 138. 309. 311 ~ JLH 20 (**1976**) 175 ~ RÖSSLER-Bibl. B **76**, 261 ~ ZINK, Wolfgang: Die Lindenschmidtlieder. Ein historisches Ereignis und seine Interpretationsmöglichkeiten durch das Volkslied, JVlf 21 (**1976**) 41–86, bes. 41–43 ~ SOMMER II A **77**, 144 ~ GOJOWY A **78**, 93. 96. 98–100. 102. 106. 111. 120. 122 ~ JLH 22 (**1978**) 163. 238 ~ JENNY, Markus in MGD 33 (**1979**) 138 ~
JLH 24 (**1980**) 108 ~ MOSER B **81**, 21. 514. 528. 540. 554. 606. 647 ~ DRÖMANN A **83**, 172 ~ SAUER-GEPPERT B **84**, 57. 81f. ~ SCHÖNBORN A **84**, 103 ~ ERB II B **²85**, 7–10 ~ ERNST B **85**, 183. 195f. 198. 207. 324. 331 ~ HEINER B **³85**, 85f. ~ WACHINGER, Burghard: ‚Lindenschmitt', VerLex Bd. 5 (**²1985**) 841 ~ PARENT B **87**, 180. 193. 275 ~
DRUDE, Hartwig in HEKG III/2 (**1990**) 186–189 ~ DKL III/1.1 Notenbd. (**1993**) 121f. ~ DKL III/1.1 Textbd. (**1993**) 195f. ~ FRANK B **²93**, 448 ~ ALBRECHT B **⁴95**, 72. 141 ~ CONRAD A **99**, 240 ~ DKL III/1 Registerbd. (**1999**) 30. 214 ~ DORNEGER, Karl in HEG II (**1999**) 124 ~
RÖSSLER B **01**, 80 ~ DKL III/2 Textbd. (**2002**) 255f. ~ JLH 41 (**2002**) 242 ~ MARTINI B **02**, 39 ~ SCHMIDT B **02**, 579 ~ LANZ, Hans in HANDT B **03**, Nr. 264 ~ REICH A **³03**, 767 ~ ACKERMANN B **³05**, 52

364 Was mein Gott will, gescheh allzeit

KOCH I B [3]**1866/1973**, 342f.; II B [3]**1867/1973**, 482; VIII B [3]**1876/ 1973**, 361 ~ BÖHME B **1877/1966**, Nr. 640 ~ FISCHER II B **1879/ 1967**, 335f. ~ KÜMMERLE I B **1888/1974**, 354; IV B **1895/ 1974**, 123–127 ~ ERK / BÖHME III B **1893f./1988**, 700f. ~
SPITTA, Friedrich: Herzog Albrecht von Preußen als geistlicher Liederdichter, MGkK 13 (**1908**) H. 4, 104–112 ~ Ders.: Die Entstehungszeit des Liedes „Was mein Gott will, das gscheh allzeit", MGkK 18 (**1913**) H. 6, 203–205 ~ Ders.: Das Recht des Herzogs Albrecht von Preußen auf das Lied „Was mein Gott will, das gscheh allzeit". Auch ein Beitrag zum Reformationsjubiläum, MGkK 22 (1917) H. 9/10, 305–313 ~ NELLE B [3]**1924/1962**, Nr. 363 ~
SCHLUNK B **51**, 347 ~ BRUPPACHER B **53**, 292f. ~ LANGE / REICH B **53**, 4. 6. 18–20 ~ FORNACON, Siegfried in Km 6 (**1955**) 4ff. ~ JLH 1 (**1955**) 70; 2 (**1956**) 125 ~ BLANKENBURG, Walter in HEKG II/2 (**1957**) 65. 68. 82 ~ JLH 3 (**1957**) 34 ~ KULP / BÜCHNER / FORNACON in HEKG Sb (**1958**) 238. 270. 435–438 ~ BRENNECKE A **58/59**, 69 ~ JLH 4 (**1958/59**) 127 ~
FRÖR, Kurt in KUV 8 ([2]**1960**) 379 ~ JENNY B **62**, 260 ~ NELLE B [4]**62**, 79 ~ JLH 8 (**1963**) 171 ~ RECKZIEGEL B **63**, 132. 215 ~ KÖHLER B **64** (HEKG I/2) 428f. ~ GENNRICH B **65**, 206. 263f. ~ JLH 11 (**1966**) 97 ~ AMELN A **67**, 175 ~ JLH 12 (**1967**) 117 ~ GRIMM A **69**, 171 ~ JLH 14 (**1969**) 235 ~
JLH 15 (**1970**) 166 ~ PIPER A **71**, 99 ~ JLH 20 (**1976**) 235 ~ RÖSSLER B **76**, 218. 221 ~ RÖSSLER-Bibl. B **76**, 275 ~ JLH 21 (**1977**) 149 ~ GOJOWY A **78**, 95. 97. 120 ~ JLH 22 (**1978**) 258 ~ JENNY, Markus in MGD 33 (**1979**) 139 ~
ELTZ-HOFFMANN B **80**, 26f. ~ ERB I B [2]**81**, 39–44 ~ JLH 25 (**1981**) 142. 185 ~ DRÖMANN A **83**, 171 ~ KADELBACH A **83**, 108 ~ MGD 37 (**1983**) 98 ~ AXMACHER B **84**, 199 ~ JLH 28 (**1984**) 152 ~ SAUER-GEPPERT B **84**, 83 ~ ROSE, K. H. in HEINER B [3]**85**, 59 ~ MGD 40 (**1986**) 199. 283 ~ JLH 32 (**1989**) 86 ~
PIPER, Hans-Christoph / GRIMM, Jürgen in HEKG III/2 (**1990**) 258–261 ~ NSK **1992**/1, 16 ~ FRANK B [2]**93**, 696 ~ FOSS B **95**, 151–155. 181. 243 ~ REICH A **95**, 7 ~ Een Comp [3]**1998**, Nr. 403 ~ SEIBT B **98**, 273 ~ CONRAD A **99**, 240 ~ DKL III/1 Registerbd. (**1999**) 230 ~ ENGELHARDT, Ruth / WEBER, Edith in HEG II (**1999**) 21f. 299 ~
WEG VI (**2000**) 17 ~ WÜSTENBERG, Ulrich in MÖLLER B **00**, 238 ~ JLH 40 (**2001**) 226 ~ RÖSSLER B **01**, 62. 890 ~ SCHEFFBUCH 2 B [2]**01**, 245–248 ~ DKL III/2 Textbd. (**2002**) 61 ~ JLH 41 (**2002**) 242 ~ MARTINI B **02**, 39 ~ SCHMIDT B **02**, 294f. 625f. 750

365 Von Gott will ich nicht lassen

KOCH II B ^{3}**1867/1973**, 236. 245. 380; IV B ^{3}**1868/1973**, 102; VIII B ^{3}**1876/1973**, 365 ~ BÖHME B **1877/1966**, 752f. ~ FISCHER II B **1879/1967**, 308–310 ~ BÄUMKER II B **1888/1962**, 275 ~ KÜMMERLE I B **1888/1974**, 296 ~ ERK / BÖHME III B **1893f./1988**, 704–706 ~

FRIEDLAENDER II B **1902/1962**, 316 ~ NELLE B ^{3}**1924/1962**, Nr. 367 ~

SCHLUNK B **51**, 336 ~ BRUPPACHER B **53**, 294f. ~ LAUTERBURG B **53**, 153f. ~ FORNACON, Siegfried in MuK 25 (**1955**) H. 1, 66–68 ~ JLH 2 (**1956**) 125 ~ BLANKENBURG, Walter in HEKG II/2 (**1957**) 89 ~ JLH 3 (**1957**) 223 ~ KULP / BÜCHNER / FORNACON in HEKG Sb (**1958**) 28. 170. 270. 352. 396. 427. 441–443. 527. 575 ~ BRENNECKE A **58/59**, 69 ~ BACH, Arthur / GRIMME, Gertrud in EvUV 3 (^{2}**1959**) 170–172 ~

FRÖR, Kurt in KUV 8 (^{2}**1960**) 379–381 ~ GSCHWEND A **62**, 166 ~ NELLE B ^{4}**62**, 92 ~ RECKZIEGEL B **63**, 159. 215 ~ WERTHEMANN B **63**, 21 ~ KÖHLER B **64** (HEKG I/2) 431–433 ~ GENNRICH B **65**, 205. 261f. ~ BRAUN, Werner: Die evangelische Kontrafaktur. Bemerkungen zum Stand ihrer Forschung, JLH 11 (**1966**) 95. 97 ~ PIPER A **66**, 143f. ~ AMELN A **67**, 172 ~ BRODDE A **67**, 200 ~ AMELN A **69**, 184f. ~ GRIMM A **69**, 159. 168. 170 ~ JLH 14 (**1969**) 241 ~

WITTENBERG A **73/74**, 160 ~ RÖSSLER A **75**, 177 ~ NSK AM (**1976**) 21, 103f. ~ RÖSSLER-Bibl. B **76**, 274 ~ WENDLAND, John: „Madre non mi far Monaca“: The Biography of a Renaissance Folksong, Aml 48 (**1976**) 185–204 ~ JLH 21 (**1977**) 95 ~ GOJOWY A **78**, 91. 93. 95. 105f. 108. 114f. 117 ~ JLH 22 (**1978**) 241 ~ MGD 32 (**1978**) 219 ~ BLANKENBURG II A **79**, 263 ~ JENNY, Markus in MGD 33 (**1979**) 139 ~ SCHOTT A **79**, 169 ~

JENNY A **80**, 60f. ~ DRÖMANN A **83**, 173. 188 ~ MGD 37 (**1983**) 104 ~ SAUER-GEPPERT B **84**, 80. 122 ~ SCHÖNBORN A **84**, 103 ~ ERB II B ^{2}**85**, 35–37 ~ HEINER B ^{3}**85**, 55f. ~ MGD 40 (**1986**) 283 ~ PARENT B **87**, 173. 276 ~

NSK **1990**/2, 4 ~ PIPER, Hans-Christoph / GRIMM, Jürgen in HEKG III/2 (**1990**) 265–267 ~ FRANK B ^{2}**93**, 570 ~ FOSS B **95**, 151 ~ ROSER B **95**, 112f. ~ KADELBACH A **96/97**, 196. 198. 206 ~ WEG IV (**1997**) 116 ~ Een Comp ^{3}**1998**, Nr. 107. 126 ~ SEIBT B **98**, 272 ~ DKL III/1 Registerbd. (**1999**) 31. 229 ~ SOERGEL, Gero in HEG II (**1999**) 139f. ~

KADELBACH A **00**, 154 ~ WEG VI (**2000**) 17 ~ HERBST II A **01**, 175 ~ RÖSSLER B **01**, 274. 306. 491 ~ SCHEFFBUCH 2 B ^{2}**01**, 233f.

~ DKL III/2 Textbd. (**2002**) 95f. ~ SCHMIDT B **02**, 267–270. 460f. 616. 749. 755 ~ KNEITSCHEL B **03**, 261. 375

366 Wenn wir in höchsten Nöten sein

(In tenebris nostrae)

FISCHER II B **1878/1967**, 354f. ~ BÄUMKER II B **1888/1962**, 272f. ~ KÜMMERLE IV B **1895/1974**, 240–244 ~

NELLE B [3]**1924/1962**, Nr. 365 ~

HOLLIGER, Hans in EvKCh 54 (**1949**) H. 4, 34–36 ~

SCHLUNK B **51**, 354 ~ BERGMANN B **53**, 112 ~ BRUPPACHER B **53**, 324f. ~ EISENHUTH B **53**, 43–47 ~ LAUTERBURG B **53**, 166–170 ~ FISCHER, Martin in BRODDE / MÜLLER B **54**, 78f. ~ JLH 2 (**1956**) 124 ~ BLANKENBURG, Walter in HEKG II/2 (**1957**) 82 ~ JLH 3 (**1957**) 128f. ~ KULP / BÜCHNER / FORNACON in HEKG Sb (**1958**) 295. 303. 439f. ~ BRENNECKE A **58/59**, 50. 69 ~

FRÖR, Kurt in KUV 4 ([4]**1960**) 252 ~ GSCHWEND A **62**, 160 ~ JLH 6 (**1961**) 138. 144; 7 (**1962**) 113. 121 ~ NELLE B [4]**62**, 59 ~ RECKZIEGEL B **63**, 111. 213 ~ AMELN, Konrad in JLH 9 (**1964**) 156–159. Taf. VII ~ KÖHLER B **64** (HEKG I/2) 430f. ~ AMELN, Konrad: Wie das Lied „Wenn wir in höchsten Nöten sein“ entstand, EvKCh 72 (**1967**) H. 5, 78–82 ~ AMELN A **67**, 175 ~ JLH 12 (**1967**) 72; 13 (**1968**) 189 ~ AMELN A **69**, 184 ~ GRIMM A **69**, 169 ~ JLH 14 (**1969**) 237 ~

NSK AM (**1972**) 7, 37 ~ WITTENBERG A **73/74**, 158 ~ MGD 29 (**1975**) 200 ~ SAUER-GEPPERT A **75**, 223 ~ JLH 20 (**1976**) 196 ~ RÖSSLER-Bibl. B **76**, 276 ~ AMELN, Konrad: „Sing heut und freu dich, Christenheit“. Eine wandernde Melodie?, JLH 22 (**1978**) 156f. 159 ~ GOJOWY A **78**, 97. 100. 106. 117 ~ BLANKENBURG II A **79**, 263 ~ JENNY, Markus in MGD 33 (**1979**) 136 ~ JLH 23 (**1979**) 219 ~

ELTZ-HOFFMANN B **80**, 24f. ~ DRÖMANN A **83**, 173 ~ JENNY A **83**, 200 ~ KADELBACH A **83**, 95 ~ JLH 28 (**1984**) 153 ~ ERB II B [2]**85**, 25–28 ~ HEINER B [3]**85**, 52 ~ JLH 29 (**1985**) 150; 30 (**1986**) 228 ~

NSK **1990**/1, 9 ~ PIPER, Hans-Christoph / GRIMM, Jürgen in HEKG III/2 (**1990**) 262–264 ~ DKL III/1.1 Notenbd. (**1993**) 244 ~ DKL III/1.1 Textbd. (**1993**) 213 ~ KORNEMANN A **94**, 13 ~ ALBRECHT B [4]**95**, 74 ~ HOFFLEIT B **95**, 197f. ~ ROSER B **95**, 52f. ~ GERBER B **97** ~ WEG IV (**1997**) 46 ~ Een Comp [3]**1998**, Nr. 488 A ~ DKL III/1 Registerbd. (**1999**) 31. 230 ~ PISTORIUS, Dietmar / STEUDE, Wolfram / LÜHRS, Walther in HEG II (**1999**) 60. 80f. 299f. ~

KADELBACH A **00**, 153 ~ RÖSSLER B **01**, 202. 269f. ~ MARTINI B **02**, 126 ~ SCHMIDT B **02**, 620 ~ KNEITSCHEL B **03**, 260. 378 ~ SCHEFFBUCH 1 B [8]**03**, 263f.

367 Herr, wie du willst, so schick's mit mir

KOCH II B [3]**1867/1973**, 28. 251. 378; III B [3]**1867/1973**, 248. 257; VIII B [3]**1876/ 1973**, 370 ~ FISCHER I B **1878/1967**, 287 ~ KÜMMERLE I B **1888/1974**, 63. 581f. ~
NELLE B [3]**1924/1962**, Nr. 368 ~
SCHLUNK B **51**, 160 ~ BRUPPACHER B **53**, 295 ~ KULP / BÜCHNER / FORNACON in HEKG Sb (**1958**) 444f. 518 ~ JLH 4 (**1958/59**) 128 ~
NELLE B [4]**62**, 92 ~ KÖHLER B **64** (HEKG !/2) 434f. ~
WITTENBERG A **73/74**, 160 ~ RÖSSLER-Bibl. B **76**, 255 ~
MGD 37 (**1983**) 98. 100 ~ SAUER-GEPPERT B **84**, 56 ~
PIPER, Hans-Christoph / GRIMM, Jürgen in HEKG III/2 (**1990**) 268f. ~ FRANK B [2]**93**, 544 ~ KADELBACH A **96/97**, 194 ~ SEIBT B **98**, 262 ~ KADELBACH A **99**, 223 ~ SCHLAGE, Thomas in HEG II (**1999**) 39f. ~
SCHMIDT B **02**, 574f.

Zur Mel. s. auch bei EG 299 II „Aus tiefer Not schrei ich zu dir" !

368 In allen meinen Taten

KOCH III B [3]**1867/1973**, 81; V B [3]**1868/1973**, 600; VIII B [3]**1876/ 1973**, 378 ~ FISCHER I B **1878/1967**, 407 ~ KÜMMERLE I B **1888/ 1974**, 672–674 ~
NELLE B [3]**1924/1962**, Nr. 380 ~
BERGER B **51**, 152 ~ SCHLUNK B **51**, 191f. ~ BRUPPACHER B **53**, 303f. ~ FRÖR, Kurt in KUV 5 ([2]**1953**) 125 ~ LAUTERBURG B **53**, 159–161 ~ RÖBBELEN B **57**, 91f. 225. 458 ~ KULP / BÜCHNER / FORNACON in HEKG Sb (**1958**) 452–455. 583 ~ BACH, Arthur / GRIMME, Gertrud in EvUV 3 ([2]**1959**) 163–167 ~
JLH 6 (**1961**) 227 ~ NELLE B [4]**62**, 118 ~ KÖHLER B **64** (HEKG I/2) 443f. ~ AMELN A **67**, 174. 180 ~ NEUBACHER B **68**, 6f. ~
HÜTTEL, Walter: Paul Fleming, JLH 18 (**1973/74**) 198–200, bes. 200 ~ WITTENBERG A **73/74**, 124. 160 ~ RÖSSLER-Bibl. B **76**, 258 ~
JLH 21 (**1977**) 95 ~ GOJOWY A **78**, 83f. ~ SCHOTT A **79**, 162 ~
ELTZ-HOFFMANN B **80**, 54–56 ~ SAUER-GEPPERT B **84**, 220 ~

HEINER B ^{3}**85**, 119f. ~ PARENT B **87**, 159. 275 ~ JLH 31 (**1987/88**) 124 ~ HESSING B ^{2}**89**, 54f. ~

PIPER, Hans-Christoph / GRIMM, Jürgen in HEKG III/2 (**1990**) 181f. ~ FRANK B ^{2}**93**, 422. 427 ~ HENKYS A **94/95**, bes. 139. 148f. ~ FOSS B **95**, 79. 85–87. 90. 125f. 258 ~ Een Comp ^{3}**1998**, Nr. 365. 389 ~ SEIBT B **98**, 264 ~ CONRAD A **99**, 240 ~ SOBIELA-CAANITZ, Mechthild in HEG II (**1999**) 92 ~

RÖSSLER B **01**, 431 ~ SCHMIDT B **02**, 588 ~ SCHEFFBUCH 1 B ^{8}**03**, 276–278

Zur Mel. s. auch bei EG 521 „O Welt, ich muss dich lassen" !

369 Wer nur den lieben Gott lässt walten

KOCH III B ^{3}**1867/1973**, 419; IV B ^{3}**1868/1973**, 147; V B ^{3}**1868/1973**, 602; VI B ^{3}**1869/1973**, 482; VIII B ^{3}**1876/1973**, 384 ~ FISCHER II B **1879/1967**, 363 ~ ERK / BÖHME III B **1893f./1988**, 708 ~ KÜMMERLE IV B **1895/1974**, 296–303 ~

FRIEDLAENDER I B **1902/1962**, XXVIII. 344; II B **1902/1962**, 316 ~ JULIAN B ^{2}**1907/1985**, 796f. ~ BÄUMKER IV B **1911/1962**, 670 ~ NELLE B ^{3}**1924/1962**, Nr. 381 ~

BUDDE, Elisabeth: Wer nur den lieben Gott lässt walten. Erzählung von der Entstehung evangelischer Trostlieder, Gütersloh **1948**, 5–35 ~ HOMMEL A **48/49**, 127 ~

BERGER B **51**, 152 ~ JAUERNIG-WEIMAR, R.: Aus welchem Anlass und wann entstand Georg Neumarks Lied „Wer nur den lieben Gott lässt walten"?, MuK 21 (**1951**) H. 2, 89–91 ~ SCHLUNK B **51**, 359 ~ BUDDE B **52**, 5–24, bes. 22f. ~ BERGMANN B **53**, 115f. 159 ~ BRUPPACHER B **53**, 306f. ~ FRÖR, Kurt in KUV 5 (^{2}**1953**) 38ff. ~ LAUTERBURG B **53**, 161–163 ~ BLANKENBURG, Walter in HEKG II/2 (**1957**) 64. 106f. ~ RÖBBELEN B **57**, 91. 345f. ~ KULP / BÜCHNER / FORNACON in HEKG Sb (**1958**) 67. 365. 368. 466–468. 470 ~ HOLLIGER, Hans: Georg Neumark, 1621–1681, der Dichter des Liedes „Wer nur den lieben Gott lässt walten", EvKCh 64 (**1959**) H. 1, 5f. ~ BACH, Arthur / GRIMME, Gertrud in EvUV 4 (^{2}**1960**) 144–148 (betr. Str. 7) ~ FRIESE, Hans: Wer nur den lieben Gott lässt walten. Georg Neumark und sein Lied, Berlin (Ost) **1960** ~ JLH 6 (**1961**) 229. 246; 7 (**1962**) 309 ~ NELLE B ^{4}**62**, 176. 255 ~ KÖHLER B **64** (HEKG I/2) 451f. ~ AMELN A **67**, 175 ~ NEUBACHER B **68**, 26f. ~ AMELN A **69**, 184f. ~

JLH 15 (**1970**) 166 ~ JENNY, Markus in NSK AM (**1972**) 7, 35 ~ BRODDE A **73**, 73 ~ WITTENBERG A **73/74**, 115. 160 ~ KRAFT, Sigisbert / QUACK, Erhard in WGL III (**1975**) 157f. ~ REDING, Josef in JUHRE B **76**, 173f. ~ RÖSSLER-Bibl. B **76**, 277 ~ LIPPERT, Peter in Pr GL 2 (**1977**) 33–37 (+Pr) ~ OPP, Walter: Grundprobleme der Begleitpraxis, MuK 47 (**1977**) H. 6, 269 ~ SAUER-GEPPERT A **77**, 71 ~ DRÖMANN A **78**, 193 ~ EISELE B **78** ~ GOJOWY A **78**, 83. 96. 101. 113 ~ GRANZ A **78**, 184 ~ JLH 22 (**1978**) 170 ~ JENNY, Markus in MGD 33 (**1979**) 139 ~ SCHOTT A **79**, 163 ~ SEUFFERT, Josef in WGL IX (**1979**) 88 ~

ELTZ-HOFFMANN B **80**, 56–59 ~ MGD 34 (**1980**) 45 ~ JLH 25 (**1981**) 167 ~ MGD 35 (**1981**) 177 ~ RAPP, Hans Reinhard in NITSCHKE B **81**, 83–87 (Pr) ~ WOLF, Hanns-Martin: „... durch ein einziges Lied unsterblich ...“. Georg Neumark und sein Lied, DtPfrBl 81 (**1981**) 309f. ~ MGD 36 (**1982**) 213 ~ TRUNZ, Erich: Die Entstehung von Georg Neumarks Lied „Wer nur den lieben Gott lässt walten“ in Kiel, in: Nordelbingen. Beiträge zur Kunst- und Kulturgeschichte, Bd. 51, Heide / Holstein **1982**, 151–163 = (ergänzt) in JLH 30 (**1986**) 49–65 ~ JLH 27 (**1983**) 252 ~ MGD 37 (**1983**) 104 ~ SAUER-GEPPERT A **83**, 809f. ~ JLH 28 (**1984**) 147. 230 ~ MGD 38 (**1984**) 181 ~ SCHÖNBORN A **84**, 103 ~ HEINER B [3]**85**, 124f. ~ JLH 29 (**1985**) 230 ~ MARTI A **85**, 161 ~ ERB IV B [2]**86**, 49–52 ~ MGD 40 (**1986**) 203 ~ NSK **1986**/2, 3. 12 ~ GILLE, Gottfried: Wer nur den lieben Gott lässt walten. Hilfen zur Erschließung des Liedes in Christenlehre und Konfirmandenunterricht, ChL 40 (**1987**) H. 10, U 151–157 ~ NSK **1987**/2, 19 ~ PARENT B **87**, 72. 159. 276 ~ MARTI, Andreas: „Wer nur den lieben Gott lässt walten“ – ein Rest modaler Melodiebildung?, JLH 31 (**1987/88**) 109–115 ~ JENNY, Markus in RGL (**1988**) 665 ~ NORDHUES, Paul / WAGNER, Alois ebd. 210 ~ MGD 42 (**1988**) 86 ~ HESSING B [2]**89**, 59f. ~ JLH 32 (**1989**) 269 ~

PIPER, Hans-Christoph / GRIMM, Jürgen in HEKG III/2 (**1990**) 296–299 ~ BIERMANN, Wolf: Ich hatte viel Bekümmernis. Meditation zur Kantate Nr. 21 von J. S. Bach, Zürich **1991** = z. T. in STORZ, Harald: „Wer nur den lieben Gott lässt walten“, FdGD 54 (**1999**) 42f. ~ FRANK B [2]**93**, 497 ~ HENKYS A **94/95**, 151 ~ ALBRECHT B [4]**95**, 115 ~ FOSS B **95**, 158f. 260 ~ ÜHLEIN B **95**, 9 ~ KADELBACH A **96**, 231. 233–236 ~ LUDSCHEIDT, Michael: Ut fert divina voluntas: „Wie mein Gott will, so halt' ich still.“ Zum 375. Geburtstag des Dichters Georg Neumark, in: Palmbaum. Literarisches Journal aus Thüringen 4/2 (**1996**) 75–86 ~ WINKES B **96**, 115–118 (+B) ~ BRAUN A **96/97**, 154 ~ Een Comp [3]**1998**, Nr. 75. 78. 429 ~ HOLZAPFEL A **98**, 222–233 ~ HOLZAPFEL B **98**, 35. 154. 157. 199–225. 234. 258 ~ SEIBT B **98**, 108. 273 ~ ZILLESSEN A **98**, 23 ~ CONRAD A **99**, 240 ~ LOSCHER, Klaus in HEG II (**1999**) 226f. ~ STORZ, Harald: „Wer nur den lieben Gott lässt walten“. Eine Liedpredigt und ein Baustein für eine Liedpredigt, FdGD 54 (**1999**) 40–43 (+Pr) ~

RÖSSLER, Martin: Georg Neumark (1621–1681). „Wer nur den lieben

Gott lässt walten" – Entstehungsgeschichte vom Verfasser im Rückblick 1681 erzählt, in MÖLLER B **00**, 159–161 ~ HADAMER A **01**, 123 ~ HENKYS, Jürgen in Geistl. Wunderhorn (**2001**) 231–238. 520 ~ MARTI A **01**, 164 ~ RÖSSLER B **01**, 478. 490. 715 ~ JLH 41 (**2002**) 236 ~ KÜHNE, Ulf in MIERSEMANN / BUSCH B **02**, 54 ~ LUDSCHEIDT, Michael: Georg Neumark (1621–1681). Leben und Werk, Heidelberg **2002** ~ SCHMIDT B **02**, 156. 212. 221f. 620 ~ KNEITSCHEL B **03**, 247f. 379 ~ SCHEFFBUCH 1 B **⁸03**, 219f. ~ WÄSS, Judith in HARTMANN B **03**, 87–91 (+Pr) ~ MARTINI, Britta / MARTI, Andreas in ÖLK III (**2004**)

370 Warum sollt ich mich denn grämen

KOCH III B **^{3}1867/1973**, 317; IV B **^{3}1868/1973**, 113; V B **^{3}1868/1973**, 598; VII B **^{3}1872/1973**, 475; VIII B **^{3}1876/1973**, 471 ~ FISCHER II B **1879/1967**, 324f. ~ KÜMMERLE IV B **1895/1974**, 78–86 ~

JULIAN B **^{2}1907/1985**, 1234 ~ NELLE B **^{3}1924/1962**, Nr. 379 ~ HOMMEL A **48/49**, 127 ~ WEISMANN, Eberhard: Fröhlich soll ich mich denn grämen?, WBK 16 (**1949**) H. 6, 94–97 ~

BERGER B **51**, 128f. ~ SCHLUNK B **51**, 343f. ~ BRUPPACHER B **53**, 301–303 ~ RÖBBELEN A **54**, 381f. ~ GERBER, Hermann: Eine Handvoll Sand, WuW 11 (**1956/57**) Nr. 10, 103 (B) ~ BLANKENBURG, Walter in HEKG II/2 (**1957**) 96 ~ RÖBBELEN B **57**, 406. 407A. 410. 417. 460 ~ KULP / BÜCHNER / FORNACON in HEKG Sb (**1958**) 32. 304. 466 ~

FRÖR, Kurt in KUV 8 (**^{2}1960**) 199–203 ~ BLANKENBURG A **61**, 584 ~ JLH 7 (**1962**) 100 ~ NELLE B **^{4}62**, 151 ~ KÖHLER B **64** (HEKG I/2) 449–451 ~ SCHRÖDER B **^{2}64**, 158f. ~ AMELN A **67**, 175 ~

JLH 15 (**1970**) 166 ~ WITTENBERG A **73/74**, 160 ~ JLH 19 (**1975**) 204 ~ MGD 29 (**1975**) 47. 110. 118. 184 ~ ALBRECHT A **76**, 135 = in JENNY / NIEVERGELT B **76**, 34 ~ BLANKENBURG A **76**, 101. 104 = in JENNY / NIEVERGELT B **76**, 27. 30 ~ BLANKENBURG A **76**, 110 ~ JENNY A **76**, 146. 150f. 155 = in JENNY / NIEVERGELT B **76**, 45. 50. 54 ~ JENNY / NIEVERGELT B **76**, 57. 59. 67f. ~ JORDAHN A **76**, 368 ~ MERTEN A **76**, 127. 130–132 ~ REICH, Philipp: Paul Gerhardt-Gedenkjahr. Was bleibt?, KmN 27 (**1976**) H. 4, 3 ~ RÖSSLER-Bibl. B **76**, 275 ~ SAUER-GEPPERT A **77**, 72. 80f. ~ DRÖMANN A **78**, 193 ~ GOJOWY A **78**, 96. 105 ~ HAUFE A **78**, 64–67 (bes. 66) ~ SCHÖNHERR, Albrecht in HOFFMANN B **78**, 107–112 (Pr) ~ JENNY, Markus in MGD 33 (**1979**) 140 ~

JLH 24 (**1980**) 121 ~ BUNNERS A **83**, 158 ~ MGD 33 (**1983**) 98 ~ SAUER-GEPPERT A **83**, 805f. ~ SAUER-GEPPERT B **84**, 53 ~ SCHÖNBORN A **84**, 102. 120f. ~ HEINER B [3]**85**, 154 ~ HESSELBACH B **87**, 68–70. 129. 146. 162. 178f. ~ PARENT B **87**, 72. 276 ~ FLÜCKIGER A **88**, 198f. ~ BUNNERS, Christian: „Kann uns doch kein Tod nicht töten …". Paul Gerhardts letzte Worte, MuK 59 (**1989**) H. 1, 1–11 ~ HESSING B [2]**89**, 57f. ~
PIPER, Hans-Christoph / GRIMM, Jürgen in HEKG III/2 (**1990**) 294–296 ~ BUNNERS B **93**, 128. 173. 217. 268. 284–286. 296. 301. 313. 323. 328. 367 ~ KORNEMANN A **94**, 14 ~ LIEDERKNECHT B **94**, 33 ~ NSK **1997**/2, 16 ~ SEIBT B **98**, 272 ~ STALMANN, Joachim / BUNNERS, Christian in HEG II (**1999**) 79f. 110–112 ~
RÖSSLER B **01**, 441f. 457f. ~ ERB III B [8]**02**, 153–157 ~ SCHMIDT B **02**, 617f. ~ LEHMANN A **03**, 35f. ~ SCHEFFBUCH 1 B [8]**03**, 240

371 Gib dich zufrieden und sei stille

KOCH III B [3]**1867/1973**, 322; IV B [3]**1868/1973**, 110. 113; VIII B [3]**1876/1973**, 483 ~ FISCHER I B **1878/1967**, 211f. ~ KÜMMERLE I B **1888/1974**, 476 ~
JULIAN B [2]**1907/1985**, 412 ~ NELLE B [3]**1924/1962**, Nr. 375 ~ HOMMEL A **48/49**, 127 ~
BERGER B **51**, 108–110 ~ SCHLUNK B **51**, 121f. ~ BRUPPACHER B **53**, 300f. ~ LAUTERBURG B **53**, 158f. ~ IHLENFELD B **56**, 128f. ~ BLANKENBURG, Walter in HEKG II/2 (**1957**) 106. 108 ~ RÖBBELEN B **57**, 424. 457 ~ KULP / BÜCHNER / FORNACON in HEKG Sb (**1958**) 31. 156. 461–464. 472 ~
NELLE B [4]**62**, 152 ~ KÖHLER B **64** (HEKG I/2) 446f. ~ SCHRÖDER B [2]**64**, 159–161 ~
ALBRECHT A **76**, 138. 142 = in JENNY / NIEVERGELT B **76**, 37. 41 ~ BLANKENBURG A **76**, 98f. 104 = in JENNY / NIEVERGELT B **76**, 24f. 30 ~ BLANKENBURG A **76**, 110 ~ JENNY, Markus in MGD 30 (**1976**) 49. 51 ~ JENNY A **76**, 152 = in JENNY / NIEVERGELT B **76**, 51 ~ MGD 30 (**1976**) 184 ~ MOSER B [2]**76**, 87–89 (B) ~ MGD 31 (**1977**) 118 ~ SCHÖNBORN A **77**, bes. 158 ~ ALBRECHT A **78**, 93 ~ de BOOR, Friedrich: Theologie, Frömmigkeit und Zeitgeschichte im Leben und Werk Paul Gerhardts, in HOFFMANN B **78**, 40–46 ~ MGD 32 (**1978**) 94 ~
JLH 24 (**1980**) 121 ~ MARGENFELD, Dorothea in NITSCHKE B **81**, 76–82 (Pr) ~ KADELBACH A **83**, 100 ~ SAUER-GEPPERT B **84**, 57. 111. 132 ~ MGD 40 (**1986**) 283 ~ HESSELBACHER B **87**, 111–115 ~ MGD 41 (**1987**) 243 ~ MÖLLER, Christian: Vom Geist eines geist-

lichen Widerstandes in Paul Gerhardts Lied „Gib dich zufrieden und sei stille", KCh 47 (**1987**) H. 3, 31–37 ~ PARENT B **87**, 181. 204f. 274 ~ JLH 32 (**1989**) 270 ~ NSK **1989**/2, 25 ~
PIPER, Hans-Christoph / GRIMM, Jürgen in HEKG III/2 (**1990**) 288–291 ~ BUNNERS B **93**, 114. 211. 223f. 236. 298f. 323f. ~ KORNEMANN A **94**, 13 ~ FOSS B **95**, 162f. 184 ~ MÖLLER B **97**, 194–199 (B) ~ JLH 37 (**1998**) 223 ~ SEIBT B **98**, 259 ~ BUNNERS, Christian / SCHNEIDER, Matthias in HEG II (**1999**) 110–112. 155f. ~
HENKYS, Jürgen in Geistl. Wunderhorn (**2001**) 299–309. 524 ~ HERBST II A **01**, 175 ~ RÖSSLER B **01**, 440. 442. 457 ~ ERB III B ^{8}**02**, 145–153 ~ JLH 41 (**2002**) 236 ~ FRIEDERICH, Anselm in HARTMANN B **03**, 113–119 (+Pr) ~ LEHMANN A **03**, 24 ~ SCHEFFBUCH 1 B ^{8}**03**, 230

372 Was Gott tut, das ist wohlgetan

KOCH III B ^{3}**1867/1973**, 421; VIII B ^{3}**1876/1973**, 491 ~ FISCHER II B **1879/1967**, 329f. ~ ERK / BÖHME III B **1893f./1988**, 707f. ~ KÜMMERLE IV B **1895/1974**, 103–109 ~
JULIAN B ^{2}**1907/1985**, 1234f. ~ BÄUMKER IV B **1911/1962**, 671f. ~ NELLE B ^{3}**1924/1962**, Nr. 385 ~
SCHLUNK B **51**, 345 ~ BERGMANN B **53**, 116f. ~ BRUPPACHER B **53**, 307f. ~ LAUTERBURG B **53**, 163–165 ~ BLANKENBURG, Walter in HEKG II/2 (**1957**) 103. 110 ~ KULP / BÜCHNER / FORNACON in HEKG Sb (**1958**) 199. 467–469. 471 ~
FRÖR, Kurt in KUV 4 (^{4}**1960**) 48–50 ~ BLANKENBURG A **61**, 594f. ~ JLH 6 (**1961**) 146 ~ MERTES B **62**, 154–156 ~ NELLE B ^{4}**62**, 177 ~ FORNACON, Siegfried: Werke von Severus Gastorius, JLH 8 (**1963**) 168f. ~ JAUERNIG, Reinhold: Severus Gastorius, ebd. 163 ~ Ders.: Severus Gastorius – Forschungen zum Melodisten des Liedes „Was Gott tut, das ist wohlgetan" (EKG 299), in: In disciplina domini In der Schule des Herrn, Thüringer kirchliche Studien, Bd. 1, Berlin **1963** ~ KÖHLER B **64** (HEKG I/2) 452f. ~ JLH 10 (**1965**) 265 ~ AMELN A **67**, 175 ~ HÜBNER B **69**, 51–53. 55 ~
JLH 15 (**1970**) 166 ~ PIPER A **71**, 100 ~ NSK AM (**1972**) 7, 35 ~ WITTENBERG A **73/74**, 160 ~ HOFMANN, Ernst / QUACK, Erhard in WGL III (**1975**) 155f. ~ MOSER B ^{2}**76**, 87–89 (B) ~ RÖSSLER-Bibl. B **76**, 275 ~ MASSA, Willi in Pr GL 2 (**1977**) 28–32 (+Pr) ~ GOJOWY A **78**, 116 ~ MGD 32 (**1978**) 94 ~ SCHOTT A **79**, 163 ~ SEUFFERT, Josef in WGL IX (**1979**) 88 ~
ELTZ-HOFFMANN B **80**, 59f. ~ MGD 35 (**1981**) 140 ~ SAUER-GEPPERT B **84**, 31f. 50. 124 ~ HEINER B ^{3}**85**, 170 ~ ERB IV B ^{2}**86**,

70–72 ~ PARENT B **87**, 72. 276 ~ JENNY, Markus in RGL (**1988**) 664 ~ MGD 42 (**1988**) 85. 287 ~ HESSING B [2]**89**, 61f. ~ MGD 43 (**1989**) 12 ~ NSK **1989**/1, 26f. ~
PIPER, Hans-Christoph / GRIMM, Jürgen in HEKG III/2 (**1990**) 299–301 ~ FRANK B [2]**93**, 589 ~ HOFFLEIT B **95**, 251 ~ WINKES B **96**, 111–114 (B) ~ Een Comp [3]**1998**, Nr. 296. 432 ~ SEIBT B **98**, 272 ~ CONRAD A **99**, 240 ~ HERBST I A **99**, 256 ~ OPP, Walter / SOERGEL, Gero in HEG II (**1999**) 104f. 259f. ~
JLH 39 (**2000**) 234 ~ KADELBACH A **00**, 149 ~ WÜSTENBERG, Ulrich in MÖLLER B **00**, 238 ~ RÖSSLER B **01**, 645 ~ GRUBER A **02**, 216f. ~ MARTINI B **02**, 39 ~ SCHMIDT B **02**, 618f. 667f. ~ KNEITSCHEL B **03**, 225. 377 ~ SCHEFFBUCH 1 B [8]**03**, 207f.

373 Jesu, hilf siegen, du Fürste des Lebens

KOCH IV B [3]**1868/1973**, 382; V B [3]**1868/1973**, 580; VIII B [3]**1876/1973**, 429 ~ FISCHER I B **1878/1967**, 374 ~ KÜMMERLE I B **1888/1974**, 653 ~
NELLE B [3]**1924/1962**, Nr. 311 ~
HOMMEL A **48/49**, 127 ~
SCHLUNK B **51**, 203f. ~ GERBER, Hermann: Tränende Seufzer, WuW 8 (**1953**/ **54**) Nr. 11, 100 = GERBER B **56**, 138f. ~ RÖBBELEN B **57**, 221. 261. 273A. 458 ~ KULP / BÜCHNER / FORNACON in HEKG Sb (**1958**) 96. 408–410 ~
NELLE B [4]**62**, 196 ~ KÖHLER B **64** (HEKG I/2) 403f. ~ AMELN A **67**, 176. 184 ~ AMELN A **69**, 184. 187 ~
WITTENBERG A **73/74**, 127 ~ MOSER B [2]**76**, 96–98 (B) ~
ELTZ-HOFFMANN B **80**, 77 ~ SAUER-GEPPERT B **84**, 95 ~
ARFKEN, Ernst / GRIMM, Jürgen in HEKG III/2 (**1990**) 218f. ~ KORNEMANN A **94**, 13 ~ ALBRECHT B [4]**95**, 49 ~ KLEK / SCHRADE A **96**, 246 ~ SEIBT B **98**, 265 ~ KRIEG, Gustav A. in HEG II (**1999**) 282 ~
RÖSSLER B **01**, 157. 645 ~ SCHMIDT B **02**, 603

Zur Mel. s. auch bei EG 66 „Jesus ist kommen, Grund ewiger Freude"!

374 Ich steh in meines Herren Hand

KOCH VII B [3]**1872/1973**, 242 ~
NELLE B [3]**1924/1962**, Nr. 408 ~
SCHLUNK B **51**, 185f. ~ KULP / BÜCHNER / FORNACON in HEKG Sb (**1958**) 475 ~

FRÖR, Kurt in KUV 4 (^{4}**1960**) 157f. ~ HEYDRICH B **62**, 475 ~ NELLE B ^{4}**62**, 270 ~ KÖHLER B **64** (HEKG I/2) 459 ~
WITTENBERG A **73/74**, 160 ~ DRÖMANN A **78**, 193 ~ SCHOTT A **79**, 163 ~
HEINER B ^{3}**85**, 281 ~
PIPER, Hans-Christoph / GRIMM, Jürgen in HEKG III/2 (**1990**) 313f. ~ FRANK B ^{2}**93**, 545 ~ KLAHR, Detlef in HEG II (**1999**) 308–310 ~ KLAHR B **99**, 213–250, bes. 236 ~
RÖSSLER B **01**, 871 ~ MARTINI B **02**, 39 ~ SCHEFFBUCH 1 B ^{8}**03**, 89f.

Zur Mel. s. auch bei EG 297 „Wo Gott der Herr nicht bei uns hält" !

375 Dass Jesus siegt, bleibt ewig ausgemacht

(Mel.: Es ist genug)

KÜMMERLE I B **1888/1974**, 380f. ~
NELLE B ^{3}**1924/1962**, Nr. 494 ~
BRUPPACHER B **53**, 423 ~
HEYDRICH B **62**, 172 ~ AMELN A **67**, 175 ~ JLH 12 (**1967**) 250 ~
HEINER B ^{3}**85**, 308–310 ~
KORNEMANN A **94**, 13 ~ ZILLESSEN A **98**, 24 ~ GRUBE, Heinz-Hermann / METZGER, Heinz Dietrich in HEG II (**1999**) 19. 44f. ~ RATHEY, Markus: Johann Christoph Ahle 1625–1673. Lebensweg und Schaffen, Eisenach **1999**, 2. 498f. ~
WÜSTENBERG, Ulrich in MÖLLER B **00**, 235 ~ RÖSSLER B **01**, 832 ~ FRANZ B **02**, 631 Anm. 2 ~ SCHEFFBUCH 1 B ^{8}**03**, 62f.

376 So nimm denn meine Hände

KÜMMERLE III B **1894/1974**, 445f. ~
NELLE B ^{3}**1924/1962**, Nr. 28 ~ RÖHRIG, Karl: Die ursprüngliche Textgestalt von „So nimm denn meine Hände", MGkK 30 (**1925**) H. 4/5, 115–117 ~
SCHLUNK B **51**, 320 ~ FRÖR, Kurt in KUV 1./2. (^{2}**1953**) 207f. ~ BACH, Arthur / GRIMME, Gertrud in EvUV 5 (**1956**) 221–223 ~ BLANKENBURG, Walter in HEKG II/2 (**1957**) 113 ~ BRUPPACHER B **59**, 225–234 = BRUPPACHER B **68**, 163–169 ~
JLH 5 (**1960**) 254 ~ BLANKENBURG A **61**, 957 ~ JLH 6 (**1961**) 156 ~ HEYDRICH B **62**, 261f. ~ NELLE B ^{4}**62**, 281 ~ TAPPOLET B **63**, 134 ~

JLH 18 (**1973/74**) 12. 63 ~ WITTENBERG A **73/74**, 133. 160 ~ HOFMANN, Friedrich in GuK **1975**, 11f. ~ MOSER B ^{2}**76**, 42f. 86 (B) ~ JLH 21 (**1977**) 214 ~ MGD 33 (**1979**) 232 ~ WITTENBERG A **79**, 64 ~

ELTZ-HOFFMANN B **80**, 96–98 ~ MGD 36 (**1982**) 252 ~ JLH 27 (**1983**) 35 ~ MARTI, Andreas ebd. 207–224 ~ HEINER B ^{3}**85**, 278f. ~ AMELN A **86**, 44 ~ NSK **1986**/3, 32; **1987**/2, 28; 3, 28; **1989**/1, 29 ~

KESSLER-WOERTEL, Ingrid: Bitten wie ein Kind? Text: EKG 529 „So nimm denn meine Hände", GD PR SB **1990**, 103–107 (Pr) ~ NSK **1990**/2, 32f.; 3, 27; **1992**/1, 24; 2, 22; **1993**/4, 11; **1994**/4, 25 ~ SCHNEIDER-BÖKLEN B **95**, 75. 81–83 ~ KLEK / SCHRADE A **96**, 256 ~ NSK **1996**/1, 23; 2, 9 ~ GERBER B **97** ~ NSK **1997**/3, 1 ~ HOLZAPFEL B **98**, 126 ~ SCHNEIDER-BÖKLEN, Elisabeth / GRUBE, Heinz-Hermann in HEG II (**1999**) 134. 301 ~

JLH 40 (**2001**) 31 ~ MARTI A **01**, 152 ~ MARTI B **01**, 127 ~ OLDENBRUCH, Peter: EG 376 So nimm denn meine Hände – Suizid nach jahrzehntelanger psychischer Krankheit (Depression), in FELLECHNER B **01**, 157–161 (Gd mit Pr) ~ RÖSSLER B **01**, 169. 335. 847 ~ MARTINI B **02**, 13 ~ MICHEL A **03**, 196 ~ KNEITSCHEL B **03**, 369 ~ SCHEFFBUCH 1 B ^{8}**03**, 52–54 ~ FINGER A **04** ~ NEUHAUS B **05**, 109

377 Zieh an die Macht, du Arm des Herrn

SPITTA A **1915**, 34 ~

GERBER, Hermann: Sind Choräle langweilig?, WuW 2 (**1947/48**) Nr. 29/30, 219 = GERBER B **56**, 6 ~

SCHLUNK B **51**, 386 ~ BERGMANN B **53**, 210–212 ~ BRUPPACHER B **53**, 213 ~ LAUTERBURG B **53**, 108f. ~ KRAMP A **57/58**, 204 ~ KULP / BÜCHNER / FORNACON in HEKG Sb (**1958**) 344 ~ FRÖR, Kurt in KUV 7 (^{3}**1959**) 232–234 ~

HEYDRICH B **62**, 282f. ~ KÖHLER B **64** (HEKG I/2) 351f. ~ KRAMP, Willy in HOFMANN B **67**, 62f. ~ AENGENVOORT A **69**, 116 ~

WITTENBERG A **73/74**, 143. 146 ~ THURMAIR, Georg / STEIN, Josef in WGL III (**1975**) 173f. ~ SUDBRACK, Josef in Pr GL 2 (**1977**) 51–54 (+Pr) ~ DRÖMANN A **78**, 193 ~ SEUFFERT, Josef in WGL IX (**1979**) 91 ~ WITTENBERG A **79**, 70 ~

ELTZ-HOFFMANN B **80**, 93f. ~ HEINER B ^{3}**85**, 319f. ~ MGD 42 (**1988**) 86 ~ NORDHUES, Paul / WAGNER, Alois in RGL (**1988**) 668 ~ NSK **1989**/3, 19 ~

NSK **1990**/2, 31 ~ SAUER-GEPPERT, Waldtraut Ingeborg / STIER, Alfred in HEKG III/2 (**1990**) 126–128 ~ KRIEG A **92/93**, 50 ~ Een Comp [3]**1998**, Nr. 16. 210 ~ SOBIELA-CAANITZ, Mechthild in HEG II (**1999**) 237f. ~
STEFAN A **00**, 53 ~ MARTINI B **02**, 84 ~ KNEITSCHEL B **03**, 261. 390

Zur Mel. s. auch bei EG 293 „Lobt Gott den Herrn, ihr Heiden all" !

378 Es mag sein, dass alles fällt

PFEIFFER B **61**, 146. 149f. ~ TAPPOLET B **63**, 31f. ~ REICH, Philipp: Zu den Melodien, in HOFMANN B **67**, 40 ~
THUST B **76**, 5. 135. 749. 788 ~
NSK **1992**/2, 25 ~ BLOCK B **95**, 135–137 ~ WIGGERMANN B **96**, 58f. ~ BRÖDEL, Christfried / BLOCK, Detlev in HEG II (**1999**) 105f. 282f. ~
RÖSSLER B **01**, 956 ~ MARTINI B **02**, 39. 88 ~ SCHEFFBUCH 1 B [8]**03**, 16f.

379 Gott wohnt in einem Lichte

(Mel.: Aus meines Jammers Tiefe)

KLEPPER B **56**, 615 (10. 7. 1938) ~ NITSCHE, Herbert in WBK 25 (**1958**) H. 5, 94f. ~
JLH 5 (**1960**) 259 ~ REICH A **67**, 40 (betr. Mel. von Paul Ernst Ruppel) ~
DÖRR, Friedrich / SCHADE, Wernerfritz in WGL III (**1975**) 147f. ~ THUST B **76**, 5. 57f. 66. 87. 92. 135. 201. 204. 206. 211. 213. 215. 284. 292. 328. 354. 358. 360. 372–374. 405. 413. 686. 796 ~ HEPP, Josef in Pr GL 2 (**1977**) 18–22 (+Pr) ~ SEUFFERT, Josef in WGL IX (**1979**) 86 ~
HEINER B [3]**85**, 364f. ~ GROSCH B [5]**89**, 132f. ~
SCHMEEL, Dieter in ZGP 8 (**1990**) H. 3, 1f. (betr. Mel. von Dieter Schmeel) ~ HENKYS A **93**, 99 ~ MÜSSE A **94**, 54 ~ SCHMIDT, Eberhard in MÖLLER B **97**, 200–207 (+B) ~ WECHT, Martin J. in MEYER B [2]**97**, 164 ~ JLH 37 (**1998**) 223 ~ WECHT B **98**, 158 ~ WEBER, Edith / WECHT, Martin in HEG II (**1999**) 92f. 177–179 ~
STEFAN A **00**, 52 ~ RÖSSLER B **01**, 973 ~ DKL III/2 Textbd. (**2002**) 209 ~ MARTINI B **02**, 39f. ~ DEICHGRÄBER B [2]**03**, 104–111 (B) ~ ELLSEL B [3]**03**, 50–57 (Pr) ~ KIRSCHBAUM A **03**, 54 ~ KNEIT-

SCHEL B **03**, 262. 313 ~ REICH A [3]**03**, 768 ~ STALMANN, Joachim in LKEG H. 8 (**2003**) 26–31 ~ WILCKENS A **03**, 104f. ~ HUBER, Wolfgang in HANDT / JETTER B **04**, 290–292 (B) ~ JLH 43 (**2004**) 379 ~ STALMANN, Joachim in ÖLK IV (**2005**)

380 Ja, ich will euch tragen

TAPPOLET B **63**, 45f. ~
ROTHENBERG, Samuel / HEINER, Wolfgang in HEINER B [3]**85**, 363f. ~ GROSCH B [5]**89** ~
STOLZE, Hans-Dieter in MILCHNER B **92**, 125–128 (Dialog-Pr) ~ HENKYS A **93**, 99 ~ MÜSSE A **94**, 53f. ~ KLEK / SCHRADE A **96**, 261 ~ WECHT, Martin in MEYER B [2]**97**, 165 ~ WECHT B **98**, 157. 455 ~ HERBST I A **99**, 261 ~ WECHT, Martin / BARTSCH, Martin in HEG II (**1999**) 177–179. 263f. ~
RIEHM, Heinrich u.a. in MÖLLER B **00**, 294 ~ MARTIN, Karl in FELLECHNER B **01**, 163–169 (Gd+Pr) ~ RÖSSLER B **01**, 125. 970 ~ DEICHGRÄBER B [2]**03**, 78–83 (B) ~ ELLSEL B [3]**03**, 58–66 (Pr) ~ HEYMEL, Michael: „Leicht lässt uns der Herrgott nicht singen“, EvKZ **2003**, Nr. 11, 10 ~ KIRSCHBAUM A **03**, 54 ~ REICH A [3]**03**, 765 ~ ROTHAUG, Diana in LKEG H. 8 (**2003**) 32–37 ~ SCHEFFBUCH 1 B [8]**03**, 33 ~ JLH 43 (**2004**) 246

381 Gott, mein Gott, warum hast du mich verlassen

KRAFT, Sigisbert / QUACK, Erhard in WGL III (**1975**) 181f. = MS 113 (**1993**) 303f; mit Revisionsbericht von QUACK, Erhard, ebd. 304 ~ THUST B **76**, 69. 79. 88. 91. 135. 137. 140f. 164. 191f. 303. 337. 346. 475f. 485. 686. 689. 749. 795 ~ GRANZ A **78**, 184f. ~ MGD 32 (**1978**) 160 ~ SEUFFERT, Josef in WGL IX (**1979**) 92 ~
DRÖMANN / SCHUBERTH B [2]**87**, Nr. 27 ~ LIPPOLD A **88**, 286 ~ MARTI, Andreas: Ein Lied nach dem 22. Psalm: „Gott, mein Gott, warum hast du mich verlassen?“, NSK **1990**/1, 2–7 ~ MERZ, Eugen ebd. 2, 27f. ~ ebd. 3, 26f. ~ MARTI A **91**, 366f. ~ NSK **1991**/2, 29; **1992**/2, 4. 25; **1993**/2, 25 ~ LEUBE A **94**, 407 ~ WEG II (**1994**) 21. 23 ~ ALBRECHT B [4]**95**, 91f. ~ BERTRAM, Reinhard in MuK 65 (**1995**) H. 5, 275 ~ HOFMANN A **95**, 277 ~ HOFMANN II A **95**, 19 ~ NSK **1995**/2, 16 ~ SCHWEIZER A **95**, 127f. ~ BUBMANN, Peter: Gott, mein Gott, warum hast du mich verlassen? Zwischen Verstummen und Freudentanz – eine Karsamstagsmeditation, in MÖLLER B **97**, 208–215 (Pr) ~ GOTTSCHICK, Friedemann in MEYER B [2]**97**, 91

~ REICH A **97**, 14–16 = REICH B **97**, 156–158 ~ JLH 37 (**1998**) 223 ~ SCHRÖER A **98**, 9 ~ WGD 5 (**1998**) 63 ~ BUBMANN, Peter in HEG II (**1999**) 117 ~ EGERER 1 B **99** ~ LEUBE, Bernhard in AuB 52 (**1999**) H. 7, 261–264 ~ WH 2 (**1999**) 80 ~
FISCHER A **00**, 233 ~ STEFAN, Hans-Jürg in WH 3 (**2000**) 59. 63 ~ WEG VI (**2000**) 75 ~ WH 3 (**2000**) 97f. ~ RÖSSLER B **01**, 983 ~ JLH 42 (**2003**) 227 ~ KNEITSCHEL B **03**, 262. 313 ~ REICH A **³03**, 768 ~ EGERER, Ernst-Dietrich / MARTI, Andreas in ÖLK III (**2004**)

382 Ich steh vor dir mit leeren Händen, Herr

(Ik sta voor u)

JENNY, Markus in NSK AM (**1976**) 19, 92 = Ld Dok **1996** „Ich steh vor dir mit leeren Händen, Herr" ~ GRABNER-HAIDER, Anton in Pr GL 2 (**1977**) 151–154 (+Pr) ~ SIDLER, Hubert / HOFMANN, Ernst / QUACK, Erhard in WGL VI (**1977**) 395f. ~ NSK AM (**1979**) 27 ~ SEUFFERT, Josef in WGL IX (**1979**) 124 ~
MITTERMEIER A **83**, 874 ~ MITTRING, Johannes in KCh 45 (**1985**) H. 5, 77 ~ DRÖMANN / SCHUBERTH B **²87**, Nr. 36 ~ PFANGER-SCHÄFER, Regina: „Mein Los ist Tod, hast du nicht andern Segen?" Todeserfahrung und Lebensverheißung am Beispiel eines Neuen Geistlichen Liedes von Huub Oosterhuis, in BECKER / EINIG / ULLRICH B **87**, 341–364 ~ STOCK, Alex: Gottesfürchtige Andacht – Lieder aus Amsterdam. Zur poetischen Theologie von Huub Oosterhuis, in: Theologische Quartalschrift 167 (**1987**) 45–55, bes. 47f., fast = in: Ders.: Hierhin, Atem. Zur poetischen Theologie von Huub Oosterhuis, Osnabrück **1994**, 6–21 ~ HOFMANN, Ernst in RGL (**1988**) 768 ~ NORDHUES, Paul / WAGNER, Alois ebd. 236f. ~ NSK **1989**/1, 13 ~ DECKERT, Peter / KRUYER, Christoph / QUAST, Thomas / WEBER, Raymund: Neue geistliche Lieder – NGL – vorgestellt, MS 112 (**1992**) H. 2, 110–122 = Dies.: Portrait des Komponisten Bernhard Huijbers, in Ld Dok **1996** „Ich steh vor dir mit leeren Händen, Herr" ~ NSK **1992**/2, 25 ~ KRIEG A **92/93**, 23 ~ WEG I (**1993**) 10 ~ LIEBERKNECHT B **94**, 118–128 ~ BERNOULLI, Peter Ernst: Du bist der Atem, wenn ich zu dir bete „Ich steh vor dir mit leeren Händen, Herr", NSK **1995**/3, 2–7 = in Ld Dok **1996** „Ich steh vor dir mit leeren Händen, Herr" ~ Ders.: Gottesdienst mit Liedpredigt über „Ich steh vor dir mit leeren Händen, Herr" (RGE 201) ebd. (Gd+Pr vom 19. 11. 1995) ~ Ld Dok **1996** „Ich steh vor dir mit leeren Händen, Herr" ~ WIGGERMANN B **96**, 138 ~ OOSTERHUIS, Huub in MEYER B **²97**, 209f. ~ ZENETTI, Lothar ebd. 324 ~ SCHMEEL, Dieter / HELLER, Barbara: Kleine Kantologie 11: „Ich steh vor dir mit leeren Händen",

ZGP 16 (**1998**) 15–17 ~ SCHRÖER A **98**, 9 ~ EGERER 1 B **99** ~ HEINE, Herbert / MEYER, Dietrich / SCHMID, Bernhard in HEG II (**1999**) 163. 235f. 355f. ~ HENKYS, Jürgen: Psalmliedtradition und Gegenwartserfahrung bei Huub Oosterhuis. „Ich steh vor dir mit leeren Händen, Herr", in HENKYS B **99**, 163–173 = WEG VI (**2000**) 75–81 ~

JLH 39 (**2000**) 228; 40 (**2001**) 223 ~ RÖSSLER B **01**, 997 ~ FRANZ B **02**, 170 Anm. 8, 276 Anm. 19 ~ JLH 42 (**2003**) 227 ~ KNEITSCHEL B **03**, 241. 327 ~ REICH A [3]**03**, 770 ~ BERNOULLI, Peter Ernst in ÖLK III (**2004**) ~ GUNTLI, Erich: Hinweise zur Gestaltung einer Liedpredigt. Ich steh vor dir mit leeren Händen, Herr, MuL **2004**, 8–10

383 Herr, du hast mich angerührt

(Herre, du har reist meg opp)

Vier Lieder von Svein Ellingsen in deutschen Nachdichtungen von Jürgen Henkys, MuK 52 (**1982**) H. 2, 88–91 ~

KRUMMACHER A **91**, 155 ~ ELLINGSEN, Svein in MEYER B [2]**97**, 85f. ~ HENKYS, Jürgen ebd. 110f. ~ WEG V (**1998**) 23 ~ KRUMMACHER, Aina Maria / SCHUBERTH, Dietrich in HEG II (**1999**) 84f. 140–142. 189 ~

HENKYS, Jürgen in MÖLLER B **00**, 372 ~ SCHRÖER, Henning in WEG VI (**2000**) 87–90 (Pr) ~ ebd. 10f. ~ WENTZ-JANACEK A **00**, 34f. ~ RÖSSLER B **01**, 997 ~ HENKYS A **03**, 185. 189f. ~ HANDSCHIN, Esther in HANDT / JETTER B **04**, 280–283 (B)

Umkehr und Nachfolge

Thust B **76**, 103–108

384 Lasset uns mit Jesus ziehen

KOCH III B ^{3}**1867/1973**, 484 ~ FISCHER II B **1879/1967**, 24f. ~
NELLE B ^{3}**1924/1962**, Nr. 299 ~
SCHLUNK B **51**, 224 ~ BRODDE / MÜLLER B **54**, 70–74 ~ BACH, Arthur / GRIMME, Gertrud in EvUV 5 (**1956**) 258–261 ~ RÖBBELEN B **57**, 255A. 330. 369. 458 ~ KULP / BÜCHNER / FORNACON in HEKG Sb (**1958**) 123. 397 ~
NELLE B ^{4}**62**, 170 ~ KÖHLER B **64** (HEKG I/2) 394f. ~
JENNY, Markus in MGD 30 (**1976**) 50 und 33 (**1979**) 136 ~
ZIPPERT B **84**, 99–102 (Pr vom 4. 3. 1984) ~ ERB IV B ^{2}**86**, 59f. ~
KEMPER B **87**, 254f. ~
DRÖMANN, Hans-Christian / GRIMM, Jürgen in HEKG III/2 (**1990**) 204–206 ~ FRANK B ^{2}**93**, 703f. ~ SEIBT B **98**, 266 ~ ZIPPERT B **95**, 46–54 (+B) ~ SCHLAGE, Thomas in HEG II (**1999**) 40f. ~
RÖSSLER B **01**, 536 ~ SCHMIDT B **02**, 589

Zur Mel. s. auch bei EG 325 „Sollt ich meinem Gott nicht singen" !

385 Mir nach, spricht Christus, unser Held

KOCH III B ^{3}**1867/1973**, 271; IV B ^{3}**1868/1973**, 19; VIII B ^{3}**1876/1973**, 423. 626 ~ FISCHER II B **1879/1967**, 89f. ~
NELLE B ^{3}**1924/1962**, Nr. 298 ~ HOSENTHIEN A **1929**, 59 ~
GERBER, Hermann: Für Kreuzträger, WuW 4 (**1949/50**) Nr. 27, 213 ~
SCHLUNK B **51**, 249f. ~ BERGMANN B **53**, 43. 125. 258f. ~ BRUPPACHER B **53**, 345–347 ~ EISENHUTH B **53**, 96–98 ~ BACH, Arthur / GRIMME, Gertrud in EvUV 5 (**1956**) 254–257 ~ GERBER B **56**, 136f. (Ein Konvertitenlied) ~ RÖBBELEN B **57**, 369. 459 ~
KULP / BÜCHNER / FORNACON in HEKG Sb (**1958**) 405 ~
MERTES B **62**, 54–56. 103 ~ NELLE B ^{4}**62**, 175 ~ KÖHLER B **64** (HEKG I/2) 398–400 ~ AENGENVOORT A **69**, 114. 116 ~
BÜCHNER B **71**, 163 ~ JENNY A **72**, 68f. ~ SAUER-GEPPERT A

73/74, 204 ~ WITTENBERG A **73/74**, 146 ~ JENNY A **74**, 183 ~ BISEGGER A **77**, 11 ~ FINK, Josef in Pr GL 2 (**1977**) 131–134 (+Pr) ~ JENNY, Markus / KRAFT, Sigisbert / AENGENVOORT, Johannes in WGL VI (**1977**) 385f. ~ MGD 31 (**1977**) 80; 32 (**1978**) 151 ~ JENNY, Markus in MGD 33 (**1979**) 138 ~ SCHOTT A **79**, 165 ~ SEUFFERT, Josef in WGL IX (**1979**) 122 ~
JLH 25 (**1981**) 131 ~ MGD 36 (**1982**) 158 ~ BECKER / KACZYNSKI I B **83**, 736. 747 ~ MGD 37 (**1983**) 27. 104 ~ SAUER-GEPPERT A **83**, 810 ~ SCHEITLER, Irmgard: Angelus Silesius: „Heilige Seelen-Lust". Die Rezeption der „Geistlichen Hirten-Lieder" vom 17. bis zum Anfang des 19. Jahrhunderts, in BECKER / KACZYNSKI I B **83**, bes. 744–749 ~ SAUER-GEPPERT B **84**, 70 ~ SCHÖNBORN A **84**, 96 ~ HEINER B **³85**, 144 ~ NSK **1986**/3, 33 ~ MGD 42 (**1988**) 287 ~ SIDLER, Hubert in RGL (**1988**) 766 ~ MGD 43 (**1989**) 12 ~ NSK **1989**/2, 31 ~
ARFKEN, Ernst / GRIMM, Jürgen in HEKG III/2 (**1990**) 211f. ~ NSK **1990**/2, 31 ~ FRANK B **²93**, 438 ~ JUTZET, Susanne Jossi in NSK **1993**/2, 21 ~ ALBRECHT B **⁴95**, 48 ~ HOFFLEIT B **95**, 252–254 ~ GERBER B **97** (Nachfolge) ~ SEIBT B **98**, 267 ~ EISINGER, Walther in HEG II (**1999**) 270–272 ~
RÖSSLER, Martin in MÖLLER B **00**, 145 ~ MARTI B **01**, 155 ~ RÖSSLER B **01**, 550. 717 ~ BILL A **02**, 225 ~ SCHMIDT B **02**, 583f. 601. 612. 747 ~ SEIBT, Ilsabe in FRANZ B **02**, 193–205. 477 Anm. 5 ~ JLH 42 (**2003**) 227 ~ KNEITSCHEL B **03**, 226f. 347 ~ HOPPE, Jutta: Gott wohnt, wo man ihn einlässt, Enger **2004**, 117. 144f. (B)

Zur Mel. s. auch bei EG 525 „Mach's mit mir, Gott, nach deiner Güt" !

386 Eins ist not! Ach Herr, dies Eine

KOCH IV B **³1868/1973**, 382; VI B **³1869/1973**, 111; VII B **³1872/1973**, 474; VIII B **³1876/1973**, 426 ~ FISCHER I B **1878/1967**, 161f.; II B **1879/1967**, X ~ KÜMMERLE I B **1888/1974**, 367f. ~
JULIAN B **²1907/1985**, 1016 ~ NELLE B **³1924/1962**, Nr. 310 ~
HOMMEL A **48/49**, 127 ~
SCHLUNK B **51**, 93f. ~ BLANKENBURG, Walter in HEKG II/2 (**1957**) 106. 108 ~ KULP / BÜCHNER / FORNACON in HEKG Sb (**1958**) 96. 270. 407f. 553 ~
NELLE B **⁴62**, 195 ~ KÖHLER B **64** (HEKG I/2) 402f. ~ AMELN A **67**, 175. 182 ~ BRODDE A **67**, 199 ~ HÜBNER B **69**, 91f. ~
JLH 15 (**1970**) 166 ~ GOJOWY A **78**, 92. 96. 109 ~ JLH 23 (**1979**) 132 ~ SCHOTT A **79**, 165 ~

SAUER-GEPPERT B **84**, 38 ~ HEINER B [3]**85**, 181 ~
ARFKEN, Ernst / GRIMM, Jürgen in HEKG III/2 (**1990**) 215–217 ~ ALBRECHT B [4]**95**, 49 ~ KLEK / SCHRADE A **96**, 246 ~ SEIBT B **98**, 257 ~ WEG V (**1998**) 23 ~ STEUDE, Wolfram / PISTORIUS, Dietmar / KRIEG, Gustav A. in HEG II (**1999**) 186f. 223–225. 282 ~
RÖSSLER, Martin in MÖLLER B **00**, 165 ~ RÖSSLER B **01**, 158. 580. 645 ~ SCHMIDT B **02**, 556 ~ ACKERMANN B [3]**05**, 77

387 Mache dich, mein Geist, bereit

(Mel.: Straf mich nicht in deinem Zorn)

KOCH III B [3]**1867/1973**, 398; IV B [3]**1868/1973**, 132. 222. 568; VII B [3]**1872/1973**, 309; VIII B [3]**1876/1973**, 485. 487. 559 ~ FISCHER II B **1879/1967**, 43. 275f. ~ BÄUMKER III B **1891/1962**, 283 ~ KÜMMERLE III B **1894/1974**, 547–549 ~
NELLE B [3]**1924/1962**, Nr. 319 ~
SCHLUNK B **51**, 234f. ~ BRUPPACHER B **53**, 329 ~ GERBER, Hermann: Lebensläufe, WuW 9 (**1954/55**) Nr. 50, 572 ~ BLANKENBURG, Walter in HEKG II/2 (**1957**) 103 ~ KULP / BÜCHNER / FORNACON in HEKG Sb (**1958**) 269–271. 410. 432 ~
NELLE B [4]**62**, 198 ~ KÖHLER B **64** (HEKG I/2) 404f. ~ AMELN A **67**, 173 ~ AMELN A **69**, 184f. ~
JLH 15 (**1970**) 166 ~ GOJOWY A **78**, 91 ~
MGD 35 (**1981**) 72; 40 (**1986**) 199 ~
ARFKEN, Ernst / GRIMM, Jürgen in HEKG III/2 (**1990**) 219–221 ~ MERTEN, Werner ebd. 1–3 ~ DE LA MOTTE B **93**, 212 ~ Een Comp [3]**1998**, Nr. 483 ~ SEIBT B **98**, 266 ~ WERNER, Matthias in HEG II (**1999**) 101 ~
RÖSSLER B **01**, 644f. ~ BILL A **02**, 219. 222. 225 ~ SCHMIDT B **02**, 584. 598

388 O Durchbrecher aller Bande

KOCH V B [3]**1868/1973**, 591; VI B [3]**1869/1973**, 156; VIII B [3]**1876/1973**, 432 ~ FISCHER II B **1879/1967**, 141 ~ KÜMMERLE II B **1890/1974**, 474–476 ~
JULIAN B [2]**1907/1985**, 827f. ~ NELLE B [3]**1924/1962**, Nr. 313 ~ HOSENTHIEN A **1929**, 59 ~
SCHLUNK B **51**, 270–272 ~ BRUPPACHER B **53**, 333f. ~ GERBER, Hermann: Leben aus Glauben, WuW 8 (**1953/54**) Nr. 28, 298 = GERBER B **56**, 140–142 ~ BLANKENBURG, Walter in HEKG II/2 (**1957**)

106f. ~ KULP / BÜCHNER / FORNACON in HEKG Sb (**1958**) 96. 411–414 ~ FRÖR, Kurt in KUV 7 ([3]**1959**) 247 ~
NELLE B [4]**62**, 198 ~ KÖHLER B **64** (HEKG I/2) 405–407 ~ STÄHLIN, Traugott: Gottfried Arnolds geistliche Dichtung. Glaube und Mystik, Göttingen **1966**, bes. 35f. 108f. 132 ~ STÄHLIN, Traugott in JLH 13 (**1968**) 177. 179 ~
NSK AM (**1975**) 18, 91 ~ JENNY, Markus in MGD 33 (**1979**) 139 ~
SCHOTT A **79**, 166. 168 ~
SAUER-GEPPERT B **84**, 45. 131 ~ HEINER B [3]**85**, 179 ~
STÄHLIN, Traugott / GRIMM, Jürgen in HEKG III/2 (**1990**) 221–223 ~ FRANK B [2]**93**, 622 ~ WEG II (**1994**) 70 ~ ÜHLEIN B **95**, 156 ~
KLEK / SCHRADE A **96**, 246 ~ Een Comp [3]**1998**, Nr.435. 464 ~
SEIBT B **98**, 268 ~ WEG V (**1998**) 18 ~ ENGELHARDT, Ruth in HEG II (**1999**) 27 ~
RÖSSLER B **01**, 150. 552. 644. 841 ~ SCHMIDT B **02**, 253. 257. 650. 710. 718 ~ SCHEFFBUCH 1 B [8]**03**, 200f.

389 Ein reines Herz, Herr, schaff in mir

KOCH IV B [3]**1868/1973**, 431 ~ FISCHER I B **1878/1967**, 161 ~
NELLE B [3]**1924/1962**, Nr.307 ~
SCHLUNK B **51**, 92f. ~ FRÖR, Kurt in KUV 1./2. ([2]**1953**) 202f. ~
BACH, Arthur / GRIMME, Gertrud in EvUV 1./2. ([2]**1957**) 173–175 ~ KULP / BÜCHNER / FORNACON in HEKG Sb (**1958**) 414f. ~
FRÖR, Kurt in KUV 3 ([4]**1960**) 41–43 ~ NELLE B [4]**62**, 199 ~ KÖHLER B **64** (HEKG I/2) 407f. ~ FRÖR B [5]**66**, 322 ~ NEUBACHER B **68**, 6 ~
SAUER-GEPPERT B **84**, 15. 20. 116f. ~ HEINER B [3]**85**, 131f. ~ ERB IV B [2]**86**, 74f. ~
ARFKEN, Ernst / GRIMM, Jürgen in HEKG III/2 (**1990**) 223–225 ~
ELLER, Walter in HEG II (**1999**) 228 ~
RÖSSLER B **01**, 645 ~ SCHEFFBUCH 2 B [2]**01**, 165f.

Zur Mel. s. auch bei EG 72 „O Jesu Christe, wahres Licht" !

390 Erneure mich, o ewigs Licht

KOCH IV B [3]**1868/1973**, 364 ~ FISCHER I B **1878/1967**, 172f. ~
SCHLUNK B **51**, 98f. ~ GERBER, Hermann: Ein Elsässer Pietist, WuW 8 (**1953/ 54**) Nr.32, 346 = GERBER B **56**, 143f. ~ KULP / BÜCHNER / FORNACON in HEKG Sb (**1958**) 415f. ~
NELLE B [4]**62**, 207 ~ KÖHLER B **64** (HEKG I/2) 409 ~

HEINER B ^{3}**85**, 185 ~
ARFKEN, Ernst / GRIMM, Jürgen in HEKG III/2 (**1990**) 225f. ~
KRIEG A **92/93**, 50 ~ Een Comp ^{3}**1998**, Nr. 168. 437 ~ ELLER, Walter in HEG II (**1999**) 265f. ~
RÖSSLER B **01**, 646 ~ SCHMIDT B **02**, 559

Zur Mel. s. auch bei EG 72 „O Jesu Christe, wahres Licht" !

391 Jesu, geh voran

KOCH V B ^{3}**1868/1973**, 277; VIII B ^{3}**1876/1973**, 447 ~ FISCHER I B **1878/1967**, 373 ~
Freiherr von der GOLTZ-GREIFSWALD, Eduard: Plattdeutsche Kirchenlieder, MGkK 27 (**1922**) H. 1, 23 ~ NELLE B ^{3}**1924/1962**, Nr. 346 ~
SCHLUNK B **51**, 202 ~ BRUPPACHER B **53**, 349f. ~ FRÖR, Kurt in KUV 1./2. (^{2}**1953**) 205f. ~ LAUTERBURG B **53**, 175–178 ~ BACH, Arthur / GRIMME, Gertrud in EvUV 5 (**1956**) 218–221 = KUV 3 (^{4}**1960**) 105–108 ~ BLANKENBURG, Walter in HEKG II/2 (**1957**) 106 ~ KULP / BÜCHNER / FORNACON in HEKG Sb (**1958**) 429f. ~
NELLE B ^{4}**62**, 230 ~ KÖHLER B **64** (HEKG I/2) 421f. ~ NEUBACHER B **68**, 5 ~
JLH 18 (**1973/74**) 63 ~ MGD 31 (**1977**) 17. 174f. 179 ~ SCHOTT A **79**, 165 ~
ELTZ-HOFFMANN B **80**, 80 ~ JLH 26 (**1982**) 161 ~ MGD 37 (**1983**) 104 ~ SCHÖNBORN A **84**, 117 ~ HEINER B ^{3}**85**, 232f. ~ FISCHER, Karl: „Jesu, geh voran ..." (U-Vorschlag. Liedkatechese, Klasse 1, Grundschule), entwurf **1986**, H. 3, 3–6 ~
ARFKEN, Ernst / GRIMM, Jürgen in HEKH III/2 (**1990**) 248–250 ~ BALDERS A **90**, 7 ~ SCHNEIDER / VICKTOR B **93**, 113–116 ~ BLAIL, Gerhard: Jesu, geh voran. Nikolaus Ludwig von Zinzendorf und sein Lied, Hamburg **1997** ~ WEG IV (**1997**) 83 ~ WETTACH A **97**, 31 ~ Een Comp ^{3}**1998**, Nr. 442 ~ MERTEN, Werner / BESSER, Beate / SCHWINGE, Gerhard in HEG II (**1999**) 78. 120f. 358–360 ~ SCHÖLLKOPF A **99**, 72 ~
RÖSSLER, Martin in MÖLLER B **00**, 181 ~ TESKE, Martin: „Jesu, geh' voran". Zum 300. Geburtstag Nikolaus Zinzendorfs, EvKZ **2000**, Nr. 21, 9 ~ THUST, Karl Christian im Gemeindebrief der Burgkirche Ingelheim, Aug./Sept. **2000**, 4 ~ HENKYS, Jürgen in Geistl. Wunderhorn (**2001**) 329–336. 526 ~ RÖSSLER B **01**, 666–668 ~ JLH 41 (**2002**) 236 ~ SCHMIDT B **02**, 578. 580 ~ KASTNER, Hannes-Dietrich in HARTMANN B **03**, 128–132 (+Pr) ~ KNEITSCHEL B **03**, 331 ~ SCHEFFBUCH 1 B ^{8}**03**, 175f.

392 Gott rufet noch

KOCH VI B ^{3}**1869/1973**, 68 ~ FISCHER I B **1878/1967**, 233 ~ JULIAN B ^{2}**1907/1985**, 444 ~ NELLE B ^{3}**1924/1962**, Nr. 255 ~ KULP / BÜCHNER / FORNACON in HEKG Sb (**1958**) 424f. ~ PFEIFFER B **61**, 25–27 ~ SAUER-GEPPERT A **61** ~ NELLE B ^{4}**62**, 235 ~ KÖHLER B **64** (HEKG I/2) 417f. ~ JLH 13 (**1968**) 178 ~ ZELLER A **69**, 61. 65 ~ ZELLER B **71**, 193 ~ SCHOTT A **79**, 168 ~ SAUER-GEPPERT B **84**, 71f. 90 ~ STÄHLIN, Traugott / GRIMM, Jürgen in HEKG III/2 (**1990**) 240–242 ~ KRIEG A **92/93**, 51 ~ FRANK B ^{2}**93**, 328 ~ ALTHAUS, Thomas: Entstehen aus dem Widerspruch. Das pietistische Lied bei Gottfried Arnold, dem Grafen Zinzendorf und Gerhard Tersteegen, in BUSCH / MIERSEMANN B **97**, 252f. ~ BUNNERS A **97**, 90. 93 ~ DEICHGRÄBER B ^{2}**97**, 152–157 (Die Herrschaft der Gnade) (+B) ~ LOPE, Hans-Joachim: „Gott rufet noch. Sollt ich nicht endlich hören?" Zum Motiv der ‚Amicitia Dei' bei Gerhard Tersteegen und in der spanischen geistlichen Lyrik um 1600, in KOCK / THIESBONENKAMP B **97**, bes. 106–113 ~ SCHRADER A **97**, 47. 51 ~ STEIGER-HOFFLEIT, Claudia in HEG II (**1999**) 320–322 ~ RÖSSLER, Martin in MÖLLER B **00**, 185 ~ STEFAN A **00**, 52 ~ RÖSSLER B **01**, 631f. ~ MARTINI B **02**, 39

Zur Mel. s. auch bei EG 271 „Wie herrlich gibst du, Herr, dich zu erkennen" !

393 Kommt, Kinder, lasst uns gehen

KOCH VI B ^{3}**1869/1973**, 68; VIII B ^{3}**1876/1973**, 564 ~ FISCHER II B **1879/1967**, 15 ~ NELLE B ^{3}**1924/1962**, Nr. 341 ~ SCHLUNK B **51**, 221f. ~ BRUPPACHER B **53**, 356f. ~ MOREL I A **53**, 71f. ~ BLANKENBURG, Walter in HEKG II/2 (**1957**) 96 ~ KULP / BÜCHNER / FORNACON in HEKG Sb (**1958**) 412. 425–427 ~ BACH, Arthur / GRIMME, Gertrud in EvUV 3 (^{2}**1959**) 175–177 (betr. 7. Str.) ~ SAUER-GEPPERT A **61** ~ NELLE B ^{4}**62**, 237 ~ KÖHLER B **64** (HEKG I/2) 418f. ~ JLH 13 (**1968**) 178 ~ ZELLER A **69**, 65 ~ JLH 19 (**1975**) 269 ~ SCHOTT A **79**, 165 ~ JENNY A **80**, 65 ~ SAUER-GEPPERT B **84**, 50 ~ HEINER B ^{3}**85**, 221 ~ PARENT B **87**, 202. 275 ~

STÄHLIN, Traugott / GRIMM, Jürgen in HEKG III/2 (**1990**) 242–245 ~ KRIEG A **92/93**, 35. 50 ~ FRANK B [2]**93**, 571 ~ ALBRECHT B [4]**95**, 51 ~ FANGMEIER, Jürgen: Gerhard Tersteegen, in MÖLLER B **95**, 290 ~ BENRATH, Gustav Adolf: Gerhard Tersteegen in seiner Zeit, in KOCK / THIESBONENKAMP B **97**, 18 ~ BUNNERS A **97**, 84f. 90. 93. 95. 98 ~ DEICHGRÄBER B [2]**97**, 125–143 (Auf dem Weg zur Ewigkeit) (+B) ~ KRIEG, Gustav Adolf: Überlegungen zu einer Liedpredigt über „Kommt, Kinder, lasst uns gehen" (EG 393), Thema: Gd 11/**1997**, 42–46 ~ SCHRADER A **97**, 47. 51 ~ STEIGER-HOFFLEIT, Claudia in HEG II (**1999**) 320–322 ~
RÖSSLER, Martin in MÖLLER B **00**, 185 ~ RÖSSLER B **01**, 633f. ~ MARTINI B **02**, 39 ~ SCHEFFBUCH 1 B [8]**03**, 165f.

Zur Mel. s. auch bei EG 276 „Ich will, solang ich lebe" !

394 Nun aufwärts froh den Blick gewandt

SCHLUNK B **51**, 254 ~
HEYDRICH B **62**, 247 ~
HEINER B [3]**85**, 288f. ~
LÖLKES, Herbert in HEG II (**1999**) 96f. ~
STEFAN A **00**, 53

Zur Mel. s. auch bei EG 322 „Nun danket all und bringet Ehr" !

395 Vertraut den neuen Wegen

SCHULZ, Walter: Ein Lied zu Genesis 12. „Vertraut den neuen Wegen", NSK **1990**/3, 25, z.T. = in ZGP 9 (**1991**) H. 2, 14 ~ NSK **1991**/1, 28 ~ WIGGERMANN B **96**, 15. 164–166 ~ FISCHER, Wolfgang in MÖLLER B **97**, 216–218 (B) ~ HERTZSCH, Klaus-Peter in MEYER B [2]**97**, 115f. ~ JLH 37 (**1998**) 78. 224 ~ ROTHFAHL, Wolfgang: „Vertraut den neuen Wegen" (RG 843). Skizze einer Lied-einführung, WGD 5 (**1998**) 44f. ~ EGERER 1 B **99** ~ WERNER, Matthias in HEG II (**1999**) 149f. ~
HEINEMANN, Ute in SEEBERG B **00**, 194–198 (Pr vom 11. 6. 2000) ~ MARTI B **01**, 154 ~ OTT A **01**, 115 (Kerzentanz zu RG 843) ~ RÖSSLER B **01**, 1000 ~ BROSE, Martin E. / HANDT, Hartmut in HANDT B **03**, Nr. 387 ~ JLH 42 (**2003**) 227 ~ RUDDAT, Günter in HANDT / JETTER B **04**, 258–261 (B)

Zur Mel. s. auch bei EG 395 „Lob Gott getrost mit Singen" !

Geborgen in Gottes Liebe

396 Jesu, meine Freude

KOCH III B ^{3}**1867/1973**, 385; IV B ^{3}**1868/1973**, 104; VIII B ^{3}**1876/1973**, 279 ~ FISCHER I B **1878/1967**, 378 ~ KÜMMERLE I B **1888/1974**, 296. 657f. ~

JULIAN B ^{2}**1907/1985**, 591f. ~ NELLE B ^{3}**1924/1962**, Nr. 292 ~ MEHL A **1930**, 209f. ~

SCHLUNK B **51**, 205f. ~ GERBER, Hermann in WuW 6 (**1951/52**) Nr. 28, 251f. ~ KIEFNER A **52**, 47 ~ BRUPPACHER B **53**, 304–306 ~ EISENHUTH B **53**, 93–95 ~ MOREL III A **53**, 139f. ~ BRODDE / MÜLLER B **54**, 83–86 ~ JLH 1 (**1955**) 122 ~ WEISS, Ewald in GuK **1955**, 17f. ~ BACH, Arthur / GRIMME, Gertrud in EvUV 5 (**1956**) 261 ~ GERBER B **56**, 149–151 (Christliches Aussehen) ~ WIORA A **56**, 52 ~ BLANKENBURG, Walter in HEKG II/2 (**1957**) 96 ~ JLH 3 (**1957**) 222 ~ KULP / BÜCHNER / FORNACON in HEKG Sb (**1958**) 176. 182. 245. 455–458 ~

BACH, Arthur / GRIMME, Gertrud in EvUV 4 (^{2}**1960**) 206–210 = KUV 8 (^{2}**1960**) 193–196 ~ NELLE B ^{4}**62**, 169 ~ KÖHLER B **64** (HEKG I/2) 444f. ~ AMELN A **67**, 175. 182 ~ AMELN A **69**, 184 ~ GRIMM A **69**, 170 ~ JENNY, Markus: Eine Choralandacht. Bericht über eine Gemeinschaftsarbeit, EvKCh 74 (**1969**) H. 1, 4–8 ~

JLH 15 (**1970**) 165. 276; 16 (**1971**) 242 ~ PIPER A **71**, 93. 98 ~ JLH 18 (**1973/74**) 247 ~ MGD 29 (**1975**) 92 ~ BELFRAGE A **76**, 127f. ~ RÖSSLER-Bibl. B **76**, 259f. ~ VÖLKER, Alexander: Johann Franck 1618–1677, MuK 47 (**1977**) H. 4, 157–163 ~ GOJOWY A **78**, 83. 91. 100f. ~

MGD 34 (**1980**) 27. 85 ~ JLH 25 (**1981**) 50 ~ MGD 35 (**1981**) 177; 36 (**1982**) 67. 139. 164. 166 ~ DRÖMANN A **83**, 179 ~ JLH 27 (**1983**) 131 ~ MGD 37 (**1983**) 28. 104 ~ SAUER-GEPPERT B **84**, 110 ~ SCHÖNBORN A **84**, 103 ~ ZIPPERT B **84**, 108–112 (Pr vom 29. 4. 1981) ~ HEINER B ^{3}**85**, 123 ~ MARTI A **85**, 161 ~ MGD 39 (**1985**) 24. 149 ~ PETZOLDT, Martin: J. S. Bachs Bearbeitungen des Liedes „Jesu meine Freude" von Johann Franck, MuK 55 (**1985**) H. 5, 213–225 ~ JLH 30 (**1986**) 105 ~ MGD 40 (**1986**) 220. 254. 283 ~ PARENT B **87**, 206. 275 ~ JLH 31 (**1987/88**) 213 ~ MGD 42 (**1988**) 35. 287. 290; 43 (**1989**) 9. 304. 308 ~

MGD 44 (**1990**) 181 ~ NSK **1990**/2, 31 ~ PIPER, Hans-Christoph /

GRIMM, Jürgen in HEKG III/2 (**1990**) 282–285 ~ JLH 33 (**1990/91**) 184. 274 ~ FRANK B [2]**93**, 694 ~ JLH 35 (**1994/95**) 254 ~ ALBRECHT B [4]**95**, 110 ~ LÄHNEMANN B **96**, 76–82 (Pr vom 14. und 28. 4. 1991) ~ BALDERS, Günter in MÖLLER B **97**, 219–235 ~ NSK **1997**/1, 1; 3, 15 ~ Een Comp [3]**1998**, Nr. 428 ~ JLH 37 (**1998**) 223 ~ SEIBT B **98**, 265 ~ JLH 38 (**1999**) 271 ~ STALMANN, Joachim / WÜSTENBERG, Ulrich in HEG II (**1999**) 66–69. 93f. ~ KADELBACH A **00**, 147. 158f. 161 ~ RÖSSLER, Martin in MÖLLER B **00**, 186 ~ WÜSTENBERG, Ulrich ebd. 256 ~ WENNEMUTH A **00/01**, 188 ~ MARTI A **01**, 153f. ~ RÖSSLER B **01**, 440. 536. 619 ~ SCHEFFBUCH 2 B [2]**01**, 185–188 ~ GRUBER A **02**, 209f. ~ MARTINI B **02**, 88 ~ SCHMIDT B **02**, 192. 281. 592. 750 ~ KNEITSCHEL B **03**, 265. 331 ~ KÜCK / KURZKE B **03**, 72 ~ OEHLER A **03**, 8 ~ KORTH A **04**, 232 ~ LOHSE, Eduard in HANDT / JETTER B **04**, 101–104 (B) (und COBLENZ-ARFKEN, Katharina ebd. 126–128 (B))

397 Herzlich lieb hab ich dich, o Herr

KOCH II B [3]**1867/1973**, 287. 378; VIII B [3]**1876/1973**, 265 ~ FISCHER I B **1878/ 1967**, 289f. ~ KÜMMERLE I B **1888/1974**, 582–585 ~
NELLE B [3]**1924/1962**, Nr. 283 ~
GERBER, Hermann in WUW 3 (**1948/49**) Nr. 9/10, 68 ~
BERGER B **51**, 122 ~ SCHLUNK B **51**, 160f. ~ BRUPPACHER B **53**, 73f. ~ WEISS, Ewald in GuK **1953**, 143f. ~ BACH, Arthur / GRIMME, Gertrud in EvUV 5 (**1956**) 237–240, fast = KUV 6 ([3]**1958**) 184–187 ~ GERBER B **56**, 131f. (Konfessionalismus) ~ BLANKENBURG, Walter in HEKG II/2 (**1957**) 78. 81 ~ RÖBBELEN B **57**, 245. 327. 457 ~ KULP / BÜCHNER / FORNACON in HEKG Sb (**1958**) 66. 385–387. 403 ~ BRENNECKE A **58/59**, 45. 49. 71 ~ JLH 4 (**1958/59**) 128 ~
SOMMER, Ernst in JLH 5 (**1960**) 154f. ~ JLH 6 (**1961**) 143; 7 (**1962**) 121. 154 ~ NELLE B [4]**62**, 90 ~ RECKZIEGEL B **63**, 137. 159 ~ KÖHLER B **64** (HEKG I/2) 389f. ~ AMELN A **67**, 175 ~ GRIMM A **69**, 157 ~
RÖSSLER A **75**, 172 ~ RÖSSLER B **76**, 220f. ~ RÖSSLER-Bibl. B **76**, 255 ~ JLH 21 (**1977**) 95. 213 ~ GOJOWY A **78**, 98. 111. 117f. 120 ~ SAUER-GEPPERT A **78**, 141 ~ JENNY, Markus in MGD 33 (**1979**) 139 ~
JENNY A **80**, 64 ~ DRÖMANN A **83**, 173 ~ JLH 27 (**1983**) 129 ~ SAUER-GEPPERT B **84**, 25. 85f. 98f. ~ ZIPPERT B **84**, 92–95 (Pr vom 9. 10. 1982) ~ ERB II B [2]**85**, 84–86 ~ HEINER B [3]**85**, 79 ~ MARTI

A **85**, 157f. ~ PARENT B **87**, 143. 197. 200. 274 ~ JLH 31 (**1987/88**) 211. 214 ~ MGD 42 (**1988**) 287. 293; 43 (**1989**) 12 ~
DRUDE, Hartwig in HEKG III/2 (**1990**) 191–194 ~ JLH 34 (**1992/93**) 127 ~ DKL III/1.1 Textbd. (**1993**) 70 ~ JLH 35 (**1994/95**) 268 ~ ROSER B **95**, 118f. ~ ZIPPERT B **95**, 147–149 (B) ~ GERBER B **97** (Lutheraner und Reformierte) ~ WITTE B **97**, 107 ~ Een Comp **³1998**, Nr. 268 ~ SEIBT B **98**, 262 ~ DKL III/1 Registerbd. (**1999**) 63. 208 ~
KRIEG, Gustav Adolf in HEG II (**1999**) 270 ~
BARTSCH, Martin in SEEBERG B **00**, 200–204 (Pr) ~ RÖSSLER, Martin in MÖLLER B **00**, 193f. ~ MARTI B **01**, 122 ~ RÖSSLER B **01**, 296. 703 ~ SCHEFFBUCH 2 B **²01**, 222f. ~ DKL III/2 Textbd. (**2002**) 60 ~ JLH 41 (**2002**) 241 ~ SCHMIDT B **02**, 593. 710 ~ KNEITSCHEL B **03**, 320 ~ OEHLER A **03**, 9 ~ REICH A **³03**, 764 ~
LAUTERWASSER, Helmut: Die Entstehung der Melodien zu „Herzlich lieb hab ich dich, o Herr“ und „Nun lasst uns Gott dem Herren“, MGD 58 (**2004**) H. 2, 46–54

398 In dir ist Freude

KOCH II B **³1867/1973**, 346; III B **³1867/1973**, 278 ~ FISCHER I B **1878/1967**, 410 ~ KÜMMERLE I B **1888/1974**, 676f. ~
NELLE B **³1924/1962**, Nr. 19 ~
SCHLUNK B **51**, 193 ~ BRUPPACHER B **53**, 275f. ~ FRÖR, Kurt in KUV 5 (**²1953**) 179 ~ GERBER, Hermann: Alle kennen es!, WuW 8 (**1953/54**) Nr. 45, 508 = GERBER B **56**, 147f. ~ BACH, Arthur / GRIMME, Gertrud in EvUV 5 (**1956**) 237 ~ BLANKENBURG, Walter in HEKG II/2 (**1957**) 100 ~ KULP / BÜCHNER / FORNACON in HEKG Sb (**1958**) 173. 270. 447f. ~
BLANKENBURG A **61**, 594 ~ NIEVERGELT, Edwin: Zum Wort-Ton-Verhältnis des deutschen Reformationsliedes, MGD 15 (**1961**) H. 2, 48 ~ NELLE B **⁴62**, 36. 91 ~ KÖHLER B **64** (HEKG I/2) 438f. ~
BRAUN, Werner: Die evangelische Kontrafaktur, JLH 11 (**1966**) bes. 107 ~
WITTENBERG A **73/74**, 160 ~ MGD 29 (**1975**) 22ff. 130; 30 (**1976**) 184. 220 ~ DRÖMANN A **78**, 193 ~ GOJOWY A **78**, 94 ~ MGD 32 (**1978**) 2 ~ JENNY, Markus in MGD 33 (**1979**) 136 ~ ebd. 21. 108. 181 ~
SCHÖNBORN A **82**, 41 ~ SAUER-GEPPERT B **84**, 49 ~ HEINER B **³85**, 90 ~ NSK **1986**/2, 3; **1987**/2, 11. 14 ~ HESSING B **²89**, 53 ~
NSK **1989**/3, 30. 32 ~
OTT, Marlis: Bewegungsvorschlag zu „In dir ist Freude“, NSK **1990**/3, 19 ~ PIPER, Hans-Christoph / GRIMM, Jürgen in HEKG III/2

(**1990**) 272–274 ~ NAGEL A **92**, 11. 13. 18f. ~ MARTI, Andreas: „In dir ist Freude“ – Botschaft oder Modegag?, in: Reformiertes Erbe (FS Gottfried W. Locher), hg. von Heiko A. Obermann u. a., Bd. 2 (Zwingliana Bd. 19, Tl. 2), Zürich **1993**, 227–236 ~ SCHNEIDER / VICKTOR B **93**, 111f. ~ KORNEMANN A **94**, 13 ~ JLH 35 (**1994/95**) 244 ~ ROSER B **95**, 37 ~ NSK **1996**/1, 23 ~ WEG IV (**1997**) 106f. ~ Een Comp ^{3}**1998**, Nr. 477 ~ HANDT A **98**, 39 ~ WEG V (**1998**) 20 ~ FLEINGHAUS, Helmut / HARRASSOWITZ, Hermann in HEG II (**1999**) 104. 279 ~ GUNTLI A **99**, 23 ~
MARTI, Andreas in ÖLK I (**2001**) ~ MARTI A **01**, 160f. 165 ~ MARTI B **01**, 122f. ~ RÖSSLER B **01**, 119 ~ MARTINI B **02**, 39f. ~ KNEITSCHEL B **03**, 330

399 O Lebensbrünnlein tief und groß

KOCH II B ^{3}**1867/1973**, 219 ~ KÜMMERLE II B **1890/1974**, 565 ~ SCHLUNK B **51**, 291 ~ LANGE / REICH B **53**, 22–24 ~ GEISSLER, Walther / WEISMANN, Eberhard in WBK 22 (**1955**) H. 5, 82–85 ~ BLANKENBURG, Walter in HEKG II/2 (**1957**) 88 ~ HOFMANN B **57**, 43–47 ~ JLH 3 (**1957**) 224 ~ RÖBBELEN B **57**, 245. 459 ~ KULP / BÜCHNER / FORNACON in HEKG Sb (**1958**) 449f. 530 ~
NELLE B ^{4}**62**, 90 ~ BRODDE, Otto: „O Lebensbrünnlein tief und groß“. Eine Liedbetrachtung, KCh 23 (**1963**) H. 4, 55–58 (+B) ~ RECKZIEGEL B **03**, 109 ~ KÖHLER B **64** (HEKG I/2) 440–442 ~ JLH 10 (**1965**) 265 ~
MOSER B ^{2}**76**, 83 (B) ~
SAUER-GEPPERT B **84**, 101f. 112f. 131 ~ ERB II B ^{2}**85**, 32–34 ~ PIPER, Hans-Christoph / GRIMM, Jürgen in HEKG III/2 (**1990**) 277–279 ~ DINGLINGER, Wolfgang in HEG II (**1999**) 218f. ~ HERBST II A **01**, 177

400 Ich will dich lieben, meine Stärke

KOCH IV B ^{3}**1868/1973**, 18; V B ^{3}**1868/1973**, 590. 598 ~ FISCHER I B **1878/ 1967**, 358f. ~ KÜMMERLE I B **1888/ 1974**, 644f. ~ BÄUMKER III B **1891/ 1962**, 275 ~ KÜMMERLE, Salomo: Beiträge zur Choralkunde, MGkK 1 (**1896**) H. 2, 79 ~
NELLE B ^{3}**1924/1962**, Nr. 295 ~
GERBER, Hermann: Das Monatslied – ein katholisches Lied?, WuW 3 (**1948/49**) Nr. 21/22, 166 ~
SCHLUNK B **51**, 188 ~ BERGMANN B **53**, 43. 125. 142. 256–258 ~

BRUPPACHER B **53**, 347f. ~ LAUTERBURG B **53**, 173–175 ~ BLANKENBURG, Walter in HEKG II/2 (**1957**) 64. 103 ~ KULP / BÜCHNER / FORNACON in HEKG Sb (**1958**) 403 ~
FRÖR, Kurt in KUV 4 ([4]**1960**) 108f. ~ MERTES B **62**, 54 ~ NELLE B [4]**62**, 175 ~ KÖHLER B **64** (HEKG I/2) 396f. ~ REHM, Gottfried: Ein frühbarockes Jesuslied, MS 84 (**1964**) 156–159 ~ JLH 10 (**1965**) 286 ~
THURMAIR-MUMELTER, Maria Luise / QUACK, Erhard in TRENKLER B **75**, 219–223 ~ JENNY, Markus / THURMAIR-MUMELTER, Maria Luise / QUACK, Erhard in WGL V (**1976**) 173–175 = MS 114 (**1994**) 219–221; mit Revisionsbericht von THURMAIR-MUMELTER, Maria Luise / QUACK, Erhard, ebd. 221 ~ JLH 20 (**1976**) 158; 21 (**1977**) 95 ~ MGD 31 (**1977**) 80 ~ SEUFFERT, Josef in WGL IX (**1979**) 111 ~
MGD 37 (**1983**) 101 ~ SCHEITLER, Irmgard: Angelus Silesius: „Heilige Seelen-Lust". Die Rezeption der „Geistlichen Hirten-Lieder" vom 17. bis zum Anfang des 19. Jahrhunderts, in BECKER / KACZYNSKI I B **83**, 711–753 ~ SAUER-GEPPERT B **84**, 90 ~ HEINER B [3]**85**, 143 ~ ERB IV B [2]**86**, 55–57 ~ PARENT B **87**, 184. 275 ~ JLH 31 (**1987/88**) 120 ~ THURMAIR-MUMELTER, Maria Luise / QUACK, Erhard in RGL (**1988**) 740f. ~
AEFKEN, Ernst / GRIMM, Jürgen in HEKG III/2 (**1990**) 207–209 ~ SÖLLE B **90**, 81 ~ RÖSSLER, Martin: Ich will dich lieben, meine Stärke. Eine hymnologische Studie, in RENHART / SCHNIDER B **91**, 294–309 ~ JLH 34 (**1992/93**) 210 ~ NSK **1995**/3, 25 ~ ÜHLEIN B **95**, 136 ~ Een Comp [3]**1998**, Nr. 430 ~ SEIBT B **98**, 264 ~ WERBECK, Walter / EISINGER, Walther in HEG II (**1999**) 184f. 270–272 ~ RÖSSLER, Martin in MÖLLER B **00**, 145 ~ KURZKE, Hermann in Geistl. Wunderhorn (**2001**) 291–298. 523f. ~ RÖSSLER B **01**, bes. 537–539 ~ FRANZ B **02**, 477 Anm. 5 ~ JLH 41 (**2002**) 236 ~ SCHMIDT B **02**, 613. 615 ~ CORNELIUS-BUNDSCHUH, Joachim in HARTMANN B **03**, 109–113 (+Pr) ~ KNEITSCHEL B **03**, 255f. 328 ~ KURZKE A **03**, 159f. ~ OEHLER A **03**, 8 ~ FISCHER, Michael: Konfessionalisierung als Paradigma hymnologischer Forschung. Johann Schefflers „Heilige Seelen-Lust" und ihr historischer Hintergrund, JLH 43 (**2004**), bes. 180f. ~ RÖSSLER, Martin / ULRICH, Herbert in ÖLK III (**2004**)

401 Liebe, die du mich zum Bilde

KOCH IV B [3]**1868/1973**, 18; V B [3]**1868/1973**, 580f.; VIII B [3]**1876/1973**, 290 ~ FISCHER II B **1879/1967**, 30 ~

NELLE B [3]**1924/1962**, Nr. 297 ~ HOSENTHIEN A **1929**, 59 ~ BERGER B **51**, 38f. ~ SCHLUNK B **51**, 227f. ~ BERGMANN B **53**, 43. 125 ~ KULP / BÜCHNER / FORNACON in HEKG Sb (**1958**) 404f. ~ JLH 6 (**1961**) 146 ~ NELLE B [4]**62**, 175 ~ KÖHLER B **64** (HEKG I/2) 397f. ~
BÜCHNER B **71**, 162 ~ RÖSSLER-Bibl. B **76**, 262 ~ MGD 31 (**1977**) 80 ~
PARENT B **87**, 165. 275 ~
ARFKEN, Ernst / GRIMM, Jürgen in HEKG III/2 (**1990**) 209f. ~ FRANK B [2]**93**, 468 ~ KORNEMANN A **94**, 13 ~ SEIBT B **98**, 266 ~ EISINGER, Walther in HEG II (**1999**) 270–272 ~
HENKYS, Jürgen in MÖLLER B **00**, 357 ~ RÖSSLER, Martin ebd. 145 ~ VIERTEL, Matthias Silesius in SEEBERG B **00**, 206–211 (Pr) ~ RÖSSLER B **01**, 431 ~ OEHLER A **03**, 8

402 Meinen Jesus lass ich nicht

KOCH III B [3]**1867/1973**, 377; IV B [3]**1868/1973**, 139; VII B [3]**1872/1973**, 478; VIII B [3]**1876/1973**, 286 ~ FISCHER II B **1879/1967**, XVI. 52f. ~ KÜMMERLE II B **1890/1974**, 172–179 ~
JULIAN B [2]**1907/1985**, 614 ~ BÄUMKER IV B **1911/1962**, 462 ~ NELLE B [3]**1924/1962**, Nr. 288 ~
SCHLUNK B **51**, 239 ~ KIEFNER A **52**, 46 ~ JLH 1 (**1955**) 121; 2 (**1956**) 127 ~ BLANKENBURG, Walter in HEKG II/2 (**1957**) 64. 103 ~ KULP / BÜCHNER / FORNACON in HEKG Sb (**1958**) 80. 395f. ~ FRÖR, Kurt in KUV 3 ([4]**1960**) 119f. ~ JLH 6 (**1961**) 143 ~ NELLE B [4]**62**, 176 ~ KÖHLER B **64** (HEKG I/2) 393f. ~ AMELN A **67**, 172. 177 ~ AMELN A **69**, 184 ~
JLH 15 (**1970**) 166 ~ BÜCHNER B **71**, 131f. ~ RÖSSLER A **75**, 168 ~ RÖSSLER B **76**, 220 ~ RÖSSLER-Bibl. B **76**, 263 ~ GOJOWY A **78**, 91. 93. 96 ~ SCHOTT A **79**, 165 ~
SCHÖNBORN A **84**, 103 ~ HEINER B [3]**85**, 118f. ~ ERB IV B [2]**86**, 39 ~ JLH 30 (**1986**) 106 ~ MGD 41 (**1987**) 74 ~ PARENT B **87**, 159. 275 ~
ARFKEN, Ernst / GRIMM, Jürgen in HEKG III/2 (**1990**) 202–204 ~ NSK **1992**/3, 25 ~ FRANK B [2]**93**, 458f. ~ KORNEMANN A **94**, 13 ~ HENKYS A **94/95**, 139 ~ KADELBACH A **96/97**, bes. 196. 198 ~ REICH A **98**, 68 ~ SEIBT B **98**, 266 ~ DINGLINGER, Wolfgang / FOLLERT, Udo-R. in HEG II (**1999**) 174f. 330 ~ KADELBACH A **99**, 222f. ~
RÖSSLER B **01**, 431 ~ SCHEFFBUCH 2 B [2]**01**, 193–195 ~ JLH 41 (**2002**) 241 ~ MARTINI B **02**, 262 ~ SCHMIDT B **02**, 585. 593. 609f. 737

403 Schönster Herr Jesu

FISCHER II B **1878/1967**, 240 ~ BÄUMKER II B **1888/1962**, 281 ~ ERK / BÖHME III B **1893f./1988**, 713–715 ~ KÜMMERLE III B **1894/1974**, 248f. ~

JULIAN B ^{2}**1907/1985**, 1016 ~ NELLE B ^{3}**1924/1962**, Nr. 27 ~

BERGMANN B **53**, 18. 40. 42. 124f. 263f. ~ FORNACON, Siegfried: Die Anhänge des Evangelischen Kirchengesangbuches, Km 5 (**1954**) H. 3, 83 ~ FRÖR, Kurt in KUV 6 (^{3}**1958**) 263f. ~ KULP / BÜCHNER / FORNACON in HEKG Sb (**1958**) 173. 403 ~ BRUPPACHER B **59**, 214–221 = BRUPPACHER B **68**, 153–160 ~

JLH 6 (**1961**) 156 ~ HEYDRICH B **62**, 259 ~ JLH 7 (**1962**) 100 ~ MERTES B **62**, 98f. 127 ~ NELLE B ^{4}**62**, 172. 175 ~

OFFELE A **72**, 113 ~ QUACK A (GD) **72**, 54 ~ QUACK A (MuA) **72**, 80 ~ WAGNER, Alois in Pr GL 3 (**1977**) 162–165 (+Pr) ~ SEUFFERT, Josef in WGL IX (**1979**) 108 ~

AMELN A **86**, 45 ~ NORDHUES, Paul / WAGNER, Alois in RGL (**1988**) 209 ~ THURMAIR, Maria Luise ebd. 733f. ~ NSK **1988**/3, 32 ~

SCHNEIDER A **95**, 298. 305. 313. 319. 328 ~ ÜHLEIN B **95**, 136 ~ ENGELSBERGER B **97**, 10f. (B) ~ NSK **1997**/3, 15f. ~ WEG IV (**1997**) 83 ~ EBENBAUER, Peter in HEG II (**1999**) 156f. ~

RÖSSLER B **01**, 803 ~ SCHEFFBUCH 2 B ^{2}**01**, 279f. ~ KNEITSCHEL B **03**, 221f. 365 ~ OEHLER A **03**, 9 ~ FISCHER, Michael: Teil der Volkskultur, MuK 75 (**2005**) H. 1, 71 ~ NEUHAUS B **05**, 109

404 Herr Jesu, Gnadensonne

KOCH IV B ^{3}**1868/1973**, 402; VIII B ^{3}**1876/1973**, 40 ~ FISCHER I B **1878/1967**, 278f. ~

NELLE B ^{3}**1924/1962**, Nr. 309 ~

BERGER B **51**, 130f. ~ SCHLUNK B **51**, 157 ~ KULP / BÜCHNER / FORNACON in HEKG Sb (**1958**) 406 ~

NELLE B ^{4}**62**, 209 ~ KÖHLER B **64** (HEKG I/2) 401 ~

DRÖMANN A **78**, 193 ~ JENNY, Markus in MGD 33 (**1979**) 139 ~

DRÖMANN, Hans-Christian / GRIMM, Jürgen in HEKG III/2 (**1990**) 213–215 ~ FRANK B ^{2}**93**, 532 ~ ROSER B **95**, 128f. ~ SEIBT B **98**, 262 ~ LÖLKES, Herbert in HEG II (**1999**) 116 ~

RÖSSLER B **01**, 645

Zur Mel. s. auch bei EG 67 „Herr Christ, der einig Gotts Sohn“ !

405 Halt im Gedächtnis Jesus Christ

FISCHER I B **1878/1967**, 246f. ~ KÜMMERLE I B **1888/1974**, 529 ~ NELLE B ^{3}**1924/1962**, Nr. 305 ~
SCHLUNK B **51**, 141 ~ BRUPPACHER B **53**, 279f. ~ BLANKENBURG, Walter in HEKG II/2 (**1957**) 65. 68 ~ FRÖR, Kurt in KUV 6 (^{3}**1958**) 190f. ~ KULP / BÜCHNER / FORNACON in HEKG Sb (**1958**) 405f. ~
NELLE B ^{4}**62**, 240 ~ KÖHLER B **64** (HEKG I/2) 400 ~
WITTENBERG A **73/74**, 160 ~ DRÖMANN A **78**, 193 ~
ARFKEN, Ernst / GRIMM, Jürgen in HEKG III/2 (**1990**) 213f. ~ SCHULZ A **98**, 31 ~ SEIBT B **98**, 261 ~ ENGELHARDT, Ruth in HEG II (**1999**) 125 ~
RÖSSLER B **01**, 645 ~ SCHMIDT B **02**, 580

Zur Mel. s. auch bei EG 196 „Herr, für dein Wort sei hoch gepreist" !

406 Bei dir, Jesu, will ich bleiben

KOCH VI B ^{3}**1869/1973**, 448 ~ FISCHER I B **1878/1967**, 63 ~ NELLE B ^{3}**1924/1962**, Nr. 222 ~
SCHLUNK B **51**, 34f. ~ BRUPPACHER B **53**, 355 ~ KULP / BÜCHNER / FORNACON in HEKG Sb (**1958**) 434f. ~
HEYDRICH B **62**, 166 ~ NELLE B ^{4}**62**, 271 ~ KÖHLER B **64** (HEKG I/2) 427f. ~
WITTENBERG A **73/74**, 133 ~
JENNY A **80**, 61 ~ JLH 26 (**1982**) 188 ~ MGD 37 (**1983**) 27; 43 (**1989**) 184 ~
ARFKEN, Ernst / GRIMM, Jürgen in HEKG III/2 (**1990**) 257f. ~ FRANK B ^{2}**93**, 622 ~ Een Comp ^{3}**1998**, Nr. 292 ~ WEG V (**1998**) 23 ~ KLAHR, Detlef in HEG II (**1999**) 308–310 ~ KLAHR B **99**, 213–250, bes. 236 ~
BERNOULLI A **01**, 127 ~ RÖSSLER B **01**, 871 ~ OEHLER A **03**, 9 ~ SCHEFFBUCH 1 B ^{8}**03**, 85–87

Zur Mel. s. auch bei EG 251 „Herz und Herz vereint zusammen" !

407 Stern, auf den ich schaue

SCHLUNK B **51**, 325 ~ BRUPPACHER B **59**, bes. 235–237 = BRUPPACHER B **68**, bes. 170–172 ~
HEYDRICH B **62**, 263f. ~

JLH 16 (**1971**) 244 ~
SCHÖNBORN, Hans-Bernhard: Geistliche Lieder des 19. Jahrhunderts und ihre Bilder, JLH 25 (**1981**) 116–118 ~ MGD 38 (**1984**) 73 ~
HEINER B [3]**85**, 266 ~ JLH 31 (**1987/88**) 19 ~
KRIEG A **92/93**, 51 ~ KORNEMANN A **94**, 13 ~ ALBRECHT B [4]**95**, 85 ~ WEG IV (**1997**) 83 ~ WETTACH A **97**, 31 ~ BIESSECKER, Georg / KRUMMACHER, Christoph in HEG II (**1999**) 183. 187 ~
RÖSSLER B **01**, 169 ~ OEHLER A **03**, 9

408 Meinem Gott gehört die Welt

MGD 36 (**1982**) 71 ~ HEINER B [3]**85**, 357f. ~ MGD 40 (**1986**) 147. 150 ~
BLOCK B **95**, 35f. ~ HARZ B **95**, 110f. ~ NSK **1996**/1, 23 ~
SCHWEIZER, Gabriele: Klang der Bilder – Bilder der Lieder, WEG IV (**1997**) 74f. ~ ebd. 83 ~ WETTACH A **97**, 30f. ~ WEG V (**1998**) 90 ~ WYSS-JENNY, Elisabeth in WGD 4 (**1998**) 120 ~ WÜSTENBERG, Ulrich / BLOCK, Detlev in HEG II (**1999**) 190f. 242f. ~
BLOCK, Detlev (Hg.): Arno Pötzsch: Sagt, dass die Liebe allen Jammer heilt. Geistliche Lieder und Gedichte. Mit einer Einführung in Leben und Werk, Stuttgart **2000** ~ RÖSSLER B **01**, 984 ~ SCHEFFBUCH 2 B [2]**01**, 26 ~ FRIEDRICH A **02**, 56 ~ KNEITSCHEL B **03**, 347

409 Gott liebt diese Welt

VOLP, Rainer: Theologische Gesichtspunkte zu neuen Liedern, in: Das neue Lied der Kirche, Loccumer Protokolle 5/**1969**, 55 ~
MEYER, Herbert: Kleine Liedformen für das Singen in der Schule. Gott liebt diese Welt, ZRP 25 (**1970**) H. 11, 253f. ~ ALBRECHT A **72**, 141f. ~ NIEVERGELT, Edwin in NSK AM (**1972**) 8, 39 ~ SCHILLE, Gottfried: Jesuslieder unter der Lupe, ChL 26 (**1973**) H. 3, 73 ~ WITTENBERG A **73/74**, 147 ~ NSK AM (**1974**) 9 ~ KRAFT, Sigisbert / LEX, Volkmar in WGL III (**1975**) 159f. ~ CORBACH, Dieter: Das bewährte Lied – Gott liebt diese Welt, ZRP **1976**, 295f. ~ THUST B **76**, 79. 91. 107. 128. 159–161. 163f. 201. 203. 211. 215. 269. 278. 287f. 293. 359. 391. 412. 416. 601. 696. 795 ~ MGD 32 (**1978**) 6 ~ SEUFFERT, Josef in WGL IX (**1979**) 89 ~
DAEWEL A **82**, 89 ~ MARTI, Andreas: „Gott liebt diese Welt“ (Kumbaya 100), MGD 40 (**1986**) 45–48 ~ ebd. 180 ~ NSK **1986**/1, 13. 22; 2, 12; **1987**/2, 18 ~ JLH 31 (**1987/88**) 205 ~ THURMAIR, Maria Luise in RGL (**1988**) 666 ~ HESSING B [2]**89**, 76f. ~

NSK **1991**/1, 28; **1992**/2, 24f. ~ KORNEMANN A **94**, 13 ~ WEG II (**1994**) 62. 70 ~ ALBRECHT B ^{4}**95**, 92f. ~ KLEK / SCHRADE A **96**, 263 ~ SCHULZ, Walter in MEYER B ^{2}**97**, 260f. ~ WEG IV (**1997**) 83 ~ WETTACH A **97**, 31 ~ SCHUBERTH, Dietrich in HEG II (**1999**) 289f. ~
EGERER 2 B **00**, 19–24 ~ FISCHER A **00**, 230f. ~ MARTI A **00**, 189f. ~ RÖSSLER B **01**, 988 ~ WIESLI, Walter / MARTI, Andreas in ÖLK I (**2001**) ~ JLH 41 (**2002**) 237; 42 (**2003**) 227 ~ KNEITSCHEL B **03**, 228. 311

410 Christus, das Licht der Welt

(Christ is the worlds light)

HOFMANN, Friedrich: Probleme der Liedübertragung aus dem Englischen. Dargestellt an „Christ is the world's light", MuK 50 (**1980**) 195–198 ~ NSK **1986**/1, 4 ~
KORNEMANN A **94**, 13 ~ WEG II (**1994**) 82 ~ RIEHM A **95**, 67f. ~ SCHULZ, Otmar in MEYER B ^{2}**97**, 258 ~ WETTACH A **97**, 31 ~ SCHWEIZER A **98**, 98 ~ KONRADT, Greta / VOLL, Konja / SCHUBERTH, Dietrich in HEG II (**1999**) 119. 196. 288f. ~
HENKYS, Jürgen in MÖLLER B **00**, 360f. ~ TRAUTWEIN A **00**, 59 ~ WEG VI (**2000**) 17 ~ HERBST II A **01**, 175 ~ RÖSSLER B **01**, 996 ~ MORGENROTH, Klaus in HANDT / JETTER B **04**, 55–57 (B)

411 Gott, weil er groß ist

NSK **1986**/2, 18 ~
NSK **1992**/2, 25; **1994**/4, 25 ~ WEG II (**1994**) 70 ~ OTT, Marlis: In Bewegung. Erhebende Größe. „Gott, weil er groß ist", NSK **1995**/3, 22 ~ SCHWEIZER A **95**, 14 ~ KLEK, Konrad / EISINGER, Walther in HEG II (**1999**) 239–241. 270–272 ~
RÖSSLER, Martin in MÖLLER B **00**, 144 ~ RÖSSLER B **01**, 534 ~ MARTINI B **02**, 39 ~ KNEITSCHEL B **03**, 313

Nächsten- und Feindesliebe

THUST B **76**, 177–188

412 So jemand spricht: Ich liebe Gott

KOCH VI B [3]**1869/1973**, 463 ~ FISCHER II B **1879/1967**, 264 ~ KÜMMERLE III B **1894/1974**, 428f. ~
BRUPPACHER B **53**, 360f. ~ LAUTERBURG B **53**, 179–182 ~ STÄHLIN A **58**, 148f. ~
BRODDE A **65**, 45 ~
ELTZ-HOFFMANN B **80**, 84 ~ MAHLA, Hanna: Neue religiöse Lieder im Unterricht, entwurf **1981**, H. 1, bes. 26f. ~ SCHEITLER B **82**, 38 Anm. 91 ~
NSK **1990**/3, 23 ~ KRIEG A **92/93**, 40 ~ WEG II (**1994**) 78f. ~ KLEK / SCHRADE A **96**, 252 ~ WITTE B **97**, 151–153. 400. 402. 465 ~ SEIBT B **98**, 271 ~ FLEINGHAUS, Helmut in HEG II (**1999**) 106–108 ~
RÖSSLER, Martin in MÖLLER B **00**, 192 ~ Marti B **01**, 147f. ~ RÖSSLER B **01**, 716f. ~ SCHMIDT B **02**, 703 ~ SCHEFFBUCH 1 B [8]**03**, 143f.
Zur Mel. s. auch bei EG 525 „Mach's mit mir, Gott, nach deiner Güt" !

413 Ein wahrer Glaube Gotts Zorn stillt

(1. Korinther 13)

KÜMMERLE II B **1890/1974**, 108 ~
SCHLUNK B **51**, 94 ~ KULP / BÜCHNER / FORNACON in HEKG Sb (**1958**) 385. 504. 565 ~
JENNY B **62**, 44f. 50f. 132f. 149. 269 ~ RECKZIEGEL B **63**, 109 ~ KÖHLER B **64** (HEKG I/2) 387–389 ~
JLH 21 (**1977**) 95 ~ DRÖMANN A **78**, 193 ~ JENNY, Markus in MGD 33 (**1979**) 136. 138 ~
SAUER-GEPPERT B **84**, 123 ~ ERNST B **85**, 187. 190 ~
DRUDE, Hartwig in HEKG III/2 (**1990**) 189–191 ~ WEG II (**1994**) 82f. ~ ROSER B **95**, 49f. ~ DKL III/1.3 Textbd. (**1998**) 69 ~

SCHWEIZER A **98**, 97f. ~ DKL III/1 Registerbd. (**1999**) 78. 124. 202 ~ PISTORIUS, Dietmar in HEG II (**1999**) 145–148 ~
RÖSSLER B **01**, 291 ~ REICH A [3]**03**, 768

Zur Mel. s. auch bei EG 300 „Lobt Gott, den Herrn der Herrlichkeit" !

414 Lass mich, o Herr, in allen Dingen

GRUBE, Heinz-Hermann in HEG II (**1999**) 360f. ~
STEFAN A **00**, 53 ~ RÖSSLER B **01**, 757

Zur Mel. s. auch bei EG „Dir, dir, o Höchster, will ich singen" !

415 Liebe, du ans Kreuz für uns erhöhte

(Mel.: O wie selig seid ihr doch, ihr Frommen)

KOCH II B [3]**1867/1973**, 132; III B [3]**1867/1973**, 190; IV B [3]**1868/1973**, 103; V B [3]**1868/1973**, 600; VII B [3]**1872/1973**, 340; VIII B [3]**1876/1973**, 673 ~ FISCHER II B **1879/1967**, 217f. ~ KÜMMERLE I B **1888/1974**, 296; II B **1890/1974**, 651–655 ~
JULIAN B [2]**1907/1985**, 277 ~ NELLE B [3]**1924/1962**, Nr. 489 ~
BRUPPACHER B **53**, 268f. 360 ~ MOREL I A **53**, 72f. ~ BLANKENBURG, Walter in HEKG II/2 (**1957**) 96 ~ KULP / BÜCHNER / FORNACON in HEKG Sb (**1958**) 504–508. 532 ~
NELLE B [4]**62**, 123. 210 ~ JLH 8 (**1963**) 189 ~ AMELN A **67**, 175 ~
GRIMM A **69**, 173 ~
WITTENBERG A **73/74**, 159 ~ JLH 23 (**1979**) 134 ~ SCHOTT A **79**, 169 ~
HEINER B [3]**85**, 140 ~ MGD 40 (**1986**) 73 ~
KORNEMANN, Helmut / BLINDOW, Martin in HEKG III/2 (**1990**) 364–366 ~ WEG II (**1994**) 83 ~ FOSS B **95**, 171 ~ SEIBT B **98**, 269 ~ STALMANN, Joachim / WERNER, Matthias in HEG II (**1999**) 66–69. 103f. ~
RÖSSLER B **01**, 440. 668 ~ SCHMIDT B **02**, 608 ~ SCHEFFBUCH 1 B [8]**03**, 106

416 O Herr, mach mich zu einem Werkzeug deines Friedens

HÜNEKE, Martin: Kirchenlieder einst und jetzt. Reichtum und Mangel im Spiegel der Schallplatte, KmN 11 (**1960**) Nr. 4–5, 1f. = in: fono forum. Zs für die Freunde der klassischen Musik 5 (**1960**) Nr. 11, 28 = KCh 21 (**1961**) H. 5, 66–68 ~ SCHULZ, Frieder: Das sogenannte Franziskusgebet. Forschungen zur evangelischen Gebetsliteratur (III), JLH 13 (**1968**) 39–53 ~

JENNY, Markus in NSK AM (**1971**) 2, 5 ~ THUST B **76**, 48. 73f. 78f. 87. 127. 131. 134. 138f. 179. 182. 184. 187. 264f. 292. 301. 360. 378. 413. 415. 476. 483. 505. 514. 696. 749f. 802. 825 ~ JLH 21 (**1977**) 116 ~ ZIMMERMANN, Heinz Werner: Kurt Hessenbergs Motette „O Herr, mach mich zum Werkzeug deines Friedens", Opus 37, Nr. 1, MuK 48 (**1978**) H. 5, bes. 211f. ~ CORBACH, Dieter: Liebe üben, wo man sich hasst. Das neue Lied im RU, ZRP **1979**, H. 3, 97 ~ WITTENBERG A **79**, 85 ~

NSK **1986**/1, 13; 2, 13 ~ SEUFFERT, Josef in RGL (**1988**) 541 ~ SCHWEIZER, Rolf in WEG II (**1994**) 32–34. 82. 85. 87–91 ~ ebd. 70 ~ MEYER A **95**, 141–144 ~ MARTI, Andreas: Mach mich zum Werkzeug deines Friedens, MGD 51 (**1997**) 52–54 ~ SCHWEIZER, Rolf in MEYER B **²97**, 271f. ~ JLH 37 (**1998**) 222 ~ BUBMANN, Peter in HEG II (**1999**) 293–295 ~

RIEHM, Heinrich u. a. in MÖLLER B **00**, 306 ~ WEG VI (**2000**) 17 ~ MARTI B **01**, 160 ~ SCHULZ, Frieder: Neue Forschungen über das so genannte Franziskusgebet, JLH 41 (**2002**) 46–53

417 Lass die Wurzel unsers Handelns

WITTENBERG A **79**, 83 ~

HENKYS, Jürgen: „Lass die Wurzeln unsres Handelns Liebe sein". Ein Lied des Überschwangs, NSK **1986**/3, 2–5 ~ STEFAN, Hans-Jürg: Verschiedene Satztypen im Vergleich. Hinweise zur Erprobung des Liedes NSK 3/148, ebd. 6–11 ~ MGD 41 (**1987**) 79. 242 ~ NSK **1987**/1, 15; 2, 25. 33; 3, 33 ~ GEISER, Walter: Noch einmal: „Lass die Wurzel unsres Handelns Liebe sein" (NSK 148), NSK **1989**/3, 25 ~ STRÜBIN-BENTZ, Murielle / OBERLI, Max: Zwei Stimmen zu „Lass die Wurzel unsres Handelns Liebe sein" (NSK 148), NSK **1989**/1, 32 ~

NSK **1991**/2, 23 ~ KORNEMANN A **94**, 13 ~ WEG II (**1994**) 82 ~ OCHS, Volker in MEYER B **²97**, 205f. ~ TRAUTWEIN, Dieter ebd. 305 ~ FINKE, Christian / DRÖMANN, Hans-Christian / SCHUBERTH, Dietrich in HEG II (**1999**) 173. 233f. 327–329 ~

418 Brich dem Hungrigen dein Brot

MGD 30 (**1976**) 4 ~ SIDLER, Hubert / KRAFT, Sigisbert / MOSSLER, Friedemann in WGL VI (**1977**) 389f. ~ SEUFFERT, Josef in WGL IX (**1979**) 123 ~

BUCHRUCKER B **87**, 253. 256 ~
LIEBERKNECHT B **94**, 113–118 ~ WEG II (**1994**) 70. 83 ~ WINKES B **96**, 214–217 ~ HÄUSSLER, Erika in MEYER B **²97**, 99 ~ MÜCKSCH, Klaus-Dieter / FINKE, Christian in HEG II (**1999**) 127. 168 ~
FISCHER A **00**, 229f. ~ MARTI B **01**, 161 ~ JÄGER, Dietrich in ÖLK II (**2003**) ~ JLH 42 (**2003**) 199 ~ KNEITSCHEL B **03**, 227. 280

419 Hilf, Herr meines Lebens

(mit Kanon „Siehe, ich bin bei euch alle Tage")

WATKINSON A **65**, 105f. ~ WATKINSON, Gerd in: Werkbuch Gottesdienst. Texte – Modelle – Berichte, hg. von Gerhard Schnath, Wuppertal **1967**, 69f. 86 ~ MEYER, Herbert: Kleine Liedformen für das Singen in der Schule, EvU 24 (**1969**) 46–48 ~
TOBLER, Robert in NSK AM (**1971**) 2, 7 ~ ALBRECHT A **72**, 146 ~ BRODDE A **73**, 73 ~ NSK AM (**1973**) 12 ~ SCHMID A **73**, 39f. ~ WITTENBERG A **73/74**, 148 ~ NSK AM (**1974**) 9 ~ MGD 29 (**1975**) 76. 121 ~ THURMAIR-MUMELTER, Maria Luise / QUACK, Erhard in TRENKLER B **75**, 237–239 ~ MGD 30 (**1976**) 4 ~ NSK AM (**1976**) 19, 93 ~ THUST B **76**, 71–73. 184. 270. 287f. 370. 584. 696. 701. 749. 805f. ~ JENNY, Markus / THURMAIR-MUMELTER, Maria Luise / QUACK, Erhard in WGL VI (**1977**) 397f. ~ NSK AM (**1977**) 24 ~ GRANZ A **78**, 185 ~ MGD 32 (**1978**) 6 ~ BOHREN A **79**, 154f. ~ CORBACH, Dieter: Gib meinem Leben Sinn ... Das neue Lied im RU, ZRP **1979**, H. 2, 58 ~ SCHRÖER A **79**, 152 ~
HARTENSTEIN A **81**, 19 ~ MGD 35 (**1981**) 192 ~ HENKYS A **83**, 98–101, z.T. = ZdZ 39 (**1985**) 217f. ~ MGD 37 (**1983**) 198 ~ MITTERMEIER A **83**, 873 ~ KÖTTER A **84**, 47f. NSK **1986**/1, 13; 2, 12. 18; 3, 15; **1987**/2, 18 ~ JENNY, Markus in RGL (**1988**) 768f. ~ NORDHUES, Paul / WAGNER, Alois ebd. 236 ~ NSK **1988**/2, 20; **1989**/3, 31f. ~
MGD 44 (**1990**) 206 ~ NSK **1991**/1, 28 ~ NAGEL A **92**, 11. 13. 19f. ~ NSK **1992**/2, 24f. ~ KRIEG A **92/93**, 53 ~ WEG II (**1994**) 22. 70. 82f. ~ HARZ B **95**, 116f. ~ NSK **1995**/3, 24f.; **1996**/3, 12 ~ FISCHER, Wolfgang in MEYER B **²97**, 87f. ~ HARNONCOURT, Philipp in MÖLLER B **97**, 236–239 (+B) ~ JENNY, Markus in MEYER B **²97**, 139 ~ WEG IV (**1997**) 83 ~ JLH 37 (**1998**) 223 ~ HAUKE, Rainer / MARTI, Andreas / SCHILLING, Lebrecht / FOLLERT, Udo-R. in HEG II (**1999**) 91f. 167f. 200. 246 ~ HENKYS B **99**, 10f. 13 ~
FISCHER A **00**, 230 ~ MARTI A **00**, 189 ~ STEFAN A **00**, 53 ~ HARNONCOURT, Philipp (Bearbeitung: Christine Esser) / MERTEN,

Werner (Bearbeitung: Daniel Schmid) in ÖLK I (**2001**) ~ HERBST II A **01**, 176 ~ MARTI B **01**, 153 ~ RÖSSLER B **01**, 988 ~ JLH 41 (**2002**) 237 ~ KNEITSCHEL B **03**, 228. 321

420 Brich mit dem Hungrigen dein Brot

MIDDEL, Klaus: Brich mit dem Hungrigen dein Brot. Kreativ mit Hauptschülern, entwurf **1977**, H. 3, 23–25 ~
DRÖMANN / SCHUBERTH B **²87**, Nr. 28 ~ JLH 37 (**1988**) 223 ~ NAGEL A **92**, 11. 13. 19f. ~ KORNEMANN A **94**, 9 ~ WEG II (**1994**) 23. 65. 70. 82. 124f. ~ BARTH, Friedrich Karl in MEYER B **²97**, 49 ~ DANZEGLOCKE, Klaus: Ein katholischer Musiker hat die Kirche bereichert, in WASCHELITZ B **97**, 60f. ~ JANSSENS, Peter in MEYER B **²97**, 133 ~ SCHNEIDER, Martin Gotthard in MÖLLER B **97**, 240f. (+B) ~ WEG IV (**1997**) 83 ~ WETTACH A **97**, 31 ~ HAHNEN B **98**, 438 ~ SCHÜTZ A **98**, 52 ~ SCHWEIZER A **98**, 97f. ~ TRAUTWEIN, Dieter in HEG II (**1999**) 32f. 166f. ~
RÖSSLER B **01**, 992

Erhaltung der Schöpfung, Frieden und Gerechtigkeit

THUST B **76**, 182–188

421 Verleih uns Frieden gnädiglich

(Da pacem Domine)

KOCH I B [3]**1866/1973**, 240. 465; III B [3]**1867/1973**, 177; VIII B [3]**1876/1973**, 138. 159 ~ FISCHER II B **1879/1967**, 297f. ~ BÄUMKER II B **1888/1962**, 271f. ~ KÜMMERLE III B **1894/1974**, 767–771 ~

JULIAN B [2]**1907/1985**, 275f. ~ RISCH A **1908**, 159 ~ SPITTA A **1917**, 249 ~ LUCKE, Wilhelm / MOSER, Hans Joachim in WA 35 (**1923**) 232–235. 458. 521 ~ NELLE B [3]**1924/1962**, Nr. 175 ~
HDEKM I/1 (**1941**) 244 ~ SCHLISSKE B **48**, 295–303 ~
STAPEL B **50**, 70. 195f. ~ LOHR A **51**, 180 ~ SCHLUNK B **51**, 334 ~ BERGMANN B **53**, 18. 112f. ~ BRUPPACHER B **53**, 224f. ~ EISENHUTH B **53**, 24f. ~ SCHRÖDER B **55**, 93 ~ BURBA B **56**, 57–59 ~ JLH 2 (**1956**) 113 ~ BLANKENBURG, Walter in HEKG II/2 (**1957**) 52–56. 66 ~ KULP / BÜCHNER / FORNACON in HEKG Sb (**1958**) 201. 227f. 232. 311 ~ BOES A **58/59**, 9. 19. 27. 32 ~ BRENNECKE A **58/59**, 70 ~
BLANKENBURG A **61**, 590f. 616f. 621. 623 ~ JLH 6 (**1961**) 60. 117. 128 ~ AMELN A **62**, 69–71 ~ GSCHWEND A **62**, 166. 169 ~ JENNY B **62**, 40–43. 64. 90. 93f. 110. 123. 143. 148 ~ JLH 7 (**1962**) 122. 130; 8 (**1963**) 109 ~ RECKZIEGEL B **63**, 214 ~ KÖHLER B **64** (HEKG I/2) 241f. ~ SCHRÖDER B [2]**64**, 93 ~ SOMMER A **64**, 36. 58 ~ SOMMER A **66**, 149 ~ AMELN A **67**, 174 ~ HAHN B **67**, 41 ~ HOFFMANN B **67**, 102 ~ JENNY, Markus in: Basler Nachrichten. Sonntagsblatt vom 5. 11. **1967**, 23 ~ JLH 13 (**1968**) 253 ~ SCHÜTZ A **68**, 110 ~ GRIMM A **69**, 170 ~
WEISMANN, Eberhard in HEKG III/1 (**1970**) 494–498 ~ JLH 16 (**1971**) 168; 18 (**1973/74**) 193 ~ HOFMANN, Ernst / AENGENVOORT, Johannes in WGL III (**1975**) 183f. = (mit Noten) MS 115 (**1995**) 299f. ~ MGD 29 (**1975**) 148 ~ NSK AM (**1975**) 17, 84 ~ RÖSSLER-Bibl. B **76**, 273 ~ MGD 31 (**1977**) 14 ~ GOJOWY A **78**,

120 ~ MGD 32 (**1978**) 139 ~ JLH 23 (**1979**) 233 ~ MGD 33 (**1979**) 183 ~ WITTENBERG A **79**, 53. 77. 93 ~
JLH 25 (**1981**) 102 ~ DRÖMANN A **83**, 171 ~ HEIMRATH / KORTH B **83**, 110. 140 ~ JENNY A **83**, 48–50 ~ JENNY B **83**, 126f. ~ JLH 27 (**1983**) 149 ~ RIEHM A **83**, 189f. ~ JLH 28 (**1984**) 14 ~ MGD 38 (**1984**) 164 ~ AMELN A **85**, 15f. ~ ASPER B **85**, 65f. 68. 71. 129. 142 ~ ERNST B **85**, 81 ~ JENNY B **85** (WA.A 4) 105–107. 274f. ~ MGD 40 (**1986**) 119. 288 ~ VEIT B **86**, 2 Anm.7. 42. 52. 65. 83 ~ JLH 31 (**1987/88**) 42 ~ HEITMEYER B **88**, Nr.286 ~ MGD 42 (**1988**) 147 ~ NSK **1988**/2, 12f. ~ SIDLER, Hubert in RGL (**1988**) 671 ~ AMELN A **89**, 17 ~ NSK **1989**/1, 29 ~
BOHREN A **90**, 138 ~ MGD 44 (**1990**) 144 ~ NSK **1990**/3, 9 ~ BLANKENBURG B **91**, 343 ~ NSK **1991**/1, 27f. ~ JLH 34 (**1992/93**) 171. 243 ~ WEG II (**1994**) 69 ~ DKL III/1.2 Notenbd. (**1996**) 45 ~ KADELBACH A **96/97**, 192 ~ DKL III/1.2 Textbd. (**1997**) 39f. ~ BRECHT, Martin in Luther 69 (**1998**) 2–6 (Pr) ~ DKL III/1.3 Textbd. (**1998**) 137 ~ Een Comp [3]**1998**, Nr.286 ~ HENKYS A **98**, bes. 160f. 163 = HENKYS B **99**, bes. 219. 221. 224 ~ von MEDING B **98**, 151. 156f. 294. 309f. 324. 394. 445. 447 ~ WISSEMANN-GARBE A **98**, 120. 138 ~ CONRAD A **99**, 230 ~ DKL III/1 Registerbd. (**1999**) 228 ~ RÖSSLER, Martin in HEG II (**1999**) 204–208 ~
PRASSL, Franz Karl in MÖLLER B **00**, 41–43 ~ RÖSSLER B **01**, 73 ~ DKL III/2 Textbd. (**2002**) 267f. 394 ~ KNEITSCHEL B **03**, 222f. 373 ~ MARTI, Andreas in ÖLK II (**2003**) ~ FINGER A **04**

422 Du Friedefürst, Herr Jesu Christ

KOCH II B [3]**1867/1973**, 271; VII B [3]**1872/1973**, 67 ~ FISCHER I B **1878/1967**, 138 ~ KÜMMERLE I B **1888/1974**, 342 ~
SCHLUNK B **51**, 81f. ~ BLANKENBURG, Walter in HEKG II/2 (**1957**) 64. 95 ~ KULP / BÜCHNER / FORNACON in HEKG Sb (**1958**) 580f. ~ JLH 4 (**1958/59**) 253 ~
JLH 6 (**1961**) 238 ~ KÖHLER B **64** (HEKG I/2) 551f. ~ AMELN A **67**, 174 ~ GRIMM A **69**, 170. 178 ~
JLH 15 (**1970**) 166 ~ RÖSSLER A **75**, 151 ~ RÖSSLER-Bibl. B **76**, 246 ~ GOJOWY A **78**, 105. 115 ~ WITTENBERG A **79**, 78. 93 ~
DRÖMANN A **83**, 173 ~ HEINER B [3]**85**, 99 ~ MGD 41 (**1987**) 70; 42 (**1988**) 288f.; 43 (**1989**) 8 ~ NSK **1989**/1, 29 ~
ALBRECHT, Christoph in HEKG III/2 (**1990**) 536–538 ~ WEG II (**1994**) 69. 81f. ~ HENKYS A **98**, bes. 163 = HENKYS B **99**, bes. 224 ~ SCHWEIZER A **98**, 99 ~ PISTORIUS, Dietmar / SCHNEIDER, Matthias in HEG II (**1999**) 81f. 113–115 ~
JLH 39 (**2000**) 235

423 Herr, höre, Herr, erhöre

KOCH V B [3]**1868/1973**, 484 ~ FISCHER I B **1878/1967**, 267 ~ NELLE B [3]**1924/1962**, Nr. 467 ~
SCHLUNK B **51**, 151 ~ KULP / BÜCHNER / FORNACON in HEKG Sb (**1958**) 583 ~
NELLE B [4]**62**, 244 ~ KÖHLER B **64** (HEKG I/2) 554–556 ~ WITTENBERG A **73/74**, 157 ~ WITTENBERG A **79**, 66 ~ SAUER-GEPPERT B **84**, 19 ~ HEINER B [3]**85**, 246–248 ~ ALBRECHT, Christoph in HEKG III/2 (**1990**) 542–544 ~ FRANK B [2]**93**, 427 ~ WEG II (**1994**) 69. 81 ~ WITTENBERG A **94/95**, 172. 191. 202. 205 ~ HOFFLEIT B **95**, 278 ~ SCHRÖER A **98**, 11 ~ ALBRECHT, Christoph in HEG II (**1999**) 277f. ~
RÖSSLER B **01**, 672 ~ MARTINI B **02**, 39. 126 ~ SCHEFFBUCH I B [8]**03**, 185

Zur Mel. s. auch bei EG 521 „O Welt, ich muss dich lassen" !

424 Deine Hände, großer Gott

THUST B **76**, 62–64. 67. 118f. 146. 153. 157. 184. 200. 269f. 282. 302. 511. 595. 774 ~
WEG II (**1994**) 63. 69. 81 ~ HARZ B **95**, 122f. ~ WEG IV (**1997**) 83 ~ MARTINI, Britta / HERBST, Wolfgang in HEG II (**1999**) 101f. 360 ~ MARTINI B **02**, 39f.

425 Gib uns Frieden jeden Tag

TOBLER, Robert in NSK AM (**1974**) 9, 48 ~ MGD 29 (**1975**) 121 ~ THUST B **76**, 71f. 106. 118. 277. 285f. 302. 791 ~ CORBACH, Dieter: Akzeptiert – angenommen – geborgen. Das neue Lied im RU, ZRP **1979**, H. 5, 66 ~ WITTENBERG A **79**, 93 ~
HARTENSTEIN A **81**, 22. 24 ~ NSK **1986**/1; 2, 18. 22; **1987**/2, 18 ~ NSK **1990**/3, 29; **1991**/3, 31; **1993**/4, 5 ~ SCHWEIZER, Rolf in WEG II (**1994**) 81f. 86. 94f. ~ ebd. 61. 64. 69 ~ HARZ B **95**, 124f. ~ LÜDERS, Rüdeger in MEYER B [2]**97**, 188 ~ ROMMEL, Kurt ebd. 219 ~ WEG IV (**1997**) 83 ~ WETTACH A **97**, 32 ~ HENKYS A **98**, bes. 163 = HENKYS B **99**, bes. 224 ~ SCHRÖER A **98**, 11 ~ SCHÜTZ A **98**, 46 ~ WYSS-JENNY, Elisabeth in WGD 4 (**1998**) 148f. ~ VOLL, Konja / TRÖTSCHEL, Heinrich R. in HEG II (**1999**) 203. 261f. ~
MARTI B **01**, 159 ~ RÖSSLER B **01**, 988 ~ STRODTHOFF, Jörg: Lie-

der prüfen, MuK 71 (**2001**) H. 6, 405 ~ MARTINI B **02**, 39 ~ KNEITSCHEL B **03**, 308

426 Es wird sein in den letzten Tagen

(Jesaja 2, 2–5)

NIEVERGELT, Edwin in NSK AM (**1971**) 2, 6 ~ ALBRECHT A **72**, 141f. ~ MGD 29 (**1975**) 76 ~ NSK AM (**1975**) 16, 81 ~ THUST B **76**, 79. 90. 110. 197. 210f. 213. 277. 289. 326. 412. 578f. 789 ~
NSK **1989**/1, 30 ~
JENNY A **90**, 253 ~ MARTI A **91**, 370f. ~ NSK **1992**/2, 2 ~ SCHULZ A **92**, 45f. ~ KORNEMANN A **94**, 13 ~ SCHULZ, Walter / SCHLENKER, Manfred in WEG II (**1994**) 35–38 = Ld Dok **1996** „Es wird sein in den letzten Tagen" ~ SCHWEIZER, Rolf in WEG II (**1994**) 86. 99–108 ~ ebd. 69 ~ GIERING, Achim: Schwerter zu Pflugscharen. Text und Melodie EG 426, ChL 48 (**1995**) 463–465 (+B) ~ KLEK / SCHRADE A **96**, 262f. ~ Ld Dok **1996** „Es wird sein in den letzten Tagen" ~ NSK **1996**/3, 1. 3 10 ~ SCHLENKER, Manfred: „Es wird sein in den letzten Tagen" (EG 426 / RGE 804), ebd. 2 ~ Ders.: Melodieanalyse „Es wird sein in den letzten Tagen", Ld Dok ebd. ~ Ders.: Es wird sein in den letzten Tagen. Unterrichtsimpulse zu EG 426 / RGE 804, NSK **1996**/3, 15–17 = Ld Dok ebd. ~ SCHULZ A **96**, 6 = NSK **1997**/16 ~ NSK **1997**/2, 1f. 18f. ~ SCHLENKER, Manfred in MEYER B ^{2}**97**, 241–243 ~ SCHULZ, Walter ebd. 261 ~ Ders. in MÖLLER B **97**, 242–245 (+B) ~ HENKYS A **98**, bes. 163. 165f. = HENKYS B **99**, bes. 224. 226f. ~ JLH 37 (**1998**) 223 ~ BRÖDEL, Christfried / SCHUBERTH, Dietrich in HEG II (**1999**) 275f. 289f. ~
JLH 39 (**2000**) 228 ~ RÖSSLER B **01**, 989 ~ SCHWEIZER A **01**, 134 ~ MARTINI B **02**, 263 ~ HANDT, Hartmut / SCHLENKER, Manfred in HANDT B **03**, Nr.665 ~ HANDT, Hartmut in HANDT / JETTER B **04**, 58–60 (B)

427 Solang es Menschen gibt auf Erden

(Zolang er mensen zijn op aarde)

NIEVERGELT, Edwin: Solang die Menschen Worte sprechen, NSK AM (**1971**) 1, 1 ~ NSK AM (**1973**) 12; (**1974**) 9 ~ GOUDERS, Klaus in Pr GL 2 (**1977**) 43–47 (+Pr) ~ NSK AM (**1979**) 27 ~ SEUFFERT, Josef in WGL IX (**1979**) 90 ~
NSK **1986**/1, 13; **1987**/2, 18 ~ QUACK, Erhard in RGL (**1988**) 667 ~

NSK **1994**/3, 8f. ~ WEG II (**1994**) 69 ~ NSK **1995**/4, 22 ~ OOSTERHUIS, Huub in MEYER B ^{2}**97**, 210 ~ TRAUTWEIN, Dieter ebd. 305f. ~ HERBST, Wolfgang / MEYER, Dietrich / SCHUBERTH, Dietrich in HEG II (**1999**) 209f. 235f. 327–329 ~ HERBST I A **99**, 260 ~ RÖSSLER B **01**, 987. 997 ~ WYRSCH, Armin: Das geistliche Lied in Schule, Gottesdienst und Unterricht, SMG 126 (**2001**) H. 4, 169–172 ~ MARTINI B **02**, 126 ~ KNEITSCHEL B **03**, 369

428 Komm in unsre stolze Welt

DRÖMANN / SCHUBERTH B ^{2}**87**, Nr. 32 ~ LIPPOLD A **88**, 286 ~ HERMANN, Martin: Käme ER heute und machte es wie damals – wie sähe es aus? Komm in unsre stolze Welt, WBK 56 (**1989**) H. 1, 12f. ~ HUBER-STOCKER, Hedi: Erfahrungen mit NSK „Komm in unsre stolze Welt“, NSK **1989**/3, 32 ~ STEFAN, Hans-Jürg: Anspruch Christi auf alle Lebensbereiche. „Komm in unsre stolze Welt“ (NSK 185), ebd. 2, 2f. = in Ld Dok **1997** „Komm in unsre stolze Welt“ ~
JLH 33 (**1990/91**) 251 ~ NSK **1992**/2, 25; **1993**/2, 25 ~ BLOCK I A **94**, 8 = BLOCK A **97**, 120f. ~ WEG II (**1994**) 69. 81f. ~ GIERING, Achim: Unser reiches Land. Text und Melodie EG 428, ChL 48 (**1995**) 277–279 ~ ROSER B **95**, 91f. ~ SCHWEIZER A **95**, 117–119 ~ KLEK / SCHRADE A **96**, 262f. ~ NSK **1996**/1, 17; 4, 1 ~ SCHULZ A **96**, 4 = in NSK **1997**/2, 15 ~ Ld Dok **1997** „Komm in unsre stolze Welt“ ~ NSK **1997**/1, 1; 2, 1. 4–7 ~ OCHS, Volker in MÖLLER B **97**, 246–250 (Pr) ~ REICHERT-FRIEDLÄNDER, Regula: Predigt zum Monatslied, NSK **1997**/2, 8f. = in Ld Dok **1997** „Komm in unsre stolze Welt“ (Pr vom 2./16. 2. 1997) ~ SCHLENKER, Manfred in NSK **1997**/2, 2f. = in Ld Dok **1997** „Komm in unsre stolze Welt“ ~ Ders. in MEYER B ^{2}**97**, 243–245 ~ STEFAN, Hans-Jürg: Stolze Welt, reiches Land, dunkles Herz. Ein neues gemeinsames Lied zum eidgenössischen Dank-, Buß- und Bettag, Reformierte Presse, Nr. 34, 22. 8. **1997** = in Ld Dok **1997** „Komm in unsre stolze Welt“ ~ Ders.: Fürbitte mit RGE 779, Ld Dok ebd. ~ HENKYS A **98**, bes. 163 = HENKYS B **99**, bes. 224 ~ JLH 37 (**1998**) 223 ~ LEUBE, Bernhard in AuB 51 (**1998**) H. 11, 433–436 ~ SCHRÖER A **98**, 10 ~ HENKYS B **99**, 203f. ~ KRIEG, Gustav A. / BRÖDEL, Christfried in HEG II (**1999**) 193f. 275f. ~ STEFAN, Hans-Jürg: „Komm in unsre stolze Welt“. Kurzes Liedportrait zum gemeinsamen Kirchenlied RG 833, KG 592, MGD 53 (**1999**) 15–18 ~ Ders.: „Komm in unsre stolze Welt“. Liedeinführung mit KG 592, RG 833, WH 2 (**1999**) 133–137 ~ STEFAN, Hans-Jürg / MATTMANN, Erwin: Ein gemeinsames Kirchenlied zur Fastenaktion

(KG 592/RG 833) „Komm in unsre stolze Welt“, SMG 124 (**1999**) H. 1, 11–13 ~ WH 2 (**1999**) 42 ~
JLH 39 (**2000**) 231 ~ MARTI B **01**, 153f. ~ RÖSSLER B **01**, 989 ~ SCHEFFBUCH 2 B [2]**01**, 14f. ~ FRANZ B **02**, 544 Anm. 2 ~ MARTINI B **02**, 39. 49 ~ HENKYS, Jürgen / STEFAN, Hans-Jürg in ÖLK II (**2003**) ~ KNEITSCHEL B **03**, 334 ~ KÄSSMANN, Margot in HANDT / JETTER B **04**, 162–164 (B)

429 Lobt und preist die herrlichen Taten

SEUFFERT, Josef in WGL IX (**1979**) 97 ~
SCHULZ A **92**, 43f. ~ WEG II (**1994**) 69. 81 ~ NSK **1996**/1, 17 ~ HENKYS A **98**, bes. 163 = HENKYS B **99**, bes. 224 ~ TRUNK, Roger / SCHMID, Bernhard in HEG II (**1999**) 74. 357f. ~
WEG VI (**2000**) 17 ~ KNEITSCHEL B **03**, 345

430 Gib Frieden, Herr, gib Frieden

(Geef vrede, Heer, geef vrede)

SCHLUNK B **51**, 122 ~
HEYDRICH B **62**, 209f. ~
WEG II (**1994**) 69. 81–83 ~ KLEK / SCHRADE A **96**, 265 ~ NSK **1996**/4, 1 ~ HENKYS, Jürgen in MEYER B [2]**97**, 108 ~ Een Comp [3]**1998**, Nr. 285 ~ HENKYS A **98**, bes. 164. 166–168 = HENKYS B **99**, bes. 224. 227–231 ~ SCHRÖER A **98**, 10 ~ SCHWEIZER A **98**, 96. 99 ~ EGERER 1 B **99** ~ SCHUBERTH, Dietrich / DANZEGLOCKE, Klaus in HEG II (**1999**) 140–142. 232 ~
JLH 39 (**2000**) 228 ~ MARTI B **01**, 159 ~ RÖSSLER B **01**, 997 ~ HENKYS A **03**, 185. 187f. ~ JLH 42 (**2003**) 227

Zur Mel. s. auch bei EG 361 „Befiehl du dein Wege“ !

431 Gott, unser Ursprung, Herr des Raums

(Great God, our source and Lord of space)

MITTRING, Johannes in KCh 48 (**1988**) H. 3, 42–44 ~ NSK **1989**/1, 29 ~
KRIEG A **92/93**, 49f. ~ NSK **1993**/1, 18 ~ HAHN, Gerhard: Atomare Bedrohung im neuen Gesangbuch, in: Zwischen den Wissenschaften. Beiträge zur deutschen Literaturgeschichte (FS Bernhard Gajek), hg.

von Gerhard Hahn und Ernst Weber, Regensburg **1994**, 228–233 ~ Ders. in WEG II (**1994**) 43–46 (Pr) ~ HENKYS, Jürgen ebd. 39–41 ~ ebd. 69. 81–83 ~ GIERING, Achim: An atomarer Nacht vorüber. Text und Melodie EG 431, ChL 48 (**1995**) 231–233 (+B) ~ NSK **1995**/3, 11 ~ CARTFORD, Gerhard M. in MEYER B [2]**97**, 79f. ~ SCHULZ, Walter ebd. 261 ~ STEFAN A **97**, 21 ~ JLH 37 (**1998**) 185 ~ LEUBE, Bernhard in AuB 51 (**1998**) H. 17, 625–629 ~ SCHRÖER A **98**, 10 ~ WEG V (**1998**) 18 ~ FINKE, Christian / SCHUBERTH, Dietrich / VOLL, Konja in HEG II (**1999**) 61. 140–142. 289f. 330f. ~
REICH A [3]**03**, 768

432 Gott gab uns Atem

NSK **1989**/2f. 5f. ~ WIESLI, Walter: Wache Sinne für die leidende Schöpfung. „Gott gab uns Atem" (NSK 191) ebd. 4 ~
JLH 33 (**1990/91**) 251 ~ NSK **1993**/2, 2 ~ BALTRUWEIT, Fritz: Meine Lieder, Düsseldorf **1994** ~ WEG II (**1994**) 69. 82. 126f. ~ ZIPPERT A **94**, 41f. ~ ALBRECHT B [4]**95**, 93 ~ ZIPPERT B **95**, 108. 111f. (+B) ~ BALTRUWEIT, Fritz in MEYER B [2]**97**, 43 ~ BÜCKEN, Eckart ebd. 77f. ~ NSK **1997**/3, 22 ~ WEG IV (**1997**) 83 ~ WETTACH A **97**, 30 ~ STEFAN, Hans-Jürg in NSK **1998**/2, 9 ~ GUNTLI A **99**, 24 ~ TRAUTWEIN, Dieter / BUBMANN, Peter in HEG II (**1999**) 29f. 56f. ~
RIEHM, Heinrich u.a. in MÖLLER B **00**, 315 ~ RÖSSLER B **01**, 998 ~ ULRICH, Herbert in ÖLK IV (**2005**)

433 Hevenu schalom alejchem

MEYER, Herbert in ZRP 26 (**1971**) 262 ~ NIEVERGELT, Edwin in NSK AM (**1972**) 8, 42 ~ NSK AM (**1974**) 9 ~ KLUSEN B **75**, 127f. ~ NSK AM (**1975**) 16, 78; (**1979**) 27 ~
NSK **1986**/2, 18; **1987**/2, 19; **1989**/1, 29 ~
NAGEL A **92**, 12. 14. 26f. ~ WEG II (**1994**) 69 ~ HARZ B **95**, 126f. ~ WEG IV (**1997**) 83 ~ WETTACH A **97**, 32 ~ SCHÜTZ A **98**, 46

434 Schalom chaverim

(Kanon)

JENNY, Markus in NSK AM (**1975**) 16, 78 ~ NSK AM (**1979**) 27 ~
CORBACH, Dieter: Schalom. Das neue Lied im RU, ZRP **1981**, H. 4, 128 ~ NSK **1986**/2, 18; **1987**/2, 19; **1989**/1, 29 ~

GEHRT A **94**, 49 ~ WEG II (**1994**) 69 ~ ÜHLEIN B **95**, 273 ~ WEG IV (**1997**) 83 ~ WETTACH A **97**, 32 ~
RIEHM, Heinrich u.a. in MÖLLER B **00**, 324

435 Dona nobis pacem

(aus: Agnus Dei; Kanon)

NSK **1986**/2, 18; **1987**/2, 11. 14; **1989**/1, 29; 3, 13. 31f. ~
MGD 44 (**1990**) 144 ~ NSK **1990**/2, 28; **1991**/1, 27; **1992**/2, 24 ~ WEG II (**1994**) 69 ~ NSK **1995**/4, 20 ~ ÜHLEIN B **95**, 273 ~ NSK **1997**/2, 23

S. auch bei EG 190 „Lamm Gottes" (Agnus Dei) !

436 Herr, gib uns deinen Frieden

(Kanon)

NSK **1989**/1, 29; 3, 26 ~
SCHMEEL, Dieter: Frieden – gesungen, ZGP 9 (**1991**) H. 4, 11f. ~ NAGEL A **92**, 11–13. 16–18 ~ WEG II (**1994**) 69; IV (**1997**) 83 ~ WETTACH A **97**, 32 ~ SCHILLING, Lebrecht in HEG II (**1999**) 83f. ~
RIEHM, Heinrich u.a. in MÖLLER B **00**, 315

Morgen

BELFRAGE A **76** ~ THUST B **76**, 148–150. 153 ~
KUESSNER, Dietrich: Der Satan schon am frühen Morgen. Eine kleine persönliche Beobachtung zu den Morgenliedern, FdGD **1994**, Nr. 44, 67–69

437 Die helle Sonn leucht' jetzt herfür

KOCH I B [3]**1866/1973**, 396 ~ FISCHER I B **1878/1967**, 123 ~
NELLE B [3]**1924/1962**, Nr. 409 ~
GERBER, Hermann: Dichtende Großväter, WuW 4 (**1949/50**) Nr. 36, 283f. = GERBER B **56**, 156f. ~
SCHLUNK B **51**, 72f. ~ BERGMANN B **53**, 123. 157f. 168f. 212f. ~ BRUPPACHER B **53**, 78f. ~ EISENHUTH B **53**, 29f. ~ LAUTERBURG B **53**, 46–48 ~ GABRIEL B [3]**56**, 43f. ~ BACH, Arthur / GRIMME, Gertrud in EvUV 6 (**1957**) 93f. ~ BLANKENBURG, Walter in HEKG II/2 (**1957**) 95. 98f. 101 ~ KULP / BÜCHNER / FORNACON in HEKG Sb (**1958**) 75. 525f. 543. 565 ~
FRÖR, Kurt in KUV 4 ([4]**1960**) 12f. ~ BRODDE A **61**, 38 ~ MERTES B **62**, 43. 159 ~ NELLE B [4]**62**, 77 ~ JLH 9 (**1964**) 8 ~ KÖHLER B **64** (HEKG I/2) 496 ~ NEUBACHER B **68**, 13f. ~
BRODDE A **70**, 68 ~ KLUSEN B **75**, 78f. 82–84. 155f. ~ MGD 29 (**1975**) 20; 30 (**1976**) 221 ~ HASENHÜTTL, Gotthold in Pr GL 2 (**1977**) 212–215 (+Pr) ~ JENNY, Markus / DÖRR, Friedrich / SCHADE, Wernerfritz in WGL VII (**1978**) 305f. ~ MGD 32 (**1978**) 2. 159 ~ SAUER-GEPPERT A **79**, 178. 180 ~ SEUFFERT, Josef in WGL IX (**1979**) 135 ~
ELTZ-HOFFMANN B **80**, 29f. ~ MGD 34 (**1980**) 25 ~ ERB I B [2]**81**, 61 ~ MGD 35 (**1981**) 75. 250; 36 (**1982**) 157 ~ ERNST B **85**, 184. 208 ~ NSK **1987**/1, 29 ~ JLH 31 (**1987/88**) 124 ~ JENNY, Markus in RGL (**1988**) 791f. ~
HOFFMANN, Heinz / GRIMM, Jürgen in HEKG III/2 (**1990**) 409–411 ~ SCHNEIDER / VICKTOR B **93**, 58–61 ~ ALBRECHT B [4]**95**, 77 ~ NSK **1995**/3, 15; **1996**/2, 9 ~ WEG IV (**1997**) 83 ~ Een Comp [3]**1998**, Nr. 373 ~ PISTORIUS, Dietmar / ALBRECHT, Christoph in HEG II (**1999**) 145–148. 334–336 ~ SCHEITLER A **99**, 175 ~
RÖSSLER B **01**, 117. 285 ~ SCHEFFBUCH 2 B [2]**01**, 253f. ~ KNEIT-

SCHEL B **03**, 232. 246. 292 ~ WISSEMANN-GARBE, Daniela in LKEG H. 8 (**2003**) ~ JLH 43 (**2004**) 246

438 Der Tag bricht an und zeiget sich

KOCH II B ^{3}**1867/1973**, 125. 129. 366; III **B** ^{3}**1867/1973**, 42 ~ FISCHER I B **1878/ 1967**, 113 ~ KÜMMERLE I B **1888/1974**, 179 ~
SCHLUNK B **51**, 65 ~ METZGER, Heinz Dieter in WBK 23 (**1956**) 49–52 ~ BLANKENBURG, Walter in HEKG II/2 (**1957**) 95 ~ SCHOENBAUM A **57**, 58 ~ KULP / BÜCHNER / FORNACON in HEKG Sb (**1958**) 75. 521f. ~ JLH 4 (**1958/59**) 250 ~
JENNY B **62**, 64. 155f. 278 ~ KÖHLER B **64** (HEKG I/2) 490f. ~ KRATZEL A **66**, 172 ~ SOMMER A **66**, 157 ~ LIPPHARDT A **68**, 167 ~ JLH 14 (**1969**) 144 ~
JLH 16 (**1971**) 70; 20 (**1976**) 175 ~
GEISSLER, Hermann Otto in NITSCHKE B **81**, 105–109 (Pr) ~ SCHULZ A **89**, 30 ~
MOESERITZ B **90**, 221–225 ~ SCHMIDT, Eberhard / GRIMM, Jürgen in HEKG III/2 (**1990**) 394–397 ~ FRANK B ^{2}**93**, 209 ~ DKL III/1.2 Notenbd. (**1996**) 135 ~ DKL III/1.2 Textbd. (**1997**) 153 ~ DKL III/1.3 Textbd. (**1998**) 52–54 ~ Een Comp ^{3}**1998**, Nr. 374 ~ ALBRECHT, Christoph / KRIEG, Gustav A. in HEG II (**1999**) 434–436. 342–344 ~ DKL III/1 Registerbd. (**1999**) 53. 61f. 87. 106. 121. 123. 200 ~
RÖSSLER B **01**, 241. 243 ~ DKL III/2 Textbd. (**2002**) 134f. 314 ~ MARTINI B **02**, 40 ~

439 Es geht daher des Tages Schein

KOCH I B ^{3}**1866/1973**, 255 ~ FISCHER I B **1878/1967**, 178 ~ WOLKAN B **1891/1968**, 126 ~
JULIAN B ^{2}**1907/1985**, 1247 ~
SCHLUNK B **51**, 99 ~ BLANKENBURG, Walter in HEKG II/2 (**1957**) 75 ~ SCHOENBAUM A **57**, 58 ~ KULP / BÜCHNER / FORNACON in HEKG Sb (**1958**) 522f. ~
KÖHLER B **64** (HEKG I/2) 492 ~
SAUER-GEPPERT B **84**, 21 ~
BOHREN A **90**, 142f. ~ MOESERITZ B **90**, 229–232 ~ SCHMIDT, Eberhard / GRIMM, Jürgen in HEKG III/2 (**1990**) 397–400 ~ DKL III/1.3 Textbd. (**1998**) 51f. 146 ~ DKL III/1 Registerbd. (**1999**) 59.

106. 123. 125. 129. 203 ~ HERBST, Wolfgang / KRIEG, Gustav A. in HEG II (**1999**) 45–47 ~
RÖSSLER B **01**, 241–243 ~ SCHEFFBUCH 2 B **²01**, 274 ~ DKL III/2 Textbd. (**2002**) 359–361. 399 ~ MARTINI B **02**, 40

440 All Morgen ist ganz frisch und neu

JENNY, Markus in Schweiz. ev. Schulblatt 83/**1948**, 16ff. ~
SCHLUNK B **51**, 21 ~ BRUPPACHER B **53**, 80–82 ~ EISENHUTH B **53**, 35f. ~ LAUTERBURG B **53**, 48–52 ~ METZGER, Günther in WBK 21 (**1954**) H. 4, 71–73 ~ WEISS, Ewald in GuK **1954**, 114 ~ THOMAS, Wilhelm: Zur Geschichte des Gemeindeliedes „All Morgen ist ganz frisch und neu“, JLH 1 (**1955**) 112f.; 2 (**1956**) 244 ~ BLANKENBURG, Walter in HEKG II/2 (**1957**) 60. 63. 71 ~ JENNY A **57**, 15 ~ JLH 3 (**1957**) 138 ~ KULP / BÜCHNER / FORNACON in HEKG Sb (**1958**) 44. 523f. ~ HERMELINK A **59**, 1480 ~
FRÖR, Kurt in KUV 8 (**²1960**) 381 ~ BLANKENBURG A **61**, 591 ~ JENNY B **62**, 11. 227. 288 ~ FRANK, Hans in EvKCh 68 (**1963**) H. 4, 41–43 ~ WERTHEMANN B **63**, 91 ~ KÖHLER B **64** (HEKG I/2) 494 ~ JENNY, Markus: Hier irrt Goethe!, EvKCh 70 (**1965**) H. 5, 69f. ~ SOMMER, Ernst: Johann Walters Weise zu „Vom Himmel hoch, da komm ich her“, in JLH 10 (**1965**) 159 (und ff.) ~ ebd. 266 ~ FRANZ A **67**, 117f. ~ NEUBACHER B **68**, 25 ~
NIEVERGELT, Edwin in NSK AM (**1973**) 13, 66 ~ SCHUBERTH A **73**, 135 ~ SAUER-GEPPERT A **73/74**, 202 ~ EHMANN A **75**, 226f. ~ KLUSEN B **75**, 144 ~ MGD 30 (**1976**) 22. 211 ~ BLANKENBURG I A **77**, 382f. ~ FINK, Josef in Pr GL 2 (**1977**) 208–211 (+Pr) ~ JLH 21 (**1977**) 208 ~ MGD 31 (**1977**) 217 ~ AENGENVOORT, Johannes in WGL VII (**1978**) 302–304 ~ MGD 32 (**1978**) 2 ~ JENNY, Markus in MGD 33 (**1979**) 138 ~ ebd. 97 ~ SAUER-GEPPERT A **79**, 176 ~ SEUFFERT, Josef in WGL IX (**1979**) 135 ~
JENNY A **80**, 67f. ~ ERB I B **²81**, 85f. ~ MGD 35 (**1981**) 70 ~ JLH 26 (**1982**) 236 ~ MGD 36 (**1982**) 75. 158 ~ den BESTEN, Ad: Der Weckruf im geistlichen Morgenlied der Reformationszeit, JLH 27 (**1983**) bes. 154f. ~ JENNY A **83**, 48 ~ MGD 38 (**1984**) 120 ~ HEINER B **³85**, 72 ~ NSK **1987**/1, 25. 29; 2, 18 ~ JLH 31 (**1987/88**) 124 ~ JENNY, Markus in RGL (**1988**) 790 ~
HOFFMANN, Heinz / GRIMM, Jürgen in HEKG III/2 (**1990**) 403–406 ~ HEER, Emil: Kernlieder pflegen, NSK **1991**/2, 26f. ~ SCHNEIDER / VICKTOR B **93**, 22–25 ~ WEG I (**1993**) 10 ~ FINCKE, Eberhard: Lieb und Herz abhanden. Die Verstümmelung eines Kirchenlieds von Johannes Zwick, LM 34 (**1995**) H. 12, 39f. ~ NSK **1995**/3, 14;

1996/1, 23 ~ ENGELSBERGER B **97**, 10 (B) ~ WEG IV (**1997**) 83 ~ Een Comp ³**1998**, Nr. 375 ~ JLH 37 (**1998**) 162 ~ WYSS-JENNY, Elisabeth in WGD 4 (**1998**) 126f. ~ STALMANN, Joachim / HERBST, Wolfgang in HEG II (**1999**) 337–339. 361f. ~
RIEHM A **00**, 159 ~ STEFAN A **00**, 52 ~ MARTI A **01**, 154 ~ RÖSSLER B **01**, 97. 198 ~ SCHEFFBUCH 2 B ²**01**, 266f. ~ MARTINI B **02**, 21. 119f. 284. 316 ~ KNEITSCHEL B **03**, 231f. 274 ~ EGERER, Ernst-Dietrich / MARTI, Andreas in ÖLK III (**2004**)

441 Du höchstes Licht, du ewger Schein

KOCH II B ³**1867/1973**, 83 ~
SCHLUNK B **51**, 83f. ~ BRUPPACHER B **53**, 82f. ~ KULP / BÜCHNER / FORNACON in HEKG Sb (**1958**) 521. 524f. 578 ~
JENNY B **62**, 227. 288 ~ KÖHLER B **64** (HEKG I/2) 494f. ~
BELFRAGE A **76**, 104 ~ JENNY, Markus / STEINER, Petronia / MOSSLER, Friedemann in WGL V (**1976**) 171f. ~ JLH 20 (**1976**) 158; 21 (**1977**) 95 ~ MGD 31 (**1977**) 16. 102 ~ SPIECKER, Kyrilla in Pr GL 3 (**1977**) 186–191 (+Pr) ~ DRÖMANN A **78**, 193f. ~ JENNY, Markus in MGD 33 (**1979**) 136 ~ SEUFFERT, Josef in WGL IX (**1979**) 110f. 132 ~
ERB I B ²**81**, 86 ~ HAHN B **81**, 17. 19–21. 42f. 45f. 269. 290. 293. 297. 314 ~ MGD 36 (**1982**) 117 ~ JENNY, Markus in RGL (**1988**) 739f. ~
HOFFMANN, Heinz / GRIMM, Jürgen in HEKG III/2 (**1990**) 406f. ~ ALBRECHT B ⁴**95**, 133 ~ NSK **1995**/1, 11; 3, 16 ~ ROSER B **95**, 32–34 ~ WEG III (**1995**) 43 ~ ALBRECHT A **96**, 183 ~ NSK **1996**/1, 17 ~ FISCHER A **98**, 86 (B) ~ DKL III/1 Registerbd. (**1999**) 202 ~ HERBST, Wolfgang in HEG II (**1999**) 45–47. 361f. ~
STEFAN A **00**, 52 ~ RÖSSLER B **01**, 198. 252 ~ SCHEFFBUCH 2 B ²**01**, 267f. ~ KNEITSCHEL B **03**, 220f. 295

442 Steht auf, ihr lieben Kinderlein

KOCH I B ³**1866/1973**, 307 ~
BLANKENBURG A **51**, 71 ~ SCHLUNK B **51**, 324f. ~ FRÖR, Kurt in KUV 5 (²**1953**) 237 ~ WEISMANN, Eberhard in WBK 23 (**1956**) H. 3, 47–49 ~ BACH, Arthur / GRIMME, Gertrud in EvUV 6 (**1957**) 97f. ~ BLANKENBURG, Walter in HEKG II/2 (**1957**) 85. 87 ~ KULP / BÜCHNER / FORNACON in HEKG Sb (**1958**) 17. 87. 271. 525. 543 ~ JLH 4 (**1958/59**) 250 ~

JLH 7 (**1962**) 118 ~ BLANKENBURG A **63**, 33 ~ RECKZIEGEL B **63**, 22 ~ KÖHLER B **64** (HEKG I/2) 495f. ~ GUDEWILL A **67**, 275 ~ FORNACON, Siegfried: Nochmals: Adam Reisner, JLH 13 (**1968**) 144 ~ LIPPHARDT A **68**, 169 ~ NEUBACHER B **68**, 3 ~
LIPPHARDT, Walther in JLH 16 (**1971**) 77 ~ GOJOWY A **78**, 95 ~ SCHOTT A **79**, 169 ~
JLH 27 (**1983**) 139 ~ ERNST B **85**, 20. 137. 251 ~ MGD 41 (**1987**) 74 ~
HOFFMANN, Heinz / GRIMM, Jürgen in HEKG III/2 (**1990**) 407–409 ~ KORNEMANN A **94**, 10 ~ ALBRECHT B **⁴95**, 73 ~ DKL III/1.2 Textbd. (**1997**) 195f. ~ JLH 37 (**1998**) 162 ~ DKL III/1 Registerbd. (**1999**) 57. 226 ~ STALMANN, Joachim / PISTORIUS, Dietmar in HEG II (**1999**) 19f. 145–148 ~
JLH 39 (**2000**) 235 ~ RÖSSLER B **01**, 104. 286 ~ KNEITSCHEL B **03**, 371

443 Aus meines Herzens Grunde

KOCH I B **³1866/1973**, 385. 398; VIII B **³1876/1973**, 179 ~ BÖHME B **1877/1966**, 754 ~ FISCHER I B **1878/1967**, 57f. ~ BÄUMKER II B **1888/1962**, 241f. ~ KÜMMERLE I B **1888/1974**, 60f. ~ ERK / BÖHME III B **1893f./1988**, 695f. ~
NELLE B **³1924/1962**, Nr. 410 ~
SCHLUNK B **51**, 30f. ~ BERGMANN B **53**, 61. 157. 162–164 ~ BRUPPACHER B **53**, 84f. ~ JLH 2 (**1956**) 125 ~ SOLZBACHER B **56**, 76 ~ BLANKENBURG, Walter in HEKG II/2 (**1957**) 91 ~ BACH, Arthur / GRIMME, Gertrud in EvUV 7 (**1958**) 219–221 ~ FRÖR, Kurt in KUV 6 (**³1958**) 191 ~ KULP / BÜCHNER / FORNACON in HEKG Sb (**1958**) 526–528. 545. 575 ~
GSCHWEND A **62**, 166. 169 ~ LIPPHARDT I A **62**, 148f. ~ MERTES B **62**, 17–19 ~ NELLE B **⁴62**, 96. 98 ~ JLH 8 (**1963**) 138 ~ RECKZIEGEL B **63**, 208 ~ WERTHEMANN B **63**, 20 ~ KÖHLER B **64** (HEKG I/2) 497f. ~ AMELN A **67**, 174 ~ AENGENVOORT A **69**, 113. 115 ~ GRIMM A **69**, 163. 168. 170 ~
JLH 15 (**1970**) 167 ~ BREDNICH II B **75**, Abb. 105 ~ JENNY, Markus in NSK AM (**1976**) 21, 103 ~ RÖSSLER-Bibl. B **76**, 241 ~ JENNY, Markus / KRAFT, Sigisbert / STEIN, Josef in WGL VII (**1977**) 309f. ~ JLH 21 (**1977**) 95 ~ RECKINGER, Francois in Pr GL 2 (**1977**) 221–225 (+Pr) ~ SEUFFERT, Josef in WGL IX (**1979**) 136 ~
JLH 26 (**1982**) 188 ~ DRÖMANN A **83**, 173 ~ JLH 27 (**1983**) 152. 285 ~ SAUER-GEPPERT B **84**, 125 ~ ERB II B **²85**, 17–20 ~ HEINER B **³85**, 61f. ~ NSK **1987**/2, 18 ~ PARENT B **87**, 196. 216. 274 ~ HOFMANN, Ernst in RGL (**1988**) 792f. ~ MGD 43 (**1989**) 254 ~

NSK **1990**/1, 23 ~ SCHMIDT, Eberhard / GRIMM, Jürgen in HEKG III/2 (**1990**) 414–418 ~ NAGEL A **92**, 12. 14. 23–26 ~ DE LA MOTTE B **93**, 211f. ~ FRANK B [2]**93**, 571 ~ SCHNEIDER / VICKTOR B **93**, 30f. ~ NSK **1995**/3, 14 ~ ÜHLEIN B **95**, 138 ~ ALBRECHT A **96**, 183 ~ WEG IV (**1997**) 41 ~ Een Comp [3]**1998**, Nr. 127 ~ DKL III/1 Registerbd. (**1999**) 194 ~ HERBST I A **99**, 260 ~ SCHILLING, Lebrecht in HEG II (**1999**) 231 ~
MARTI B **01**, 108 ~ SCHMIDT B **02**, 267f. ~ KNEITSCHEL B **03**, 233. 276 ~ KORTH A **04**, 231

444 Die güldne Sonne bringt Leben und Wonne

KULP / BÜCHNER / FORNACON in HEKG Sb (**1958**) 204. 533 ~ WEBER-STOCKMANN, Renate: Die Lieder Philipp von Zesens, Diss. Hamburg **1962** ~
SCHÖNBORN A **79**, 152f. ~
NSK **1992**/2, 24; **1995**/3, 15; **1997**/3, 15 ~ GRUBE, Heinz-Hermann / KENNEL, Gunter in HEG II (**1999**) 18. 356f. ~
HERBST II A **01**, 174. 180 ~ RÖSSLER B **01**, 431. 489 ~ KNEITSCHEL B **03**, 291

445 Gott des Himmels und der Erden

KOCH III B [3]**1867/1973**, 196. 258; VIII B [3]**1876/1973**, 186 ~ FISCHER I B **1878/ 1967**, 219 ~ KÜMMERLE I B **1888/1974**, 489–491 ~ ERK / BÖHME III B **1893f./ 1988**, 697 ~
FRIEDLAENDER I B **1902/1962**, XXVI ~ NELLE B [3]**1924/1962**, Nr. 413 ~
SCHLUNK B **51**, 124 ~ BRUPPACHER B **53**, 85f. ~ EISENHUTH B **53**, 76–78 ~ BLANKENBURG, Walter in HEKG II/2 (**1957**) 96 ~ BACH, Arthur / GRIMME, Gertrud in EvUV 7 (**1958**) 221 ~ KULP / BÜCHNER / FORNACON in HEKG Sb (**1958**) 175. 531–533 ~ FORNACON, Siegfried: Psalm 42 aus Genf, JLH 4 (**1958/59**) 113f. ~ BACH, Arthur / GRIMME, Gertrud in EvUV 3 ([2]**1959**) 142–144. 167 ~ FRÖR, Kurt in KUV 3 ([4]**1960**) 11–13 ~ NELLE B [4]**62**, 125 ~ HEYDEN A **63**, 180 ~ KÖHLER B **64** (HEKG I/2) 501f. ~ FRÖR B [5]**66**, 324 ~ AMELN A **67**, 174 ~ NEUBACHER B **68**, 14 ~
JLH 15 (**1970**) 167 ~ LEITNER B [2]**71**, 40f. ~ NSK AM (**1972**) 7, 35 ~ MGD 29 (**1975**) 200 ~ RÖSSLER-Bibl. B **76**, 251 ~ JLH 21 (**1977**) 95 ~ SAUER-GEPPERT A **79**, 180 ~ SCHOTT A **79**, 167 ~
MGD 36 (**1982**) 75 ~ DRÖMANN A **83**, 178 ~ JLH 27 (**1983**) 139 ~

MGD 37 (**1983**) 100 ~ SAUER-GEPPERT B **84**, 55 ~ ERB IV B ^{2}**86**, 25f. ~ JLH 31 (**1987/ 88**) 124 ~

SCHMIDT, Eberhard / GRIMM, Jürgen in HEKG III/2 (**1990**) 428–431 ~ FRANK B ^{2}**93**, 469 ~ HENKYS A **94/95**, bes. 139. 144f. 152 ~ NSK **1995**/3, 14; **1996**/2, 9 ~ SEIBT B **98**, 259 ~ FLEINGHAUS, Helmut in HEG II (**1999**) 21 ~

OBROCK, Rainer in SEEBERG B **00**, 214–218 (B) ~ RÖSSLER B **01**, 431 ~ SCHEFFBUCH 2 B ^{2}**01**, 204f. ~ KADELBACH, Ada in MIERSEMANN / BUSCH B **02**, 151 ~ MARTINI B **02**, 39 ~ SCHMIDT B **02**, 540f. ~ KNEITSCHEL B **03**, 250. 309 ~ SCHEFFBUCH 1 B ^{8}**03**, 218 ~ BRANDT, Susanne in HANDT / JETTER B **04**, 236–239 (B)

446 Wach auf, mein Herz, und singe

KOCH III B ^{3}**1867/1973**, 316; VIII B ^{3}**1876/1973**, 181 ~ FISCHER II B **1879/ 1967**, 314 ~ KÜMMERLE II B **1890/ 1974**, 418; IV B **1895/1974**, 5 ~

JULIAN B ^{2}**1907/1985**, 1229 ~ NELLE B ^{3}**1924/1962**, Nr. 415 ~ MEHL A **1930**, 206f. ~

BERGER B **51**, 161 ~ SCHLUNK B **51**, 339 ~ BRUPPACHER B **53**, 90f. ~ FRÖR, Kurt in KUV 1./2. (^{2}**1953**) 203f. ~ BACH, Arthur / GRIMME, Gertrud in EvUV 5 (**1956**) 215–218 ~ IHLENFELD B **56**, 114–118 ~ KULP / BÜCHNER / FORNACON in HEKG Sb (**1958**) 32. 535f. ~

NELLE B ^{4}**62**, 107 ~ KÖHLER B **64** (HEKG I/2) 505f. ~ AMELN A **67**, 174 ~ NEUBACHER B **68**, 43 ~ GRIMM A **69**, 162. 166 ~

JLH 15 (**1970**) 167 ~ ZELLER, Winfried: Zur Textüberlieferung der Lieder Paul GERHARDTS,JLH 19 (**1975**) 227f. ~ ALBRECHT A **76**, 142 = in JENNY / NIEVERGELT B **76**, 41 ~ BLANKENBURG A **76**, 104 = in JENNY / NIEVERGELT B **76**, 30 ~ JENNY, Markus in MGD 30 (**1976**) 47 ~ JENNY A **76**, 150. 155 = JENNY / NIEVERGELT B **76**, 48f. 54 ~ JENNY / NIEVERGELT B **76**, 56. 67f. ~ JORDAHN A **76**, 369 ~ KILLY A **76**, 83 = in JENNY / NIEVERGELT B **76**, 9 ~ MGD 30 (**1976**) 182 ~ RÖSSLER-Bibl. B **76**, 274 ~ SIDLER, Hubert in MGD 30 (**1976**) 118f. ~ JLH 21 (**1977**) 151 ~ JENNY, Markus in MGD 33 (**1979**) 137 ~

ELTZ-HOFFMANN B **80**, 66 ~ JLH 24 (**1980**) 122; 26 (**1982**) 161 ~ KADELBACH A **83**, 86 ~ BAYER, O.: Der Schöpfungsmorgen. P. Gerhardts Lied „Wach auf, mein Herz, und singe“, in: Schöpfung als Anrede, Tübingen **1986**, 109–127 ~ HESSELBACHER B **87**, 34. 37–39 ~ JLH 31 (**1987/88**) 204 ~

HOFFMANN, Heinz / GRIMM, Jürgen in HEKG III/2 (**1990**) 437f. ~

BUNNERS B **93**, 55. 149. 196. 268. 275. 285f. 296. 330. 366 ~ FRANK B [2]**93**, 120 ~ FOSS B **95**, 15. 47. 83. 85. 90. 120–123. 188 ~ NSK **1995**/3, 14 ~ WEG IV (**1997**) 41f. ~ Een Comp [3]**1998**, Nr. 408 ~ SEIBT B **98**, 272 ~ BUNNERS, Christian in HEG II (**1999**) 110–112 ~ KADELBACH A **01**, 7f. 10 ~ RÖSSLER B **01**, 436. 455 ~ ERB III B [8]**02**, 169–173 ~ MARTINI B **02**, 39 ~ SCHMIDT B **02**, 619 ~ SCHEFFBUCH 1 B [8]**03**, 232

Zur Mel. s. auch bei EG 320 „Nun lasst uns Gott dem Herren" !

447 Lobet den Herren alle, die ihn ehren

KOCH III B [3]**1867/1973**, 317; IV B [3]**1868/1973**, 105 ~ FISCHER II B **1879/1967**, 37f. ~ KÜMMERLE II B **1890/ 1974**, 75f. ~
SPITTA, Friedrich: Lobet den Herren alle, die ihn fürchten, MGkK 12 (**1907**) H. 3, 105–107 ~
MOSER A **47**, 126 ~ GERBER, Hermann: Ein Lied für jeden Tag, WuW 2 (**1947/48**) Nr. 35/36, 254 = GERBER B **56**, 160f. ~
SCHLUNK B **51**, 230 ~ BERGMANN B **53**, 156 ~ BRUPPACHER B **53**, 89f. ~ MOREL II A **53**, 107 ~ BLANKENBURG, Walter in HEKG II/2 (**1957**) 96. 98 ~ KULP / BÜCHNER / FORNACON in HEKG Sb (**1958**) 535 ~
MERTES B **62**, 19–21 ~ KÖHLER B **64** (HEKG I/2) 504f. ~ SCHRÖDER B [2]**64**, 153–155 ~ NEUBACHER B **68**, 41 ~
GIRARD A **72**, 147f. ~ KLUSEN B **75**, 92f. 106. 167 ~ ALBRECHT A **76**, 142 = in JENNY / NIEVERGELT B **76**, 41 ~ BLANKENBURG A **76**, 103 = in JENNY / NIEVERGELT B **76**, 29 ~ JENNY, Markus in MGD 30 (**1976**) 47 ~ JENNY A **76**, 147 = in JENNY / NIEVERGELT B **76**, 46 ~ JENNY / NIEVERGELT B **76**, 68f. ~ JORDAHN A **76**, 369 ~ MERTEN A **76**, 127 ~ MGD 30 (**1976**) 222 ~ SIDLER, Hubert in MGD 30 (**1976**) 119f. ~ JLH 21 (**1977**) 95 ~ MGD 31 (**1977**) 16 ~ SCHLEICHER, Peter in Pr GL 2 (**1977**) 226–229 (+Pr) ~ HAUFE A **78**, 69 ~ JENNY, Markus / DÖRR, Friedrich / KUNTZ, Michael in WGL VII (**1978**) 313–315 ~ SEUFFERT, Josef in WGL IX (**1979**) 136f. ~ JLH 24 (**1980**) 115 ~ MGD 34 (**1980**) 102 ~ HESSELBACH B **87**, 143 ~ PARENT B **87**, 182. 275 ~ SIDLER, Hubert in RGL (**1988**) 793f. ~
HOFFMANN, Heinz / GRIMM, Jürgen in HEKG III/2 (**1990**) 434–437 ~ NSK **1990**/2, 20 ~ BUNNERS B **93**, 149–155. 157. 267f. 292. 322 ~ FRANK B [2]**93**, 272 ~ SCHNEIDER / VICKTOR B **93**, 133f. ~ KORNEMANN A **94**, 13 ~ WEG II (**1994**) 40 ~ ALBRECHT B [4]**95**, 143 ~ HARZ B **95**, 128f. ~ NSK **1995**/3, 16 ~ WEG IV (**1997**) 55. 73. 83 ~ WETTACH A **97**, 30 ~ SCHÜTZ A **98**, 46 ~ DKL III/1 Registerbd.

(**1999**) 216 ~ STALMANN, Joachim / BUNNERS, Christian in HEG II (**1999**) 66–69. 110–112 ~
DREISBACH, Günther in SEEBERG B **00**, 220–224 (Pr) ~ RÖSSLER B **01**, 120. 442. 455 ~ ERB III B [8]**02**, 167–169 ~ MARTINI B **02**, 39. 158. 288 ~ KNEITSCHEL B **03**, 233. 342 ~ LEHMANN A **03**, 18 ~ REIF A **03**, 178. 181f.

448 Lobet den Herren alle, die ihn ehren

(Kanon nach EG 447)

NSK **1986**/2, 14 ~
FINKE, Christian in HEG II (**1999**) 38f. ~
RÖSSLER B **01**, 989

S. auch bei EG 447 „Lobet den Herren all, die ihn ehren“ !

449 Die güldne Sonne voll Freud und Wonne

KOCH III B [3]**1867/1973**, 322; IV B [3]**1868/1973**, 112; VIII B [3]**1876/1973**, 185 ~ FISCHER I B **1878/1967**, 123 ~ KÜMMERLE I B **1888/1974**, 315 ~
GÜNTHER A **1906**, 346. 348 ~ JULIAN B [2]**1907/1985**, 294 ~ NELLE B [3]**1924/1962**, Nr. 414 ~
BERGER B **51**, 210 ~ SCHLUNK B **51**, 71f. ~ BERGMANN B **53**, 40. 61. 156 ~ BRUPPACHER B **53**, 87–89 ~ GERBER, Hermann in WuW 9 (**1954/55**) Nr. 37, 435 = GERBER B **56**, 158f. ~ IHLENFELD B **56**, 94f. 135 ~ BLANKENBURG, Walter in HEKG II/2 (**1957**) 96. 99–101 ~ SCHRÖTER, Gottfried: Müssen „Religionslieder“ so unkindgemäß sein?, EvE 9 (**1957**) bes. 333 ~ FRÖR, Kurt in KUV 6 ([3]**1958**) 11–15, fast = EvUV 8 (**1959**) 241–244 ~ KULP / BÜCHNER / FORNACON in HEKG Sb (**1958**) 304. 408. 522. 533f. 565 ~ FORNACON, Siegfried: Zu Paul Gerhardts Liedern, JLH 4 (**1958/59**) 119 ~ NELLE B [4]**62**, 151. 153 ~ JENNY A **64**, 151 ~ KÖHLER B **64** (HEKG I/2) 502–504 ~ SCHRÖDER B [2]**64**, 152f. ~ NEUBACHER B **68**, 13 ~ PEERLINCK A **71**, 292f. ~ KLUSEN B **75**, 143. 146 ~ ALBRECHT A **76**, 135. 139. 141 = in JENNY / NIEVERGELT B **76**, 34. 38. 40 ~ HENKYS, Erika: Die güldne Sonne. Bericht über eine Liedeinführung, ChL 29 (**1976**) H. 8/9, U 139–144 ~ HENKYS A **76** = (mit erweitertem Titel: „Die güldne Sonne“. Hymnologische Auskünfte und Überlegungen im Vorfeld einer Liedkatechese, und einem Nachtrag) HENKYS B **99**, 120–133 ~ JENNY, Markus in MGD 30 (**1976**) 49 ~ JEN-

NY A **76**, 143f. = in JENNY / NIEVERGELT B **76**, 42f. ~ JENNY / NIEVERGELT B **76**, 58. 60. 64. 68 ~ JORDAHN A **76**, 368f. ~ KILLY A **76**, 82 = in JENNY / NIEVERGELT B **76**, 8 ~ MGD 30 (**1976**) 115. 119. 154. 182. 222 ~ MOSER B [2]**76**, 82f. (B) ~ JLH 21 (**1977**) 95 ~ MGD 31 (**1977**) 16. 217 ~ SCHÖNBORN A **77**, 158 ~ ALBRECHT A **78**, 104f. ~ HAUFE A **78**, 73–77 ~ JLH 22 (**1978**) 241 ~ MGD 32 (**1978**) 39 ~

ELTZ-HOFFMANN B **80**, 66f. ~ JENNY A **80**, 66 ~ JLH 24 (**1980**) 119 ~ EULENBERGER, Klaus in NITSCHKE B **81**, 110–116 (Pr) ~ MGD 36 (**1982**) 75. 166 ~ KADELBACH A **83**, 100 ~ MGD 37 (**1983**) 73 ~ RÖDDING B [2]**84**, 47f. ~ SAUER-GEPPERT B **84**, 49. 54 ~ SCHÖNBORN A **84**, 104 ~ ZIPPERT B **84**, 118–122 (Pr vom 14. 3. 1982) ~ HESSELBACHER B **87**, 108–111. 153. 167. 180 ~ NSK **1987**/3, 11 ~ PARENT B **87**, 42. 201. 274 ~ HESSING B [2]**89**, 64f. ~ NSK **1989**/3, 31 ~

HOFFMANN, Heinz / GRIMM, Jürgen in HEKG III/2 (**1990**) 432–434 ~ WESKOTT B **90** (Pr) ~ BERNER, Wolf Dietrich in: Homiletische Monatshefte. Für Predigt, Katechese, Gottesdienst 68 (**1992/93**) Reihe III, H. 8, 356–359 ~ BUNNERS B **93**, 114. 117. 149. 164. 190. 197. 239. 245. 267. 308. 312. 322f. 367 ~ NSK **1993**/4, 10f. ~ SCHNEIDER / VICKTOR B **93**, 54–57 ~ KORNEMANN A **94**, 14 ~ FOSS B **95**, 44. 107 ~ HOFFLEIT B **95**, 278 ~ KRUMMACHER A **95**, 774 ~ NSK **1995**/3, 24 ~ KADELBACH A **96**, 106 ~ LÄHNEMANN B **96**, 5–10 (Pr vom 27. 5. 1984) ~ BUNNERS A **97**, 240 ~ ENGELSBERGER B **97**, 9 (B) ~ GERBER B **97** (+B) ~ WEG IV (**1997**) 83 ~ WETTACH A **97**, 31 ~ Een Comp [3]**1998**, Nr. 377 ~ STALMANN, Joachim / BUNNERS, Christian in HEG II (**1999**) 79f. 110–112 ~

GERLACH, Heinz in SEEBERG B **00**, 226–230 (Pr) ~ JLH 39 (**2000**) 227 ~ MARTI A **00**, 184f. ~ KENNTNER B **01**, 131–146 (Pr) ~ MARTI B **01**, 108 ~ RÖSSLER B **01**, 431. 441f. 455 ~ ERB III B [8]**02**, 162–166 ~ MARTINI B **02**, 39. 48 ~ KNEITSCHEL B **03**, 245. 291 ~ SCHEFFBUCH 1 B [8]**03**, 233f. 243

450 Morgenglanz der Ewigkeit

KOCH IV B [3]**1868/1973**, 31; V B [3]**1868/1973**, 591 ~ FISCHER II B **1879/1967**, 94 ~ KÜMMERLE II B **1890/1974**, 302–304 ~

JULIAN B [2]**1907/1985**, 629f. ~ NELLE B [3]**1924/1962**, Nr. 416 ~ MEHL A **1930**, 206 ~

BERGER B **51**, 61. 73f. ~ SCHLUNK B **51**, 252 ~ SCHICK, Erich: Morgenglanz der Ewigkeit. Meditation über Christian Knorr von Rosenroths Morgenlied, Tübingen **1952** ~ BERGMANN B **53**, 156f. ~

BRUPPACHER B **53**, 91f. ~ LAUTERBURG B **53**, 53f. ~ BLANKENBURG, Walter in HEKG II/2 (**1957**) 106 ~ KULP / BÜCHNER / FORNACON in HEKG Sb (**1958**) 339. 536–538 ~ BACH, Arthur / GRIMME, Gertrud in EvUV 8 (**1959**) 244–248 = KUV 7 ([3]**1959**) 10–14 ~ HÖLLERER, Walter: Christian Knorr von Rosenroth, Morgenlied, in: Dieter E. Zimmer (Hg.): Mein Gedicht. Begegnungen mit deutscher Lyrik, Wiesbaden **1961**, 131–134 ~ NELLE B [4]**62**, 176 ~ JLH 8 (**1963**) 259 ~ KÖHLER B **64** (HEKG I/2) 506f. ~
BÜCHNER B **71**, 80. 166f. ~ KLUSEN B **75**, 62f. 82–84. 144. 155 ~ MGD 29 (**1975**) 20 ~ BELFRAGE A **76**, bes. 97 ~ MGD 30 (**1976**) 222 ~ KÖPPL, Albert in Pr GL 2 (**1977**) 216–220 (+Pr) ~ JENNY, Markus / THURMAIR, Maria Luise / HEINDRICHS, Heinz-Albert in WGL VII (**1978**) 307f. ~ SCHÖNBORN A **79**, 145–147 ~ SCHOTT A **79**, 168f. ~ SEUFFERT, Josef in WGL IX (**1979**) 135 ~
GAJEK, Bernhard: Morgenglanz der Ewigkeit. Über Gotteserfahrung im Zeugnis der Dichtung, in: Träume, Visionen – Offenbarung. Über Gotteserfahrungen, hg. von Wolfgang Böhme, Karlsruhe **1984** (Herrenalber Texte 51) 60–82 ~ SAUER-GEP-PERT B **84**, 14f. ~ HEINER B [3]**85**, 167 ~ ERB IV B [2]**86**, 65–67 ~ FRITZE-EGGIMANN, Ruth: „Morgenglanz der Ewigkeit". Begegnung mit Christian Knorr von Rosenroth, Jb für schlesische Kirchengeschichte 65 (**1986**) 84–90 ~ JLH 31 (**1987/ 88**) 203 ~ THURMAIR, Maria Luise / SIDLER, Hubert in RGL (**1988**) 792 ~
HOFFMANN, Heinz / GRIMM, Jürgen in HEKG III/2 (**1990**) 438–441 ~ BOS, Bertine: „Morgen-Glantz" in den Niederlanden, Morgen-Glantz 4 (**1994**) 111–118 ~ KORNEMANN A **94**, 14 ~ ROENTGEN, Markus in KOERRENZ / REMY B **94**, 157–163 (Pr) ~ ALBRECHT B [4]**95**, 84 ~ NSK **1995**/3, 14 ~ STOCK, Alex: Und die alten Lieder singen. Umgangsweisen mit der Liedtradition bei der Entstehung des Einheitsgesangbuches „Gotteslob", Lit. Jb 45 (**1995**) 27f. ~ EILERT, Hildegard: Übersetzung als Interpretation: Das Gedicht *Morgen-Glantz der Ewigkeit* von Christian Knorr von Rosenroth und seine italienische Übersetzung durch Sergio Lupi (1963), Morgen-Glantz 6 (**1996**) 69–80 ~ LÄHNEMANN B **96**, 140–145 (Pr vom 9. 7. 1995) ~ STEIN, Albert: „Morgenglanz der Ewigkeit" (EG 450). Auf dem Weg zu Gottes ewigem Licht, in WINTZER / SCHRÖER B **97**, 69–78 (Pr) ~ Een Comp [3]**1998**, Nr. 289 ~ SEIBT B **98**, 267 ~ WEG V (**1998**) 22 ~ GRUBE, Heinz-Hermann / GUNDLACH, Klaus-Jürgen / EISINGER, Walther in HEG II (**1999**) 19. 182f. 236f. ~ HERBST I A **99**, 258 ~ RATHEY, Markus: Johann Rudolph Ahle. 1625–1673 – Lebensweg und Schaffen, Eisenach **1999**, bes. 2. 175–178 ~
RÖSSLER B **01**, 352. 645 ~ STOCK, Alex in Geistl. Wunderhorn (**2001**) 320–328. 525f. ~ JLH 41 (**2002**) 236 ~ SCHMIDT B **02**, 586. 590f. ~ BATTAFARANO, Italo Michele: „Licht vom unerschöpften

Lichte": Knorr von Rosenroth zwischen Böhme und Schelling. Versuch einer Deutung von *Morgen-Glantz der Ewigkeit* , Morgen-Glantz 13 (**2003**) 369–398 ~ EILERT, Hildegard: Ein Tag im Leben des Christian Knorr von Rosenroth. Zur Erzählung „Morgenglanz der Ewigkeit" ..." von Paulus Langholt, ebd. 399–408 ~ Dies.: Erich Schicks Meditation über das Lied *Morgenglanz der Ewigkeit* des Christian Knorr von Rosenroth, ebd. 409–421 ~ KNEITSCHEL B **03**, 257. 349 ~ SCHMIDT, Eberhard in LKEG H. 8 (**2003**) 42–48, z.T. = ÖLK III (**2004**) ~ STÄHLER, Jörg in HARTMANN B **03**, 122–127 (+Pr) ~ JLH 43 (**2004**) 246f. ~ SCHMIDT, Eberhard / STEFAN, Hans-Jürg / Marti, Andreas in ÖLK III (**2004**)

451 Mein erst Gefühl sei Preis und Dank

(Mel.: Ich dank dir schon durch deinen Sohn)

KOCH II B ^{3}**1867/1973**, 367. 369. 379. 490; VI B ^{3}**1869/1973**, 277. 472; VIII B ^{3}**1876/1973**, 189 ~ FISCHER I B **1878/1967**, 326f.; II B **1879/1967**, 53 ~ KÜMMERLE I B **1888/1974**, 634f. ~
FRIEDLAENDER II B **1902/1962**, 251 ~ NELLE B ^{3}**1924/1962**, 424 ~
SCHLUNK B **51**, 239f. ~ BLANKENBURG, Walter in HEKG II/2 (**1957**) 96 ~ KULP / BÜCHNER / FORNACON in HEKG Sb (**1958**) 447. 528f. 539 ~
NELLE B ^{4}**62**, 248 ~ KÖHLER B **64** (HEKG I/2) 507f. ~ BRODDE A **65**, 44f. ~ AMELN A **67**, 174 ~
SAUER-GEPPERT B **84**, 139f. ~
HOFFMANN, Heinz / GRIMM, Jürgen in HEKG III/2 (**1990**) 421. 441–443 ~ FRANK B ^{2}**93**, 149 ~ NSK **1995**/3, 15 ~ KLEK / SCHRADE A **96**, 252 ~ WITTE B **97**, 137–139. 400. 402. 462 ~ Een Comp ^{3}**1998**, Nr. 110 ~ SEIBT B **98**, 266 ~ FLEINGHAUS, Helmut / WERBECK, Walter in HEG II (**1999**) 106–108. 243f. ~
RÖSSLER, Martin in MÖLLER B **00**, 136. 192 ~ RÖSSLER B **01**, 715 ~ SCHMIDT B **02**, 577. 703 ~ SCHEFFBUCH 1 B ^{8}**03**, 144 ~ SITZMANN, Manfred / RÖSSLER, Martin in LKEG H. 9 (**2004**) 9–13

452 Er weckt mich alle Morgen

KLEPPER B **56**, 577 (12. 4. 1938) ~
LANGE A **62**, 159 ~ REICH A **67**, 42 ~ STERN, Hermann: Ansätze zu neuem Liedgut in den Jugendliederbüchern seit 1930, in HOFMANN B **67**, 23 ~

WITTENBERG A **73/74**, 148 ~ THUST B **76**, 148–150. 360. 787 ~ CORBACH, Dieter: Gott hält sich nicht verborgen. Das Lied im Religionsunterricht, ZRP **1977**, H. 3, 93 ~

JLH 31 (**1987/88**) 124 ~ GROSCH B ^{5}**89** ~ MEYER, Otto: Singen in finsteren Zeiten? Jochen Klepper und seine Lieder, in: Von der ausbeutbaren Macht der Lieder. Dokumentation der Tagung vom 12. bis 15. Mai 1989 in der Ev. Studentengemeinde Essen, Essen **1989**, bes. 67–70 ~

WESKOTT B **90** (Pr) ~ SCHROETER A **91**, 241 ~ HENKYS A **93**, 98 ~ SCHNEIDER / VICKTOR B **93**, 73–78 ~ MÜSSE A **94**, bes. 53. 62 ~ WEG II (**1994**) 23 ~ FLÜCKIGER A **95**, 257f. ~ NSK **1995**/3, 15f. ~ SCHUBERTH, Dietrich in MÖLLER B **97**, 251–256 ~ WECHT, Martin J. in MEYER B ^{2}**97**, 165f. ~ WEG IV (**1997**) 73. 115 ~ JLH 37 (**1998**) 223 ~ SCHÜTZ A **98**, 51 ~ WECHT B **98**, bes. 157 ~ WECHT, Martin / TRÖTSCHEL, Heinrich R. in HEG II (**1999**) 177–179. 360 ~

RIEHM, Heinrich u.a. in MÖLLER B **00**, 293f. ~ SCHEFFLER, Horst in SEEBERG B **00**, 232–236 (Pr vom 22. 3. 1998) ~ RÖSSLER B **01**, 967 ~ WILCKENS A **01**, 55f. ~ HENKYS A **02**, 27f. ~ DEICHGRÄBER, Reinhard / ROTHAUG, Diana in LKEG H. 8 (**2003**) 49–54 ~ DEICHGRÄBER B ^{2}**03**, 33–38 (B) ~ ELLSEL B ^{3}**03**, 67–76 (Pr) ~ HERB, Stefan in HANDT B **03**, Nr. 614 ~ KIRSCHBAUM A **03**, 55 ~ KNEITSCHEL B **03**, 234. 300 ~ SCHEFFBUCH 1 B ^{8}**03**, 33f. ~ WILCKENS A **03**, 96–98 ~ JLH 43 (**2004**) 246

453 Schon bricht des Tages Glanz hervor

(Iam lucis orto sidere)

JULIAN B ^{2}**1907/1985**, 577f. 652. 1655 ~

KLEPPER B **56**, 773 (5. 6. 1939) ~

SZÖVERFFY I B **64**, 95. 116. 213f. 428; II B **65**, 471 ~ REICH A **67**, 42 ~

THUST B **76**, 12. 61. 72f. 75. 78. 119. 130f. 136. 144f. 148. 150. 183. 189f. 192. 209. 289. 328. 358. 381. 476. 482. 510. 517. 827 ~

DRÖMANN / SCHUBERTH B ^{2}**87**, Nr. 29 ~ GROSCH B ^{5}**89** ~

DRÖMANN A **92**, 335–338 ~ HENKYS A **93**, 100 ~ KORNEMANN A **94**, 9 ~ WEG II (**1994**) 71 ~ EINIG B **95**, 113. 128f. 181. 250. 412 ~ DRÖMANN, Hans-Christian in MÖLLER B **97**, 257–261 (+B) ~ WECHT, Martin J. in MEYER B ^{2}**97**, 166 ~ JLH 37 (**1998**) 224 ~ WECHT B **98**, 158 ~ WECHT, Martin in HEG II (**1999**) 177–179 ~

RÖSSLER B **01**, 960. 967 ~ DEICHGRÄBER, Reinhard / FINKE, Christian in LKEG H. 8 (**2003**) 55–60 ~ DEICHGRÄBER B ^{2}**03**,

39–44 (B) ~ ELLSEL B [3]**03**, 77–85 (+Pr) ~ KIRSCHBAUM A **03**, 55 ~ ULRICH, Herbert: Schon zieht herauf des Tages Licht, ÖLK II (**2003**)

454 Auf und macht die Herzen weit

(Let us with a gladsome mind)

JULIAN B [2]**1907/1985**, 673 ~
WITTENBERG A **73/74**, 148 ~
KÖTTER A **84**, 50f. ~ NSK **1986**/1, 13; 2, 18; **1987**/1, 26 ~
NSK **1990**/1, 8 ~ WEG II (**1994**) 23. 66. 70 ~ HARZ B **95**, 130f. ~ GERBER B **97** (Ein chinesischer Tempelgesang) ~ WEG IV (**1997**) 83 ~ WETTACH A **97**, 30. 32 ~ BLOCK, Detlev / HAUKE, Rainer / REICH, Werner in HEG II (**1999**) 130f. 185. 215f.

455 Morgenlicht leuchtet

(Morning has broken)

TISCHLER, Rolf: Religiöse Zeitzeichen in der Rock- und Popmusik, in: EZW-Texte V/**1989**. Information Nr. 109, 24–26 ~
BLOCK III A **94**, 8 ~ GIERING, Achim: Morgenlicht. Text und Melodie EG 455, ChL 48 (**1995**) 185f. ~ NSK **1995**/4, 5 ~ BLOCK A **97**, 121–123 ~ NITSCHKE, Horst / SCHMEEL, Dieter in ZGP 15 (**1997**) 22f. ~ WEG IV (**1997**) 83 ~ JLH 37 (**1998**) 185 ~ SCHÜTZ A **98**, 46. 57 ~ SCHEMMEL, Hermann / SCHUBERTH, Dietrich in HEG II (**1999**) 89. 140–142 ~
WEG VI (**2000**) 10 ~ MARTINI B **02**, 230 ~ EGERER 3 B **02** ~ HENKYS A **03**, 185–187 ~ JLH 42 (**2003**) 227

456 Vom Aufgang der Sonne

(Psalm 113, 3; Kanon)

NSK **1986**/2, 18; **1988**/2, 20; **1989**/3, 32 ~
NSK **1991**/2, 31; **1992**/2, 24 ~ HARZ B **95**, 132f. ~ NSK **1995**/4, 13f. ~ SCHWEIZER A **95**, 13 ~ NSK **1996**/1, 23; **1997**/4, 19 ~ RUPPEL, Paul Ernst in MEYER B [2]**97**, 231f. ~ WEG IV (**1997**) 50. 55. 83. 112 ~ WETTACH A **97**, 31f. ~ WYSS-JENNY, Elisabeth in WGD 4 (**1998**) 32f. ~ SCHUBERTH, Dietrich in HEG II (**1999**) 266–268 ~
STEFAN, Hans-Jürg in WH 3 (**2000**) 64 ~ WEG VI (**2000**) 18 ~ RÖSSLER B **01**, 989 ~ KNEITSCHEL B **03**, 374

Mittag und das tägliche Brot

THUST B **76**, 152f.

457 Der Tag ist seiner Höhe nah

SCHLUNK B **51**, 67f. ~ KLEPPER B **56**, 602 (5. 6. 1938) ~ KULP / BÜCHNER / FORNACON in HEKG Sb (**1958**) 539f. ~
KÖHLER B **64** (HEKG I/2) 508–510 ~
WITTENBERG A **73/74**, 148 ~ HENKYS, Jürgen: Jochen Kleppers Mittagslied, in: Joachim Rogge / Gottfried Schille (Hgg.): Theologische Versuche 6 (**1975**) 269–273 ~ JLH 21 (**1977**) 95 ~ SAUER-GEPPERT A **78**, bes. 142–145 ~
SAUER-GEPPERT B **84**, 6. 18f. 58. 136 ~ NSK **1986**/3, 32 ~ GROSCH B **⁵89** ~ HESSING B **²89**, 65f. ~
HENKYS, Jürgen / GRIMM, Jürgen in HEKG III/2 (**1990**) 443–448 ~ KRIEG A **92/93**, 40 ~ FRANK B **²93**, 145 ~ HENKYS A **93**, 97 ~ MÜSSE A **94**, 53 ~ ALBRECHT B **⁴95**, 88 ~ FLÜCKIGER A **95**, 258–260 ~ KLEK / SCHRADE A **96**, 261 ~ NSK **1996**/1, 17 ~ BARTNING, Gerhard: Tageshöhe – Mittagspause, Quatember 61 (**1997**) H. 2, 117–123 (B) ~ WECHT, Martin J. in MEYER B **²97**, 166f. ~ WECHT B **98**, 157 ~ MARTI, Andreas: Das neue Gesangbuch. Kapitel 4: Gottesdienst im Tageskreis, MGD 53 (**1999**) H. 2, bes. 60 ~ WECHT, Martin / METZGER, Heinz Dietrich in HEG II (**1999**) 177–179. 345f.
ALTERHOFF, Roswitha in SEEBERG B **00**, 238–240 (Pr vom 9. 6. 1997) ~ MARTI B **01**, 109f. ~ RÖSSLER B **01**, 957. 967 ~ WILCKENS A **01**, 57f. = WILCKENS A **03**, 98f. (B) ~ HENKYS A **02**, 28 ~ DEICHGRÄBER B **²03**, 45–52 (B) ~ ELLSEL B **³03**, 86–97 (Pr) ~ HENKYS, Jürgen / RÖSSLER, Martin in LKEG H. 8 (**2003**) 61–67 ~ KNEITSCHEL B **03**, 290 ~ JLH 43 (**2004**) 246

458 Wir danken Gott für seine Gaben

KOCH II B **³1867/1973**, 15 ~ FISCHER II B **1879/1967**, 398 ~ KÜMMERLE IV B **1895/1974**, 454–457 ~
NELLE B **³1924/1962**, Nr. 427 ~

SCHLUNK B **51**, 371 ~ BACH, Arthur / GRIMME, Gertrud in EvUV 5 (**1956**) 263f. ~ JLH 2 (**1956**) 124f. ~ BLANKENBURG, Walter in HEKG II/2 (**1957**) 86 ~ KULP / BÜCHNER / FORNACON in HEKG Sb (**1958**) 52. 563. 565 ~
HEYDRICH B **62**, 280 ~ NELLE B [4]**62**, 80 ~ KÖHLER B **64** (HEKG I/2) 535 ~
PARENT B **87**, 15. 276 ~
VOLL, Wolfgang in HEKG III/2 (**1990**) 498–500 ~ STEFAN A **97**, 20 ~ STALMANN, Joachim in HEG II (**1999**) 19f. ~
STEFAN A **00**, 52 ~ MARTINI B **02**, 39 ~ KNEITSCHEL B **03**, 386
Zur (um die Wiederholung der Anfangszeilen verlängerten) Mel. s. auch bei EG 290 „Nun danket Gott, erhebt und preiset" !

459 Die Sonn hoch an dem Himmel steht

GEHRT A **95**, 43 ~ STALMANN, Joachim / PFEIFFER, Harald in HEG II (**1999**) 66–69. 197f. ~
RÖSSLER B **01**, 577 ~ ACKERMANN B [3]**05**, 53

460 Lobet den Herrn und dankt ihm seine Gaben

FISCHER II B **1879/1967**, 38 ~ KÜMMERLE II B **1890/1974**, 78 ~
SCHLUNK B **51**, 231 ~ BLANKENBURG, Walter in HEKG II/2 (**1957**) 96 ~ KULP / BÜCHNER / FORNACON in HEKG Sb (**1958**) 110. 247. 535. 564f. ~
KÖHLER B **64** (HEKG I/2) 536f. ~
NSK AM (**1975**) 16, 80 ~ SCHOTT A **79**, 166 ~
VOLL, Wolfgang in HEKG III/2 (**1990**) 502–504 ~ FRANK B [2]**93**, 271 ~ ALBRECHT B [4]**95**, 143 ~ Een Comp [3]**1998**, Nr. 364 ~ STALMANN, Joachim / BLOCK, Johannes in HEG II (**1999**) 66–69. 256f. ~
RÖSSLER B **01**, 107. 274. 368. 440 ~ MARTINI B **02**, 39 ~ KNEITSCHEL B **03**, 343

461 Aller Augen warten auf dich, Herre

(Psalm 145, 15f.)

NSK AM (**1973**) 10, 50 ~
NSK **1993**/2, 25 ~ WEG IV (**1997**) 55 ~ STEUDE, Wolfram in HEG II (**1999**) 283–286 ~

RÖSSLER, Martin in MÖLLER B **00**, 136 ~ STEFAN, Hans-Jürg in WH 3 (**2000**) 65 ~ OTT A **01**, 116f. ~ RÖSSLER B **01**, 120

462 Wir danken dir, Herr Jesu Christ, dass du unser Gast gewesen bist

HEYDRICH B **62**, 279 ~
SCHULZ, Frieder in JLH 34 (**1992/93**) 2 ~ BIESSECKER, Georg in HEG II (**1999**) 181f. ~
RÖSSLER B **01**, 844 ~ KNEITSCHEL B **03**, 386

Zur Mel. s. auch bei EG 203 „Ach lieber Herre Jesu Christ“ !

463 Alle guten Gaben

NSK **1994**/1, 20 ~ HARZ B **95**, 134f. ~ RUPPEL, Paul Ernst in MEYER B [2]**97**, 232 ~ WEG IV (**1997**) 83 ~ SCHUBERTH, Dietrich in HEG II (**1999**) 266–268 ~
MARTINI B **02**, 39

464 Herr, gib uns unser täglich Brot

NIEVERGELT, Edwin in NSK AM (**1979**) 28, 134 ~
NSK **1987**/2, 19 ~
NSK **1992**/2, 25 ~ WEG II (**1994**) 70 ~ HARZ B **95**, 136f. ~ NSK **1996**/3, 13 ~ WYSS-JENNY, Elisabeth in WGD 4 (**1998**) 136f. ~ MARTI, Andreas in HEG II (**1999**) 231f. ~
STEFAN A **00**, 52f. ~ BERNOULLI, Peter Ernst in ÖLK IV (**2005**)

Zur Mel. s. auch bei EG 300 „Lobt Gott, den Herrn der Herrlichkeit“ !

465 Komm, Herr Jesu, sei du unser Gast

(Kanon)

466 Segne, Herr, was deine Hand

(Kanon)

JLH 34 (**1992/93**) 4 ~ KORNEMANN A **94**, 12 ~ RUPPEL, Paul Ernst in MEYER B [2]**97**, 232 ~ WEG IV (**1997**) 83 ~ SCHUBERTH, Dietrich in HEG II (**1999**) 266–268 ~
RÖSSLER B **01**, 989 ~ POMELLA A **02**, 162 ~ KNEITSCHEL B **03**, 366

Abend

BELFRAGE A **76** ~ THUST B **76**, 150–152

467 Hinunter ist der Sonne Schein

KOCH IV B [3]**1868/1973**, 551; V B [3]**1868/1973**, 653 ~ FISCHER I B **1878/1967**, 306 ~ KÜMMERLE, Salomo: Beiträge zur Choralkunde, MGkK 1 (**1896**) H. 4, 106f. ~
NELLE B [3]**1924/1962**, Nr. 431 ~
SCHLUNK B **51**, 169 ~ BERGMANN B **53**, 123. 158. 212–214 ~ BRUPPACHER B **53**, 94f. ~ LAUTERBURG B **53**, 46–48 ~ FORNACON, Siegfried in JLH 1 (**1955**) 118–120 ~ GABRIEL B [3]**56**, 43f. ~ BLANKENBURG, Walter in HEKG II/2 (**1957**) 95. 97 ~ KULP / BÜCHNER / FORNACON in HEKG Sb (**1958**) 75. 543f. 550. 565 ~ BACH, Arthur / GRIMME, Gertrud in EvUV 8 (**1959**) 248, ähnlich in KUV 4 ([4]**1960**) 13f. ~
MERTES B **62**, 43. 159 ~ NELLE B [4]**62**, 77 ~ KÖHLER B **64** (HEKG I/2) 513 ~ NEUBACHER B **68**, 48f. ~
BRODDE A **70**, 68 ~ WITTENBERG A **73/74**, 133 ~ BELFRAGE A **76**, 119 ~ RÖSSLER-Bibl. B **76**, 256 ~ KRETZER, Armin / GRABNER-HAIDER, Anton in Pr GL 2 (**1977**) 237–240 (+Pr) ~ JENNY, Markus / THURMAIR, Maria Luise / QUACK, Erhard in WGL VII (**1978**) 345f. ~ MGD 32 (**1978**) 2 ~ SEUFFERT, Josef in WGL IX (**1979**) 140 ~
ELTZ-HOFFMANN B **80**, 30f. ~ JENNY A **80**, 58 ~ MGD 34 (**1980**) 25 ~ ERB I B [2]**81**, 61 ~ MGD 36 (**1982**) 158 ~ SAUER-GEPPERT B **84**, 91 ~ SCHÖNBORN A **84**, 100 ~ ERNST B **85**, 193. 208 ~ HOFMANN, Ernst / JENNY, Markus in RGL (**1988**) 805 ~
STALMANN, Joachim in HEKG III/2 (**1990**) 455–457 ~ ALBRECHT B [4]**95**, 77. 133 ~ NSK **1995**/4, 16; **1996**/2, 9 ~ WEG IV (**1997**) 83 ~ Een Comp [3]**1998**, Nr. 384 ~ PISTORIUS, Dietmar / ALBRECHT, Christoph in HEG II (**1999**) 145–148. 334–336 ~ SCHEITLER A **99**, 175 ~
RÖSSLER B **01**, 117. 285f. ~ SCHEFFBUCH 2 B [2]**01**, 254 ~ MARTINI B **02**, 40 ~ KNEITSCHEL B **03**, 234f. 322 ~ SCHULZ A **04**, 29

468 Ach lieber Herre Jesu Christ, weil du ein Kind gewesen bist

MOSER / MÜLLER-BLATTAU B **68**, 211 ~
WACHINGER, Burghart: Notizen zu den Liedern Heinrich Laufenbergs, in: Medium Aevum deutsch (FS Kurt Ruh), hg. von Dietrich Huschenbett u.a., Tübingen **1979**, 349–385 ~
ERB I B **²81**, 14f. ~ HEINER B **³85**, 33 ~ WACHINGER, Burghart: Art. Laufenberg, Heinrich, VerLex 5 (**1985**) bes. 619–625 ~
KORNEMANN A **94**, 13 ~ WEG IV (**1997**) 83 ~ TRUNK, Roger in HEG II (**1999**) 192f.

469 Christe, du bist der helle Tag

(Christe qui lux es et dies)

FISCHER I B **1878/1967**, 71f. ~ ERK / BÖHME III B **1893f./1988**, 696f. ~
SCHLUNK B **51**, 40 ~ GERBER, Hermann: Das singende Hamburg, WuW 7 (**1952/53**) Nr.40, 379 = GERBER B **56**, 162f. (B) ~ BRUPPACHER B **53**, 106f. (Christus, du bist uns Licht und Tag) ~ EISENHUTH B **53**, 37f. ~ JLH 1 (**1955**) 69f. 112 ~ BACH, Arthur / GRIMME, Gertrud in EvUV 5 (**1956**) 223f., erweitert in KUV 6 (³**1958**) 9–11 ~ JAUERNIG, Reinhold: Die Erneuerung des Kirchengesangs im Herzogtum Sachsen-Gotha, JLH 2 (**1956**) 123–125 ~ BLANKENBURG, Walter in HEKG II/2 (**1957**) 69 ~ FINSCHER A **57**, 66 ~ SCHOENBAUM A **57**, 59 ~ BRODDE, Otto: Christe, du bist der helle Tag. Eine Liedbetrachtung, KCh 18 (**1958**) H. 3, 38–42 (+B) ~ KULP / BÜCHNER / FORNACON in HEKG Sb (**1958**) 184. 271. 542f. 546 ~
BRENNECKE A **58/59**, 71 ~ JLH 4 (**1958/59**) 157 ~
AARBURG A **60**, 129 ~ JLH 5 (**1960**) 259; 6 (**1961**) 127f. 145 ~
AMELN, Konrad: „Herr Jesu Christ, wahr' Mensch und Gott", JLH 7 (**1962**) 112. 114 ~ AMELN A **62**, 58 ~ GSCHWEND A **62**,166 ~ JENNY, Markus in JLH 7 (**1962**) 130f. ~ JENNY B **62**, 36f. 50–53. 132. 149. 212. 268. 291 ~ JLH 7 (**1962**) 46 ~ LIPPHARDT, Walther: Die älteste Ausgabe von Beuttners Gesangbuch, Graz 1602, JLH 7 (**1962**) 139. 148 ~ MERTES B **62**, 97f. ~ HEYDEN A **63**, 176 ~ JLH 8 (**1963**) 132 ~ RECKZIEGEL B **63**, 22. 116. 165. 208 ~ JLH 9 (**1964**) 240 ~ KÖHLER B **64** (HEKG I/2) 512 ~ SZÖVERFFY I B **64**, 112. 118. 143. 214. 424 ~ JLH 11 (**1966**) 165. Taf. II ~ KRATZEL A **66**, 172. 175 ~ SOMMER A **66**, 150 ~ AMELN A **67**, 174. 177 ~ BIRKNER A **67**, 128f. ~ JLH 12 (**1967**) 156. 251 ~ GNEUSS B **68**, 278

~ JLH 13 (**1968**) 89 ~ LIPPHARDT A **68**, 169f. ~ GRIMM A **69**, 163 ~ HLAWICZKA, Karol in JLH 14 (**1969**) 150f. ~
HLAWICZKA, Karol: Zur Geschichte der polnischen evangelischen Gesangbücher des 16. und 17. Jahrhunderts, JLH 15 (**1970**) 170. 185 ~ ebd. 167. 244 ~ BÜCHNER B **71**, 21f. ~ JLH 16 (**1971**) 62; 17 (**1972**) 221 ~ QUACK A (MuA) **72**, 80 ~ SOMMER I A **72**, 120f. 126. 151. 153 ~ LIPPHARDT, Walther: Gesangbuchdrucke in Frankfurt am Main vor 1569, Frankfurt/M. **1974**, 167f. (Nr. 202) ~ JLH 19 (**1975**) 263 ~ BELFRAGE A **76**, 104 ~ MERTEN II A **76**, 73 ~ RÖSSLER-Bibl. B **76**, 242 ~ KASPAR, Peter Paul in Pr GL 2 (**1977**) 234–236 (+Pr) ~ MERTEN III A **77**, 51 ~ SOMMER II A **77**, 148 ~ GOJOWY A **78**, 100f. 118 ~ JLH 22 (**1978**) 199 ~ LABHARDT, Frank: Das Cantionale des Karthäusers Thomas Kreß, Bern **1978** (= Publikationen der Schweizerischen musikforschenden Gesellschaft, Serie II, 20) 228. 277 ~ SIDLER, Hubert / DÖRR, Friedrich / SCHADE, Wernerfritz in WGL VII (**1978**) 343–345 ~ SPECHTLER, Franz Viktor / WACHINGER, Burghart: ‚Christe qui lux es et dies' (deutsch), VerLex 1 (^{2}**1978**) 1211–1213 ~ SEUFFERT, Josef in WGL IX (**1979**) 140 ~
JENNY A **80**, 62 ~ JLH 24 (**1980**) 132 ~ MOSER B **81**, 290. 396. 643 ~ JLH 26 (**1982**) 200. 237 ~ BECKER, Hansjakob: Poesie – Theologie – Spiritualität. Die benediktische Komplet als Komposition, in BECKER / KACZYNSKI II B **83**, 871. 877. 883f. 886. 891 ~ DRÖMANN A **83**, 171f. 188 ~ EINIG, Bernhard: „Christe, qui lux es et dies". Liturgische Dichtung am Übergang vom Tag zur Nacht, in BECKER / KACZYNSKI II B **83**, 721–763 ~ ÜHLEIN, Hermann / GENSLER, Elisabeth in BECKER / KACZYNSKI I B **83**, 643 ~ JLH 28 (**1984**) 229 ~ SAUER-GEPPERT B **84**, 89f. ~ ERNST B **85**, 27. 182 ~ HEINER B ^{3}**85**, 50 ~ JLH 30 (**1986**) 217 ~ MGD 42 (**1988**) 147 ~ SIDLER, Hubert in RGL (**1988**) 804f. ~ JLH 32 (**1989**) 275 ~
STALMANN, Joachim in HEKG III/2 (**1990**) 453–455 ~ DKL III/1.1 Textbd. (**1993**) 134 ~ ALBRECHT B ^{4}**95**, 127 ~ EINIG B **95**, 110. 411 ~ NSK **1995**/4, 10. 20; **1996**/2, 9 ~ DKL III/1.2 Textbd. (**1997**) 34f. ~ DKL III/1.3 Textbd. (**1998**) 48 ~ DKL III/1 Registerbd. (**1999**) 53. 196f. ~ GREULE A **99**, 54–58 ~ STALMANN, Joachim / ALBRECHT, Christoph / LOSCHER, Klaus in HEG II (**1999**) 19f. 59f. 303f. ~
WENNEMUTH, Heike: Lieder der Kirche. Deutsche Nachbildungen altlateinischer Originale. Hymnenbearbeitungen im 19. Jahrhundert am Beispiel *Christe qui lux es et dies*, in SCHEITLER B **00**, 175–178 ~ RÖSSLER B **01**, 15. 104 ~ DKL III/2 Textbd. (**2002**) 58 ~ FRANZ B **02**, 262 ~ JLH 42 (**2003**) 150 ~ WENNEMUTH, Heike: Vom lateinischen Hymnus zum deutschen Kirchenlied. Zur Übersetzungs- und Rezeptionsgeschichte von *Christe qui lux es et dies* (Mainzer Hymnologische Studien, Bd. 7; z.T. Diss. Heidelberg 1999), Tübingen / Basel

2003, bes. 148–159. 291f. ~ DKL II/6 (**2004**) 4of. 47 ~ RIEHM B **04**, 430 ~ SCHULZ A **04**, 29 ~ WENNEMUTH, Heike in LKEG H. 9 (**2004**) 14–17

470 Der du bist drei in Einigkeit

(O lux beata trinitas)

KOCH I B ^{3}**1866/1973**, 240. 254. 464; VII B ^{3}**1872/1973**, 75 ~ FISCHER I B **1878/1967**, 101f.; II B **1879/1967**, 191 ~ BÄUMKER I B **1886/1962**, 662–664 ~ KÜMMERLE II B **1890/1974**, 572f. ~
RISCH A **1908**, 160 ~ SPITTA A **1917**, 249 ~ LUCKE, Wilhelm / MOSER, Hans Joachim in WA 35 (**1923**) 285f. 473. 529 ~
LOHR, Ina: Gedanken über einige Abendlieder, MGD 2 (**1948**) H. 4, 117 ~ SCHLISSKE B **48**, 61–64 ~
STAPEL B **50**, 70f. 196f. ~ SCHLUNK B **51**, 57 ~ JLH 2 (**1956**) 123 ~ BLANKENBURG, Walter in HEKG II/2 (**1957**) 53f. ~ KULP / BÜCHNER / FORNACON in HEKG Sb (**1958**) 151. 181. 212. 540–542 ~ BRENNECKE A **58/59**, 68 ~
JLH 5 (**1960**) 123 ~ GSCHWEND A **62**, 164 ~ JENNY B **62**, 54f. 130f. 274 ~ RECKZIEGEL B **63**, 101. 206 ~ KÖHLER B **64** (HEKG I/2) 510 ~ SOMMER A **64**, 35. 41. 74 ~ SZÖVERFFY I B **64**, 142. 214. 430 ~ SOMMER A **66**, 151f. ~ AMELN A **67**, 173 ~ HAHN A **67**, 53–55 ~ GNEUSS B **68**, 266 ~ SCHÜTZ A **68**, 110 ~ GRIMM A **69**, 160. 177 ~
JLH 16 (**1971**) 162 ~ RÖSSLER-Bibl. B **76**, 245 ~ GOJOWY A **78**, 110 ~
HAHN B **81**, 17. 19f. 46. 290. 293. 299. 313 ~ den BESTEN, Ad: Der Weckruf im geistlichen Morgenlied der Reformationszeit, JLH 27 (**1983**) 138f. ~ DRÖMANN A **83**, 170. 184 ~ HEIMRATH / KORTH B **83**, 127f. 143 ~ JENNY A **83**, 46. 49 ~ JENNY B **83**, 147–149 ~ JLH 28 (**1984**) 16 ~ AMELN A **85**, 16 ~ ERNST B **85**, 27. 202 ~ HEINER B ^{3}**85**, 22f. ~ JENNY B **85** (WA.A 4) 122f. 311f. ~ JLH 29 (**1985**) 195 ~ AMELN A **86**, 121f ~ VEIT B **86**, 43. 52. 65f. 67 Anm. 26. 81. 82 Anm. 5. 83. 150 Anm. 62. 154 Anm. 75 ~ AMELN A **89**, 22f. 31f. ~
STALMANN, Joachim in HEKG III/2 (**1990**) 448–450 ~ DE LA MOTTE B **93**, 159 ~ FRANK B ^{2}**93**, 209 ~ KORNEMANN A **94**, 9 ~ WEG II (**1994**) 71 ~ ALBRECHT B ^{4}**95**, 14f. 139 ~ EINIG B **95**, 58. 150. 157f. 181f. 214. 413 ~ DKL III/1.3 Textbd. (**1998**) 34 ~ DKL III/1 Registerbd. (**1999**) 53. 199 ~ HERBST, Wolfgang / WÖLFEL, Dietrich / RÖSSLER, Martin in HEG II (**1999**) 119f. 201f. 204–208 ~ JLH 40 (**2001**) 119 ~ RÖSSLER B **01**, 78. 238 ~ DKL III/2 Textbd. (**2002**) 352f.

471 Die Nacht ist kommen

KOCH II B ^{3}**1867/1973**, 418 ~ FISCHER I B **1878/1967**, 126 ~
WOLKAN B **1891/1968**, 122 ~
NELLE B ^{3}**1924/1962**, Nr. 433 ~
HOMMEL A **48/49**, 124 ~
JENNY, Markus: Christoffel Wyssgerber alias Christophorus Alutarius. Ein Beitrag zur baslerischen Kirchen-, Humanisten- und Musikgeschichte der Reformationszeit, Basler Zs für Geschichte und Altertumskunde 49 (**1950**) 62 ~ SCHLUNK B **51**, 73 ~ BLANKENBURG, Walter in HEKG II/2 (**1957**) 76f. ~ KULP / BÜCHNER / FORNACON in HEKG Sb (**1958**) 544 ~
JLH 7 (**1962**) 303 ~ NELLE B ^{4}**62**, 74 ~ FORNACON, Siegfried in JLH 8 (**1963**) 138–142 ~ RECKZIEGEL B **63**, 167. 191. 208 ~ KÖHLER B **64** (HEKG I/2) 513f. ~ BLANKENBURG, Walter in BLUME B ^{2}**65**, 407 ~ JENNY, Markus in JLH 11 (**1966**) 167–169 ~
MGD 29 (**1975**) 125 ~ JLH 22 (**1978**) 170 ~
JLH 28 (**1984**) 150 ~ SCHULZ A **89**, 30 ~
STALMANN, Joachim in HEKG III/2 (**1990**) 457–459 ~ KORNEMANN A **94**, 12 ~ DKL III/1.3 Textbd. (**1998**) 121 ~ SCHULZ A **98**, 30 ~ DKL III/1 Registerbd. (**1999**) 201 ~ HERBST, Wolfgang / STEUDE, Wolfram in HEG II (**1999**) 45–47. 143f. ~ SCHEITLER A **99**, 171 ~
RÖSSLER B **01**, 255 ~ DKL III/2 Textbd. (**2002**) 388 ~ HUNZINGER, Michael in LKEG H. 9 (**2004**) 18–20

472 Der Tag hat sich geneiget

KOCH II B ^{3}**1867/1973**, 293. 346. 370 ~ FISCHER I B **1878/1967**, 114f. ~
SCHLUNK B **51**, 66 ~ KULP / BÜCHNER / FORNACON in HEKG Sb (**1958**) 544f. ~
KÖHLER B **64** (HEKG I/2) 514f. ~
JLH 18 (**1973/74**) 286 ~
SAUER-GEPPERT B **84**, 22f. ~ PARENT B **87**, 196. 274 ~
STALMANN, Joachim in HEKG III/2 (**1990**) 459–462

Zur Mel. s. auch bei EG 349 „Ich freu mich in dem Herren" !

473 Mein schönste Zier und Kleinod bist

KOCH II B ^{3}**1867/1973**, 376; VIII B ^{3}**1876/1973**, 536 ~ FISCHER II B **1879/1967**, 81 ~ KÜMMERLE II B **1890/ 1974**, 230f. ~

NELLE B ^{3}**1924/1962**, Nr. 434 ~

GERBER, Hermann: Ein namenloses Lied, WuW 3 (**1948/49**) Nr. 33/34, 255 = GERBER B **56**, 164f. ~

SCHLUNK B **51**, 246 ~ KUHN, Magdalene: Begegnung mit einem Lied, WuW 6 (**1951/52**) Nr. 31, 274f. (B) ~ BRUPPACHER B **53**, 274f. ~ LAUTERBURG B **53**, 133–135 ~ BLANKENBURG, Walter in HEKG II/2 (**1957**) 89 ~ KULP / BÜCHNER / FORNACON in HEKG Sb (**1958**) 33. 545f. ~

BACH, Arthur / GRIMME, Gertrud in EvUV 4 (^{2}**1960**) 156–159 ~ FRÖR, Kurt in KUV 8 (^{2}**1960**) 17–20 ~ JLH 7 (**1962**) 100 ~ NELLE B ^{4}**62**, 91 ~ KÖHLER B **64** (HEKG I/2) 515f. ~ NEUBACHER B **68**, 54 ~

JENNY, Markus / KRAFT, Sigisbert / HEINDRICHS, Heinz-Albert in WGL V (**1976**) 177f. = MS 115 (**1995**) 204f. ~ FINK, Josef in Pr GL 3 (**1977**) 192–196 (+Pr) ~ MGD 33 (**1979**) 104 ~ SEUFFERT, Josef in WGL IX (**1979**) 111f. ~

MGD 35 (**1981**) 250 ~ SAUER-GEPPERT B **84**, 129 ~ NSK **1987**/2, 11 ~ JENNY, Markus in RGL (**1988**) 741 ~ HESSING B ^{2}**89**, 67f. ~ STALMANN, Joachim in HEKG III/2 (**1990**) 462f. ~ FRANK B ^{2}**93**, 442 ~ LIEBERKNECHT B **94**, 33 ~ Een Comp ^{3}**1998**, Nr. 385 ~ ALBRECHT, Christoph / WÜSTENBERG, Ulrich in HEG II (**1999**) 59f. 82f. ~

BERNOULLI A **01**, 125 ~ MARTI B **01**, 125f. ~ SCHEFFBUCH 2 B ^{2}**01**, 280f. ~ KNEITSCHEL B **03**, 235. 346 ~ SCHULZ A **04**, 29

474 Mit meinem Gott geh ich zur Ruh

FISCHER II B **1879/1967**, 91f. ~

SCHLUNK B **51**, 251 ~ BRUPPACHER B **53**, 96 ~ KULP / BÜCHNER / FORNACON in HEKG Sb (**1958**) 546f. ~

MERTES B **62**, 24–26 ~ NELLE B ^{4}**62**, 94 ~ KÖHLER B **64** (HEKG I/2) 516 ~

MGD 30 (**1976**) 22 ~ RÖSSLER-Bibl. B **76**, 265 ~

ERB II B ^{2}**85**, 41 ~ NSK **1989**/3, 19 ~

STALMANN, Joachim in HEKG III/2 (**1990**) 464f. ~ FRANK B ^{2}**93**, 442 ~ NSK **1995**/4, 11. 16. 20; **1996**/2, 9 ~ STALMANN, Joachim in HEG II (**1999**) 33f. ~

RÖSSLER B **01**, 715 ~ SCHEFFBUCH 2 B ^{2}**01**, 232 ~ KNEITSCHEL B **03**, 348

Zur Mel. s. auch bei EG 473 „Mein schönste Zier und Kleinod bist“ !

475 Werde munter, mein Gemüte

KOCH III B ^{3}**1867/1973**, 217. 275; VIII B ^{3}**1876/1973**, 190 ~ FISCHER II B **1879/ 1967**, 356f. ~ BÄUMKER III B **1891/1962**, 252 ~ KÜMMERLE IV B **1895/ 1974**, 260–263 ~
JULIAN B ^{2}**1907/ 1985**, 1254 ~ NELLE B ^{3}**1924/1962**, Nr. 436 ~
SCHLUNK B **51**, 355f. ~ BLANKENBURG, Walter in HEKG II/2 (**1957**) 96 ~ KULP / BÜCHNER / FORNACON in HEKG Sb (**1958**) 547f. ~
NELLE B ^{4}**62**, 128 ~ KÖHLER B **64** (HEKG I/2) 516–519 ~ AMELN A **67**, 174 ~ AMELN A **69**, 184 ~ GRIMM A **69**, 164 ~
JLH 15 (**1970**) 167 ~ BREDNICH I B **74**, 179 ~ BELFRAGE A **76**, 108–113. 128 ~ RÖSSLER-Bibl. B **76**, 277 ~
MGD 34 (**1980**) 122 ~ JLH 26 (**1982**) 170 ~ MGD 36 (**1982**) 78 ~ DRÖMANN A **83**, 175 ~ JLH 27 (**1983**) 152 ~ KADELBACH A **83**, 107. 109 ~ MGD 37 (**1983**) 127 ~ SAUER-GEPPERT B **84**, 37f. ~ SCHÖNBORN A **84**, 93. 103 ~ PARENT B **87**, 159. 276 ~ MGD 42 (**1988**) 287. 290; 43 (**1989**) 12 ~
STALMANN, Joachim in HEKG III/2 (**1990**) 465–468 ~ FRANK B ^{2}**93**, 618f. ~ FOSS B **95**, 84. 86f. 218. 228 ~ KLEK / SCHRADE A **96**, 245 ~ HERBST, Wolfgang / ALBRECHT, Christoph in HEG II (**1999**) 45–47. 257–259. 281f. ~
RÖSSLER B **01**, 492f. 592 ~ REICH A ^{3}**03**, 765 ~ SCHEFFBUCH 1 B ^{8}**03**, 255

476 Die Sonn hat sich mit ihrem Glanz gewendet

KOCH II B ^{3}**1867/1976**, 13; III B ^{3}**1867/1973**, 133 ~ FISCHER I B **1878/1967**, 132; II B **1879/1967**, X ~
NELLE B ^{3}**1924/1962**, Nr. 435 ~
SCHLUNK B **51**, 77 ~ KULP / BÜCHNER / FORNACON in HEKG Sb (**1958**) 302. 551f. ~
NELLE B ^{4}**62**, 180 ~ KÖHLER B **64** (HEKG I/2) 522–524 ~ AMELN A **67**, 174 ~
FORNACON, Siegfried: Jesus meine Zuversicht, MGD 31 (**1977**) 115. 117f. ~ AMELN, Konrad in JLH 23 (**1979**) 219f. ~
DRÖMANN A **83**, 188 ~ SAUER-GEPPERT B **84**, 142 ~

STALMANN, Joachim in HEKG III/2 (**1990**) 472–474 ~ Een Comp ^{3}**1998**, Nr. 388 ~ SEIBT B **98**, 255 ~ DKL III/1 Registerbd. (**1999**) 201 ~ SCHNEIDER, Matthias in HEG II (**1999**) 295–297 ~ STEFAN A **00**, 52 ~ MARTI A **01**, 172f. ~ RÖSSLER B **01**, 151. 461 ~ ACKERMANN B ^{3}**05**, 79

Zur Mel. s. auch bei EG 271 „Wie herrlich gibst du, Herr, dich zu erkennen" !

477 Nun ruhen alle Wälder

KOCH III B ^{3}**1867/1973**, 316; VIII B ^{3}**1876/1973**, 192 ~ BÖHME B **1877/1966**, Nr. 254 ~ FISCHER II B **1879/1967**, 125–127 ~ KÜMMERLE II B **1890/1974**, 428f. ~ ERK / BÖHME III B **1893f./1988**, 698f. ~ FRIEDLAENDER II B **1902/1962**, 255 ~ EBELING: Gerhardtiana, MGkK 12 (**1907**) H. 10, 310f. ~ SPITTA, Friedrich: Über den Ursprung des Paul Gerhardtschen Liedes „Nun ruhen alle Wälder", MGkK 19 (**1914**) H. 7, 212–216 ~ NELLE B ^{3}**1924/1962**, Nr. 437 ~ LOHR A **51**, 180f. ~ SCHLUNK B **51**, 262f. ~ BERGMANN B **53**, 33. 40. 61. 157f. 260 ~ BRUPPACHER B **53**, 97f. ~ FRÖR, Kurt in KUV 1./2. (^{2}**1953**) 204f. und 5 (^{2}**1953**) 10ff. ~ IHLENFELD B **56**, 95f. 100f. 119–125 ~ BACH, Arthur / GRIMME, Gertrud in EvUV 6 (**1957**) 98–103 ~ KULP / BÜCHNER / FORNACON in HEKG Sb (**1958**) 548–551 ~ PFEIFFER B **61**, 52–54 ~ NELLE B ^{4}**62**, 148–152 ~ KÖHLER B **64** (HEKG I/2) 519–521 ~ SCHRÖDER B ^{2}**64**, 148–152 ~ GENNRICH B **65**, 8 ~ AMELN A **67**, 174. 184 ~ JLH 12 (**1967**) 108 ~ AMELN, Konrad: Über die „Rabenaas"-Strophe und ähnliche Gebilde, JLH 13 (**1968**) 193f. ~ AMELN A **69**, 184 ~ GRIMM A **69**, 164. 173 ~ JLH 15 (**1970**) 167 ~ KRANEFUSS, Annelen: Die Gedichte des Wandsbecker Boten (Palaestra Band 260), Göttingen **1973**, 132–134 ~ WITTENBERG A **73/74**, 115. 137 ~ BREDNICH II B **75**, Abb. 122 ~ ALBRECHT A **76**, 139 = in JENNY / NIEVERGELT B **76**, 38 ~ BELFRAGE A **76**, 115–126 ~ BLANKENBURG A **76**, 101. 103f. = in JENNY / NIEVERGELT B **76**, 27. 29f. ~ BLANKENBURG A **76**, 107f. ~ HENKYS A **76**, 254f. ~ JENNY A **76**, 145. 148f. 152 = in JENNY / NIEVERGELT B **76**, 47f. 51 ~ JENNY / NIEVERGELT B **76**, 44. 56–58. 60. 64. 66f. 69 ~ KILLY A **76**, 83. 87 = in JENNY / NIEVERGELT B **76**, 9. 13 ~ MERTEN A **76**, 125 ~ MGD 30 (**1976**) 114. 117f. ~ MOSER B ^{2}**76**, 58–61 (B) ~ RÖSSLER-Bibl. B **76**, 268 ~ SIDLER, Hubert in MGD 30 (**1976**) 120 ~ SCHÖNBORN A **77**, 156f. ~ AL-

BRECHT A **78**, 96. 102f. ~ HAUFE A **78**, 70f. ~ SAUER-GEPPERT A **78**, 133–142 ~
ELTZ-HOFFMANN B **80**, 67 ~ JLH 24 (**1980**) 108. 122. 214; 25 (**1981**) 192 ~ WESTER, Manfred in NITSCHKE B **81**, 117–122 (Pr) ~ JLH 26 (**1982**) 170 MGD 36 (**1982**) 75. 166 ~ JLH 27 (**1983**) 152 ~ MGD 37 (**1983**) 28 ~ RÖDDING B ^{2}**84**, 53. 56–58 ~ SAUER-GEPPERT B **84**, 6. 54. 119f. ~ SCHÖNBORN A **84**, 103 ~ ZIPPERT B **84**, 123–126 (Pr vom 1. 8. 1981) ~ MGD 39 (**1985**) 149 ~ HESSELBACHER B **87**, 7. 34. 39. 177 ~ PARENT B **87**, 159. 193. 275 ~ FLÜCKIGER A **88**, 205 ~
STALMANN, Joachim in HEKG III/2 (**1990**) 468–471 ~ NSK **1991**/1, 13 ~ HILLENBRAND B **92**, 88–98 ~ BUNNERS B **93**, 55. 143–148. 155–157. 165. 267f. 275. 285. 301. 329f. 334 ~ FRANK B ^{2}**93**, 427 ~ SCHNEIDER / VICKTOR B **93**, 160–163 (+B) ~ JLH 35 (**1994/95**) 242f. ~ FOSS B **95**, 15. 47f. 57. 78–90. 93. 114–120. 188. 191. 198 ~ HOFFLEIT B **95**, 254 ~ NSK **1995**/4, 20 ~ KADELBACH A **96**, 91 ~ KLEK / SCHRADE A **96**, 251 ~ NSK **1996**/2, 9 ~ BUNNERS A **97**, 235 ~ NSK **1997**/3, 13 ~ Een Comp ^{3}**1998**, Nr. 365. 389 ~ HANDT A **98**, 38 ~ SEIBT B **98**, 108. 268 ~ BUNNERS, Christian / SCHNEIDER, Matthias in HEG II (**1999**) 110–115 ~
HAHN, Ulla: Matthias Claudius: Abendlied, in: Gedichte fürs Gedächtnis zum Inwendig-Lernen und Auswendig-Sagen, Stuttgart ^{6}**2000**, 45–47 ~ KUHN, Hans: Zwei Abendlieder, Text und Kontext. Zs für germanistische Literaturforschung in Skandinavien 22 (**2000**) 150–157 ~ KADELBACH A **01**, 5f. 10. 13 ~ MARTI B **01**, 111f. ~ RÖSSLER B **01**, 117. 424. 436. 442. 455. 716. 757 ~ ERB III B ^{8}**02**, 173–179 ~ MARTINI B **02**, 39. 266f. ~ SCHMIDT B **02**, 706f. ~ BUNNERS, Christian: So lass die Englein singen ..., in WEICHENHAN / UEBERSCHÄR B **03**, 66–68 ~ JLH 42 (**2003**) 226. 233 ~ KNEITSCHEL B **03**, 355 ~ REIF A **03**, 178. 181 ~ SCHEFFBUCH 1 B ^{8}**03**, 232

Zur Mel. s. auch bei EG 521 „O Welt, ich muss dich lassen“ !

478 Nun sich der Tag geendet hat

KOCH III B ^{3}**1867/1973**, 363; V B ^{3}**1868/1973**, 575; VIII B ^{3}**1876/1973**, 200 ~ FISCHER II B **1879/1967**, 128 ~ KÜMMERLE II B **1890/1974**, 434f. ~
FRIEDLAENDER I B **1902/1962**, XXIX. MB. 342 ~ NELLE B ^{3}**1924/1962**, Nr. 439 ~
SCHLUNK B **51**, 263f. ~ WIORA A **56**, 52f. ~ BLANKENBURG,

Walter in HEKG II/2 (**1957**) 106 ~ KULP / BÜCHNER / FORNACON in HEKG Sb (**1958**) 271. 408. 553–555. 557 ~
NELLE B ^{4}**62**, 199 ~ KÖHLER B **64** (HEKG I/2) 526f. ~ AMELN A **67**, 174 ~ JLH 13 (**1968**) 178 ~
JLH 15 (**1970**) 167 ~ RÖSSLER-Bibl. B **76**, 268 ~ SCHOTT A **79**, 168f. ~
JLH 26 (**1982**) 170 ~ SAUER-GEPPERT B **84**, 143 ~ SCHÖNBORN A **84**, 96 ~ PARENT B **87**, 159. 275 ~
REHKOPF, Werner in HEKG III/2 (**1990**) 477–480 ~ FRANK B ^{2}**93**, 140 ~ SEIBT B **98**, 268 ~ DINGLINGER, Wolfgang / STEUDE, Wolfram in HEG II (**1999**) 150. 186f. ~ HERBST I A **99**, 257 ~
HERBST II A **01**, 175 ~ RÖSSLER B **01**, 645 ~ BILL A **02**, 219. 222 ~ FRANZ B **02**, 601 ~ SCHMIDT B **02**, 593

479 Der lieben Sonne Licht und Pracht

KOCH IV B ^{3}**1868/1973**, 92; V B ^{3}**1868/1973**, 589. 605; VIII B ^{3}**1876/1973**, 201 ~ FISCHER I B **1878/1967**, 111 ~ KÜMMERLE I B **1888/1974**, 310f. ~
NELLE B ^{3}**1924/1962**, Nr. 438 ~
SCHLUNK B **51**, 63 ~ BLANKENBURG, Walter in HEKG II/2 (**1957**) 103 ~ KULP / BÜCHNER / FORNACON in HEKG Sb (**1958**) 530. 552f. ~
NELLE B ^{4}**62**, 194 ~ KÖHLER B **64** (HEKG I/2) 524–526 ~ AMELN A **67**, 174 ~
SAUER-GEPPERT B **84**, 121f. ~ HEINER B ^{3}**85**, 128f. ~ ERB IV B ^{2}**86**, 64f. ~ PARENT B **87**, 209. 274 ~
REHKOPF, Werner in HEKG III/2 (**1990**) 474–477 ~ BUNNERS, Christian / ALBRECHT, Christoph in HEG II (**1999**) 297. 319f. ~
RÖSSLER, Martin in MÖLLER B **00**, 166 ~ RÖSSLER B **01**, 592. 645 ~ BILL A **02**, 219. 223 ~ MARTINI B **02**, 39f. ~ SCHEFFBUCH 1 B ^{8}**03**, 214–217

480 Nun schläfet man

KOCH VI B ^{3}**1869/1973**, 69 ~ FISCHER II B **1879/1967**, 127 ~ KÜMMERLE II B **1890/1974**, 431f. ~
SCHLUNK B **51**, 263 ~ BRUPPACHER B **53**, 99f. ~ EISENHUTH B **53**, 112 ~ MICHAELIS / LUEKEN B **57** (HEKG II/1) 256f. ~ KULP / BÜCHNER / FORNACON in HEKG Sb (**1958**) 556 ~
PFEIFFER B **61**, 22–24 ~ NELLE B ^{4}**62**, 236 ~

ZELLER B **71**, 193 ~
JENNY A **80**, 62 ~ HORKEL, Wilhelm: „Andacht bei nächtlichem Wachen“. Gerhard Tersteegens Abendlied, meditation 10 (**1984**) H. 4, 126–128 (B) ~
KRIEG A **92/93**, 30 ~ BUNNERS A **97**, 91. 93 ~ DEICHGRÄBER B ^{2}**97**, 89–96 (B) ~ LUDEWIG, Hansgünter in KOCK / THIESBONENKAMP B **97**, 221 ~ SCHRADER A **97**, 47. 49–51 ~ STEIGER-HOFFLEIT, Claudia in HEG II (**1999**) 320–322 ~
RÖSSLER, Martin in MÖLLER B **00**, 185 ~ MARTI B **01**, 114 ~ RÖSSLER B **01**, 625 ~ MARTINI B **02**, 39 ~ SCHEFFBUCH 1 B ^{8}**03**, 169

481 Nun sich der Tag geendet

KOCH VI B ^{3}**1869/1973**, 69 ~ FISCHER II B **1879/1967**, 128f. ~
SPITTA, Friedrich: Zu Tersteegens Liedern, MGkK 27 (**1922**) H. 5, 143–147 ~ NELLE B ^{3}**1924/1962**, Nr. 449 ~
SCHLUNK B **51**, 264 ~ BRUPPACHER B **53**, 101 ~ LAUTERBURG B **53**, 54–56 ~ KULP / BÜCHNER / FORNACON in HEKG Sb (**1958**) 556f. ~
FRÖR, Kurt in KUV 3 (^{4}**1960**) 159f. ~ SAUER-GEPPERT A **61** ~ NELLE B ^{4}**62**, 236 ~ KÖHLER B **64** (HEKG I/2) 529f. ~ FRÖR B ^{5}**66**, 324–328 ~ ZELLER A **69**, 61. 65 ~
ZELLER B **71**, 193 ~ MOSER B ^{2}**76**, 87 (B) ~ MGD 32 (**1978**) 16 ~ ELTZ-HOFFMANN B **80**, 75 ~ SAUER-GEPPERT B **84**, 132 ~
REHKOPF, Werner in HEKG III/2 (**1990**) 485–487 ~ FRANK B ^{2}**93**, 427 ~ NSK **1996**/3, 24 ~ BUNNERS A **97**, 91. 93–95 ~ DEICHGRÄBER B ^{2}**97**, 70–78 (B) ~ SCHRADER A **97**, 47. 49 ~ Een Comp ^{3}**1998**, Nr. 365. 389 ~ FALKENROTH A **98**, 85 ~ STEIGER-HOFFLEIT, Claudia in HEG II (**1999**) 320–322 ~
RÖSSLER, Martin in MÖLLER B **00**, 185 ~ RÖSSLER B **01**, 616. 628. 634 ~ KNEITSCHEL B **03**, 356 ~ SCHEFFBUCH 1 B ^{8}**03**, 164f.

Zur Mel. s. auch bei EG 521 „O Welt, ich muss dich lassen“ !

482 Der Mond ist aufgegangen

KOCH VI B ^{3}**1869/1973**, 428; VII B ^{3}**1872/1973**, 478; VIII B ^{3}**1876/1973**, 207 ~ FISCHER I B **1878/1967**, 112 ~
FRIEDLAENDER I B **1902/1962**, LII. 259. MB 182; II B **1902/1962**, 175. 255. 561 ~ NELLE A **1906**, 153–156 ~ JULIAN B ^{2}**1907/1985**, 236f. ~ NELLE B ^{3}**1924/ 1962**, Nr. 4 ~

SCHMIDT, Rainer: Der Mond ist aufgegangen ... Deutsche Abendgedichte II, WuW 2 (**1947/48**) Nr. 37/38, 270f. ~
ChL 3 (**1950**) Nr. 4, U 88 ~ FRANKE, Walter: Zum Thema ‚Der Mensch'. Matthias Claudius ‚Abendlied', ‚Der Mensch'; Josef Weinheber ‚Jahraus-jahrein', Der Deutschunterricht 2 (**1950**) H. 3, 88–101 ~ BERGER B **51**, 221–223. 228f. ~ LOHR A **51**, 180 ~ SCHLUNK B **51**, 63f. ~ BERGMANN B **53**, 51 ~ BRUPPACHER B **53**, 103 ~ EISENHUTH B **53**, 115–118 ~ LAUTERBURG B **53**, 56–58 ~ STEIN, Fritz (Hg.): Thematisches Verzeichnis der im Druck erschienenen Werke von Max Reger, Leipzig **1953**, 447 ~ ROSS, Werner: Abendlieder. Wandlungen lyrischer Technik und lyrischen Ausdruckswillens, Germanisch-Romanische Monatsschrift. N. F. 5 (**1955**) 297–310 ~ IHLENFELD B **56**, 119–125 ~ BLANKENBURG, Walter in HEKG II/2 (**1957**) 112 ~ BACH, Arthur / GRIMME, Gertrud in EvUV 7 (**1958**) 221–226 = KUV 3 (^{4}**1960**) 153–159 ~ KOEPPEN, Wolfgang: Der Reinfelder Mond, in: Ders.: Nach Russland und anderswohin. Empfindsame Reisen, Stuttgart **1958**, 7–9 ~ KULP / BÜCHNER / FORNACON in HEKG Sb (**1958**) 548. 558f. ~
FRÖR, Kurt in KUV 4 (^{4}**1960**) 251 ~ SPITZER, Leo: Matthias Claudius' ‚Abend-lied', Euphorion 54 (**1960**) 70–82; auch in: Ders.: Texterklärungen. Aufsätze zur europäischen Literatur, München **1969**, 176–186. 265–270 ~ PFEIFFER B **61**, 54–56 ~ HEYDRICH B **62**, 180f. ~ NELLE B ^{4}**62**, 260 ~ RÜHMKORF, Peter: Variation auf ‚Abendlied' von Matthias Claudius / Abendliche Gedanken über das Schreiben von Mondgedichten, in: Peter Rühmkorf: Kunststücke. 50 Gedichte nebst einer Anleitung zum Widerspruch, Reinbek bei Hamburg **1962**, 86–134 ~ KÖHLER B **64** (HEKG I/2) 530f. ~ PFEIFFER, Johannes: Matthias Claudius' ‚Abendlied', in: Die deutsche Lyrik, hg. von Benno von Wiese, Bd. 1, Düsseldorf **1964**, 185–189 ~ FRÖR B ^{5}**66**, 328f. ~ LEHNERT, Herbert: Provokation. Predigtstruktur und Spielraum: Claudius' ‚Abendlied' und Beispiele aus der expressionistischen und zeitgenössischen Lyrik, in: Ders.: Struktur und Sprachmagie. Zur Methode der Lyrik-Interpretation, Stuttgart / Berlin / Köln / Mainz **1966**, 43–50 ~ NEUBACHER B **68**, 14f. ~ de HAAS, Helmuth: ... und ist doch rund und schön, in: Die Welt, 19. 7. **1969** (Dokumentation: Griff nach dem Mond) ~ HÜBNER B **69**, 99–122, bes. 109–115 ~ SPINNER, Kaspar Heinrich: Der Mond in der deutschen Dichtung von der Aufklärung bis zur Spätromantik, Bonn **1969**, bes. 36–40 ~
KRANEFUSS, Annelen: Die Gedichte des Wandsbecker Boten (Palaestra Band 260), Göttingen **1973**, 15. 31. 84ff. 131ff. 136–138. 193ff. ~ SAUER-GEPPERT A **73/74**, 201 ~ EIGENWALD, Rolf: Matthias Claudius und sein Abendlied, in: Projekt Deutschunterricht 9: Literatur der Klassik II, Stuttgart **1975**, 175–201 ~ FÜHMANN, Franz: Das my-

thische Element in der Literatur, in: Erfahrungen und Widersprüche. Versuche über die Literatur, Rostock **1975**, bes. 208–215 ~ KLUSEN B **75**, 19f. 40. 43–47. 132. 143. 145. 152–154 ~ MGD 30 (**1976**) 109. 150 ~ MOSER B ²**76**, 57–61 (B) ~ WEISSE A **78**, 65 ~ SAUERGEPPERT A **79**, 180 ~ SCHULZ, Georg-Michael: Matthias Claudius' ‚Abendlied'. Kreatürlichkeit und Aufklärungskritik, Deutsche Vierteljahresschrift für Literaturwissenschaft und Geistesgeschichte 53 (**1979**) 233–250 ~
ELTZ-HOFFMANN B **80**, 87–89 ~ ABRAHAM, Lars Ulrich: Johann Abraham Peter Schulz, Abendlied (Der Mond ist aufgegangen), in: Lars Ulrich Abraham / Carl Dalhaus: Melodielehre, o. O. (Laaber) **1982**, 80–111 ~ GÖRISCH, Reinhard: Das „Abendlied" von Matthias Claudius im Kirchengesangbuch. Skizze einer zwiespältigen Karriere, Jb der deutschen Schillergesellschaft 26 (**1982**), 125–143 ~ MGD 36 (**1982**) 75 ~ JLH 27 (**1983**) 218 ~ MARX, Reiner: Unberührte Natur, christliche Hoffnung und menschliche Angst – Die Lehre des Hausvaters in Claudius' *Abendlied*, in: Gedichte und Interpretationen, Bd. 2: Aufklärung und Sturm und Drang, hg. von Karl Richter, Stuttgart **1983**, 341–355 ~ ebd. 339–341 ~ JLH 28 (**1984**) 201f. ~ PFEIFFER, Harald: Der Mond ist aufgegangen. Eine Liedbetrachtung, ZGP 2 (**1984**) H. 4, 36–38 (B) ~ HEINER B ³**85**, 255 ~ AMELN A **86**, 45 ~ TOBLER-ZELTNER, Eva-Maria: Kontraste zu „Der Mond ist aufgegangen", NSK **1986**/2, 21 ~ ebd. **1987**/1, 15. 22. 25; 2, 33; 3, 33 ~ JLH 31 (**1987/88**) 124 ~ HESSING B ²**89**, 68f. ~ NSK **1989**/2, 19; 3, 19f. ~ BEUTEL, Albrecht: „Jenseits des Monds ist alles unvergänglich". Das „Abendlied" von Matthias Claudius, in: „Nicht umsonst auf diese Welt gesetzt …". Matthias Claudius. Zum 250. Geburtstag des Wandsbecker Boten. Beiträge einer Tagung der Ev. Akademie Baden vom 4.–6. Mai 1990 in Bad Herrenalb, hg. von der Ev. Akademie Baden, Karlsruhe **1990**, 71–106 = ZThK 87 (**1990**) 487–520 = in: Ders.: Protestantische Konkretionen. Studien zur Kirchengeschichte, Tübingen **1998**, 192–225 ~ FREUND, Winfried: Matthias Claudius. „Abendlied", in: Ders.: Deutsche Lyrik. Interpretationen vom Barock bis zur Gegenwart, München **1990**, 32–40 ~ Ders.: „Seht ihr den Mond dort stehen?" Matthias Claudius und die religiöse Selbsterfahrung im Zeitalter der Vernunft, EvTh 50 (**1990**) H. 5, 385–390 ~ MAAK, Niklas in: Matthias-Claudius-Gymnasium. Mitteilungsblatt 40 (**1990**) 40–49 ~ MAI, Christian: „Der Mond ist aufgegangen …" – na und?, ebd. 50–52 ~ Materialstelle für Gottesdienst im Haus für Gottesdienst und Kirchenmusik: Zum 250. Geburtstag von Matthias Claudius (1740–1815). Materialien für einen Gottesdienst oder eine andere Gemeindeveranstaltung, Nürnberg **1990** ~ REHKOPF, Werner in HEKG III/2 (**1990**) 487–491 ~ SPITZER, Leo: Matthias Claudius' „Abendlied", in: Ders.: Texterklärungen. Aufsätze zur europäischen Literatur,

Frankfurt/M. **1990**, 176–186 ~ BORNEMANN, Claudia: Über das „Abendlied“ von Matthias Claudius. / MATTHIAS, André: Der Mond ist aufgegangen. / ILSEMANN, Mark: Die Zauberverse. Ein Märchen, Matthias-Claudius-Gymnasium. Mitteilungsblatt 41 (**1991**) 7–9. 10f. 12–22 ~ GRÖZINGER, Albrecht: Warum Matthias Claudius den Mond besingt und Paul Gerhard nicht, in: Ders.: Praktische Theologie und Ästhetik, München [2]**1991**, 4–16 ~ NSK **1991**/1, 13; 2, 10 ~ OVERDUIN, Jan: Matthias Claudius's „Abendlied“ in English Translation, in: The Hymn. A Journal of Congregational Song 42 (**1991**) 16–23 ~ GÖRISCH, Reinhard: Das Spetrum der Brüderlichkeit bei Matthias Claudius, Jss d. Claudius-Ges. 1 (**1992**) 9 ~ KUNZ, Stefan: Meditation über das Abendlied von Matthias Claudius „Der Mond ist aufgegangen“, meditation 18 (**1992**) H. 1, 20. 21–23 (B) ~ MAINTZ, Claudius: Matthias Claudius. Abendlied. Ein Essay, Matthias-Claudius-Gymnasium. Mitteilungsblatt 42 (**1992**) 36–41 ~ ROWLAND, Herbert: Claudisus-Bibliographie, Jss d. Claudius-Ges. 1ff. (**1992ff**.), mit regelmäßigen zahlreichen Kurzkommentaren zu der im Folgenden aufgeführten Literatur ~ DE LA MOTTE B **93**, 13 ~ FRANK B [2]**93**, 426 ~ SCHNEIDER / VICKTOR B **93**, 46–54 ~ WEG I (**1993**) 10 ~ KLESSMANN, Eckart: „Abendlied“ in: 1000 Deutsche Gedichte und ihre Interpretationen, Bd. 1. Von Walther von der Vogelweide bis Matthias Claudius, hg. von Marcel Reich-Ranicki, Frankfurt/M. / Leipzig **1994**, 263–267 ~ ALBRECHT B [4]**95**, 58 ~ GÖRISCH, Reinhard: Matthias Claudius, in MÖLLER B **95**, bes. 408f. ~ HARZ B **95**, 138f. ~ NSK **1995**/4, 20 ~ STOLLE, Volker: Der Mond bei Matthias Claudius, in: Ders.: Sonne und Mond. Naturerleben als Gotteserfahrung bei Paul Gerhard und Matthias Claudius, Oberurseler Hefte **1995**, 31–38 ~ ZINK, Jörg: Für schlaflose Nächte, Stuttgart **1995**, 19–23 (B) ~ ALBERTSEN, Leif Ludwig: Claudius als Verfasser von Kirchenliedern, in: Jörg-Ulrich Fechner (Hg.): Matthias Claudius 1740–1815. Leben – Zeit – Werk, Tübingen **1996**, 239–250 ~ KLEK / SCHRADE A **96**, 252 ~ NIKISCH, Heidi M. / NIKISCH, Craig W.: Witness from Wandsbeck. Matthias Claudius' „Abendlied“, in: Selecta. Journal of the Pacific Northwest Council on Foreign Languages 17 (**1996**) 47–50 ~ NSK **1996**/1, 23 ~ RICHTER, Bernhard: Das „Abendlied“ auf dem Höhepunkt seiner ‚Karriere‘, in: Bernhard Richter / Reinhard Görisch: Die Lieder von Matthias Claudius im neuen „Evangelischen Gesangbuch“, Jss d. Claudius-Ges. 5 (**1996**) 42–44. 46 ~ ENGELSBERGER B **97**, 163 (B) ~ LUFT, Friedrich: In ein altes Buch verliebt, Jss d. Claudius-Ges. 6 (**1997**) 13f. ~ NSK **1997**/2, 16; 3, 13 ~ WEG IV (**1997**) 83 ~ Een Comp [3]**1998**, Nr. 391 ~ FECHNER, Jörg-Ulrich: „wie eine Schachtel, darin Räucherwerk gewesen ist“. Eine Annäherung an Matthias Claudius und seine Werke, Jss d. Claudius-Ges. 7 (**1998**) bes. 14–17 ~ GÖRISCH, Reinhard (Hg.): Matthias Claudius: Der

Mond ist aufgegangen. Gedichte und Prosa, Frankfurt / Leipzig **1998** ~ HANDT A **98**, 38 ~ RAU, Johannes: Der Mond ist aufgegangen. Über Matthias Claudius, Deutsches Allgemeines Sonntagsblatt Nr. 51/52 / 18. 12. **1998**, 56 ~ SCHNEYDER, Werner: Abendlied, BRU. Magazin für die Arbeit mit Berufsschülern, Stolzenau **1998**, Nr. 29, 38 ~ WEG V (**1998**) 18 ~ WYSS-JENNY, Elisabeth in WGD 4 (**1998**) 128f. ~ GRÖZINGER, Albrecht / JUNG, Hermann / HERBST, Wolfgang in HEG II (**1999**) 62. 249f. 287f. ~ SCHLEUCHER, Kurt: Poetischer Spaziergänger. Der Mond ist aufgegangen, in: Ders.: Teilhaber des Lebens. Darmstadts Literarisches Gedächtnis, Darmstadt **1999**, 36–43 ~

BOCCARIUS, Peter: Ein Romantiker und sein unsterbliches Gedicht an den Mond, in: P. M. History (= Sonderausgabe von P. M. Magazin) Nr. 2/**2000**, 90–95 ~ HAHN, Ulla: Matthias Claudius: Abendlied, in: Gedichte fürs Gedächtnis zum Inwendig-Lernen und Auswendig-Sagen, Stuttgart ^{6}**2000**, 45–47 ~ KUHN, Hans: Zwei Abendlieder, Text und Kontext. Zs für germanistische Literaturforschung in Skandinavien 22 (**2000**) 150–157 ~ MANTLER-BONDY, Barbara: Abendlied, in: Ein solches Jahrhundert vergisst sich nicht mehr. Lieblingstexte aus dem 18. Jahrhundert, München **2000**, 504 ~ NIPPERDEY, Vigdis: Abendlied, ebd. 505–507 ~ RÖLLEKE, Heinz: Eine „Stimme des Volkes im Liede"? Zum „Abendlied" des Matthias Claudius, in: Marion Steinbach / Dorothee Risse (Hgg.): La poesie est dans la vie. Flanerie durch die Lyrik beiderseits des Rheins, Bonn **2000** (Abhandlungen zur Sprache und Literatur 131) 267–273 ~ Ders.: Dichtung und Gesangbuch, in SCHEITLER B **00**, 224f. ~ RÖSSLER, Martin in MÖLLER B **00**, 212f. ~ WEGNER, Matthias: „Der Mond ist aufgegangen …" Matthias Claudius, in: Ders.: Ja, in Hamburg bin ich gewesen. Dichter in Hamburg, Hamburg **2000**, 81–105 ~ KRUSE, Wilfried: „Der Mond ist aufgegangen" von Matthias Claudius, in: Wolfgang Teichert (Hg.): Theopoetische Annäherungen. Hamburger Bischöfin, Pröpstinnen und Hauptpastoren interpretieren ihr Lieblingsgedicht, Hamburg **2001** (= Ev. Akademie Nordelbien, Orientierungen 5) 27–42 ~ MARTI A **01**, 164 ~ REICH, Christa in Geistl. Wunderhorn (**2001**) 380–393. 528f. ~ RÖSSLER B **01**, 124. 761. 887 ~ GÖRISCH, Reinhard: Wie Claudius sein „Abendlied" wolle gesungen haben. Zu einem hartnäckigen Irrtum, Jss d. Claudius-Ges. 11 (**2002**) 50–54 ~ JLH 41 (**2002**) 236 ~ MARTINI B **02**, 40. 248 ~ GÖRISCH, Reinhard in LKEG H. 8 (**2003**) 68–73 ~ JLH 42 (**2003**) 226. 233 ~ KNEITSCHEL B **03**, 235f. 289 ~ KUNZ, Stefan in HARTMANN B **03**, 154–158 (+Pr) ~ REICH A ^{3}**03**, 770 ~ SCHEFFBUCH 1 B ^{8}**03**, 120–122 ~ JLH 43 (**2004**) 246 ~ LEYH, Bettina Luise / GROHMANN, Hans-Diether: Matthias Claudius' *Abendlied*: Überlegungen zu seiner schulischen Verwertbarkeit, exemplarisch dargestellt in Form einer fächerübergreifenden Unterrichtseinheit in einer vierte Grundschulklasse, Jss d. Claudius-Ges. 13 (**2004**) 33–48 ~ FISCHER, Michael: Teil der Volkskultur, MuK 75 (**2005**) H. 1, 71 ~ NEUHAUS B **05**, 106–110. 112. 116. 131. 143f.

483 Herr, bleibe bei uns

(Lukas 24, 29; Kanon)

NSK **1986**/2, 18 ~
NSK **1991**/1, 18; **1992**/2, 24 ~ OTT, Marlis: „Herr, bleibe bei uns". Bewegungsvorschlag zu KYA 81, NSK **1992**/4, 22 ~ ebd. 23 ~ NSK **1995**/4, 20; **1996**/1, 23; **1997**/3, 25 ~ WYSS-JENNY, Elisabeth in WGD 4 (**1998**) 132f. ~ SCHILLING, Lebrecht in HEG II (**1999**) 323 ~ WEG IV (**2000**) 83 ~ BERNOULLI A **01**, 123 ~ KNEITSCHEL B **03**, 249. 316 ~ SCHNEIDER, Matthias in LKEG H. 9 (**2004**) 21f.

484 Müde bin ich, geh zur Ruh

FISCHER II B **1879/1967**, 94 ~
KNOKE, Karl: Das Kinder-Abendgebet „Müde bin ich, geh' zur Ruh " von Luise Hensel, MGkK 24 (**1919**) H. 7, 178f. ~ Ders.: Noch einmal das Lied „Müde bin ich, geh zur Ruh' ", MGkK 25 (**1920**) H. B, 84 ~
NELLE B ^{3}**1924/1962**, Nr. 22 ~
SCHLUNK B **51**, 252 ~ FRÖR, Kurt in KUV 1./2. (^{2}**1953**) 208 ~ BACH, Arthur / GRIMME, Gertrud in EvUV 3 (^{2}**1959**) 149–152 ~ BRUPPACHER B **59**, 197–200 = BRUPPACHER B **68**, 138–142 ~ HEYDRICH B **62**, 245f. ~ NELLE B ^{4}**62**, 280 ~
BUSTA, Christine: Postskript zu einem Kinderlied, in HEINZ-MOHR B **81**, 260 ~ JLH 25 (**1981**)119 ~ FREUND, Winfried: Müde bin ich, geh zur Ruh. Leben und Werk der Luise Hensel, Wiedenbrück **1984** ~ HEINER B ^{3}**85**, 271f. ~ JLH 29 (**1985**) 241 ~ AMELN A **86**, 44 ~ JLH 30 (**1986**) 232 ~
JENNY A **90**, 257 ~ KÖHLER, Oskar: „Müde bin ich, geh zur Ruh ..." Die hell-dunkle Lebensgeschichte Luise Hensels, Paderborn **1991**, bes. 28f. ~ GIERING, Achim: Gottes Augen. Text und Melodie EG 484, ChL 47 (**1994**) 277–279 ~ OEHLER, K. Eberhard: Lass den Mond am Himmel stehn und die stille Welt besehn, WBK 61 (**1994**) 201–203 ~ JLH 35 (**1994/95**) 244 ~ HARZ B **95**, 140f. ~ KLEK / SCHRADE A **96**, 256 ~ WEG IV (**1997**) 83 ~ WETTACH A **97**, 30 ~ SCHNEIDER-BÖKLEN, Elisabeth in HEG II (**1999**) 142f. ~ STAMBOLIS, Barbara:

Luise Hensel (1798–1876). Frauenleben in historischen Umbruchszeiten, Köln **1999** ~
WÜSTENBERG, Ulrich in MÖLLER B **00**, 257 ~ HENKYS, Jürgen in Geistl. Wunderhorn (**2001**) 401–407. 530, z.T. = in ÖLK III (**2004**) ~ RÖSSLER B **01**, 166 ~ GERNHADT, Robert: Im Glück und anderswo. Gedichte, Frankfurt/M. ^{2}**2002** (Erdgebet) ~ JLH 41 (**2002**) 236 ~ MARTINI B **02**, 280 ~ FUCHS, Ottmar in HARTMANN B **03**, 162–165 (+Pr) ~ GÖRISCH, Reinhard in LKEG H. 8 (**2003**) 74–79 ~ KNEITSCHEL B **03**, 350 ~ SCHEFFBUCH 1 B ^{8}**03**, 58f. ~ HENKYS, Jürgen / ULRICH, Herbert / (zum Satz im RG) MARTI, Andreas in ÖLK III (**2004**) ~ JLH 43 (**2004**) 246

485 Du Schöpfer aller Wesen
(Deus creator omnium)

SZÖVERFFY I B **64**, 26. 50ff. 53. 56. 65f. 116. 143. 213f. 239. 425 ~ JLH 20 (**1976**) 159 ~
NIEDEN, Hans-Jörg: „Deus creator omnium". Ein Hymnus des Ambrosius als Erfahrungswert, MuK 63 (**1993**) H. 5, 250–258 ~ THEOBALD B **93**, 62–78 ~ FRANZ, Ansgar: Tageslauf und Heilsgeschichte. Untersuchungen zum literarischen Text und liturgischen Kontext der Tagzeitenhymnen des Ambrosius von Mailand (Pietas Liturgica Studia 9), St. Ottilien **1994**, bes. S.37–146 ~ JLH 35 (**1994/95**) 244 ~ BLOCK B **95**, 78–80 ~ EINIG B **95**, 7f. 12f. 72. 83. 113. 126f. 150. 157. 218. 237. 250. 256f. 259. 315. 342. 412 ~ SCHRÖER A **98**, 8f. ~ FRANZ, Ansgar / BLOCK, Detlev in HEG II (**1999**) 22–24. 253.255 ~ RÖSSLER B **01**, 921f. ~ MARTINI B **02**, 45f.

486 Ich liege, Herr, in deiner Hut

BRUPPACHER B **53**, 105 ~ KLEPPER B **56**, 661. 663 (8. und 10. 10. 1938) ~ IHLENFELD, Kurt: Freundschaft mit Jochen Klepper, Witten / Berlin **1958**, bes. 118–127 ~ DAECKE, Sigurd: Entgegnung, Radius 4 (**1959**) H. 4, 50 ~
MESCHKE, Eva-Juliane (Hg.): Jochen Klepper: Gast und Fremdling. Briefe an Freunde, Witten / Berlin **1960**, 115f. ~ TAPPOLET, Walter: Die Kirchenliedweisen von Willy Burkhard, MGD 14 (**1960**) 132 ~ PFEIFFER B **61**, 152–156 ~ TAPPOLET B **63**, bes. 43f. ~ REICH A **67**, 43 ~ IHLENFELD A **68**, 26f. ~ TAPPOLET, Walter: Ich liege, Herr, in deiner Hut. Monographie über ein Abendlied Jochen Kleppers, Witten / Berlin **1968** ~

RIEMSCHNEIDER, Ernst G. (Hg.): Jochen Klepper. Briefwechsel 1925–1942, Stuttgart **1973**, 106–114. 163f. ~ THUST B **76**, 5. 12. 64. 79. 141. 150–152. 289. 372f. 385. 480. 484. 808 ~
MGD 35 (**1981**) 50f.; 36 (**1982**) 223 ~ NSK **1986**/2, 5. 18 ~ DRÖMANN / SCHUBERTH B [2]**87**, Nr. 31 ~ MARTI, Andreas in MGD 41 (**1987**) 1–6 ~ NSK **1988**/2, 26 ~ GROSCH B [5]**89**, 116. 179f. ~ JLH 32 (**1989**) 270 ~
JENNY A **90**, 253 ~ STEFAN, Hans-Jürg: „Sicher wohnen". Zugänge zu Kleppers Abendlied (RKG 94 / KYA 75) mit Walter Tappolets Collage 848, NSK **1990**/1, 28f. ~ MARTI A **91**, 371 ~ NSK **1991**/2, 13 ~ DRÖMANN A **92**, 338–341 ~ ENGELSBERGER B **92**, 154 ~ HENKYS A **93**, 99 ~ WEG I (**1993**) 10 ~ FLÜCKIGER A **95**, 260f. ~ NSK **1995**/4, 10. 15f. ~ WECHT, Martin J. in MEYER B [2]**97**, 167f. ~ WECHT B **98**, 157. 481 ~ WECHT, Martin / METZGER, Heinz Dietrich in HEG II (**1999**) 177–179. 345f. ~
MARTI A **01**, 158 ~ RÖSSLER B **01**, 959. 967f. ~ WILCKENS A **01**, 59f. ~ HENKYS A **02**, bes. 28 ~ DEICHGRÄBER B [2]**03**, 53–59 (B) ~ ELLSEL B [3]**03**, 98–105 (Pr) ~ HENKYS, Jürgen in LKEG H. 8 (**2003**) 80–85 ~ KNEITSCHEL B **03**, 236 ~ SCHEFFBUCH B [8]**03**, 33 ~ WILCKENS A **03**, 100f. ~

487 Abend ward, bald kommt die Nacht

KLUSEN B **75**, 146 ~ THUST B **76**, 766 ~
ROTHENBERG, S. in HEINER B [3]**85**, 354f. ~
HOLTHUIS, Eva in KOERRENZ / REMY B **94**, 165–169 (Pr) ~ ALBRECHT B [4]**95**, 61. 89 ~ BLOCK B **95**, 137–139 ~ NSK **1995**/4, 20 ~ WIGGERMANN B **96**, 59f. ~ BARTSCH, Martin / BLOCK, Detlev in HEG II (**1999**) 263f. 282f. ~ HERBST I A **99**, 261 ~
RÖSSLER B **01**, 125. 956 ~ MARTINI B **02**, 39 ~ SCHEFFBUCH B [8]**03**, 19

488 Bleib bei mir, Herr! Der Abend bricht herein

(Abide with me)

JULIAN B [2]**1907/1985**, 7 ~
KRIEG A **92/93**, 48. 50 ~ Een Comp [3]**1998**, Nr. 358. 392 ~ SCHÜTZ A **98**, 46 ~ SCHEMMEL, Hermann / BIESSECKER, Georg / BARTSCH, Martin in HEG II (**1999**) 208. 218. 347 ~
HENKYS, Jürgen in MÖLLER B **00**, 358 ~ BERNOULLI A **01**, 128 ~ BEUTLER-LOTZ, Heinz-Günter in FELLECHNER B **01**, 171–178 (Gd

mit Pr) ~ MARTI B **01**, 113 ~ RÖSSLER B **01**, 996 ~ SCHEFFBUCH 2 B ^{2}**01**, 64–66

489 Gehe ein in deinen Frieden

VOLP, Rainer: Theologische Gesichtspunkte zu neuen Liedern, in: Das neue Lied der Kirche, Loccumer Protokolle 5/**1969**, 60 ~
MEYER, Herbert: Kleine Liedformen für das Singen in der Schule, ZRP 25 (**1970**) H. 9, 190f. ~ MGD 29 (**1975**) 56 ~ THUST B **76**, 1. 56. 150. 152. 212. 215. 278–280. 289. 325. 349. 358. 413. 419. 514. 686. 790 ~
NSK **1986**/1, 13; 2, 18 ~
NAGEL A **92**, 12. 14. 26f. ~ WEG IV (**1997**) 83 ~ SCHILLING, Lebrecht / MAGES, Michael in HEG II (**1999**) 152. 184 ~
RÖSSLER B **01**, 986 ~ KNEITSCHEL B **03**, 306

490 Der Tag ist um, die Nacht kehrt wieder
(The day thou gavest, Lord, is ended)

NSK **1987**/1, 27 ~
BRADLEY, Ian: Abide with me. The World of Victorian Hymns, London **1997**, bes. 145. 195. 222 ~ KONRADT, Greta / HERBST, Wolfgang in HEG II (**1999**) 84. 156 ~ OPITZ, Gisela: Frauenhilfe und Ökumene am Beispiel des Weltgebetstages in der DDR, in: 100 Jahre Evangelische Frauenhilfe in Deutschland. Einblicke in ihre Geschichte, hg. von Christine Busch, Düsseldorf **1999**, 127–170 ~
HENKYS, Jürgen in MÖLLER B **00**, 358. 361 ~ STEFAN A **00**, 52 ~ HENKYS, Jürgen: Der Tag, mein Gott, ist nun vergangen, in Geistl. Wunderhorn (**2001**) 476–482 (zu EG 266) ~ RÖSSLER B **01**, 996 ~ HENKYS, Jürgen in LKEG H. 9 (**2004**) 23–25

Zur Mel. s. auch bei EG 255 „O dass doch bald dein Feuer brennte“ !

491 Bevor die Sonne sinkt

NSK AM (**1971**) 5, 21 ~ NIEVERGELT, Edwin in NSK AM (**1972**) 5, 21 ~ NSK AM (**1973**) 12 ~ WITTENBERG A **73/74**, 148 ~ THUST B **76**, 50. 128. 152. 215. 284. 338. 358. 412. 414. 426. 583. 594. 696. 748. 769 ~ JENNY, Markus / THURMAIR, Maria Luise / HEIN-

DRICHS, Heinz-Albert in WGL VII (**1978**) 339f. ~ BOHREN A **79**, 153 ~ SEUFFERT, Josef in WGL IX (**1979**) 139 ~
NSK **1986**/2, 14; **1987**/2, 18 ~ JENNY, Markus in RGL (**1988**) 804 ~
JLH 37 (**1988**) 223 ~
JENNY A **90**, 253 ~ MARTI A **91**, 371 ~ NSK **1992**/2, 24f. ~ ALBRECHT B [4]**95**, 65 ~ HARZ B **95**, 142f. ~ NSK **1995**/4, 20 ~ SCHWEIZER A **95**, 119 ~ NSK **1996**/1, 16 ~ ROMMEL, Kurt in MEYER B [2]**97**, 219 ~ SCHWEIZER, Rolf ebd. 274 ~ Ders. in MÖLLER B **97**, 262–266 (+B) ~ WEG IV (**1997**) 83 ~ WETTACH A **97**, 32 ~ HANDT A **98**, 41 ~ TRÖTSCHEL, Heinrich R. / BUBMANN, Peter / SCHILLING, Lebrecht in HEG II (**1999**) 261f. 293–295. 340f. ~
RIEHM, Heinrich u.a. in MÖLLER B **00**, 318f. ~ KNEITSCHEL B **03**, 236. 279 ~ METZGER, Heinz Dietrich in LKEG H. 9 (**2004**) 26–28 ~
METZGER, Heinz Dietrich / ULRICH, Herbert in ÖLK IV (**2005**)

492 Ruhet von des Tages Müh
(Kanon)

NSK **1986**/2, 18 ~
NSK **1992**/2, 24; **1995**/4, 12; **1996**/1, 23 ~ HESEKIEL, Martin in MEYER B [2]**97**, 118 ~ WEG IV (**1997**) 83 ~ WÖLFEL, Dietrich in HEG II (**1999**) 151 ~
OTT, Marlis: Liedtanz zur Nacht. Ruhet von des Tages Müh. Bewegungsvorschlag zu RG 614, WGB 4 (**2001**) 189 ~ KNEITSCHEL B **03**, 365

493 Eine ruhige Nacht
(Kanon)

SCHWEIZER A **95**, 16 ~ WÜSTENBERG, Ulrich in HEG II (**1999**) 190f.

Arbeit

494 In Gottes Namen fang ich an

KOCH III B [3]**1867/1973**, 387 ~ FISCHER I B **1878/1967**, 413 ~
NELLE B [3]**1924/1962**, Nr. 417 ~
SCHLUNK B **51**, 193 ~ KULP / BÜCHNER / FORNACON in HEKG Sb (**1958**) 572f. ~
KÖHLER B **64** (HEKG I/2) 545f. ~
DRÖMANN A **78**, 193 ~ JENNY, Markus in MGD 33 (**1979**) 139f. ~
SAUER-GEPPERT B **84**, 21 ~
ALBRECHT, Christoph in HEKG III/2 (**1990**) 522–524 ~ WERNER, Matthias in HEG II (**1999**) 197 ~
STEFAN A **00**, 53 ~ RÖSSLER B **01**, 645

Zur Mel. s. auch bei EG 326 „Sei Lob und Ehr dem höchsten Gut" !

495 O Gott, du frommer Gott

KOCH III B [3]**1867/1973**, 33 ~ FISCHER II B **1879/1967**, 150 ~
KÜMMERLE II B **1890/1974**, 492–496 ~
NELLE B [3]**1924/1962**, Nr. 285 ~
BERGER B **51**, 153 ~ SCHLUNK B **51**, 275 ~ FORNACON, Siegfried: Ein reformiertes Nunc-Dimittis. Aus der Geschichte einer Melodie, MuK 22 (**1952**) H. 2, 61–66 ~ BRUPPACHER B **53**, 74f. ~ EISENHUTH B **53**, 64–66 ~ LAUTERBURG B **53**, 41–43 ~ GABRIEL B [3]**56**, 79f. ~ BLANKENBURG, Walter in HEKG II/2 (**1957**) 103. 106 ~ JLH 3 (**1957**) 139 ~ RÖBBELEN B **57**, 187. 326A. 459 ~ KULP / BÜCHNER / FORNACON in HEKG Sb (**1958**) 254. 470. 570–572 ~ BACH, Arthur / GRIMME, Gertrud in EvUV 3 ([2]**1959**) 147–149 ~
FORNACON, Siegfried: Johann Heermann und Heinrich von Rantzau, MPTh 49 (**1960**) 24–27 ~ FRÖR, Kurt in KUV 4 ([4]**1960**) 206–210 ~ JLH 7 (**1962**) 308 ~ NELLE B [4]**62**, 114 ~ JLH 8 (**1963**) 171 ~ KÖHLER B **64** (HEKG I/2) 543f. ~ FRÖR B [5]**66**, 332f. ~ AMELN A **67**, 175 ~ NEUBACHER B **68**, 11f. ~ AMELN A **69**, 183–185 ~
JLH 15 (**1970**) 166 ~ BÜCHNER B **71**, 92f. ~ ZELL B **71**, 188 ~ WITTENBERG A **73/74**, 115 ~ RÖSSLER A **75**, 146. 174 ~ NSK AM (**1976**) 22, 110 ~ RÖSSLER-Bibl. B **76**, 268 ~ DRÖMANN A **78**, 193

~ GOJOWY A **78**, 99. 112f. 115 ~ JENNY, Markus in MGD 33 (**1979**) 138 ~ JLH 23 (**1979**) 140 ~ SCHOTT A **79**, 169 ~ ELTZ-HOFFMANN B **80**, 48 ~ von MERING, Klaus in NITSCHKE B **81**, 129–133 (Pr) ~ DRÖMANN A **83**, 174. 188. 191 ~ KADELBACH A **83**, 85 ~ MGD 38 (**1984**) 162 ~ SAUER-GEPPERT B **84**, 80 ~ SCHÖNBORN A **84**, 102 ~ ERB II B ^{2}**85**, 108f. ~ MGD 41 (**1987**) 151 ~ PARENT B **87**, 159. 275 ~ HESSING B ^{2}**89**, 73f. ~ ALBRECHT, Christoph in HEKG III/2 (**1990**) 516–519 ~ MGD 44 (**1990**) 248 ~ FRANK B ^{2}**93**, 566f. ~ ALBRECHT B ^{4}**95**, 43. 124 ~ REICH A **95**, 7 ~ Kirchenlied. Für Aussteiger der falsche Song. Luthers Berufsbild in Versen: „O Gott, du frommer Gott“ (EG 495), Confessio Augustana (Lutherisches Magazin für Religion, Gesellschaft und Kultur) III (**1996**) 15f. ~ KLEK / SCHRADE A **96**, 245 ~ SCHLICHTING, Wolfhart: Das Gebet des Herrn vom Marktamt, Confessio Augustana III (**1996**) 16–18 ~ SEIBT B **98**, 268 ~ CONRAD A **99**, 240 ~ GMELIN, Ralf-Andreas: Milch der frommen Denkart. Zum Bedeutungswandel von „fromm“ und „Frömmigkeit“, EvKZ **1999**, Nr. 11, 10 ~ KAPPNER, Gerhard in HEG II (**1999**) 135–137 ~ RÖSSLER, Martin in MÖLLER B **00**, 140 ~ RÖSSLER B **01**, 365f. 712. 715 ~ FRANZ B **02**, 112 ~ JLH 41 (**2002**) 242 ~ MARTINI B **02**, 39 ~ SCHMIDT B **02**, 603f. ~ SCHEFFBUCH 1 B ^{8}**03**, 267f.

496 Lass dich, Herr Jesu Christ

SCHLUNK B **51**, 223 ~ KULP / BÜCHNER / FORNACON in HEKG Sb (**1958**) 261f. ~ NELLE B ^{4}**62**, 114 ~ KÖHLER B **64** (HEKG I/2) 292 ~ NITSCHKE, Herbert / KIEFNER, Walter in HEKG III/1 (**1970**) 556f. ~ WEISMANN, Eberhard ebd. 554f. ~ SAUER-GEPPERT B **84**, 128 ~ ERB II B ^{2}**85**, 107f. ~ KAPPNER, Gerhard in HEG II (**1990**) 135–137 ~ RÖSSLER, Martin in MÖLLER B **00**, 142f. ~ RÖSSLER B **01**, 359f.

Zur Mel. s. auch bei EG 495 II „O Gott, du frommer Gott“ !

497 Ich weiß, mein Gott, dass all mein Tun

KOCH III B ^{3}**1867/1973**, 277. 319 ~ FISCHER I B **1878/1967**, 356 ~ JULIAN B ^{2}**1907/1985** ~ SCHLUNK B **51**, 187 ~ BLANKENBURG, Walter in HEKG II/2 (**1957**) 90 ~ KULP / BÜCHNER / FORNACON in HEKG Sb (**1958**) 451. 572 ~ METZGER, Günther in WBK 25 (**1958**) H. 1, 6–8 ~

JLH 5 (**1960**) 259 ~ KÖHLER B **64** (HEKG I/2) 544f. ~ AMELN A **67**, 175 ~
JENNY A **76**, 145f. 151. 153 = in JENNY / NIEVERGELT B **76**, 44f. 50. 52 ~ RÖSSLER-Bibl. B **76**, 258 ~ JLH 21 (**1977**) 95 ~ GOJOWY A **78**, 99. 113 ~ JENNY, Markus in MGD 33 (**1979**) 138 ~ SCHOTT A **79**, 162f. ~
JLH 24 (**1980**) 122 ~ SAUER-GEPPERT B **84**, 95 ~ PARENT B **87**, 219. 275 ~
ALBRECHT, Christoph in HEKG III/2 (**1990**) 519–522 ~ BUNNERS B **93**, 197f. ~ FRANK B ^{2}**93**, 387 ~ ALBRECHT B ^{4}**95**, 135. 141 ~ FOSS B **95**, 46f. 171 ~ ROSER B **95**, 99–101 ~ BUNNERS, Christian in HEG II (**1999**) 110–112 ~
KENNTNER B **01**, 105–117 (Pr vom 12. 8. 1990) ~ RÖSSLER B **01**, 454 ~ ERB III B ^{8}**02**, 184–186 ~ SCHMIDT B **02**, 576

Auf Reisen

498 In Gottes Namen fahren wir

KOCH I B [3]**1866/1973**, 184. 211. 389; VIII B [3]**1876/1973**, 423 ~ BÖHME B **1877/1966**, 677–680 ~ FISCHER I B **1878/1967**, 412f. ~ BÄUMKER I B **1886/ 1962**, 572–578 ~ KÜMMERLE I B **1888/1974**, 317f. ~ ERK / BÖHME III B **1893f./ 1988**, 723f. ~
TRÜMPELMANN, Max: Historische geistliche Lieder und Choräle, MGkK 16 (**1911**) H. 4, 127f. ~ MÜLLER-BLATTAU, Joseph: In Gottes Namen fahren wir. Studie zur Melodiegeschichte des altdeutschen Fahrtenliedes, in: FS Max Schneider, hg. von Hans Joachim Zingel, Halle **1935**, 65–73 ~
BLANKENBURG A **51**, 69 ~ SCHLUNK B **51**, 193 ~ BERGMANN B **53**, 11. 18. 25. 32. 35. 60. 107f. 254f. ~ SCHRÖDER B **55**, 94 ~ BLANKENBURG, Walter in HEKG II/2 (**1957**) 57f. 76 ~ KULP / BÜCHNER / FORNACON in HEKG Sb (**1958**) 40. 372. 576f. ~
GSCHWEND A **62**, 165 ~ JENNY B **62**, 46f. 52f. 118. 120. 123. 125f. 149. 255 ~ LIPPHARDT I A **62**, 144 ~ MERTES B **62**, 66. 120. 152f. 206 ~ NELLE B [4]**62**, 32 ~ RECKZIEGEL, Walter in JLH 7 (**1962**) 120. 122 ~ JLH 9 (**1964**) 125 ~ KÖHLER B **64** (HEKG I/2) 548 ~ SOMMER A **64**, 42 ~ LIPPHARDT, Walther: Das wiedergefundene Gesangbuch-Autograph von Adam Reißner aus dem Jahre 1554, JLH 10 (**1965**) 70. 79 ~ JANOTA B **68**, 137. 234. 239. 242. 246 ~ JLH 13 (**1968**) 204 ~ MOSER / MÜLLER-BLATTAU B **68**, 182f. 334f. ~ JLH 14 (**1969**) 125 ~
JLH 16 (**1971**) 67 ~ POLOCZEK A **71**, 79 ~ BLANKENBURG A **73/74**, 73f. 87 ~ BREDNICH II B **75**, Nr. 126 ~ HOFMANN, Ernst / SCHADE, Wernerfritz in WGL III (**1975**) 171f. ~ LIPPHARDT, Walther: Art. Leisen und Rufe, MGG 16 (**1976**) 1106f. ~ JLH 22 (**1978**) 161 ~ SEUFFERT, Josef in WGL IX (**1979**) 91 ~
HENKYS B **80**, 17–19 ~ HEINZ A **81**, 106. 109 ~ MOSER B **81**, 499. 646 ~ JLH 26 (**1982**) 158 ~ JANOTA, Johannes: Art. ‚In gotes namen varen wir', VerLex 4 (**1983**) 371f. ~ JLH 28 (**1984**) 211 ~ SAUER-GEPPERT B **84**, 55 ~ ASPER B **85**, 68. 71 ~ ERNST B **85**, 66. 186. 197 ~ HOFMANN, Ernst / QUACK, Erhard in RGL (**1988**) 668 ~
ALBRECHT, Christoph in HEKG III/2 (**1990**) 527–530 ~ BOHREN A **90**, 138 ~ BURBA, Klaus: Psalm 114. Wir singen ihn täglich. Ein Beitrag zu Luthers Gesangbuch, Luther 62 (**1991**) 17 ~ DKL III/1.1

Textbd. (**1993**) 153 ~ ÜHLEIN B **95**, 137 ~ DKL III/1.2 Notenbd. (**1996**) 97 ~ MERTENS A **96** ~ DKL III/1.2 (**1997**) 76–79 ~ HEIT-MEYER B **98**, 220 ~ DKL III/1 Registerbd. (**1999**) 62. 211 ~ PISTO-RIUS, Dietmar in HEG II (**1999**) 145–148 ~
RÖSSLER B **01**, 53. 293f. ~ DRÖMANN, Hans-Christian in LKEG H. 9 (**2004**) 29–33

Natur und Jahreszeiten

499 Erd und Himmel sollen singen

(Corde natus ex parentis; Singing with a sword in my hands, Lord)

SZÖVERFFY I B **64**, 82f. 85ff. 193. 424 ~
JENNY, Markus in NSK AM (**1971**) 1, 4 ~ NSK AM (**1973**) 12 WITTENBERG A **73/74**, 148 ~ NSK AM (**1974**) 9 ~ MGD 29 (**1975**) 121 ~ THUST B **76**, 11. 13. 57. 69. 118. 122. 198. 285. 289. 291. 347. 360. 507. 517. 529. 601f. 696. 701. 786 ~ MGD 32 (**1978**) 6 ~
NSK **1986**/1, 13 ~ MGD 41 (**1987**) 126 ~ NSK **1987**/2, 18; **1988**/2, 23 ~
HERMANN, Martin: Auf dem Weg zu neuen Liedern. „Vom Himmel zur Erde und wieder zum Himmel schwingt sich das Lob seiner Herrlichkeit“, WBK 57 (**1990**) H. 5, 176f. ~ NAGEL A **92**, 11. 13. 19f. ~ NSK **1992**/2, 24f.; 3, 18 ~ JLH 34 (**1992/93**) 210 ~ KORNEMANN A **94**, 13 ~ WEG II (**1994**) 21. 70. 121 ~ ALBRECHT B **[4]95**, 93f. ~ NSK **1996**/1, 16; **1997**/4, 20 ~ RUPPEL, Paul Ernst in MEYER B **[2]97**, 232f. ~ ULRICH, Herbert: Lied Nr. 43. Faszikel im Jahrkreis, SMG 122 (**1997**) H. 3, 106–110 ~ WEG IV (**1997**) 83 ~ WETTACH A **97**, 30 ~ BERNOULLI, Peter Ernst in NSK **1998**/3, 2f. ~ OTT, Marlis ebd. 3 ~ SCHMID A **98**, 116f. ~ SCHRÖER A **98**, 10 ~ SCHÜTZ A **98**, 46. 55. 59 ~ WYSS-JENNY, Elisabeth in WGD 4 (**1998**) 52f. ~ SCHMID, Bernhard / SCHUBERTH, Dietrich / TRÖTSCHEL, Heinrich R. in HEG II (**1999**) 245. 266–268. 311f. ~
RIEHM, Heinrich u. a. in MÖLLER B **00**, 299 ~ RÖSSLER B **01**, 990 ~ KNEITSCHEL B **03**, 301

500 Lobt Gott in allen Landen

KOCH II B **[3]1867/1973**, 232 ~
SCHLUNK B **51**, 234 ~ SCHEIBENBERGER A **53/54** (B) ~ WEISS, Ewald in GuK **1955**, 85 ~ KULP / BÜCHNER / FORNACON in HEKG Sb (**1958**) 566 ~
WERTHEMANN B **63**, 104 ~ KÖHLER B **64** (HEKG I/2) 538 ~
DRÖMANN A **78**, 192 ~

VOLL, Wolfgang in HEKG III/2 (**1990**) Nr. 506 ~ WEG II (**1994**) 70 ~ DANZE-GLOCKE, Klaus in HEG II (**1999**) 34f. ~ KNEITSCHEL B **03**, 344

Zur Mel. s. auch bei EG 148 „Herzlich tut mich erfreuen“ !

501 Wie lieblich ist der Maien

KOCH II B ^{3}**1867/1973**, 232 ~ SCHLUNK B **51**, 364 ~ BLANKENBURG, Walter in HEKG II/2 (**1957**) 89 ~ KULP / BÜCHNER / FORNACON in HEKG Sb (**1958**) 271. 560. 566 ~ KÖHLER B **64** (HEKG I/2) 532 ~ SAUER-GEPPERT B **84**, 119 ~ REHKOPF, Werner in HEKG III/2 (**1990**) 494–496 ~ GEHRT A **94**, 49 ~ WEG II (**1994**) 70; IV (**1997**) 83 ~ DANZEGLOCKE, Klaus / LÜHRS, Walther in HEG II (**1999**) 34f. 312f. ~ RÖSSLER B **01**, 115

502 Nun preiset alle Gottes Barmherzigkeit

KOCH III B ^{3}**1867/1973**, 60. 250 ~ FISCHER II B **1879/1967**, 125 ~ KÜMMERLE II B **1890/1974**, 427f. ~ NELLE B ^{3}**1924/1962**, Nr. 6 ~ GERBER, Hermann: Die große Wendung, WuW 2 (**1947/48**) Nr. 43/44, 317 = GERBER B **56**, 166–168 ~ FLÜCKIGER, Willi: Das Gotteslob der Schöpfung in den Gedichten des Matthäus Apelles von Löwenstern, MGD 2 (**1948**) 36–41 ~ HOMMEL A **48/49**, 124. 126 ~ SCHLUNK B **51**, 262 ~ BRUPPACHER B **53**, 45f. ~ WEISS, Ewald in GuK **1955**, 124f. ~ BLANKENBURG, Walter in HEKG II/2 (**1957**) 96. 100 ~ KULP / BÜCHNER / FORNACON in HEKG Sb (**1958**) 327. 567f. ~ HERMELINK A **59**, 1486 ~ BACH, Arthur / GRIMME, Gertrud in EvUV 4 (^{2}**1960**) 210–213 ~ FRÖR, Kurt in KUV 3 (^{4}**1960**) 159 ~ NELLE B ^{4}**62**, 168 ~ KÖHLER B **64** (HEKG I/2) 540f. ~ BÜCHNER B **71**, 115 ~ NSK AM (**1972**) 7, 35 ~ JENNY, Markus in MGD 33 (**1979**) 140 ~ HEINER B ^{3}**85**, 137 ~ ERB IV B ^{2}**86**, 18 ~ AMELN A **88**, 208f. ~ HESSING B ^{2}**89**, 71f. ~ VOLL, Wolfgang in HEKG III/2 (**1990**) 509–512 ~ FRANK B ^{2}**93**, 261 ~ ROSER B **95**, 120f. ~ LOSCHER, Klaus in HEG II (**1999**) 24f. ~ MARQUART, Friedrich-Wilhelm: Kleine Selbst-Täuschungen beim

Loben Gottes, GAGF **2000**, H. 38, 36 = in JLH 40 (**2001**) 135 ~ KENNTNER B **01**, 119–130 (Pr vom 7. 8. 1994) ~ RÖSSLER B **01**, 368 ~ SCHMIDT B **02**, 214

503 Geh aus, mein Herz, und suche Freud

KOCH I B **³1866/1973**, 472; III B **³1867/1973**, 318; VIII B **³1876/ 1973**, 141 ~ FISCHER I B **1878/1967**, 205 ~ KÜMMERLE I B **1888/ 1974**, 464f. ~
GÜNTHER A **1906**, 346f. ~ NELLE B **³1924/1962**, Nr. 10 ~
SCHLUNK B **51**, 115f. ~ BRUPPACHER B **53**, 108f. ~ FRÖR, Kurt in KUV 1./2. (**²1953**) 207 ~ LAUTERBURG B **53**, 59f. ~ SCHEIBENBERGER A **53/54** (B) ~ HAUSCHILDT A **57**, 71 ~ RÖBBELEN B **57**, 412. 456 ~ KULP / BÜCHNER / FORNACON in HEKG Sb (**1958**) 560–562 ~
FRÖR, Kurt in KUV 3 (**⁴1960**) 152f. ~ NELLE B **⁴62**, 153 ~ KÖHLER B **64** (HEKG I/2) 533f. ~ SCHRÖDER B **²64**, 143 ~ FRÖR B **⁵66**, 329–331 ~ FRANK A **67**, 113 ~ NEUBACHER B **68**, 15f. ~ JÖRNS, Klaus-Peter: Geh aus, Soldat, und säe Leid. Paraphrase eines Kirchenliedes, PTh 58 (**1969**) 452f. ~
KLUSEN B **75**, 101f. 107f. 157. 160. 165. 168f. ~ BLANKENBURG A **76**, 104 = in JENNY / NIEVERGELT B **76**, 30 ~ JENNY A **76**, 145 = in JENNY / NIEVERGELT B **76**, 44 ~ JENNY / NIEVERGELT B **76**, 57. 63. 66–69 ~ MERTEN A **76**, 125–127 ~ MGD 30 (**1976**) 108. 114. 117. 182 ~ MÜLLER A **76**, 165f. ~ RÖSSLER-Bibl. B **76**, 251 ~ SIDLER, Hubert in MGD 30 (**1976**) 118–120 ~ SCHÖNBORN A **77**, bes. 158–161 ~ HAUFE A **78**, 71–73 ~
ELTZ-HOFFMANN B **80**, 67f. ~ JLH 24 (**1980**) 122 ~ LUBKOLL, Hans-Georg in NITSCHKE B **81**, 123–128 (Pr) ~ MGD 36 (**1982**) 70. 166 ~ SCHMIDT, Lothar: Hertz und Garten-Zier. Paul Gerhardts Sommer-Gesang, in: Gedichte und Interpretationen, Bd. 1: Renaissance und Barock, hg. von Volker Meid, Stuttgart **1982**, 281–302 ~ KADELBACH A **83**, 100 ~ SAUER-GEPPERT B **84**, 35. 37. 55. 94 ~ SCHÖNBORN A **84**, 91 ~ SCHMIEDEHAUSEN, Hans: Arme Erde – neue Welt. Über Paul Gerhardts Sommerlied, ZGP 2 (**1984**) H. 3, 29–32 ~ ZIPPERT B **84**, 127–130 (Pr vom 23. 4. 1978) ~ HEINER B **³85**, 150f. ~ AMELN A **86**, 44 ~ BRÄNDLE, Werner: „Schau an der schönen Gärten Zier". Paul Gerhardts ‚Sommergesang' als Vorübung zu einer theologischen Ästhetik, EvTh 46 (**1986**) H. 3, 256–277 ~ NSK **1986**/1, 6; 3, 32 ~ EISINGER, Walther: Geh aus, mein Herz, und suche Freud. Naturfrömmigkeit in Kirchenliedern, in Rau B **87**, bes. 172–174 ~ HESSELBACHER B **87**, 75f. 141. 150 ~ HESSING B **²89**,

70f. ~ MGD 43 (**1989**) 32 ~ NSK **1989**/3, 19 ~ Unbekannter Verfasser und RIESS, Jochen: „Geh aus, mein Herz, und suche Freud, denn du hast nicht mehr lange Zeit", in: „... heute noch einen Apfelbaum pflanzen". Ökumenisches Liederbuch zur Schöpfung, Zürich **1989**, 7ff. ~ REHKOPF, Werner in HEKG III/2 (**1990**) 496–498 ~ HILLENBRAND B **92**, 98–106. 164f. ~ BUNNERS B **93**, 64. 158. 164. 198f. 267. 280. 301. 324f. 327. 340. 366. 369. 372 ~ FRANK B ^{2}**93**, 447 ~ SCHNEIDER / VICKTOR B **93**, 88–91 ~ WEG I (**1993**) 9 ~ WEISMANN, Eberhard: Wie Legenden entstehen, WBK 60 (**1993**) 123–126 ~ GEHRT A **94**, 52 ~ NSK **1994**/2, 16; 4, 25 ~ WEG II (**1994**) 70 ~ JLH 35 (**1994/95**) 244 ~ FOSS B **95**, 28–30. 72. 78. 259 ~ HARZ B **95**, 146–149 ~ HOFFLEIT B **95**, 278 ~ ZIPPERT B **95**, 94–100 (+B) ~ HOLZAPFEL A **96**, 91 ~ LÄHNEMANN B **96**, 52–57 (Pr vom 10. 7. 1988) ~ NSK **1996**/1, 23 ~ STOLZE, Hans-Dieter: Urlaub – das Herz hat Ausgang. Anregungen für Gemeindearbeit und eigene Besinnung (Dienst am Wort. Die Reihe für Gottesdienst und Gemeindearbeit, 73), Göttingen **1996**, 38–41 (Pr) ~ MÖLLER B **97**, 267–272 (Pr von 1985) ~ WEG IV (**1997**) 83 ~ WETTACH A **97**, 30 ~ HANDT A **98**, 38 ~ JLH 37 (**1998**) 223 ~ REICH A **98**, 67–69 ~ SCHMID A **98**, 116 ~ SCHRÖER A **98**, 9f. ~ SCHÜTZ A **98**, 46 ~ BUNNERS, Christian / WERNER, Matthias in HEG II (**1999**) 110–112. 131f. ~ RISTOW, Friedrich in SEEBERG B **00**, 242–244 (Pr) ~ WENTZ-JANACEK A **00**, 30 ~ REICH, Christa in Geistl. Wunderhorn (**2001**) 262–274. 522 ~ RÖSSLER B 01, 455f. 687 ~ BEER, Axel: Art. Harder, August, MGG^{2}, Personenteil Bd. 8 (**2002**) 690f. ~ ERB III B ^{8}**02**, 179–183 ~ JLH 41 (**2002**) 236 ~ MARTINI B **02**, 39f. 48 ~ BUNNERS, Christian: So lass die Englein singen ..., in WEICHENHAN / UEBERSCHÄR B **03**, 64–66 ~ KNEITSCHEL B **03**, 246f. 306 ~ LEHMANN A **03**, 36 ~ REICH A ^{3}**03**, 770 ~ SCHEFFBUCH I B ^{8}**03**, 234 ~ STÄHLER, Jörg in HARTMANN B **03**, 98–104 (+Pr) ~ KEITEL, Juliane in LKEG H 9 (**2004**) 34–39 ~ LAUTERWASSER, Helmut: August Harders Melodie zu *Geh aus, mein Herz, und suche Freud*, IAHB 32 (**2004**) 119–122 ~ NEUHAUS B **05**, 107. 110. 131. 144f. ~ THUST, Karl Christian: Liedgottesdienst über „Geh aus, mein Herz, und suche Freud" an einem Trinitatissonntag im Sommer, in: Neue Praxishilfe Liturgie, Bd. 2 (Trinitatis bis Ewigkeitssonntag), hg. von Ernst L. Fellechner / Hartmut Miethe, Nidderau **2005**, 371–382 (Gd mit B)

504 Himmel, Erde, Luft und Meer

KOCH VI B ^{3}**1869/1973**, 29. 112 ~ FISCHER I B **1878/1967**, 305 ~ KÜMMERLE I B **1888/1974**, 603f. ~

BRUPPACHER B **53**, 52f. ~
BLANKENBURG, Walter in BLUME B ^{2}**65**, 389 ~
MGD 34 (**1980**) 117. 121f. 126 ~ NSK **1989**/3, 19 ~ SCHARR, Hansjörg: Himmel, Erde, Luft und Meer – Sind ganz grau und stinken sehr und zeugen von des Schöpfers Ehr. Klagend und lobend von der Schöpfung singen, entwurf **1989**, H. 3, 78–82 ~
FRANK B ^{2}**93**, 164 ~ WEG II (**1994**) 70 ~ HARZ B **95**, 150f. ~ NSK **1996**/1, 23 ~ WEG IV (**1997**) 83 ~ WYSS-JENNY, Elisabeth in WGD 4 (**1998**) 118f. ~ PISTORIUS, Dietmar / SCHEMMEL, Hermann in HEG II (**1999**) 223–225. 316 ~
RÖSSLER, Martin in MÖLLER B **00**, 164 ~ RÖSSLER B **01**, 575. 593 ~ KNEITSCHEL B **03**, 322 ~ SCHEFFBUCH 1 B ^{8}**03**, 227 ~ ACKERMANN B ^{3}**05**, 84f.

505 Die Ernt ist nun zu Ende

FISCHER I B **1878/1967**, 122 ~
NELLE B ^{3}**1924/1962**, Nr. 462 ~
SCHLUNK B **51**, 70 ~ KULP / BÜCHNER / FORNACON in HEKG Sb (**1958**) 568 ~
KÖHLER B **64** (HEKG I/2) 541f. ~
JLH 21 (**1977**) 95 ~
SAUER-GEPPERT B **84**, 141 ~
VOLL, Wolfgang in HEKG III/2 (**1990**) 512–514 ~ WITTENBERG A **94/95**, 202. 205 ~ OPP, Walter in HEG II (**1999**) 327

Zur Mel. s. auch bei EG 443 „Aus meines Herzens Grunde“ !

506 Wenn ich, o Schöpfer, deine Macht

KOCH VI B ^{3}**1869/1973**, 277; VIII B ^{3}**1876/1973**, 357 ~ FISCHER II B **1879/1967**, 351f. ~ KÜMMERLE IV B **1895/ 1974**, 229f. ~
NELLE B ^{3}**1924/1962**, Nr. 22 ~
SCHLUNK B **51**, 352 ~ KRAMP A **57/58**, 202 = in HOFMANN B **67**, 60f. ~
PFEIFFER B **61**, 21 ~ NELLE B ^{4}**62**, 248 ~
JLH 21 (**1977**) 154 ~
ELTZ-HOFFMANN B **80**, 84f. ~ JLH 24 (**1980**) 125 ~ HEINER B ^{3}**85**, 254 ~ BACH B **89**, 244–246 ~
KRIEG A **92/93**, 32 ~ WEG II (**1994**) 70. 78f. ~ ALBRECHT B ^{4}**95**, 55f. ~ KLEK / SCHRADE A **96**, 252 ~ GERBER B **97** (Er fand Gott

in der Natur) ~ WITTE B **97**, 141f. 402. 463 ~ SEIBT B **98**, 273 ~ FLEINGHAUS, Helmut in HEG II (**1999**) 106–108 ~
RÖSSLER, Martin in MÖLLER B **00**, 192 ~ RÖSSLER B **01**, 719 ~ MARTINI B **02**, 39 ~ SCHMIDT B **02**, 699 ~ SITZMANN, Manfred in LKEG H 9 (**2004**) 40–42

Zur Mel. s. auch bei EG 329 „Bis hierher hat mich Gott gebracht" !

507 Himmels Au, licht und blau

ERK / BÖHME III B **1893f./1988**, 743 ~ BÄUMKER IV B **1911/1962**, 551f. ~
BERGMANN B **53**, 135. 141. 155. 159. 198–200 ~
NEUBACHER B **68**, 6 ~
MGD 36 (**1982**) 71; 40 (**1986**) 67 ~ DRÖMANN / SCHUBERTH B **²87**, Nr. 33 ~ NSK **1988**/2, 26 ~
WEG II (**1994**) 60. 70 HARZ B **95**, 152f. ~ STOLZE, Hans-Dieter: Urlaub – das Herz hat Ausgang. Anregungen für Gemeindearbeit und eigene Besinnung (Dienst am Wort. Die Reihe für Gottesdienst und Gemeindearbeit, 73), Göttingen **1996**, 42–45 (Pr) ~ WEG IV (**1997**) 83 ~ WETTACH A **97**, 31 ~
KNEITSCHEL B **03**, 322 ~ REICH A **³03**, 765

508 Wir pflügen und wir streuen

SPITTA, Friedrich: Praktische Winke für das Erntefest, MGkK 6 (**1901**) H. 9, 323–325 ~ FRIEDLAENDER II B **1902/1962**, 258. 562 ~ NELLE A **1906**, 156–159. 182–184 ~ JULIAN B **²1907/1985**, 236f. ~ NELLE B **³1924/1962**, Nr. 42 ~
SCHLUNK B **51**, 375f. ~ BACH, Arthur / GRIMME, Gertrud in EvUV 3 (**1955**) 194 ~ GABRIEL B **³56**, 154f. ~
JLH 6 (**1961**) 148. 255 ~ PFEIFFER B **61**, 56f. ~ HEYDRICH B **62**, 234–236. 280 ~ NELLE B **⁴62**, 260 ~
JLH 24 (**1980**) 125 ~
HILMES, Christian: Matthias Claudius: „Wir pflügen und wir streuen". Liedmeditation, in: Hans Jürgen Milchner (Hg.): Erntedank. Vom Denken und Danken (Dienst am Wort 65), Göttingen **1993**, 26–29 (B) ~ von ISSENDORFF, Bernhard: Nebenraus gesungen: Wir pflügen und wir streuen. Ein neues Lied im alten Gewand, ebd. 64f. ~
SCHNEIDER / VICKTOR B **93**, 198–200 ~ KORNEMANN A **94**, 13 ~
ZIPPERT, Christian: Wir pflügen und wir streuen. Eine Meditation zum Erntedankfest, in: Blick in die Kirche. Informationen aus der Ev.

Kirche von Kurhessen-Waldeck, **1994**, Nr. 9, 32 (B) ~ ZIPPERT A **94**, 39–41 ~ ALBRECHT B [4]**95**, 57f. 85 ~ HARZ B **95**, 154–156 ~ ZIPPERT B **95**, 113–116 (B) ~ ALBERTSEN, Leif Ludwig: Claudius als Verfasser von Kirchenliedern, in: Jörg-Ulrich Fechner (Hg.): Matthias Claudius 1740–1815. Leben – Zeit – Werk, Tübingen **1996**, 239–250 ~ KLEK / SCHRADE A **96**, 252 ~ GÖRISCH, Reinhard: Das Erntedanklied „Wir pflügen und wir streuen“, in: Bernhard Richter / Reinhard Görisch: Die Lieder von Matthias Claudius im neuen „Evangelischen Gesangbuch“, Jss d. Claudius-Ges. 5 (**1996**) 44–47 ~ GERBER B **97** (Es geht durch unsre Hände, kommt aber her von Gott) (B) ~ NESTLE, Dieter in MÖLLER B **97**, 273–282 ~ WEG IV (**1997**) 83 ~ WETTACH A **97**, 32 ~ JLH 37 (**1998**) 224 ~ WEG V (**1998**) 23 ~ GRÖZINGER, Albrecht in HEG II (**1999**) 62 ~ THUST, Karl Christian im Gemeindebrief der Burgkirche Ingelheim, Okt./Nov. **1999**, 7 ~
EGERER 2 B **00**, 41–46 ~ RÖSSLER, Martin in MÖLLER B **00**, 212 ~ RÖSSLER B **01**, 761 ~ JLH 42 (**2003**) 227 ~ SCHEFFBUCH 1 B [8]**03**, 117 ~ GÖRISCH, Reinhard in LKEG H. 9 (**2004**) 43–47

509 Kein Tierlein ist auf Erden

NSK **1989**/1, 30 ~
HARZ B **95**, 158f. ~ WEG IV (**1997**) 83 ~ SCHRÖER A **98**, 10 ~ WÜSTENBERG, Ulrich / FOLLERT, Udo-R. in HEG II (**1999**) 53f. 176f. ~
RÖSSLER B **01**, 166 ~ GRUBER B **02**, 242. 262–267 ~ KNEITSCHEL B **03**, 333 ~ GRUBER, Sabine / RATHEY, Markus in LKEG H. 9 (**2004**) 48–51

510 Freuet euch der schönen Erde

SCHLUNK B **51**, 109f. ~ BRUPPACHER B **59**, 93–97 = BRUPPACHER B **68**, 65–68 ~
HEYDRICH B **62**, 204 ~
HARTENSTEIN A **81**, 21 ~
GIERING, Achim: Die Schönheit der Natur. Text und Melodie EG 510, ChL 47 (**1994**) 185f. ~ WEG II (**1994**) 57. 70 ~ ALBRECHT B [4]**95**, 88 ~ NITSCHKE, Horst / SCHMEEL, Dieter in ZGP 16 (**1998**) H. 4, 23–25 ~ SCHWEIZER A **98**, 96 ~ HARRASSOWITZ, Hermann / KLAHR, Detlef in HEG II (**1999**) 102. 308–310 ~ KLAHR B **99**, 213–250, bes. 236 ~
RÖSSLER B **01**, 872 ~ KNEITSCHEL B **03**, 304 ~ SCHEFFBUCH 1 B [8]**03**, 88f.

511 Weißt du, wieviel Sternlein stehen

NELLE B ^{3}**1924/1962**, Nr. 35 ~
STEINITZ, Wolfgang: Deutsche Volkslieder demokratischen Charakters aus sechs Jahrhunderten, Bd. 1, Berlin **1954**, 437–440 ~ BACH, Arthur / GRIMME, Gertrud in EvUV 1./2. (^{2}**1957**) 33 ~
HEYDRICH B **62**, 273f. ~ NELLE B ^{4}**62**, 280 ~
KLUSEN B **75**, 53f. 59–61. 158. 162f. 166. 169 ~
JLH 25 (**1981**) 119 ~ JENNY A **83**, 200 ~ MAESS, Karlheinz: „... kennt auch dich und hat dich lieb“. Das Leben des Pfarrers und Freundes der Kinder Wilhelm Hey, Berlin **1989** ~
DE LA MOTTE B **93**, 76f. ~ ALBRECHT B ^{4}**95**, 86 ~ HARZ B **95**, 160f. ~ NSK **1996**/1, 23 ~ SCHWEIZER, Gabriele in WEG IV (**1997**) 75f. ~ ebd. 83 ~ WETTACH A **97**, 30f. ~ BRUNKEN, Otto u.a.: Handbuch zur Kinder- und Jugendliteratur. Von 1800 bis 1850, Stuttgart / Weimar **1998**, 918–938 ~ HERBST I A **99**, 258 ~ SCHLAGE, Thomas in HEG II (**1999**) 152f. ~
LEUBE, Bernhard in AuB 53 (**2000**) H. 8, 314–317 = überarbeitet in LKEG H. 9 (**2004**) 52–56 ~ WÜSTENBERG, Ulrich in MÖLLER B **00**, 257 ~ RÖSSLER B **01**, 833 ~ SCHEFFBUCH 2 B ^{2}**01**, 58f. ~
KNEITSCHEL B **03**, 378

512 Herr, die Erde ist gesegnet

SCHLUNK B **51**, 146 ~ BRUPPACHER B **53**, 109f. ~
HEYDRICH B **62**, 217f. ~ NELLE B ^{4}**62**, 278 ~
JENNY, Markus in MGD 33 (**1979**) 140 ~
WEG II (**1994**) 70 ~ FALKENROTH A **98**, 83–85 ~ FOLLERT, Udo-R. in HEG II (**1999**) 245f. ~
RÖSSLER B **01**, 833

Zur Mel. s. auch bei EG 388 „O Durchbrecher aller Bande“ !

513 Das Feld ist weiß

(Pola juz biale)

SCHLUNK B **51**, 49 ~ FORNACON, Siegfried: Das Feld ist weiß. Aus der Geschichte eines Liedes, Km 4 (**1953**) H. 4, 88–91 ~ JLH 1 (**1955**) 224 ~ KULP / BÜCHNER / FORNACON in HEKG Sb (**1958**) 568–570 ~
HEYDRICH B **62**, 168f. ~ KÖHLER B **64** (HEKG I/2) 542f. ~ FRÖR B ^{5}**66**, 331f. ~

LEITNER B ^{2}**71**, 76f. ~
HEINER B ^{3}**85**, 251f. ~
VOLL, Wolfgang in HEKG III/2 (**1990**) 514–516 ~ FRANK B ^{2}**93**, 331 ~ HERBST I A **99**, 261 ~ KALBERLAH, Hans-Jürgen / HERBST, Wolfgang / KONRADT, Greta in HEG II (**1999**) 17. 116. 262 ~
HERBST II A **01**, 174 ~

514 Gottes Geschöpfe, kommt zuhauf!

(All creatures of our God and king)

KORNEMANN A **94**, 13 ~ WEG II (**1994**) 70f. ~ GERBER B **97** (Der Sonnengesang) ~ WEG IV (**1997**) 75 ~ SCHRÖER A **98**, 10 ~ WEG V (**1998**) 21 ~ WÜSTENBERG, Ulrich / KONRADT, Greta / EBENBAUER, Peter in HEG II (**1999**) 56. 77. 97f. ~
RÖSSLER B **01**, 408

515 Laudato si

NSK **1986**/2, 5. 18 ~ RITTER, Adolf Martin: „Gepriesen seist du, mein Herr, für unsere Schwester, die Mutter Erde …“. Der Sonnengesang des Franziskus von Assisi im Lichte der altkirchlichen und frühmittelalterlichen Tradition, in RAU B **87**, 92–110 ~
NSK **1990**/3, 29 ~ NAGEL A **92**, 12. 14. 26f. ~ KORNEMANN A **94**, 11. 13 ~ WEG II (**1994**) 70 ~ ÜHLEIN B **95**, 273 ~ NSK **1997**/3, 23 ~ WEG IV (**1997**) 83 ~ WETTACH A **97**, 30 ~ SCHÜTZ A **98**, 46 ~ EBENBAUER, Peter in HEG II (**1999**) 97f. ~
RÖSSLER B **01**, 408 ~ SCHWEIZER A **01**, 133f. ~ MARTINI B **02**, 40

Sterben und ewiges Leben Bestattung

MÜLLER, Christa: Luthers Lied vom Tod, MGkK 40 (**1935**) 253–266 ~
LOHR, Ina: Über die Bestattungslieder und ihre Tonarten, MGD 2 (**1948**) H. 5, 132–136 ~
WEISMANN, Eberhard in HEKG III/1 (**1970**) 559f. ~ PIPER A **75** ~
THUST B **76**, 145–148 ~
BELZ-ENSSLE A **85** ~
JOHRDAN A **04**

516 Christus, der ist mein Leben

KOCH II B ^{3}**1867/1973**, 344. 367; VIII B ^{3}**1876/1973**, 614 ~ BÖHME B **1877/ 1966**, 765 ~ FISCHER I B **1878/1967**, 77–79 ~ BÄUMKER II B **1888/1962**, 308f. ~ KÜMMERLE I B **1888/1974**, 279 ~ ERK / BÖHME III B **1893f./1988**, 862f. ~
JULIAN B ^{2}**1907/1985**, 232 ~ NELLE B ^{3}**1924/1962**, Nr. 484 ~
GERBER, Hermann: Der Abschied ohne Angst, WuW 4 (**1949/50**) Nr. 48, 379 = GERBER B **56**, 154f. ~
SCHLUNK B **51**, 44 ~ BERGMANN B **53**, 19. 40. 136 ~ BRUPPACHER B **53**, 403f. ~ EISENHUTH B **53**, 70f. ~ BACH, Arthur / GRIMME, Gertrud in EvUV 5 (**1956**) 240 ~ BLANKENBURG, Walter in HEKG II/2 (**1957**) 95. 98. 110 ~ KULP / BÜCHNER / FORNACON in HEKG Sb (**1958**) 75. 493 ~ JLH 4 (**1958/59**) 127 ~ FRÖR, Kurt in KUV 7 (^{3}**1959**) 210–212 ~
BACH, Arthur / GRIMME, Gertrud in EvUV 4 (^{2}**1960**) 188–190 ~ BLANKENBURG A **61**, 595f. ~ GSCHWEND A **62**, 166 ~ NELLE B ^{4}**62**, 86 ~ KÖHLER B **64** (HEKG I/2) 471f. ~ AMELN A **67**, 175 ~
JLH 15 (**1970**) 166 ~ WITTENBERG A **73/74**, 137. 159 ~ THURMAIR-MUMELTER, Maria Luise / QUACK, Erhard in TRENKLER B **75**, 239–241 ~ JLH 20 (**1976**) 196 ~ RÖSSLER B **76**, 219 ~ RÖSSLER-Bibl. B **76**, 243f. ~ NORD- HUES, Paul in Pr GL 2 (**1977**) 203–207 (+Pr) ~ JENNY, Markus / KRAFT, Sigisbert / KUNTZ, Michael in WGL VII (**1978**) 297f. ~ SEUFFERT, Josef in WGL IX (**1979**) 134 ~
JLH 25 (**1981**) 54 ~ MGD 35 (**1981**) 72 ~ DRÖMANN A **83**, 179 ~ HEINER B ^{3}**85**, 93 ~ NSK **1987**/3, 24 ~ HOFMANN, Ernst in RGL

(**1988**) 789 ~ MGD 42 (**1988**) 208. 287 ~ NORDHUES, Paul / WAGNER, Alois in RGL (**1988**) 210 ~ MGD 43 (**1989**) 10 ~
KORNEMANN, Helmut / BLINDOW, Martin in HEKG III/2 (**1990**) 343–345 ~ FRANK B **²93**, 107 ~ PETZOLDT, Martin: Jesu letztes Wort zu meinem Leben. Predigt über Lukas 7, 11–17 und BWV 95 „Christus, der ist mein Leben", MuK 64 (**1994**) 250–255 (Pr) ~ JLH 35 (**1994/95**) 244 ~ HOFFLEIT B **95**, 279 ~ Een Comp **³1998**, Nr. 124. 423 ~ SEIBT B **98**, 253 ~ ALBRECHT, Christoph in HEG II (**1999**) 334–336 ~
HADAMER A **01**, 122 ~ RÖSSLER B **01**, 149 ~ SCHEFFBUCH 2 B **²01**, 277f. ~ SCHMIDT B **02**, 424. 551f. 754 ~ KNEITSCHEL B **03**, 238. 282 ~ FISCHER, Michael in LKEG H. 9 (**2004**) 57–62 ~ JORDAHN A **04**, 256f. ~ FISCHER, Michael / MARTI, Andreas in ÖLK IV (**2005**)

517 Ich wollt, dass ich daheime wär

KOCH I B **³1866/1973**, 214 ~ BÖHME B **1877/1966**, Nr. 660 ~ BÄUMKER I **1886/1962**, 13–15 ~ ERK / BÖHME III B **1893f./1988**, 869 ~
SCHLUNK B **51**, 189f. ~ STIER, Alfred: Die Gemeinde-Singstunde. Gemeinde-Singblatt Nr. 14: Drei Ewigkeitslieder, Km 3 (**1952**) 113f. ~ BERGMANN B **53**, 32. 35. 136. 216f. ~ KULP / BÜCHNER / FORNACON in HEKG Sb (**1958**) 271. 477f. 485 ~
KRAUS, Egon in MiU (SchuL) 51 (**1960**) 327–329 ~ JLH 7 (**1962**) 309 ~ NELLE B **⁴62**, 30 ~ KÖHLER B **64** (HEKG I/2) 460f. ~ SCHRÖDER B **²64**, 54 ~ JLH 12 (**1967**) 108 ~ MOSER / MÜLLER-BLATTAU B **68**, 214 ~
PIPER A **75**, 121 ~ WACHINGER, Burghart: Notizen zu den Liedern Heinrich Laufenbergs, in: Medium Aevum deutsch (FS Kurt Ruh), hg. von Dietrich Huschenbett u. a., Tübingen **1979**, 349–385, bes. 380. 384 ~
ERB I B **²81**, 12f. ~ SAUER-GEPPERT B **84**, 30f. ~ BELZ-ENSSLE A **85**, 160f. ~ WACHINGER, Burghart: Art. Laufenberg, Heinrich, VerLex 5 (**1985**) bes. 619–625 ~ MGD 40 (**1986**) 283 ~
KORNEMANN, Helmut / BLINDOW, Martin in HEKG III/2 (**1990**) 316–319 ~ FRANK B **²93**, 30 ~ ALBRECHT B **⁴95**, 17. 139 ~ WEG V (**1998**) 21 ~ TRUNK, Roger in HEG II (**1999**) 192f. ~
REICH, Christa in Geistl. Wunderhorn (**2001**) 94–103. 508f. ~ RÖSSLER B **01**, 632 ~ JLH 41 (**2002**) 236 ~ D'AVIS, Simone in HARTMANN B **03**, 34–36 (+Pr) ~ KNEITSCHEL B **03**, 238. 328 ~ REICH, Christa in LKEG H. 9 (**2004**) 63–68

518 Mitten wir im Leben sind
(Media vita in morte sumus)

KOCH I B ^{3}**1866/1973**, 241. 466; II B ^{3}**1867/1973**, 130; VIII B ^{3}**1876/1973**, 573 ~ BÖHME B **1877/1966**, 756–758 ~ FISCHER II B **1879/1967**, 92f. ~ BÄUMKER I B **1886/1962**, 583–595 ~ KÜMMERLE I B **1888/1974**, 178; II B **1890/1974**, 286–289 ~ ERK / BÖHME III B **1893f./1988**, 845f. ~
JULIAN B ^{2}**1907/1985**, 720f. ~ RISCH A **1908**, 157 ~ SPITTA A **1917**, 213 ~ Lucke, Wilhelm / MOSER, Hans Joachim in WA 35 (**1923**) 126–132. 453f. 515f. 614f. ~ NELLE B ^{3}**1924/1962**, Nr. 474 ~ MÜLLER, Christa: Luthers Lied vom Tod, MGkK 40 (**1935**) ~
Aus der Predigt des Konstanzer Reformators Ambrosius Blaurer zum Lied „Mitten wir im Leben sind mit dem Tod umfangen“, EvKCh 50 (**1945**) H. 4, 40f. ~ HOLLIGER, Hans / STIER, Alfred ebd. 38–42 ~ SCHLISSKE B **48**, 238–249 ~
STAPEL B **50**, 13. 78f. 220–222 ~ BLANKENBURG A **51**, 69f. ~ REICH B **51**, 17f. ~ SCHLUNK B **51**, 251f. ~ BERGMANN B **53**, 11. 28. 32. 60. 109–111. 136. 218–221 ~ BRUPPACHER B **53**, 319–321 ~ LAUTERBURG B **53**, 139f. ~ SCHRÖDER B **55**, 92 ~ GABRIEL B ^{3}**56**, 26f. ~ JLH 2 (**1956**) 103. 125 ~ BLANKENBURG, Walter in HEKG II/2 (**1957**) 56–59. 62. 66. 73. 77 ~ FINSCHER A **57**, 66–68 ~ JLH 3 (**1957**) 111 ~ KULP / BÜCHNER / FORNACON in HEKG Sb (**1958**) 251. 478–480. 491 ~ BOES A **58/59**, 34 ~ BRENNECKE A **58/59**, 71 ~ JLH 4 (**1958/59**) 127 ~ DOERNE A **59**, 1459 ~
AMMANN, Peter: Zum Media Vita, MGD 14 (**1960**) 165–170 ~ FRÖR, Kurt in KUV 8 (^{2}**1960**) 20–27 ~ MAHRENHOLZ A **60**, 125. 129–131 ~ BLANKENBURG A **61**, 590f. ~ JENNY A **61**, 120 ~ PFEIFFER B **61**, 43–47 ~ GSCHWEND A **62**, 166 ~ JENNY B **62**, 40–43. 64. 69. 90. 123. 143. 148. 155f. 162. 228. 238f. ~ JLH 7 (**1962**) 104. 130. 309 ~ MERTES B **62**, 93. 159–162. 206 ~ NELLE B ^{4}**62**, 32. 57 ~ BRODDE A **63**, 77 ~ LIPPHARDT, Walther: „Mitten wir im Leben sind“. Zur Geschichte des Liedes und seiner Weise, JLH 8 (**1963**) 99–118. Taf. III. IV ~ RECKZIEGEL B **63**, 169. 216 ~ JLH 9 (**1964**) 96f. ~ KÖHLER B **64** (HEKG I/2) 461–463 ~ LIPPHARDT III A **64**, 74–79 ~ SCHRÖDER B ^{2}**64**, 92 ~ SOMMER A **64**, 36. 62. 66. 78–80 ~ SZÖVERFFY I B **64**, 280. 429 ~ KRATZEL A **66**, 172f. ~ LIPPHARDT, Walther: Die älteste Quelle des deutschen „Media vita“, eine Salzburger Handschrift vom Jahre 1456, JLH 11 (**1966**) 161f. ~ SOMMER A **66**, 147. 149. 161 ~ VOLZ, Hans: Die Liturgie bei der Ablassverkündigung, JLH 11 (**1966**) 116f. 122f. ~ AMELN A **67**, 175 ~ BIRKNER A **67**, 118. 120 ~ BLANKENBURG A **67**, 57–59. 62. 66. 73. 77 ~ HAHN B **67**, 3f. ~ JANOTA B **68**, 74. 138. 232f. ~ LIPP-

HARDT A **68**, 170 ~ SCHÜTZ A **68**, 111 ~ GRIMM A **69**, 171 ~ JLH 14 (**1969**) 118. 142 ~

JLH 17 (**1972**) 230 ~ BLANKENBURG A **73/74**, 69. 72. 74 ~ JLH 18 (**1973/74**) 193 ~ WITTENBERG A **73/74**, 159 ~ MERTEN I A **75**, 16 ~ PIPER A **75**, 110. 116f. 121f. ~ SAUER-GEPPERT A **75**, 222–225 ~ RÖSSLER-Bibl. B **76**, 265 ~ BLANKENBURG I A **77**, 161. 380 ~ MGD 31 (**1977**) 14 ~ BLANKENBURG A **78**, 146f. 152–155 ~ GOJOWY A **78**, 117. 120f. ~ SIDLER, Hubert / STEINER, Petronia / SCHADE, Wernerfritz in WGL VII (**1978**) 279–282 ~ ANGERER, Joachim Fridolin: Lateinische und deutsche Gesänge aus der Zeit der Melker Reform (Forschungen zur älteren Musikgeschichte, Bd. 2), Wien **1979**, 147–149 ~ JENNY, Markus in MGD 33 (**1979**) 139 ~

JANOTA, Johannes: Schola cantorum und Gemeindelied im Spätmittelalter, JLH 24 (**1980**) 41 ~ JENNY A **80**, 66 ~ HAHN B **81**, 14. 20. 47. 174f. 193 Anm. 77. 204–215. 216 Anm. 161. 232. 266 Anm. 69. 314 ~ MAKAROWSKI, Klaus-Dieter in NITSCHKE B **81**, 88–94 (Pr) ~ JLH 26 (**1982**) 145. 158 ~ DRÖMANN A **83**, 171 ~ HEIMRATH / KORTH B **83**, 120f. 142 ~ JENNY A **83**, 48f. ~ JENNY B **83**, 76–79 ~ JLH 27 (**1983**) 125 ~ KADELBACH A **83**, 97f. ~ LIPPHARDT A **83**, 42. 70–82 ~ RIEHM A **83**, 189 ~ SKERIS A **83**, 115 ~ JLH 28 (**1984**) 86. 147 ~ RÖSSLER A **84**, 118 ~ SAUER-GEPPERT B **84**, 23 ~ AMELN A **85**, 16 ~ ASPER B **85**, 57f. 62. 64f. 67. 70. 106–112. 146. 173. 179f. ~ BELZ-ENSSLE A **85**, bes. 161f. ~ ERNST B **85**, 47. 200 ~ JENNY B **85** (WA.A 4) 58f. 160–162 ~ JLH 29 (**1985**) 27. 192 ~ AMELN A **86**, 115 ~ JENNY, Markus: Art. Hymnologie, TRE 15 (**1986**) 771 ~ VEIT B **86**, 41. 55. 58. 65. 67 Anm. 20. 87. 88 Anm. 39. 90. 105 Anm. 125. 106 Anm. 131. 107 Anm. 141. 120 Anm. 15. 128. 134. 144 Anm. 25f. 152. 166 ~ LIPPHARDT, Walther: Art. ‚Media vita in morte sumus' (deutsch), VerLex 6 (**1987**) 271–275 ~ PARENT B **87**, 199. 275 ~ JLH 31 (**1987/88**) 204f. ~ SIDLER, Hubert in RGL (**1988**) 785 ~ JLH 32 (**1989**) 21. 26 ~

KORNEMANN, Helmut / BLINDOW, Martin in HEKG III/2 (**1990**) 319–324 ~ MOESERITZ B **90**, 145–149 ~ BLANKENBURG B **91**, 149f. 157f. ~ KLEK A **91**, 222 ~ NAGEL A **92**, 11. 13. 18 ~ AMELN, Konrad: Ein Standartwerk über Johann Walter, JLH 34 (**1992/93**) 134. 136f. ~ KORNEMANN A **94**, 13 ~ LEUBE A **94**, bes. 406 ~ von MEDING A **94**, 252f. 260 ~ KURZKE A **94/95**, 127f. ~ ALBRECHT B ^{4}**95**, 72f. 138 ~ EINIG B **95**, 230. 413 ~ NSK **1995**/4, 9. 19f. ~ ROSER B **95**, 134f. ~ WEG III (**1995**) 40 ~ DKL III/1.2 Notenbd. (**1996**) 137f. ~ JANOTA, Johannes: Art. Kirchenlied, MGG^{2}, Sachteil 5 (**1996**) 64 (und 67) ~ KLEK / SCHRADE A **96**, 239 ~ MAHRENHOLZ, Jürgen Christian: Mitten wir im Leben sind. Strukturanalyse eines Lutherliedes, Ev.-luth. Kirchenzeitung 35 (**1996**) 8–10 ~ WINKES B **96**, 103 ~ DKL III/1.2 Textbd. (**1997**) 156–158 ~

Een Comp ³**1998**, Nr. 272 ~ von MEDING B **98**, 82–85. 110. 115. 199. 248. 288. 295. 300f. 303. 321. 323f. 329. 344f. 364f. 367. 408f. 446 ~ SEIBT B **98**, 267 ~ STEPHAN, Rudolf: Teutsch Antiphonal. Quellen und Studien zur Geschichte des deutschen Chorals im 15. Jahrhundert unter besonderer Berücksichtigung der Gesänge und des Breviers, Wien **1998**, 182–187 ~ WISSEMANN-GARBE A **98**, 120 ~ CONRAD A **99**, 230 ~ DKL III/1 Registerbd. (**1999**) 217f. ~ RÖSSLER, Martin / STALMANN, Joachim in HEG II (**1999**) 204–208. 337–339 ~

PRASSL, Franz Karl in MÖLLER B **00**, 46f. 59. 134 ~ WIMMER, Ruprecht: Ein Lied steigt hinab in die Unterwelt. Über: Martin Luther, Mitten wyr ym leben sind, in: Das 16. Jahrhundert – Freiheit und Glauben, hg. von Michael Jeismann, München **2000**, 61–63 ~ FRANZ, Ansgar in Geistl. Wunderhorn (**2001**) 84–93. 508 ~ MARTI B **01**, 120f. ~ RÖSSLER B **01**, 55. 744. 910 ~ DKL III/2 Textbd. (**2002**) 125. 316 ~ FRANZ B **02**, 269 ~ JLH 41 (**2002**) 236 ~ SCHMIDT B **02**, 584. 587 ~ HAHN, Gerhard / RÖSSLER, Martin in ÖLK II (**2003**) = LKEG H. 9 (**2004**) 69–78 ~ KNEITSCHEL B **03**, 117. 223. 348f. ~ REICH A ³**03**, 766 ~ STANKE, Gerhard in HARTMANN B **03**, 30–34 (+Pr) ~ JORDAHN A **04**, 240f.

519 Mit Fried und Freud ich fahr dahin

(Lukas 2, 29–32. Der Lobgesang des Simeon – Nunc dimittis)

KOCH I B ³**1866/1973**, 241. 470; VIII B ³**1876/1973**, 579 ~ FISCHER II B **1879/ 1967**, 91 ~ BÄUMKER II B **1888/1962**, 315f. ~ KÜMMERLE II B **1890/1974**, 283f. ~

RISCH A **1908**, 159 ~ SPITTA A **1917**, 211 ~ Lucke, Wilhelm / MOSER, Hans-Joachim in WA 35 (**1923**) 152–154. 438f. 503f. 615. 621 ~ NELLE B ³**1924/1962**, Nr. 473 ~ MÜLLER, Christa: Luthers Lied vom Tod, MGkK 40 (**1935**) bes. 263. 266 ~

SCHLISSKE B **48**, 228–238 ~

STAPEL B **50**, 79f. 222–226 ~ SCHLUNK B **51**, 251 ~ BERGMANN B **53**, 195 ~ BRUPPACHER B **53**, 397f. ~ FORNACON A **53** ~ BRODDE / MÜLLER B **54**, 60–64 ~ JLH 1 (**1955**) 103 ~ SCHRÖDER B **55**, 92 ~ JLH 2 (**1956**) 108. 125 ~ BLANKENBURG, Walter in HEKG II/2 (**1957**) 67 ~ FINSCHER A **57**, 66 ~ JLH 3 (**1957**) 111. 116 ~ KULP / BÜCHNER / FORNACON in HEKG Sb (**1958**) 45. 254. 480–482 ~ BOES A **58/59**, 27 ~ BRENNECKE A **58/59**, 71 ~ JLH 4 (**1958/59**) 127 ~ HERMELINK A **59**, 1483f. ~

BLANKENBURG A **61**, 590 ~ STÄHLIN, Wilhelm: Der immerwährende Lobgesang, Quatember 26 (**1961/62**) H. 4, 147–149 ~

GSCHWEND A **62**, 166 ~ JENNY B **62**, 38f. 42f. 63. 94. 104. 108. 134. 155f. 224 ~ JLH 7 (**1962**) 104. 126. 128; 8 (**1963**) 102. 167 ~ RECKZIEGEL B **63**, 80. 97. 114. 141. 204. 217 ~ JENNY A **64**, 150 ~ KÖHLER B **64** (HEKG I/2) 463 ~ SOMMER A **64**, 36. 59. 79 ~ JLH 10 (**1965**) 156 ~ KRATZEL A **66**, 172f. ~ AMELN A **67**, 172. 182 ~ BIRKNER A **67**, 126. 130 ~ HAHN B **67**, 31 ~ LIPPHARDT A **68**, 170 ~ SCHÜTZ A **68**, 110f. ~ GRIMM A **69**, 172 ~ KRATZEL, Günter: Deutsche Reformationslieder in polnischen evangelischen Kantionalen des 16. Jahrhunderts, JLH 14 (**1969**) 142f. ~

NSK AM (**1972**) 7, 35 ~ BLANKENBURG A **73/74**, 69. 72. 77. 88f. 92. 95f. Taf. IV ~ MGD 29 (**1975**) 125 ~ PIPER A **75**, 110 ~ SAUERGEPPERT A **75**, 222–224 ~ NSK AM (**1976**) 19, 95 ~ RÖSSLER B **76**, 104 ~ RÖSSLER-Bibl. B **76**, 264f. ~ BLANKENBURG I A **77**, 380 ~ GOJOWY A **78**, 98. 118. 122 ~ MGD 32 (**1978**) 150 ~

HAHN B **81**, 13. 19. 21. 46. 101f. 204. 248 Anm. 10. 283f. 314 ~ JLH 26 (**1982**) 145. 158 ~ DRÖMANN A **83**, 171 ~ HEIMRATH / KORTH B **83**, 58f. 132 ~ JENNY A **83**, 48f. 51 ~ JENNY B **83**, 57f. ~ KAPPNER, Gerhard: Lateinische Totenmesse und deutsche Begräbnismusik, JLH 27 (**1983**) 125. 129 ~ JLH 28 (**1984**) 147 ~ ULRICH, Herbert: Nunc dimittis servum tuum / Nun lässt du, Herr, deinen Knecht in Frieden scheiden / Mit Fried und Freud fahr ich dahin, Kath. KM 109 (**1984**) 235–242 ~ ASPER B **85**, 57f. 62. 64. 67. 70. 117–119 ~ JENNY B **85** (WA.A 4) 78. 229–231. 326f. ~ MGD 39 (**1985**) 27 ~ AMELN A **86**, 118 ~ JLH 30 (**1986**) 217 ~ MGD 40 (**1986**) 254 ~ VEIT B **86**, 41. 52. 64. 67 Anm. 22f. 82 Anm. 5. 83. 92. 109 Anm. 152. 120 Anm. 18. 128. 130. 143. 146. 148f. 153. 155. 158 Anm. 96. 159 Anm. 103. 160 ~ PARENT B **87**, 192f. 275 ~ AESCHBACHER, Gerhard: Über den Zusammenhang von Versstruktur, Strophenform und rhythmischer Gestalt der Genfer Psalmlieder, JLH 31 (**1987/88**) 55f. ~ AMELN A **89**, 23 ~

KORNEMANN, Helmut / BLINDOW, Martin in HEKG III/2 (**1990**) 325–329 ~ MELZER, Friso in meditation 16 (**1990**) H. 2, 60–62 (+B) ~ NSK **1991**/2, 2; **1995**/4, 11. 17 ~ DKL III/1.2 Notenbd. (**1996**) 143 ~ KLEK / SCHRADE A **96**, 238 ~ DKL III/1.2 Textbd. (**1997**) 169–171 ~ von MEDING B **98**, 129–131. 135. 198. 219f. 251. 294. 298. 324. 406. 416. 428. 446 ~ SEIBT B **98**, 267 ~ WISSEMANN-GARBE A **98**, 119. 137 ~ CONRAD A **99**, 230 ~ DKL III/1 Registerbd. (**1999**) 217 ~ RÖSSLER, Martin in HEG II (**1999**) 204–208 ~ JLH 39 (**2000**) 235 ~ MÖLLER B **00**, 81 ~ JLH 40 (**2001**) 236 ~ RÖSSLER B **01**, 55 ~ ZIPPERT, Christian: Des alten Simeon Lobgesang, Quatember 65 (**2001**) H. 1, 34–37 ~ DKL III/2 Textbd. (**2002**) 320f. ~ SCHMIDT B **02**, 584. 589f. ~ JORDAHN A **04**, 243f.

S. auch das Nunc dimittis EG 222 !

520 Nun legen wir den Leib ins Grab

(Mel.: Nun lasst uns den Leib begraben)

KOCH I B ^{3}**1866/1973**, 465; II B ^{3}**1867/1973**, 124. 131; VIII B ^{3}**1876/1973**, 585 ~ FISCHER II B **1879/1967**, 117–120 ~ BÄUMKER II B **1888/1962**, 325f. ~ KÜMMERLE II B **1890/1974**, 413–415 ~ ERK / BÖHME III B **1893f./1988**, 863f. ~
JULIAN B ^{2}**1907/1985**, 822 ~ NELLE B ^{3}**1924/1962**, Nr. 472 ~
LOHR, Ina: Über die Bestattungslieder und ihre Tonarten, MGD 2 (**1948**) 134f. ~
BRUPPACHER B **53**, 262–264 ~ JLH 1 (**1955**) 61 ~ SCHRÖDER B **55**, 92 ~ AMELN, Konrad: Luthers Anteil an dem Liede „Nun lasst uns den Leib begraben", JLH 3 (**1957**) 108–112. Taf. II ~ BLANKENBURG, Walter in HEKG II/2 (**1957**) 57f. ~ KULP / BÜCHNER / FORNACON in HEKG Sb (**1958**) 17. 107. 264–268. 429 ~ BRENNECKE A **58/59**, 71 ~ JLH 4 (**1958/59**) 128 ~
AMELN, Konrad: Luthers Liedauswahl, JLH 5 (**1960**) 123f. ~ GSCHWEND A **62**, 166 ~ JLH 7 (**1962**) 114. 122 ~ NELLE B ^{4}**62**, 47. 74 ~ HEYDEN A **63**, 176 ~ RECKZIEGEL B **63**, 114. 216 ~ KÖHLER B **64** (HEKG I/2) 295f. ~ BLUME, Friedrich / FINSCHER, Ludwig in BLUME B ^{2}**65**, 56 ~ KRATZEL A **66**, 172 ~ SOMMER A **66**, 151f. ~ AMELN A **67**, 175 ~ LIPPHARDT A **68**, 170 ~ GRIMM A **69**, 173 ~ HÜBNER B **69**, 55f. ~ JLH 14 (**1969**) 143 ~
JLH 15 (**1970**) 166 ~ NITSCHE, Herbert / KIEFNER, Walter in HEKG III/1 (**1970**) 561f. ~ WEISMANN, Eberhard ebd. 560 ~ JLH 17 (**1972**) 231 ~ LIPPHARDT, Walther: Gesangbuchdrucke in Frankfurt am Main vor 1569, Frankfurt/M. **1974**, 106 ~ MERTEN I A **75**, 16 ~ PIPER A **75**, 110 ~ JLH 20 (**1976**) 174 ~ MERTEN III A **77**, 61–63 ~ JLH 22 (**1978**) 246; 23 (**1979**) 134 ~
JENNY A **80**, 64 ~ JLH 24 (**1980**) 108; 25 (**1981**) 50 ~ DRÖMANN A **83**, 171 ~ JENNY A **83**, 48 ~ JENNY B **83**, 164–167 ~ JLH 27 (**1983**) 125; 28 (**1984**) 229 ~ ASPER B **85**, 68. 70 ~ HEINER B ^{3}**85**, 21 ~ JENNY B **85** (WA.A 4) 120–122. 309f. 342 ~ PARENT B **87**, 179f. 192. 275 ~ MGD 42 (**1988**) 287. 289. 292; 43 (**1989**) 10 ~ SCHULZ A **89**, 32. 37 ~
KURZKE A **94/95**, 132 ~ DKL III/1.2 Notenbd. (**1996**) 22. 161 ~ GARBE, Daniela in GARBE / JANOTA / SCHMIDT A **96**, 72 ~ DKL III/1.2 Textbd. (**1997**) 20f. 206 ~ DKL III/1.3 Textbd. (**1998**) 56f. ~ ALDEBERT, Heiner: „Nun lasst uns den Leib begraben". Dramatische Trauerlied-Inszenierungen im Zeitalter des Barock – Vorformen des modernen Bibliodramas, in BRUSNIAK / STEIGER B **99**, 103–126 ~ CONRAD A **99**, 230 ~ DKL III/1 Registerbd. (**1999**) 106. 125. 219 ~

RÖSSLER, Martin / KRIEG, Gustav A. in HEG II (**1999**) 204–208. 342–344 ~ SCHEITLER A **99**, 165f. 170 ~
JLH 39 (**2000**) 225 ~ MÖLLER B **00**, 80f. ~ WÜSTENBERG, Ulrich ebd. 236 ~ RÖSSLER B **01**, 78. 245f. 249f. 252 ~ DKL III/2 Textbd. (**2002**) 102. 136. 362 ~ MARTINI B **02**, 275 ~ KNEITSCHEL B **03**, 239f. 354 ~ JORDAHN A **04**, 246f. ~ SÜSS, Ulrike / FISCHER, Michael in LKEG H. 9 (**2004**) 79–84

521 O Welt, ich muss dich lassen

(Mel.: Innsbruck, ich muss dich lassen)

KOCH I B **³1866/1973**, 367; II B **³1867/1973**, 491; VIII B **³1876/1973**, 42. 589 ~ BÖHME B **1877/1966**, Nr. 254 ~ FISCHER II B **1879/1967**, 213–215 ~ KÜMMERLE II B **1890/1974**, 645–649 ~
Freiherr von der GOLTZ-GREIFSWALD, Eduard: Plattdeutsche Kirchenlieder, MGkK 27 (**1922**) H. 1, 23 ~ NELLE B **³1924/1962**, Nr. 475 ~
LOHR A **51** ~ SCHLUNK B **51**, 297 ~ BRUPPACHER B **53**, 400–402 ~ JLH 1 (**1955**) 61 ~ BLANKENBURG, Walter in HEKG II/2 (**1957**) 88 ~ KULP / BÜCHNER / FORNACON in HEKG Sb (**1958**) 117. 271. 453. 484–486. 583 ~ BRENNECKE A **58/59**, 71 ~ JLH 4 (**1958/59**) 127 ~ HERMELINK A **59**, 1480 ~
NELLE B **⁴62**, 80 ~ JLH 8 (**1963**) 171 ~ RECKZIEGEL B **63**, 154. 216 ~ KÖHLER B **64** (HEKG I/2) 465f. ~ GENNRICH B **65**, 8 ~ JLH 11 (**1966**) 89; 12 (**1967**) 108 ~ GRIMM A **69**, 172f. ~
JLH 15 (**1970**) 154; 17 (**1972**) 239; 18 (**1973/74**) 200 ~ BREDNICH II B **75**, Nr. 27. 303f. ~ MGD 29 (**1975**) 125 ~ RÖSSLER A **75**, 153. 176 ~ BELFRAGE A **76**, 118. Taf. II ~ MGD 30 (**1976**) 220 ~ RÖSSLER-Bibl. B **76**, 270 ~ STOCK, Klaus in Pr GL 2 (**1977**) 195–198 (+Pr) ~ GRANZ A **78**, 183f. ~ JENNY, Markus / HOFMANN, Ernst / QUACK, Erhard in WGL VII (**1978**) 291f. ~ SEUFFERT, Josef in WGL IX (**1979**) 133 ~
SCHNEIDER, Karin: Die deutschen Handschriften der Bayerischen Staatsbibliothek München, Cgm 691–867, Wiesbaden **1984**, 388f. ~ SCHÖNBORN A **84**, 91 ~ HEINER B **³85**, 36 ~ AMELN A **86**, 61. 63f. 70f. ~ MGD 40 (**1986**) 283; 41 (**1987**) 55 ~ QUACK, Erhard in RGL (**1988**) 787 ~ STÄHLIN, Martin: Heinrich Isaac und die Frühgeschichte des *Liedes Innsbruck, ich muß dich lassen*, in: Liedstudien (FS Wolfgang Osthoff), hg. von Martin Just / Reinhard Wiesend, Tutzing **1989**, 107–119 ~
KORNEMANN, Helmut / BLINDOW, Martin in HEKG III/2 (**1990**) 332–335 ~ MGD 44 (**1990**) 248 ~ JLH 33 (**1990/91**) 250 ~ FRANK

B [2]93, 427 ~ HENKYS A **94/95**, 148 ~ ALBRECHT B [4]**95**, 69f. ~ FOSS B **95**, 37. 78. 86f. 198 ~ NSK **1995**/3, 25; **1997**/2, 16 ~ CONRAD A **99**, 240 ~ WERBECK, Walter in HEG II (**1999**) 165 ~ RIEHM A **00**, 167 ~ MARTI B **01**, 111f. ~ RÖSSLER B **01**, 87. 919 ~ KNEITSCHEL B **03**, 240. 363f. ~ REICH A [3]**03**, 765 ~ FISCHER, Michael in LKEG H. 9 (**2004**) 85–91 ~ JORDAHN A **04**, 248–250

522 Wenn mein Stündlein vorhanden ist

BÖHME B **1877/1966**, 765 ~ FISCHER II B **1879/1967**, 352f. ~ BÄUMKER II B **1888/1962**, 305f. ~ KÜMMERLE IV B **1895/1974**, 235–240 ~

JULIAN B [2]**1907/1985**, 1254 ~ NELLE B [3]**1924/1962**, Nr.476 ~ SCHLUNK B **51**, 353 ~ BERGMANN B **53**, 123f. ~ BRUPPACHER B **53**, 398f. ~ JLH 1 (**1955**) 62; 2 (**1956**) 125 ~ BLANKENBURG, Walter in HEKG II/2 (**1957**) 89 ~ KULP / BÜCHNER / FORNACON in HEKG Sb (**1958**) 52. 112. 125. 256. 486f. 565 ~ BRENNECKE A **58/59**, 70 ~ JLH 4 (**1958/59**) 127 ~

BRODDE A **61**, 38f. ~ GSCHWEND A **62**, 166 ~ JENNY B **62**, 46f. 50f. 52f. 63. 132. 147. 149. 154. 267f. 316 ~ JLH 7 (**1962**) 121. 130 ~ NELLE B [4]**62**, 78 ~ JLH 8 (**1963**) 109. 166 ~ RECKZIEGEL B **63**, 114. 215 ~ JLH 9 (**1964**) 185. 240 ~ KÖHLER B **64** (HEKG I/2) 466f. ~ JLH 11 (**1966**) 245 ~ AMELN A **67**, 172 ~ GRIMM A **69**, 172f. 177 ~

JLH 15 (**1970**) 166 ~ SOMMER I A **72**, 118. 149. 154 ~ WITTENBERG A **73/74**, 159 ~ BREDNICH I B **74**, 207; II B **75**, Abb.104 ~ PIPER A **75**, 110 ~ RÖSSLER A **75**, 145 ~ RÖSSLER B **76**, 220 ~ RÖSSLER-Bibl. B **76**, 276 ~ SOMMER II A **77**, 147 ~ STARY, Othmar in Pr GL 2 (**1977**) 188–194 (+Pr) ~ GOJOWY A **78**, 107. 118. 122 ~ JENNY, Markus / DÖRR, Friedrich / KUNTZ, Michael in WGL VII (**1978**) 289f. ~ JLH 22 (**1978**) 256 ~ MGD 32 (**1978**) 159 ~ SCHOTT A **79**, 168f. ~ SEUFFERT, Josef in WGL IX (**1979**) 133 ~ ERB I B [2]**81**, 63f. ~ MGD 36 (**1982**) 77 ~ DRÖMANN A **83**, 172 ~ JLH 27 (**1983**) 132 ~ SAUER-GEPPERT B **84**, 83 ~ ELZ-BENSSLE A **85**, 162 ~ ERNST B **85**, 123. 189. 207 ~ HEINER B [3]**85**, 81 ~ PARENT B **87**, 158. 160. 183. 276 ~ QUACK, Erhard in RGL (**1988**) 787 ~

KORNEMANN, Helmut / BLINDOW, Martin in HEKG III/2 (**1990**) 335–337 ~ DKL III/1.1 Notenbd. (**1993**) 129. 145 ~ DKL III/1.1 Textbd. (**1993**) 132. 149 ~ FRANK B [2]**93**, 544 ~ DKL III/1.3 Textbd. (**1998**) 160f. ~ Een Comp [3]**1998**, Nr.270 ~ DKL III/1 Registerbd.

(**1999**) 50f. 66. 72. 74. 230 ~ PISTORIUS, Dietmar in HEG II (**1999**) 145–148 ~ SCHEITLER A **99**, 176 ~
BLOCK B ^{4}**01**, 116f. (Nachdichtung) ~ RÖSSLER B **01**, 274. 296 ~ SCHEFFBUCH 2 B ^{2}**01**, 255f. ~ DKL III/2 Textbd. (**2002**) 235. 243 ~ FRANZ B **02**, 507 ~ SCHMIDT B **02**, 620f. ~ KNEITSCHEL B **03**, 230. 378 ~ JORDAHN A **04**, 250f.

523 Valet will ich dir geben

KOCH II B ^{3}**1867/1973**, 307. 310. 378; VIII B ^{3}**1876/1973**, 537 ~ FISCHER II B **1879/1967**, 289f. ~ KÜMMERLE III B **1894/1974**, 730–733 ~
NELLE B ^{3}**1924/1962**, 480 ~
MOSER A **47**, 127 ~
SCHLUNK B **51**, 332 ~ AMELN A **56**, 146 ~ BLANKENBURG, Walter in HEKG II/2 (**1957**) 95. 97 ~ FORNACON, Siegfried: Melchior Teschner, MuK 27 (**1957**) 231–235 ~ KULP / BÜCHNER / FORNACON in HEKG Sb (**1958**) 48. 116. 123. 496–500 ~ HERMELINK A **59**, 1485 ~
NELLE B ^{4}**62**, 85 ~ WERTHEMANN B **63**, 21 ~ KÖHLER B **64** (HEKG I/2) 473f. ~ AMELN A **67**, 175 ~ HÖGNER, Friedrich: Das Orgelspiel im Gottesdienst, in EKMH (**1967**) 308 ~ JLH 12 (**1967**) 249 ~
WITTENBERG A **73/74**, 115. 159 ~ PIPER A **75**, 118 ~ MGD 30 (**1976**) 58 ~ RÖSSLER-Bibl. B **76**, 272 ~ DRÖMANN A **78**, 192 ~ GOJOWY A **78**, 98 ~ MGD 32 (**1978**) 157 ~
ELTZ-HOFFMANN B **80**, 37–39 ~ JLH 24 (**1980**) 108 ~ MÜLLER-SCHWEFE, Hans-Rudolf in NITSCHKE B **81**, 95–99 (Pr) ~ JLH 26 (**1982**) 188 ~ SAUER-GEPPERT B **84**, 21. 86f. 126. 132. 221 ~ ERB II B ^{2}**85**, 66f. ~ HEINER B ^{3}**85**, 103f. ~ MARTI A **85**, 161 ~ MGD 39 (**1985**) 102 ~ KEMPER B **87**, 245f. ~ PARENT B **87**, 159. 276 ~ MGD 43 (**1989**) 88 ~
KORNEMANN, Helmut / BLINDOW, Martin in HEKG III/2 (**1990**) 347–352 ~ FRANK B ^{2}**93**, 575f. ~ KORNEMANN A **94**, 13 ~ ALBRECHT B ^{4}**95**, 36f. ~ KADELBACH A **96/97**, 185 ~ Een Comp ^{3}**1998**, Nr. 3. 235 ~ SABIELA-CAANITZ, Mechthild / LÜHRS, Walther in HEG II (**1999**) 143. 322f. ~
RÖSSLER, Martin in MÖLLER B **00**, 151. 156 ~ WEG VI (**2000**) 22 ~ HADAMER A **01**, 122 ~ MARTI B **01**, 136f. ~ RÖSSLER B **01**, 119. 343 ~ MARTINI B **02**, 39 ~ SCHMIDT B **02**, 186f. ~ JLH 42 (**2003**) 200 ~ SCHEFFBUCH 1 B ^{8}**03**, 283f. ~ JORDAHN A **04**, 258f.

524 Freu dich sehr, o meine Seele

(Mel.: Wie nach einer Wasserquelle)

KOCH II B [3]**1867/1973**, 14. 346. 399; VIII B [3]**1876/1973**, 546. 549 ~ FISCHER I B **1878/1967**, 193f.; II B **1879/1967**, 379f. ~ KÜMMERLE I B **1888/1974**, 428–430 ~
NELLE B [3]**1924/1962**, Nr. 485 ~
SCHLUNK B **51**, 109 ~ BRUPPACHER B **53**, 408 ~ BLANKENBURG, Walter in HEKG II/2 (**1957**) 82f. ~ FRÖR, Kurt in KUV 6 ([3]**1958**) 262f. ~ KULP / BÜCHNER / FORNACON in HEKG Sb (**1958**) 500f. ~ BRENNECKE A **58/59**, 72 ~ FORNACON, Siegfried in JLH 4 (**1958/59**) 111 ~
BLANKENBURG A **61**, 592f. ~ JLH 8 (**1962**) 167 ~ NELLE B [4]**62**, 86 ~ RECKZIEGEL B **63**, 220. 227 ~ KÖHLER B **64** (HEKG I/2) 474f. ~ AMELN A **67**, 175 ~ SCHUHMACHER, Gerhard: Der beliebte, kritisierte und verbesserte Lobwasser-Psalter, JLH 12 (**1967**) 72. 78. 81f. ~ JLH 13 (**1968**) 189 ~ AMELN A **69**, 183f. ~ GRIMM A **69**, 164. 167. 172f. ~
JLH 15 (**1970**) 135 ~ PIDOUX, Pierre ebd. 123 ~ WITTENBERG A **73/74**, 159 ~ RÖSSLER A **75**, 176. 178 ~ MGD 30 (**1976**) 221 ~ RÖSSLER B **76**, 251 ~ RÖSSLER-Bibl. B **76**, 250 ~ JENNY A **77**, 59f. ~ MGD 31 (**1977**) 112 ~ SCHÖNBORN A **79**, 153 ~ SCHOTT A **79**, 168 ~
JENNY A **80**, 68 ~ JLH 25 (**1981**) 25 ~ MGD 35 (**1981**) 72 ~ DRÖMANN A **83**, 176. 179 ~ KADELBACH A **83**, 104 ~ MGD 37 (**1983**) 98. 101 ~ MARTI A **85**, 157 ~ NSK **1987**/3, 14 ~ PARENT B **87**, 159. 274 ~ MGD 42 (**1988**) 208; 43 (**1989**) 14 ~ NSK **1989**/1, 22. 28 ~
KORNEMANN, Helmut / BLINDOW, Martin in HEKG III/2 (**1990**) 352–355 ~ MGD 44 (**1990**) 181 ~ NSK **1991**/1, 30 ~ KRIEG A **92/93**, 47 ~ MARTI A **94**, 9 ~ HENKYS A **94/95**, 139. 151 ~ BRAUN A **96/97**, 160 ~ STEFAN A **97**, 20 ~ SEIBT B **98**, 108f. ~ ZILLESSEN A **98**, 23 ~ CONRAD A **99**, 240 ~ WEBER, Edith / SCHLAGE, Thomas in HEG II (**1999**) 52f. 74f. ~
STEFAN A **00**, 52 ~ MARTI A **01**, 156f. ~ RÖSSLER B **01**, 119 ~ JLH 41 (**2002**) 194 ~ SCHMIDT B **02**, 547f. ~ JORDAHN A **04**, 260–263

525 Mach's mit mir, Gott, nach deiner Güt

KOCH III B [3]**1867/1973**, 85. 271; VIII B [3]**1876/1973**, 624 ~ FISCHER II B **1879/ 1967**, 43f. ~ KÜMMERLE II B **1890/1974**, 108–110 ~

FRIEDLAENDER I B **1902/1962**, XXIV ~ JULIAN B [2]**1907/ 1985**, 1008 ~ NELLE B [3]**1924/1962**, Nr. 483 ~
SCHLUNK B **51**, 235 ~ BERGMANN B **53**, 258 ~ BLANKENBURG, Walter in HEKG II/2 (**1957**) 95f. 99 ~ KULP / BÜCHNER / FORNACON in HEKG Sb (**1958**) 503f. 515 ~
NELLE B [4]**62**, 117 ~ RECKZIEGEL B **63**, 154. 220 ~ KÖHLER B **64** (HEKG I/2) 477 ~ AMELN A **67**, 174 ~ GRIMM A **69**, 172 ~
RÖSSLER-Bibl. B **76**, 263 ~ JLH 21 (**1977**) 220 ~
MGD 37 (**1983**) 100. 104 ~ SAUER-GEPPERT B **84**, 55. 84 ~ ELZBENSSLE A **85**, 162 ~ HEINER B [3]**85**, 114 ~ MGD 40 (**1986**) 246; 42 (**1988**) 287f.; 43 (**1989**) 12 ~
KORNEMANN, Helmut / BLINDOW, Martin in HEKG III/2 (**1990**) 360–363 ~ FRANK B [2]**93**, 437 ~ KADELBACH A **96/97**, 185. 187 ~ WITTE B **97**, 402 ~ SCHNEIDER, Matthias / WERBECK, Walter in HEG II (**1999**) 113–115. 272f. ~
RÖSSLER, Martin in MÖLLER B **00**, 156 ~ RÖSSLER B **01**, 119 ~ SCHEFFBUCH 2 B [2]**01**, 218 ~ FRANZ B **02**, 194 ~ JORDAHN A **04**, 266–268

526 Jesus, meine Zuversicht

KOCH IV B [3]**1868/1973**, 106. 169; VIII B [3]**1876/1973**, 69 ~ FISCHER I B **1878/ 1967**, 390–396 ~ KÜMMERLE I B **1888/1974**, 296. 444. 665–667 ~ BÄUMKER III B **1891/1962**, 298 ~ ERK / BÖHME III B **1893f./1988**, 865 ~
JULIAN B [2]**1907/1985**, 702 ~ NELLE B [3]**1924/1962**, Nr. 127 ~
SCHLUNK B **51**, 210f. ~ BRUPPACHER B **53**, 184f. ~ LAUTERBURG B **53**, 92f. = in EvKCh 61 (**1956**) H. 2, 10f. ~ BACH, Arthur / GRIMME, Gertrud in EvUV 5 (**1956**) 225–227 ~ BLANKENBURG, Walter in HEKG II/2 (**1957**) 96 ~ BACH, Arthur / GRIMME, Gertrud in EvUV 7 (**1958**) 227 ~ KULP / BÜCHNER / FORNACON in HEKG Sb (**1958**) 149. 516–518 ~ STÄHLIN A **58**, 148 ~
FRÖR, Kurt in KUV 8 ([2]**1960**) 381 ~ JLH 6 (**1961**) 143 ~ NELLE B [4]**62**, 179 ~ KÖHLER B **64** (HEKG I/2) 487f. ~ AMELN A **67**, 173. 182 ~ NEUBACHER B **68**, 34f. ~ AMELN A **69**, 184. 186 ~
NSK AM (**1973**) 12, 63 ~ WITTENBERG A **73/74**, 115. 137. 142. 159 ~ RÖSSLER A **75**, 153. 180. 182 ~ NSK AM (**1976**) 21, 102 ~ RÖSSLER-Bibl. B **76**, 261 ~ FORNACON, Siegfried in MGD 31 (**1977**) 109–120 ~ NSK AM (**1977**) 24, 117 ~ SAUER-GEPPERT A **77**, 80 ~ GOJOWY A **78**, 104 ~ JLH 23 (**1979**) 212. 219f. ~
JENNY A **80**, 65 ~ MGD 36 (**1982**) 167 ~ KADELBACH A **83**, 101

~ MGD 37 (**1983**) 104. 160 ~ SAUER-GEPPERT A **83**, 808 ~ JLH 30 (**1986**) 106 ~ PARENT B **87**, 159. 275 ~
KORNEMANN, Helmut / STALMANN, Joachim in HEKG III/2 (**1990**) 386–389 ~ MGD 44 (**1990**) 182 ~ KUESSNER A **91**, 34 ~ ALBRECHT B **⁴95**, 124 ~ NSK **1996**/1, 13 ~ WITTE B **97**, 402 ~ Een Comp **³1998**, 217. 436 ~ SEIBT B **98**, 265 ~ CONRAD A **99**, 240 ~ SCHNEIDER, Matthias in HEG II (**1999**) 295–297 ~ TESKE, Martin: Trost in der Stunde der Trauer. Louise Henriette von Brandenburg dichtete „Jesus meine Zuversicht", EvKZ **1999**, Nr. 31, 8 ~
RIEHM A **00**, 167 ~ RÖSSLER, Martin in MÖLLER B **00**, 199 ~ MARTI B **01**, 82 ~ RÖSSLER B **01**, 151. 460f. 708. 748 ~ SCHEFFBUCH 2 B **²01**, 278f. ~ SCHMIDT B **02**, 217. 589f. 592. 720 ~ KNEITSCHEL B **03**, 239. 332f. ~ JORDAHN A **04**, 269–271

527 Die Herrlichkeit der Erden

KOCH III B **³1867/1973**, 54 ~ FISCHER I B **1878/1967**, 123 ~
SCHLUNK B **51**, 73 ~ BRUPPACHER B **53**, 411 ~ RÖBBELEN B **57**, 79. 345. 456 ~ KULP / BÜCHNER / FORNACON in HEKG Sb (**1958**) 504. 513–515 ~
NELLE B **⁴62**, 168 ~ KÖHLER B **64** (HEKG I/2) 485f. ~ JLH 13 (**1968**) 246 ~
ELTZ-HOFFMANN B **80**, 62–65 ~ HEINER B **³85**, 142 ~
KORNEMANN, Helmut / BLINDOW, Martin in HEKG III/2 (**1990**) 381–383 ~ SEIBT B **98**, 255 ~ DORNEGER, Karl in HEG II (**1999**) 124f. ~
RÖSSLER B **01**, 527

Zur Mel. s. auch bei EG 521 „O Welt, ich muss dich lassen" !

528 Ach wie flüchtig, ach wie nichtig

KOCH II B **³1867/1973**, 357. 489; III B **³1867/1973**, 440; IV B **³1868/1973**, 115. 138; VIII B **³1876/1973**, 631 ~ FISCHER I B **1878/1967**, 28–30 ~ KÜMMERLE I B **1888/1974**, 8f. ~
NELLE B **³1924/1962**, Nr. 490 ~
SCHLUNK B **51**, 17 ~ BERGMANN B **53**, 136 ~ BRUPPACHER B **53**, 410 ~ LAUTERBURG B **53**, 218–220 ~ MOREL III A **53**, 141f. ~ BLANKENBURG, Walter in HEKG II/2 (**1957**) 96 ~ RÖBBELEN B **57**, 81f. 455 ~ ~ KULP / BÜCHNER / FORNACON in HEKG Sb (**1958**) 512f. ~

MERTES B **62**, 21 ~ NELLE B ^{4}**62**, 177 ~ KÖHLER B **64** (HEKG I/2) 483f. ~
NSK AM (**1972**) 7, 35 ~ RÖSSLER A **75**, 148 ~ RÖSSLER-Bibl. B **76**, 239 ~ HEIMERL, Hans in Pr GL 2 (**1977**) 184–187 (+Pr) ~ JENNY, Markus / SEUFFERT, Josef / HEINDRICHS, Heinz-Albert in WGL VII (**1978**) 287f. ~ SEUFFERT, Josef in WGL IX (**1979**) 132f. ~
ELTZ-HOFFMANN B **80**, 65 ~ HEINER B ^{3}**85**, 122 ~ ERB IV B ^{2}**86**, 45f. ~ MARTI, Andreas: Werkstattbericht II: Die Arbeit der reformierten Gesangbuch-Kommissionen an den Fassungen ökumenischer Lieder, NSK **1988**/2, 29 ~ MGD 42 (**1988**) 134 ~ NORDHUES, Paul / WAGNER, Alois in RGL (**1988**) 203. 786 ~
KORNEMANN, Helmut / BLINDOW, Martin in HEKG III/2 (**1990**) 378–381 ~ WINKES B **96**, 101–105 (B) ~ NSK **1997**/3, 15 ~ WETTACH A **97**, 31 ~ Een Comp ^{3}**1998**, Nr. 271 ~ WIESLI, Walter: Liedkontraste, NSK **1998**/4, 19–21 ~ STALMANN, Joachim / SCHLAGE, Thomas in HEG II (**1999**) 66–69. 95f. ~
HECKMANN, Michael in SEEBERG B **00**, 246–251 (Pr vom 24. 11. 1996) ~ MARTI B **01**, 135 ~ SCHMIDT B **02**, 611 ~ KNEITSCHEL B **03**, 237. 271

529 Ich bin ein Gast auf Erden

KOCH III B ^{3}**1867/1973**, 323; VIII B ^{3}**1876/1973**, 555 ~ FISCHER I B **1878/1967**, 319 ~
GÜNTHER A **1906**, 346 ~ NELLE B ^{3}**1924/1962**, Nr. 376 ~
LANGENDORF, Grete: „Ich bin ein Gast auf Erden, mein' Heimat ist dort oben" – Was die Liederdichter unseres Gesangbuches darüber sagen, EvU 6 (**1951**) 136 ~ SCHLUNK B **51**, 173 ~ BRUPPACHER B **53**, 407f. ~ KULP / BÜCHNER / FORNACON in HEKG Sb (**1958**) 510f. ~
NELLE B ^{4}**62**, 145 ~ KÖHLER B **64** (HEKG I/2) 481–483 ~
JLH 16 (**1971**) 170 ~ WITTENBERG A **73/74**, 159 ~ BLANKENBURG A **76**, 104 = in JENNY / NIEVERGELT B **76**, 30 ~ JENNY A **76**, 151 = in JENNY / NIEVERGELT B **76**, 50 ~ JENNY / NIEVERGELT B **76**, 63 ~ MGD 30 (**1976**) 45. 114. 184 ~
JLH 24 (**1980**) 122 ~ RÖDDING B ^{2}**84**, 97f. ~ ELZ-BENSSLE A **85**, 162 ~ HEINER B ^{3}**85**, 155 ~ HESSELBACHER B **87**, 119–122 ~ PARENT B **87**, 217. 274 ~
KORNEMANN, Helmut / BLINDOW, Martin in HEKG III/2 (**1990**) 375–378 ~ AXMACHER, Elke: Paul Gerhardt: Ich bin ein Gast auf Erden, MuK 62 (**1992**) H. 6, 310–320 ~ JLH 34 (**1992/93**) 209 ~ BUNNERS B **93**, 132f. 264. 281 ~ FRANK B ^{2}**93**, 576 ~ NORDEN, Hans-

Joachim in KOERRENZ / REMY B **94**, 149–154 (Pr) ~ NSK **1997**/3, 14–16 ~ BUNNERS, Christian in HEG II (**1999**) 110–112 ~
RIEHM A **00**, 167 ~ AXMACHER B **01**, 165–181 ~ MARTI B **01**, 135f. ~ RÖSSLER B **01**, 459 ~ ERB III B [8]**02**, 157–162 ~ SCHMIDT B **02**, 576 ~ HENKYS, Jürgen: Schwing dich auf zu deinem Gott ..., in WEICHENHAN / UEBERSCHÄR B **03**, 76–80 ~ KNEITSCHEL B **03**, 243. 323f. ~ LEHMANN A **03**, 24f. ~ SCHEFFBUCH 1 B [8]**03**, 246f. ~ JORDAHN A **04**, 273–276

Zur Mel. s. auch bei EG 85 „O Haupt voll Blut und Wunden" !

530 Wer weiß, wie nahe mir mein Ende

KOCH V B [3]**1868/1973**, 501 ~ FISCHER II B **1879/1967**, 365–370 ~ KÜMMERLE IV B **1895/1974**, 311–317 ~
BÄUMKER IV B **1911/1962**, 696 ~ NELLE B [3]**1924/1962**, Nr. 495 ~ KULP, Johannes: Wer ist der Dichter des Liedes „Wer weiß, wie nahe mir mein Ende"?, MGkK 43 (**1938**) 284–290 ~
SCHLUNK B **51**, 360 ~ BRUPPACHER B **53**, 413f. ~ BLANKENBURG, Walter in HEKG II/2 (**1957**) 112 ~ KULP / BÜCHNER / FORNACON in HEKG Sb (**1958**) 364. 518f. ~ FRÖR, Kurt in KUV 7 ([3]**1959**) 7–10 ~
NELLE B [4]**62**, 177 ~ KÖHLER B **64** (HEKG I/2) 488f. ~ AMELN A **69**, 184f. ~
NSK AM (**1972**) 7, 35 ~ WITTENBERG A **73/74**, 137. 158 ~ PIPER A **75**, 116. 118 ~ RÖSSLER A **75**, 153. 177. 179 ~ MGD 30 (**1976**) 58 ~ RÖSSLER-Bibl. B **76**, 277 ~
MGD 35 (**1981**) 177 ~ SAUER-GEPPERT B **84**, 86f. ~ HEINER B [3]**85**, 167f. ~ ERB IV B [2]**86**, 68f. ~ PARENT B **87**, 159. 276 ~
KORNEMANN, Helmut / BLINDOW, Martin in HEKG III/2 (**1990**) 389–393 ~ FRANK B [2]**93**, 497 ~ KORNEMANN A **94**, 13 ~ SCHILLING, Christoph in: Praxishilfe Beerdigung, hg. von Fellechner, Ernst L. / Votava, Helmut, Nidderau **1994**, 183f. (Pr) ~ SCHNEIDER-BÖKLEN B **95**, 41–44 ~ NSK **1996**/2, 9 ~ WERBECK, Walter / KONRADT, Greta / SCHNEIDER-BÖKLEN, Elisabeth in HEG II (**1999**) 58f. 234. 292f. ~
KADELBACH A **00**, 149. 159 ~ MARTI B **01**, 135 ~ RÖSSLER B **01**, 155. 645 ~ FRANZ B **02**, 185 ~ SCHMIDT B **02**, 620 ~ KNEITSCHEL B **03**, 244. 380 ~ SCHEFFBUCH 1 B [8]**03**, 212f. ~ JORDAHN A **04**, 277–279

531 Noch kann ich es nicht fassen

GIERING, Achim: Seelsorge. Text und Melodie EG 531, ChL 47 (**1994**) 463–465 ~
GIERING A **00**, 44f.

Zur Mel. s. auch bei EG 85 „O Haupt voll Blut und Wunden" !

532 Nun sich das Herz von allem löste

KLEPPER B **56**, 916f. (29. 8. 1940) ~ IHLENFELD, Kurt: Freundschaft mit Jochen Klepper, Witten / Berlin **1958**, 137f. ~
MESCHKE, Eva-Juliane (Hg.): Jochen Klepper. Gast und Fremdling. Briefe an Freunde, Witten / Berlin **1960**, 247f. 262–264 ~ LANGE A **62**, 158 ~ TAPPOLET B **63**, 47 ~ REICH A **67**, 41 ~
THUST B **76**, 69. 75. 119. 135. 139. 189f. 192. 194. 358. 372. 475. 481. 511. 517. 824 ~
GROSCH B [5]**89**, 51 ~
HENKYS A **93**, 100 ~ HENKYS, Jürgen: Lob ohne Klage? Zu einer Problemspur im Werk Jochen Kleppers, GAGF **1996**, H. 26, 30–36 = HENKYS B **99**, 293–298 ~ ELLER, Walter: Religion als Kunst. Jochen Kleppers Kirchenliedschaffen als hymnologisches Paradigma und als soziale Aporie, IAHB 25 (**1997**) 87f. ~ WECHT, Martin J. in MEYER B [2]**97**, 168–170 ~ LEUBE, Bernhard in AuB 51 (**1998**) H. 19, 721–724 ~ WECHT B **98**, 158 ~ WECHT, Martin in HEG II (**1999**) 177–179 ~
STEFAN A **00**, 52 ~ RÖSSLER B **01**, 962. 973 ~ HENKYS A **02**, 30 ~ DEICHGRÄBER B [2]**03**, 91–95 (B) ~ ELLSEL B [3]**03**, 106–115 (Pr) ~ HENKYS, Jürgen: Schwing dich auf zu deinem Gott ..., in WEICHENHAN / UEBERSCHÄR B **03**, 80–82 ~ Ders. in LKEG H. 8 (**2003**) 86–91 ~ KIRSCHBAUM A **03**, 55 ~ KNEITSCHEL B **03**, 355 ~ WILCKENS A **03**, 112

Zur Mel. s. auch bei EG 255 „O dass doch bald dein Feuer brennte" !

533 Du kannst nicht tiefer fallen

TAPPOLET B **63**, 59 ~
WITTENBERG A **73/74**, 148 ~
DRÖMANN / SCHUBERTH B [2]**87**, Nr. 35 ~ NSK **1988**/2, 26 ~
NSK **1991**/3, 33 ~ KRIEG A **92/93**, 50 ~ BLOCK B **95**, 36f. ~ KLEK / SCHRADE A **96**, 261 ~ PÖTZSCH, Arno in MEYER B [2]**97**, 215f. ~

SCHRÖER A **98**, 9 ~ DALLMANN, Wolfgang / BLOCK, Detlev in HEG II (**1999**) 37f. 242f. ~
BLOCK, Detlev (Hg.): Arno Pötzsch: Sagt, dass die Liebe allen Jammer heilt. Geistliche Lieder und Gedichte. Mit einer Einführung in Leben und Werk, Stuttgart **2000** ~ POMELLA A **00**, 198 ~ GUNTLI, Erich: Eine notwendige Ergänzung. Du kannst nicht tiefer fallen, SMG 126 (**2001**) H. 1, 66f. ~ RÖSSLER B **01**, 984 ~ SCHEFFBUCH 2 B [2]**01**, 22f. ~ EGERER 3 B **02** ~ FRIEDRICH A **02**, 56 ~ JLH 41 (**2002**) 238; 42 (**2003**) 227 ~ GÖRISCH, Reinhard / KROKENBERGER, Bettina in LKEG H. 9 (**2004**) 92–96 ~ GÖRISCH, Reinhard / BERNOULLI, Peter Ernst in ÖLK IV (**2005**)

534 Herr, lehre uns, dass wir sterben müssen

NSK **1988**/2, 26 ~
KRIEG A **92/93**, 50 ~ ALBRECHT B [4]**95**, 92 ~ KROEDEL, Rolf in MEYER B [2]**97**, 179 ~ PETZOLD, Lothar ebd. 212f. ~ WETTACH A **97**, 31 ~ VOLL, Konja / WERNER, Matthias in HEG II (**1999**) 187. 241 ~
REICH, Christa in LKEG H. 8 (**2003**) 92–96

535 Gloria sei dir gesungen

(= 3. Str. von EG 147)

SEUFFERT, Josef in WGL IX (**1979**) 38 ~
KRUMMACHER, Christoph in HEG II (**1999**) 28f. ~
RÖSSLER, Martin in MÖLLER B **00**, 189 ~ RÖSSLER B **01**, 122. 332
S. auch bei EG 147 „Wachet auf, ruft uns die Stimme“ !

Aufschlüsselung der Literaturverweise

Aus der Fülle hymnologischer Literatur ist im Folgenden unter A) – H) lediglich diejenige aufgeführt, die sich
1) speziell auf die Lieder des EG bezieht und
2) nicht bereits bei einzelnen Liedern genannt ist.

A) Artikel und Aufsätze

Plaß, Johannes: Der Zwiespalt zwischen Text- und Melodierhythmus in Luthers Kirchenliedern, MGkK 5 (1900) H. 2, 45–50; H. 3, 72–83 (PLASS A **1900**)

Knoke, Karl: Über den Gesang der älteren protestantischen Choralmelodien. Zugleich zur Kritik der bezüglichen Vorschläge des Past. Christ. Drömann, MGkK 10 (1905) H. 3, 71–81 (KNOKE A **1905**)

Günther, Rudolf: Über Deutung und Änderung einer Stelle in Paul Gerhardts Liedern, MGkK 11 (1906) H. 11, 345–348 (GÜNTHER A **1906**)

Nelle, Wilhelm: Matthias Claudius und das Kirchenlied, MGkK 11 (1906) H. 4, 122–126; H. 5, 153–159; H. 6, 182–188 (NELLE A **1906**)

Spitta, Friedrich: Studien zu Luthers Liedern, MGkK 11 (1906) H. 7, 217–222; H. 8, 260–269; H. 9, 284–294; H. 10, 310–319; H. 11, 338–345; H. 12, 362–368 (SPITTA A **1906**)

Risch, Adolf: Sprache und Reim der Lutherlieder als Kriterium ihrer Entstehung, MGkK 13 (1908) H. 5, 153–160 (RISCH A **1908**)

Klingemann, C.: Deutsche Osterlieder an der Sprachgrenze und in den Sprachinseln, MGkK 19 (1914) H. 4, 121–125; H. 5, 154–157; H. 6, 185–191; H. 7, 219–221 (KLINGEMANN A **1914**)

Spitta, Friedrich: Weitere liturgische Kriegsbeiträge, MGkK 20 (1915) H. 2, 33–36; H. 6, 173–177; H. 7/8, 217–222 (SPITTA A **1915**)

Spitta, Friedrich: Die Lieder Luthers. Zur Feier des Reformationsjubiläums, MGkK 22 (1917) H. 4, 117–122; H. 5, 165–173; H. 6, 209–216; H. 7/8, 249–259 (SPITTA A **1917**)

Spitta, Friedrich: Kritische Bemerkungen zu unseren Kirchenliedern, MGkK 29 (1924) H. 1/2 , 1–5; H. 5/6, 89–92 (SPITTA A **1924**)

Hosenthien, Albert: Kirchenlieder für Passionspredigten, MGkK 34 (1929) H. 2, 57–60 (HOSENTHIEN A **1929**)

Mehl, Oskar Joh.: Der Text unserer Choräle, MGkK 35 (1930) H. 7, 203–210 (MEHL A **1930**)

Moser, Paul: Sprache und Musik im kirchlichen Lied, MGD 1 (1947) 121–130 (MOSER A **47**)

Krummacher, Helga: Die Choralarbeit in der Christenlehre, ChL 1 (1948) Nr. 2, 35–40 = (leicht gekürzt und kommentiert von Volker Ochs) ChL 42 (1989) 276–279(f.) (KRUMMACHER A **48**)

Krummacher, Helga: Zur Behandlung der Weihnachtsgeschichte durch das Kirchenlied, ChL 1 (1948) Nr. 9, 219–226 (KRUMMACHER A **48**)

Lohr, Ina: Advents- und Weihnachtslieder, MGD 2 (1948) 153–159 (LOHR A **48**)

Lohr, Ina: Die Passionslieder des 16. Jahrhunderts, MGD 2 (1948) 44–48 (LOHR A **48**)

Hommel, Hildebrecht: Antikes Erbgut im evangelischen Kirchenlied, ThViat I (1948/49) 122–136 (HOMMEL A **48/49**)

Jenny, Markus: Neue Weihnachtslieder, MGD 3 (1949) 162–167 (JENNY A **49**)

Lohr, Ina: Zusammenfassende Gedanken über die Weihnachts- und Neujahrslieder, MGD 3 (1949) 8–12 (LOHR A **49**)

Blankenburg, Walter: Zur Frage nach der Herkunft der Weisen des Gesangbuchs der Böhmischen Brüder von 1531, MuK 21 (1951) H. 2, 67–71 (BLANKENBURG A **51**)

Lohr, Ina: Textliche und melodische Zitate im Kirchenlied, MGD 5 (1951) 177–181 (LOHR A **51**)

Brodde, Otto: Die Melodien des Evangelischen Kirchengesangbuchs, KCh 12 (1952) H. 3, 41–58 (BRODDE A **52**)

Kiefner, Walter: Die Texte des Evangelischen Kirchengesangbuchs, KCh 12 (1952) H. 3, 45–48 (KIEFNER A **52**)

Aengenvoort; Johannes: Die Einheitslieder der Osterzeit, MuA V (1953) H. 5, 133 -136 (AENGENVOORT A **53**)

Fornacon, Siegfried: Die reformierten „Gesänge", MuK 23 (1953) H. 2, 49–51 (FORNACON A **53**)

Morel, Fritz: Die Melodien und Bearbeitungen von Johann Crüger im neuen Gesangbuch, MGD 7 (1953) H. 3, 65–73, H. 4, 103–107, H. 5, 139–142 (MOREL I A **53**, II A **53**, III A **53**)

Paulsen, Ingwer: Welche Lieder lernen wir zu den hohen Festen?, EvE 5 (1953) H. 1, 29–35 (PAULSEN A **53**)

Aengenvoort, Johannes: Kritisches zu unseren Weihnachtsliedern, MuA VI (1953/ 54) H. 4, 180–183 (AENGENVOORT A **53/54**)

Scheibenberger, Karl: „Geh aus, mein Herz, und suche Freud!" Lob des Sommers im Gesangbuch, WuW 8 (1953/54) Nr. 32, 348 (SCHEIBENBERGER A **53/54**)

Hauschildt, Karl: Das Christuszeugnis in Luthers Weihnachtslied, Luther 25 (1954) 114–124 (HAUSCHILDT A **54**)

Röbbelen, Ingeborg: „Ich bin din, du bist min ...". Ein kleines Kapitel aus der Gesangbuchgeschichte, EvTh 14 (1954) 377–383 (RÖBBELEN A **54**)

Goldau, Friedrich Franz: Der Heilige Abend im Lied, WuW 9 (1954/55) Nr. 4, 47 (GOLDAU A **54/55**)

Grunow, Richard: Komm, Heiliger Geist, Herre Gott! Zu den altkirchlichen Pfingstliedern im Neuen Gesangbuch, WuW 9 (1954/55) Nr. 27, 333 (GRUNOW A **54/55**)

Blankenburg, Walter: Art. Evangelischer Gemeindegesang, MGG Bd. 4 (1955) 1649–1680 (BLANKENBURG A **55**)

Schnitzler, Theodor: Zu den Volksgesängen bei der Eucharistiefeier, Lit. Jb 5 (1955) 21–37 (SCHNITZLER A **55**)

Grunow, Richard: Herz und Herz vereint zusammen … Lieder der Gemeinschaft im Neuen Gesangbuch, WuW 10 (1955/56) Nr. 27, 310 (GRUNOW A **55/56**)

Zipp, Friedrich: Weihnachten im Lied. Martin Luthers Lobgesang von der Geburt Christi, WuW 10 (1955/56) Nr. 2, 15f. (ZIPP A **55/56**)

Ameln, Konrad: Geistliche Lieder der Devotio moderna, JLH 2 (1956) 145f. (AMELN A **56**)

Blankenburg, Walter: Die Kirchenliedweisen von Philipp Nicolai, MuK 26 (1956) H. 4, 172–176 (BLANKENBURG A **56**)

Weismann, Eberhard: Philipp Nicolai. Zum 400. Geburtstag am 10. August 1956, Km 7 (1956) 181–185 (WEISMANN A **56**)

Wiora, Walter: Das produktive Umsingen deutscher Kirchenliedweisen in der Vielfalt europäischer Stile, JLH 2 (1956) 47–63 (WIORA A **56**)

Blankenburg, Walter: Geschichte der Melodien des Evangelischen Kirchengesangbuchs. Ein Abriss, HEKG II/2 (1957) 45–117 (BLANKENBURG, Walter in HEKG II/2 (**1957**)

Finscher, Ludwig: Das Kantional des Georg Weber aus Weissenfels (Erfurt 1588), JLH 3 (1957) 62–78 (FINSCHER A **57**)

Gabriel, Paul: Geschichte des Kirchenliedes. Ein Abriss, HEKG II/2 (1957) 5–44 (GABRIEL, Paul in HEKG II/2 (**1957**))

Hauschildt, Karl: Die Botschaft der Reformation in den Liedern Paul Gerhardts, Luther 28 (1957) 63–74 (HAUSCHILDT A **57**)

Jenny, Markus: Vom Rhythmus im Gemeindelied, MGD 11 (1957) 9–19 (JENNY A **57**)

Schoenbaum, Camillo: Die Weisen des Gesangbuchs der Böhmischen Brüder von 1531, JLH 3 (1957) 44–61 (SCHOENBAUM A **57**)

Kramp, Willy: Das evangelische Kirchenlied, Quatember 22 (1957/58) H. 4, 198–205, z. T. = in HOFMANN B 67, 58–64 (KRAMP A **57/58**)

Geppert, Waldtraut Ingeborg: Art. Kirchenlied, RL Bd. 1 (1958) 819–852 (GEPPERT A **58**)

Gottron, Adam: Am Mittelrhein, KmJb 42 (1958) 53–63 (GOTTRON A **58**)

Stählin, Wilhelm: Das Lied der Kirche und die Theologie, MuK 28 (1958) H. 4, 145–153 (STÄHLIN A **58**)

Tschirch, Fritz: Metrik und Gesangbuch, ThLZ 83 (1958) Nr. 3, 165–176 (TSCHIRCH A **58**)

Boes, Adolf: Die reformatorischen Gottesdienste in der Wittenberger Pfarrkirche von 1523 an und die „Ordenung der gesenge der Wittenbergischen Kirchen“ von 1543/44, JLH 4 (1958/59) 1–40 (BOES A **58/59**)

Brennecke, Wilfried: Das Hohenlohesche Gesangbuch von 1629 und Johannes Jeep, JLH 4 (1958/59) 41–72 (BRENNECKE A **58/59**)

Jenny, Markus / Ameln, Konrad: Zur Entstehungszeit und Herkunft der Straßburger Lutherweisen, JLH 4 (1958/59) 101–109. Taf. V (JENNY / AMELN A **58/59**)

Doerne, Martin: Art. Kirchenlied (I. Geschichte des christlichen Kirchenliedes), RGG^3 Bd. 3 (1959) 1454–1465 (DOERNE A **59**)

Hermelink, Siegfried: Art. Kirchenlied (II. Musikalisch), RGG^3 Bd. 3 (1959) 1474–1491 (HERMELIN A **59**)

Müller-Blattau, Josef: Von alten Advents- und Weihnachtsliedern, MiU (SchuL) 50 (1959) H. 12, 365–367 (MÜLLER-BLATTAU A **59**)

Aarburg, Ursula: Zu den Lutherliedern im jonischen Oktavraum, JLH 5 (1960) 125–131 (AARBURG A **60**)

Ameln, Konrad / Lipphardt, Walther u.a.: Art. Das Kirchenlied, MGG Bd. 8 (1960) 781–856 (AMELN / LIPPHARDT A **60**)

Blankenburg, Walter: Art. Luther, Martin, MGG Bd. 8 (1960) 1334–1346 (BLANKENBURG A **60**)

Krummacher, Helga: Zur Liedarbeit in der Christenlehre, ChL 13 (1960) H. 2, 39–43 (KRUMMACHER A **60**)

Mahrenholz, Christhard: Auswahl und Einordnung der Katechismuslieder in den Wittenberger Gesangbüchern seit 1529, in SÖHNGEN B 60, 123–132 (MAHRENHOLZ A **60**)

Ochs, Volker: Vorschläge für eine Liedauswahl, ChL 13 (1960) H. 7, 193–198 (OCHS A **60**)

Schröder, Rudolf Alexander: Die Kirche und ihr Lied, in SÖHNGEN B 60, 61–74 (SCHRÖDER A **60**)

Blankenburg, Walter: Der gottesdienstliche Liedgesang der Gemeinde, Leit IV, 559–660 (BLANKENBURG A **61**)

Brodde, Otto: Evangelische Choralkunde. Der gregorianische Choral im evangelischen Gottesdienst, Leit IV, 343–557 (BRODDE A **61**)

Brodde, Otto: Nikolaus Herman. Zur 400. Wiederkehr seines Todestages am 15. Mai 1961, KCh 21 (1961) H. 3, 33–39 (BRODDE A **61**)

Jenny, Markus: Das älteste evangelische Gesangbuch der Schweiz wiedergefunden, JLH 6 (1961) 118–121 (JENNY A **61**)

Lipphardt, Walther: „Laus tibi Christe" – „Ach du armer Judas". Untersuchungen zum ältesten deutschen Passionslied, JLH 6 (1961) 71–100 (LIPPHARDT A **61**)

Moser, Hans Joachim: Zwillingslieder des Gesangbuchs, MuK 31(1961) H. 1, 24f. (MOSER A **61**)

Sauer-Geppert, Waldtraut Ingeborg: Zur Mystik in den Liedern Gerhard Tersteegens, in: Unterscheidung und Bewahrung (FS Hermann Kunisch), hg. von Klaus Lazarowicz und Wolfgang Kron, Berlin 1961, 304–320 (SAUER-GEPPERT A **61**)

Stern, Hermann: Christ ist erstanden! Vom Singen unserer Osterlieder, EvU 16 (1961) 53–57 (STERN A **61**)

Ameln, Konrad: Ein Kantorenbuch aus Pommern, JLH 7 (1962) 52–78 (AMELN A **62**)

Brodde, Otto: Art. Hymnologie, EKL^2 Bd. 2 (1962) 223f. (BRODDE A **62**)

Brodde, Otto: Art. Kirchenlied, EKL^2 Bd. 2 (1962) 750–760 (BRODDE A **62**)

Gschwend, Kolumban: Das Rheinfelsische Gesangbuch zu St. Goar, Augsburg 1666, JLH 7 (1962) 157–172 (GSCHWEND A **62**)

Lange, Siegfried: Jochen Kleppers Weg in das Gesangbuch, ChL 15 (1962) H. 6, 157–163 (LANGE A **62**)

Lipphardt, Walther: Die älteste Ausgabe von Beuttners Gesangbuch, Graz 1602, (Teil I), JLH 7 (1962) 134–149 (LIPPHARDT I A **62**)

Samson, Ingrid: Der Weihnachtschoral, MiU (AA) 53 (1962) 337–341 (SAMSON A **62**)

Thomas, Wilhelm / Ameln, Konrad: Ursprung und Reichtum des deutschen Weihnachtsliedes, MuK 32 (1962) H. 6, 255–264 (THOMAS / AMELN A **62**)

Blankenburg, Walter: Zu den Liedweisen von Nikolaus Herman, in: Heimat und Kirche (FS Erich Wehrenfennig), Heidelberg 1963, 30–35 (BLANKENBURG A **63**)

Brodde, Otto: „Ein neues Lied wir heben an!" Martin Luther als „Phonascus", Luther 34 (1963) 72–82 (BRODDE A **63**)

Heyden, Hellmuth: Gesangbuch-Reformen in Schwedisch-Pommern im 18. Jahrhundert, JLH 8 (1963) 173–185 (HEYDEN A **63**)

Lipphardt, Walther: Die älteste Ausgabe von Beuttners Gesangbuch, Graz 1602 (Teil II), JLH 8 (1963) 143–152 (LIPPHARDT II A **63**)

Lipphardt, Walther: Die mittelalterlichen Leisen, MuA XV. (1963) 167–173 (I) (LIPPHARDT I A **63**)

Schöneich, Friedrich: Über das Evangelische Gesangbuch im Unterricht. Betrachtungen zu Weisen und Texten (I), EvE 15 (1963) 395–398 (SCHÖNEICH I A **63**)

Thomas, Wilhelm: Mittelniederdeutsche Weihnachtslieder aus vorreformatorischer Zeit, JLH 8 (1963) 118–122 (THOMAS A **63**)

Volz, Hans: Eine unbekannte Kirchenlieder-Handschrift aus der Reformationszeit, JLH 8 (1963) 55–79 (VOLZ A **63**)

Zimmermann, Heinz Werner: Neue Musik und neues Kirchenlied, MuK 33 (1963) H. 2, 54–69 (zuerst in MGD 16 (1962) H. 6, 158ff. und gekürzt in der Zs „Kirchenmusik in ökumenischer Schau", Bern 1964, 79–88) (ZIMMERMANN A **63**)

Germon, Angela: Europäische Volkslieder zum Advent, MiU (AA) 55 (1964) H. 12, 361–363 (GERMON A **64**)

Jenny, Markus: Neue Hypothesen zur Entstehung und Bedeutung von „Ein feste Burg", JLH 9 (1964) 143–152 (JENNY A **64**)

Lipphardt, Walther: Die mittelalterlichen Leisen, MuA XVI. (1964) 20–24 (II), 74–79 (III), 176–181 (IV) (LIPPHARDT II – IV A **64**)

Rößler, Martin: Ambrosius Blarer. Aus seinem Leben und Werk. Zum 400. Todestag am 6. Dezember 1964, WBK 31 (1964) H. 5, 153–165 (RÖSSLER A **64**)

Schöneich, Friedrich: Über das Evangelische Gesangbuch im Unterricht. Betrachtungen zu Weisen und Texten (II), EvE 16 (1964) 115f. (SCHÖNEICH II A **64**)

Sommer, Ernst: Die Metrik in Luthers Liedern, JLH 9 (1964) 29–81 (SOMMER A **64**)

Brodde, Otto: Christian Fürchtegott Gellert, KCh 25 (1965) H. 3, 41–45 (BRODDE A **65**)

Gennrich, Friedrich (Hg.): Die Kontrafaktur im Liedschaffen des Mittelalters (Summa musicae medii aevi, Bd. XII, Fundamenta II), Langen bei Frankfurt 1965 (GENNRICH B **65**)

Watkinson, Gert: Die Kirche und das neue Lied, in: Fantasie für Gott. Gottesdienste in neuer Gestalt, im Auftrag des Deutschen Ev. Kirchentages hg. von Gerhard Schnath, Stuttgart 1965, 79–116 (WATKINSON A **65**)

Ameln, Konrad: „Quem pastores laudavere", JLH 11 (1966) 45–88 (AMELN A **66**)

Blankenburg, Walter: Johann Walters letztes Werk von 1566, MuK 36 (1966) H. 6, 249–253 (BLANKENBURG A **66**)

Ihlenfeld, Kurt: Singen und Sagen, Km 17 (1966) 50–60. 98–108. 146–160 (IHLENFELD A **66**)

Kratzel, Günter: Die deutschen Vorlagen des Thorner polnischen Kantionals von 1587, JLH 11 (1966) 171–181 (KRATZEL A **66**)

Piper, Hans-Christoph: Die Rubrik der Kreuz- und Trostlieder im deutschen evangelisch-lutherischen Gesangbuch von der Reformation bis zum frühen 18. Jahrhundert, JLH 11 (1966) 137–145 (PIPER A **66**)

Sommer, Ernst: Das Gesangbuch von Valentin Babst, Leipzig 1545. Eine kritische Betrachtung der Melodien, JLH 11 (1966) 146–161 (SOMMER A **66**)

Ameln, Konrad: Das handschriftliche Choralbuch des Organisten C. J. Engel vom Jahre 1775, JLH 12 (1967) 171–186 (AMELN A **67**)

Birkner, Günter: Zur Chronologie und Abhängigkeit der ältesten Quellen des deutschen evangelischen Kirchenliedes, JLH 12 (1967) 118–140 (BIRKNER A **67**)

Brodde, Otto: Hymnologie, EKMH, 119–201 (BRODDE A **67**)

Frank, Hans: Beobachtungen an den Texten des Kirchengesangbuches, MGD 21 (1967) H. 5, 110–122 (FRANK A **67**)

Geck, Martin: Art. Kirchenlied, in Riemann ML, Sachteil, 450–453 (GECK A **67**)

Gudewill, Kurt: Deutsche Liedtenores mit F-Dur-Melodik und Oktavambitus, in WIORA B 67, 269–277 (GUDEWILL A **67**)

Müller, Karl Ferdinand: Probleme des Kirchenlieds in der Gegenwart, PTh 56 (1967) 91–99 (MÜLLER A **67**)

Reich, Philipp: Das Glaubenszeugnis des Liedes in der Reformationszeit, KmN 18 (1967) H. 6, 3–7 (REICH A **67**)

Reich, Philipp: Zu den Melodien, in HOFMANN B 67, 32–45 (REICH A **67**)

Schütz, Adalbert: Die Lieder Luthers zum Katechismus, EvU 22 (1967) 200–203. 206f. (SCHÜTZ A **67**)

Schütz, Adalbert: Luthers Lieder aus dem Psalter, EvU 22 (1967) 153–155. 158 (SCHÜTZ A **67**)

Ihlenfeld, Kurt: Das Lied in der Geschichte. In memoriam: Johann Rist, Jochen Klepper, Rudolf Alexander Schröder, Luther 39 (1968) 26–31 (IHLENFELD A **68**)

Lipphardt, Walther: Das Gesangbuch von J. Eichorn d. Ä. zu Frankfurt an der Oder und seine ältesten Ausgaben, JLH 13 (1968) 161–170 (LIPPHARDT A **68**)

Schütz, Adalbert: Luthers Lieder zum Gottesdienst, EvU 23 (1968) 106f. 110f. (SCHÜTZ A **68**)

Schütz, Adalbert: Luthers Lieder zum Kirchenjahr, EvU 23 (1968) 66–69 (SCHÜTZ A **68**)

Aengenvoort, Johannes: Textprobleme im Kirchenlied heute, MuA 21 (1969) 111–124 (= in LIEBSTER B 71, 52–68) (AENGENVOORT A **69**)

Ameln, Konrad: Unbekannte Psalm-Lieder des Hochbarock, JLH 14 (1969) 179–187 (AMELN A **69**)

Brodde, Otto: „Zu deinem Lobe nur ist alle Kreatur!" Gedanken zur 200. Wiederkehr des Todestages von Gerhard Tersteegen und Philipp Friedrich Hiller, KCh 29 (1969) H. 2, 19–26 (BRODDE A **69**)

Ehmann, Wilhelm: Wort und Weise im Kirchenlied, MuK39 (1969) H. 6, 271–277 (EHMANN A **69**)

Grimm, Jürgen: Die „Andachts-Zymbeln" des Christoph Peter (1655), JLH 14 (1969) 152–179 (GRIMM A **69**)

Werthemann, Helene: Zur Geschichte des evangelischen Passionsliedes. Ein Literaturbericht, JLH 14 (1969) 196–199 (WERTHEMANN A **69**)

Zeller, Winfried: Gesangbuch und geistliches Lied bei Gerhard Tersteegen, MuK 39 (1969) H. 2, 60–66 = in: Ders.: Theologie und Frömmigkeit. Gesammelte Aufsätze, hg. von Bernd Jaspert, Marburg 1971, 186–194 (ZELLER A **69**)

Ameln, Konrad: „Resonet in laudibus" – „Joseph, lieber Joseph mein", JLH 15 (1970) 52–112 (AMELN A **70**)

Brodde, Otto: Choral in der Volkssprache, Sagittarius 3 (1970) 66–76 (BRODDE A **70**)

Harnoncourt, Philipp: Das deutsche Kirchenlied im Jahrhundert der Reformation, Hl. Dienst 24 (1970) 25–31. 84–90. 130–139 (HARNONCOURT A **70**)

Jenny, Markus: Was machen wir mit alten Liedern? Zum Gespräch mit Johannes Aengenvoort, MuA 22 (1970) 111–124 (= in LIEBSTER B 71, 69–78) (JENNY A **70**)

Küssner, Erika: Das Evangelische Kirchengesangbuch als Schulbuch?, EvE 22 (1970) H. 12, 497–506 (KÜSSNER A **70**)

Peerlinck, Franz: Rudolf Bultmann und das Kirchenlied, MuK 41 (1971) H. 6, 290–297 (zuvor niederländisch in Adem 6/2, 1970, 50–54) (PEERLINCK A **71**)

Piper, Hans-Christoph: Der Verlust einer Dimension. Beobachtungen zum rationalistischen Gesangbuch, JLH 16 (1971) 85–104 (PIPER A **71**)

Poloczek, Franz: Über die musikalischen Eigenschaften der heute gesungenen Kirchenlieder, KMJ 55 (1971) 79–86 (POLOCZEK A **71**)

Albrecht, Christoph: Zur Theologie der „neuen Lieder", ZdZ 26 (1972) 135–146 (ALBRECHT A **72**)

Girard, Hans-Alfred: Pausen und Zeilenenden bei Johann Crüger, MGD 26 (1972) H. 6, 147–150 (GIRARD A **72**)

Hofmann, Ernst: Aus der Arbeit an Liedtexten für das EGB, MuA 24 (1972) 82–85 (HOFMANN A **72**)

Jenny, Markus: Gemeinsame Kirchenlieder. Ein ökumenisches Ereignis, MGD 26 (1972) H. 3, 64–73 (JENNY A **72**)

Lipphardt, Walther: Die liturgische Funktion deutscher Kirchenlieder in den Klöstern niedersächsischer Zisterzienserinnen des Mittelalters, ZsKathTh 94 (1972) H. 2, 158–198 (LIPPHARDT A **72**)

Offele, Winfried: Kritisches zur Revision der Melodien im EGB, MuA 24 (1972) 109–113 (OFFELE A **72**)

Quack, Erhard: Die Kirchenlieder im Karwochenheft des EGB, MuA 24 (1972) 9–12 (QUACK A (MuA) **72**)

Quack, Erhard: Gesichtspunkte für die Revision der Melodien im EGB, MuA 24 (1972) 76–81 (QUACK A (MuA) **72**)

Quack, Erhard: Kirchenlied-Texte aus sechs Jahrhunderten. Textrevision im Kirchenliedgut für das EGB, GD 6 (1972) H. 8, 61–63 (QUACK A (GD) **72**)

Quack, Erhard: Was macht das EGB aus unseren Kirchenliedern?, GD 6 (1972) H. 7, 52–54 (QUACK A (GD) **72**)

Sommer, Ernst: Die Melodien der alten deutschen Täufer-Lieder (I), JLH 17 (1972) 101–164 (SOMMER I A **72**)

Zimmermann, Heinz Werner: Die neuen geistlichen Melodien der sechziger Jahre, MuK 42 (1972) H. 6, 265–278 (ZIMMERMANN A **72**)

Brodde, Otto: Neues Singen in der Kirche. Gedanken um eine Schweizer Lied-Blattreihe, KCh 33 (1973) H. 5, 70–73 (BRODDE A **73**)

Gerber, Hermann: Gemeinsame Kirchenlieder, KmN 24 (1973) H. 4, 3–6 (GERBER A **73**)

Kaufhold, Peter: Alternatim-Singen mit Gregorianischem Choral, MS 93 (1973) 279–285 (KAUFHOLD A **73**)

Schmid, Martin: Erfahrungen mit neuen Liedern in Gottesdienst und Kinderlehre, MGD 27 (1973) H. 2, 38–40 (SCHMID A **73**)

Schuberth, Dietrich: Das neue ökumenische Gesangbuch, Km 24 (1973) 133–137 (SCHUBERTH A **73**)

Blankenburg, Walter: Johann Walters Chorgesangbuch von 1524 in hymnologischer Sicht. Zum Beginn der Geschichte des evangelischen Kirchenliedes vor 450 Jahren, JLH 18 (1973/74) 65–96 (= BLANKENBURG B 79, 40–79) (BLANKENBURG A **73/74**)

Sauer-Geppert, Waldtraut Ingeborg: Gemeinsame Kirchenlieder. Gesänge der deutschsprachigen Christenheit. Ein Literaturbericht, JLH 18 (1973/74) 201–204 (SAUER-GEPPERT A **73/74**)

Wittenberg, Andreas: Militär-Gesangbuch und Militär-Seelsorge in Vergangenheit und Gegenwart, JLH 18 (1973/74) 97–162 (WITTENBERG A **73/74**)

Brodde, Otto: „Singt umeinander". Gedanken und Vorschläge zum Thema „Wechselgesang", EvKCh 79 (1974) H. 1/2, 2–9 (BRODDE A **74**)

Jenny, Markus: Variantenbildung zur Variantenüberwindung, in SCHUHMACHER B 74, 180–188 (JENNY A **74**)

Kobabe, Uta: „... Nicht diese Lieder!" Gedanken und Bemerkungen zu einem Aufsatz, KCh 34 (1974) H. 6, 82–87 (KOBABE A **74**)

Pennig, Josef: Musikalische Gestaltung von Kindergottesdiensten, MS 94 (1974) 12–20 (PENNIG A **74**)

Reimann, Holger: Psalmtöne aus Kirchenliedmelodien, KCh 34 (1974) H. 4, 55–59 (REIMANN A **74**)

Schlenker, Manfred: Zwischen altem und neuem Lied, ZdZ 28 (1974) 276–281 (SCHLENKER A **74**)

Schröer, Henning: Arbeitslieder mühsamer Kirchenreform. Neuere geistliche Liedtexte – theologisch analysiert, DtPfrBl 74 (1974), 362–365 (SCHRÖER A **74**)

Ehmann, Wilhelm: Das alte und das neue Weihnachtslied, MuK 45 (1975) H. 5, 225–239 (= MS 96 (1976) 353–365, Vorabdruck aus: Voce et Tuba. Gesammelte Aufsätze von Wilhelm Ehmann, Kassel / Basel / Tours / London 1976) (EHMANN A **75**)

Merten, Werner: Die „Psalmodie" des Lucas Lossius. I. Gottesdienstordnung und liturgischer Aufbau, JLH 19 (1975) 1–18 (MERTEN I A **75**)

Piper, Hans-Christoph: Ars moriendi und Kirchenlied, JLH 19 (1975) 105–122 (PIPER A **75**)

Rössler, Martin: Die Frühzeit hymnologischer Forschung, JLH 19 (1975) 123–186 (RÖSSLER A **75**)

Sauer-Geppert, Waldtraut Ingeborg: Das Kirchenlied in der lutherischen Erbauungsliteratur. Philipp Nicolais „Freudenspiegel des ewigen Lebens" von 1599, JLH 19 (1975) 221–225 (SAUER-GEPPERT A **75**)

Albrecht, Christoph: Johann Georg Ebeling (1637–1676), MGD 30 (1976) H. 4, 133–142 (= in JENNY / NIEVERGELT B 76, 32–41) (ALBRECHT A **76**)

Belfrage, Esbjörn: Morgen- und Abendlieder. Das Kunstgerechte und die Tradition, JLH 20 (1976) 91–134 (BELFRAGE A **76**)

Biener, Gustav: „Gotteslob" – aus der Sicht eines Kirchenmusikers, ThGl 66 (1976) 96–108 (BIENER A **76**)

Blankenburg, Walter: Die Lieder Paul Gerhardts in der Musikgeschichte, MGD 30 (1976) H. 3, 97–105 (= in JENNY / NIEVERGELT B 76, 23–31 und BLANKENBURG B 76, 93–104) (BLANKENBURG A **76**)

Blankenburg, Walter: Johann Georg Ebeling 1637–1676, MuK 46 (1976) H. 5, 228–232 (BLANKENBURG A **76**)

Blankenburg, Walter: Paul Gerhardt 1676–1976. Eine Rede, MuK 46 (1976) H. 3, 106–115 (BLANKENBURG A **76**)

Brodde, Otto: Ich singe dir mit Herz und Mund. Zur 300. Wiederkehr des Todestages von Paul Gerhardt, KCh 36 (1976) H. 1, 2–13 (BRODDE A **76**)

Duffrer, Günter: Spiritualität im „Gotteslob", ThGl 66 (1976) 47–63 (DUFFRER A **76**)

Henkys, Jürgen: Die güldne Sonne, ChL 29 (1976) H. 8/9, 252–259 (HENKYS A **76**)

Hoffmann, Josef: Paderborner Lieder im „Gotteslob", ThGl 66 (1976) 133–150 (HOFFMANN A **76**)

Jenny, Markus: Wie Gerhardts Lieder in die Schweiz kamen, MGD 30 (1976) H. 4, 143–155 (= in JENNY / NIEVERGELT B 76, 42–54) (JENNY A **76**)

Jordahn, Ottfried: Der Opfergedanke in den Gesangbuchliedern Paul Gerhardts, MS 96 (1976) 366–370 (JORDAHN A **76**)

Killy, Walther: Paul Gerhardt. Glaube, Schwermut, Dichtung, MGD 30 (1976) 82–90 (= in JENNY / NIEVERGELT B 76, 8–16) (KILLY A **76**)

Merten, Werner: Die „Psalmodia" des Lucas Lossius. II. Die liturgischen Texte und ihre musikalische Gestalt, JLH 20 (1976) 63–90 (MERTEN II A **76**)

Merten, Werner: Zeitlos gültiges Kirchenlied. Reflexionen im 300. Todesjahr Paul Gerhardts, Luther 47 (1976) 121–132 (MERTEN A **76**)

Müller, Norbert: Schwierigkeit mit Paul Gerhardt?, ZdZ 30 (1976) 161–170 (MÜLLER A **76**)

Sauer-Geppert, Waldtraut Ingeborg: „Trost" bei Paul Gerhardt, MuK 46 (1976) H. 2, 53–62 (SAUER-GEPPERT A **76**)

Ameln, Konrad: Altböhmische Weihnachtslieder, JLH 21 (1977) 162–165 (AMELN A **77**)

Ameln, Konrad: Die „Silberweise" von Hans Sachs – Vorlage evangelischer Kirchenlieder?, JLH 21 (1977) 132–137 (AMELN A **77**)

Bisegger, Ronald: Gesänge und Lieder der Fastenzeit, Kath. KM 102 (1977) 8–12 (BISEGGER A **77**)

Blankenburg, Walter: Die Entwicklung der Hymnologie seit etwa 1950 (I) ThR 42 (1977) 131–170. 360–405 (BLANKENBURG I A **77**)

Jenny, Markus: Zum Beispiel St. Gallen. Was sang die Gemeinde früher im Gottesdienst?, MGD 31 (1977) 53–62 (JENNY A **77**)

Merten, Werner: Die „Psalmodia" des Lucas Lossius. III. Die nicht textbedingten melodischen Änderungen. Die deutschen Gesänge – Anmerkungen zur liturgischen Praxis, JLH 21 (1977) 39–67 (MERTEN III A **77**)

Riehm, Heinrich: Die Lieder im katholischen Einheitsgesangbuch „Gotteslob", MuK 47 (1977) H. 4, 164–178 (RIEHM A **77**)

Sauer-Geppert, Waldtraut Ingeborg: Motivationen textlicher Varianten im Kirchenlied, JLH 21 (1977) 68–82 (SAUER-GEPPERT A **77**)

Schönborn, Hans-Bernhard: Paul Gerhardt und seine Lieder in der Tradition des „locus amoenus", JLH 21 (1977) 155–161 (SCHÖNBORN A **77**)

Sommer, Ernst: Die Melodien der alten deutschen Täufer-Lieder (II), JLH 21 (1977) 137–148 (SOMMER II A **77**)

Albrecht, Christoph: Die Vertonung der Lieder Paul Gerhardts, insbesondere durch Johann Georg Ebeling (1637–1676), in HOFFMANN B 78, 83–106 (ALBRECHT A **78**)

Blankenburg, Walter: Johann Walter – der Urheber der endgültigen Gestalt der Weisen von „Wir glauben all an einen Gott" und „Mitten wir im Leben sind", JLH 22 (1978) 146–155 (BLANKENBURG A **78**)

Chilla, Karl-Peter: Situation und Möglichkeiten Neuer Lieder im Gottesdienst, MuK 48 (1978) H. 6, 277–284 (CHILLA A **78**)

Drömann, Hans-Christian: Der revidierte Wochenliedplan, JLH 22 (1978) 186–195 (DRÖMANN A **78**)

Gojowy, Detlef: Kirchenlieder im Umkreis von J. S. Bach, JLH 22 (1978) 79–123 (GOJOWY A **78**)

Granz, Reinhard: Über die Schwierigkeiten der musikalischen Gestaltung eines Gesangbuches, JLH 22 (1978) 180–186 (GRANZ A **78**)

Haufe, Eberhard: Das wohltemperierte geistliche Lied Paul Gerhardts, in HOFFMANN B 78, 53–82 (HAUFE A **78**)

Sauer-Geppert, Waldtraut Ingeborg: Hymnologische Vorbesinnung aus der Sicht eines Germanisten, JLH 22 (1978) 133–146 (SAUER-GEPPERT A **78**)

Weisse, Fritz: Der Bekanntheitsgrad der Lieder des EKG – Eine Frage ihrer Intervallstruktur?, MuK 48 (1978) H. 2, 65–70 (WEISSE A **78**)

Bisegger, Ronald: Lieder und Gesänge aus dem Anhang zum KGB. Erste Erfahrungen, Kath. KM 104 (1979) 198–201 (BISEGGER A **79**)

Blankenburg, Walter: Die Entwicklung der Hymnologie seit etwa 1950 (II), ThR 44 (1979) 36–69. 239–279. 319–349 (BLANKENBURG II A **79**)

Bohren, Rudolf: Bemerkungen zu neuen Liedern, EvTh 39 (1979) 143–159 (= Km 30 (1979) H. 5, 173–185) (BOHREN A **79**)

Sauer-Geppert, Waldtraut Ingeborg: Evangelisches Gesang- und Gebetbuch für Soldaten. Ein Literaturbericht, JLH 23 (1979) 170–183 (SAUER-GEPPERT A **79**)

Schönborn, Hans-Bernhard: Die Morgenröte. Eine Naturerscheinung in Literatur und Kirchenlied, JLH 23 (1979) 145–157 (SCHÖNBORN A **79**)

Schott, Christian-Erdmann: Der Glaube an die Führung Gottes im Evangelischen Kirchengesangbuch, JLH 23 (1979) 159–170 (SCHOTT A **79**)

Schröer, Henning: Die neuen Lieder in praktisch-theologischer Sicht, Km 30 (1979) H. 4, 148–154 (SCHRÖER A **79**)
Thust, Karl Christian: Neue geistliche Lieder, Schwesternrevue 17 (1979) H. 5, 6–8 (THUST A **79**)
Wittenberg, Andreas: „Allmächtiger Herr der Heere ...". Krieg und Frieden im Kirchenlied des 20. Jahrhunderts, JLH 23 (1979) 53–94 (WITTENBERG A **79**)
Ameln, Konrad: Das deutsche Weihnachtslied der Reformation, MuK 50 (1980) H. 4, 184–189 (AMELN A **80**)
Blankenburg, Walter: Joachim Neander (1650–1680), MGD 34 (1980) H. 4, 117–127 (BLANKENBURG A **80**)
Block, Detlev: Zwischen Gesangbuch und christlichem Song – für ein neues Kirchenlied der Mitte, KCh 40 (1980) H. 4, 49–54 (BLOCK A **80**)
Heinz, Andreas: Weihnachtsfrömmigkeit in der Römischen Liturgie und im deutschen Kirchenlied, Lit. Jb 30 (1980) 215–229 (HEINZ A **80**)
Jenny, Markus: Die Herkunftsangaben im Kirchengesangbuch, JLH 24 (1980) 53–68 (JENNY A **80**)
Koch, Hermann: Entwürfe zu Liedkatechesen, ChL 33 (1980) U 49–56 (KOCH A **80**)
Sidler, Hubert: Werkstudium zu einigen GOTTESLOB-Liedern im Anhang zu unserem KGB (Ausgabe 1978), Kath. KM 105 (1980) 13–15 (SIDLER A **80**)
Hartenstein, Gottfried: Singen erweckt die Seele der Klasse. Das „integrierte Lied" als Medium zum affektiven Lernen im Religionsunterricht, entwurf 1981, H. 1, 19–24 (HARTENSTEIN A **81**)
Heinz, Andreas: Gesänge in der Muttersprache beim Gottesdienst der ehemaligen Stiftskirche St. Castor in Karden an der Mosel (Bistum Trier), JLH 25 (1981) 105–111 (HEINZ A **81**)
Aeschbacher, Gerhard: Was ist ein gutes Kirchenlied?, MGD 36 (1982) H. 3, 93–105 (AESCHBACHER A **82**)
Daewel, Hartwig: Das Sololied im Gottesdienst, ChL 35 (1982) 88–91 (DAEWEL A **82**)
Granz, Reinhard: Die Lieder Paul Gerhardts im „Gotteslob", MS 102 (1982) 82–86 (GRANZ A **82**)
Henkys, Jürgen: Vier Lieder von Svein Ellingsen in deutschen Nachdichtungen, MuK 52 (1982) 88–91 (HENKYS A **82**)
Janota, Johannes: Eine schwer greifbare Einheit. Zu einem Typenkatalog des deutschen Weihnachtsliedes, JLH 26 (1982) 195–197 (JANOTA A **82**)
Jenny, Markus: Das Lied des Einzelnen – das Lied der Gruppe – das Lied der Gemeinde, MuK 52 (1982) H. 2, 55–65 (JENNY A **82**)
Müller, Norbert: Die frühen Wittenberger Psalmlieder im Evangelischen Kirchengesangbuch, JLH 26 (1982) 103–117 (MÜLLER A **82**)
Schönborn, Hans-Bernhard: Das Weihnachtslied in evangelischen Gesangbüchern des 18. Jahrhunderts, JLH 26 (1982) 20–66 (SCHÖNBORN A **82**)
Sidler, Hubert: Die echten Liedfassungen und die Praxis, Kath. KM 107 (1982) H. 6, 214–219 (SIDLER A **82**)
Bieritz, Karl-Heinrich: Evangelium als literarische Anweisung. Theologische Anmerkungen zu einem Buch von Gerhard Hahn, JLH 27 (1983) 225–241 (BIERITZ A **83**)

Bunners, Christian: Paul Gerhardts Lieder in der Ordnung des Kirchenjahres, JLH 27 (1983) 156–163 (BUNNERS A **83**)

Dienst, Karl: Gedanken zu Weihnachtsliedern Luthers, Luther 54 (1983) 147–149 (DIENST A **83**)

Drömann, Hans-Christian: Das Hannoversche Gesangbuch 1646, JLH 27 (1983) 164–192 (DRÖMANN A **83**)

Henkys, Jürgen: Lieder im Gottesdienst, in: Handbuch der Praktischen Theologie, Bd. 3: Praxisfeld: Gemeinde, hg. von Peter C. Bloth u. a., Gütersloh 1983, 98–111 (= gekürzt in ZdZ 39 (1985) 216–222) (HENKYS A **83**)

Jenny, Markus: Kirchenchor-Arbeit im Lutherjahr. Einige praktische Anregungen, MGD 37 (1983) 45–53 (JENNY A **83**)

Jenny, Markus: „Vocibus unitis". Auch ein Weg zur Einheit, in BECKER / KACZYNSKI II B 83, 173–205 (JENNY A **83**)

Kadelbach, Ada: Das Husumer Hofgesangbuch (Schleswig 1676) – ein verloren geglaubtes Gesangbuch und seine Quellen, JLH 27 (1983) 82–111 (KADELBACH A **83**)

Lipphardt, Walther: Deutsche Antiphonenlieder des Spätmittelalters in einer Salz-burger Handschrift, JLH 27 (1983) 39–82 (LIPPHARDT A **83**)

Meyer, Michael: Ökumenisches Liedgut, SiK 30 (1983) H. 3, 109–114 (MEYER A **83**)

Mittermeier, Otto: „Wir haben einen Traum ...". Das neue geistliche Lied in der Liturgie und in der Glaubenshaltung Jugendlicher, in BECKER / KACZYNSKI I B 83, 865–885 (MITTERMEIER A **83**)

Müller, Norbert: Luthers Psalmlieder und die Mitte seiner Theologie, ThLZ 108 (1983) Nr. 7, 481–492 (MÜLLER A **83**)

Öffner, Ernst: Warum singen die Christen angesichts des Leidens?, GuK 1983, 7–11 (überarbeitet in GuK 2001, 5–10) (ÖFFNER A **83**)

Preiser, Gotthart: Auf der Suche nach neuen Passionsliedern, GuK 1983, 11–13 (PREISER A **83**)

Riehm, Heinrich: Lutherlieder im Gotteslob. Zur Berücksichtigung von Luthers Liedschaffen im römisch-katholischen Einheitsgesangbuch, MS 103 (1983) 187–192 (RIEHM A **83**)

Sauer-Geppert, Waldtraut Ingeborg: Innerlichkeit und „Vergeistigung" im Kirchenlied von Pietismus und Rationalismus, in BECKER / KACZYNSKI I B 83, 775–810 (SAUER-GEPPERT A **83**)

Skeris, Robert A.: Neuere Literatur zum Thema „Kirchenlied", KMJ 67 (1983) 115–122 (SKERIS A **83**)

Bisegger, Ronald: Lieder aus unserem Kirchengesangbuch. Eine Interpretationshilfe, Kath. KM 109 (1984) H. 5, 191–195 (BISEGGER A **84**)

Kötter, Gerd: Wir musizieren mit dem neuen Liederheft, GuK 1984, 47–51 (KÖTTER A **84**)

Rössler, Martin: Mit Lust und Liebe singen. Luthers Lieder einst und heute, MuK 54 (1984) H. 3, 109–127 (RÖSSLER A **84**)

Schönborn, Hans-Bernhard: Die Melodien der Weihnachtslieder im 18. Jahrhundert, JLH 28 (1984) 91–126 (SCHÖNBORN A **84**)

Schweizer, Rolf: Lobt Gott, ihr Christen allegleich. Ermutigung zum neuen Singen alter Lieder - besonders zu Weihnachten, ZGP 2 (1984) H. 6, 40–43 (SCHWEIZER A **84**)

Ameln, Konrad: Anmerkungen zu Martin Luthers Kirchenliedern. Kritik an einer Edition, JVlf 30 (1985) 13–17 (AMELN A **85**)

Belz-Enßle, Ursel: Die christliche Todesauffassung im Wandel der Zeit, vom Mittelalter bis zur Gegenwart, aufgezeigt anhand von Kirchenliedern, WBK 52 (1985) 160–166 (BELZ-ENSSLE A **85**)

Hahn, Gerhard: Ein germanistischer Blick auf das Kirchenlied des 17. Jahrhunderts, IAHB 13 (1985) 12–17 (HAHN A **85**)

Marti, Andreas: Zeilenzwischenspiele in Orgelbegleitungen zum Gemeindegesang, JLH 29 (1985) 151–168 (MARTI A **85**)

Schweizer, Rolf: Österliches Singen, ZGP 3 (1985) H. 2, 27–81 (SCHWEIZER A **85**)

Ameln, Konrad: Eine neue Ausgabe der geistlichen Lieder und Kirchengesänge Luthers, JLH 30 (1986) 107–127 (AMELN A **86**)

Ameln, Konrad: Kirchenliedmelodien der Reformation im Gemeindegesang des 16. und 17. Jahrhunderts, in DÜRR / KILLY B 86, 61–71 (AMELN A **86**)

Ameln, Konrad: Von der Verantwortung der Herausgeber neuer Gesangbücher, Erfahrungen und Einsichten aus der Vergangenheit – Richtlinien für die Gegenwart und Zukunft, JLH 30 (1986) 43–48 (AMELN A **86**)

Drömann, Hans-Christian: Die Arbeit am neuen Gesangbuch – ein Zwischenbericht, MuK 56 (1986) H. 4, 165–175 (DRÖMANN A **86**)

Thust, Karl Christian: Wert und Funktion neuer Lieder – Kritisches Votum für ein neues Evangelisches Kirchengesangbuch, MuK 56 (1986) H. 4, 175–183 (THUST A **86**)

Eberhardt, Otto: Das Bild des Verkleidens in Liedern Luthers, MuK 57 (1987) H. 4, 175–180 (EBERHARDT A **87**)

Hauschildt, Karl: Gebet und Lied bei Luther. Impulse zum Glauben heute?, Luther 58 (1987) 62–74 (HAUSCHILDT A **87**)

Kemper, Roland: Kritische Anmerkungen zu den neuen Liedern der Vorläufigen Liederliste für ein neues Evangelisches Kirchengesangbuch, MuK 57 (1987) H. 3, 139–141 (KEMPER A **87**)

Ochs, Volker: „Singet dem Herrn, alle Welt!“ Kommunikative, sozialisierende und heilende Wirkungen des Singens in der Gemeindearbeit, Kath. KM 112 (1987) H. 1, 5–10 (OCHS A **87**)

Wiese, Götz: Auf dem Weg zu einem neuen Gesangbuch, FdGD 27 (1987) 33–37 (GÖTZ A **87**)

Ameln, Konrad: Die Melodien zu Friedrich Spees Liedern, in BATTAFARANO B 88, 207–221 (AMELN A **88**)

Flückiger, Wilhelm: Paul Gerhardts ökumenische Frömmigkeit, Quatember 52 (1988) H. 4, 194–206 (FLÜCKIGER A **88**)

Lippold, Ernst: Neue Liedtexte und ihr geistlicher Gehalt, in RIEHM B 88, 285–294 (LIPPOLD A **88**)

Lippold, Ernst: Ökumenisch singen. Bemerkungen zum kommenden Evangelischen Gesangbuch, in: Materialdienst des Konfessionskundlichen Instituts Bensheim 39 (1988) H. 5, 81f. (= in EKD B 90, 72–75) (LIPPOLD A **88**)

Pacik, Rudolf: Kriterien für Text und Melodie des Gemeindeliedes, Hl. Dienst 42 (1988) 62–96 (PACIK A **88**)

Schönberg, Josef: Vom Ursprung der ältesten und besten Christtagslieder, MS 108 (1988) 481–486 (SCHÖNBERG A **88**)

Schroeter, Harald: Schätze in irdenen Gefäßen – sind unsere neueren Tauflieder verwässert und vergeistigt? Eine kritische Übersicht von Taufliedern ab 1945, EvE 40 (1988) 184–202 (SCHROETER A **88**)

Veit, Patrice: Das Gesangbuch als Quelle lutherischer Frömmigkeit, ARG 79 (1988) 206–229 (VEIT A **88**)

Ameln, Konrad: Über die Sprachmelodie in den geistlichen Gesängen Martin Luthers, in: Quaestiones in musica (FS Franz Krautwurst), hg. von Friedhelm Brusniak / Horst Leuchtmann, Tutzing 1989, 13–32 (AMELN A **89**)

Hofmann, Friedrich: „Und die Tocken, die den Wocken abespinnen …". Zum Problem der Lehnmelodien, MuK 59 (1989) H. 1, 31–33 (HOFMANN A **89**)

Jenny, Markus / Henkys, Jürgen: Art. Kirchenlied, TRE Bd. 18 (1989) 602–629. 629–643 (JENNY / HENKYS A **89**)

Lippold, Ernst: „Ihr Christen alle, Frau und Mann". Zur Frage der inklusiven Sprache im neuen Gesangbuch, DtPfrBl 89 (1989) H. 4, 138f. (= in EKD B 90, 76–80) (LIPPOLD A **89**)

Lippold, Ernst: Juden und Christen im neuen Evangelischen Gesangbuch, in: Friede über Israel, 1989, H. 2 (= in EKD B 90, 81–85) (LIPPOLD A **89**)

Mezger, Manfred: Stiefkinder der Kirche. Pia desideria zum neuen Gesangbuch, MuK 59 (1989) H. 5, 256f. (MEZGER A **89**)

Nieden, Hans-Jörg: Zur Beurteilung neuer Kirchenliedmelodien, MuK 59 (1989) H. 6, 292–299 (NIEDEN A **89**)

Rössler, Martin: Der Vorentwurf zum Evangelischen Gesangbuch, PTh 78 (1989) 428–450 (RÖSSLER A **89**)

Rössler, Martin: Prospekt eines Projekts, WBK 56 (1989) H. 1, 14–18; H. 2, 39–51; H. 3, 79–91; H. 4, 115–125 (= in EKD B 90, 5–53) (RÖSSLER A **89**)

Schulz, Frieder: Singen wir heut mit einem Mund. Hymnologisch-liturgische Studie zu einem Osterlied der Böhmischen Brüder, JLH 32 (1989) 29–71 (SCHULZ A **89**)

Ueltzen, Dieter: Das Kirchenlied der Reformationszeit, IAHB 17 (1989) 36–41 UELTZEN A **89**)

Young, Carlton R.: Art. Kirchenlied, EKL[3] Bd. 2 (1989) 1133–1140 (YOUNG A **89**)

Lippold, Ernst: Theologische und musikalische Leitlinien der Arbeit am neuen Evangelischen Gesangbuch, in: Der Posaunenchor, (München) 1989, H. 3, 69–72 (I); H. 4, 115–118 (II); 1990, H. 1, 8–11 (III) (= in EKD B 90, 54–64) (LIPPOLD I-III A **89/90**)

Balders, Günter: Freikirchliche Hymnologie – eine unerledigte Aufgabe, in: Theologisches Gespräch: freikirchliche Beiträge zur Theologie, H. 2, Kassel 1990, 4–24 (BALDERS A **90**)

Bohren, Rudolf jr.: Tschechisch-deutsche Wechselbeziehungen am Beispiel des evangelischen Liedgutes, in SEIM / STEIGER B 90, 135–143 (BOHREN A **90**)

Drömann, Hans-Christian: Vom Vorentwurf zum Gesangbuch, in EKD B 90, 97–106 (DRÖMANN A **90**)

Fischer, Wolfgang: Singformen, in EKD B 90, 69–71 (FISCHER A **90**)

Giering, Achim: Beiträge der Gegenwart aus den österlichen Gliedkirchen, in EKD B 90, 86–89 (GIERING A **90**)

Horn, Werner: Der österliche Weg, in EKD B 90, 90–93 (HORN A **90**)

Jenny, Markus: Ein besseres Gesangbuch steht vor der Tür. Zum „Vorentwurf" für das neue Evangelische Gesangbuch, ZThK 87 (1990), 245–270 (JENNY A **90**)

Schuberth, Dietrich: Neue Lieder des neuen Gesangbuchs, in EKD B 90, 65–68 (SCHUBERTH A **90**)

Drömann, Hans-Christian: Das Evangelische Gesangbuch – ein Werkstattbericht, MuK 61 (1991) H. 4, 185–196 (DRÖMANN A **91**)

Hofmann, Friedrich: Von der Einstimmigkeit der Kirchen. Das ökumenische Lied, DtPfrBl 91 (1991), 273–276 (HOFMANN A **91**)

Klek, Konrad: Neues Gesangbuch – Neues Singen? Perspektiven für das Singen in der Gemeinde nach dem Vorentwurf zum neuen Gesangbuch, PTh 80 (1991) 215–230 (KLEK A **91**)

Koch, Traugott: Drei Passionslieder Paul Gerhardts – und das lutherische Verständnis der Passion Christi, KuD 37 (1991) 2–23 (KOCH A **91**)

Krummacher, Friedhelm: „Mit dem Choral ist nicht zu spaßen". Kirchenlied, Kunstmusik und ein neues Gesangbuch, MuK 61 (1991) H. 3, 150–161 (KRUMMACHER A **91**)

Kuessner, Dietrich: Mit Chorälen in den 2. Weltkrieg, FdGD 37 (1991) 28–36 (KUESSNER A **91**)

Marti, Andreas: Zeitgenössische Melodien im Vorentwurf für das Evangelische Gesangbuch, in RENHART / SCHNIDER B 91, 364–371 (MARTI A **91**)

Schell, Johanna: Friedrich von Spee (1591–1635). Zum 400. Geburtstag des Barockdichters, GuK 1991, H. 5, 136–147 (SCHELL A **91**)

Schroeter, Harald: Liederliches zum Gemeindeaufbau. Hymnologische Bausteine, DtPfrBl 91 (1991), 239–241 (SCHROETER A **91**)

Ueltzen, Hans-Dieter: Friedrich Spee in evangelischen Gesang- und Liederbüchern, in GRUNEWALD / GUSSONE B 91, 309–313 (UELTZEN A **91**)

Drömann, Hans-Christian: Glaubenszuversicht – Zum 50. Todestag Jochen Kleppers, MuK 62 (1992) H. 6, 335–341 (DRÖMANN A **92**)

Nagel, Matthias: „Danke ..." – Und woher die Musik? Handreichungen zur adäquaten musikalischen Realisierung „Neuer geistlicher Lieder", Thema: Gd 5 / 1992, 8–28 (NAGEL A **92**)

Rößler, Martin: Liedpredigt (I): Was ist das?, WBK 59 (1992) H. 2, 55–67 (RÖSSLER I A **92**)

Rößler, Martin: Liedpredigt (II): Wie macht man das?, WBK 59 (1992) 99–112 (RÖSSLER II A **92**)

Scheitler, Irmgard: Art. Kirchenlied, Gesangbuch, LL Bd. 13 (1992) 477–483 (SCHEITLER A **92**)

Schulz, Walter: Die Botschaft von der Herrschaft Gottes in neuen Liedern, KCh 52 (1992) H. 3, 42–47 (SCHULZ A **92**)

Krieg, Gustav Adolf: Das Kirchenlied zwischen Traditionalismus und Säkularismus. Ein historischer und systematischer Beitrag zum Kriterienproblem in der Hymnologie, JLH 34 (1992/93) 22–56 (KRIEG A **92/93**)

Hahn, Gerhard: Die Passion Christi im geistlichen Lied, in: Walter Haug / Burghart Wachinger (Hgg.): Die Passion Christi in Literatur und Kunst des Spätmittelalters (Fortuna Vitrea, Bd. 12), Tübingen 1993, 297–315 (HAHN A **93**)

Henkys, Jürgen: Zur Bibliographie der Kirchenliedtexte Jochen Kleppers, MuK 63 (1993) H. 2, 95–101 (HENKYS A **93**)

Thust, Karl Christian: „Aus tiefer Not schrei ich zu dir" – „Ein feste Burg ist unser Gott". Hymnologische Einführung und theologische Meditation zu zwei Luther-Liedern, Ebernb. H. 27 (1993) 393–57 (Sonderdruck aus: Blätter für Pfälzische Kirchengeschichte und Religiöse Volkskunde 60 (1993) 319–337) (THUST A **93**)

Block, Detlev: Liedtexte und Autoren im neuen Evangelischen Gesangbuch, EvKZ 1994 (z.T. = BLOCK A 97), I „Komm in unsre stolze Welt", Nr. 34, 8; II „Der Himmel, der kommt ...", Nr. 36, 8; III „Mein ist der Morgen ...", Nr. 38, 8; IV „Unser Licht heißt Christus ...", Nr. 39, 12 (BLOCK I-IV A **94**)

Gehrt, Stefan: Die Bäume sind doch nicht Menschen ... Lieder und Texte von Bäumen, WEG II (1994) 47–54 (GEHRT A **94**)

Hofmann, Friedrich: Zum neuen Gesangbuch. Anmerkungen und Fragen (I), DtPfrBl 94 (1994), 408f. (HOFMANN I A **94**)

Kornemann, Helmut: Gemeindegesang im Gottesdienst, WEG II (1994) 7–14 (KORNEMANN A **94**)

Leube, Bernhard: „Media morte in vita summus". Ein interdisziplinäres Kirchenlied-Seminar, DtPfrBl 94 (1994) 406–408 (LEUBE A **94**)

Marti, Andreas: Die Pausen in den Genfer Psalmmelodien, Thema: Gd 9/1994) 4–11 (MARTI A **94**)

von Meding, Wichmann: Luthers Katechismuslieder, KuD 40 (1994) 250 –271 (von MEDING A **94**)

Müsse, Carola: Die Liedtexte von Jochen Klepper im Evangelischen Kirchengesangbuch, Thema: Gd 8/1994, 45–73 (MÜSSE A **94**)

Schröer, Henning: Erneuert, aber nicht neu. Vom Evangelischen Kirchengesangbuch, LM 33 (1994) H. 3, 7f. (SCHRÖER A **94**)

Zippert, Christian: Alte und neue Lieder im Lauf des Kirchenjahres, in DICKEL / KEMLER B 94, 9–54 (ZIPPERT A **94**)

Henkys, Jürgen: Kirchenlieder im Werk von Johannes Bobrowski, JLH 35 (1994/95) 136–152 (HENKYS A **94/95**)

Kurzke, Hermann: Kirchenlied und Literaturgeschichte. Die Aufklärung und ihre Folgen, JLH 35 (1994/95) 124–135 (KURZKE A **94/95**)

Wittenberg, Andreas F.: „Fürchtet Gott, den König ehret ...". Die Obrigkeit im Spiegel des deutschen evangelischen Gesangbuchliedes, JLH 35 (1994/95) 171–209 (WITTENBERG A **94/95**)

Flückiger, Wilhelm: Lieddichtung im Tageslauf. Jochen Kleppers Tagzeitenlieder im neuen Gesangbuch, MuK 65 (1995) H. 5, 256–262 (FLÜCKIGER A **95**)

Franz, Gunther: Spee-Lieder in evangelischen Gesangbüchern, in FRANZ B 95, 349–376 (FRANZ A **95**)

Gehrt, Stefan: Lieder und Tänze zwischen Tod und Auferstehung. „Wir haben gesungen, aber ihr habt nicht getanzt!" (Mt 11, 17), WEG III (1995) 37–44 (GEHRT A **95**)

Hofmann, Friedrich: Komplexe Eindrücke, MuK 65 (1995) H. 5, 277f. (HOFMANN A **95**)

Hofmann, Friedrich: Zum neuen Gesangbuch. Anmerkungen und Fragen (II), DtPfrBl 95 (1995), 18f. (HOFMANN II A **95**)

Korth, Hans-Otto / Garbe, Daniela / Stalmann, Joachim / (Blankenburg, Walter): Art. Gemeindegesang (B. Der deutsche evangelische Gemeindegesang), MGG² Bd. 3 (1995) 1162–1194 (KORTH / GARBE / STALMANN A **95**)

Krummacher, Christoph: Das Evangelische Gesangbuch, ThLZ 120 (1995) Nr. 9, 763–778 (KRUMMACHER A **95**)

Lange, Martin: Bewegt-bewegendes Singen. Von handwerklichen Elementen lebendiger Kirchenmusik, in KÄSER B 95, 189–204 (LANGE A **95**)

Meyer, Frank: „Herr, deine Lieder sind wie Schmalz und Honig"? Eine kritische Analyse besonders erfolgreicher Neuer Geistlicher Lieder, in KÄSER B 95, 133–187 (MEYER A **95**)

Pomella, Anton / Ulrich, Herbert: Musikalische Gottesdienstgestaltung (16). Vaterunser, Friedensgebet und Friedensgruß, SMG 120 (1995) H. 4, 179–183 (POMELLA / ULRICH A **95**)

Reich, Christa: Passionsfrömmigkeit und österliche Spiritualität – Zum Horizont von Passion und Ostern im Evangelischen Gesangbuch, WEG III (1995) 7–12 (REICH A **95**)

Riehm, Heinrich: Drei Liedbesprechungen zum Weihnachtsfestkreis. Ein Beitrag zur Einführung in das neue Evangelische Gesangbuch, in KÄSER B 95, 63–68 (RIEHM A **95**)

Rössler, Martin: Art. Gesangbuch, MGG² Bd. 3 (1995) 1289–1323 (RÖSSLER A **95**)

Schneider, Bernhard: Die Wirkungsgeschichte der Lieder Friedrich Spees in katholischen Gesangbüchern vom Barock bis zur Gegenwart, in FRANZ B 95, 265–348 (SCHNEIDER A **95**)

Schuberth, Dietrich: Drei neue Osterlieder, EvE 47 (1995) 197–202 (SCHUBERTH A **95**)

Schweizer, Rolf: Das Kanon-Singen – Ein methodischer Leitfaden, WEG III (1995) 13–19 (SCHWEIZER A **95**)

Schweizer, Rolf: Vom Singen und Sagen im neuen Lied, in KÄSER B 95, 113–131 (SCHWEIZER A **95**)

Stalmann, Joachim: Gotteslob evangelisch. Zur Frage einer Theologie des neuen Gesangbuchs, MuK 65 (1995) H. 5, 246–255 (STALMANN A **95**)

Ulrich, Herbert: Faszikel 94. Lieder 2 und 25, SMG 120 (1995) H. 1, 6–9 (ULRICH A **95**)

Albrecht, Christoph: Zwei Jahre Erfahrungen mit dem EG. Kritische und gegenkritische Bemerkungen, Km 47 (1996) H. 5, 179–187 (ALBRECHT A **96**)

Dienst, Karl: „Geuß sehr tief in mein Hertz hineyn ...". Mystik in Advents- und Weihnachtsliedern, EvKZ 1996; Folge 1, Nr. 48, 10; Folge 2, Nr. 49, 7; Folge 3, Nr. 50, 11. 26 (DIENST 1–3 A **96**)

Garbe, Daniela / Janota, Johannes / Schmidt, Eberhard u. a.: Art. Kirchenlied, MGG² Bd. 5 (1996) 59–128 (GARBE / JANOTA / SCHMIDT A **96**)

Holzapfel, Otto: „Singe-Buch 1834", KiV-Dokumentation und „O du fröhliche", JVlf 41 (1996) 89–97 (HOLZAPFEL A **96**)

Kadelbach, Ada: Paul Gerhardt im Blauen Engel. Ein rätselhaftes Kirchenliedzitat in Heinrich Manns *Professor Unrat*, in: Heinrich-Mann-Jahrbuch 14, hg. von Helmut Koopmann und Peter-Paul-Schneider, Lübeck 1996, 87–112 (KADELBACH A **96**)

Kadelbach, Ada: Matthias Claudius und die Gesangbücher im dänischen Gesamtstaat, in: Matthias Claudius 1740–1815. Leben, Zeit, Werk, hg. von Jörg-Ulrich Fechner (Wolfenbütteler Studien zur Aufklärung 21), Tübingen 1996, 209–238 (KADELBACH A **96**)

Klek, Konrad / Schrade, Werner: Zur Geschichte des Kirchenliedes, in: Probieren & Studieren. Lehrbuch zur Grundausbildung in der evangelischen Kirchenmusik, hg. von Siegfried Bauer, München 1996, 231–265 (KLEK / SCHRADE A **96**)

Martini, Britta: Lieder und Texte im Evangelischen Gesangbuch. Eine feministische Lektüre, in: Renate Jost / Ulrike Schweiger (Hgg.): Feministische Impulse für den Gottesdienst, Stuttgart 1996, 59–74 (MARTINI A **96**)

Mertens, Volker: Art. Leisen und Rufe, MGG², Sachteil 5 (1996) 1075–1078 (MERTENS A **96**)

Prassl, Franz Karl: Art. Hymnologie, LThK Bd. 5 (1996) 359–361 (PRASSL A **96**)

Roser, Hans: Martin Luther und das Kirchenlied, GuK 1996/3, 81–90 (ROSER A **96**)

Schulz, Walter: Manfred Schlenker – 70 Jahre alt – Kirchenmusiker – Pädagoge – Komponist, in: Ld Dok 1996 „Es wird sein in den letzten Tagen", s.v. Portrait des Komponisten, 1–7 = NSK 1997/2, 14–16 (SCHULZ A **96**)

Braun, Werner: Elementare Kirchenpassionen im Umfeld Johann Sebastian Bachs, JLH 36 (1996/97) 151–174 (BRAUN A **96/97**)

Kadelbach, Ada: Das Akrostichon im Kirchenlied. Typologie und Deutungsansätze, JLH 36 (1996/97) 175–207 (KADELBACH A **96/97**)

Block, Detlev: Der Gegenwart Gestalt geben. Zeitgenössische Liedtexte und Autoren im neuen Evangelischen Gesangbuch, in DEINZER / ZOBEL B 97, 120–129 (zuvor in epd, Ausgabe für kirchliche Presse, Nr. 22 vom 1. 6. 1994 bis Nr. 27 vom 6. 7. 1994 und z. T. in BLOCK I-IV A 94) (BLOCK A **97**)

Bunners, Christian: Gerhard Tersteegens Lieder im Gesangbuch. Ein rezeptionsgeschichtlicher Beitrag, in KOCK / THIESBONENKAMP B 97, 77–100 (BUNNERS A **97**)

Bunners, Christian: Lieder Paul Gerhardts im Freylinghausenschen Gesangbuch, in BUSCH / MIERSEMANN B 97, 211–240 (BUNNERS A **97**)

Fischer, Wolfgang: Pausen in den Melodien des Genfer Liedpsalters, WEG IV (1997) 27–29 (FISCHER A **97**)

Heine, Herbert / Kurzke, Hermann / Fuchs, Guido / Schepping, Wilhelm: Art. Kirchenlied, LThK Bd. 6 (1997) 22–2 (HEINE / KURZKE / FUCHS / SCHEPPING A **97**)

Knopp, Ludwig: Melanchthon-Texte in katholischen Gesangbüchern. Zum 500. Geburtstag des deutschen Reformators Philipp Melanchthon (1497–1560), SiK 44 (1997) H. 4, 251–253 (KNOPP A **97**)

Mahrenholz, Jürgen Chr.: Luthers Lieder. Reformatorische Botschaft und künstlerische Gestaltung, Luther 68 (1997) 67–82 (MAHREMHOLZ A **97**)

Reich, Christa: Die Psalmen im Evangelischen Gesangbuch, WEG IV (1997) 7–19 (= REICH B 97, 142–163) (REICH A **97**)

Reich, Christa: Heilsgegenwart – Zeitverschränkung im Kirchenlied, GAGF 1997, H. 29, 97–121 (REICH A **97**)

Ruberg, Uwe: Wachen und Wecken: Der Wächter im weltlichen und im geistlichen Tagelied, GAGF 1997, H. 29, 47–55 (RUBERG A **97**)

Schrader, Hans-Jürgen: Hortulus mystico-poeticus – Erbschaft der Formeln und Zauber der Form in Tersteegens ‚Blumengärtlein', in KOCK / THIES-BONENKAMP B 97, 47–76 (SCHRADER A **97**)

Stefan, Hans-Jürg: Psalmengesang der reformierten Kirchen. ‚Genfer Psalter' oder ‚Hugonotten-Psalter', WEG IV (1997) 20–26 (STEFAN A **97**)

Wettach, Traugott: Mit dem Evangelischen Gesangbuch in den Religionsunterricht gehen, WEG IV (1997) 30–33 (WETTACH A **97**)

Axmacher, Elke: Der Mensch vor dem Gekreuzigten nach Passionsliedern des 17. Jahrhunderts, GAGF 1998, H. 32, 58–82 (AXMACHER A **98**)

Bernoulli, Peter Ernst: Singgottesdienst zur Adventszeit. Musikalisch – liturgische Überlegungen zu einem Konzept, WGD 5 (1998) 20–25 (BERNOULLI A **98**)

Falkenroth, Christof: Entfaltete Liturgie, WEG V (1998) 81–85 (FALKENROTH A **98**)

Fischer, Wolfgang: Liedandacht zum Thema „Licht", WEG V (1998) 86f. (FISCHER A **98**)

Handt, Hartmut: Die Liedandacht, WEG V (1998) 37–42 (HANDT A **98**)

Henkys, Jürgen: „Da pacem, Domine, in diebus nostris". Friede als Thema des Kirchenliedes, MuK 68 (1998) H. 3, 160–169 (= HENKYS B 99, 219–231) (HENKYS A **98**)

Holzapfel, Otto: Gesangbuch, Volkslied und ‚Urtext': Zur Rezeption evangelischer Kirchenlieder, in: Traditions- und Vermittlungsformen musikalischer Volkskultur in der Gegenwart (Tagungsbericht 1996), Köln 1998, 221–242 (HOLZAPFEL A **98**)

Kappner, Gerhard: Die Anfänge des deutschen Osterliedes, MuK 68 (1998) H. 2, 125–127 (KAPPNER A **98**)

Klarer, Stephan: Vielfalt der Formen und ihre praktische Verwendung. Einführende Orientierungshilfe zu ausgewählten Gesängen, WH 1 (1998) 33–80 (KLARER A **98**)

Reich, Christa: Liedgesang im Gottesdienst. Anregungen für sogenannte „einfache" Verhältnisse, WEG V (1998) 67–71 (REICH A **98**)

Schmid, Regula: Singabend nach Pfingsten, WGD 5 (1998) 116–119 (SCHMID A **98**)

Schröer, Henning: Das Dialogische in Kirchenlied und Gottesdienst, WEG V (1998) 7–12 (SCHRÖER A **98**)

Schulz, Frieder: Liturgische Gesänge, WEG V (1998) 25–31 (SCHULZ A **98**)

Schütz, Michael: Pop-Arrangements zu Liedern des Evangelischen Gesangbuchs, WEG V (1998) 46–66 (SCHÜTZ A **98**)

Schweizer, Rolf: Alte und neue Lieder im Wechsel, WEG V (1998) 95–99 (SCHWEIZER A **98**)

Wilke, Matthias: Die russischen orthodoxen Gesänge im Evangelischen Gesangbuch, WEG V (1998) 32–36 (WILKE A **98**)

Wissemann-Garbe, Daniela: Neue Weisen zu alten Liedern. Die Ersatzmelodien im Klugschen Gesangbuch von 1533, JLH 37 (1998) 118–138 (WISSEMANN-GARBE A **98**)

Zillessen, Klaus: Das Gesangbuch im Konzertsaal. Kirchenlieder in der profanen Kunstmusik, ZGP 16 (1998) H. 2, 23f. (ZILLESSEN A **98**)

Bernoulli, Peter Ernst: Vom Singspruch zum Lied. Kanons und Leitverse als Türe zum Lied, WH 2 (1999) 61–72 (BERNOULLI A **99**)

Conrad, Joachim: „Da unter deinen Töchtern unser Saarbrückisches Zion bishero kein eigenes Gesang-Buch gehabt ...“. Die nassau-saarbrückischen Gesangbücher von 1746 und 1779, JLH 38 (1999) 227–241 (CONRAD A **99**)

Greule, Albrecht: So sie's nicht verstehen, so sollten sie's nicht singen? Über den Beitrag der Sprachwissenschaft zur Kirchenliedforschung, in KURZKE / ÜHLEIN B 99, 47–64 (GREULE A **99**)

Guntli, Erich: „... die Werke deiner Hände verstehe ich im Lied ...“. Geistliche Gesänge als sinnstiftende Begleiter im Kirchenjahr, WH 2 (1999) 23–31 (GUNTLI A **99**)

Herbst, Wolfgang: Neues von Komponisten und Dichtern des Evangelischen Gesangbuchs (I), JLH 38 (1999) 253–262 (HERBST I A **99**)

Kadelbach, Ada: Die geistlichen Lieder Philipp Nicolais und die höfische Akrostichtradition, in BRUSNIAK / STEIGER B 99, 221–245 (KADELBACH A **99**)

Klek, Konrad: 400 Jahre Erfolgsgeschichte. Philipp Nicolais Lieder, WBK 66 (1999) H. 5, 3–12 (= FdGD 55 (2000) 20–28) (KLEK A **99**)

Scheitler, Irmgard: Der Beitrag der böhmischen Länder zur Entwicklung des Gesangbuchs und des deutschen geistlichen Liedgesangs (1500–1620), JLH 38 (1999) 157–190 (SCHEITLER A **99**)

Schöllkopf, Wolfgang: Hiller, Halle und Herrenhut – der Pietismus und das neue Lied, in BRECHT B 99, 63–77. 220f. (SCHÖLLKOPF A **99**)

Schulz, Frieder: Das Opfermotiv in der liturgischen Tradition der Reformationskirchen bis heute, GAGF 1999, H. 34, 47–72 (SCHULZ A **99**)

Stefan, Hans-Jürg: Zugänge zum Lied eröffnen. Gesichtspunkte der Liedvermittlung, WH 2 (1999) 33–48 (STEFAN A **99**)

Bunners, Christian: Art. Gerhardt, Paul(us), RGG^4 Bd. 3 (2000) 728–730 (BUNNERS A **00**)

Fischer, Michael: Gotteslob aus dem Essigmund. Kirchenlieder der Moderne im Einheitsgesangbuch „Gotteslob“, Hl. Dienst 54 (2000) 223–235 (FISCHER A **00**)

Giering, Achim: Kirchenlied und Kirchengesang in Nachbarländern Deutschlands. Osteuropa, WEG VI (2000) 40–45 (GIERING A **00**)

Kadelbach, Ada: „Jesu, meine Freude, Purpur, Gold und Seide“. Zitat und Parodie in Erdmann Neumeisters „Lieder=Andachten“ 1743, in: Erdmann Neumeister (1671–1756). Wegbereiter der evangelischen Kirchenkantate, hg. von Henrike Rucker (Weißenfelser Kulturtraditionen 2), Rudolstadt und Jena 2000, 147–170 (KADELBACH A **00**)

Lähnemann, Johannes: Die Liedpredigt, MuK 70 (2000) H. 6, 369–374 (LÄHNEMANN A **00**)

Marti, Andreas: Weg und Raum als Metaphern von Liturgie und Gemeindegesang, JLH 39 (2000) 179–190 (MARTI A **00**)

Pomella, Anton: Die „Zeit“ im Liedgut. Alles hat seine Zeit, SMG 125 (2000) H. 5, 197f. (POMELLA A **00**)

Riehm, Heinrich: Die gemeinsamen Lieder und Gesänge der deutschsprachigen Christenheit, JLH 39 (2000) 154–178 (RIEHM A **00**)

Rößler, Martin: Art. Kirchenlied, RLW Bd. II (2000) 260–263 (RÖSSLER A **00**)

Stefan, Hans-Jürg: Kirchenlied und Kirchengesang in Nachbarländern Deutschlands. Schweiz, WEG VI (2000) 46–54 (STEFAN A **00**)

Trautwein, Dieter: Ausländische Autoren, denen ich begegnet bin, WEG VI (2000) 55–68 (TRAUTWEIN A **00**)

Völker, Alexander: Art. Gesangbuch (I. Geschichte und gegenwärtiger Bestand), RGG[4] Bd. 3 (2000) 764–769 (VÖLKER A **00**)

Wentz-Janacek, Elisabet: Kirchenlied und Kirchengesang in Nachbarländern Deutschlands. Nordeuropäische Länder, WEG VI (2000) 27–39 (WENTZ-JANACEK A **00**)

Martini, Britta: Die Nacht im Evangelischen Gesangbuch, IAHB 28/29 (2000/2001) 248–257 (MARTINI A **00/01**)

Wennemuth, Udo: Luthertag und Mainumzug. Kirchliche Feiern im Nationalsozialismus am Beispiel Mannheims 1933/34, IAHB 28/29 (2000/2001) 172–192 (WENNEMUTH A **02**)

Bernoulli, Peter Ernst: „Bleibe bei uns, denn es will Abend werden ...". Nachwirkungen von Lukas 24, 29 im Kirchenlied, WGB 4 (2001) 122–137 (BERNOULLI A **01**)

Danzeglocke, Klaus: Wer singt, betet zweimal (Augustinus) – Die Lieder im Gottesdienst, Thema: Gd 17/2001, 102–110 (DANZEGLOCKE A **01**)

Hadamer, Armin: „German Melodies in American Songs". Beispiele popularer Revival-Lieder der USA mit Wurzeln im deutschsprachigen Kulturraum, in: Beiträge zur Popularmusikforschung 27/28 – Populäre Musik im kulturwissenschaftlichen Diskurs II, hg. von Thomas Phleps (ASPM), Karben 2001, 119–135 (HADAMER A **01**)

Herbst, Wolfgang: Neues von Komponisten und Dichtern des Evangelischen Gesangbuchs (II), JLH 40 (2001) 174–180 (HERBST II A **01**)

Kadelbach, Ada: Matthias Claudius, Paul Gerhardt, Thomas Mann – verborgene Beziehungen, Jss d. Claudius-Ges. 10 (2001), 5–18 KADELBACH A **01**)

Marti, Andreas: Art. Kirchenlied, RGG[4] Bd. 4 (2001) 1209–1225 (MARTI A **01**)

Marti, Andreas: Aspekte einer hymnologischen Melodieanalyse, JLH 40 (2001) 147–173 (MARTI A **01**)

Morath, Reinhold: Das evangelische Kirchenlied, in OPP B 01, 91–127 (MORATH A **01**)

Ott, Marlis: Liedtänze zu Tagesgesängen, WH 4 (2001) 115–117 (OTT A **01**)

Schlingensiepen, Ferdinand: „Ihr Pfarrer lebt ja mit Bibel und Gesangbuch". Eine Plauderei, DtPfrBl 101 (2001), H. 5, 230–233 (SCHLINGENSIEPEN A **01**)

Schweizer, Rolf: Neue geistliche Lieder in der Praxis des kirchenmusikalischen Dienstes, in OPP B 01, 129–137 (SCHWEIZER A **01**)

Wilkens, Ulrich: Vielfältiger Segen. Jochen Kleppers Tagzeitenlieder als geistliche Zäsuren, WGB 4 (2001) 54–63 (WILKENS A **01**)

Bill, Oswald: Christoph Graupners Choralbuch von 1728 im pietistischen Umfeld. Einflüsse des Gesangbuchs von Eberhard Philipp Züehl auf den Kirchengesang in Hessen-Darmstadt, in MIERSEMANN / BUSCH B 02, 201–226 (BILL A **02**)

Friedrich, Verena: Arno Pötzsch (1900–1956). „... und dem ich schreibe, ist nur Gott allein", MGD 56 (2002) H. 2, 54–56 (FRIEDRICH A **02**)

Gruber, Sabine: „Aber nicht: ‚O Haupt voll Blut und Wunden'. Dies verbiete ich ausdrücklich". Religiöse Tradition, Geistliches Lied und Gesangbuch in Fontanes „Vor dem Sturm. Roman aus dem Winter 1812 auf 13", JLH 41 (2002) 204–225 (GRUBER A **02**)

Henkys, Jürgen: Das Wort der ewigen Treue. Jochen Klepper und seine geistlichen Lieder, in: meditation 28 (2002) H. 1, 27–30 (HENKYS A **02**)

Kessner, Lars: Vier evangelische Psalmlieder über Psalm 23 aus dem 16. und 17. Jahrhundert, in FISCHER / ROTHAUG B 02, 117–140 (KESSNER A **02**)

Pomella, Anton: Komm, Herr, segne uns. Segnungen und Segenslieder im KG, SMG 127 (2002) H. 4, 160–162 (POMELLA A **02**)

Finke, Christian: Die Aufnahme fremdsprachiger Kirchenlieder in neueren europäischen Gesangbüchern, IAHB 30/31 (2002/2003) 247–262 (FINKE A **02/03**)

Stefan, Hans-Jürg: Gesänge aus ostkirchlichen Traditionen in deutschsprachigen Gesangbüchern westlicher Kirchen, IAHB 30/31 (2002 / 2003) 97–126 (STEFAN A **02/03**)

Tveit, Sigvald: Ein Text, mehrere Weisen, Varianten, Funktionen, IAHB 30/31 (2002/2003) 357–376 (TVEIT A **02/03**)

Ackermann, Andrea: Die Reformation im Spiegel ihrer Kirchenlieder, Luther 74 (2003) 60–80 (ACKERMANN A **03**)

Henkys, Jürgen: Kirchenlieder aus benachbarten Sprachräumen. Zum Kriterienproblem in der Gesangbucharbeit, in KURZKE / NEUHAUS B 03, 179–190 (HENKYS A **03**)

Kalden, Reinhold: Das Gesangbuch ausschöpfen. Hinweise für die vier Adventssonntage, MuK 73 (2003) 380–382 (KALDEN A **03**)

Kirschbaum, Christa: Ideen zum improvisatorischen Singen mit Liedern von Jochen Klepper, Thema: Gd 20/2003, 53–55 (KIRSCHBAUM A **03**)

Kurzke, Hermann: Das Liedgut der Tradition, in KURZKE / NEUHAUS B 03, 155–164 (KURZKE A **03**)

Lehmann, Hartmut: Ach, dass doch diese böse Zeit sich stillt in guten Tagen ... Paul Gerhardt in seiner Zeit, in WEICHENHAN / UEBERSCHÄR B 03, 11–39 (LEHMANN A **03**)

Michel, Stefan: „... zu Gottes Ehren und christlichen Gemeinden zum Dienst ...". Eine kleine reußische Gesangbuchgeschichte, JLH 42 (2003) 162–197 (MICHEL A **03**)

Oehler, Karl Eberhard: Vom Lied der Lieder zu unseren Liedern über Jesusliebe, WBK 70 (2003) H. 4, 7–9 (OEHLER A **03**)

Reich, Christa: Das Evangelische Gesangbuch (1993). Vorgeschichte, Problematik, Konzeption, Kritik, in KURZKE / NEUHAUS B 03, 93–110 (REICH A **03**)

Reich, Christa: Das Kirchenlied, in: Handbuch der Liturgik. Liturgiewissenschaft in Theologie und Praxis der Kirche, hg. von Hans-Christoph Schmidt-Lau- ber / Michael Meyer-Blanck / Karl-Heinrich Bieritz, Göttingen ^{3}2003, 763–777 (REICH A **^{3}03**)

Reif, Matthias: Paul Gerhardt, SMG 128 (2003) H. 5, 178–183 (REIF A **03**)

Scheitler, Irmgard: Gotteslob (1975). Vorgeschichte, Problematik, Programm, Kritik, in KURZKE / NEUHAUS B 03, 79–92 (SCHEITLER A **03**)

Schuberth, Dietrich: Ante adventum Domini. Über Musik und Stille in der Zeit vor Weihnachten, MuK 73 (2003) 364–372 (bes. 370ff.) (SCHUBERTH A **03**)

Wilckens, Ulrich: Kyrie. Zu den geistlichen Liedern von Jochen Klepper, in KOHLER B 03, 95–115 (WILCKENS A **03**)

Finger, Ulrich: Große Musiker – ganz klein. Die Schöpfer von Kirchenliedern auf Briefmarken, EvSZ vom 25. 7. 2004, 24 (FINGER A **04**)

Jordahn, Ottfried: Sterbe- und Begräbnislieder, in: Liturgie im Angesicht des Todes. Reformatorische und katholische Traditionen der Neuzeit, Teil I, hg. von Hansjakob Becker / Dominik Fugger / Joachim Prizkat / Katja Süß (Pietas Liturgica 13. Interdisziplinäre Beiträge zur Liturgiewissenschaft, hg. von Ansgar Franz), Tübingen / Basel 2004, 237–279 (JOHRDAN A **04**)

Korth, Hans-Otto: Einstimmige wissenschaftliche Edition. Aufgaben und Grenzen der Darstellung, JLH 43 (2004) 212–234 (KORTH A **04**)

Schulz, Frieder: Lumen Christi. Der altkirchliche Vespergesang Phos hilaron. Zur westkirchlichen Rezeption: Forschung – Übertragung – Musikfassung, JLH 43 (2004) 11–30 (SCHULZ A **04**)

B) Bücher und Bände

S. auch die unter C) – F) aufgeführten Quellenwerke, Gesangbücher, Lexika, Hand-, Werk- und Arbeitsbücher (außer den bei den einzelnen Liedern gesondert genannten -Monografien) !

Koch, Eduard Emil: Geschichte des Kirchenlieds und Kirchengesangs der christlichen, insbesondere der deutschen evangelischen Kirche, 8 Bde, Stuttgart [3]1866–1876, Register 1877 (Nachdruck Hildesheim 1973) (KOCH I B **[3]1866/1973**; II B **[3]1867/1973**; III B **[3]1867/1973**; IV B **[3]1868/ 1973**;V B **[3]1868/1973**; VI B **[3]1869/1973**; VII B **[3]1872/1973**; VIII B **[3]1876/1973**)

Böhme, Franz M.: Altdeutsches Liederbuch. Volkslieder der Deutschen nach Wort und Weise aus dem 12. bis zum 17. Jahrhundert, Leipzig 1877 (Nachdruck Hildesheim / Wiesbaden 1966) (BÖHME B **1877/1966**)

Fischer, Albert Friedrich Wilhelm: Kirchenlieder – Lexikon. Hymnologisch – literarische Nachweisungen über ca. 4500 der wichtigsten und verbreitetsten Kirchenlieder aller Zeiten in alphabetischer Reihenfolge nebst einer Übersicht der Liederdichter, 2 Bde, Gotha 1878f. (KLL) (Nachdruck Hildesheim 1967) (FISCHER I B **1878/1967**; II B **1879/1967**)

Bäumker, Wilhelm: Das katholische deutsche Kirchenlied in seinen Singweisen von den frühesten Zeiten bis gegen Ende des siebzehnten Jahr- hunderts, 4 Bde, Freiburg i. Br. 1886–1911 (Nachdruck Hildesheim 1962) (BÄUMKER I B **1886/1962**; II B **1888/1962**; III B **1891/1962**; IV B **1911/1962**)

Kümmerle, Salomon: Encyklopädie der evangelischen Kirchenmusik, 4 Bde, Gütersloh 1888–1895 (Nachdruck Hildesheim 1974) (EEKM) (KÜMMERLE I B **1888/1974**; II B **1890/1974**; III B **1894/1974**; IV B **1895/1974**)

Wolkan, Rudolf: Das deutsche Kirchenlied der böhmischen Brüder im XVI. Jahrhundert, Prag 1891 (Nachdruck Hildesheim 1968) (WOLKAN B **1891/1968**)

Julian, John (Hg.): Dictionary of Hymnology, 2 Bde, London 1892/1897, ^{2}1907 (Nachdruck Michigan 1985) (JULIAN B **^{2}1907/1985**)

Erk, Ludwig / Böhme, Franz Magnus: Deutscher Liederhort, Bd. 1–3 (bes. Bd. 3, Kap. XV: Geistliche Lieder), Leipzig 1893/94 (Nachdruck Hildesheim 1963 und Hildesheim / Zürich / New York 1988) (ERK / BÖHME I – III B **1893f./1988**)

Friedlaender, Max: Das deutsche Lied im 18. Jahrhundert. Quellen und Studien, Bd. I, 1: Musik, Bd. I,2: Musikbeispiele, Bd. II: Dichtung, Stuttgart / Berlin 1902 (Nachdruck Hildesheim 1962) (FRIEDLAENDER I/II B **1902/1962**)

Nelle, Wilhelm: Geschichte des deutschen evangelischen Kirchenliedes, Hamburg 1904, Leipzig / Hamburg ^{3}1928, Hildesheim ^{4}1962 (NELLE B **^{4}62**)

Müller, Joseph Theodor: Hymnologisches Handbuch zum Gesangbuch der Brüdergemeine (Nikolaus Ludwig von Zinzendorf. Materialien und Dokumente, Reihe 4, Bd. VI; Nachdruck der Ausgabe Gnadau 1916), Hildesheim / New York 1977 (MÜLLER B **1916/1977**)

Nelle, Wilhelm: Schlüssel zum Evangelischen Gesangbuch für Rheinland und Westfalen, Gütersloh 1918, ^{2}1920, ^{3}1924 (Nachdruck Hildesheim 1962) (NELLE B **^{3}1924/1962**)

Martin Luthers Werke. Kritische Gesamtausgabe, 35. Bd., Weimar 1923; bes. Lucke, Wilhelm: Die Lieder Luthers, 1–484 (bes. 89–286. 411–473) und Moser, Hans Joachim: Singweisen und Notentexte, 485 –529 (LUCKE, Wilhelm bzw. MOSER, Hans Joachim in WA 35 (**1923**))

Schlißke, Otto: Handbuch der Lutherlieder, Göttingen 1948 (SCHLISSKE B **48**)

Stapel, Wilhelm: Luthers Lieder und Gedichte, Stuttgart 1950 (STAPEL B **50**)

Berger, Kurt: Barock und Aufklärung im geistlichen Lied, Marburg 1951 (BERGER B **51**)

Buchrucker, Armin-Ernst: Das evangelische deutsche Abendmahlslied von Luther bis zur Gegenwart, Göttingen 1951 (BUCHRUCKER B **51**)

Reich, Philipp: Handreichung zur Einführung des neuen Evangelischen Kirchengesangbuches (Veröffentlichung des Amtes für Kirchenmusik der Ev. Kirche in Hessen und Nassau), Frankfurt / Main 1951 (REICH B **51**)

Schlunk, Walter: Wort und Lied. Biblische Texte zu den Gesangbuchliedern, Berlin 1951 (SCHLUNK B **51**)

Budde, Elisabeth: „Wer nur den lieben Gott lässt walten ...". Erzählungen von der Entstehung evangelischer Trostlieder, Stuttgart-Weilimdorf 1952 (BUDDE B **52**)

Hauschildt, Karl: Die Christusverkündigung im Weihnachtslied unserer Kirche. Eine theologische Studie zur Liedverkündigung, Göttingen 1952 (HAUSCHILDT B **52**)

Bergmann, Bernhard: Werkbuch zum deutschen Kirchenlied, Freiburg i. Br. 1953 (BERGMANN B **53**)

Bruppacher, Theophil: Gelobet sei der Herr. Erläuterungen zum Gesangbuch der evangelisch-reformierten Kirchen der deutschsprachigen Schweiz 1953

(I. Teil: Die Lieder, 1–425; II. Teil: Die Liederdichter, 426–471; III. Teil: Die Schöpfer der Melodien, 472–484), Basel 1953 (BRUPPACHER B **53**)

Eisenhuth, Heinz Erich: Gelobt sei deine Treue. Lieder der Kirche und ihre Dichter, Jena / Berlin 1953 (EISENHUTH B **53**)

Lange, Martin / Reich, Philipp: Liedschlüssel zum Evangelischen Kirchengesangbuch. Zweite Folge (Forts. von REICH B 51) (Veröffentlichung des Amtes für Kirchenmusik der Ev. Kirche in Hessen und Nassau), Berlin / Darmstadt 1953 (LANGE / REICH B **53**)

Lauterburg, Otto: Nun danket alle Gott. Betrachtungen zu Liedern des Gesangbuches der evangelisch-reformierten Kirchen der deutschsprachigen Schweiz, Bern 1953 (LAUTERBURG B **53**)

Brodde, Otto / Müller, Christa: Das Graduallied, München 1954 (BRODDE / MÜLLER B **54**)

Platte, Johannes (Hg.): Es kommt ein Schiff geladen ... Weihnachtsgruß 1954 an die Vertriebenen und Flüchtlinge und an ihre Helfer, Der Wegweiser 20, Troisdorf 1954 (PLATTE B **54**)

Schröder, Otto (Hg.): Johann Walter. Sämtliche Werke, 3. Bd.: Geistliches Gesangbüchlein Wittenberg 1551, Kassel / Basel 1955 (SCHRÖDER B **55**)

Burba, Klaus: Die Christologie in Luthers Liedern (Schriften des Vereins der Reformationsgeschichte, Nr. 175, Jg 63, H. 1), Gütersloh 1956 (BURBA B **56**)

Gabriel, Paul: Das deutsche evangelische Kirchenlied von Martin Luther bis zur Gegenwart, Leipzig 1935, Berlin ^{2}1951, ^{3}1956 (GABRIEL B **^{3}56**)

Gerber, Hermann: Monatslieder der Kirche und ihre Geschichte (Verlag Ev. Presseverband für Hessen und Nassau), Groß-Gerau 1956 (GERBER B **56**)

Gottschick, Anna Martina (Hg.): Weihnachtliches Hausbuch, Kassel ^{3}1956 (GOTTSCHICK B **^{3}56**)

Ihlenfeld, Kurt: Huldigung für Paul Gerhardt, Berlin 1956 (IHLENFELD B **56**)

Klepper, Jochen: Unter dem Schatten deiner Flügel. Aus den Tagebüchern der Jahre 1932–1942, hg. von Hildegard Klepper, Stuttgart 1956 (KLEPPER B **56**)

Solzbacher, Joseph: Das Lied in der katechetischen Unterweisung (Schriften zur Katechetischen Unterweisung, Bd. 2), Düsseldorf 1956 (SOLZBACHER B **56**)

Hofmann, Friedrich: Die Gemeinde lernt singen. Grundsätzliches und Praktisches zum Gemeindesingen, Kassel / Basel 1957 (HOFMANN B **57**)

Michaelis, Otto / Lueken, Wilhelm: Lebensbilder der Liederdichter und Melodisten (HEKG II/1), Berlin 1957 (MICHAELIS / LUEKEN B **57** (HEKG II/1))

Röbbelen, Ingeborg: Theologie und Frömmigkeit im deutschen evangelisch-lutherischen Gesangbuch des 17. und frühen 18. Jahrhunderts (Forschungen zur Kirchen- und Dogmengeschichte Bd. 6), Göttingen 1957 (RÖBBELEN B **57**)

Kulp, Johannes / Büchner, Arno / Fornacon, Siegfried: Die Lieder unserer Kirche (HEKG Sb), Göttingen 1958 (KULP / BÜCHNER / FORNACON in HEKG Sb (**1958**))

Thiesen, Ulrich: Beiträge zur Lutherkunde, Hamburg 1958 (THIESEN B **58**)

Bruppacher, Theophil: Was töricht ist vor der Welt. 48 Gemeinschaftslieder, Bern 1959 (z. T. = BRUPPACHER B 68) (BRUPPACHER B **59**)

Prager, Gerhard: Davon ich singen und sagen will. Wie bekannte Weihnachtslieder entstanden, Stuttgart / Berlin 1960 (PRAGER B **60**)

Söhngen, Otto: Gestalt und Glaube (FS), Witten / Berlin 1960 (SÖHNGEN B **60**)

Pfeiffer, Johannes: Dichtkunst und Kirchenlied. Über das geistliche Lied im Zeitalter der Säkularisation, Hamburg 1961 (PFEIFFER B **61**)

Heydrich, Jürgen: Untersuchungen zum geistlichen Lied der Erweckungsbewegung (Diss.), Mainz 1962 (HEYDRICH B **62**)

Jenny, Markus: Geschichte des deutschschweizerischen evangelischen Gesangbuches im 16. Jahrhundert, Basel 1962 (JENNY B **62**)

Mertes, Johannes: Gotteslob im Kirchenlied. Einführung in 144 gemeinsame deutsche Kirchenlieder und -gesänge, Merzig 1962 (MERTES B **62**)

Nelle, Wilhelm: Geschichte des deutschen evangelischen Kirchenliedes, Hamburg 1904, Leipzig / Hamburg ^{3}1928, Hildesheim ^{4}1962 (NELLE B **^{4}62**)

Reckziegel, Walter: Das Cantional von Johan Herman Schein. Seine geschichtlichen Grundlagen (Berliner Studien zur Musikwissenschaft, Bd. 5), Berlin 1963 (RECKZIEGEL B **63**)

Tappolet, Walter: In neuen Zungen. Zur Frage des zeitgenössischen Kirchenliedes (Schriftenreihe des Schweizerischen Arbeitskreises für Kirchenmusik, H. 2), Zürich / Stuttgart 1963 (TAPPOLET B **63**)

Werthemann, Helene: Studien zu den Adventsliedern des 16. und 17. Jahrhunderts, (Basler Studien zur historischen und systematischen Theologie, Bd. 4), Zürich 1963 (WERTHEMANN B **63**)

Köhler, Rudolf: Die biblischen Quellen der Lieder (HEKG I/2), Berlin 1964 / Göttingen 1965 (KÖHLER B **64** (HEKG I/2))

Schröder, Rudolf Alexander: Dichtung und Dichter der Kirche, Witten / Berlin 1964 (erweiterte 2. Aufl. von 1936) (SCHRÖDER B **^{2}64**)

Szöverffy, Josef: Die Annalen der lateinischen Hymnendichtung. Ein Handbuch, 2 Bde, Berlin 1964/65 (SZÖVERFFY I B **64**, II B **65**)

Blume, Friedrich: Geschichte der evangelischen Kirchenmusik, Kassel / Basel u. a. ^{2}1965 (BLUME B **^{2}65**)

Gennrich, Friedrich (Hg.): Die Kontrafaktur im Liedschaffen des Mittelalters (Summa musicae medii aevi, Bd. XII, fundamenta II), Langen bei Frankfurt / M. 1965 (GENNRICH B **65**)

Frör, Kurt (Hg.): Die kirchliche Unterweisung an der Volksschule. III. Jahrgang, München ^{5}1966 (FRÖR B **^{5}66**)

FS für Walter Wiora, hg. von Ludwig Finscher und Christoph Hellmut Mahling, Kassel u. a. 196 (WIORA B **67**)

Hahn, Gerhard (Hg.): Martin Luther. Die deutschen geistlichen Lieder (Neudrucke deutscher Literaturwerke. Neue Folge, hg. von Richard Allewyn, Bd. 20), Tübingen 1967 (HAHN B **67**)

Hoffmann, Heinz: Tradition und Aktualität im Kirchenlied. Gestaltungskräfte der Gesangbuchreform in der ersten Hälfte des 19. Jahrhunderts (Veröffentlichung der Ev. Gesellschaft für Liturgieforschung, hg. von Oskar Söhngen, H. 16), Göttingen 1967 (HOFFMANN B **67**)

Hofmann, Friedrich (Hg.): Zeitgenössische Kirchenlieder – Grundausgabe, Berlin 1967 (HOFMANN B **67**)

Bruppacher, Theophil: „Stern, auf den ich schaue“. Gedanken zu Liedern des Pietismus, Berlin 1968 (z.T. = BRUPPACHER B 59) (BRUPPACHER B **68**)

Gneuss, Helmut: Hymnar und Hymnen im englischen Mittelalter. Studien zur Überlieferung, Glossierung und Übersetzung lateinischer Hymnen in England (Buchreihe der Anglia, Zs für englische Philologie, 12. Bd.), Tübingen 1968 (GNEUSS B **68**)

Janota, Johannes: Studien zu Funktion und Typus des deutschen geistlichen Liedes im Mittelalter (Münchener Texte und Untersuchungen zur deutschen Literatur des Mittelalters, Bd. 23), München 1968 (JANOTA B **68**)

Moser, Hugo / Müller-Blattau, Josef: Deutsche Lieder des Mittelalters von Walther von der Vogelweide bis zum Lochamer Liederbuch. Texte und Melodien, Stuttgart 1968 (MOSER / MÜLLER-BLATTAU B **68**)

Neubacher, Klaus: Lieder des evangelischen Religionsunterrichts, Ansbach 1968 (NEUBACHER B **68**)

Hübner, Götz Eberhard: Kirchenliedrezeption und Rezeptionswegforschung. Zum überlieferungskritischen Verständnis einiger Gedichte von Bürger, Goethe, Claudius (Studien zur deutschen Literatur, Bd. 17), Tübingen 1969 (HÜBNER B **69**)

Jenny, Markus: Die Zukunft des evangelischen Kirchengesanges (Schriftenreihe des Arbeitskreises für evangelische Kirchenmusik, H. 4), Zürich 1970 (JENNY B **70**)

Büchner, Arno: Das Kirchenlied in Schlesien und der Oberlausitz, in: Das Evangelische Schlesien, hg. von Gerhard Hultsch, Bd. VI / 1, Düsseldorf 1971 (BÜCHNER B **71**)

Leitner, Otto: Lob an allem Ort. Ostpreußens Beitrag zum Kirchenlied, Leer 1953, [2]1971 (LEITNER B **[2]71**)

Liebster, Konrad (Hg.): Das Kirchenlied im Gottesdienst. Werkhefte für Liturgie und Kirchenmusik, H. 7, Leipzig 1971 (LIEBSTER B **71**)

Zell, Carl-Alfred: Untersuchungen zum Problem der geistlichen Barocklyrik mit besonderer Berücksichtigung der Dichtung Johann Heermanns (1585–1647) (Probleme der Dichtung. Studien zur deutschen Literaturgeschichte, Bd. 12), Heidelberg 1971 (ZELL B **71**)

Zeller, Winfried: Theologie und Frömmigkeit. Gesammelte Aufsätze, hg. von Bernd Jaspert (Marburger Theologische Studien 8), Marburg 1971 (ZELLER B **71**)

Brednich, Rolf Wilhelm: Die Liedpublizistik im Flugblatt des 15. bis 17. Jahrhunderts, Bd. I (Bibliotheca Bibliographica Aureliana LV), Baden – Baden 1974 (BREDNICH I B **74**)

Harnoncourt, Philipp: Gesamtkirchliche und teilkirchliche Liturgie. Studien zum liturgischen Heiligenkalender und zum Gesang im Gottesdienst unter besonderer Berücksichtigung des deutschen Sprachgebiets, Freiburg / Basel / Wien 1974 (HARNONCOURT B **74**)

Schuhmacher, Gerhard (Hg.): Traditionen und Reformen in der Kirchenmusik (FS Konrad Ameln), Kassel u.a. 1974 (SCHUHMACHER B **74**)

Brednich, Rolf Wilhelm: Die Liedpublizistik im Flugblatt des 15. bis 17. Jahrhunderts, Bd. II (Bibliotheca Bibliographica Aureliana LX), Baden – Baden 1975 (BREDNICH II B **75**)

Klusen, Ernst: Zur Situation des Singens in der Bundesrepublik Deutschland. II. Die Lieder, unter Mitarbeit von V. Karbusický und W. Schepping (Musikalische Volkskunde. Materialien und Analysen, Bd. V), Köln 1975 (KLUSEN B **75**)

Trenkler, Gerhard (Hg.): Arbeitsbuch zum EGB. Eine Einführung für Seelsorger, Katecheten und Chorleiter, Graz 1975 (TRENKLER B **75**)

Jenny, Markus / Nievergelt, Edwin (Hgg.): Paul Gerhardt. Weg und Wirkung, Zürich 1976 (JENNY / NIEVERGELT B **76**)

Juhre, Arnim (Hg.): Singen, um gehört zu werden. Lieder der Gemeinde als Mittel der Verkündigung. Ein Werkbuch, Wuppertal 1976 (JUHRE B **76**)

Moser, Tilman: Gottesvergiftung, Frankfurt [2]1976 (MOSER B **[2]76**)

Rößler, Martin: Die Liedpredigt. Geschichte einer Predigtgattung (Veröffentlichung der Gesellschaft für Liturgieforschung, hg. von Oskar Söhngen, H. 20), Göttingen 1976 (RÖSSLER B **76**)

Rößler, Martin: Bibliographie der deutschen Liedpredigt, Nieuwkoop 1976 (RÖSSLER-Bibl. B **76**)

Thust, Karl Christian: Das Kirchen-Lied der Gegenwart. Kritische Bestandsaufnahme, Würdigung und Situationsbestimmung (Diss. Mainz 1972), Göttingen 1976 (Veröffentlichungen der Ev. Gesellschaft für Liturgieforschung, hg. von Oskar Söhngen, H. 21) (THUST B **76**)

Eisele, Hans-Friedrich (Hg.): Das deutsche Evangelische Kirchenlied in fünf Jahrhunderten, Offenburg 1978 (EISELE B **78**)

Gadsch, Herbert: Umgang mit dem Kirchenlied. Alte Praktiken und neue Möglichkeiten, Berlin 1978 (GADSCH B **78**)

Hoffmann, Heinz (Hg.): Paul Gerhardt. Dichter – Theologe – Seelsorger 1607–1676 (Beiträge der Wittenberger Paul-Gerhardt-Tage 1976 mit Bibliographie und Bildteil), Berlin 1978 (HOFFMANN B **78**)

Blankenburg, Walter: Kirche und Musik. Gesammelte Aufsätze zur Geschichte der gottesdienstlichen Musik. Zu seinem 75. Geburtstag hg. von Erich Hübner und Renate Steiger, Göttingen 1979 (BLANKENBURG B **79**)

Härting, Michael: Friedrich Spee. Die anonymen geistlichen Lieder vor 1623, Berlin 1979 (HÄRTING B **79**)

von Eltz-Hoffmann, Lieselotte: Lob Gott getrost mit Singen – Die schönsten Kirchengesangbuchlieder und ihre Dichter, Stuttgart 1980 (ELTZ-HOFFMANN B **80**)

Henkys, Jürgen: Das Kirchenlied in seiner Zeit (Arbeiten zur Theologie, H. 64), Stuttgart 1980 (HENKYS B **80**)

Erb, Jörg: Dichter und Sänger des Kirchenliedes, Bd. I: 24 Verfasser von Liedern und Weisen des Kirchengesangbuches aus dem Reformationsjahrhundert, Lahr-Dinglingen 1970, [2]1981 (ERB I B **[2]81**)

Hahn, Gerhard: Evangelium als literarische Anweisung. Zu Luthers Stellung in der Geschichte des deutschen kirchlichen Liedes (Münchener Texte und Untersuchungen zur deutschen Literatur des Mittelalters, Bd. 73), München / Zürich 1981 (HAHN B **81**)

Heinz-Mohr, Gerd: Plädoyer für den Hymnus. Ein Anstoß und 224 Beispiele, Kassel 1981 (HEINZ-MOHR B **81**)

Moser, Dietz-Rüdiger: Verkündigung durch Volksgesang. Studien zur Liedpropaganda und -katechese der Gegenreformation, Berlin (MOSER B **81**)

Nitschke, Horst (Hg.): Aus dem Gesangbuch gepredigt. Predigten, Meditationen, Gottesdienste, Gütersloh 1981 (NITSCHKE B **81**)

Rößler, Martin: Da Christus geboren war. Texte, Typen und Themen des deutschen Weihnachtsliedes (Calwer Theologische Monographien, Bd. 7), Stuttgart 1981 RÖSSLER B **81**)

Scheitler, Irmgard: Das geistliche Lied im deutschen Barock (Schriften zur Literaturwissenschaft, Bd. 3), Berlin 1982 (SCHEITLER B **82**)

Becker, Hansjakob / Kaczynski, Reiner (Hgg.): Liturgie und Dichtung. Ein interdisziplinäres Kompendium, I. Historische Präsentation, II. Interdisziplinäre Reflexion (Pietas Liturgica 1 bzw. 2. Interdisziplinäre Beiträge zur Liturgiewissenschaft, hg. von Hansjakob Becker), St. Ottilien 1983 (BECKER / KACZYNSKI I bzw. II B **83**)

Heimrath, Johannes / Korth, Michael (Hg.): Ein feste Burg. Luthers Kirchenlieder nach der Ausgabe letzter Hand von 1545, München / Zürich 1983 (HEIMRATH / KORTH B **83**)

Jenny, Markus: Luther, Zwingli, Calvin in ihren Liedern, Zürich 1983 (JENNY B **83**)

Axmacher, Elke: „Aus Liebe will mein Heyland sterben". Untersuchungen zum Wandel des Passionsverständnisses im frühen 18. Jahrhundert (Beiträge zur theologischen Bachforschung 2), Neuhausen-Stuttgart 1984 (AXMACHER B **84**)

Reich-Ranicki, Marcel: Frankfurter Anthologie, 8. Bd., Gedichte und Interpretationen, Frankfurt / Main 1984 (REICH-RANICKI B **84**)

Rödding, Gerhard: Paul Gerhardt, Gütersloh 1981, ^{2}1984 (RÖDDING B **^{2}84**)

Sauer-Geppert, Waldtraut Ingeborg: Sprache und Frömmigkeit im deutschen Kirchenlied. Vorüberlegungen zu einer Darstellung seiner Geschichte, Kassel 1984 (SAUER-GEPPERT B **84**)

Zippert, Christian: Liedpredigten, Kassel 1984 (ZIPPERT B **84**)

Erb, Jörg: Dichter und Sänger des Kirchenliedes, Bd. II: 21 Verfasser und Tondichter des Kirchenliedes aus der Zeit der Gegenreformation und des beginnenden Dreißigjährigen Krieges, Lahr-Dinglingen 1973, ^{2}1985 (ERB II B **^{2}85**)

Asper, Ulrich: Aspekte zum Werden der deutschen Liedsätze in Johann Walters „Geistlichem Gesangbüchlein" (1524–1551) (Sammlung Musikwissenschaftlicher Abhandlungen, Bd. 72), Baden-Baden 1985 (ASPER B **85**)

Ernst, Hans-Bruno: Zur Geschichte des Kirchenlieds: Das einstimmige deutsche geistliche Kinderlied im 16. Jahrhundert (Regensburger Beiträge zur Musikwissenschaft, Bd. 8), Regensburg 1985 (ERNST B **85**)

Heiner, Wolfgang: Bekannte Lieder – wie sie entstanden, Neuhausen – Stuttgart 1979, ^{3}1985 (HEINER B **^{3}85**)

Jenny, Markus: Luthers geistliche Lieder und Kirchengesänge. Archiv zur Weimarer Ausgabe der Werke Martin Luthers, Bd. 4 (Vollständige Neuedition in Ergänzung zu WA 35), Köln / Wien 1985 (JENNY B **85** (WA.A 4))

Rost, Dietmar / Machalke, Joseph (Hgg.): Friedrich Spee. Mein Herz will ich dir schenken. Die schönsten Lieder, Paderborn 1985 (ROST / MACHALKE B **85**)

Dürr, Alfred / Killy, Walter (Hgg.): Das protestantische Kirchenlied im 16. und 17. Jahrhundert. Text-, musik- und theologiegeschichtliche Probleme

(Wolfenbütteler Forschungen, Bd. 31), Wiesbaden 1986 (DÜRR / KILLY B **86**)

Erb, Jörg: Dichter und Sänger des Kirchenliedes, Bd. IV: Verfasser von Liedern und Weisen des Kirchengesangbuches aus der Zeit des Dreißigjährigen Krieges und des Pietismus, Lahr-Dinglingen 1978, ²1986 (ERB IV B **²86**)

Reinitzer, Heino (Hg.): Paul Gerhardt. Ich bin ein Gast auf Erden, Berlin 1986 (REINITZER B **86**)

Veit, Patrice: Das Kirchenlied in der Reformation Martin Luthers. Eine thematische und semantische Untersuchung, Wiesbaden / Stuttgart 1986 (VEIT B **86**)

Becker, Hansjakob / Einig, Bernhard / Ullrich, Peter-Otto (Hgg.): Im Angesicht des Todes. Ein interdisziplinäres Kompendium I (Pietas Liturgica 3. Interdisziplinäre Beiträge zur Liturgiewissenschaft, hg. von Hansjakob Becker), St. Ottilien 1987 (BECKER / EINIG / ULLRICH B **87**)

Buchrucker, Armin-Ernst: Theologie der evangelischen Abendmahlslieder, Erlangen 1987 (BUCHRUCKER B **87**)

Drömann, Hans-Christian / Schuberth, Dietrich (Hgg.): 36 Neue Lieder mit Erläuterungen zum Singen mit der Gemeinde, hg. im Auftrag des Verbandes ev. Kirchenchöre Deutschlands unter Mitarbeit von Karl-Martin Hust / Heinrich Riehm / Johann Rüppel, Kassel ²1987 (DRÖMANN / SCHUBERTH B **²87**)

Hesselbacher, Karl: Paul Gerhardt: sein Leben, seine Lieder (Karl Hesselbachers Paul Gerhardt – Der Sänger fröhlichen Glaubens neu hg. von Siegfried Heinzelmann), Konstanz 1963, ⁹1987 (HESSELBACHER B **⁹87**)

Kemper, Hans-Georg: Deutsche Lyrik der frühen Neuzeit, Bd. 2: Konfessionalismus, Tübingen 1987 (KEMPER B **87**)

Parent, Ulrich: Albert Knapps „Evangelischer Liedschatz" von 1837 (Diss. Köln 1986), Frankfurt/M. u. a. 1987 (Europäische Hochschulschriften: Reihe 1, Deutsche Sprache und Literatur; Bd. 991) (PARENT B **87**)

Rau, Gerhard u. a. (Hg.): Frieden in der Schöpfung. Das Naturverständnis protestantischer Theologie, Gütersloh 1987 (RAU B **87**)

Battafarano, Italo Michele (Hg.): Friedrich Spee, Gardolo di Trento 1988 (BATTAFARANO B **88**)

Heitmeyer, Erika: Das Gesangbuch von Johann Leisentrit 1567. Adaption als Merkmal von Struktur und Genese früher deutscher Gesangbuchlieder, St. Ottilien 1988 (HEITMEYER B **88**)

Riehm, Heinrich (Hg.): Freude am Gottesdienst (FS Frieder Schulz), Heidelberg 1988 (RIEHM B **88**)

Axmacher, Elke: Praxis Evangeliorum. Theologie und Frömmigkeit bei Martin Moller (1547–1606), Göttingen 1989 (AXMACHER B **89**)

Bach, Inka / Galle, Helmut: Deutsche Psalmdichtung vom 16. bis zum 20. Jahrhundert. Untersuchungen zur Geschichte einer lyrischen Gattung (Quellen und Forschungen zur Sprach- und Kulturgeschichte der germanischen Völker 95 (219)), Berlin / New York 1989 (BACH / GALLE B **89**)

Grosch, Heinz: Nach Jochen Klepper fragen. Annäherung über Selbstzeugnisse, Bilder und Dokumente, Stuttgart 1982, ⁵1989 (GROSCH B **⁵89**)

Hessing, Erich: Schätze des Gesangbuchs, Hannover ²1989 (HESSING B **²89**)

Evangelische Kirche in Deutschland (Hg.): Auf dem Weg zum neuen Evangelischen Gesangbuch. Beiträge aus der Gesangbucharbeit (EKD-Texte 36), Hannover 1990 (EKD B **90**)

Kurzke, Hermann: Hymnen und Lieder der Deutschen, Mainz 1990 (KURZKE B **90**)

Moeseritz, Annekathrin: Die Weisen der Böhmischen Brüder von 1531. Eine stil- und quellenkritische Untersuchung der nichtliturgischen Melodien des Gesangbuchs von Michael Weiße (Diss. Bonn 1989), Bonn 1990 (MOESERITZ B **90**)

Rößler, Martin: Festgedanken. Predigten zum Kirchenjahr, Tübingen 1990 (RÖSSLER B **90**)

Seim, Jürgen / Steiger, Lothar (Hgg.): Lobet Gott. Beiträge zur theologischen Ästhetik (FS Rudolf Bohren), München 1990 (SEIM / STEIGER B **90**)

Sölle, Dorothee: Gott denken. Einführung in die Theologie, Stuttgart 1990 (SÖLLE B **90**)

Stolze, Hans-Dieter (Hg.): Weihnachten. Verkündigung, Liturgie, Feier (Dienst am Wort: 51), Göttingen 1989, ²1990 (STOLZE B **²90**)

Weskott, Martin: Im Gesangbuch entdeckt. Predigten über Lieder des Evangelischen Kirchengesangbuchs in Katlenburg und Suterode, Edition Anton Berg Catlenburg AD 1990 (WESKOTT B **90**)

Blankenburg, Walter: Johann Walter. Leben und Werk, aus dem Nachlass hg. von Friedhelm Brusniak, Tutzing 1991 (BLANKENBURG B **91**)

Grunewald, Eckhard / Gussone, Nikolaus (Hgg.): Von Spee zu Eichendorff. Zur Wirkungsgeschichte eines rheinischen Barockdichters (Schriften der Stiftung Haus Oberschlesien. Literaturwissenschaftliche Reihe, Bd. 3), Berlin 1991 (GRUNEWALD / GUSSONE B **91**)

Renhart, Erich / Schnider, Andreas: Sursum Corda. Variationen zu einem liturgischen Motiv (FS Philipp Harnoncourt), Graz 1991 (RENHART / SCHNIDER B **91**)

Engelsberger, Gerhard: Bilder vom Kommen Gottes. Dichter, Bilder und Botschaft der Adventslieder, Karlsruhe 1992 (ENGELSBERGER B **92**)

Grosse-Jäger, Hermann / Egger, Klaus: Weihnachten im Lied. Weihnachtskultur durch Singen, Feiern, Musizieren, Innsbruck 1992 (GROSSE-JÄGER / EGGER B **92**)

Hillenbrand, Rainer: Paul Gerhardts deutsche Gedichte. Rhetorische und poetische Gestaltungsmittel zwischen traditioneller Gestaltungsbindung und barocker Modernität, Frankfurt / Main 1992 (HILLENBRAND B **92**)

Milchner, Hans Jürgen: Jubiläumstrauungen. Einander weiterhin anvertrauen (Dienst am Wort: 58), Göttingen 1992 (MILCHNER B **92**)

Schmidt-Lauber, Hans-Christoph / Seitz, Manfred (Hgg.): Der Gottesdienst. Grundlagen und Predigthilfen zu den liturgischen Stücken, Stuttgart 1992 (SCHMIDT-LAUBER / SEITZ B **92**)

Stolze, Hans-Dieter (Hg.): Advent. Verkündigung, Liturgie, Feier (Dienst am Wort: 59), Göttingen 1992 (STOLZE B **92**)

Weber-Kellermann, Ingeborg: Das Buch der Weihnachtslieder. 151 deutsche Advents- und Weihnachtslieder (Kulturgeschichte, Noten, Texte), Mainz / München 1982, ⁷1992 (WEBER-KELLERMANN B **⁷1992**)

Bunners, Christian: Paul Gerhardt. Weg – Werk – Wirkung, München / Berlin 1993, ^{2}1994 (BUNNERS B **93**)

De La Motte, Diether: Melodie. Ein Lese- und Arbeitsbuch, Kassel 1993 (DE LA MOTTE B **93**)

Frank, Horst Joachim: Handbuch der deutschen Strophenform, Tübingen / Basel ^{2}1993 (FRANK B **^{2}93**)

Fuchs, Guido: Psalmdeutung im Lied. Die Interpretation der „Feinde" bei Nikolaus Selnecker (1530–1592), Göttingen 1993 (FUCHS B **93**)

Schneider, Martin Gotthard / Vicktor, Gerhard (Hg.): Alte Choräle – neu erlebt. Kreativer Umgang mit Kirchenliedern in Schule und Gemeinde, Lahr 1993 (SCHNEIDER / VICKTOR B **93**)

Theobald, Dieter: Herr, wir stehen Hand in Hand. Meditationen zu Liedern von Otto Riethmüller, Stuttgart 1993 (THEOBALD B **93**)

Dickel, Horst / Kemler, Herbert (Hgg.): Das Evangelische Gesangbuch. Anleitungen zum Gebrauch (Didaskalia. Schriftenreihe der Evangelischen Kirche von Kurhessen-Waldeck, H. 43), Kassel 1994 (DICKEL / KEMLER B **94**)

Hochradner, Thomas / Walterskirchen, Gerhard (Hgg.): 175 Jahre „Stille Nacht! Heilige Nacht!", Symposiumsbericht (Veröffentlichungen zur Salzburger Musikgeschichte, Bd. 5), Salzburg 1994 (HOCHRADNER / WALTERSKIRCHEN B **94**)

Koerrenz, Ralf / Remy, Jochen (Hgg.): Mit Liedern predigen. Theorie und Praxis der Liedpredigt, Rheinbach-Merzbach 1994 (KOERRENZ / REMY B **94**)

Lieberknecht, Ulrich: Gemeindelieder. Probleme und Chancen einer kritischen Lebensäußerung (Veröffentlichung zur Liturgik, Hymnologie und theologischen Kirchenmusikforschung, hg. von Martin Rössler und Jürgen Henkys, Bd. 28), Göttingen 1994 (LIEBERKNECHT B **94**)

Albrecht, Christoph: Einführung in die Hymnologie, Berlin / Göttingen 1973, ^{4}1995 (ALBRECHT B **^{4}95**)

Block, Detlev: Das Lied der Kirche. Gesangbuchautoren des 20. Jahrhunderts, Bd. 1, Lahr 1995 (BLOCK B **95**)

Einig, Bernhard: Vom Tag zur Nacht. Die Hymnen der Komplet als Verdichtung, Begleitung und Bewältigung eines Transitus (Pietas Liturgica Studia 8), St. Ottilien 1995 (EINIG B **95**)

Foss, Lisbet: Paul Gerhardt. Eine hymnologisch-komparative Studie (Aus dem Dänischen übersetz von Monika Wesemann), Kopenhagen 1995 (FOSS B **95**)

Franz, Gunther: Friedrich Spee zum 400. Geburtstag (Kolloquium der Friedrich-Spee-Gesellschaft Trier), Paderborn 1995 (FRANZ B **95**)

Göser, Artur: Kirche und Lied. Der Hymnus ‚Veni redemptor gentium' bei Müntzer und Luther. Eine ideologiekritische Studie (Epistemata. Würzburger Wissenschaftliche Schriften. Reihe Literaturwissenschaft, Bd. 136–1995), Würzburg 1995 (GÖSER B **95**)

Harz, Frieder: Mit Kindern singen. Zugänge und Anregungen zu Liedern aus dem Evangelischen Gesangbuch (Diakonisches Werk der Ev.-Luth. Kirche in Bayern, Landesverband Ev. Kindertagesstätten in Bayern e.V.), Bayreuth / Nürnberg 1995 (HARZ B **95**)

Hoffleit, Claudia: Die Liedpredigt in den Epochen der Reformation, der Orthodoxie und der Aufklärung. Eine Untersuchung zur hermeneutischen und homiletischen Interpendenz von Bibel, Choral und Predigt, Diss. Heidelberg 1995 (HOFFLEIT B **95**)

Käser, Lothar (Hg.): Wort und Klang (FS Martin Gotthard Schneider), Bonn 1995 (KÄSER B **95**)

Möller, Christian (Hg.): Geschichte der Seelsorge in Einzelporträts, Bd. 2: Von Martin Luther bis Matthias Claudius, Göttingen / Zürich 1995 (MÖLLER B **95**)

Roser, Hans: Lieder der Christenheit. Die Wochenlieder im Kirchenjahr – Geschichte, Hintergründe, Wissenswertes, Neukirchen-Vluyn 1995 (ROSER B **95**)

Schneider-Böklen, Elisabeth: Der Herr hat Großes mir getan. Frauen im Gesangbuch, Stuttgart 1965 (SCHNEIDER-BÖKLEN B **95**)

Ühlein, Hermann: Kirchenlied und Textgeschichte. Literarische Traditionsbildung am Beispiel des deutschen Himmelfahrtsliedes von der Aufklärung bis zur Gegenwart (Diss. Mainz 1994), Würzburg 1995 (= Pietas Liturgica Studia 10, St. Ottilien 1995) (ÜHLEIN B **95**)

Zippert, Christian (mit Bartsch, Martin / Zinn, Gerhard): Kirchenlieder, Kirchenbilder, Kassel 1995 (ZIPPERT B **95**)

Deinzer, Roland / Klemm, Harald / Patsch, Hermann / Zobel, Martina: Unterrichten mit dem Evangelischen Gesangbuch. Teil 1: Beiträge und Unterrichtsentwürfe (Themenfolge 111 der ‚Arbeitshilfe für den ev. Religionsunterricht an Gymnasien', hg. von der Gymnasialpädagogischen Materialstelle der Ev.-Luth. Kirche in Bayern), Erlangen 1996 (DEINZER / KLEMM / PATSCH / ZOBEL B **96**)

Lähnemann, Johannes: Liedpredigten (mit Kunstwerken von Rika Unger), Nürnberg 1996 (LÄHNEMANN B **96**)

Wiggermann, Karl-Friedrich: Vertraut den neuen Wegen. Dichter des 20. Jahrhunderts im Evangelischen Gesangbuch, Stuttgart 1996 (WIGGERMANN B **96**)

Winkes, Otto: Unsere Kirchenlieder. Zeugnisse des Glaubens (Predigten und Ansprachen zu Kirchenliedern im Jahrkreis), Aachen 1996 (WINKES B **96**)

Busch, Gudrun / Miersemann, Wolfgang (Hgg.): „Geist-reicher" Gesang. Halle und das pietistische Lied, Tübingen 1997 (BUSCH / MIERSEMANN B **97**)

Deichgräber, Reinhard: „Gott ist genug". Liedmeditationen nach Gerhard Tersteegen, Göttingen / Regensburg 1975, Göttingen ^{2}1997 (DEICHGRÄBER B **^{2}97**)

Deinzer, Roland / Zobel, Martina: Unterrichten mit dem Evangelischen Gesangbuch. Teil 2: Unterrichtsentwürfe, Beiträge, Übersichten (Themenfolge 111 der ‚Arbeitshilfe für den ev. Religionsunterricht an Gymnasien', hg. von der Gymnasialpädagogischen Materialstelle der Ev.-Luth. Kirche in Bayern), Erlangen 1997 (DEINZER / ZOBEL B **97**)

Engelsberger, Gerhard: Alltagsstaub und Gottesglanz. Ermunterungen, Stuttgart 1997 (ENGELSBERGER B **97**)

Gerber, Hermann: Gedanken zu den Liedern des Evangelischen Gesangbuches, Manuskript 1997 (Amt für Kirchenmusik Frankfurt / Main) (GERBER B **97**)

Kock, Manfred / Thiesbonenkamp, Jürgen (Hgg.): Gerhard Tersteegen – Evangelische Mystik inmitten der Aufklärung (Schriftenreihe des Vereins für

Rheinische Kirchengeschichte, Bd. 126), Köln 1997 (KOCK / THIESBONENKAMP B **97**)

Meyer, Dietrich (Hg.): Das neue Lied im Evangelischen Gesangbuch. Liederdichter und Komponisten berichten (Arbeitshilfen des Archivs der Ev. Kirche im Rheinland, Nr. 3), Düsseldorf [2]1997 (MEYER B **[2]97**)

Möller, Christian (Hg.): Ich singe dir mit Herz und Mund. Liedauslegungen – Liedmeditationen – Liedpredigten. Ein Arbeitsbuch zum Evangelischen Gesangbuch, Stuttgart 1997 (MÖLLER B **97**)

Reich, Christa: Evangelium: klingendes Wort. Zur theologischen Bedeutung des Singens, hg. von Christian Möller, Stuttgart 1997 (REICH B **97**)

Waschelitz, Udo (Hg.): Gott mit neuen Liedern loben. 23 Erläuterungen zum Evangelischen Gesangbuch, Bielefeld 1997 (WASCHELITZ B **97**)

Wintzer, Friedrich / Schröer, Henning (Hgg.): Lebendiger Glaube. Liedpredigten zu neuen und alten Liedern (Dienst am Wort. Die Reihe für Gottesdienst und Gemeindearbeit: 78), Göttingen 1997 (WINTZER / SCHRÖER B **97**)

Witte, Bernd (Hg.): Christian Fürchtegott Gellert. Gesammelte Schriften, Bd. 2: Gedichte, Geistliche Oden und Lieder, hg. von Heidi John / Carina Lehnen / Bernd Witte, Berlin 1997 (WITTE B **97**)

Hahnen, Peter: Das ‚Neue Geistliche Lied' als zeitgenössische Komponente christlicher Spiritualität, Münster 1998 (HAHNEN B **98**)

Holzapfel, Otto: Religiöse Identität und Gesangbuch. Zur Ideologiegeschichte deutschsprachiger Einwanderer in den USA und die Auseinandersetzung um das ‚richtige' Gesangbuch (Deutsche Volkslieder mit ihren Melodien, hg. vom Deutschen Volksliedarchiv Freiburg i. Br.), Bern 1998 (HOLZAPFEL B **98**)

von Meding, Wichmann: Luthers Gesangbuch. Die gesungene Theologie eines christlichen Psalters (Schriftenreihe Theos. Studienreihe Theologischer Forschungsergebnisse, Bd. 24), Hamburg 1998 (von MEDING B **98**)

Seibt, Ilsabe: Friedrich Schleiermacher und das Berliner Gesangbuch von 1829 (Diss. Berlin 1995/96), Göttingen 1998 (Veröffentlichung zur Liturgik, Hymnologie und theologischen Kirchenmusikforschung, Bd. 34) (SEIBT B **98**)

Wecht, Martin Johannes: Jochen Klepper. Ein christlicher Schriftsteller im jüdischen Schicksal, Düsseldorf / Görlitz 1998 (WECHT B **98**)

Brecht, Martin (Hg.): Gott ist mein Lobgesang. Philipp Friedrich Hiller (1699–1769), der Liederdichter des württembergischen Pietismus, Metzingen 1999 (BRECHT B **99**)

Brusniak, Friedhelm / Steiger, Renate (Hgg.): Hof- und Kirchenmusik in der Barockzeit. Hymnologische, theologische und musikgeschichtliche Aspekte (Arolser Beiträge zur Musikforschung, Bd. 7), Sinzig 1999 BRUSNIAK / STEIGER B **99**)

Egerer, Ernst-Dietrich: „... dass meine Seele singe". Lieder aus dem Evangelischen Gesangbuch – ausgewählt und vorgestellt, 1. Lieferung, Neukirchen-Vluyn 1999 (EGERER 1 B **99**)

Fellechner, Ernst L. / Finkbeiner, Christine (Hgg.): Passion / Ostern. Materialien und musikalische Impulse (mit CD), Zürich / Nidderau 1999 (FELLECHNER / FINKBEINER B **99**)

Henkys, Jürgen: Singender und gesungener Glaube. Hymnologische Beiträge in neuer Folge, Göttingen 1999 (HENKYS B **99**)

Klahr, Detlef: Glaubensheiterkeit. Carl Johann Philipp Spitta (1801–1859): Theologe und Dichter der Erweckung (Studien zur Kirchengeschichte Niedersachsens 36) (Diss. Neuendettelsau 1996/97), Göttingen 1999 (KLAHR B **99**)

Kurzke, Hermann / Ühlein, Hermann (Hgg.): Kirchenlied interdisziplinär. Hymnologische Beiträge aus Germanistik, Theologie und Musikwissenschaft, Frankfurt / Berlin / Bern / New York / Paris / Wien 1999, [2]2002 (KURZKE / ÜHLEIN B **99**)

Egerer, Ernst-Dietrich: „... dass meine Seele singe". Lieder aus dem Evangelischen Gesangbuch – ausgewählt und vorgestellt, 2. Lieferung, Neukirchen-Vluyn 2000 (EGERER 2 B **00**)

Fellechner, Ernst L. / Finkbeiner, Christine (Hgg.): Advent / Weihnachten. Materialien und musikalische Impulse (mit CD), Nidderau 2000 (FELLECHNER / FINKBEINER B **00**)

Möller, Christian (Hg.): Kirchenlied und Gesangbuch. Quellen zu ihrer Geschichte. Ein hymnologisches Arbeitsbuch (Mainzer Hymnologische Studien, Bd. 1), Tübingen / Basel 2000 (MÖLLER B **00**)

Scheitler, Irmgard (Hg.): Geistliches Lied und Kirchenlied im 19. Jahrhundert. Theologische, musikologische und literaturwissenschaftliche Aspekte (Mainzer Hymnologische Studien, Bd. 2), Tübingen / Basel 2000 (SCHEITLER B **00**)

Seeberg, Bengt (Hg.): Singen und Sagen. Eine Sammlung von Predigten aus der Evangelischen Kirche von Kurhessen-Waldeck über Lieder des Evangelischen Gesangbuches, Kassel 2000 (SEEBERG B **00**)

Axmacher, Elke: Johann Arndt und Paul Gerhardt. Studien zur Theologie, Frömmigkeit und geistlichen Dichtung des 17. Jahrhunderts (Mainzer Hymnologische Studien, Bd. 3), Tübingen / Basel 2001 (AXMACHER B **01**)

Bernoulli, Peter Ernst / Furler, Frieder (Hgg.): Der Genfer Psalter. Eine Entdeckungsreise, Zürich 2001, [2]2003 (BERNOULLI / FURLER B **01**)

Block, Detlev: In deinen Schutz genommen. Geistliche Lieder (Dienst am Wort. Die Reihe für Gottesdienst und Gemeindearbeit: 34), Göttingen 1978, [4]2001 (BLOCK B **[4]01**)

Faber, Richard (Hg.): Säkularisierung und Resakralisierung. Zur Geschichte des Kirchenlieds und seiner Rezeption, Würzburg 2001 (FABER B **01**)

Fellechner, Ernst L. (Hg.): Neue Praxishilfe Beerdigung (143–178: 5 Liedpredigten), Nidderau 2001 (FELLECHNER B **01**)

Geistliches Wunderhorn. Große deutsche Kirchenlieder, hg., vorgestellt und erläutert von Becker, Hansjakob / Franz, Ansgar / Henkys, Jürgen / Kurzke, Hermann / Reich, Christa / Stock, Alex, München 2001 (Geistl. Wunderhorn **2001**)

Kenntner, Eberhard: Gesungener Trost. Liedpredigten im Kirchenjahr, Rheinbach 2001 (KENNTNER B **01**)

Marti, Andreas: Singen – Feiern – Glauben. Hymnologisches, Liturgisches und Theologisches zum Gesangbuch der Evangelisch-reformierten Kirchen der deutschsprachigen Schweiz, Basel 2001 (MARTI B **01**)

Opp, Walter (Hg.): Handbuch Kirchenmusik, Teilband I: Der Gottesdienst und seine Musik, Kassel 2001 (OPP B **01**)

Ragotzky, Hedda / Vollmann-Profe, Gisela / Wolf, Gerhard (Hgg.): Frage der Liedinterpretation, Stuttgart 2001 (RAGOTZKY / VOLLMANN-PROFE / WOLF B **01**)

Rößler, Martin: Liedermacher im Gesangbuch. Liedgeschichte in Lebensbildern, Stuttgart 2001 (RÖSSLER B **01**)

Scheffbuch, Beate und Winrich: Dennoch fröhlich singen. So entstanden bekannte Lieder (Bd. 2), Holzgerlingen 2000, ^{2}2001 (SCHEFFBUCH 2 B **^{2}01**)

Block, Johannes: Verstehen durch Musik: Das gesungene Wort in der Theologie. Ein hermeneutischer Beitrag zur Hymnologie am Beispiel Martin Luthers (Mainzer Hymnologische Studien, Bd. 6), Tübingen / Basel 2002 (BLOCK B **02**)

Egerer, Ernst-Dietrich: „... dass meine Seele singe". Lieder aus dem Evangelischen Gesangbuch – ausgewählt und vorgestellt, 3. Lieferung, Neukirchen-Vluyn 2002 (EGERER 3 B **02**)

Erb, Jörg: Dichter und Sänger des Kirchenliedes, Bd. III: Das Leben Paul Gerhardts und seine im Kirchengesangbuch enthaltenen 30 Lieder, Lahr-Dinglingen 1974, ^{8}2002 (ERB IV B **^{8}02**)

Fischer, Michael / Rothaug, Diana (Hgg.): Das Motiv des guten Hirten in Theologie, Literatur und Musik (Mainzer Hymnologische Studien, Bd. 5), Tübingen / Basel 2002 (FISCHER / ROTHAUG B **02**)

Franz, Ansgar (Hg.): Kirchenlied im Kirchenjahr. Fünfzig neue und alte Lieder zu den christlichen Festen, Tübingen / Basel 2002 (FRANZ B **02**)

Gruber, Sabine Claudia: Clemens Brentano und das geistliche Lied (Mainzer Hymnologische Studien, Bd. 4), Tübingen / Basel 2002 (GRUBER B **02**)

Martini, Britta: Sprache und Rezeption des Kirchenlieds. Analysen und Interviews zu einem Tauflied aus dem Evangelischen Gesangbuch, Göttingen 2002 (MARTINI B **02**)

Miersemann, Wolfgang / Busch, Gudrun (Hgg.): Pietismus und Liedkultur (Hallesche Forschungen Bd. 9), Tübingen 2002 (MIERSEMANN / BUSCH B **02**)

Schmidt, Bernhard: Lied – Kirchenmusik – Predigt im Festgottesdienst Friedrich Schleiermachers. Zur Rekonstruktion seiner liturgischen Praxis (Schleiermacher-Archiv 20) (Diss. Berlin 1999), Berlin / New York 2002 (SCHMIDT B **02**)

Deichgräber, Reinhard: Der Tag ist nicht mehr fern. Betrachtungen zu Liedern von Jochen Klepper, Göttingen 2002, ^{2}2003 (DEICHGRÄBER B **^{2}03**)

Ellsel, Reinhardt: Gott hält sich nicht verborgen. Predigten zu Liedern von Jochen Klepper, Bielefeld 2001, ^{3}2003 (ELLSEL B **^{3}03**)

Handt, Hartmut (Hg.): Werkbuch zum Gesangbuch der Evangelisch-methodistischen Kirche, Stuttgart 2003 (HANDT B **03**)

Hartmann, Richard (Hg.): Wer singt, betet doppelt: Liedpredigten und Betrachtungen zum „Geistlichen Wunderhorn" (Glaube und Leben, Bd. 7), Münster 2003 (HARTMANN B **03**)

Kneitschel, Ernst-Ulrich: Hoffnungszeichen – ö? Die Kirchenlieder der Arbeitsgemeinschaft für Ökumenisches Liedgut als Spiegel der Ökumene (Diss. Mainz 2003), Leipzig 2003 (KNEITSCHEL B **03**)

Kohler, Oliver: Wir werden sein wie die Träumenden. Jochen Klepper – Eine Spurensuche, Neukirchen-Vluyn 2003 (KOHLER B **03**)

Kück, Cornelia / Kurzke, Hermann (Hgg.): Kirchenlied und nationale Identität. Internationale und interkulturelle Beiträge (Mainzer Hymnologische Studien, Bd. 10), Tübingen / Basel 2003 (KÜCK / KURZKE B **03**)

Kurzke, Hermann / Neuhaus, Andrea (Hgg.): Gotteslob-Revision. Probleme, Prozesse und Perspektiven einer Gesangbuchreform (Mainzer Hymnologische Studien, Bd. 9), Tübingen / Basel 2003 (KURZKE / NEUHAUS B **03**)

Scheffbuch, Beate und Winrich: Den Kummer sich vom Herzen singen. So entstanden bekannte Lieder (Bd. 1), Holzgerlingen 1997, ^{8}2003 (SCHEFFBUCH 1 B ^{8}**03**)

Weichenhan, Susanne / Ueberschär, Ellen: LebensArt und SterbensKunst bei Paul Gerhardt (Berliner Begegnungen Bd. 3), Berlin 2003 (WEICHENHAN / UEBERSCHÄR B **03**)

Handt, Hartmut / Jetter, Armin (Hgg.): Voller Freude. Liedandachten zu den Sonntagen und Festen des Kirchenjahres und zu besonderen Anlässen, München 2004 (HANDT / JETTER B **04**)

Riehm, Heinrich: Das Kirchenlied am Anfang des 21. Jahrhunderts in den evangelischen und katholischen Gesangbüchern des deutschen Sprachbereichs. Eine Dokumentation (Mainzer Hymnologische Studien, Bd. 12), Tübingen 2004 (RIEHM B **04**)

Ackermann, Helmut: Joachim Neander. Sein Leben – seine Lieder – sein Tal (mit einem Beitrag von Oscar Gottlieb Blarr), Düsseldorf ^{3}2005 (ACKERMANN B ^{3}**05**)

Neuhaus, Andrea: Das geistliche Lied in der Jugendbewegung. Zur literarischen Sakralität um 1900 (Mainzer Hymnologische Studien, Bd. 16), Tübingen 2005 (NEUHAUS B **05**)

Schmidt, Rebecca: Gegen den Reiz der Neuheit. Katholische Restauration im 19. Jahrhundert: Heinrich Bone, Joseph Mohr, Guido Maria Dreves (Mainzer Hymnologische Studien, Bd. 15), Tübingen 2005 (SCHMIDT B **05**)

C) Quellenwerke

WACKERNAGEL	WACKERNAGEL, Philipp: Das deutsche Kirchenlied von der ältesten Zeit bis zum Anfang des 17. Jahrhunderts, 5 Bde, Leipzig **1864–1877** (Nachdruck Hildesheim **1964**)
ZAHN	ZAHN, Johannes: Die Melodien der deutschen evangelischen Kirchenlieder, aus den Quellen geschöpft und mitgeteilt, 6 Bde, Gütersloh **1889–1893** (Nachdruck Hildesheim **1963** und **1997**)
DDT	Denkmäler deutscher Tonkunst (s. u.)
DIETZ	DIETZ, Philipp: Die Restauration des evangelischen Kirchenlieds. Eine Zusammenstellung der hauptsächlichsten literarischen Erscheinungen auf hymnologischem Gebiete, namentlich dem Gebiete der Gesangbuchliteratur seit dem Wiedererwachen des evangelischen Glaubenslebens in Deutschland, Marburg **1903** (Nachdruck Hildesheim **1981**)
FISCHER / TÜMPEL	FISCHER, Albert / TÜMPEL, Wilhelm: Das deutsche evangelische Kirchenlied des 17. Jahrhunderts, 6 Bde, Gütersloh **1904–1916** (Nachdruck Hildesheim **1964**)
DKL	Das deutsche Kirchenlied (s. u.)

D) Gesangbücher

CG	Christkatholisches Gebet- und Gesangbuch der Schweiz
EG	Evangelisches Gesangbuch
EKG	Evangelisches Kirchengesangbuch
EM	Gesangbuch der Evangelisch-methodistischen Kirche
GKL	Gemeinsame Kirchenlieder
GL	Gotteslob
KG	Katholisches Gesangbuch
KKG	Kirchengesangbuch. Katholisches Gesang- und Gebetbuch der Schweiz
RG	Gesangbuch der Evangelisch-reformierten Kirchen der deutschsprachigen Schweiz (1998)
RKG	Gesangbuch der Evangelisch-reformierten Kirchen der deutschsprachigen Schweiz (1952)

E) Lexika

EKL	Evangelisches Kirchenlexikon
FISCHER B **1878f./1967**	Kirchenlieder-Lexicon (KLL)
JULIAN B **[2]1907/1985**	Dictionary of Hymnology, hg. von J. Julian
KÜMMERLE B **1888/1974**	Encyklopädie der evangelischen Kirchenmusik (EEKM)
LBrF	Lexikon der Bräuche und Feste
LL	Literatur Lexikon
LThK	Lexikon für Theologie und Kirche
MGG	Die Musik in Geschichte und Gegenwart
NELLE B **[3]1924/1962**	Schlüssel zum Evangelischen Gesangbuch ...
RGG	Die Religion in Geschichte und Gegenwart
RIEMANN ML	Musik-Lexikon, hg. von K. W. J. H. Riemann
RISM	Répertoire International des Sources Musicales
RL	Reallexikon der deutschen Literaturgeschichte
RLW	Reallexikon der deutschen Literaturwissenschaft
TRE	Theologische Realenzyklopädie
VerLex	Die deutsche Literatur des Mittelalters. Verfasserlexikon

F) Hand-, Werk- und Arbeitsbücher

BECKER / KACZYNSKI B **83**	Liturgie und Dichtung. Ein interdisziplinäres Kompendium
BERGMANN B **53**	Werkbuch zum deutschen Kirchenlied
DE LA MOTTE B **93**	Melodie. Ein Lese- und Arbeitsbuch
DKL	Das deutsche Kirchenlied
Een Comp	Een Compendium
EKMH	Die evangelische Kirchenmusik. Handbuch
FRANK B **[2]93**	Handbuch der deutschen Strophenformen
GD PR SA, SB	Gottesdienst Praxis Serie A, Serie B
HANDT B **03**	Werkbuch zum Gesangbuch der Evangelisch-methodistischen Kirche
HDEKM	Handbuch der deutschen evangelischen Kirchenmusik
HEG	Handbuch zum Evangelischen Gesangbuch
HEKG	Handbuch zum Evangelischen Kirchengesangbuch
JUHRE B **76**	Juhre, Armin: Singen, um gehört zu werden. Ein Werkbuch
Ld Dok	Lieddokumentationen
Leit IV	Leiturgia, Bd. 4
LKEG	Liederkunde zum Evangelischen Gesangbuch

MMMA	Monumenta monodica medii aevi
MÖLLER B **97**	Ich singe dir mit Herz und Mund ... Ein Arbeitsbuch zum EG
MÖLLER B **00**	Kirchenlied und Gesangbuch ... Ein hymnologisches Arbeitsbuch
MÜLLER B **1916/ 1977**	Hymnologisches Handbuch zum Gesangbuch der Brüdergemeine
NWGL	Neues Werkbuch zum Gotteslob
ÖLK	Ökumenischer Liederkommentar (Schweiz)
OPP B **01**	Handbuch der Kirchenmusik
Pr GL	Predigten zum Gotteslob
RGL	Redaktionsbericht zum Einheitsgesangbuch ‚Gotteslob'
SCHLISSKE B **48**	SCHLISSKE, Otto: Handbuch der Lutherlieder
SZÖVERFFY B **64/65**	Die Annalen der lateinischen Hymnendichtung. Ein Handbuch
TRENKLER B **75**	Arbeitsbuch zum EGB
WEG	Werkbuch zum Evangelischen Gesangbuch
WGD 4	Werkstatt GottesDienst 4 „Mit Kindern singen"
WGD 5	Werkstatt GottesDienst 5 „Singend durch die Festzeiten"
WGL	Werkbuch zum Gotteslob
WH	Werkhefte zum Gesangbuch (Schweiz)
S. außerdem:	Handbuch der Praktischen Theologie (bei HENKYS A **83**), Probieren & Studieren. Lehrbuch zur Grundausbildung in der evangelischen Kirchenmusik (bei KLEK / SCHRADE A **96**) und die unter B) anfangs aufgeführten Standartwerke von KOCH, BÖHME, BÄUMKER, WOLKAN, ERK / BÖHME, FRIEDLAENDER, NELLE, MÜLLER !

G) Periodika

AmI	Acta Musicologica
ARG	Archiv für Reformationsgeschichte
AuB	Für Arbeit und Besinnung
BThZ	Berliner Theologische Zeitschrift
Ch	Der Chor
ChL	Die Christenlehre
ChL / RU-Pr	Die Christenlehre / Religionsunterricht-Praxis
DtPfrBl	Deutsches Pfarrerblatt
Ebernb. H.	Ebernburg-Hefte
entwurf	enwurf. Religionspädagogische Mitteilungen
EvE	Der evangelische Erzieher

EvJbr	Evangelische Jahresbriefe
EvKCh	Der evangelische Kirchenchor
EVKOMM	Evangelische Kommentare
EvKZ	Evangelische Kirchenzeitung
EvKZ / WuW	Evangelische Kirchenzeitung / Weg und Wahrheit
EvSZ	Evangelische Sonntags-Zeitung
EvTh	Evangelische Theologie
EvU	Evangelische Unterweisung
EvUV	Die evangelische Unterweisung an der Volksschule
EZW	Evangelische Zentralstelle für Weltanschauungsfragen
FdGD	Für den Gottesdienst
FKM	Forum Kirchenmusik
GAGF	Informations- und Korrespondenzblatt der Gemeinsamen Arbeitsstelle für gottesdienstliche Fragen der EKD
GD	Gottesdienst
GuK	Gottesdienst und Kirchenmusik
Hl. Dienst	Heiliger Dienst
IAHB	IAH Bulletin (der Internationalen Arbeitsgemeinschaft für Hymnologie)
JLH	Jahrbuch für Liturgik und Hymnologie
Jss d. Claudius-Ges.	Jahresschriften der Claudius-Gesellschaft
JVlf	Jahrbuch für Volksliedforschung
Kath. KM	Katholische Kirchenmusik
KCh	Der Kirchenchor
Km	Der Kirchenmusiker
KMJ	Kirchenmusikalisches Jahrbuch
KmN	Kirchenmusikalische Nachrichten
KuD	Kerygma und Dogma
KUV	Der kirchliche Unterricht an der Volksschule
Lit. Jb	Liturgisches Jahrbuch
LM	Lutherische Monatshefte
Luther	Luther. Zs der Luthergesellschaft
meditation	meditation
Mf	Die Musikforschung
MGD	Musik und Gottesdienst
MGkK	Monatschrift für Gottesdienst und kirchliche Kunst
MiU (AA)	Musik im Unterricht (Allgemeine Ausgabe)
MiU (SchuL)	Musik im Unterricht (Musik in Schule und Lehrerbildung)
Morgen-Glantz	Morgen-Glantz
MPTh	Monatschrift für Pastoraltheologie
MS	Musica Sacra
MuA	Musik und Altar

MuK	Musik und Kirche
MuL	Musik & Liturgie
NSK	Neues Singen in der Kirche
NSK AM	Neues Singen in der Kirche. Arbeitsmappen
PTh	Pastoraltheologie - Wissenschaft und Praxis
Quatember	Quatember
RKZ	Reformierte Kirchenzeitung
Sagittarius	Sagittarius
SiK	Singende Kirche
SMG	Singen und Musizieren im Gottesdienst
Thema: Gd	Thema: Gottesdienst
ThGL	Theologie und Glaube
ThLZ	Theologische Literaturzeitung
ThR	Theologische Rundschau
ThViat	Theologia viatorum
WBK	Württembergische Blätter für Kirchenmusik
WuW	Weg und Wahrheit
ZdZ	Die Zeichen der Zeit
zeitzeichen	zeitzeichen
ZGP	Zeitschrift für Gottesdienst und Predigt
ZKM	Zeitschrift für Kirchenmusik
ZRP	Zeitschrift für Religionspädagogik
ZsKathTh	Zeitschrift für Katholische Theologie
ZThK	Zeitschrift für Theologie und Kirche

H) Auflistung nach Inhalt und Fachbereichen

1) Hymnologie allgemein:

die meisten, auch alle im Folgenden nicht aufgeführten Titel

2) Theologie:

a) allgemein:
mehr oder weniger die meisten Titel

b) evangelisch:

bes. PLASS A **1900**, KNOKE A **1905**, SPITTA A **1906**, RISCH A **1908**, SPITTA A **1917**,
FORNACON A **53**, HAUSCHILDT A **57**, KRAMP A **57/58**,
BLANKENBURG A **60**, SCHÖNEICH I A **63**, II A 64, SCHÜTZ A **67** (2x), SCHÜTZ A **68** (2x), WERTHEMANN A **69**,
KÜSSNER A **70**, AMELN A **77**, WEISSE A **78**, SCHOTT A **79**,
AMELN A **80**, MÜLLER A **82**, SCHÖNBORN A **82**, MÜLLER A **83**, DRÖMANN A **86**, THUST A **86**, KEMPER A **87**, WIESE A **87**, LIPPOLD A **88**, VEIT A **88**, RÖSSLER A **89**, LIPPOLD A **89/90**,
DRÖMANN A **90**, JENNY A **90**, SCHUBERTH A **90**, DRÖMANN A **91**, KLEK A **91**, KRUMMACHER A **91**, MARTI A **91**, UELTZEN A **91**, BLOCK Iff. A **94**, MÜSSE A **94**, SCHRÖER A **94**, HOFMANN I A **94**, WITTENBERG A **94/95**, FLÜCKIGER A **95**, FRANZ A **95**, HOFMANN II A **95**, KRUMMACHER A **95**, STALMANN A **95**, ALBRECHT A **96**, BLOCK A **97**, MAHRENHOLZ A **97**, REICH A **97**, STEFAN A **97**, WETTACH A **97**, HOLZAPFEL A **98**, SCHÜTZ A **98**, HERBST I A **99**, SCHULZ A **99**,
HERBST II A **01**, MORATH A **01**, KESSNER A **02**, REICH A **03**;
KOCH I B **³1866/1973** - VIII B **³1876/1973**, KÜMMERLE I B **1888/1974** – IV B **1895/1974**, WOLKAN B **1891/1968**,
MÜLLER B **1916/1977**, NELLE B **³1924/1962**, WA 35 (**1923**),
SCHLISSKE B **48**, STAPEL B **50**, BUCHRUCKER B **51**, REICH B **51**, SCHLUNK B **51**, BRUPPACHER B **53**, LANGE / REICH B **53**, LAUTERBURG B **53**, BURBA B **56**, GABRIEL B **³56**,
JENNY B **62**, NELLE **⁴62**, KÖHLER B **64** (HEKG I/2), HAHN B **67**, NEUBACHER B **68**,
JENNY B **70**, EISELE B **78**,
HEIMRATH / KORTH B **83**, JENNY B **83**, JENNY B **85**, DÜRR / KILLY B **86**, BUCHRUCKER B **87**, RAU B **87**,
EKD B **90**, DICKEL / KEMLER B **94**, HARZ B **95**, DEINZER / KLEMM / PATSCH / ZOBEL B **96**, WIGGERMANN B **96**, DEINZER / ZOBEL B **97**, GERBER B **97**, KOCK / THIESBONENKAMP B **97**, MEYER B **²97**, MÖLLER B **97**, WASCHELITZ B **97**, SEIBT, B **98**, EGERER 1 B **99**, 2 B **00**, 3 B **02**,
SEEBERG B **00**;
EKMH, HDEKM, HEG, HEKG, Ld Dok, Leit IV, LKEG, WEG, WGD 4, WGD 5; EKL;

entwurf, epd, EvJbr, EvKCh, EVKOMM, EvKZ, EvKZ / WuW, EvSZ, EvTh, EZW, FdGD, FKM, KCh, Luther, RKZ, Thema: Gd, WBK, WuW, ZdZ, zeitzeichen

c) katholisch:

bes. AENGENVOORT A **53**, AENGENVOORT A **53/54**, SCHNITZLER A **55**, AENGENVOORT A **69**,
OFFELE A **72**, QUACK A (MuA) **72** (2x), QUACK A (GD) **72** (2x), BIENER A **76**, HOFFMANN A **76**, RIEHM A **77**, BISEGGER A **79**,
HEINZ A **80**, SIDLER A **80**, HEINZ A **81**, GRANZ A **82**, SIDLER A **82**, RIEHM A **83**, BISEGGER A **84**, PACIK A **88**,
SCHNEIDER A **95**, KNOPP A **97**,
FISCHER A **00**, SCHEITLER A **03**;
BÄUMKER I B **1886/1962** - IV B **1911/1962**,
HARNONCOURT B **74**, TRENKLER B **75**,
BECKER / KACZYNSKI I B **83**, II B **85**, HEINER B **³85**, ROST / MICHALKE B **85**, BECKER / EINIG / ULLRICH B **87**,
RENHART / SCHNIDER B **91**, GROSSE-JÄGER / EGGER B **92**, FRANZ B **95**, WINKES B **96**,
KURZKE / NEUHAUS B **03**, SCHMIDT B **05**;
MMMA, NWGL, Pr GL, RGL, WGL;
Hl. Dienst, Kath. KM, KMJ, Lit. Jb, MS, MuA, MuL, SiK, SMG, ThGL, ZKM, ZsKathTh

d) Betrachtungen:

B: u.a. PLATTE B **54**, GOTTSCHICK B **³56**, ENGELSBERGER B **92**, THEOBALD B **93**, DEICHGRÄBER B **²97**, DEICHGRÄBER B ² **03**, HANDT / JETTER B **04**;
+B:viele Liedeinführungen aus den 40er und 50er Jahren wie z.B. LAUTERBURG B **53**; SÖLLE B **90**, ZIPPERT B **95**, GERBER B **97**, MÖLLER B **97**, ENGELSBERGER B **97**, MOSER B **²97**

e) Predigten:

Pr:NITSCHKE B **81**, ZIPPERT B **84**, RÖSSLER B **90**, WESKOTT B **90**, KOERRENZ / REMY B **94**, LÄHNEMANN B **96**, WINKES B **96**, WINTZER / SCHRÖER B **97**, SEEBERG B **00**, FELLECHNER B **01**, KENNTNER B **01**, ELLSEL B3**03**;
Pr GL 1 (**1976**), 2 und 3 (**1977**);
+Pr:STOLZE B **²90**, MILCHNER B **92**, STOLZE B **92**, MÖLLER B **97**, FELLECHNER / FINKBEINER B **99** und B **00**, HARTMANN B **03**; GD PR SA **1978ff**. und SB **1985ff**., WEG I (**1993**) – VI (**2000**)

f) Religionspädagogisches:

s. u. bei 5)

3) Sprach- und Literaturwissenschaft:

bes. NELLE A **1906**, RISCH A **1908**, KLINGEMANN A **1914**,
MOSER A **47**, HOMMEL A **48/49**,
RÖBBELEN A **54**, GEPPERT A **58**, TSCHIRCH A **58**,
SAUER-GEPPERT A **61**, SOMMER A **64**, WERTHEMANN A **69**,
SAUER-GEPPERT A **73/74** und A **75**, KILLY A **76**, SAUER-GEPPERT A **76** und A **77**, SCHÖNBORN A **77**, SAUER-GEPPERT A **78**, BOHREN A **79**, SAUER-GEPPERT A **79**, SCHÖNBORN A **79**,
JANOTA A **82**, BIERITZ A **83**, SAUER-GEPPERT A **83**, HAHN A **85**, EBERHARDT A **87**, LIPPOLD A **89**,
SCHEITLER A **92**, HAHN A **93**, HENKYS A **94/95**, KURZKE A **94/95**, MEYER A **95**, KADELBACH A **96**, KADELBACH A **96/97**, GREULE A **99**, HERBST I A **99**, KADELBACH A **99**,
RÖSSLER A **00**, HERBST II A **01**, KADELBACH A **01**, GRUBER A **02**, KURZKE A **03**, z.T. SCHEITLER A **03;**
FISCHER I B **1878/1967**; II B **1879/1967** ~ FRIEDLAENDER II B **1902/1962**;
IHLENFELD B **56**, KLEPPER B **56**,
PFEIFFER B **61**, SZÖVERFFY I/II B **64/65**, GNEUSS B **68**, JANOTA B **68**, MOSER / MÜLLER-BLATTAU B **68**, HÜBNER B **69**,
ZELL B **71**, HÄRTING B **79**,
HAHN B **81**, SCHEITLER B **82**, SAUER-GEPPERT B **84**, REINITZER B **86**, VEIT B **86**, KEMPER B **87**, BATTAFARANO B **88**, BACH / GALLE B **89**,
KURZKE B **90**, GRUNEWALD / GUSSONE B **91**, HILLENBRAND B **92**, BLOCK B **95**, FRANZ B **95**, GÖSER B **95**, ÜHLEIN B **95**, WITTE B **97**, KURZKE / ÜHLEIN B **99**, SCHEITLER A **99**,
SCHEITLER B **00**, Geisstl. Wunderhorn (**2001**), ROGOTZKY / VOLLMANN-PROFE / WOLF B **01**, FISCHER / ROTHAUG B **02**, GRUBER B **02**, MARTINI B **02**, KÜCK / KURZKE B **03**, NEUHAUS B **05**, SCHMIDT B **05**;

DIETZ; HEG II (**1999**), FRANK B ^{2}**93**; KLL, LL, RL, RLW, VerLex;
Jss d. Claudius-Ges., Morgen-Glantz

4) Musikwissenschaft:

bes. KNOKE A **1905**,
MOSER A **47**, BLANKENBURG A **51**, LOHR A **51**, BRODDE A **52**, MOREL I – III A **53**, BLANKENBURG A **55** und A **56**, WIORA A **56**, BLANKENBURG in HEKG II/2 (**1957**), FINSCHER A **57**, JENNY A **57**, SCHOENBAUM A **57**, JENNY / AMELN A **58/59**, HERMELINK A **59**,
AARBURG A **60**, BRODDE A **61**, BLANKENBURG A **63**, LIPPHARDT I A **63**, ZIMMERMANN A **63**, LIPPHARDT II-IV A **64**, AMELN A **67**, GUDEWILL A **67**,
POLOCZEK A **71**, GIRARD A **72**, OFFELE A **72**, SOMMER I A **72**, ZIMMERMANN A **72**, KAUFHOLD A **73**, REIMANN A **74**, BLANKENBURG A **76**, AMELN A **77**, SOMMER II A **77**, ALBRECHT A **78**, BLANKENBURG A **78**,
LIPPHARDT A **83**, KÖTTER A **84**, SCHÖNBORN A **84**, MARTI A **85**, SCHWEIZER A **85**, AMELN A **86** und **88**, PACIK A **88**, AMELN A **89**, HOF-MANN A **89**, NIEDEN A **89**,

FISCHER A **90**, MARTI A **91**, NAGEL A **92**, MARTI A **94**, LANGE A **95**, SCHWEIZER A **95** (2x), BRAUN A **96/97**, FISCHER A **97**, BERNOULLI A **98**, SCHÜTZ A **98**, SCHWEIZER A **98**, WILKE A **98**, WISSEMANN-GARBE A **98**, ZILLESSEN A **98**, HERBST I A **99**,
HADAMER A **01**, HERBST II A **01**, MARTI A **01**, OTT A **01**, SCHWEIZER A **01**, FINGER A **04**;

BÖHME B **1877/1966**, BÄUMKER I B **1886/1962** - IV B **1911/1962**, ERK / BÖHME I – III B **1893f./ 1988**, FRIEDLAENDER I B **1902/1962**;
SCHRÖDER B **55**, RECKZIEGEL B **63**, WIORA B **67**,
KLUSEN B **75**, THUST B **76**,
ASPER B **85**, ERNST B **85**,
MOESERITZ B **90**, BLANKENBURG B **91**, WEBER-KELLERMANN B **92**, HOCHRADNER / WALTERSKIRCHEN B **94**, BRUSNIAK / STEIGER B **99**, KURZKE / ÜHLEIN B **99**, FELLECHNER / FINKBEINER B **99** und B **00**, SCHEITLER B **00**,

ZAHN, DDT, DKL;
EKMH, HDEKM, Leiturgia IV, MMMA, (z.T. HEG, HEKG, Ld Dok, LKEG, MGkK, NWGL, ÖLK, RGL, WEG, WGD 4 und 5, WGL, WH);
MGG, Riemann ML;
Ch, EvKCh, FKM, GuK, JLH, JVlf, Kath. KM, KCh, Km, KMJ, KmN, Mf, MGD, MiU (AA), MiU (SchuL), MS, MuA, MuK, NSK, NSK AM, Sagittarius, SiK, SMG, WBK, ZKM

5) Pädagogik:

bes. KRUMMACHER A **48**, PAULSEN A **53**,
KRUMMACHER A **60**, SCHÖNEICH I A **63** und II A **64**,
KÜSSNER A **70**, PENNIG A **74**,
HARFENSTEIN A **81**, MITTERMAIER A **83**,
WETTACH A **97**;

SOLZBACHER B **56**, FRÖR B **⁵66**, NEUBACHER B **68**,
SCHNEIDER / VICKTOR B **93**, HARZ B **95**, DEINZER / KLEMM / PATSCH / ZOBEL B **96**, DEINZER / ZOBEL B **97**;

ChL, ChL / RU-Pr, entwurf, EvE, EvU, EvUV, KUV, MiU (AA), MIU (SchuL), WGD 4, ZRP

I) Abkürzungen

A	Artikel oder Aufsatz
Abb.	Abbildung
Aml	Acta Musicologica, Zs der Internationalen Gesellschaft für Musikwissenschaft, Basel 1931ff.
Anm.	Anmerkung
ARG	Archiv für Reformationsgeschichte. Internationale Zs zur Erforschung der Reformation und ihrer Weltwirkungen, Gütersloh, Jg 41ff. (1948ff.)
Art.	Artikel
AuB	Für Arbeit und Besinnung. Zs für die Ev. Landeskirche in Württemberg, Stuttgart, Jg 50ff. (1997ff.)
Aufl.	Auflage
Aug.	August
B	Buch (zwischen Namen und Jahreszahl);
B, +B	Betrachtung, Liedeinführung u.a. + Betrachtung (in Klammern)
Bd., Bde	Band, Bände
bes.	besonders
betr.	betreffend, betreffs
BThZ	Berliner Theologische Zeitschrift. Theologia Viatorum (Neue Folge). Halbjahreszeitschrift für Theologie in der Kirche, Berlin, Jg 1ff. (1984ff.) (zuvor: ThViat)
bzw.	beziehungsweise
ca.	circa
CG	Christkatholisches Gebet- und Gesangbuch der Schweiz, Basel 2004
Ch	Der Chor. Zs für das Chorwesen. Bundeszeitschrift des Deutschen Allgemeinen Sängerbundes, Mainz / Frankfurt / Hannover 1949ff.
ChL	Die Christenlehre. Zs für das katechetische Amt (später: für den katechetischen Dienst bzw. für gemeindepädagogische und religionspädagogische Arbeit), Leipzig, Jg 1 (1948) – 48 (1995)
ChL / RU-Pr	Die Christenlehre / Religionsunterricht-Praxis. Zs für gemeindepädagogische und religionspädagogische Arbeit, Leipzig, Jg 49ff. (1996ff.)
DDT	Denkmäler deutscher Tonkunst, Leipzig / Augsburg 1892–1931, Neue Ausgabe Wiesbaden / Graz 1957ff.
Ders.	Derselbe
Dez.	Dezember
Dies.	Dieselbe, Dieselben
Diss.	Dissertation
DKL	Das deutsche Kirchenlied. Kritische Gesamtausgabe der Melodien, hg. von Konrad Ameln / Markus Jenny / Walther Lipphardt, Kassel u.a. 1975ff., von Joachim Stallmann 1993ff. (Bde I/1 und I/2 = RISM B/VIII)

	I/1(1975) Verzeichnis der Drucke von den Anfängen bis 1800 I/2 (1980) Verzeichnis der Drucke. Register II/1 (2003) Geistliche Gesänge des deutschen Mittelalters. Melodien und Texte handschriftlicher Überlieferung, Gesänge A-D (Nr. 1–172) II/2 (2004) Gesänge E-H (Nr. 173–330) II/6 (2004) Kritischer Bericht zu Gesängen A-H (Nr. 1–330) III: Die Melodien aus gedruckten Quellen bis 1680 III/1: Die Melodien bis 1570 III/1.1: Die Melodien aus Autorendrucken und Liedblättern III/1.1 Notenbd. (1993) III/1.1 Textbd. (1993) III/1.2: Melodien aus mehrstimmigen Sammelwerken, Agenden und Gesangbüchern I III/1.2 Notenbd. (1996) III/1.2 Textbd. (1997) III/1.3 Melodien aus Gesangbüchern II III/1.3 Textbd. (1998) Melodien aus Gesangbüchern II III/1. Registerbd. (1999) III/2: Die Melodien 1571–1580 III/2 Textbd. (2002)
dto	dito
DtPfrBl	Deutsches Pfarrerblatt, Stuttgart 1897ff.
ebd.	ebenda
Ebernb. H.	Ebernburg-Hefte, hg. im Auftrag der Ebernburg-Stiftung von Otto Böcher / Traudel Himmighöfer, Speyer, Jg 1ff. (1967ff.)
Ed.	Edition
EEKM	Encyklopädie der evangelischen Kirchenmusik S. bei KÜMMERLE B **1888/1974** !
Een Comp B **³1998**	Een Compendium van achtergrondinformatie bij de 491 gezangen nit het Liedboek voor de Kerken, Amsterdam (1977, ²1978,) ³1998
EG	Evangelisches Gesangbuch (1994)
EGB	Einheitsgesangbuch (= GL)
EKD	Evangelische Kirche in Deutschland
EKG	Evangelisches Kirchengesangbuch (1951)
EKL	Evangelisches Kirchenlexikon, 2. Aufl. als Kirchlich-theologisches Handwörterbuch, hg. von Heinz Brunotte / Otto Weber, 4 Bde, Göttingen 1961, 3. Aufl. als Internationale theologische Enzyklopädie, hg. von Erwin Fahlbusch u. a., 5 Bde, Göttingen 1986–1997
EKMH	Die evangelische Kirchenmusik. Handbuch für Studium und Praxis, hg. von Erich Valentin / Friedrich Hofmann, Regensburg 1967

EM	Gesangbuch der Evangelisch-methodistischen Kirche, Stuttgart 2002
entwurf	entwurf. Religionspädagogische Mitteilungen, hg. von der Fachgemeinschaft ev. Religionslehrer in Württemberg e.V., Stuttgart 1970ff.
epd	Evangelischer Pressedienst
ev.	evangelisch
e.V.	eingetragener Verein
EvE	Der evangelische Erzieher, hg. von Karl Dienst / Henning Schröer u.a., Frankfurt, Jg 1ff. (1949ff., ab 1998: Zs für Pädagogik und Theologie / EvE)
EvJbr	Evangelische Jahresbriefe, im Auftrag der Ev. Michaelsbruderschaft in Verbindung mit Wilhelm Stählin hg. von Walter Uhsadel, Kassel, Jg 12 (1947/48) – 16 (1951/52) (Forts.: Quatember)
EvKCh	Der evangelische Kirchenchor. Organ des Schweizerischen Kirchengesangsbundes, Zürich, Jg 50 (1945) – 79 (1974) (Forts. bei MGD)
EVKOMM	Evangelische Kommentare. Monatsschrift zum Zeitgeschehen in Kirche und Gesellschaft, Stuttgart, Jg 1ff. (1968ff.) (ab 2000 zusammen mit ZdZ bzw. zeitzeichen)
EvKZ	Evangelische Kirchenzeitung. Das Sonntagsblatt für Hessen und Nassau, Frankfurt/Main 1992–2004 (zuvor: WuW und EvKZ / WuW, Forts.: EvSZ)
EvKZ / Wuw	Evangelische Kirchenzeitung / Weg und Wahrheit. Ev. Kirchenblatt für Hessen und Nassau, Darmstadt, Jg 43 (1989) – 45 (1991) (zuvor: WuW, Forts.: EvKZ)
EvSZ	Evangelische Sonntags-Zeitung, hg. im Auftrag der Ev. Kirche in Hessen und Nassau, Frankfurt/Main 2004ff. (zuvor: WuW, EvKZ / WuW, EvKZ)
EvTh	Evangelische Theologie. Zweimonatsschrift, hg. von Ernst Wolf, ab 1972 Ernst Moltmann, München, Jg 6ff. (1946/47ff.)
EvU	Evangelische Unterweisung. Zs für Erziehung und Unterricht / Arbeitsgemeinschaft für Ev. Unterweisung, Dortmund, Jg 1 (1946) – 25 (1970) (Forts.: ZRP)
EvUV	Die evangelische Unterweisung an der Volksschule, hg. von Kurt Frör, bearbeitet von Arthur Bach / Gertrud Grimme, Dortmund / München, Jg 1ff. (1955ff. bzw. ^{2}1957ff.)
EZW	Evangelische Zentralstelle für Weltanschauungsfragen, Stuttgart 1968ff.
FdGD	Für den Gottesdienst, hg. von der Arbeitsstelle für Gottesdienst und Kirchenmusik. Ev.-luth. Landeskirche Hannovers. Liturgische Konferenz Niedersachsens, Hannover 1973ff., Nr. 1ff.
Febr.	Februar

FKM	Forum Kirchenmusik. Zs des Verbandes ev. Kirchenmusikerinnen und Kirchenmusiker in Deutschland, München 1997ff. (zuvor: Km)
f., ff.	und die folgende, die folgenden (Jahre, Seiten)
Forts.	Fortsetzung
FS	Festschrift
GAGF	Arbeitsstelle Gottesdienst. Informations- und Korrespondenzblatt der Gemeinsamen Arbeitsstelle für gottesdienstliche Fragen der EKD, Hannover 1994ff.
Gd	Gottesdienst
GD	Gottesdienst. Information und Handreichung der Liturgischen Institute Deutschlands, Österreichs und der Schweiz, Freiburg / Wien, Jg 1ff. (1967ff.)
GD PR SA	Gottesdienst Praxis Serie A. Arbeitshilfen für die Gottesdienste zu den Sonn- und Feiertagen des Kirchenjahres, hg. von Erhard Domay / Horst Nitschke, Gütersloh 1978ff.
GD PR SB	Gottesdienst Praxis Serie B. Arbeitshilfen für die Gottesdienste zu den Festzeiten, für Kasualien und besondere Anlässe, hg. von Erhard Domay / Horst Nitschke, Gütersloh 1985ff.
GEMA	Gesellschaft für musikalische Aufführungs- und mechanische Vervielfältigungsrechte
GKL	Gemeinsame Kirchenlieder. Gesänge der deutschsprachigen Christenheit, hg. von der Arbeitsgemeinschaft für ökumenisches Liedgut (AÖL), Berlin / Regensburg u.a. 1973
GL	GOTTESLOB. Katholisches Gebet- und Gesangbuch. Stammausgabe, Stuttgart 1975 (zunächst als EGB bezeichnet)
GuK	Gottesdienst und Kirchenmusik, hg. von den drei kirchenmusikalischen Verbänden in Bayern, München 1950ff.
H.	Heft
HDEKM	Handbuch der deutschen evangelischen Kirchenmusik, hg. von Konrad Ameln / Christhard Mahrenholz / Wilhelm Thomas, Göttingen 1935–1956; vor allem Bd. I/1 Der Altargesang. Die einstimmigen Weisen, 1941 (Nachdruck o. J. nach 1945)
HEG	Handbuch zum Evangelischen Gesangbuch, hg. im Auftrag der Evangelischen Kirche in Deutschland, Göttingen 1995ff. I (1995, ^{2}1997) Ernst Lippold / Günter Vogelsang (Hg.): Konkordanz. Mit Verzeichnis der Strophenanfänge, Kanons, mehrstimmigen Sätze und Wochenlieder II (1999) Wolfgang Herbst (Hg.): Komponisten und Liederdichter des Evangelischen Gesangbuchs

	III (2000ff.) H. 1ff. Gerhard Hahn / Jürgen Henkys: Liederkunde zum Evangelischen Gesangbuch (LKEG)
HEKG	Handbuch zum Evangelischen Kirchengesangbuch, hg. von Christhard Mahrenholz / Oskar Söhngen, Göttingen / Berlin 1953–1990
	I/1 Wort- und Sachkonkordanz, Göttingen 1953 / Berlin 1954
	I/2 Rudolf Köhler: Die biblischen Quellen der Lieder, Berlin 1964 / Göttingen 1965 (KÖHLER B 64 (HEKG I/2))
	II/1 Otto Michaelis / Wilhelm Lueken: Lebensbilder der Liederdichter und Melodisten, Berlin 1957 (MICHAELIS / LUEKEN B 57 (HEKG II/1))
	II/2 Paul Gabriel: Geschichte des Kirchenliedes. Ein Abriss, Berlin 1957, 5–44 Walter Blankenburg: Geschichte der Melodien des Evangelischen Kirchengesangbuchs, 45–120
	III/1 Eberhard Weismann (Hg.): Liederkunde (Nr. 1–175), Göttingen 1970
	III/2 Joachim Stalmann / Johannes Heinrich (Hg.): Liederkunde (Nr. 176–394), Göttingen 1990
	Sb Johannes Kulp / Arno Büchner / Siegfried Fornacon: Die Lieder unserer Kirche, Sonderband, Göttingen 1958
Hg., Hgg.	Herausgeber / Herausgeberin, Herausgeber (Plural)
hg.	herausgegeben
Hl. Dienst	Heiliger Dienst, hg. vom Österreichischen Liturgischen Institut, Salzburg, Jg 1ff. (1947ff.)
IAHB	IAH Bulletin. Publikation der Internationalen Arbeitsgemeinschaft für Hymnologie (IAH), Groningen, Jg 1ff. (1974ff.)
incl.	inclusive
Jan.	Januar
Jb	Jahrbuch
Jg	Jahrgang
JLH	Jahrbuch für Liturgik und Hymnologie, Kassel, Jg 1 (1955) – 29 (1985); Hannover, Jg 30 (1986) – 35 (1994/95); Göttingen, Jg 36ff. (1996ff.)
Jss d. Claudius-Ges.	Jahresschriften der Claudius-Gesellschaft, hg. von Reinhard Görisch, Hamburg / Kiel, Jg. 1ff. (1992ff.)
JVlf	Jahrbuch für Volksliedforschung, Berlin, Jg 1 (1928) – 44 (1999); ab Jg 45 (2000): Lied und populäre Kultur / Song and Pupular Culture. Jb des Deutschen Volksliedarchivs Freiburg, hg. von Max Matter / Nils Grosch
Kap.	Kapitel
kath.	katholisch
Kath. KM	Katholische Kirchenmusik, hg. vom Schweizerischen Kath. Kirchenmusikerverband (Allgemeiner Cäcilienverband der Schweiz), St. Gallen, Jg 86 (1961) – 115 (1990) (Forts.: SMG)

KCh	Der Kirchenchor, hg. vom Verband Ev. Kirchenchöre Deutschlands, Kassel / Basel, Jg 11 (1951) – 56 (1996f.)
KG	Katholisches Gesangbuch, Gesang- und Gebetbuch der deutschsprachigen Schweiz, Solothurn / Zug 1998
KGB	Katholisches Gesangbuch (= KKG)
KKG	Kirchengesangbuch. Katholisches Gesang- und Gebetbuch der Schweiz, Zug 1966, erweiterte Auflage 1978 (Ausgabe mit Anhang: Lieder und Gesänge aus dem „Gotteslob“, Nr. 01–093) (gelegentlich als KGB zitiert)
KLL	Kirchenlieder-Lexicon S. bei FISCHER B **1878f./1967** !
Km	Der Kirchenmusiker. Zs des Verbandes ev. Kirchenmusikerinnen und Kirchenmusiker in Deutschland, Kassel / München, Jg 1 (1950) – 47 (1996) (Forts.: FKM)
KMJ	Kirchenmusikalisches Jahrbuch, hg. vom Cäcilienverband, Regensburg / Köln, Jg 34ff. (1950ff.)
KmN	Kirchenmusikalische Nachrichten der Ev. Kirche in Hessen und Nassau, Frankfurt/Main, Jg 1ff. (1950ff.)
KuD	Kerygma und Dogma. Zs für theologische Forschung und kirchliche Lehre, Göttingen, Jg 1ff. (1955ff.)
KUV	Der kirchliche Unterricht an der Volksschule, hg. von Kurt Frör, München, Jg 1ff. (1953ff.)
LBrF	Becker-Huberti, Manfred: Lexikon der Bräuche und Feste, Freiburg / Basel / Wien ^{3}2001
Lit. Jb	Liturgisches Jahrbuch, hg. vom Liturgischen Institut, Münster / Westfalen, Jg 1ff. (1951ff.)
Ld Dok	Lieddokumentationen des Vereins zur Herausgabe des Gesangbuches der Evangelisch-reformierten Kirchen der deutschsprachigen Schweiz, hg. von Hans-Jürg Stefan, Zürich 1996ff.
Leit IV	Leiturgia. Handbuch des evangelischen Gottesdienstes, 4. Bd.: Die Musik des evangelischen Gottesdienstes, hg. von Karl Ferdinand Müller / Walter Blankenburg, Kassel 1961
LKEG	Liederkunde zum Evangelischen Gesangbuch, hg. von Gerhard Hahn / Jürgen Henkys, Göttingen 2000ff., H. 1ff. (= HEG III)
LL	Literatur Lexikon, hg. von Walter Killy, Gütersloh / München 1988–1993
LM	Lutherische Monatshefte. Ökumenische Korrespondenz. Kirche im Dialog mit Kultur, Wissenschaft und Politik, Hamburg, Jg 1 (1962) – 36 (1997) (Forts. bei ZdZ bzw. zeitzeichen)
LThK	Lexikon für Theologie und Kirche 1. Aufl. hg. von Michael Buchberger, Freiburg 2. 1930–1938, 2. Aufl. hg. von Josef Höfer / Karl Rahner, ebd. 1957–1967, 3. Aufl. hg. von Walter Kasper, 11 Bde, ebd. 1993 -2001
luth.	lutherisch

Luther	Luther. Zs der Luthergesellschaft, Göttingen, Jg 24ff. (1953ff.)
meditation	meditation, Vierteljahreszeitschrift, Mainz 1975ff.
Mel.	Melodie
Mf	Die Musikforschung, Kassel 1948ff.
MGD	Musik und Gottesdienst. Organ der Reformierten Kirchenmusikerverbände der deutschsprachigen Schweiz und des Schweizerischen Kirchengesangsbundes, Zürich, Jg 1ff. (1947ff.)
MGG	Die Musik in Geschichte und Gegenwart. Allgemeine Enzyklopädie der Musik, 1. Aufl. hg. von Friedrich Blume, 17 Bde, Kassel 1949–1986, 2. Aufl. hg. von Ludwig Finscher, Sachteil in 9 Bänden und Registerband, Personenteil in 12 Bänden, ebd. 1994ff.
MGkK	Monatschrift für Gottesdienst und kirchliche Kunst, Göttingen, Jg 1 (1896) –46 (1941)
MiU (AA)	Musik im Unterricht. Allgemeine Ausgabe: Deutsche Tonkünstlerzeitung / Der Musikerzieher, Mainz, Jg 41 (1950) – 59 (1968) (Forts.: Zs Musik und Bildung)
MiU (SchuL)	Musik im Unterricht. Zs für Musik in Schule und Lehrerbildung, Mainz, Jg 47 (1956) – 59 (1968) (Forts.: Zs Musik und Bildung)
MMMA	Monumenta monodica medii aevi, hg. im Auftrag des Instituts für Musikforschung Regensburg mit Unterstützung der Musikgeschichtlichen Kommission von Bruno Stäblein, Kassel 1956ff.; Bd. 1: Hymnen, 1956; Bd. 2: Gesänge des altrömischen Graduale, 1970
Morgen-Glantz	Morgen-Glantz. Zs der Christian Knorr von Rosenroth-Gesellschaft, Bern / Berlin u.a. 1991ff.
MPTh	Monatschrift für Pastoraltheologie, Göttingen, Jg 38 (1948/ 49) – 54 (1965) (Forts.: PTh)
MS	Musica Sacra. Zs des Allgemeinen Cäcilien-Verbandes für die Länder deutscher Sprache bzw. Zs für Kath. Kirchenmusik, Regensburg, 76ff. (1956ff.) (zuvor: Zs für Kirchenmusik)
MuA	Musik und Altar, Freiburg, (nach 4 Werkheften 1948/49) Jg 1 (1949) – 24 (1972)
MuK	Musik und Kirche, Kassel, Jg 1ff (1928ff.)
MuL	Musik & Liturgie. Schweizerischer Katholischer Kirchenmusikerverband, Uznach 2004ff. (zuvor: SMG)
N.F.	Neue Folge
Nov.	November
NSK	Neues Singen in der Kirche, Zs hg. im Auftrag der ökumenischen Arbeitsgemeinschaft „Neues Singen in der Kirche“ von Hans-Jürg Stefan u.a., incl. Liedblätter, Zürich 1986–1998

NSK AM	Neues Singen in der Kirche. Arbeitsmappen, Zürich 1971, H. 1, Nr. 1 - 1979, H. 28, Nr. 136
NWGL	Neues Werkbuch zum ,Gotteslob', hg. von Josef Seuffert, Freiburg / Basel / Wien 1992, Lesejahr A (1992), B (1990), C (1991)
Nr.	Nummer
o. J.	ohne Jahreszahl
Okt.	Oktober
ÖLK	Ökumenischer Liederkommentar zum Katholischen, Reformierten und Christkatholischen Gesangbuch der Schweiz f.), hg. von Peter Ernst Bernoulli / Christine Esser / Andreas Marti / Daniel Schmid / Hans-Jürg Stefan / Walter Wiesli, Basel / Zürich, Lieferungen I ff. (2001ff.)
o. O.	ohne Ort
passim	an verschiedenen Stellen
Pr, +Pr	Predigt, Liedeinführung u. a. + Predigt
PTh	Pastoraltheologie. Wissenschaft und Praxis in Kirche und Gesellschaft, Göttingen, Jg 55ff. (1966ff.) (zuvor: MPTh)
Quatember	Quatember. Vierteljahreshefte für Erneuerung und Einheit der Kirche, hg. von Ev. Michaelsbruderschaft und Berneuchener Dienst, Hannover, Jg 17ff. (1952/53ff.) (zuvor: EvJbr)
RG	Gesangbuch der Evangelisch – reformierten Kirchen der deutschsprachigen Schweiz, Basel / Zürich 1998
RGG	Die Religion in Geschichte und Gegenwart. Handwörterbuch für Theologie und Religionswissenschaft, 3. Aufl. hg. von Kurt Galling, 7 Bde, Tübingen 1957–1965, 4. Aufl. hg. von Hans Dieter Betz u. a., ebd. 1998ff.
RGL	Redaktionsbericht zum Einheitsgesangbuch ,Gotteslob', hg. von Paul Nordhues / Alois Wagner, Paderborn / Stuttgart 1988
RIEMANN ML	Musik-Lexikon, hg. von Karl Wilhelm Julius Hugo Riemann, Leipzig 1882; 12. Aufl.: Personenteil, 2 Bde, Mainz 1959–1961; Sachteil, ebd. 1967; 2 Ergänzungsbände Personenteil, ebd. 1972–1975
RISM	Répertoire International des Sources Musicales (Internationa-les Quellenlexikon der Musik), München / Duisburg / Kassel 1960ff.
RKG	Gesangbuch der Evangelisch – Reformierten Kirchen der deutschsprachigen Schweiz, Winterthur 1952
RKZ	Reformierte Kirchenzeitung, hg. im Auftrag des Reformierten Bundes, Neukirchen-Vluyn, Jg 90ff. (1949ff.) (ab 2000 zusammen mit ZdZ bzw. zeitzeichen)
RL	Reallexikon der deutschen Literaturgeschichte, begründet von Paul Merker / Wolfgang Stammler, hg. von Werner Kohlschmidt / Wolfgang Mohr, Berlin ^{2}1958–1988

RLW	Reallexikon der deutschen Literaturwissenschaft (Neuausga-be von RL), hg. von Klaus Weimar, Berlin / New York 1997ff.
S., s.	Siehe, siehe
Sagittarius	Sagittarius. Beiträge zur Erforschung und Praxis alter und neuer Kirchenmusik, hg. von der Internationalen Heinrich-Schütz-Gesellschaft, Kassel / Basel, Jg 1 (1966) –4 (1973) (Forts.: Schütz-Jahrbuch)
Sept.	September
SiK	Singende Kirche, hg. von der Österreichischen Kirchenmusikerkommission (Allgemeiner Cäcilienverband für Österreich), Wien, Jg 1ff. (1953ff.)
SMG	Singen und Musizieren im Gottesdienst. Zs für die Musik in der Liturgie, hg. vom Schweizerischen Kath. Kirchenmusikerverband (Allgemeiner Cäcilienverband der Schweiz), St. Gallen, Jg 116–128 (1991–2003) (zuvor: Kath. KM; Forts.: MuL)
St.	Sankt
Str.	Strophe
s.v.	sub voce
Taf.	Tafel
Thema: Gd	Thema: Gottesdienst (Berichte, Modelle, Analysen, Lesetipps, Informationen, Termine), hg. von der Arbeitsstelle für Gottesdienst und Kindergottesdienst – Bereich Gottesdienst – der Ev. Kirche im Rheinland, Düsseldorf 1990ff.
ThGl	Theologie und Glaube. Zs für den kath. Klerus, hg. von den Professoren der Theologischen Fakultät Paderborn, Paderborn, Jg 40ff. (1950ff.)
ThLZ	Theologische Literaturzeitung. Monatsschrift für das gesamte Gebiet der Theologie und Religionswissenschaft, Berlin, Jg 72ff. (1947ff.)
ThR	Theologische Rundschau (Neue Folge), Tübingen, Jg 17ff. (1948/49ff.)
ThViat	Theologia viatorum. Jb der Kirchlichen Hochschule Berlin, Berlin, Jg I (1948/49) – XV (1979/80) (Forts.: BThZ)
TRE	Theologische Realenzyklopädie, hg. von Gerhard Krause / Gerhard Müller, Berlin / New York 1976ff.
u.a.	unter anderem
VerLex	Die deutsche Literatur des Mittelalters. Verfasserlexikon, 10 Bde, hg. von Kurt Ruh bzw. Burghart Wachinger, Berlin / New York ^{2}1978ff.
vgl.	vergleiche
WA	Weimarer Ausgabe der Werke von Martin Luther (Kritische Gesamtausgabe), Weimar 1883ff.
WBK	Württembergische Blätter für Kirchenmusik. Zs des Verbandes Ev. Kirchenmusik in Württemberg, Stuttgart, Jg 1 (1927ff.)

WEG	Werkbuch zum Evangelischen Gesangbuch, hg. im Auftrag der EKD von Wolfgang Fischer / Dorothea Monninger / Reinhold Morath / Rolf Schweizer, Göttingen Lieferungen I (1993) – VI (2000)
WGD 4	Werkstatt GottesDienst 4 „Mit Kindern singen" (mit CD). Lieder, Kanons und Rufe aus dem neuen Gesangbuch, hg. von Elisabeth Wyss-Jenny, Evangelisch-reformierte Landeskirche des Kantons Zürich 1998
WGD 5	Werkstatt GottesDienst 5 „Singend durch die Festzeiten". Bausteine für die erste Etappe der Gesangbucheinführung, hg. von Peter Ernst Bernoulli u. a., Evangelisch-reformierte Landeskirche des Kantons Zürich 1998
WGL	Werkbuch zum ‚Gotteslob', hg. von Josef Seuffert, Freiburg / Basel / Wien, Bd I (1975) – IX (1979)
WH	Werkhefte zum Gesangbuch, hg. von Hans-Jürg Stefan / Walter Wiesli, Gossan / Basel / Zürich, H. 1 (1998) – 4 (2001)
WuW	Weg und Wahrheit, Ev. Kirchenblatt für Hessen, Nassau und Frankfurt am Main, ab 1973: Ev. Kirchenblatt für Hessen und Nassau, Darmstadt, Jg 1 (1946/47) – 42 (1988) (Forts.: EvKZ / WuW, EvKZ, EvSZ)
z. B.	zum Beispiel
ZdZ	Die Zeichen der Zeit. Lutherische Monatshefte. Ev. Monatsschrift für Mitarbeiter der Kirche, Berlin, Jg 1 (1947) – 55 (2000) (ab 1998 zusammen mit LM, ab 2001 auch mit EVKOMM und RKZ; Forts.: zeitzeichen)
zeitzeichen	zeitzeichen. Evangelische Kommentare zu Religion und Gesellschaft, Berlin, Jg 1ff. (2000ff.) (zuvor: EVKOMM, LM, ZdZ)
ZGP	Zeitschrift für Gottesdienst und Predigt, Gütersloh, Jg 1ff. (1983)
ZKM	Zeitschrift für Kirchenmusik, hg. vom Allgemeinen Cäcilienverein für Deutschland, Österreich und die Schweiz, Köln, Jg 69 (1949) – 75 (1955) (Forts.: MS)
Zs	Zeitschrift
ZRP	Zeitschrift für Religions-Pädagogik. Grundfragen, Praxis, Informationen, Dortmund, Jg 25 (1970) – 36 (1981) (zuvor: EvU, Forts.: zusammen mit der Zs Informationen in der Zs Religionsunterricht)
ZsKathTh	Zeitschrift für Katholische Theologie, hg. von der Kath. Fakultät der Universität Innsbruck, Wien, Jg 73ff. (1951ff.)
z. T.	zum Teil
ZThK	Zeitschrift für Theologie und Kirche, Tübingen 1891ff,